TS한국교통안전공단 시행

화물운송종사

지

교통안전시설 일람표

주의표지

번호	명칭	번호	명칭
101	+자형교차로	119	우측차로없어짐
102	T자형교차로	120	좌측차로없어짐
103	Y자형교차로	121	우측방통행
104	ㅏ자형교차로	122	양측방통행
105	ㅓ자형교차로	123	중앙분리대시작
106	우선도로	124	중앙분리대끝남
107	우합류도로	125	신호기
108	좌합류도로	126	미끄러운도로
109	회전형교차로	127	강변도로
110	철길건널목	128	노면고르지못함
110의2	노면전차	129	과속방지턱
111	우로굽은도로	130	낙석도로
112	좌로굽은도로	131	횡단보도
113	우좌로이중굽은도로	132	횡단보도
114	좌우로이중굽은도로	133	어린이보호
115	2방향통행	134	자전거
116	오르막경사	135	도로공사중
117	내리막경사	136	비행기
118	도로폭이좁아짐	137	횡풍
138	터널	139	교량
140	위험 DANGER	141	상습정체구간

규제표지

번호	명칭	번호	명칭
201	통행금지	217	앞지르기금지
202	자동차통행금지	218	정차·주차금지
203	화물자동차통행금지	219	주차금지
204	승합자동차통행금지	220	차중량제한
205	이륜자동차및원동기장치자전거통행금지	221	차높이제한
206	자동차·이륜자동차및원동기장치자전거통행금지	222	차폭제한
207	경운기·트랙터및손수레통행금지	223	차간거리확보
208	보행자보행금지	224	최고속도제한
209의2	개인형이동장치통행금지	225	최저속도제한
210	자전거통행금지	226	서행 SLOW
211	진입금지	227	일시정지 STOP
212	직진금지	228	양보 YIELD
213	우회전금지	230	보행자전용도로
214	좌회전금지	231	위험물적재차량통행금지
216	유턴금지		

지시표지

번호	명칭	번호	명칭
301	자동차전용도로	318	자전거전용차로
302	자전거전용도로	319	주차장 P
303	자전거및보행자겸용도로	320	자전거주차장 P
304	회전교차로	321	보행자전용도로
305	직진	321의2	보행자우선도로
306	우회전	322	횡단보도
307	좌회전	323	노인보호(노인보호구역안)
308	직진및우회전	324	어린이보호(어린이보호구역안)
309	직진및좌회전	324의2	장애인보호(장애인보호구역안)
309의2	좌회전및유턴	325	자전거횡단도
310	좌우회전	326	일방통행
311	유턴	327	일방통행
312	양측방통행	328	일방통행
313	우측면통행	329	비보호좌회전
314	좌측면통행	330	버스전용차로
315	진행방향별통행구분	331	다인승차량전용차로
316	우회로	331의2	노면전차전용차로
317	자전거및보행자통행구분	332	통행우선
		333	자전거나란히통행허용
334	도시부		

보조표지

번호	명칭	번호	명칭
401	거리 100m 앞부터	415	해제
402	거리 이키로미터 500m	415의2	승용차에한함
403	구역 시내전역	416	표지설명 터널길이 258m
404	일자 일요일·공휴일제외	417	구간시작 200m
405	시간 08:00~20:00	418	구간내 400m
406	시간 1시간 이내 차를수있음	419	구간끝 600m
407	신호등화상태 적신호시	420	우방향
408	전방우선도로	421	좌방향
409	안전속도 30	422	전방 전방 50M
410	기상상태 안개지역	423	중량 3.5t
411	노면상태	424	노폭 3.5m
412	교통규제 차로엄수	425	거리 100m
413	통행규제	427	해제
414	차량한정	428	견인지역

표지판류

보조 · 지시 · 규제 · 주의

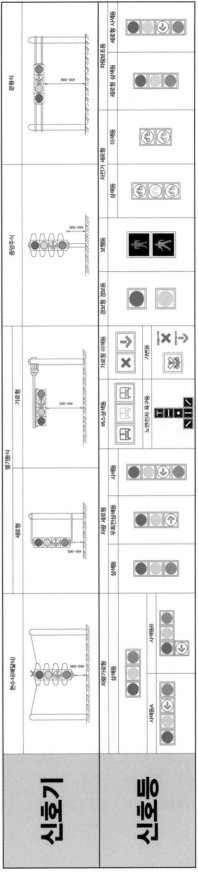

노면표시

501 중앙선	502 유턴구역선	503 차선	504 전용차로	504의2 노면전차전용로	505 길가장자리구역선	506 진로변경제한선	507 진로변경제한선	508 진로변경제한선	511 좌회전금지	512 직진금지	512의2 직진 및 좌회전금지	512의3 직진 및 우회전 금지
513 좌우회전금지	514 유턴금지	515 주차금지	516 정차·주차금지	516의2 정차·주차금지	516의3 소방시설주변 정차·주차금지(연석)	516의4 소방시설주변 정차·주차금지(연석)	510 우회전금지
523의2 버스전용구역	524 정차금지지대	525 유도선	525의2 좌회전유도차로	525의3 노면색깔유도선	517 속도제한 40	518 속도제한 30 (어린이보호구역)	519 서행	520 서행
533 고원식횡단보도	534 자전거횡단도	535 자전거우선도로	535의2 자전거우선도로	536 어린이보호구역	521 일시정지 정지	522 양보 양보	523 주차구획
543 차로변경	542 비보호좌회전	541 진행방향 및 방면	540 진행방향 및 방면	539 진행방향	538 진행방향	537 진행방향	526 유도	527 유도	528 유도	529 횡단보도예고	530 정지선	531 안전지대
544 오르막경사면	536의3 장애인보호구역	536의2 노인보호구역	536의1 어린이보호구역	532 횡단보도	532의2 대각선횡단보도

신호기

| 현수식(매달시) | 양기둥식 | 기둥식 | 중앙주시 | 문형식 |

신호등

| 차량가로형 | 세로형 | 차량 세로형 | 경보 경보등 | 보행등 | 버스삼색등 | 노면전차 육각등 | 가로등 이색형 | 기둥 | 자전거 세로형 | 차량보조등 | 차량 세로형 |
| 삼색등 | 사색등 A / 사색등 B | 삼색등 | 우회전삼색등 | 사색등 | | | | | 삼색등 / 이색등 | | 세로형 삼색등 / 세로형 사색등 |

경찰청 · 도로교통공단

화물운송종사

자격시험

개정 1판 발행	2023년 01월 10일
개정 2판 발행	2024년 01월 08일

편저자 자격시험연구소
발행처 (주)서원각
등록번호 1999−1A−107호
주소 경기도 고양시 일산서구 덕산로 88−45(가좌동)
대표번호 031−923−2051
교재문의 카카오톡 플러스 친구[서원각]
홈페이지 goseowon.com

Preface

화물운송종사 자격시험은 화물자동차 운전자의 전문성 확보를 통해 운송서비스 개선, 안전운행 및 화물운송업의 건전한 육성을 도모하기 위해 시행되는 자격시험으로 화물자동차 관련 법규와 안전운행, 운송서비스, 화물취급요령에 대한 내용 숙지가 매우 중요합니다. 화물운송종사 자격시험은 문제은행 방식으로 전체 문제가 정해져 있고 그 중에서 무작위로 출제가 됩니다. 그러므로 어떠한 문제를 공부하느냐가 관건이라고 볼 수 있습니다. 그래서 도서출판 서원각은 화물운송종사 자격시험에 도전하려는 수험생 여러분을 위하여 화물운송종사 자격시험 실전문제를 발행하게 되었습니다.

본서는 최근 개정된 도로교통 관련 법규와 화물자동차 운수사업법 및 화물운송종사 자격시험의 주관처인 한국교통안전공단이 개제한 수험용 참고자료인 기본학습교재를 완벽하게 반영하였습니다. 또한 최근 시행된 기출문제를 통하여 출제경향과 자주 출제되는 문제를 완벽하게 분석하여 출제기준과 시험의 경향에 맞춰 과목별 영역별 실전 연습문제를 수록하였습니다.
마지막으로 실전 연습문제에는 명쾌하고 상세한 해설을 추가하여 다양하게 출제될 수 있는 동일 유형의 문제도 쉽게 풀 수 있도록 구성하였으며, 2회분의 실전 모의고사를 수록함으로써 수험생 스스로 자신의 실력을 최종 점검할 수 있도록 하였습니다.

[본서의 구성]
- 최신 개정법령을 반영하여 한눈에 파악하기 쉬운 요약 이론
- 시험에 출제가 예상되는 연습문제
- 실력점검을 위한 모의고사

신념을 가지고 도전하는 사람은 반드시 그 꿈을 이룰 수 있습니다.
도서출판 서원각은 수험생 여러분의 그 꿈을 항상 응원합니다.

Structure

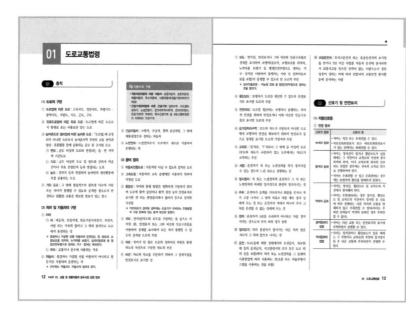

핵심이론 정리

방대한 양의 이론을 중요내용 중심으로 체계적으로 구성해 핵심파악이 쉽고 중요내용을 한 문에 파악할 수 있도록 구성하여 학습의 집중도를 높일 수 있습니다.

실전 연습문제

최근 시행된 기출문제와 출제경향을 완벽 분석하여 과목별 영역별 실전 연습문제를 수록하였습니다.

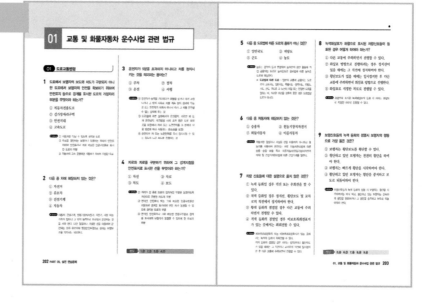

실전 모의고사

실전 연습문제를 통해 쌓은 자신의 실력을 스스로 최종 점검할 수 있도록 실전 모의고사를 2회 수록하였습니다.

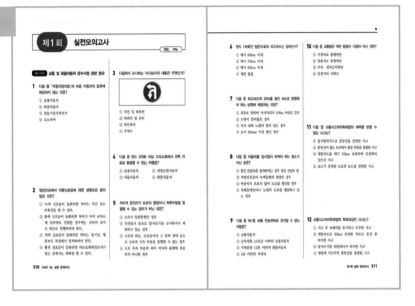

상세한 해설

실전 연습문제와 실전 모의고사에 모든 문제에 명쾌하고 상세한 해설을 수록하여 학습의 이해를 완벽히 돕도록 하였습니다.

Contents

화물운송종사란?

화물운송종사 자격시험이란

① 화물자동차 운전자의 전문성 확보를 통해 운송서비스 개선, 안전운행 및 화물운송업의 건전한 육성을 도모하기 위해 '04.7.21부터 한국교통안전공단이 국토교통부로부터 사업을 위탁받아 화물운송종사 자격 시험을 시행

② 화물운송 자격시험 제도를 도입하여 화물종사자의 자질을 향상시키고 과실로 인한 교통사고를 최소화시키기 위함

자격 취득 대상자

사업용(영업용) 화물자동차(용달 · 개별 · 일반화물) 운전자는 반드시 화물운송종사자격을 취득 후 운전하여야 함

※ 사업용(영업용) 화물자동차란?

　① 타인의 운송수요에 부응하여 운송서비스를 제공하고 그에 대한 대가를 받는 "유상운송"을 목적으로 등록하는 화물자동차를 말함

　② 화물자동차에 사업용 노란색 자동차번호판을 장착한 자동차를 말함.

시험과목 및 합격기준

교통 및 화물 관련 법규(25문항)	화물취급요령(15문항)	안전운행요령(25문항)	운송서비스(15문항)
합격기준	총점 100점 중 60점 (총 80문제 중 48문제)이상 획득 시 합격		

시험 시간(회차별)

1회차	2회차	3회차	4회차
09:20 ~ 10:40	11:00 ~ 12:20	14:00 ~ 15:20	16:00 ~ 17:20

자격시험 법적 근거

① 화물자동차 운수사업법 제8조(화물자동차 운수사업의 운전업무 종사자격)

　화물운송종사 자격시험, 교육 및 자격증 교부 등 화물자동차 운전자격 요건 명시

② 화물자동차 운수사업법 시행령 제15조(권한의 위탁) 제3항

　화물운송자격시험의 실시 · 관리 · 교육 및 자격증 교부에 ㄴ관한 업무를 한국교통안전공단에 위탁

③ 화물자동차 운수사업법 시행규칙 제18조(화물자동차운전자의 연령 · 운전경력 등의 요건)~시행규칙 제18조의9 (화물운송 종사자격증 등의 재교부)

　화물운송종사 자격시험의 실시 · 관리 · 교육 및 자격증 교부에 관한 사항을 구체적으로 명시

자격취득 절차안내

컴퓨터 시험(CBT)용 체계도

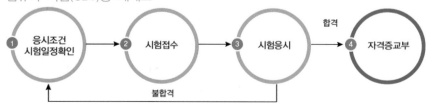

① 응시조건 및 시험일정 확인
  ㉠ 제1종 운전면허 또는 제2종 보통면허 소지자이며, 만 20세 이상인 자
  ㉡ 운전경력(시험일 기준 운전면허 보유기간이며, 취소·정지기간 제외)
   • 자가용 : 2년 이상(운전면허 취득기간부터)
   • 사업용 : 1년 이상(버스, 택시 운전경력)
  ㉣ 운전적성정밀검사(신규검사)에 적합(시험일 기준)
  ㉤ 화물자동차운수사업법 제9조의 결격사유에 해당되지 않는 사람
② 시험접수
  ㉠ 인터넷 접수(신청·조회 > 화물운송 > 예약접수 > 원서접수)
    * 사진은 그림파일 JPG로 스캔하여 등록
  ㉡ 방문접수 : 전국 18개 시험장
  ㉢ 운전경력(시험일 기준 운전면허 보유기간이며, 취소·정지기간 제외)
    (* 다만, 현장 방문접수 시에는 응시 인원마감 등으로 시험 접수가 불가할 수도 있사오니 가급적 인터넷으로 시험 접수현황을 확인하시고 방문해주시기 바랍니다.)
  ㉣ 시험응시 수수료 : 11,500원
  ㉤ 준비물 : 운전면허증(모바일 운전면허증 제외), 6개월 이내 촬영한 3.5 x 4.5cm 컬러사진 (미제출자에 한함)
③ 시험응시
  ㉠ 각 지역본부 시험장(시험시작 20분 전까지 입실)
  ㉡ 시험과목(4과목, 회차별 80문제)

1회차	2회차	3회차	4회차
09:20 ~ 10:40	11:00 ~ 12:20	14:00 ~ 15:20	16:00 ~ 17:20

  * 지역본부에 따라 시험 횟수가 변경될 수 있음
④ 합격자 법정교육
  ㉠ 합격자 온라인 교육 신청 (신청·조회 > 화물운송 > 교육신청 > 합격자교육(온라인))
  ㉡ 합격자(총점 60%이상)에 한해 별도 안내
  ㉢ 합격자 교육준비물
   • 교육수수료 : 11,500원
   • 자격증 교부 수수료 : 10,000원
   • 사진 1매(미제출자에 한함)
   • 운전면허증 지참
⑤ 자격증 교부
  ㉠ 신청대상 : 화물운송종사 자격시험 필기시험에 합격 후 합격자 교육(8시간)을 모두 수료한 사람
  ㉡ 자격증 신청 방법 : 인터넷·방문신청
  ㉢ 자격증 교부 수수료 : 10,000원(인터넷의 경우 우편료 포함하여 온라인 결제)
  ㉣ 신청서류 : 화물운송종사 자격증 발급신청서 1부(인터넷 신청의 경우 생략)
  ㉤ 자격증 인터넷 신청 : 신청일로부터 5~10일 이내 수령가능(토·일요일, 공휴일 제외)
  ㉥ 자격증 방문 발급 : 한국교통안전공단 전국 14개 시험장 및 8개 검사소 방문·교부장소
  ㉦ 준비물 : 운전면허증(모바일 운전면허증 제외), 수수료

PART

01

교통 및
화물자동차
운수사업
관련 법규

01 도로교통법령

01 총칙

(1) 도로의 구분

① **도로법에 따른 도로** : 고속국도, 일반국도, 특별시도·광역시도, 지방도, 시도, 군도, 구도

② **유료도로법에 따른 유료 도로** : 도로법에 따른 도로로서 통행료 또는 사용료를 받는 도로

③ **농어촌도로 정비법에 따른 농어촌 도로** : 「도로법」에 규정되지 아니한 도로로서 농어촌지역 주민의 교통 편익과 생산·유통활동 등에 공용되는 공로 중 고시된 도로
　　㉠ **면도** : 군도 이상의 도로와 연결되는 읍·면 지역의 기간도로
　　㉡ **이도** : 군도 이상의 도로 및 면도와 갈라져 마을 간이나 주요 산업단지 등과 연결되는 도로
　　㉢ **농도** : 경작지 등과 연결되어 농어민의 생산활동에 직접 공용되는 도로

④ **기타 도로** : 그 밖에 현실적으로 불특정 다수의 사람 또는 차마가 통행할 수 있도록 공개된 장소로서 안전하고 원활한 교통을 확보할 필요가 있는 장소

(2) 차마 및 자동차의 구분

① **차마**
　　㉠ **차** : 자동차, 건설기계, 원동기장치자전거, 자전거, 사람 또는 가축의 힘이나 그 밖의 동력으로 도로에서 운전되는 것
　　※ 철길이나 가설된 선을 이용하여 운전되는 것, 유모차, 보행보조용 의자차, 노약자용 보행기, 실외이동로봇 등 행정안전부령으로 정하는 기구·장치는 제외한다.
　　㉡ **우마** : 교통이나 운수에 사용되는 가축

② **자동차** : 철길이나 가설된 선을 이용하지 아니하고 원동기를 사용하여 운전되는 차
　　※ 견인되는 자동차도 자동차의 일부로 본다.

> **tip 자동차의 구분**
>
> • **자동차관리법에 따른 자동차** : 승용자동차, 승합자동차, 화물자동차, 특수자동차, 이륜자동차(원동기장치자전거 제외)
> • **건설기계관리법에 따른 건설기계** : 덤프트럭, 아스팔트 살포기, 노상안정기, 콘크리트믹서트럭, 콘크리트펌프, 천공기(트럭 적재식), 특수건설기계 중 국토교통부장관이 지정하는 건설기계

③ **긴급자동차** : 소방차, 구급차, 혈액 공급차량, 그 밖에 대통령령으로 정하는 자동차

④ **노면전차** : 노면전차로서 도로에서 궤도를 이용하여 운행되는 차

(3) 용어 정의

① **자동차전용도로** : 자동차만 다닐 수 있도록 설치된 도로

② **고속도로** : 자동차의 고속 운행에만 사용하기 위하여 지정된 도로

③ **중앙선** : 차마의 통행 방향을 명확하게 구분하기 위하여 도로에 황색 실선이나 황색 점선 등의 안전표지로 표시한 선 또는 중앙분리대나 울타리 등으로 설치한 시설물
　　※ 가변차로가 설치된 경우에는 신호기가 지시하는 진행방향의 가장 왼쪽에 있는 황색 점선을 말한다.

④ **차도** : 연석선(차도와 보도를 구분하는 돌 등으로 이어진 선), 안전표지 또는 그와 비슷한 인공구조물을 이용하여 경계를 표시하여 모든 차가 통행할 수 있도록 설치된 도로의 부분

⑤ **차로** : 차마가 한 줄로 도로의 정하여진 부분을 통행하도록 차선으로 구분한 차도의 부분

⑥ **차선** : 차로와 차로를 구분하기 위하여 그 경계지점을 안전표지로 표시한 선

⑦ **보도** : 연석선, 안전표지나 그와 비슷한 인공구조물로 경계를 표시하여 보행자(유모차, 보행보조용 의자차, 노약자용 보행기 등 행정안전부령으로 정하는 기구·장치를 이용하여 통행하는 사람 및 실외이동로봇을 포함)가 통행할 수 있도록 한 도로의 부분

※ 실외이동로봇 … 지능형 로봇 중 행정안전부령으로 정하는 것을 말한다.

⑧ **횡단보도** : 보행자가 도로를 횡단할 수 있도록 안전표지로 표시한 도로의 부분

⑨ **안전지대** : 도로를 횡단하는 보행자나 통행하는 차마의 안전을 위하여 안전표지나 이와 비슷한 인공구조물로 표시한 도로의 부분

⑩ **길가장자리구역** : 보도와 차도가 구분되지 아니한 도로에서 보행자의 안전을 확보하기 위하여 안전표지 등으로 경계를 표시한 도로의 가장자리 부분

⑪ **교차로** : '십'자로, 'T'자로나 그 밖에 둘 이상의 도로(보도와 차도가 구분되어 있는 도로에서는 차도)가 교차하는 부분

⑫ **서행** : 운전자가 차 또는 노면전차를 즉시 정지시킬 수 있는 정도의 느린 속도로 진행하는 것

⑬ **일시정지** : 차 또는 노면전차의 운전자가 그 차 또는 노면전차의 바퀴를 일시적으로 완전히 정지시키는 것

⑭ **주차** : 운전자가 승객을 기다리거나 화물을 싣거나 차가 고장 나거나 그 밖의 사유로 차를 계속 정지 상태에 두는 것 또는 운전자가 차에서 떠나서 즉시 그 차를 운전할 수 없는 상태에 두는 것

⑮ **정차** : 운전자가 5분을 초과하지 아니하고 차를 정지시키는 것으로서 주차 외의 정지 상태

⑯ **앞지르기** : 차의 운전자가 앞서가는 다른 차의 옆을 지나서 그 차의 앞으로 나가는 것

⑰ **운전** : 도로(술에 취한 상태에서의 운전금지, 과로한 때 등의 운전금지, 사고발생시의 조치 등은 도로 외의 곳을 포함)에서 차마 또는 노면전차를 그 본래의 사용방법에 따라 사용하는 것(조종 또는 자율주행시스템을 사용하는 것을 포함)

⑱ **모범운전자** : 무사고운전자 또는 유공운전자의 표시장을 받거나 2년 이상 사업용 자동차 운전에 종사하면서 교통사고를 일으킨 전력이 없는 사람으로서 경찰청장이 정하는 바에 따라 선발되어 교통안전 봉사활동에 종사하는 사람

02 신호기 및 안전표지

(1) 차량신호등

① 원형 등화

신호의 종류	신호의 뜻
녹색의 등화	• 차마는 직진 또는 우회전할 수 있다. • 비보호좌회전표지 또는 비보호좌회전표시가 있는 곳에서는 좌회전할 수 있다.
황색의 등화	• 차마는 정지선이 있거나 횡단보도가 있을 때에는 그 직전이나 교차로의 직전에 정지하여야 하며, 이미 교차로에 차마의 일부라도 진입한 경우에는 신속히 교차로 밖으로 진행하여야 한다. • 차마는 우회전할 수 있고 우회전하는 경우에는 보행자의 횡단을 방해하지 못한다.
적색의 등화	• 차마는 정지선, 횡단보도 및 교차로의 직전에서 정지해야 한다. • 차마는 우회전하려는 경우 정지선, 횡단보도 및 교차로의 직전에서 정지한 후 신호에 따라 진행하는 다른 차마의 교통을 방해하지 않고 우회전할 수 있다(차마는 우회전 삼색등이 적색의 등화인 경우 우회전할 수 없다).
황색등화의 점멸	• 차마는 다른 교통 또는 안전표지의 표시에 주의하면서 진행할 수 있다.
적색등화의 점멸	• 차마는 정지선이나 횡단보도가 있을 때에는 그 직전이나 교차로의 직전에 일시정지한 후 다른 교통에 주의하면서 진행할 수 있다.

② 화살표 등화

신호의 종류	신호의 뜻
녹색화살표의 등화	• 차마는 화살표시 방향으로 진행할 수 있다.
황색화살표의 등화	• 화살표시 방향으로 진행하려는 차마는 정지선이 있거나 횡단보도가 있을 때에는 그 직전이나 교차로의 직전에 정지하여야 하며, 이미 교차로에 차마의 일부라도 진입한 경우에는 신속히 교차로 밖으로 진행하여야 한다.
적색화살표의 등화	• 화살표시 방향으로 진행하려는 차마는 정지선, 횡단보도 및 교차로의 직전에서 정지하여야 한다.
황색화살표등화의 점멸	• 차마는 다른 교통 또는 안전표지의 표시에 주의하면서 화살표시 방향으로 진행할 수 있다.
적색화살표등화의 점멸	• 차마는 정지선이나 횡단보도가 있을 때에는 그 직전이나 교차로의 직전에 일시정지한 후 다른 교통에 주의하면서 화살표시 방향으로 진행할 수 있다.

③ 사각형 등화

신호의 종류	신호의 뜻
녹색화살표 등화(하향)	• 차마는 화살표로 지정한 차로로 진행할 수 있다.
적색×표 표시의 등화	• 차마는 ×표가 있는 차로로 진행할 수 없다.
적색×표 표시 등화의 점멸	• 차마는 ×표가 있는 차로로 진입할 수 없고, 이미 차마의 일부라도 진입한 경우에는 신속히 그 차로 밖으로 진로를 변경하여야 한다.

(2) 보행신호등 및 버스신호등

① 보행신호등

신호의 종류	신호의 뜻
녹색의 등화	• 보행자는 횡단보도를 횡단할 수 있다.
녹색 등화의 점멸	• 보행자는 횡단을 시작하여서는 아니 되고, 횡단하고 있는 보행자는 신속하게 횡단을 완료하거나 그 횡단을 중지하고 보도로 되돌아와야 한다.
적색의 등화	• 보행자는 횡단보도를 횡단하여서는 아니 된다.

② 버스신호등

신호의 종류	신호의 뜻
녹색의 등화	• 버스전용차로에 차마는 직진할 수 있다.
황색의 등화	• 버스전용차로에 있는 차마는 정지선이 있거나 횡단보도가 있을 때에는 그 직전이나 교차로의 직전에 정지하여야 하며, 이미 교차로에 차마의 일부라도 진입한 경우에는 신속히 교차로 밖으로 진행하여야 한다.
적색의 등화	• 버스전용차로에 있는 차마는 정지선, 횡단보도 및 교차로의 직전에서 정지하여야 한다.
황색등화의 점멸	• 버스전용차로에 있는 차마는 다른 교통 또는 안전표지의 표시에 주의하면서 진행할 수 있다.
적색등화의 점멸	• 버스전용차로에 있는 차마는 정지선이나 횡단보도가 있을 때에는 그 직전이나 교차로의 직전에 일시정지한 후 다른 교통에 주의하면서 진행할 수 있다.

(3) 안전표지의 종류

① 주의표지 : 도로상태가 위험하거나 도로 또는 그 부근에 위험물이 있는 경우에 필요한 안전조치를 할 수 있도록 이를 도로사용자에게 알리는 표지

② 규제표지 : 도로교통의 안전을 위하여 각종 제한·금지 등의 규제를 하는 경우에 이를 도로 사용자에게 알리는 표지

③ 지시표지 : 도로의 통행방법·통행구분 등 도로교통의 안전을 위하여 필요한 지시를 하는 경우에 도로사용자가 이를 따르도록 알리는 표지

④ 보조표지 : 주의표지·규제표지 또는 지시표지의 주기능을 보충하여 도로사용자에게 알리는 표지

⑤ 노면표시 : 도로교통의 안전을 위하여 각종 주의·규제·지시 등의 내용을 노면에 기호·문자 또는 선으로 도로사용자에게 알리는 표시

※ 노면표시에 사용되는 각종 선에서 점선은 허용, 실선은 제한, 복선은 의미의 강조를 나타낸다.

- **백색** : 동일방향의 교통류 분리 및 경계 표시
- **황색** : 반대방향의 교통류분리 또는 도로이용의 제한 및 지시(중앙선표시, 노상장애물 중 도로중앙장애물표시, 주차금지표시, 정차 · 주차금지 표시 및 안전지대표시)
- **청색** : 지정방향의 교통류 분리 표시(버스전용차로표시 및 다인승차량 전용차선표시)
- **적색** : 어린이보호구역 또는 주거지역 안에 설치하는 속도제한표시의 테두리선 및 소방시설 주변 정차 · 주차금지표시에 사용

03 차마의 통행

(1) 차로에 따른 통행차의 기준

① 고속도로

도로	차로구분	통행할 수 있는 차종
편도 2차로	1차로	• 앞지르기를 하려는 모든 자동차. 다만, 차량통행량 증가 등 도로상황으로 인하여 부득이하게 시속 80킬로미터 미만으로 통행할 수밖에 없는 경우에는 앞지르기를 하는 경우가 아니라도 통행할 수 있다.
	2차로	• 모든 자동차
편도 3차로 이상	1차로	• 앞지르기를 하려는 승용자동차 및 앞지르기를 하려는 경형 · 소형 · 중형 승합자동차. 다만, 차량통행량 증가 등 도로상황으로 인하여 부득이하게 시속 80킬로미터 미만으로 통행할 수밖에 없는 경우에는 앞지르기를 하는 경우가 아니라도 통행할 수 있다.
	왼쪽 차로	• 승용자동차 및 경형 · 소형 · 중형 승합자동차
	오른쪽 차로	• 대형 승합자동차, 화물자동차, 특수자동차, 법에 따른 건설기계

② 고속도로 외의 도로

차로구분	통행할 수 있는 차종
왼쪽 차로	• 승용자동차 및 경형 · 소형 · 중형 승합자동차
오른쪽 차로	• 대형승합자동차, 화물자동차, 특수자동차, 법에 따른 건설기계, 이륜자동차, 원동기장치자전거(개인형 이동장치 제외)

※ 위 표에서 사용하는 용어의 뜻

㉠ **왼쪽 차로**
- 고속도로의 경우 : 1차로를 제외한 차로를 반으로 나누어 그 중 1차로에 가까운 부분의 차로. 다만, 1차로를 제외한 차로의 수가 홀수인 경우 그 중 가운데 차로는 제외한다.
- 고속도로 외의 도로의 경우 : 차로를 반으로 나누어 1차로에 가까운 부분의 차로. 다만, 차로수가 홀수인 경우 가운데 차로는 제외한다.

㉡ **오른쪽 차로**
- 고속도로의 경우 : 1차로와 왼쪽 차로를 제외한 나머지 차로
- 고속도로 외의 도로의 경우 : 왼쪽 차로를 제외한 나머지 차로

(2) 차로에 따른 통행차의 기준에 의한 통행방법

① 보도와 차도가 구분된 도로에서는 차도를 통행하여야 한다.
  ※ 도로 외의 곳으로 출입할 때에는 보도를 횡단하여 통행할 수 있다.

② 도로 외의 곳으로 출입할 때 보도를 횡단하기 직전에 일시정지하여 좌측과 우측 부분 등을 살핀 후 보행자의 통행을 방해하지 아니하도록 횡단하여야 한다.

③ 도로(보도와 차도가 구분된 도로에서는 차도)의 중앙(중앙선이 설치되어 있는 경우에는 그 중앙선을 말한다) 우측 부분을 통행하여야 한다.

④ 안전지대 등 안전표지에 의하여 진입이 금지된 장소에 들어가서는 아니 된다.

⑤ 차마(자전거등은 제외)의 운전자는 안전표지로 통행이 허용된 장소를 제외하고는 자전거도로 또는 길가장자리구역으로 통행하여서는 아니 된다.

⑥ 앞지르기를 할 때에는 지정된 차로의 왼쪽 바로 옆 차로로 통행할 수 있다.

(3) 도로의 중앙이나 좌측 부분을 통행할 수 있는 경우

① 도로가 일방통행인 경우

② 도로의 파손, 도로공사나 그 밖의 장애 등으로 도로의 우측 부분을 통행할 수 없는 경우

③ 도로 우측 부분의 폭이 6미터가 되지 아니하는 도로에서 다른 차를 앞지르려는 경우

  ※ 도로의 좌측 부분을 확인할 수 없는 경우, 반대 방향의 교통을 방해할 우려가 있는 경우, 안전표지 등으로 앞지르기를 금지하거나 제한하고 있는 경우에는 통행할 수 없다.

④ 도로 우측 부분의 폭이 차마의 통행에 충분하지 아니한 경우

⑤ 가파른 비탈길의 구부러진 곳에서 교통의 위험을 방지하기 위하여 시·도경찰청장이 필요하다고 인정하여 구간 및 통행방법을 지정하고 있는 경우에 그 지정에 따라 통행하는 경우

(4) 도로의 가장 오른쪽 차로를 통행하여야 하는 차마

① 자전거

② 우마

③ 법에 따른 건설기계 이외의 건설기계

④ 다음의 위험물 등을 운반하는 자동차
  ㉠ 지정수량 이상의 위험물
  ㉡ 화약류
  ㉢ 유독물질
  ㉣ 의료폐기물
  ㉤ 고압가스
  ㉥ 액화석유가스
  ㉦ 방사선물질 또는 그에 따라 오염된 물질
  ㉧ 제조 등이 금지되는 유해물질과 허가 대상 유해물질
  ㉨ 「농약관리법」에 따른 원제

⑤ 그 밖에 사람 또는 가축의 힘이나 그 밖의 동력으로 도로에서 운행되는 것

(5) 안전거리확보 등

① 같은 방향으로 가고 있는 앞차의 뒤를 따르는 경우에는 앞차가 갑자기 정지하게 되는 경우 그 앞차와의 충돌을 피할 수 있는 필요한 거리를 확보하여야 한다.

② 같은 방향으로 가고 있는 자전거 운전자에 주의하여야 하며, 그 옆을 지날 때에는 그 자전거와의 충돌을 피할 수 있도록 거리를 확보하여야 한다.

③ 차의 진로를 변경하려는 경우에 그 변경하려는 방향으로 오고 있는 다른 차의 정상적인 통행에 장애를 줄 우려가 있을 때에는 진로를 변경하여서는 아니 된다.

④ 위험방지를 위한 경우와 그 밖의 부득이한 경우가 아니면 운전하는 차를 갑자기 정지시키거나 속도를 줄이는 등의 급제동을 하여서는 아니 된다.

(6) 진로양보의무

① 느린 속도로 가려는 경우 : 긴급자동차를 제외한 모든 차의 운전자는 뒤에서 따라오는 차보다 느린 속도로 가려는 경우에는 도로의 우측 가장자리로 피하여 진로를 양보하여야 한다.

  ※ 통행 구분이 설치된 도로의 경우에는 그러하지 아니하다.

② 좁은 도로 : 좁은 도로에서 긴급자동차 외의 자동차가 서로 마주보고 진행할 때에는 다음의 구분에 따른 자동차가 도로의 우측 가장자리로 피하여 진로를 양보하여야 한다.
  ㉠ 비탈진 좁은 도로에서 자동차가 서로 마주보고 진행하는 경우에는 올라가는 자동차
  ㉡ 비탈진 좁은 도로 외의 좁은 도로에서 사람을 태웠거나 물건을 실은 자동차와 동승자가 없고 물건을 싣지 아니한 자동차가 서로 마주보고 진행하는 경우에는 동승자가 없고 물건을 싣지 아니한 자동차

③ 회전교차로 : 회전교차로에 진입하려는 경우 이미 진행하고 있는 다른 차가 있는 때에는 그 차에 진로를 양보하여야 한다.

(7) 승차 및 적재의 방법과 제한

① 안전기준 내에서 운전
  ㉠ 모든 차의 운전자는 승차 인원, 적재중량 및 적재용량에 관하여 대통령령으로 정하는 운행상의 안전기준을 넘어서 승차시키거나 적재한 상태로 운전하여서는 아니 된다.

tip 대통령령으로 정하는 운행상의 안전기준

- 화물자동차의 적재중량은 구조 및 성능에 따르는 적재 중량의 110퍼센트 이내
- 화물자동차의 적재용량은 다음의 구분에 따른 기준을 넘지 아니할 것
  - 길이 : 자동차 길이에 그 길이의 10분의 1을 더한 길이 (이륜자동차는 그 승차장치의 길이 또는 적재장치의 길이에 30센티미터를 더한 길이)
  - 너비 : 자동차의 후사경으로 뒤쪽을 확인할 수 있는 범위(후사경의 높이보다 낮게 적재한 경우에는 그 화물을, 후사경의 높이보다 높게 적재한 경우에는 뒤쪽을 확인할 수 있는 범위)의 너비
  - 높이 : 화물자동차는 지상으로부터 4미터(도로구조의 보전과 통행의 안전에 지장이 없다고 인정하여 고시한 도로 노선의 경우에는 4.2미터), 소형 3륜자동차는 지상으로부터 2.5미터, 이륜자동차는 지상으로부터 2미터의 높이

ⓛ 안전기준을 넘을 경우 : 출발지를 관할하는 경찰서장의 허가를 받아 운행할 수 있다.

tip 경찰서장의 허가 사항

- 전신·전화·전기공사, 수도공사, 제설작업 그 밖에 공익을 위한 공사 또는 작업을 위하여 부득이 화물자동차의 승차정원을 넘어서 운행하고자 하는 경우
- 분할할 수 없어 화물자동차의 적재중량 및 적재용량에 따른 기준을 적용할 수 없는 화물을 수송하는 경우

※ 안전기준을 넘는 화물의 적재허가를 받은 사람은 그 길이 또는 폭의 양끝에 너비 30센티미터, 길이 50센티미터 이상의 빨간 헝겊으로 된 표지를 달아야 한다. 다만, 밤에 운행하는 경우에는 반사체로 된 표지를 달아야 한다.

② 운전 중 타고 있는 사람 또는 타고 내리는 사람이 떨어지지 아니하도록 하기 위하여 문을 정확히 여닫는 등 필요한 조치를 하여야 한다.

③ 운전 중 실은 화물이 떨어지지 아니하도록 덮개를 씌우거나 묶는 등 확실하게 고정될 수 있도록 필요한 조치를 하여야 한다.

④ 영유아나 동물을 안고 운전 장치를 조작하거나 운전석 주위에 물건을 싣는 등 안전에 지장을 줄 우려가 있는 상태로 운전하여서는 아니 된다.

⑤ 승차 인원, 적재중량, 적재용량의 제한 : 시·도경찰청장은 도로에서의 위험을 방지하고 교통의 안전과 원활한 소통을 확보하기 위하여 필요하다고 인정하는 경우에는 차의 운전자에 대하여 승차 인원, 적재중량 또는 적재용량을 제한할 수 있다.

04 자동차등의 속도

(1) 도로별 차로 등에 따른 속도

① 일반도로

도로 구분	최고속도	최저속도
주거지역·상업지역·공업지역	• 매시 50km 이내 • 시·도경찰청장이 지정한 노선 또는 구간 : 매시 60km 이내	제한 없음
주거지역·상업지역·공업지역 외	• 매시 60km 이내 • 편도 2차로 이상의 도로 : 매시 80km 이내	

② 고속도로

도로 구분		최고속도	최저속도
편도 2차로 이상	모든 고속도로	• 매시 100km • 적재중량 1.5톤을 초과하는 화물자동차, 특수자동차, 위험물운반자동차, 건설기계 : 매시 80km	매시 50km
	경찰청장이 지정·고시한 노선 또는 구간의 고속도로	• 매시 120km 이내 • 적재중량 1.5톤을 초과하는 화물자동차·특수자동차·위험물운반자동차 및 건설기계 : 매시 90km 이내	
편도 1차로		80km 매시	

③ 자동차 전용도로

도로 구분	최고속도	최저속도
자동차 전용도로	• 매시 90km	매시 30km

④ 보행자우선도로 : 시·도경찰청장이나 경찰서장은 보행자우선도로에서 보행자를 보호하기 위하여 필요하다고 인정하는 경우에는 차마의 통행속도를 시속 20킬로미터 이내로 제한할 수 있다.

(2) 이상 기후 시의 운행 속도

이상기후 상태	운행속도
• 비가 내려 노면이 젖어있는 경우 • 눈이 20밀리미터 미만 쌓인 경우	최고속도의 100분의 20을 줄인 속도
• 폭우·폭설·안개 등으로 가시거리가 100미터 이내인 경우 • 노면이 얼어붙은 경우 • 눈이 20밀리미터 이상 쌓인 경우	최고속도의 100분의 50을 줄인 속도

05 서행 및 일시정지 등

(1) 서행

① 서행해야 할 경우
  ㉠ 교차로에서 좌·우회전할 때 각각 서행
  ㉡ 회전교차로에 진입하려는 경우에는 서행
  ㉢ 교통정리를 하고 있지 아니하는 교차로에 들어가려고 하는 차의 운전자는 그 차가 통행하고 있는 도로의 폭보다 교차하는 도로의 폭이 넓은 경우에는 서행
  ㉣ 도로에 설치된 안전지대에 보행자가 있는 경우와 차로가 설치되지 아니한 좁은 도로에서 보행자의 옆을 지나는 경우에는 안전한 거리를 두고 서행

② 서행해야 할 장소
  ㉠ 교통정리를 하고 있지 아니하는 교차로
  ㉡ 도로가 구부러진 부근
  ㉢ 비탈길의 고갯마루 부근
  ㉣ 가파른 비탈길의 내리막
  ㉤ 시·도경찰청장이 필요하다고 인정하여 안전표지로 지정한 곳

(2) 일시정지 및 정지

① 일시정지 해야 할 경우
  ㉠ 회전교차로에 진입하려는 경우에는 서행하거나 일시정지
  ㉡ 보도를 횡단하기 직전에 일시정지하여 좌측과 우측 부분 등을 살핀 후 보행자의 통행을 방해하지 아니하도록 횡단

  ㉢ 철길 건널목을 통과하려는 경우에는 건널목 앞에서 일시정지
  ㉣ 보행자(자전거에서 내려서 자전거를 끌고 통행하는 자전거 운전자 포함)가 횡단보도를 통행하고 있을 때에는 보행자의 횡단을 방해하거나 위험을 주지 아니하도록 그 횡단보도 앞(정지선이 설치되어 있는 곳에서는 그 정지선)에서 일시정지
  ㉤ 보행자가 횡단보도가 설치되어 있지 아니한 도로를 횡단하고 있을 때에는 안전거리를 두고 일시정지
  ㉥ 어린이 보호구역 내에 설치된 횡단보도 중 신호기가 설치되지 아니한 횡단보도 앞(정지선이 설치된 경우에는 그 정지선)에서는 보행자의 횡단 여부와 관계없이 일시정지
  ㉦ 보행자전용도로의 통행이 허용된 차의 운전자는 보행자를 위험하게 하거나 보행자의 통행을 방해하지 아니하도록 차마를 보행자의 걸음 속도로 운행하거나 일시정지
  ㉧ 교차로나 그 부근에서 긴급자동차가 접근하는 경우에는 교차로를 피하여 일시정지
  ㉨ 교통정리를 하고 있지 아니하고 좌우를 확인할 수 없거나 교통이 빈번한 교차로
  ㉩ 시·도경찰청장이 필요하다고 인정하여 안전표지로 지정한 곳
  ㉠ 어린이가 보호자 없이 도로를 횡단할 때
  ㉡ 어린이가 도로에서 앉아 있거나 서 있을 때 또는 어린이가 도로에서 놀이를 할 때 등 어린이에 대한 교통사고의 위험이 있는 것을 발견한 경우
  ㉢ 앞을 보지 못하는 사람이 흰색 지팡이를 가지거나 장애인보조견을 동반하는 등의 조치를 하고 횡단하고 있는 경우
  ㉤ 지하도나 육교 등 도로 횡단시설을 이용할 수 없는 지체장애인이나 노인 등이 도로를 횡단하고 있는 경우에는 일시정지
  ㉭ 어린이통학버스가 도로에 정차하여 어린이나 영유아가 타고 내리는 중임을 표시하는 점멸등 등의 장치를 작동 중일 때에는 어린이통학버스가 정차한 차로와 그 차로의 바로 옆 차로로 통행하는 차의 운전자는 어린이통학버스에 이르기 전에 일시정지

ⓐ 차량신호등이 적색등화의 점멸인 경우 차마는 정지선이나 횡단보도가 있을 때에는 그 직전이나 교차로의 직전에 일시정지

ⓓ 전거등이 자전거횡단도를 통행하고 있을 때에는 자전거등의 횡단을 방해하거나 위험하게 하지 아니하도록 그 자전거횡단도 앞(정지선이 설치되어 있는 곳에서는 그 정지선)에서 일시정지

ⓔ 보도와 차도가 구분되지 아니한 도로 중 중앙선이 없는 도로, 보행자우선도로, 도로 외의 곳에서 보행자의 옆을 지나는 경우에는 안전한 거리를 두고 서행하여야 하며, 보행자의 통행에 방해가 될 때에는 서행하거나 일시정지

② 정지해야 할 경우

㉠ 정지선이 있거나 횡단보도가 있을 때에는 그 직전이나 교차로의 직전에 정지하여야 하며, 이미 교차로에 차마의 일부라도 진입한 경우에는 신속히 교차로 밖으로 진행하여야 한다.

㉡ 정지선, 횡단보도 및 교차로의 직전에서 정지하여야 한다. 다만, 신호에 따라 진행하는 다른 차마의 교통을 방해하지 아니하고 우회전할 수 있다.

06 교차로 통행방법

(1) 통행방법

① 교차로 통행방법

㉠ 우회전 하려는 경우
- 미리 도로의 우측 가장자리를 서행하면서 우회전하여야 한다.
- 이 경우 우회전하는 차의 운전자는 신호에 따라 정지하거나 진행하는 보행자 또는 자전거등에 주의하여야 한다.

㉡ 좌회전 하려는 경우
- 미리 도로의 중앙선을 따라 서행하면서 교차로의 중심 안쪽을 이용하여 좌회전하여야 한다.
- 시·도경찰청장이 교차로의 상황에 따라 특히 필요하다고 인정하여 지정한 곳에서는 교차로의 중심 바깥쪽을 통과할 수 있다.

㉢ 우회전이나 좌회전을 하기 위하여 손이나 방향지시기 또는 등화로써 신호를 하는 차가 있는 경우에 그 뒤차의 운전자는 신호를 한 앞차의 진행을 방해하여서는 아니 된다.

㉣ 신호기로 교통정리를 하고 있는 교차로에 들어가려는 경우에는 진행하려는 진로의 앞쪽에 있는 차 또는 노면전차의 상황에 따라 교차로(정지선이 설치되어 있는 경우에는 그 정지선을 넘은 부분을 말한다)에 정지하게 되어 다른 차 또는 노면전차의 통행에 방해가 될 우려가 있는 경우에는 그 교차로에 들어가서는 아니 된다.

㉤ 교통정리를 하고 있지 아니하고 일시정지나 양보를 표시하는 안전표지가 설치되어 있는 교차로에 들어가려고 할 때에는 다른 차의 진행을 방해하지 아니하도록 일시정지하거나 양보하여야 한다.

② 회전교차로 통행방법

㉠ 회전교차로에서는 반시계방향으로 통행하여야 한다.

㉡ 회전교차로에 진입하려는 경우에는 서행하거나 일시정지하여야 하며, 이미 진행하고 있는 다른 차가 있는 때에는 그 차에 진로를 양보하여야 한다.

㉢ 회전교차로 통행을 위하여 손이나 방향지시기 또는 등화로써 신호를 하는 차가 있는 경우 그 뒤차의 운전자는 신호를 한 앞차의 진행을 방해하여서는 아니 된다.

(2) 교통정리가 없는 교차로에서의 양보운전

① 교통정리를 하고 있지 아니하는 교차로에 들어가려고 하는 차의 운전자는 이미 교차로에 들어가 있는 다른 차가 있을 때에는 그 차에 진로를 양보하여야 한다.

② 교통정리를 하고 있지 아니하는 교차로에 들어가려고 하는 차의 운전자는 그 차가 통행하고 있는 도로의 폭보다 교차하는 도로의 폭이 넓은 경우에는 서행하여야 하며, 폭이 넓은 도로로부터 교차로에 들어가려고 하는 다른 차가 있을 때에는 그 차에 진로를 양보하여야 한다.

③ 교통정리를 하고 있지 아니하는 교차로에 동시에 들어가려고 하는 차의 운전자는 우측도로의 차에 진로를 양보하여야 한다.

④ 교통정리를 하고 있지 아니하는 교차로에서 좌회전하려고 하는 차의 운전자는 그 교차로에서 직진하거나 우회전하려는 다른 차가 있을 때에는 그 차에 진로를 양보하여야 한다.

07 통행의 우선순위

(1) 긴급자동차의 우선통행 등

① 긴급하고 부득이한 경우에는 도로의 중앙이나 좌측 부분을 통행할 수 있다.

② 도로교통법에 따라 정지하여야 하는 경우에도 불구하고 긴급하고 부득이한 경우에는 정지하지 아니할 수 있다.

③ 긴급자동차의 운전자는 위의 ①과 ②의 경우에 교통안전에 특히 주의하면서 통행하여야 한다.

④ 교차로나 그 부근에서 긴급자동차가 접근하는 경우에는 차마와 노면전차의 운전자는 교차로를 피하여 일시정지하여야 한다.

⑤ 교차로나 그 부근 외의 곳에서 긴급자동차가 접근한 경우에는 긴급자동차가 우선통행할 수 있도록 진로를 양보하여야 한다.

⑥ 소방차·구급차·혈액 공급차량 등의 자동차 운전자는 해당 자동차를 그 본래의 긴급한 용도로 운행하지 아니하는 경우에는 경광등을 켜거나 사이렌을 작동하여서는 아니 된다.

  ※ 다만, 대통령령으로 정하는 바에 따라 범죄 및 화재 예방 등을 위한 순찰·훈련 등을 실시하는 경우에는 그러하지 아니하다.

(2) 긴급자동차에 대한 특례

① 긴급자동차에 대하여 적용 예외 사항

  ㉠ 자동차의 속도 제한(다만, 긴급자동차에 대하여 속도를 제한한 경우에는 속도제한 규정을 적용)

  ㉡ 앞지르기 금지

  ㉢ 끼어들기 금지

② 소방차, 구급차, 혈액 공급차량과 대통령령으로 정하는 경찰용 자동차에 대해서 적용 예외

  ㉠ 신호위반

  ㉡ 보도침범

  ㉢ 중앙선침범

  ㉣ 횡단 등의 금지

  ㉤ 안전거리 확보 등

  ㉥ 앞지르기 방법 등

  ㉦ 정차 및 주차의 금지

  ㉧ 주차금지

  ㉨ 고장 등의 조치

08 자동차의 정비 및 점검

(1) 자동차의 정비

① 모든 차의 사용자, 정비책임자 또는 운전자는 자동차관리법·건설기계관리법이나 그 법에 따른 명령에 의한 장치가 정비되어 있지 아니한 차를 운전하도록 시키거나 운전하여서는 아니 된다.

② 운송사업용 자동차, 화물자동차 및 노면전차 등의 운전자의 금지행위

  ㉠ 운행기록계가 설치되어 있지 아니하거나 고장 등으로 사용할 수 없는 운행기록계가 설치된 자동차를 운전하는 행위

  ㉡ 운행기록계를 원래의 목적대로 사용하지 아니하고 자동차를 운전하는 행위

  ㉢ 승차를 거부하는 행위(사업용 승합자동차와 노면전차 운전자에 한정)

(2) 자동차의 점검

① 경찰공무원은 정비불량차에 해당한다고 인정하는 차가 운행되고 있는 경우에는 운전자에게 그 차의 자동차등록증 또는 자동차운전면허증을 제시하도록 요구하고 그 차의 장치를 점검할 수 있다.

② 경찰공무원은 점검한 결과 정비불량 사항이 발견된 경우에는 정비불량 상태의 정도에 따라 그 차의 운전자로 하여금 응급조치를 하게 한 후에 운전을 하도록 하거나 도로 또는 교통 상황을 고려하여 통행구간, 통행로와 위험방지를 위한 필요한 조건을 정한 후 그에 따라 운전을 계속하게 할 수 있다.

③ 시·도경찰청장은 ②에도 불구하고 정비상태가 불량하여 위험발생 우려가 있는 경우에는 그 차의 자동차등록증을 보관하고 10일 범위에서 운전의 일시정지를 명할 수 있다.

(1) 운전할 수 있는 차의 종류

① 제1종

면허구분	운전할 수 있는 차량
대형면허	• 승용자동차, 승합자동차, 화물자동차 • 건설기계 –덤프트럭, 아스팔트살포기, 노상안정기 –콘크리트믹서트럭, 콘크리트펌프 –천공기(트럭 적재식) –콘크리트믹서트레일러 –아스팔트콘크리트재생기 –도로보수트럭 –3톤 미만의 지게차 • 특수자동차(대형견인차, 소형견인차 및 구난차등은 제외) • 원동기장치자전거
보통면허	• 승용자동차 • 승차정원 15명 이하의 승합자동차 • 적재중량 12톤 미만의 화물자동차 • 건설기계(도로를 운행하는 3톤 미만의 지게차로 한정한다) • 총중량 10톤 미만의 특수자동차(구난차등은 제외한다) • 원동기장치자전거
소형면허	• 3륜화물자동차 • 3륜승용자동차 • 원동기장치자전거
특수면허	대형 견인차 • 견인형 특수자동차 • 제2종 보통면허로 운전할 수 있는 차량
	소형 견인차 • 총중량 3.5톤 이하의 견인형 특수자동차 • 제2종 보통면허로 운전할 수 있는 차량
	구난차 • 구난형 특수자동차 • 제2종보통면허로 운전할 수 있는 차량

② 제2종

면허구분	운전할 수 있는 차량
보통면허	• 승용자동차 • 승차정원 10명 이하의 승합자동차 • 적재중량 4톤 이하의 화물자동차 • 총중량 3.5톤 이하의 특수자동차(구난차등은 제외한다) • 원동기장치자전거
소형면허	• 이륜자동차(운반차를 포함한다) • 원동기장치자전거
원동기장치 자전거면허	원동기장치자전거

③ 연습면허

면허구분	운전할 수 있는 차량
제1종 보통	• 승용자동차 • 승차정원 15명 이하의 승합자동차 • 적재중량 12톤 미만의 화물자동차
제2종 보통	• 승용자동차 • 승차정원 10명 이하의 승합자동차 • 적재중량 4톤 이하의 화물자동차

※ 위험물 등을 운반하는 적재중량 3톤 이하 또는 적재용량 3천리터 이하의 화물자동차는 제1종 보통면허가 있어야 운전을 할 수 있고, 적재중량 3톤 초과 또는 적재용량 3천리터 초과의 화물자동차는 제1종 대형면허가 있어야 운전할 수 있다.

※ 피견인자동차는 제1종 대형면허, 제1종 보통면허 또는 제2종 보통면허를 가지고 있는 사람이 그 면허로 운전할 수 있는 자동차(이륜자동차는 제외)로 견인할 수 있다. 이 경우, 총중량 750킬로그램을 초과하는 3톤 이하의 피견인자동차를 견인하기 위해서는 견인하는 자동차를 운전할 수 있는 면허와 소형견인차면허 또는 대형견인차면허를 가지고 있어야 하고, 3톤을 초과하는 피견인자동차를 견인하기 위해서는 견인하는 자동차를 운전할 수 있는 면허와 대형견인차면허를 가지고 있어야 한다.

(2) 운전면허취득 응시기간의 제한

제한기간	위반 내용
1년	• 무면허운전금지 또는 국제운전면허증 또는 상호인정외국면허증에 의한 자동차등의 운전금지를 위반하여 자동차등을 운전한 경우에는 그 위반한 날(운전면허효력 정지기간에 운전하여 취소된 경우에는 그 취소된 날)부터 1년 • 위의 규정과 아래 2년~5년까지의 규정에 따른 경우가 아닌 다른 사유로 운전면허가 취소된 경우에는 운전면허 취소된 날부터 1년 ※ 다만, 적성검사를 받지 아니하여 운전면허가 취소된 경우에는 그러하지 아니하다.
2년	• 무면허운전금지 또는 국제운전면허증 또는 상호인정외국면허증에 의한 자동차등의 운전금지를 3회 이상 위반하여 자동차 등을 운전한 경우에는 그 위반한 날부터 2년 • 음주운전 또는 경찰공무원의 음주측정을 2회 이상 위반(무면허운전 금지 등 위반 포함)한 경우에는 운전면허가 취소된 날(무면허운전 등을 위반한 경우 그 위반한 날)부터 2년 • 음주운전 또는 경찰공무원의 음주측정을 위반(무면허운전 금지 등 위반 포함)하여 교통사고를 일으킨 경우 • 공동 위험행위의 금지를 2회 이상 위반(무면허운전 금지 등 위반 포함)한 경우에는 운전면허가 취소된 날(무면허운전 금지 등을 위반한 경우 그 위반한 날)부터 2년 • 운전면허를 받을 수 없는 사람이 운전면허를 받거나 운전면허효력의 정지기간 중 운전면허증 또는 운전면허증을 갈음하는 증명서를 발급받은 사실이 드러나 운전면허가 취소된 경우 취소된 날(무면허운전 금지 또는 국제운전면허 금지규정을 함께 위반한 경우에는 그 위반한 날)부터 2년 • 다른 사람의 자동차 등을 훔치거나 빼앗은 경우에는 운전면허가 취소된 날(무면허운전 금지 등을 위반한 경우 그 위반한 날)부터 2년 • 다른 사람이 부정하게 운전면허를 받도록 하기 위하여 운전면허시험에 대신 응시한 경우에는 운전면허가 취소된 날(무면허운전 금지 등을 위반한 경우 그 위반한 날)부터 2년
3년	• 음주운전 또는 경찰공무원의 음주측정을 위반하여 운전을 하다가 2회 이상 교통사고를 일으킨 경우에는 운전면허가 취소된 날부터 3년 • 자동차 등을 이용하여 범죄행위를 하거나 다른 사람의 자동차 등을 훔치거나 빼앗은 사람이 무면허운전 금지 규정을 위반하여 그 자동차 등을 운전한 경우에는 그 위반한 날부터 3년
4년	• 무면허운전 금지, 음주운전 금지, 과로·질병·약물의 영향과 그 밖의 사유로 정상적으로 운전하지 못할 우려가 있는 상태에서 자동차 등 또는 노면전차 운전금지, 공동 위험행위의 금지 규정 외의 사유로 사람을 사상한 후 구호조치 및 사고발생에 따른 신고를 하지 아니한 경우에는 운전면허가 취소된 날부터 4년
5년	• 무면허운전금지 또는 국제운전면허증 또는 상호인정외국면허증에 의한 자동차등의 운전금지를 위반하여 사람을 사상한 후 구호조치 및 사고발생에 따른 신고를 하지 아니한 경우에는 그 위반한 날부터 5년 • 술에 취한 상태에서의 운전 금지, 과로·질병·약물의 영향과 그 밖의 사유로 정상적으로 운전하지 못할 우려가 있는 상태에서의 운전금지, 공동위험행위의 금지를 위반(무면허운전 금지 등 위반 포함)하여 사람을 사상한 후 필요한 조치 및 신고를 하지 아니한 경우에는 운전면허가 취소된 날(무면허운전 금지 등을 위반한 경우 그 위반한 날)부터 5년 • 음주운전의 금지를 위반(무면허운전 금지 등 위반 포함)하여 운전을 하다가 사람을 사망에 이르게 한 경우에는 운전면허가 취소된 날(무면허운전 금지 등을 위반한 경우 그 위반한 날)부터 5년
기타	• 운전면허효력 정지처분을 받고 있는 경우에는 그 정지기간

(3) 운전면허 행정처분기준의 감경

① 감경사유

㉠ 음주운전으로 운전면허 취소처분 또는 정지처분을 받은 경우 : 운전이 가족의 생계를 유지할 중요한 수단이 되거나, 모범운전자로서 처분당시 3년 이상 교통봉사활동에 종사하고 있거나, 교통사고를 일으키고 도주한 운전자를 검거하여 경찰서장 이상의 표창을 받은 사람으로서 다음의 어느 하나에

해당되는 경우가 없어야 한다.
- 혈중알코올농도가 0.1퍼센트를 초과하여 운전한 경우
- 음주운전 중 인적피해 교통사고를 일으킨 경우
- 경찰관의 음주측정요구에 불응하거나 도주한 때 또는 단속경찰관을 폭행한 경우
- 과거 5년 이내에 3회 이상의 인적피해 교통사고의 전력이 있는 경우
- 과거 5년 이내에 음주운전의 전력이 있는 경우
- ⓛ 벌점·누산점수 초과로 인하여 운전면허 취소처분을 받은 경우 : 운전이 가족의 생계를 유지할 중요한 수단이 되거나, 모범운전자로서 처분당시 3년 이상 교통봉사활동에 종사하고 있거나, 교통사고를 일으키고 도주한 운전자를 검거하여 경찰서장 이상의 표창을 받은 사람으로서 다음의 어느 하나에 해당되는 경우가 없어야 한다.
  - 과거 5년 이내에 운전면허 취소처분을 받은 전력이 있는 경우
  - 과거 5년 이내에 3회 이상 인적피해 교통사고를 일으킨 경우
  - 과거 5년 이내에 3회 이상 운전면허 정지처분을 받은 전력이 있는 경우
  - 과거 5년 이내에 운전면허행정처분 이의심의위원회의 심의를 거치거나 행정심판 또는 행정소송을 통하여 행정처분이 감경된 경우
- ⓒ 그 밖에 정기 적성검사에 대한 연기신청을 할 수 없었던 불가피한 사유가 있는 등으로 취소처분 개별기준 및 정지처분 개별기준을 적용하는 것이 현저히 불합리하다고 인정되는 경우

② 감경기준
- ⓛ 위반행위에 대한 처분기준이 운전면허의 취소처분에 해당하는 경우에는 해당 위반행위에 대한 처분벌점을 110점으로 하고, 운전면허의 정지처분에 해당하는 경우에는 처분 집행일수의 2분의 1로 감경한다.
- ⓛ 벌점·누산점수 초과로 인한 면허취소에 해당하는 경우에는 면허가 취소되기 전의 누산점수 및 처분벌점을 모두 합산하여 처분벌점을 110점으로 한다.

(4) 취소처분 개별기준

① 교통사고로 사람을 죽게 하거나 다치게 하고, 구호조치를 하지 아니한 때

② 술에 취한 상태에서 운전한 때
- ⓛ 술에 취한 상태의 기준(혈중알코올농도 0.03퍼센트 이상)을 넘어서 운전을 하다가 교통사고로 사람을 죽게 하거나 다치게 한 때
- ⓛ 혈중알코올농도 0.08퍼센트 이상의 상태에서 운전한 때
- ⓒ 술에 취한 상태의 기준을 넘어 운전하거나 술에 취한 상태의 측정에 불응한 사람이 다시 술에 취한 상태(혈중알코올농도 0.03퍼센트 이상)에서 운전한 때

③ 술에 취한 상태에서 운전하거나 술에 취한 상태에서 운전하였다고 인정할 만한 상당한 이유가 있음에도 불구하고 경찰공무원의 측정 요구에 불응한 때

④ 다른 사람에게 운전면허증 대여(도난, 분실 제외)
- ⓛ 면허증 소지자가 다른 사람에게 면허증을 대여하여 운전하게 한 때
- ⓛ 면허 취득자가 다른 사람의 면허증을 대여 받거나 부정한 방법으로 입수한 면허증으로 운전한 때

⑤ 결격사유에 해당
- ⓛ 교통상의 위험과 장해를 일으킬 수 있는 정신질환자 또는 뇌전증환자로서 정상적인 운전을 할 수 없다고 해당 분야 전문의가 인정하는 사람
- ⓛ 앞을 보지 못하는 사람(한쪽 눈만 보지 못하는 사람의 경우에는 제1종 운전면허 중 대형면허·특수면허로 한정한다)
- ⓒ 듣지 못하는 사람(제1종 운전면허 중 대형면허·특수면허로 한정한다)
- ⓛ 양 팔의 팔꿈치 관절 이상을 잃은 사람, 또는 양 팔을 전혀 쓸 수 없는 사람
- ⓛ 다리, 머리, 척추 그 밖의 신체장애로 인하여 앉아 있을 수 없는 사람

ⓗ 교통상의 위험과 장해를 일으킬 수 있는 마약, 대마, 향정신성 의약품 또는 알코올 중독자로서 정상적인 운전을 할 수 없다고 해당 분야 전문의가 인정하는 사람

⑥ 약물(마약·대마·향정신성 의약품 및 환각물질)의 투약·흡연·섭취·주사 등으로 정상적인 운전을 하지 못할 염려가 있는 상태에서 자동차등을 운전한 때

⑦ 공동위험행위로 구속된 때

⑧ 난폭운전으로 구속된 때

⑨ 최고속도보다 100km/h를 초과한 속도로 3회 이상 운전한 때

⑩ 정기적성검사에 불합격하거나 적성검사기간 만료일 다음 날부터 적성검사를 받지 아니하고 1년을 초과한 때

⑪ 수시적성검사에 불합격하거나 수시적성검사 기간을 초과한 때

⑫ 운전면허 행정처분 기간중에 운전한 때

⑬ 허위 또는 부정한 수단으로 운전면허를 받은 경우
  ㉠ 허위·부정한 수단으로 운전면허를 받은 때
  ㉡ 결격사유에 해당하여 운전면허를 받을 자격이 없는 사람이 운전면허를 받은 때
  ㉢ 운전면허 효력의 정지기간 중에 면허증 또는 운전면허증에 갈음하는 증명서를 교부받은 사실이 드러난 때

⑭ 등록되지 아니하거나 임시운행 허가를 받지 아니한 자동차(이륜자동차를 제외한다)를 운전한 때

⑮ 자동차등을 이용하여 형법상 특수상해, 특수폭행, 특수협박, 특수손괴를 행하여 구속된 때

⑯ 운전면허를 가진 사람이 다른 사람을 부정하게 합격시키기 위하여 운전면허 시험에 응시한 때

⑰ 단속하는 경찰공무원 등 및 시·군·구 공무원을 폭행하여 형사입건된 때

⑱ 제1종 보통 및 제2종 보통면허를 받기 이전에 연습면허의 취소사유가 있었던 때(연습면허에 대한 취소 절차 진행 중 제1종 보통 및 제2종 보통면허를 받은 경우를 포함한다.)

(5) 정지처분 개별기준

벌점	위반사항
100	• 속도위반(100km/h 초과) • 술에 취한 상태의 기준을 넘어서 운전한 때(혈중알코올농도 0.03퍼센트 이상 0.08퍼센트 미만) • 자동차등을 이용하여 형법상 특수상해 등(보복운전)을 하여 입건된 때
80	• 속도위반(80km/h 초과 100km/h 이하)
60	• 속도위반(60km/h 초과 80km/h 이하)
40	• 정차·주차위반에 대한 조치불응(단체에 소속되거나 다수인에 포함되어 경찰공무원의 3회 이상의 이동명령에 따르지 아니하고 교통을 방해한 경우에 한한다.) • 공동위험행위로 형사입건된 때 • 난폭운전으로 형사입건된 때 • 안전운전의무위반(단체에 소속되거나 다수인에 포함되어 경찰공무원의 3회 이상의 안전운전 지시에 따르지 아니하고 타인에게 위험과 장해를 주는 속도나 방법으로 운전한 경우에 한한다.) • 승객의 차내 소란행위 방치운전 • 출석기간 또는 범칙금 납부기간 만료일부터 60일이 경과될 때까지 즉결심판을 받지 아니한 때
30	• 통행구분 위반(중앙선침범에 한함) • 속도위반(40km/h 초과 60km/h 이하) • 철길건널목 통과방법위반 • 회전교차로 통행방법 위반(통행 방향 위반에 한정한다.) • 어린이통학버스 특별보호 위반 • 어린이통학버스 운전자의 의무위반(좌석안전띠를 매도록 하지 아니한 운전자는 제외한다.) • 고속도로·자동차전용도로 갓길통행 • 고속도로 버스전용차로·다인승전용차로 통행위반 • 운전면허증 등의 제시의무위반 또는 운전자 신원확인을 위한 경찰공무원의 질문에 불응
15	• 신호·지시위반 • 속도위반(20km/h 초과 40km/h 이하) • 속도위반(어린이보호구역 안에서 오전 8시부터 오후 8시까지 사이에 제한속도를 20km/h 이내에서 초과한 경우에 한정한다.) • 앞지르기 금지시기·장소위반 • 적재 제한 위반 또는 적재물 추락 방지 위반 • 운전 중 휴대용 전화 사용 • 운전 중 운전자가 볼 수 있는 위치에 영상 표시

벌점	내용
	• 운전 중 영상표시장치 조작 • 운행기록계 미설치 자동차 운전금지 등의 위반
10	• 통행구분 위반(보도침범, 보도 횡단방법 위반) • 차로통행 준수의무 위반, 지정차로 통행위반(진로 변경 금지장소에서의 진로변경 포함) • 일반도로 전용차로 통행위반 • 안전거리 미확보(진로변경 방법위반 포함) • 앞지르기 방법위반 • 보행자 보호 불이행(정지선위반 포함) • 승객 또는 승하차자 추락방지조치위반 • 안전운전 의무 위반 • 노상 시비·다툼 등으로 차마의 통행 방해행위 • 자율주행자동차 운전자의 준수사항 위반 • 돌·유리병·쇳조각이나 그 밖에 도로에 있는 사람이나 차마를 손상시킬 우려가 있는 물건을 던지거나 발사하는 행위 • 도로를 통행하고 있는 차마에서 밖으로 물건을 던지는 행위

※ 범칙금 납부기간 만료일부터 60일이 경과될 때까지 즉결심판을 받지 아니하여 정지처분 대상자가 되었거나, 정지처분을 받고 정지처분 기간중에 있는 사람이 위반 당시 통고받은 범칙금액에 그 100분의 50을 더한 금액을 납부하고 증빙서류를 제출한 때에는 정지처분을 하지 아니하거나 그 잔여기간의 집행을 면제한다. 다만, 다른 위반행위로 인한 벌점이 합산되어 정지처분을 받은 경우 그 다른 위반행위로 인한 정지처분 기간에 대하여는 집행을 면제하지 아니한다.

(6) 인적피해 교통사고 결과에 따른 벌점기준

구분	벌점	내용
사망 1명마다	90	• 사고발생 시부터 72시간 이내에 사망한 때
중상 1명마다	15	• 3주 이상의 치료를 요하는 의사의 진단이 있는 사고
경상 1명마다	5	• 3주 미만 5일 이상의 치료를 요하는 의사의 진단이 있는 사고
부상신고 1명마다	2	• 5일 미만의 치료를 요하는 의사의 진단이 있는 사고

※ 교통사고 발생 원인이 불가항력이거나 피해자의 명백한 과실인 때에는 행정처분을 하지 아니한다.
※ 자동차등 대 사람 교통사고의 경우 쌍방과실인 때에는 그 벌점을 2분의 1로 감경한다.
※ 자동차등 대 자동차등 교통사고의 경우에는 그 사고원인 중 중한 위반행위를 한 운전자만 적용한다.

(7) 교통사고 야기시 조치 불이행에 따른 벌점기준

벌점	내용
15	• 물적 피해가 발생한 교통사고를 일으킨 후 도주한 때
30	• 고속도로, 특별시·광역시 및 시의 관할구역과 군(광역시의 군을 제외한다)의 관할구역 중 경찰관서가 위치하는 리 또는 동 지역에서 교통사고를 일으킨 즉시(그때, 그 자리에서 곧)사상자를 구호하는 등의 조치를 하지 아니하였으나 3시간(그 밖의 지역에서는 12시간) 이내에 자진신고를 한 때
60	• 위의 벌점 30점 항목에 따른 시간 후 48시간 이내에 자진신고를 한 때

(8) 자동차등 이용 범죄시의 운전면허 행정처분 기준

① 취소처분 기준

위반사항	내용
자동차등을 다음 범죄의 도구나 장소로 이용한 경우 • 「국가보안법」 중 증거를 날조·인멸·은닉한 죄 • 다음 어느 하나의 범죄 -살인, 사체유기, 방화 -강도, 강간, 강제추행 -약취·유인·감금 -상습절도(절취한 물건을 운반한 경우에 한정한다) -교통방해(단체 또는 다중의 위력으로써 위반한 경우에 한정한다)	• 자동차등을 법정형 상한이 유기징역 10년을 초과하는 범죄의 도구나 장소로 이용한 경우 • 자동차등을 범죄의 도구나 장소로 이용하여 운전면허 취소·정지 처분을 받은 사실이 있는 사람이 다시 자동차등을 범죄의 도구나 장소로 이용한 경우. 다만, 일반교통방해죄의 경우는 제외한다.
다른 사람의 자동차등을 훔치거나 빼앗은 경우	• 다른 사람의 자동차등을 빼앗아 이를 운전한 경우 • 다른 사람의 자동차등을 훔치거나 빼앗아 이를 운전하여 운전면허 취소·정지 처분을 받은 사실이 있는 사람이 다시 자동차등을 훔치고 운전한 경우

② 정지처분 기준

벌점	위반사항	내용
100	자동차등을 다음 범죄의 도구나 장소로 이용한 경우 • 「국가보안법」중 증거를 날조·인멸·은닉한 죄 • 다음 어느 하나의 범죄 −살인, 사체유기, 방화 −강간·강제추행 −약취·유인·감금 −상습절도(절취한 물건을 운반한 경우에 한정한다) −교통방해(단체 또는 다중의 위력으로써 위반한 경우에 한정한다)	• 자동차등을 법정형 상한이 유기징역 10년 이하인 범죄의 도구나 장소로 이용한 경우
100	다른 사람의 자동차등을 훔친 경우	• 다른 사람의 자동차등을 훔치고 이를 운전한 경우

※ 범죄행위가 예비·음모에 그치거나 과실로 인한 경우에는 행정처분을 하지 아니한다.
※ 범죄행위가 미수에 그친 경우 위반행위에 대한 처분기준이 운전면허의 취소처분에 해당하면 해당 위반행위에 대한 처분벌점을 110점으로 하고, 운전면허의 정지처분에 해당하면 처분집행일수의 2분의 1로 감경한다.

tip 요청 시의 운전면허 행정처분

다른 법률에 따라 관계 행정기관의 장이 행정처분 요청 시의 운전면허 행정처분 기준

정지기간	내용
100일	• 「양육비 이행확보 및 지원에 관한 법률」에 따라 여성가족부장관이 운전면허 정지처분을 요청하는 경우

(9) 범칙행위 및 범칙금액(운전자)

범칙행위	차량 종류별 범칙금액	
	승합자동차	승용자동차
• 속도위반(60km/h 초과) • 어린이통학버스 운전자의 의무 위반(좌석안전띠를 매도록 하지 않은 경우는 제외) • 인적 사항 제공의무 위반(주·정차된 차만 손괴한 것이 분명한 경우에 한정)	13만 원	12만 원
• 속도위반(40km/h 초과 60km/h 이하) • 승객의 차 안 소란행위 방치 운전 • 어린이통학버스 특별보호 위반	10만 원	9만 원
• 안전표지가 설치된 곳에서의 정차·주차 금지 위반	9만 원	8만 원
• 신호·지시 위반 • 중앙선침범, 통행구분 위반 • 자전거횡단도 앞 일시정지의무 위반 • 속도위반(20km/h 초과 40km/h 이하) • 횡단·유턴·후진 위반 • 앞지르기 방법 위반 • 앞지르기 금지 시기·장소 위반 • 철길건널목 통과방법 위반 • 회전교차로 통행방법 위반 • 횡단보도 보행자 횡단 방해(신호 또는 지시에 따라 도로를 횡단하는 보행자의 통행 방해와 어린이 보호구역에서의 일시정지 위반 포함) • 보행자전용도로 통행 위반(보행자전용도로 통행방법 위반 포함) • 긴급자동차에 대한 양보·일시정지 위반 • 긴급한 용도나 허용된 사항 외에 경광등이나 사이렌 사용 • 승차 인원 초과, 승객 또는 승하차자 추락 방지조치 위반 • 어린이·앞을 보지 못하는 사람 등의 보호 위반 • 운전 중 휴대용 전화 사용 • 운전 중 운전자가 볼 수 있는 위치에 영상 표시 • 운전 중 영상표시장치 조작	7만 원	6만 원

위반 행위		
• 운행기록계 미설치 자동차 운전 금지 등의 위반 • 고속도로 · 자동차전용도로 갓길 통행 • 고속도로버스전용차로 · 다인승전용차로 통행 위반	7만 원	6만 원
• 통행 금지 · 제한 위반 • 일반도로 전용차로 통행 위반 • 노면전차 전용로 통행 위반 • 고속도로 · 자동차전용도로 안전거리 미확보 • 앞지르기의 방해 금지 위반 • 교차로 통행방법 위반 • 회전교차로 진입 · 진행방법 위반 • 교차로에서의 양보운전 위반 • 보행자의 통행 방해 또는 보호 불이행 • 정차 · 주차 금지 위반(안전표지가 설치된 곳에서의 정차 · 주차 금지 위반은 제외) • 주차금지 위반 • 정차 · 주차방법 위반 • 경사진 곳에서의 정차 · 주차방법 위반 • 정차 · 주차 위반에 대한 조치 불응 • 적재 제한 위반, 적재물 추락 방지 위반 또는 영유아나 동물을 안고 운전하는 행위 • 안전운전의무 위반 • 도로에서의 시비 · 다툼 등으로 인한 차마의 통행 방해 행위 • 급발진, 급가속, 엔진 공회전 또는 반복적 · 연속적인 경음기 울림으로 인한 소음 발생 행위 • 화물 적재함에의 승객 탑승 운행 행위 • 자율주행자동차 운전자의 준수사항 위반 • 고속도로 지정차로 통행 위반 • 고속도로 · 자동차전용도로 횡단 · 유턴 · 후진 위반 • 고속도로 · 자동차전용도로 정차 · 주차 금지 위반 • 고속도로 진입 위반 • 고속도로 · 자동차전용도로에서의 고장 등의 경우 조치 불이행	5만 원	4만 원
• 혼잡 완화조치 위반 • 차로통행 준수의무 위반, 지정차로 통행 위반, 차로 너비보다 넓은 차 통행 금지 위반(진로 변경 금지 장소에서의 진로 변경 포함) • 속도위반(20km/h 이하) • 진로 변경방법 위반 • 급제동 금지 위반 • 끼어들기 금지 위반 • 서행의무 위반 • 일시정지 위반 • 방향전환 · 진로변경 및 회전교차로 진입 · 진출 시 신호 불이행 • 운전석 이탈 시 안전 확보 불이행 • 동승자 등의 안전을 위한 조치 위반 • 시 · 도경찰청 지정 · 공고 사항 위반 • 좌석안전띠 미착용 • 등화점등 불이행 · 발광장치 미착용(자전거 운전자는 제외한다) • 어린이통학버스와 비슷한 도색 · 표지 금지 위반	3만 원	3만 원
• 최저속도 위반 • 일반도로 안전거리 미확보 • 등화 점등 · 조작 불이행(안개가 끼거나 비 또는 눈이 올 때는 제외한다) • 불법부착장치 차 운전(교통단속용 장비의 기능을 방해하는 장치를 한 차의 운전 제외) • 사업용 승합자동차 또는 노면전차의 승차 거부 • 택시의 합승(장기 주차 · 정차하여 승객을 유치하는 경우로 한정) · 승차거부 · 부당요금징수행위	2만 원	2만 원

위반행위		
• 돌, 유리병, 쇳조각, 그 밖에 도로에 있는 사람이나 차마를 손상시킬 우려가 있는 물건을 던지거나 발사하는 행위 • 도로를 통행하고 있는 차마에서 밖으로 물건을 던지는 행위	5만 원	5만 원
• 특별교통안전교육의 미이수 가. 과거 5년 이내에 음주운전금지를 1회 이상 위반하였던 사람으로서 다시 음주운전금지를 위반하여 운전면허효력 정지처분을 받게 되거나 받은 사람이 그 처분기간이 끝나기 전에 특별교통안전교육을 받지 않은 경우	15만 원	15만 원
나. 가목 외의 경우	10만 원	10만 원
• 경찰관의 실효된 면허증 회수에 대한 거부 또는 방해	3만 원	3만 원

※ 돌, 유리병, 쇳조각, 그 밖에 도로에 있는 사람이나 차마를 손 상시킬 우려가 있는 물건을 던지거나 발사하는 행위와 도로를 통행하고 있는 차마에서 밖으로 물건을 던지는 행위의 경우 동승자를 포함한다.

> **tip 승합자동차등 및 승용자동차등**
>
> • 승합자동차등 : 승합자동차, 4톤 초과 화물자동차, 특수 자동차, 건설기계 및 노면전차를 말한다.
> • 승용자동차등 : 승용자동차 및 4톤 이하 화물자동차를 말한다.

⑽ 어린이보호구역 및 노인·장애인보호구역에서의 과태료 부과기준

위반행위 및 행위자	차량 종류별 과태료 금액	
	승합자동차등	승용자동차등
• 신호 또는 지시를 따르지 않은 차 또는 노면전차의 고용주등	14만 원	13만 원
• 제한속도를 준수하지 않은 차 또는 노면전차의 고용주등 가. 60km/h 초과 나. 40km/h 초과 60km/h 이하 다. 20km/h 초과 40km/h 이하 라. 20km/h 이하	 17만 원 14만 원 11만 원 7만 원	 16만 원 13만 원 10만 원 7만 원
• 정차 및 주차의 금지를 위반하여 정차 또는 주차를 한 차의 고용주등 가. 어린이보호구역에서 위반한 경우 나. 노인·장애인보호구역에서 위반한 경우	 13만 원 (14만 원) 9만 원 (10만 원)	 12만 원 (13만 원) 8만 원 (9만 원)

※ 과태료 금액에서 ( ) 안의 것은 같은 장소에서 2시간 이상 정차 또는 주차 위반을 하는 경우에 적용한다.

⑾ **어린이보호구역 및 노인 · 장애인보호구역에서의 범칙행위 및 범칙금액**

범칙행위	차량 종류별 범칙금액	
	승합자동차등	승용자동차등
• 신호 · 지시 위반 • 횡단보도 보행자 횡단 방해	13만 원	12만 원
• 속도위반 　가. 60km/h 초과 　나. 40km/h 초과 60km/h 이하 　다. 20km/h 초과 40km/h 이하 　라. 20km/h 이하	16만 원 13만 원 10만 원 6만 원	15만 원 12만 원 9만 원 6만 원
• 통행 금지 · 제한 위반 • 보행자 통행 방해 또는 보호 불이행	9만 원	8만 원
• 정차 · 주차 금지 위반 　가. 어린이보호구역에서 위반한 경우 　나. 노인 · 장애인보호구역에서 위반한 경우	13만 원 9만 원	12만 원 8만 원
• 주차금지 위반 　가. 어린이보호구역에서 위반한 경우 　나. 노인 · 장애인보호구역에서 위반한 경우	13만 원 9만 원	12만 원 8만 원
• 정차 · 주차방법 위반 　가. 어린이보호구역에서 위반한 경우 　나. 노인 · 장애인보호구역에서 위반한 경우	13만 원 9만 원	12만 원 8만 원
• 정차 · 주차 위반에 대한 조치 불응 　가. 어린이보호구역에서의 위반에 대한 조치에 불응한 경우 　나. 노인 · 장애인보호구역에서의 위반에 대한 조치에 불응한 경우	13만 원 9만 원	12만 원 8만 원

※ 60km/h 초과의 속도를 위반하여 범칙금 납부 통고를 받은 운전자가 통고처분을 이행하지 않아 가산금을 더할 경우 범칙금의 최대 부과금액은 20만 원으로 한다.

02 교통사고처리특례법

01 처벌의 특례

(1) 특례의 적용 및 배제

① 특례의 적용 및 벌칙

　㉠ 차의 운전자가 교통사고로 인하여 형법 제268조의 죄를 범한 경우 : 5년 이하의 금고 또는 2천만 원 이하의 벌금

　㉡ 차의 교통으로 업무상과실치상죄 또는 중과실치상죄와 도로교통법 제151조의 죄를 범한 운전자 : 피해자의 명시적인 의사에 반하여 공소를 제기할 수 없음

> **tip 형법 및 도로교통법 규정**
>
> • 형법 제268조(업무상과실·중과실 치사상) : 업무상과실 또는 중대한 과실로 사람을 사망이나 상해에 이르게 한 자는 5년 이하의 금고 또는 2천만 원 이하의 벌금에 처한다.
> • 도로교통법 제151조(벌칙) : 차의 운전자가 업무상 필요한 주의를 게을리하거나 중대한 과실로 다른 사람의 건조물이나 그 밖의 재물을 손괴한 때에는 2년 이하의 금고나 500만 원 이하의 벌금에 처한다.

② 특례의 적용 배제

　㉠ 차의 운전자가 업무상과실치상죄 또는 중과실치상죄를 범하고도 피해자를 구호하는 등의 조치를 하지 아니하고 도주하거나 피해자를 사고 장소로부터 옮겨 유기하고 도주한 경우

　㉡ 차의 운전자가 업무상과실치상죄 또는 중과실치상죄를 범하고도 음주측정 요구에 따르지 아니한 경우(운전자가 채혈측정을 요청·동의한 경우 제외)

　㉢ 신호·지시위반사고

　㉣ 중앙선침범, 고속도로나 자동차전용도로에서의 횡단·유턴 또는 후진 위반 사고

　㉤ 속도위반(20km/h 초과) 과속사고

　㉥ 앞지르기의 방법·금지시기·금지장소 또는 끼어들기 금지 위반사고

　㉦ 철길 건널목 통과방법 위반사고

　㉧ 보행자보호의무 위반사고

　㉨ 무면허운전사고

　㉩ 주취운전·약물복용운전 사고

　㉪ 보도침범·보도횡단방법 위반사고

　㉫ 승객추락방지의무 위반사고

　㉬ 어린이 보호구역내 안전운전의무 위반으로 어린이의 신체를 상해에 이르게 한 사고

　㉭ 자동차의 화물이 떨어지지 아니하도록 필요한 조치를 하지 아니하고 운전한 경우

(2) 처벌의 가중

① 사망사고

　㉠ 교통사고가 주된 원인이 되어 교통사고 발생 시부터 30일 이내에 사람이 사망한 사고

　㉡ 사망사고는 그 피해의 중대성과 심각성으로 말미암아 사고차량이 보험이나 공제에 가입되어 있더라도 이를 반의사불벌죄의 예외로 규정하여 형법 제268조에 따라 처벌

　㉢ 도로교통법령상 교통사고 발생 후 72시간내 사망하면 벌점 90점이 부과

> **tip 중상사고와 경상사고**
>
> • 중상사고 : 교통사고로 인하여 다친 사람이 의사의 최초 진단 결과 3주 이상의 치료가 필요한 상해를 입은 사고
> • 경상사고 : 교통사고로 인하여 다친 사람이 의사의 최초 진단 결과 5일 이상 3주 미만의 치료가 필요한 상해를 입은 사고

② 도주사고

　㉠ 사고운전자가 피해자를 구호(救護)조치를 하지 아니하고 도주한 경우

　　• 피해자를 사망에 이르게 하고 도주하거나, 도주 후에 피해자가 사망한 경우 : 무기 또는 5년 이상의 징역

　　• 피해자를 상해에 이르게 한 경우 : 1년 이상의 유기징역 또는 500만 원 이상 3천만 원 이하의 벌금

　㉡ 사고운전자가 피해자를 사고 장소로부터 옮겨 유기하고 도주한 경우

　　• 피해자를 사망에 이르게 하고 도주하거나, 도주 후에 피해자가 사망한 경우에는 : 사형, 무기 또는 5년 이상의 징역

　　• 피해자를 상해에 이르게 한 경우 : 3년 이상의 유기징역

　㉢ 도주(뺑소니)사고의 성립요건

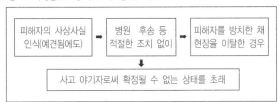

③ 도주사고 적용사례

　㉠ 사상 사실을 인식하고도 가버린 경우

　㉡ 피해자를 방치한 채 사고현장을 이탈 도주한 경우

　㉢ 사고현장에 있었어도 사고사실을 은폐하기 위해 거짓진술·신고한 경우

　㉣ 부상피해자에 대한 적극적인 구호조치 없이 가버린 경우

　㉤ 피해자가 이미 사망했다고 하더라도 사체 안치 후송 등 조치없이 가버린 경우

　㉥ 피해자를 병원까지만 후송하고 계속 치료 받을 수 있는 조치 없이 도주한 경우

　㉦ 운전자를 바꿔치기 하여 신고한 경우

④ 도주가 적용되지 않는 경우

　㉠ 피해자가 부상 사실이 없거나 극히 경미하여 구호조치가 필요치 않는 경우

　㉡ 가해자 및 피해자 일행 또는 경찰관이 환자를 후송 조치하는 것을 보고 연락처 주고 가버린 경우

　㉢ 교통사고 가해운전자가 심한 부상을 입어 타인에게 의뢰하여 피해자를 후송 조치한 경우

　㉣ 교통사고 장소가 혼잡하여 도저히 정지할 수 없어 일부 진행한 후 정지하고 되돌아와 조치한 경우

02 중대 법규위반 교통사고의 개요

(1) 신호·지시 위반 사고

① 신호·지시의 위반

　㉠ 신호기나 교통정리 경찰공무원등의 신호나 지시위반

　㉡ 안전표지의 지시를 위반하여 운전한 경우

　※ 지시위반 … 규제표지 중 통행금지표지, 진입금지표지, 일시정지표지, 통행금지표지, 자동차통행금지표지, 화물자동차통행금지표지, 승합자동차통행금지표지, 이륜자동차 및 원동기장치자전거통행금지표지, 자동차·이륜자동차 및 원동기장치자전거통행금지표지, 경운기·트랙터 및 손수레통행금지표지, 자전거통행금지표지, 진입금지표지, 일시정지표지 등에 대해 적용

② 신호위반의 종류

　㉠ 사전 출발 신호위반

　㉡ 주의(황색)신호에 무리한 진입

　㉢ 신호를 무시하고 진행한 경우

③ 신호기의 확대적용 범위

　㉠ 신호기의 적용범위 : 해당교차로, 횡단보도

　㉠ 확대적용 범위

　　• 신호기의 직접영향 지역

　　• 신호기의 지주 위치 내의 지역

　　• 대향차선에 유턴을 허용하는 지역에서는 신호기 적용 유턴 허용지점으로까지 확대 적용

　　• 대향차량이나 피해자가 신호기의 내용을 의식, 신호상황에 따라 진행 중인 경우

④ 교통경찰공무원을 보조하는 사람의 수신호 : 교통사고처리특례법 개정으로 교통경찰공무원을 보조하는 사람의 수신호 사고 시 신호 위반 적용

⑤ 좌회전 신호없는 교차로 좌회전 중 사고 : 대형사고의 예방측면에서 신호위반 적용

⑥ 신호 · 지시위반사고의 성립요건

항목	내용	예외사항
장소적 요건	• 신호기가 설치되어 있는 교차로나 횡단보도 • 경찰관 등의 수신호 • 지시표지판(통행금지 · 진입금지 · 일시정지표지)이 설치된 구역내	• 진행방향에 신호기가 설치되지 않은 경우 • 신호기의 고장이나 황색 점멸신호등의 경우 • 지시표지판(통행금지 · 진입금지 · 일시정지표지 제외)이 설치된 구역
피해자적 요건	• 신호 · 지시위반 차량에 충돌되어 인적피해를 입은 경우	• 대물피해만 입는 경우는 공소권 없음 처리
운전자의 과실	• 고의적 과실 • 부주의에 의한 과실	• 불가항력적 과실 • 만부득이한 과실 • 교통상 적절한 행위는 예외
시설물 설치요건	• 도로교통법에 의거 특별시장 · 광역시장 · 제주특별자치도지사 또는 시장 · 군수가 설치한 신호기나 안전표지	• 아파트단지등 특정구역 내부의 소통과 안전을 목적으로 자체적으로 설치된 경우는 제외

tip 황색주의 신호의 개념

㉠ 황색주의 신호 기본 3초 : 큰 교차로는 다소 연장하나 6초 이상의 황색신호가 필요한 경우에는 교차로에서 녹색신호가 나오기 전에 출발하는 경향
㉡ 선 · 후신호 진행차량 간 사고를 예방하기 위한 제도적 장치(3초 여유)
㉢ 대부분 선신호 차량 신호위반, 단 후신호 논스톱 사전 진입 시는 예외
㉣ 초당거리 역산 신호위반 입증

(2) 중앙선침범, 횡단 · 유턴 또는 후진 위반 사고

① 중앙선의 개념
  ㉠ 차마의 통행을 구별하기 위하여 도로에 황색실선이나 황색점선 등의 안전표지로 설치한 선 또는 중앙분리대 · 철책 · 울타리 등으로 설치한 시설물
  ㉡ 가변차로가 설치된 경우에는 신호기가 지시하는 진행방향의 제일 왼쪽 황색점선
  ※ 중앙선침범의 한계 … 사고의 참혹성과 예방목적상 차체의 일부라도 걸치면 중앙선침범 적용

② 중앙선침범이 적용되는 사례
  ㉠ 고의 또는 의도적인 중앙선침범 사고
    • 좌측도로나 건물 등으로 가기 위해 회전하며 중앙선을 침범한 경우
    • 오던 길로 되돌아가기 위해 U턴 하며 중앙선을 침범한 경우
    • 중앙선을 침범하거나 걸친 상태로 계속 진행한 경우
    • 앞지르기 위해 중앙선을 넘어 진행하다 다시 진행차로로 들어오는 경우
    • 후진으로 중앙선을 넘었다가 다시 진행 차로로 들어오는 경우
    ※ 대향차의 차량이 아닌 보행자를 충돌한 경우도 중앙선침범 적용
    • 황색점선으로 된 중앙선을 넘어 회전 중 발생한 사고 또는 추월 중 발생한 경우
  ㉡ 현저한 부주의로 중앙선 침범 이전에 선행된 중대한 과실 사고
    • 커브길 과속운행으로 중앙선을 침범한 사고
    • 빗길에 과속으로 운행하다가 미끄러지며 중앙선을 침범한 사고
    ※ 단, 제한속력 내 운행 중 미끄러지며 발생한 경우는 중앙선침범 적용 불가
    • 현저한 부주의에 의한 중앙선을 침범한 사고
    예 졸다가 뒤늦게 급제동하여 중앙선을 침범한 사고, 차내 잡담 등 부주의로 인한 중앙선침범, 전방주시 태만으로 인한 중앙선침범, 역주행 자전거 충돌사고 시 자전거는 중앙선침범
  ㉢ 고속도로, 자동차전용도로에서 횡단, U턴 또는 후진 중 사고 발생 시 중앙선침범 적용
    ※ 예외사항 … 긴급자동차, 도로보수 유지 작업차, 사고 응급조치 작업차

tip 특례법상 11항목 사고로 형사입건

㉠ 고의적 U턴, 회전 중 중앙선침범 사고
㉡ 의도적 U턴, 회전 중 중앙선침범 사고
㉢ 현저한 부주의로 인한 중앙선침범 사고
  • 커브길 과속으로 중앙선침범
  • 빗길 과속으로 중앙선침범
  • 졸다가 뒤늦게 급제동으로 중앙선침범
  • 차내 잡담 등 부주의로 인한 중앙선침범
  • 기타 현저한 부주의로 인한 중앙선침범

③ 중앙선침범 사고의 성립요건

항목	내용	예외사항
장소적 요건	• 황색실선이나 점선의 중앙선이 설치되어 있는 도로 • 자동차전용도로나 고속도로에서의 횡단·유턴·후진	• 중앙선이 설치되어 있지 않은 경우 • 아파트 단지 내나 군부대 내의 사설 중앙선 • 일반도로에서의 횡단·유턴·후진
피해자적 요건	• 중앙선침범 차량에 충돌되어 인적피해를 입는 경우 • 자동차전용도로나 고속도로에서의 횡단·유턴·후진차량에 충돌되어 인적피해를 입는 경우	• 대물피해만 입는 경우는 공소권 없음 처리
운전자의 과실	• 고의적 과실 • 현저한 부주의에 의한 과실	• 불가항력적 과실 • 만부득이한 과실
시설물의 설치요건	• 도로교통법 제14조에 의거 시·도경찰청장이 설치한 중앙선	• 아파트단지 등 특정구역 내부의 소통과 안전을 목적으로 자체적으로 설치된 경우는 제외

④ 중앙선침범이 적용되지 않은 사례
  ㉠ 불가항력적 중앙선침범 사고
    • 뒤차의 추돌로 앞차가 밀리면서 중앙선을 침범한 경우
    • 횡단보도에서의 추돌사고(보행자 보호의무 위반 적용)
    • 내리막길 주행 중 브레이크 파열 등 정비 불량으로 중앙선을 침범한 사고
  ㉡ 사고피양 등 만부득이한 중앙선침범 사고(안전운전 불이행 적용)
    • 앞차의 정지를 보고 추돌을 피하려다 중앙선을 침범한 사고
    • 보행자를 피양하다 중앙선을 침범한 사고
    • 빙판길에 미끄러지면서 중앙선을 침범한 사고
  ㉢ 중앙선침범이 성립되지 않는 사고
    • 중앙선이 없는 도로나 교차로의 중앙부분을 넘어서 난 사고

• 중앙선의 도색이 마모되었을 경우 중앙부분을 넘어서 난 사고
• 눈 또는 흙더미에 덮여 중앙선이 보이지 않는 경우 중앙부분을 넘어서 발생한 사고
• 전반적 또는 완전하게 중앙선이 마모되어 식별이 곤란한 도로에서 중앙부분을 넘어서 발생한 사고
• 공사장 등에서 임시로 차선규제봉 또는 오뚜기 등 설치물을 넘어 사고 발생된 경우
• 운전부주의로 핸들을 과대 조작하여 반대편 도로의 갓길을 충돌한 자피사고
• 학교, 군부대, 아파트 등 단지내 사설 중앙선침범 사고
• 중앙분리대가 끊어진 곳에서 회전하다가 사고 야기된 경우
• 중앙선이 없는 굽은 도로에서 중앙부분을 진행 중 사고 발생된 경우
• 중앙선을 침범한 동일방향 앞차를 뒤따르다가 그 차를 추돌한 사고의 경우

(3) 속도위반(20km/h초과) 과속 사고

① 과속의 개념
  ㉠ 일반적인 과속 : 도로교통법에서 규정된 법정속도와 지정속도를 초과한 경우
  ㉡ 교통사고처리특례법상의 과속 : 도로교통법에 규정된 법정속도와 지정속도를 20km/h 초과된 경우

> **tip 경찰에서 사용 중인 속도추정 방법**
>
> • 운전자의 진술   • 스피드건
> • 타코그래프(운행기록계)   • 제동흔적 등

② 과속 사고(20km/h 초과)의 성립요건

항목	내용	예외사항
장소적 요건	• 도로나 불특정 다수의 사람 또는 차마의 통행을 위하여 공개된 장소로서 안전하고 원활한 교통을 확보할 필요가 있는 장소에서의 사고	• 도로나 불특정 다수의 사람 또는 차마의 통행을 위하여 공개된 장소로서 안전하고 원활한 교통을 확보할 필요가 있는 장소가 아닌 곳에서의 사고

피해자적 요건	• 과속 차량(20km/h 초과)에 충돌되어 인적 피해를 입는 경우	• 제한 속도 20km/h 이하 과속 차량에 충돌되어 인적피해를 입은 경우 • 제한 속도 20km/h 초과 차량에 충돌되어 대물 피해만 입은 경우
운전자의 과실	• 제한 속도 20km/h 초과하여 과속 운행 중 사고 야기한 경우 -고속도로(일반도로 포함)나 자동차전용도로에서 제한 속도 20km/h 초과한 경우 -속도 제한 표지판 설치 구간에서 제한 속도 20km/h를 초과한 경우 -비·안개·눈 등으로 인한 악천후 시 감속 운행 기준에서 20km/h를 초과한 경우 -총중량 2,000kg에 미달자동차를 3배 이상의 자동차로 견인하는 때 30km/h에서 20km/h를 초과한 경우 -이륜자동차가 견인하는 때 25km/h에서 20km/h를 초과한 경우	• 제한 속도 20km/h 이하로 과속하여 운행 중 사고 야기한 경우 • 제한속도 20km/h 초과하여 과속 운행중 대물 피해만 입은 경우
시설물의 설치요건	• 도로교통법에 의거 시·도경찰청장장이 설치한 안전표지 중 -규제표지 일련번호 224호(최고속도제한표지) -노면표시 일련번호 517~518호(속도제한표시)	• 도로교통법에 의거 시·도경찰청장장이 설치한 안전표지 중 -규제표지 226호(서행표지) -보조표지 409호(안전속도표지) -노면표시 519~520호(서행표시)의 위반사고에 대하여는 과속사고가 적용되지 않음

(4) 앞지르기 방법·금지, 시기 및 장소 위반 사고

① 중앙선침범, 차로변경과 앞지르기 구분
 ㉠ 중앙선침범 : 중앙선을 넘어서거나 걸친 행위
 ㉡ 차로변경 : 차로를 바꿔 곧바로 진행하는 행위
 ㉢ 앞지르기 : 앞차 좌측 차로로 바꿔 진행하여 앞차의 앞으로 나아가는 행위

② 앞지르기 방법, 금지 위반 사고의 성립요건

항목	내용	예외사항
장소적 요건	• 앞지르기 금지 장소 -교차로 -터널 안 -다리 위 -도로의 구부러진 곳, 비탈길의 고개마루 부근 또는 가파른 비탈길의 내리막 등 시·도경찰청장이 안전표지에 의하여 지정한 곳	• 앞지르기 금지 장소 외 지역
피해자적 요건	• 앞지르기 방법·금지 위반 차량에 충돌되어 인적 피해를 입은 경우	• 앞지르기방법·금지 위반 차량에 충돌되어 대물 피해만 입은 경우 • 불가항력적, 만부득이한 경우 앞지르기하던 차량에 충돌되어 인적 피해를 입은 경우
운전자의 과실	• 앞지르기 금지 위반 행위 -병진 시 앞지르기 -앞차의 좌회전 시 앞지르기 -위험방지를 위한 정지·서행 시 앞지르기 -앞지르기 금지 장소에서의 앞지르기 -실선의 중앙선침범 앞지르기 • 앞지르기 방법 위반 행위 -우측 앞지르기 -2개 차로 사이로 앞지르기	• 불가항력, 만부득이한 경우 앞지르기 하던 중 사고

※ 병진 … 앞차의 좌측에 다른 차가 앞차와 나란히 가고 있는 경우를 말한다.

(5) 철길 건널목 통과방법 위반 사고

① 철길 건널목의 종류

- ㉠ 1종 건널목 : 차단기, 건널목경보기 및 교통안전표지가 설치되어 있는 경우
- ㉡ 2종 건널목 : 경보기와 건널목 교통안전표지만 설치하는 건널목
- ㉢ 3종 건널목 : 건널목 교통안전표지만 설치하는 건널목

② 철길 건널목 통과방법 위반사고의 성립요건

항목	내용	예외사항
장소적 요건	• 철길 건널목(1, 2, 3종 불문)	• 역구내 철길 건널목의 경우
피해자적 요건	• 철길 건널목 통과방법 위반사고로 인적 피해를 입은 경우	• 철길 건널목 통과방법 위반사고로 대물 피해만을 입은 경우
운전자의 과실	• 철길 건널목 통과방법을 위반한 과실 -철길 건널목 직전 일시정지 불이행 -안전미확인통행 중 사고 -고장 시 승객대피, 차량이동 조치 불이행	• 철길 건널목 신호기, 경보기 등의 고장으로 일어난 사고 ※ 신호기 등이 표시하는 신호에 따르는 때에는 일시정지하지 아니하고 통과할 수 있다.

(6) 보행자 보호의무 위반 사고

① 횡단보도에서 이륜차와 사고 발생 시 결과조치

형태	결과	조치
• 이륜차를 타고 횡단보도 통행 중 사고	• 이륜차를 보행자로 볼 수 없고 제차로 간주하여 처리	• 안전운전 불이행 적용
• 이륜차를 끌고 횡단보도 보행 중	• 보행자로 간주	• 보행자 보호의무 위반 적용
• 이륜차를 타고가다 멈추고 한 발을 페달에, 한 발을 노면에 딛고 서 있던 중 사고	• 보행자로 간주	• 보행자 보호의무 위반 적용

② 횡단보도 보행자 보호의무 위반 사고의 성립요건

항목	내용	예외사항
장소적 요건	• 횡단보도 내	• 보행자신호가 정지신호(적색등화) 때의 횡단보도
피해자적 요건	• 횡단보도를 건너던 보행자가 자동차에 충돌되어 인적 피해를 입은 경우	• 보행자신호가 정지신호(적색등화) 때 횡단보도 건너던 중 사고 • 횡단보도를 건너는 것이 아니고 드러누워 있거나, 교통정리, 싸우던 중, 택시를 잡던 중 등 보행의 경우가 아닌 때
운전자의 과실	• 횡단보도를 건너는 보행자를 충돌한 경우 • 횡단보도 전에 정지한 차량을 추돌, 앞차가 밀려나가 보행자를 충돌한 경우 • 보행신호(녹색등화)에 횡단보도 진입, 건너던 중 주의신호(녹색등화의 점멸) 또는 정지신호(적색등화)가 되어 마저 건너고 있는 보행자를 충돌한 경우	• 보행자가 횡단보도를 정지신호(적색등화)에 건너던 중 사고 • 보행자가 횡단보도를 건너던 중 신호가 변경되어 중앙선에 서 있던 중 사고 • 보행자가 주의신호(녹색등화의 점멸)에 뒤늦게 횡단보도에 진입하여 건너던 중 정지신호(적색등화)로 변경된 후 사고
시설물의 설치요건	• 횡단보도로 진입하는 차량에 의해 보행자가 놀라거나 충돌을 회피하기 위해 도망가다 넘어져 그 보행자를 다치게 한 경우(비접촉사고) • 도로교통법에 의거 시·도경찰청장이 설치한 횡단보도 ※ 횡단보도 노면표시가 있고 표지판이 설치되지 아니한 경우 횡단보도로 간주한다.	• 아파트 단지나 학교, 군부대 등 특정구역 내부의 소통과 안전을 목적으로 자체 설치된 경우는 제외

(7) 무면허 운전 사고

① 개념
- ㉠ 운전면허를 받지 아니하거나 국제운전면허증을 소지하지 아니하고 운전한 경우
- ㉡ 운전면허효력이 정지 중에 있거나 국제운전면허증을 소지한 자가 운전이 금지된 상태에서 운전 중 사고

② 무면허 운전에 해당되는 경우
- ㉠ 면허를 취득하지 않고 운전하는 경우
- ㉡ 유효기간이 지난 운전면허증으로 운전하는 경우
- ㉢ 면허 취소처분을 받은 자가 운전하는 경우
- ㉣ 면허정지 기간 중에 운전하는 경우
- ㉤ 시험합격 후 면허증 교부 전에 운전하는 경우
- ㉥ 면허종별 외 차량을 운전하는 경우
- ㉦ 위험물을 운반하는 화물자동차가 적재중량 3톤을 초과함에도 제1종 보통 운전면허로 운전한 경우
- ㉧ 건설기계(덤프트럭, 아스팔트살포기, 노상안정기, 콘크리트믹서트럭, 콘크리트펌프, 트럭적재식 천공기)를 제1종 보통운전면허로 운전한 경우
- ㉨ 면허 있는 자가 도로에서 무면허자에게 운전연습을 시키던 중 사고를 야기한 경우
- ㉩ 군인(군속인 자)이 군면허만 취득 소지하고 일반 차량을 운전한 경우
- ㉪ 임시운전증명서 유효기간 지나 운전 중 사고 야기한 경우
- ㉫ 외국인으로 국제운전면허를 받지 않고 운전하는 경우
- ㉬ 외국인으로 입국하여 1년이 지난 국제운전면허증을 소지하고 운전하는 경우

③ 무면허 운전 사고의 성립요건

항목	내용	예외사항
장소적 요건	• 도로나 그 밖에 현실적으로 불특정 다수의 사람 또는 차마의 통행을 위하여 공개된 장소로서 안전하고 원활한 교통을 확보할 필요가 있는 장소(교통경찰권이 미치는 장소)	• 현실적으로 불특정 다수의 사람 또는 차마의 통행을 위하여 공개된 장소가 아닌 곳에서의 운전(특정인만 출입하는 장소로 교통경찰권이 미치지 않는 장소)

피해자적 요건	• 무면허 운전 자동차에 충돌되어 인적사고를 입는 경우 • 대물 피해만 입는 경우도 보험면책으로 합의되지 않는 경우	• 대물 피해만 입는 경우로 보험 면책으로 합의된 경우
운전자의 과실	• 무면허 상태에서 자동차를 운전하는 경우	• 취소사유 상태이나 취소처분(통지) 전 운전

(8) 음주운전·약물복용 운전 사고

① 개념 : 술에 취한 상태에서 운전을 하거나 약물의 영향으로 정상적인 운전을 하지 못할 염려가 있는 상태에서 운전하다가 인사사고를 발생시킨 사고

② 음주운전에 해당되는 사례
- ㉠ 불특정 다수인이 이용하는 도로 및 공개되지 않는 통행로에서의 음주운전 행위도 처벌 대상이 되며, 구체적인 장소는 다음과 같다.
  - 도로
  - 불특정 다수의 사람 또는 차마의 통행을 위하여 공개된 장소
  - 공개되지 않는 통행로(공장, 관공서, 학교, 사기업 등 정문 안쪽 통행로)와 같이 문, 차단기에 의해 도로와 차단되고 관리되는 장소의 통행로
- ㉡ 술을 마시고 주차장 또는 주차선 안 등 도로가 아닌 곳에서 운전하여도 처벌 대상이 된다.

> **tip 음주운전에 해당되지 않은 사례**
>
> 도로교통법에서 정한 음주 기준(혈중알코올 농도 0.03% 이상)에 해당되지 않으면 음주운전이 아니다.

③ 음주운전 사고의 성립요건

항목	내용	예외사항
장소적 요건	• 도로나 그 밖에 현실적으로 불특정 다수의 사람 또는 차마의 통행을 위하여 공개된 장소로서 안전하고 원활한 교통을 확보할 필요가 있는 장소	※ 도로법 개정으로 도로가 아닌 곳에서의 음주운전도 처벌대상

장소적 요건	• 공장, 관공서, 학교, 사기업 등의 정문 안쪽 통행로와 같이 문, 차단기에 의해 도로와 차단되고 별도로 관리되는 장소 • 주차장 또는 주차선 안	※ 도로가 아닌 곳에서의 음주운전은 형사처벌의 대상이나, 운전면허에 대한 행정처분 대상은 아니다.
피해자적 요건	• 음주운전 자동차에 충돌되어 인적 사고를 입는 경우	• 대물 피해만 입은 경우(보험에 가입되어 있다면 공소권 없음으로 처리)
운전자의 과실	• 음주한 상태로 자동차를 운전하여 일정 거리 운행한 때 • 혈중 알코올농도가 0.03% 이상일 때 음주측정에 불응한 경우	• 혈중 알코올농도가 0.03% 미만일 때 음주측정에 불응한 경우

(9) 보도침범 · 보도횡단방법 위반 사고

① 보도침범에 해당하는 경우

 ㉠ 도로교통법 제13조 제1항의 규정에 위반하여 보도가 설치된 도로를 차체의 일부분만이라도 보도에 침범한 경우

 ㉡ 도로교통법 제13조 제2항의 규정에 의한 보도통행방법을 위반하여 운전한 경우

② 일단정지와 일시정지의 개념

 ㉠ 일단정지 : 반드시 차마가 멈추어야 하는 행위 자체에 대한 의미(운행의 순간적 정지)

  예 길가의 건물이나 주차장 등에서 도로에 들어가고자 하는 때(도로교통법 제18조제3항)

 ㉡ 일시정지 : 반드시 차마가 멈추어야 하되 얼마간의 시간동안 정지상태를 유지해야 하는 교통상황적 의미(정지상황의 일시적 전개)

  예 철길 건널목을 통과할 때

  예 횡단보도상에 보행자가 통행할 때

  예 교통정리가 행하여지고 있지 아니한 교통이 빈번한 교차로를 통행할 때

  예 어린이, 영유아, 앞을 보지 못하는 사람이 도로를 횡단하는 때

③ 보도침범 사고의 성립요건

항목	내용	예외사항
장소적 요건	• 보 · 차도가 구분된 도로에서 보도내의 사고 -보도침범사고 -통행방법위반	• 보 · 차도 구분이 없는 도로
피해자적 요건	• 보도상에서 보행 중 제차에 충돌되어 인적 피해를 입은 경우	• 자전거, 오토바이를 타고 가던 중 보도침범 통행 차량에 충돌된 경우
운전자의 과실	• 고의적 과실 • 현저한 부주의에 의한 과실	• 불가항력적 과실 • 만부득이한 과실 • 단순 부주의에 의한 과실
시설물의 설치요건	• 보도설치 권한이 있는 행정관서에서 설치 관리하는 보도	• 학교, 아파트단지 등 특정구역 내부의 소통과 안전을 목적으로 자체적으로 설치된 경우

(10) 승객추락 방지의무 위반 사고(개문발차 사고)

① 개념 : '모든 차의 운전자는 운전 중 타고 있는 사람 또는 내리는 사람이 떨어지지 아니하도록 하기 위하여 문을 정확히 여닫는 등 필요한 조치를 하여야 한다'는 도로교통법 제39조 제3항에 의한 승객의 추락 방지 의무를 위반하여 인사사고를 일으킨 경우를 말한다.

② 개문발차 사고의 성립요건

항목	내용	예외사항
자동차적 요건	• 승용, 승합, 화물, 건설기계 등 자동차에만 적용	• 이륜, 자전거 등은 제외
피해자적 요건	• 탑승객이 승하차 중 개문된 상태로 발차하여 승객이 추락함으로서 인적피해를 입은 경우	• 적재되었던 화물이 추락하여 발생한 경우
운전자의 과실	• 차의 문이 열려있는 상태로 발차한 행위 • 현저한 부주의에 의한 과실	• 차량정차 중 피해자의 과실사고와 차량 뒤 적재함에서의 추락사고의 경우

③ 승객추락 방지의무 위반 사고 사례
  ㉠ 운전자가 출발하기 전 그 차의 문을 제대로 닫지
     않고 출발함으로써 탑승객이 추락, 부상을 당하였
     을 경우
  ㉡ 택시의 경우 승하차시 출입문 개폐는 승객자신이
     하게 되어 있으므로, 승객탑승 후 출입문을 닫기
     전에 출발하여 승객이 지면으로 추락한 경우
  ㉢ 개문발차로 인한 승객의 낙상사고의 경우
④ 적용 배제 사례
  ㉠ 개문 당시 승객의 손이나 발이 끼어 사고 난 경우
  ㉡ 택시의 경우 목적지에 도착하여 승객 자신이 출입
     문을 개폐 도중 사고가 발생할 경우

(11) 어린이 보호구역내 어린이 보호의무 위반 사고

① 어린이 보호구역으로 지정될 수 있는 장소
  ㉠ 유치원, 초등학교 또는 특수학교
  ㉡ 보육시설 중 정원 100명 이상의 보육시설
     ※ 관할 경찰서장과 협의된 경우에는 정원이 100명 미만
        의 보육시설 주변도로에 대해서도 지정 가능
  ㉢ 학원 수강생이 100명 이상인 학원
     ※ 관할 경찰서장과 협의된 경우에는 정원이 100명 미만
        의 학원 주변도로에 대해서도 지정 가능
  ㉢ 외국인학교 또는 대안학교, 국제학교 및 외국교육
     기관 중 유치원 · 초등학교 교과과정이 있는 학교
② 어린이 보호의무 위반 사고의 성립요건

항 목	내용	예외사항
자동차적 요건	• 어린이 보호구역으로 지정된 장소	• 어린이 보호구역이 아닌 장소
피해자적 요건	• 어린이가 상해를 입은 경우	• 성인이 상해를 입은 경우
운전자의 과실	• 어린이에게 상해를 입힌 경우	• 성인에게 상해를 입힌 경우

tip 적재물 추락 방지의무 위반 사고

모든 차의 운전자는 운전 중 실은 화물이 떨어지지 아니
하도록 덮개를 씌우거나 묶는 등 확실하게 고정될 수 있
도록 필요한 조치를 하여야 한다.

03 화물자동차 운수사업법령

01 총칙

(1) 법의 목적과 정의

① 목적
- ㉠ 화물자동차 운수사업을 효율적으로 관리
- ㉡ 화물자동차 운수사업을 건전하게 육성
- ㉢ 화물의 원활한 운송 도모
- ㉣ 공공복리의 증진에 기여

② 화물자동차
- ㉠ 정의 : 「자동차관리법」에 따른 화물자동차 및 특수자동차로서 국토교통부령으로 정하는 자동차
- ㉡ 화물자동차의 규모별 종류 및 세부기준

구분	종류		세부기준
화물자동차	경형	초소형	• 배기량이 250cc(전기자동차의 경우 최고정격출력이 15킬로와트) 이하이고, 길이 3.6미터·너비 1.5미터·높이 2.0미터 이하인 것
		일반형	• 배기량이 1,000cc 미만으로서 길이 3.6미터, 너비 1.6미터, 높이 2.0미터 이하인 것
	소형		• 최대적재량이 1톤 이하인 것으로서 총중량이 3.5톤 이하인 것
	중형		• 최대적재량이 1톤 초과 5톤 미만이거나, 총중량이 3.5톤 초과 10톤 미만인 것
	대형		• 최대적재량이 5톤 이상이거나, 총중량이 10톤 이상인 것
특수자동차	경형		• 배기량이 1,000cc 미만이고 길이 3.6미터, 너비 1.6미터, 높이 2.0미터 이하인 것
	소형		• 총중량이 3.5톤 이하인 것
	중형		• 총중량이 3.5톤 초과 10톤 미만인 것
	대형		• 총중량이 10톤 이상인 것

- ㉢ 화물자동차의 유형별 세부기준

구분	종류	세부기준
화물자동차	일반형	• 보통의 화물운송용인 것
	덤프형	• 적재함을 원동기의 힘으로 기울여 적재물을 중력에 의하여 쉽게 미끄러뜨리는 구조의 화물운송용인 것
	밴형	• 지붕구조의 덮개가 있는 화물운송용인 것
	특수용도형	• 특정한 용도를 위하여 특수한 구조로 하거나, 기구를 장치한 것으로서 위 어느 형에도 속하지 아니하는 화물운송용인 것
특수자동차	견인형	• 피견인차의 견인을 전용으로 하는 구조인 것
	구난형	• 고장·사고 등으로 운행이 곤란한 자동차를 구난·견인할 수 있는 구조인 것
	특수작업형	• 위 어느 형에도 속하지 아니하는 특수용도용인 것

> **tip 밴형 화물자동차의 구조 충족 요건**
> - 물품적재장치의 바닥면적이 승차장치의 바닥면적보다 넓을 것
> - 승차 정원이 3명 이하일 것.
> ※ 다음의 어느 하나에 해당하는 경우는 예외
> - 호송경비업무 허가를 받은 경비업자의 호송용 차량
> - 2001년 11월 30일 전에 화물자동차 운송사업 등록을 한 6인승 밴형 화물자동차

(2) 화물자동차 운수사업

① 화물자동차 운송사업 : 다른 사람의 요구에 응하여 화물자동차를 사용하여 화물을 유상으로 운송하는 사업

② 화물자동차 운송주선사업 : 사람의 요구에 응하여 유상으로 화물운송계약을 중개·대리하거나 화물자동차 운송사업 또는 화물자동차 운송가맹사업을 경영하는 자의 화물 운송수단을 이용하여 자기의 명의와 계산으로 화물을 운송하는 사업

※ 화물이 이사화물인 경우에는 포장 및 보관 등 부대서비스를 함께 제공하는 사업을 포함

③ 화물자동차 운송가맹사업

ⓐ 화물자동차 운송가맹사업 : 다른 사람의 요구에 응하여 자기 화물자동차를 사용하여 유상으로 화물을 운송하거나 화물정보망(인터넷 홈페이지 및 이동통신단말장치에서 사용되는 응용프로그램을 포함)을 통하여 소속 화물자동차 운송가맹점(운송사업자 및 화물자동차 운송사업의 경영의 일부를 위탁받은 사람인 운송가맹점)에 의뢰하여 화물을 운송하게 하는 사업

ⓑ 화물자동차 운송가맹사업자 : 국토교통부장관으로부터 화물자동차 운송가맹사업의 허가를 받은 자

ⓒ 화물자동차 운송가맹점 : 화물자동차 운송가맹사업자의 운송가맹점으로 가입한 자로서 다음의 어느 하나에 해당하는 사람

• 운송가맹사업자의 화물정보망을 이용하여 운송 화물을 배정받아 화물을 운송하는 운송사업자
• 운송가맹사업자의 화물운송계약을 중개·대리하는 운송주선사업자
• 운송가맹사업자의 화물정보망을 이용하여 운송 화물을 배정받아 화물을 운송하는 자로서 화물자동차 운송사업의 경영의 일부를 위탁받은 사람
※ 다만, 경영의 일부를 위탁한 운송사업자가 화물자동차 운송가맹점으로 가입한 경우는 제외한다.

(3) 주요 용어 정의

① 영업소 : 주사무소 외의 장소에서 다음의 어느 하나에 해당하는 사업을 영위하는 곳

ⓐ 화물자동차 운송사업의 허가를 받은 자 또는 화물자동차 운송가맹사업자가 화물자동차를 배치하여 그 지역의 화물을 운송하는 사업

ⓑ 화물자동차 운송주선사업의 허가를 받은 자가 화물 운송을 주선하는 사업

② 운수종사자 : 화물자동차의 운전자, 화물의 운송 또는 운송주선에 관한 사무를 취급하는 사무원 및 이를 보조하는 보조원, 그 밖에 화물자동차 운수사업에 종사하는 사람

③ 공영차고지 : 화물자동차 운수사업에 제공되는 차고지로서 다음의 어느 하나에 해당하는 자가 설치한 것

ⓐ 특별시장·광역시장·특별자치시장·도지사·특별자치도지사

ⓑ 시장·군수·구청장(자치구의 구청장)

ⓒ 공공기관 중 대통령령으로 정하는 공공기관

ⓓ 지방공사

④ 화물자동차 휴게소 : 화물자동차의 운전자가 화물의 운송 중 휴식을 취하거나 화물의 하역을 위하여 대기할 수 있도록 도로 등 화물의 운송경로나 물류시설 등 물류거점에 휴게시설과 차량의 주차·정비·주유 등 화물운송에 필요한 기능을 제공하기 위하여 건설하는 시설물

⑤ 화물차주 : 화물을 직접 운송하는 자로서 다음의 어느 하나에 해당하는 사람

ⓐ 개인화물자동차 운송사업의 허가를 받은 자(개인운송사업자)

ⓑ 운송사업자로부터 경영의 일부를 위탁받은 사람(위·수탁차주)

⑥ 화물자동차 안전운송원가 : 화물차주에 대한 적정한 운임의 보장을 통하여 과로, 과속, 과적 운행을 방지하는 등 교통안전을 확보하기 위하여 화주, 운송사업자, 운송주선사업자 등이 화물운송의 운임을 산정할 때에 참고할 수 있는 운송원가로서 화물자동차 안전운임위원회의 심의·의결을 거쳐 국토교통부장관이 공표한 원가

⑦ 화물자동차 안전운임 : 화물차주에 대한 적정한 운임의 보장을 통하여 과로, 과속, 과적 운행을 방지하는 등 교통안전을 확보하기 위하여 필요한 최소한의 운임으로서 화물자동차 안전운송원가에 적정 이윤을 더하여 화물자동차 안전운임위원회의 심의·의결을 거쳐 국토교통부장관이 공표한 운임을 말하며 다음으로 구분

ⓐ 화물자동차 안전운송운임 : 화주가 운송사업자, 운송주선사업자 및 운송가맹사업자(이하 "운수사업자"라 한다) 또는 화물차주에게 지급하여야 하는 최소한의 운임

ⓛ 화물자동차 안전위탁운임 : 운수사업자가 화물차주에게 지급하여야 하는 최소한의 운임

02 화물자동차 운송사업

(1) 화물자동차 운송사업의 허가 및 변경

① 화물자동차 운송사업을 경영하려면 국토교통부장관의 허가를 받아야 하는 사업
  ㉠ 일반화물자동차 운송사업 : 20대 이상의 범위에서 20대 이상의 화물자동차를 사용하여 화물을 운송하는 사업
  ㉡ 개인화물자동차 운송사업 : 화물자동차 1대를 사용하여 화물을 운송하는 사업으로서 대통령령으로 정하는 사업

② 허가를 받지 않아도 되는 사업자 : 사화물자동차 운송가맹사업의 허가를 받은 자

③ 운송사업자가 허가사항 변경
  ㉠ 국토교통부령으로 정하는 바에 따라 국토교통부장관의 변경허가를 받아야 한다.
  ㉡ 대통령령으로 정하는 경미한 사항을 변경하려면 국토교통부령으로 정하는 바에 따라 국토교통부장관에게 신고하여야 한다.

> **tip 경미한 사항의 변경(신고 대상)**
> • 상호의 변경
> • 대표자의 변경(법인인 경우만 해당한다)
> • 화물취급소의 설치 또는 폐지
> • 화물자동차의 대폐차(代廢車)
> • 주사무소·영업소 및 화물취급소의 이전. 다만, 주사무소의 경우 관할 관청의 행정구역 내에서의 이전만 해당

④ 화물자동차 운송사업의 허가 또는 증차를 수반하는 변경허가의 기준
  ㉠ 국토교통부장관이 화물의 운송 수요를 고려하여 업종별로 고시하는 공급기준에 맞을 것
    ※ 다음의 어느 하나에 해당하는 경우는 제외
      • 6개월 이내로 기간을 한정하여 허가를 하는 경우
      • 허가를 신청하는 경우

• 전기자동차 또는 수소전기자동차로서 국토교통부령으로 정하는 최대 적재량 이하인 화물자동차에 대하여 해당 차량과 그 경영을 다른 사람에게 위탁하지 아니하는 것을 조건으로 변경허가를 신청하는 경우
  ㉡ 화물자동차의 대수, 차고지 등 운송시설, 그 밖에 국토교통부령으로 정하는 기준에 맞을 것

⑤ 허가기준 신고 : 운송사업자는 허가받은 날부터 5년마다 허가기준에 관한 사항을 국토교통부장관에게 신고하여야 한다.

(2) 운송사업자의 결격사유

① 피성년후견인 또는 피한정후견인

② 파산선고를 받고 복권되지 아니한 자

③ 화물자동차 운수사업법을 위반하여 징역 이상의 실형을 선고받고 그 집행이 끝나거나(집행이 끝난 것으로 보는 경우를 포함한다) 집행이 면제된 날부터 2년이 지나지 아니한 자

④ 화물자동차 운수사업법을 위반하여 징역 이상의 형의 집행유예를 선고받고 그 유예기간 중에 있는 자

⑤ 다음 어느 하나의 사유로 허가가 취소된 후 2년이 지나지 아니한 자
  ㉠ 허가를 받은 후 6개월간의 운송실적이 국토교통부령으로 정하는 기준에 미달한 경우
  ㉡ 허가기준을 충족하지 못하게 된 경우
  ㉢ 5년마다 허가기준에 관한 사항을 신고하지 아니하였거나 거짓으로 신고한 경우

⑥ 다음 어느 하나의 사유로 허가가 취소된 후 5년이 지나지 아니한 자
  ㉠ 부정한 방법으로 허가를 받은 경우
  ㉡ 부정한 방법으로 변경허가를 받거나, 변경허가를 받지 아니하고 허가사항을 변경한 경우
  ※ 결격사유에 해당하는 자는 국토교통부장관으로부터 화물자동차 운송사업의 허가를 받을 수 없다. 법인의 경우 그 임원 중 결격사유에 해당하는 자가 있는 경우에도 또한 같다.

(3) 운임 및 요금

① 운임 및 요금 신고
- ㉠ 신고시기 : 운송사업자가 운임 및 요금을 정하거나 변경하려는 때 미리 신고
- ㉡ 신고 : 국토교통부장관에게

② 운임과 요금을 신고하여야 하는 운송사업자의 범위
- ㉠ 구난형 특수자동차를 사용하여 고장차량·사고차량 등을 운송하는 운송사업자 또는 운송가맹사업자
  - ※ 화물자동차를 직접 소유한 운송가맹사업자만 해당된다.
- ㉡ 밴형 화물자동차를 사용하여 화주와 화물을 함께 운송하는 운송사업자 및 운송가맹사업자

③ 운임·요금 신고 및 변경신고서 제출시 첨부서류
- ㉠ 원가계산서 : 행정기관에 등록한 원가계산기관 또는 공인회계사가 작성한 것
- ㉡ 운임·요금표 : 구난형 특수자동차를 사용하여 고장차량·사고차량 등을 운송하는 운송사업의 경우에는 구난 작업에 사용하는 장비 등의 사용료를 포함
- ㉢ 운임 및 요금의 신·구대비표 : 변경신고인 경우만 해당

> **tip 운송약관의 신고**
> - 신고시기 : 운송사업자는 운송약관을 정하거나 이를 변경하려는 때
> - 신고 : 국토교통부장관

(4) 운송사업자의 책임

① 적재물사고 손해배상 : 화물의 멸실·훼손 또는 인도의 지연(이하 "적재물사고"라 한다)으로 발생한 운송사업자의 손해배상 책임에 관하여는 「상법」 제135조를 준용

② 멸실 : 화물이 인도기한이 지난 후 3개월 이내에 인도되지 아니하면 그 화물은 멸실된 것으로 본다.

③ 분쟁의 조정
- ㉠ 조정기관 : 국토교통부장관
- ㉡ 요청 및 조정 : 적재물사고에 따른 손해배상에 관하여 화주가 요청하면 국토교통부령으로 정하는 바에 따라 이에 관한 분쟁을 조정

④ 조정안 작성 : 국토교통부장관은 화주가 분쟁조정을 요청하면 지체 없이 그 사실을 확인하고 손해내용을 조사한 후 조정안을 작성하여야 한다.

⑤ 국토교통부장관은 분쟁조정 업무를 한국소비자원 또는 소비자단체에 위탁할 수 있다.

(5) 적재물배상보험등의 의무 가입

① 적재물배상보험등의 의무 가입자
- ㉠ 최대 적재량이 5톤 이상이거나 총중량이 10톤 이상인 화물자동차 중 일반형·밴형 및 특수용도형 화물자동차와 견인형 특수자동차를 소유하고 있는 운송사업자
- ㉡ 이사화물 운송주선사업자
- ㉢ 운송가맹사업자

> **tip 보험 의무가입 제외 화물자동차**
> - 건축폐기물·쓰레기 등 경제적 가치가 없는 화물을 운송하는 차량으로서 국토교통부장관이 정하여 고시하는 화물자동차
> - 배출가스저감장치를 차체에 부착함에 따라 총중량이 10톤 이상이 된 화물자동차 중 최대 적재량이 5톤 미만인 화물자동차
> - 특수용도형 화물자동차 중 피견인자동차

② 적재물배상보험등의 가입범위
- ㉠ 가입금액 : 건당 2천만 원(이사화물운송주선사업자는 500만 원) 이상의 금액을 지급할 책임을 지는 적재물배상보험등에 가입
- ㉡ 가입범위
  - 운송사업자 : 각 화물자동차별로 가입
  - 운송주선사업자 : 각 사업자별로 가입
  - 운송가맹사업자 : 화물자동차를 직접 소유한 자는 각 화물자동차별 및 각 사업자별로, 그 외의 자는 각 사업자별로 가입

③ 적재물배상 책임보험 또는 공제 계약의 체결의무
- ㉠ 보험체결거부 금지 : 보험회사등은 보험등 의무가입자가 적재물배상보험등에 가입하려고 하면 대통령령으로 정하는 사유가 있는 경우 외에는 책임보험계약등의 체결을 거부할 수 없다.

ⓒ 책임보험계약등을 공동으로 체결할 수 있는 경우
- 보험 등 의무가입자가 적재물사고를 일으킬 개연성이 높은 경우
- 운송사업자의 화물자동차 운전자가 그 운송사업자의 사업용 화물자동차를 운전하여 과거 2년 동안 다음의 어느 하나에 해당하는 사항을 2회 이상 위반한 경력이 있는 경우
 −무면허운전 등의 금지
 −술에 취한 상태에서의 운전금지
 −사고발생 시 조치의무
- 보험회사가 허가를 받거나 신고한 적재물배상보험 요율과 책임준비금 산출기준에 따라 손해배상책임을 담보하는 것이 현저히 곤란하다고 판단한 경우

④ 책임보험계약등의 해제
ⓐ 보험 해제금지 : 보험등 의무가입자 및 보험회사등은 책임보험계약등의 전부 또는 일부를 해제하거나 해지하여서는 아니 된다.

ⓑ 보험을 해제할 수 있는 경우
- 화물자동차 운송사업의 허가사항이 변경(감차만을 말한다)된 경우
- 화물자동차 운송사업을 휴업하거나 폐업한 경우
- 화물자동차 운송사업의 허가가 취소되거나 감차 조치 명령을 받은 경우
- 화물자동차 운송주선사업의 허가가 취소된 경우
- 화물자동차 운송가맹사업의 허가사항이 변경(감차만을 말한다)된 경우
- 화물자동차 운송가맹사업의 허가가 취소되거나 감차 조치 명령을 받은 경우
- 적재물배상보험등에 이중으로 가입되어 하나의 책임보험계약등을 해제하거나 해지하려는 경우
- 보험회사등이 파산 등의 사유로 영업을 계속할 수 없는 경우
- 그 밖에 대통령령으로 정하는 경우

⑤ 책임보험계약등의 계약 종료일 통지
ⓐ 종료통지 : 보험회사등은 의무가입자에게 그 계약 종료일 30일 전과 10일 전에 각각 그 계약이 끝난다는 사실을 통지하여야 한다.
※ 통지에는 계약기간이 종료된 후 적재물배상보험등에 가입하지 아니하는 경우에는 500만 원 이하의 과태료가 부과된다는 사실에 관한 안내를 포함하여야 한다.

ⓑ 보험미가입자 통지 : 보험회사등은 계약이 끝난 후 새로운 계약을 체결하지 아니하면 그 사실을 지체 없이 국토교통부장관에게 알려야 한다.

tip 관할관청에 알리는 내용의 포함사항
- 적재물배상보험등에 가입하여야 하는 운수사업자의 상호·성명(법인인 경우에는 법인명칭·대표자명)
- 주민등록번호(법인인 경우에는 법인등록번호)와 자동차 등록번호

(6) 운송사업자의 준수사항

① 허가받은 사항의 범위에서 사업을 성실하게 수행하여야 한다.

② 부당한 운송조건을 제시하거나 정당한 사유 없이 운송계약의 인수를 거부하거나 그 밖에 화물운송 질서를 현저하게 해치는 행위를 하여서는 아니 된다.

③ 화물자동차 운전자의 과로를 방지하고 안전운행을 확보하기 위하여 운전자를 과도하게 승차근무하게 하여서는 아니 된다.

④ 화물의 기준에 맞지 아니하는 화물을 운송하여서는 아니 된다.

tip 화물의 기준 및 대상차량
- 화주1명당 화물의 중량이 20킬로그램 이상일 것
- 화주 1명당 화물의 용적이 4만 세제곱센티미터 이상일 것
- 화물이 다음의 어느 하나에 해당하는 물품일 것
 −불결하거나 악취가 나는 농산물·수산물 또는 축산물
 −혐오감을 주는 동물 또는 식물
 −기계·기구류 등 공산품
 −합판·각목 등 건축기자재
 −폭발성·인화성 또는 부식성 물품
 ※ 대상차량은 밴형 화물자동차로 한다.

⑤ 고장 및 사고차량 등 화물의 운송과 관련하여 자동차관리사업자와 부정한 금품을 주고받아서는 아니 된다.

⑥ 해당 화물자동차 운송사업에 종사하는 운수종사자가 운수종사자의 준수사항을 성실히 이행하도록 지도·감독하여야 한다.

⑦ 화물운송의 대가로 받은 운임 및 요금의 전부 또는 일부에 해당되는금액을 부당하게 화주, 다른 운송사업자 또는 화물자동차 운송주선사업을 경영하는 자에게 되돌려주는 행위를 하여서는 아니 된다.

⑧ 택시(구역 여객자동차운송사업에 사용되는 승용자동차를 말한다. 이하 같다) 요금미터기의 장착 등 국토교통부령으로 정하는 택시 유사표시행위를 하여서는 아니 된다.

⑨ 운임 및 요금과 운송약관을 영업소나 화물자동차에 갖추어 두고 이용자가 요구하면 이를 내보여야 한다.

⑩ 위·수탁차주나 개인 운송사업자에게 화물운송을 위탁한 운송사업자는 해당 위·수탁차주나 개인 운송사업자가 요구하면 화물적재요청자와 화물의 종류·중량 및 운임 등 국토교통부령으로 정하는 사항을 적은 화물위탁증을 내주어야 한다.

　　※ 운송사업자가 최대 적재량 1.5톤 이상의 화물자동차를 소유한 위·수탁차주나 개인 운송사업자에게 화물운송을 위탁하는 경우 국토교통부령으로 정하는 화물을 제외하고는 화물위탁증을 발급하여야 하며, 위·수탁차주나 개인 운송사업자는 화물위탁증을 수령하여야 한다.

⑪ 화물자동차 운송사업을 양도·양수하는 경우에는 양도·양수에 소요되는 비용을 위·수탁차주에게 부담시켜서는 아니 된다.

⑫ 위·수탁차주가 현물출자한 차량을 위·수탁차주의 동의 없이 타인에게 매도하거나 저당권을 설정하여서는 아니 된다.

　　※ 보험료 납부, 차량 할부금 상환 등 위·수탁차주가 이행하여야 하는 차량관리 의무의 해태로 인하여 운송사업자의 채무가 발생하였을 경우에는 위·수탁차주에게 저당권을 설정한다는 사실을 사전에 통지하고 그 채무액을 넘지 아니하는 범위에서 저당권을 설정할 수 있다.

⑬ 위·수탁계약으로 차량을 현물출자 받은 경우에는 위·수탁차주를 자동차등록원부에 현물출자자로 기재하여야 한다.

⑭ 위·수탁차주가 다른 운송사업자와 동시에 1년 이상의 운송계약을 체결하는 것을 제한하거나 이를 이유로 불이익을 주어서는 아니 된다.

⑮ 화물운송을 위탁하는 경우 기준을 위반하는 화물의 운송을 위탁하여서는 아니 된다.

⑯ 운송가맹사업자의 화물정보망이나 인증 받은 화물정보망을 통하여 위탁 받은 물량을 재위탁하는 등 화물운송질서를 문란하게 하는 행위를 하여서는 아니 된다.

⑰ 적재된 화물이 떨어지지 아니하도록 국토교통부령으로 정하는 기준 및 방법에 따라 덮개·포장·고정장치 등 필요한 조치를 하여야 한다.

⑱ 허가 또는 변경허가를 받은 운송사업자는 허가 또는 변경허가의 조건을 위반하여 다른 사람에게 차량이나 그 경영을 위탁하여서는 아니 된다.

⑲ 화물자동차의 운전업무에 종사하는 운수종사자가 교육을 받는 데에 필요한 조치를 하여야 하며, 그 교육을 받지 아니한 화물자동차의 운전업무에 종사하는 운수종사자를 화물자동차 운수사업에 종사하게 하여서는 아니 된다.

⑳ 전기·전자장치(최고속도제한장치에 한정)를 무단으로 해체하거나 조작해서는 아니 된다.

(7) 국토교통부령으로 정하는 운송사업자의 준수사항

① 개인화물자동차 운송사업자의 경우 주사무소가 있는 특별시·광역시·특별자치시 또는 도와 이와 맞닿은 특별시·광역시·특별자치시 또는 도 외의 지역에 상주하여 화물자동차 운송사업을 경영하지 아니할 것

② 밤샘주차를 할 수 있는 시설 및 장소
　㉠ 해당 운송사업자의 차고지
　㉡ 다른 운송사업자의 차고지
　㉢ 공영차고지
　㉣ 화물자동차 휴게소
　㉤ 화물터미널
　㉥ 그 밖에 지방자치단체의 조례로 정하는 시설 또는 장소
　　※ 밤샘주차…0시부터 4시까지 사이에 하는 1시간 이상의 주차를 말한다.

③ 최대적재량 1.5톤 이하의 화물자동차의 경우에는 주차장, 차고지 또는 지방자치단체의 조례로 정하는 시설 및 장소에서만 밤샘주차할 것

④ 신고한 운임 및 요금 또는 화주와 합의된 운임 및 요금이 아닌 부당한 운임 및 요금을 받지 아니할 것

⑤ 화주로부터 부당한 운임 및 요금의 환급을 요구받았을 때에는 환급할 것

⑥ 신고한 운송약관을 준수할 것

⑦ 사업용 화물자동차의 바깥쪽에 일반인이 알아보기 쉽도록 해당 운송사업자의 명칭을 표시할 것

※ 밴형 화물자동차를 사용해서 화주와 화물을 함께 운송하는 사업자는 "화물"이라는 표기를 한국어 및 외국어(영어, 중국어 및 일본어)로 표시할 것

⑧ 화물자동차 운전자의 취업 현황 및 퇴직 현황을 보고하지 아니하거나 거짓으로 보고하지 아니할 것

⑨ 교통사고로 인한 손해배상을 위한 대인보험이나 공제사업에 가입하지 아니한 상태로 화물자동차를 운행하거나 그 가입이 실효된 상태로 화물자동차를 운행하지 아니할 것

⑩ 적재물배상보험등에 가입하지 아니한 상태로 화물자동차를 운행하거나 그 가입이 실효된 상태로 화물자동차를 운행하지 아니할 것

⑪ 화물자동차(차령 이상의 화물자동차는 제외)를 정기검사 또는 자동차종합검사를 받지 않은 상태로 운행하거나 운행하게 하지 않을 것

> **tip** 화물자동차 연한 기준
>
> • 대통령령으로 정하는 연한 : 차령(車齡) 13년을 말한다.
> • 차령의 기산일
> –제작연도에 등록된 자동차 : 최초의 신규등록일
> –제작연도에 등록되지 아니한 자동차 : 제작연도의 말일

⑫ 화물자동차 운전자에게 차 안에 화물운송 종사자격증명을 게시하고 운행하도록 할 것

⑬ 화물자동차 운전자에게 운행기록장치가 설치된 운송사업용 화물자동차를 그 장치 또는 기기가 정상적으로 작동되는 상태에서 운행하도록 할 것

⑭ 개인화물자동차 운송사업자는 자기 명의로 운송계약을 체결한 화물에 대하여 다른 운송사업자에게 수수료나 그 밖의 대가를 받고 그 운송을 위탁하거나 대행하게 하는 등 화물운송 질서를 문란하게 하는 행위를 하지 말 것

⑮ 밴형 화물자동차를 사용하여 화주와 화물을 함께 운송하는 운송사업자는 운송을 시작하기 전에 화주에게 구두 또는 서면으로 총 운임·요금을 통지하거나 소속 운수종사자로 하여금 통지하도록 지시할 것

⑯ 휴게시간 없이 2시간 연속 운전한 운수종사자에게 15분 이상의 휴게시간을 보장할 것

※ 1시간까지 연장운행을 하게 할 수 있고 운행 후 30분 이상의 휴게시간을 보장해야 하는 경우
• 운송사업자 소유의 다른 화물자동차가 교통사고, 차량고장 등의 사유로 운행이 불가능하여 이를 일시적으로 대체하기 위하여 수송력 공급이 긴급히 필요한 경우
• 천재지변이나 이에 준하는 비상사태로 인하여 수송력 공급을 긴급히 증가할 필요가 있는 경우
• 교통사고, 차량고장 또는 교통정체 등 불가피한 사유로 2시간 연속운전 후 휴게시간 확보가 불가능한 경우

(8) 운수종사자의 준수사항

① 운수종사자의 금지행위
ㄱ 정당한 사유 없이 화물을 중도에서 내리게 하는 행위
ㄴ 정당한 사유 없이 화물의 운송을 거부하는 행위
ㄷ 부당한 운임 또는 요금을 요구하거나 받는 행위
ㄹ 고장 및 사고차량 등 화물의 운송과 관련하여 자동차관리사업자와 부정한 금품을 주고받는 행위
ㅁ 일정한 장소에 오랜 시간 정차하여 화주를 호객(呼客)하는 행위
ㅂ 문을 완전히 닫지 아니한 상태에서 자동차를 출발시키거나 운행하는 행위
ㅅ 택시 요금미터기의 장착 등 국토교통부령으로 정하는 택시 유사표시행위
ㅇ 덮개·포장·고정장치 등 필요한 조치를 하지 아니하고 화물자동차를 운행하는 행위
ㅈ 전기·전자장치(최고속도제한장치에 한정한다)를 무단으로 해체하거나 조작하는 행위

② 국토교통부령으로 정하는 운수종사자의 준수사항
ㄱ 운행하기 전에 일상점검 및 확인을 할 것
ㄴ 구난형 특수자동차를 사용하여 고장·사고차량을 운송하는 운수종사자의 경우 고장·사고차량 소유자 또는 운전자의 의사에 반하여 구난하지 아니할 것.

※ 다음의 어느 하나에 해당하는 경우는 제외
- 고장·사고차량 소유자 또는 운전자가 사망·중상 등으로 의사를 표현할 수 없는 경우
- 교통의 원활한 흐름 또는 안전 등을 위하여 경찰공무원이 차량의 이동을 명한 경우
ⓒ 구난형 특수자동차를 사용하여 고장·사고차량을 운송하는 운수종사자는 구난 작업 전에 차량의 소유자 또는 운전자에게 구두 또는 서면으로 총 운임·요금을 통지할 것.
※ 고장·사고차량 소유자 또는 운전자의 사망·중상 등 부득이한 사유로 통지할 수 없는 경우는 제외한다.
ⓔ 휴게시간 없이 2시간 연속운전한 후에는 15분 이상의 휴게시간을 가질 것.
※ 제21조 제23호 각 목의 어느 하나에 해당하는 경우에는 1시간까지 연장운행을 할 수 있으며 운행 후 30분 이상의 휴게시간을 가져야 한다.
ⓜ 준수사항을 위반해서 운전 중 휴대용 전화를 사용하거나 영상표시장치를 시청·조작 등을 하지 말 것

(9) 업무 개선명령 및 개시명령

① 명령권자 : 국토교통부장관
② 운송사업자에 대한 개선명령
ⓐ 명령목적
- 안전운행을 확보
- 운송 질서 확립
- 화주의 편의를 도모하기 위해
ⓑ 개선 명령할 수 있는 사항
- 운송약관의 변경
- 화물자동차의 구조변경 및 운송시설의 개선
- 화물의 안전운송을 위한 조치
- 적재물배상 보험등의 가입과 운송사업자가 의무적으로 가입하여야 하는 보험·공제에 가입
- 위·수탁계약에 따라 운송사업자 명의로 등록된 차량의 자동차등록번호판이 훼손 또는 분실된 경우 위·수탁차주의 요청을 받은 즉시 등록번호판의 부착 및 봉인을 신청하는 등 운행이 가능하도록 조치
- 위·수탁계약에 따라 운송사업자 명의로 등록된 차량의 노후, 교통사고 등으로 대폐차가 필요한 경우 위·수탁차주의 요청을 받은 즉시 운송사업자가 대폐차 신고 등 절차를 진행하도록 조치

- 위·수탁계약에 따라 운송사업자 명의로 등록된 차량의 사용본거지를 다른 시·도로 변경하는 경우 즉시 자동차등록번호판의 교체 및 봉인을 신청하는 등 운행이 가능하도록 조치
- 화물자동차 운송사업의 개선을 위하여 필요한 사항으로 대통령령으로 정하는 사항

③ 업무개시 명령
ⓐ 대상 : 운송사업자나 운수종사자
ⓑ 개시명령 : 운송사업자나 운수종사자가 정당한 사유 없이 집단으로 화물운송을 거부하여 화물운송에 커다란 지장을 주어 국가경제에 매우 심각한 위기를 초래하거나 초래할 우려가 있다고 인정할 만한 상당한 이유가 있으면 그 운송사업자 또는 운수종사자에게 업무개시를 명할 수 있다.
ⓒ 국무회의의 심의 : 운송사업자 또는 운수종사자에게 업무개시를 명하려면 국무회의의 심의를 거쳐야 한다.
ⓔ 국회 상임위원회에 보고 : 국토교통부장관은 업무개시를 명한 때에는 구체적 이유 및 향후 대책을 국회 소관 상임위원회에 보고하여야 한다.
※ 운송사업자 또는 운수종사자는 정당한 사유 없이 업무개시 명령을 거부할 수 없다.

(10) 과징금의 부과·징수

① 부과권자 : 국토교통부장관
② 부과시기 : 사업정지처분을 하여야 하는 경우로서 그 사업정지처분이 해당 화물자동차 운송사업의 이용자에게 심한 불편을 주거나 그 밖에 공익을 해칠 우려가 있는 경우
③ 부과금액 : 사업정지처분을 갈음하여 2천만 원 이하
② 과징금의 사용 용도
ⓐ 화물 터미널의 건설 및 확충
ⓑ 공동차고지(사업자단체, 운송사업자 또는 운송가맹사업자가 운송사업자 또는 운송가맹사업자에게 공동으로 제공하기 위하여 설치하거나 임차한 차고지)의 건설과 확충
ⓒ 경영개선이나 화물에 대한 정보 제공사업 등 화물자동차 운수사업의 발전을 위하여 필요한 사업

- 공영차고지의 설치 · 운영사업
- 시 · 도지사가 설치 · 운영하는 운수종사자의 교육시설에 대한 비용의 보조사업
- 사업자단체가 실시하는 경영자와 운수종사자의 교육훈련 사업

② 신고포상금의 지급

(11) 화물자동차 운송사업의 허가취소

① 취소권자 : 국토교통부장관

② 취소범위 : 운송사업의 전부 또는 일부의 정지를 명령하거나 감차 조치

③ 허가취소 대상
　㉠ 부정한 방법으로 화물자동차 운송사업 허가를 받은 경우
　㉡ 화물자동차 운송사업의 결격사유에 해당되는 경우
　　※ 법인 임원 중 결격사유에 해당하는 자가 있는 경우 3개월 이내에 그 임원을 개임하면 허가를 취소하지 않는다.
　㉢ 화물자동차 교통사고와 관련하여 거짓이나 그 밖의 부정한 방법으로 보험금을 청구하여 금고 이상의 형을 선고받고 그 형이 확정된 경우

④ 허가취소 또는 6개월 이내 사업정지 명령, 감차 조치
　㉠ 허가를 받은 후 6개월간의 운송실적이 국토교통부령으로 정하는 기준에 미달한 경우
　㉡ 부정한 방법으로 화물자동차 운송사업의 변경허가를 받거나, 변경허가를 받지 아니하고 허가사항을 변경한 경우
　㉢ 화물자동차 운송사업의 허가나 증차를 수반하는 변경허가에 따른 기준을 충족하지 못하게 된 경우
　㉣ 화물자동차 운송사업의 허가 등을 신고하지 아니하였거나 거짓으로 신고한 경우
　㉤ 화물자동차 소유 대수가 2대 이상인 운송사업자가 영업소 설치 허가를 받지 아니하고 주사무소 외의 장소에서 상주하여 영업한 경우
　㉥ 화물자동차 운송사업의 허가에 따른 조건 또는 기한을 위반한 경우
　㉦ 화물운송 종사자격이 없는 자에게 화물을 운송하게 한 경우
　㉧ 운송사업자의 준수사항을 위반한 경우
　㉨ 운송사업자의 직접운송 의무 등을 위반한 경우
　㉩ 일정한 장소에 오랜 시간 정차하여 화주를 호객하는 행위를 하여 과태료 처분을 1년 동안 3회 이상 받은 경우
　㉠ 정당한 사유 없이 개선명령 또는 업무개시 명령을 이행하지 아니한 경우
　㉤ 사업을 양도할 수 없음에도 사업을 양도한 경우
　㉦ 사업정지처분 또는 감차 조치 명령을 위반한 경우
　㉧ 중대한 교통사고 또는 빈번한 교통사고로 1명 이상의 사상자를 발생하게 한 경우

- 중대한 교통사고 등의 범위 : 다음의 사고로 중상 이상의 사상자가 발생한 경우
- 「교통사고처리 특례법」 제3조제2항 단서에 해당하는 사유
- 화물자동차의 정비불량
- 화물자동차의 전복 또는 추락(운수종사자에게 귀책사유가 있는 경우만 해당)
- 빈번한 교통사고 : 사상자가 발생한 교통사고가 교통사고지수 또는 교통사고 건수에 이르게 된 경우
- 5대 이상의 차량을 소유한 운송사업자 : 해당 연도의 교통사고지수가 3 이상인 경우

$$교통사고지수 = \frac{교통사고건수}{화물자동차의대수} \times 10$$

- 5대 미만의 차량을 소유한 운송사업자 : 해당 사고 이전 최근 1년 동안에 발생한 교통사고가 2건 이상인 경우

　㉮ 보조금지급이 정지된 자가 그 날부터 5년 이내에 다시 보조금지급의 정지에 해당하게 된 경우

※ 보조금 지급 정지 사유
- 주유업자등으로부터 세금계산서를 거짓으로 발급받아 보조금을 지급받은 경우
- 주유업자등으로부터 유류의 구매를 가장하거나 실제 구매금액을 초과하여 유류구매카드로 거래를 하거나 이를 대행하게 하여 보조금을 지급받은 경우
- 화물자동차 운수사업이 아닌 다른 목적에 사용한 유류분에 대하여 보조금을 지급받은 경우
- 다른 운송사업자등이 구입한 유류 사용량을 자기가 사용한 것으로 위장하여 보조금을 지급받은 경우
- 대통령령을 위반하여 보조금을 지급받은 경우
- 소명서 및 증거자료의 제출요구에 따르지 아니하거나, 검사나조사를 거부 · 기피 또는 방해한 경우

　㉯ 운송 또는 주선 실적 신고를 하지 아니하였거나 거짓으로 신고한 경우
　㉰ 화물 운송 실적 기준을 충족하지 못하게 된 경우
　㉱ 연한 이상의 화물자동차를 정기검사 또는 자동차종합검사를 받지 아니한 상태로 운행하거나 운행하게 한 경우

(1) 화물자동차 운송주선사업의 허가

① 허가권자 : 국토교통부장관

② 허가 및 변경
  ㉠ 허가 : 화물자동차 운송주선사업을 경영하려는 자
  ※ 화물자동차 운송가맹사업의 허가를 받은 자는 허가를 받지 아니한다.
  ㉡ 변경 : 운송주선사업자의 허가사항을 변경하려는 자는 신고

③ 운송주선사업의 허가기준
  ㉠ 국토교통부장관이 화물의 운송주선 수요를 감안하여 고시하는 공급기준에 맞을 것
  ㉡ 사무실의 면적 등 국토교통부령으로 정하는 기준에 맞을 것
  ※ 국토교통부령으로 정하는 화물자동차 운송주선사업의 허가기준

항목	허가기준
사무실	• 영업에 필요한 면적 • 관리사무소 등 부대시설이 설치된 민영 노외 주차장을 소유하거나 그 사용계약을 체결한 경우에는 사무실을 확보한 것으로 본다.

④ 신고 : 운송주선사업자를 허가받은 날부터 5년의 범위에서 허가기준에 관한 사항을 국토교통부장관에게 신고하여야 한다.

⑤ 영업소 설치 : 주사무소 외의 장소에서 상주하여 영업하려면 국토교통부령으로 정하는 바에 따라 국토교통부장관의 허가를 받아 영업소를 설치하여야 한다.

(2) 운송주선사업자의 준수사항

① 준수사항
  ㉠ 자기의 명의로 운송계약을 체결한 화물에 대하여 그 계약금액 중 일부를 제외한 나머지 금액으로 다른 운송주선사업자와 재계약하여 이를 운송하도록 하여서는 아니 된다.
  ※ 화물운송을 효율적으로 수행할 수 있도록 위·수탁차주나 1대 사업자에게 화물운송을 직접 위탁하기 위해 다른 운송주선사업자에게 중개·대리를 의뢰하는 때에는 예외로 한다.

  ㉡ 화주로부터 중개 또는 대리를 의뢰받은 화물에 대하여 다른 운송주선사업자에게 수수료나 그 밖의 대가를 받고 중개 또는 대리를 의뢰하여서는 아니 된다.
  ㉢ 운송사업자에게 화물의 종류·무게 및 부피 등을 거짓으로 통보하거나 법에 따른 기준을 위반하는 화물의 운송을 주선하여서는 아니 된다.
  ㉣ 운송주선사업자가 운송가맹사업자에게 화물의 운송을 주선하는 행위는 ㉠ 및 ㉡에 따른 재계약·중개 또는 대리로 보지 아니한다.

② 국토교통부령으로 정하는 운송주선사업자의 준수사항
  ㉠ 신고한 운송주선약관을 준수할 것
  ㉡ 적재물배상보험 등에 가입한 상태에서 운송주선사업을 영위할 것
  ㉢ 자가용 화물자동차의 소유자 또는 사용자에게 화물운송을 주선하지 아니할 것
  ㉣ 허가증에 기재된 상호만 사용할 것
  ㉤ 운송주선사업자가 이사화물운송을 주선하는 경우 화물운송을 시작하기 전에 다음 사항이 포함된 견적서 또는 계약서(전자문서 포함)를 화주에게 발급할 것
  ※ 화주가 견적서 또는 계약서의 발급을 원하지 아니하는 경우는 제외한다.

> **tip 견적서나 계약서에 포함되어야 할 사항**
>
> • 운송주선사업자의 성명 및 연락처
> • 화주의 성명 및 연락처
> • 화물의 인수 및 인도 일시, 출발지 및 도착지
> • 화물의 종류, 수량
> • 운송 화물자동차의 종류 및 대수, 작업인원, 포장 및 정리 여부, 장비사용 내역
> • 운임 및 그 세부내역(포장 및 보관 등 부대서비스 이용 시 해당 부대서비스의 내용 및 가격 포함)

  ㉥ 운송주선사업자가 이사화물 운송을 주선하는 경우에 포장 및 운송 등 이사 과정에서 화물의 멸실, 훼손 또는 연착에 대한 사고확인서를 발급할 것
  ※ 화물의 멸실, 훼손 또는 연착에 대하여 사업자가 고의 또는 과실이 없음을 증명하지 못한 경우로 한정한다.

화물자동차 운송가맹사업

(1) 화물자동차 운송가맹사업의 허가

① 허가권자 : 국토교통부장관

② 허가 및 변경

   ㉠ 허가 : 화물자동차 운송가맹사업을 경영하려는 자

   ㉡ 변경 : 허가사항을 변경하려면 변경허가를 받아야 한다.

   ※ 대통령령으로 정하는 경미한 사항을 변경하려면 국토교통부장관에게 신고하여야 한다.

> **tip 운송가맹사업자 허가사항 변경신고 대상**
>
> • 대표자의 변경(법인인 경우만 해당)
> • 화물취급소의 설치 및 폐지
> • 화물자동차의 대폐차(화물자동차를 직접 소유한 운송가맹사업자만 해당)
> • 주사무소 · 영업소 및 화물취급소의 이전
> • 화물자동차 운송가맹계약의 체결 또는 해제 · 해지

③ 허가 또는 증차를 수반하는 변경허가의 기준

   ㉠ 국토교통부장관이 화물의 운송수요를 고려하여 고시하는 공급기준에 맞을 것

   ㉡ 화물자동차의 대수(운송가맹점이 보유하는 화물자동차의 대수 포함), 운송시설, 그 밖에 국토교통부령으로 정하는 기준에 맞을 것

④ 화물자동차 운송가맹사업의 허가기준

항목	허가기준
허가기준 대수	• 50대 이상(운송가맹점이 소유하는 화물자동차 대수를 포함하되, 8개 이상의 시 · 도에 각각 5대 이상 분포되어야 함)
사무실(영업소)	• 영업에 필요한 면적
최저보유 차고면적	• 화물자동차 1대당 그 화물자동차의 길이와 너비를 곱한 면적(화물자동차를 직접 소유하는 경우만 해당)
화물자동차의 종류	• 시행규칙 제3조에 따른 화물자동차(화물자동차를 직접 소유하는 경우만 해당)
그 밖의 운송시설	• 화물정보망(물량배정 여부, 공차 위치 등이 확인되어야 하며, 운임 지급등의 결재시스템이 구축되어야 함)을 갖출 것

※ 운송사업자가 화물자동차 운송가맹사업 허가를 신청하는 경우 운송사업자의 지위에서 보유하고 있던 화물자동차 운송사업용 화물자동차는 화물자동차 운송가맹사업의 허가기준 대수로 겸용할 수 없다.

⑤ 신고 : 허가받은 날부터 5년의 범위에서 허가기준에 관한 사항을 국토교통부장관에게 신고하여야 한다.

⑥ 영업소 설치 : 주사무소 외의 장소에서 상주하여 영업하려면 국토교통부령으로정하는 바에 따라 국토교통부장관의 허가를 받아 영업소를 설치하여야 한다.

(2) 운송가맹사업자 및 운송가맹점의 역할

① 운송가맹사업자

   ㉠ 운송가맹사업자의 직접운송물량과 운송가맹점의 운송물량의 공정한 배정

   ㉡ 효율적인 운송기법의 개발과 보급

   ㉢ 화물의 원활한 운송을 위한 화물정보망의 설치 · 운영

② 운송가맹점

   ㉠ 운송가맹사업자가 정한 기준에 맞는 운송서비스의 제공

   ※ 운송사업자 및 위 · 수탁차주인 운송가맹점만 해당된다.

   ㉡ 화물의 원활한 운송을 위한 차량 위치의 통지(운송사업자 및 위 · 수탁차주인 운송가맹점만 해당)

   ㉢ 운송가맹사업자에 대한 운송화물의 확보 · 공급(운송주선사업자인 운송가맹점만 해당)

(3) 운송가맹사업자에 대한 개선명령

① 명령 목적

   ㉠ 안전운행의 확보

   ㉡ 운송질서의 확립 및 화주의 편의를 도모하기 위하여 필요하다고 인정하면 운송가맹사업자에게 개선명령을 할 수 있다.

② 개선명령할 수 있는 사항

   ㉠ 운송약관의 변경

   ㉡ 화물자동차의 구조변경 및 운송시설의 개선

   ㉢ 화물의 안전운송을 위한 조치

   ㉣ 정보공개서의 제공의무 등, 가맹금의 반환, 가맹계약서의 기재사항 등, 가맹계약의 갱신 등의 통지

ⓜ 적재물배상 보험등과 운송가맹사업자가 의무적으로 가입하여야 하는 보험 · 공제의 가입

ⓗ 화물자동차 운송가맹사업의 개선을 위하여 필요한 사항으로서 대통령령으로 정하는 사항

05 화물운송 종사자격시험 · 교육

(1) 화물자동차 운수사업의 운전업무 종사자격

① 운전업무 종사자격의 요건 : 운전업무에 종사하려는 자는 ㉠ 및 ㉡의 요건을 갖춘 후 ㉢ 또는 ㉣의 요건을 갖추어야 한다.

㉠ 요건 충족 : 국토교통부령으로 정하는 연령 · 운전경력 등 운전업무에 필요한 요건을 갖출 것

> **tip 연령 · 운전경력 등의 요건**
>
> • 화물자동차를 운전할 수 있는 운전면허를 가지고 있을 것
> • 20세 이상일 것
> • 운전경력이 2년 이상일 것(여객자동차 · 화물자동차 운수사업용 자동차 운전경력이 1년 이상일 것)

㉡ 운전적성정밀검사 : 운전적성에 대한 정밀검사기준에 맞을 것

㉢ 시험 합격 후 교육 : 화물자동차 운수사업법령, 화물취급요령 등에 관한 시험에 합격하고 정해진 교육을 받을 것

㉣ 이론 및 실기 교육 이수 : 교통안전체험, 화물취급요령 및 화물자동차 운수사업법령 등에 관한 이론 및 실기 교육을 이수할 것

② 화물자동차 운수사업의 운전업무 종사자격 결격사유

㉠ 화물자동차 운수사업법을 위반하여 징역 이상의 실형을 선고받고 그 집행이 끝나거나 집행이 면제된 날부터 2년이 지나지 아니한 자

㉡ 화물자동차 운수사업법을 위반하여 징역 이상의 형의 집행유예를 선고받고 그 유예기간 중에 있는 자

㉢ 화물운송 종사자격이 취소된 날부터 2년이 지나지 아니한 자

㉣ 시험일 전 또는 교육일 전 5년간 다음의 어느 하나에 해당하는 사람
  • 운전면허가 취소된 사람
  • 운전면허를 받지 아니하거나 운전면허의 효력이 정지된 상태로 자동차등을 운전하여 벌금형 이상의 형을 선고받거나 운전면허가 취소된 사람
  • 운전 중 고의 또는 과실로 3명 이상이 사망(사고 발생일부터 30일 이내에 사망한 경우 포함)하거나 20명 이상의 사상자가 발생한 교통사고를 일으켜 운전면허가 취소된 사람

㉤ 시험일 전 또는 교육일 전 3년간 공동 위험행위를 한 경우 및 난폭운전을 한 경우에 해당하여 운전면허가 취소된 사람

(2) 화물자동차 운수사업의 운전업무 종사의 제한

① 택배서비스사업 운전업무에 종사할 수 없는 사람

㉠ ㉢의 죄를 위반하여 금고 이상의 실형을 선고받고 그 집행이 끝나거나 면제된 날부터 최대 20년의 범위에서 범죄의 종류, 죄질, 형기의 장단 및 재범위험성 등을 고려하여 대통령령으로 정하는 기간이 지나지 아니한 사람

㉡ ㉠에 따른 죄를 범하여 금고 이상의 형의 집행유예를 선고받고 그 유예기간 중에 있는 사람

㉢ 위반한 죄 및 대통령령으로 정하는 기간

위반한 죄	기간
특정강력범죄의 처벌에 관한 특례법 제2조 제1항 각 호에 따른 죄	20년
특정범죄 가중처벌 등에 관한 법률 제5조의2, 제5조의4, 제5조의5, 제5조의9 및 제11조에 따른 죄	20년
특정범죄 가중처벌 등에 관한 법률 제5조의9 제4항에 따른 죄	6년
마약류 관리에 관한 법률 제58조부터 제60조까지의 규정에 따른 죄	20년
마약류 관리에 관한 법률 제61조 제1항 각 호에 따른 죄 및 같은 조 제3항에 따른 미수죄	10년
마약류 관리에 관한 법률 제61조 제2항에 따른 죄 및 같은 조 제3항에 따른 미수죄	15년
마약류 관리에 관한 법률 제62조 제1항 각 호에 따른 죄 및 같은 조 제3항에 따른 미수죄	6년

마약류 관리에 관한 법률 제62조 제2항에 따른 죄 및 같은 조 제3항에 따른 미수죄	9년
마약류 관리에 관한 법률 제63조 제1항 각 호에 따른 죄 및 같은 조 제3항에 따른 그 각 미수죄	4년
마약류 관리에 관한 법률 제63조 제2항에 따른 죄 및 같은 조 제3항에 따른 미수죄	6년
마약류 관리에 관한 법률 제64조 각 호에 따른 죄	2년
성폭력범죄의 처벌 등에 관한 특례법 제2조 제1항 제2호부터 제4호까지, 제3조부터 제9조까지 및 제15조에 따른 죄	20년
아동 · 청소년의 성보호에 관한 법률 제2조 제2호에 따른 죄	20년

(3) 운전적성정밀검사

① **개념** : 운전적성에 대한 정밀검사기준에 맞는지에 관한 검사로 기기형 검사와 필기형 검사로 구분

② **구분 및 대상**

ㄱ 신규검사
- 화물운송 종사자격증을 취득하려는 사람
- 자격시험 실시일, 교통안전체험교육 시작일을 기준으로 3년 이내에 적합판정을 받은 사람은 제외

ㄴ 자격유지검사
- 여객자동차 운송사업용 자동차 또는 화물자동차 운송사업용 자동차의 운전업무에 종사하다가 퇴직한 사람으로서 신규검사 또는 유지검사를 받은 날부터 3년이 지난 후 재취업하려는 사람(재취업일까지 무사고로 운전한 사람 제외)
- 신규검사 또는 유지검사의 적합판정을 받은 사람으로서 해당 검사를 받은 날부터 3년 이내에 취업하지 아니한 사람(해당검사를 받은 날부터 취업일까지 무사고로 운전한 사람 제외)
- 65세 이상 70세 미만인 사람(자격유지검사의 적합판정을 받고 3년이 지나지 않은 사람 제외)
- 70세 이상인 사람(자격유지검사의 적합판정을 받고 1년이 지나지 않은 사람 제외)

ㄷ 특별검사
- 교통사고를 일으켜 사람을 사망하게 하거나 5주 이상의 치료가 필요한 상해를 입힌 사람

- 과거 1년간 운전면허행정처분기준에 따라 산출된 누산점수가 81점 이상인 사람

> **tip 자격시험 및 체험교육 실시계획 공고**
>
> - 시험주관 : 한국교통안전공단
> - 실시 : 월 1회 이상 자격시험 및 교통안전체험교육 실시
> - 공고 : 최초의 자격시험 90일 전까지 공고
> - 횟수 조정 : 월 1회 미만으로 줄일 경우 국토교통부장관의 승인을 받아야 한다.

(4) 교통안전체험교육 과정

① 이론교육

교육과목	교육내용	시간
소양교육	• 교통관련 법규 및 화물자동차 운행의 위험요인 이해 • 자동차 응급처치방법 및 운송서비스 등 • 화물취급 및 올바른 적재요령	240분

② 실기교육

교육과목	교육내용	시간
차량점검 및 운전자세	• 일상점검을 통한 안전한 차량점검 및 관리 • 슬라롬(Slalom) 주행을 통한 올바른 운전자세 및 핸들 조작 요령 습득	150분
긴급제동	• 제동특성 이해 • 적재량(중량초과)에 따른 제동거리 실습	90분
특수로 주행	• 화물적재 상태에서 특수한 주행노면(빨래판로, 장파형로) 주행 시 적재물의 흔들림, 추락 등 체험	60분
위험예측 및 회피	• 돌발상황 발생 시 운전자의 한계 체험 • 위험회피 요령 체험 • 과적의 위험성 체험	90분
미끄럼 주행	• 미끄러운 곡선도로 주행 시 화물자동차의 횡방향 미끄러짐 특성 및 속도의 한계 체험	90분
화물취급 실습	• 올바른 화물취급(상하차 및 적재) 요령 실습 체험	60분
탑재장비 운전실습	• 탑재장비의 조작과 안전관리 체험	60분
종합평가	• 실기수행능력 종합평가	120분

※ 교통안전체험교육 … 총 16시간의 과정을 마치고, 종합평가에서 총점의 6할 이상을 얻은 사람을 이수자로 한다.

> **tip 교육과목**
>
> • 실시기관 : 한국교통안전공단
> • 대상 : 자격시험에 합격한 사람
> • 교육시간 : 8시간
> • 교육내용
> – 화물자동차 운수사업법령 및 도로관계법령
> – 교통안전에 관한 사항
> – 화물취급요령에 관한 사항
> – 자동차 응급처치방법
> – 운송서비스에 관한 사항
> • 교육인정 : 교통안전체험 연구 · 교육시설의 교육과정 중 기본교육과정(8시간)을 이수한 경우

(5) 화물운송 종사자격증의 발급 및 재발급

① 신청 및 발급기관 : 한국교통안전공단

② 발급
  ㉠ 신청 : 교통안전체험교육 또는 자격시험에 합격하고 교육을 이수한 사람
  ㉡ 첨부서류 : 화물운송 종사자격증 발급 신청서에 사진 1장 첨부
  ㉢ 운전자 채용 운송사업자 : 화물자동차 운전자를 채용한 운송사업자가 해당 협회에 명단을 제출할 때에는 화물운송 종사자격증명 발급 신청서, 화물운송 종사자격증 사본 및 사진 2장을 함께 제출
  ㉣ 화물운송 종사자격증명 발급 : 협회는 화물운송 종사자격증명 발급 신청서를 받았을 때에는 화물운송 종사자격증명을 발급

③ 재발급
  ㉠ 신청
    • 화물운송 종사자격증등의 기재사항에 착오나 변경이 있어 이의 정정을 받으려는 자
    • 화물운송 종사자격증등을 잃어버리거나 헐어 못쓰게 되어 재발급을 받으려는 자
  ㉡ 첨부서류 : 화물운송종사자격증(명) 재발급 신청서
    • 화물운송 종사자격증 재발급 신청 : 화물운송 종사자격증(자격증을 잃어버린 경우 제외), 사진 1장
    • 화물운송 종사자격증명 재발급 신청 : 화물운송 종사자격증명(자격증명을 잃어버린 경우는 제외), 사진 2장

(6) 화물운송 종사자격증명의 게시 및 반납

① 증명서 부착 운행 : 화물자동차 밖에서 쉽게 볼 수 있도록 운전석 앞 창의 오른쪽 위에 항상 게시

② 협회에 반납
  ㉠ 퇴직한 화물자동차 운전자의 명단을 제출하는 경우
  ㉡ 화물자동차 운송사업의 휴업 또는 폐업 신고를 하는 경우

③ 관할관청에 반납
  ㉠ 사업의 양도 신고를 하는 경우
  ㉡ 화물자동차 운전자의 화물운송 종사자격이 취소되거나 효력이 정지된 경우

(7) 화물운송 종사자격 취소

① 취소권자 : 국토교통부장관

② 자격을 취소하여야 하는 경우
  ㉠ 결격사유에 해당하게 된 경우
  ㉡ 거짓이나 그 밖의 부정한 방법으로 화물운송 종사자격을 취득한 경우
  ㉢ 화물운송 종사자격증을 다른 사람에게 빌려준 경우
  ㉣ 화물운송 종사자격 정지기간 중에 화물자동차 운수사업의 운전 업무에 종사한 경우
  ㉤ 화물자동차를 운전할 수 있는 운전면허가 취소된 경우
  ㉥ 화물자동차 교통사고와 관련하여 거짓이나 그 밖의 부정한 방법으로 보험금을 청구하여 금고 이상의 형을 선고받고 그 형이 확정된 경우
  ㉦ 관련 법률을 위반한 경우

③ 자격취소 또는 6개월 이내의 효력정지를 해야하는 경우
  ㉠ 업무개시 명령을 위반한 경우
  ㉡ 화물운송 중에 고의나 과실로 교통사고를 일으켜 사람을 사망하게 하거나 다치게 한 경우
  ㉢ 화물자동차를 운전할 수 있는 운전면허가 정지된 경우
  ㉣ 부당한 운임 또는 요금을 요구하거나 받는 행위, 택시 요금미터기의 장착 등 택시 유사표시행위, 전기 · 전자장치(최고속도제한장치에 한정)를 무단으로 해체하거나 조작하는 행위를 위반한 경우

⑻ 화물운송 종사자격의 취소 및 효력정지

① 화물운송 종사자격의 취소 등

㉠ 처분권자 : 관할관청

㉡ 처분일수의 조정

- 효력정지 처분을 하는 경우 : 위반행위의 동기·횟수 등을 고려하여 처분기준 일수의 2분의 1의 범위에서 줄이거나 늘릴 수 있다.
- 처분기준 일수를 늘리는 경우 : 위반행위를 한 날을 기준으로 최근 1년 이내에 같은 위반행위를 2회 이상 한 경우만 해당

㉢ 처분사실 통지 및 자격증 반납 요청

- 화물운송 종사자격의 취소 또는 효력정지 처분을 하였을 때 : 처분 대상자, 한국교통안전공단 및 협회에 각각 통지
- 처분 대상자에게 화물운송 종사자격증을 반납하게 하여야 한다.

② 화물운송 종사자격의 취소 및 효력정지의 처분기준

위반행위	처분내용
다음에 해당하게 된 경우 • 화물자동차 운수사업법을 위반하여 징역 이상의 실형을 선고받고 그 집행이 끝나거나 집행이 면제된 날부터 2년이 지나지 아니한 자 • 화물자동차 운수사업법을 위반하여 징역 이상의 형의 집행유예를 선고받고 그 유예기간 중에 있는 자	자격취소
• 거짓이나 그 밖의 부정한 방법으로 화물운송 종사자격을 취득한 경우	자격 취소
• 국토교통부장관의 업무개시 명령을 정당한 사유 없이 거부한 경우	• 1차 : 자격정지 30일 • 2차 : 자격취소
화물운송 중에 고의나 과실로 교통사고를 일으켜 다음의 구분에 따라 사람을 사망하게 하거나 다치게 한 경우 • 고의로 교통사고를 일으켜 사람을 사망하게 하거나 다치게 한 경우	자격취소
• 과실로 교통사고를 일으켜 사람을 사망하게 하거나 다치게 한 경우 –사망자 2명 이상 –사망자 1명 및 중상자 3명 이상 –사망자 1명 또는 중상자 6명 이상	자격취소 자격정지 90일 자격정지 60일
• 화물운송 종사자격증을 다른 사람에게 빌려준 경우	자격취소
• 화물운송 종사자격 정지기간에 화물자동차 운수사업의 운전 업무에 종사한 경우	자격취소
• 화물자동차를 운전할 수 있는 운전면허가 취소된 경우	자격취소
• 화물자동차를 운전할 수 있는 운전면허가 정지된 경우	자격취소
• 난폭운전금지를 위반하여 화물자동차를 운전할 수 있는 운전면허가 정지된 경우	자격취소
다음을 위반한 경우 • 부당한 운임 또는 요금을 요구하거나 받는 행위 • 택시 요금미터기의 장착 등 국토교통부령으로 정하는 택시 유사표시행위 • 전기·전자장치(최고속도제한장치)를 무단으로 해체하거나 조작하는 행위	• 1차 : 자격정지 60일 • 2차 : 자격취소
• 화물자동차 교통사고와 관련하여 거짓이나 그 밖의 부정한 방법으로 보험금을 청구하여 금고 이상의 형을 선고받고 그 형이 확정된 경우	자격취소
• 법 제9조의2제1항을 위반한 경우	자격취소

※ 사망자 또는 중상자
- 사망자 : 교통사고가 주된 원인이 되어 교통사고가 발생한 후 30일 이내에 사망한 경우
- 중상자 : 교통사고로 인하여 의사의 진단 결과 3주 이상의 치료가 필요한 경우
※ 위반행위의 횟수에 따른 행정처분 기준은 최근 3년간 같은 위반행위로 자격정지 처분을 받은 경우에 적용한다. 이 경우 행정처분을 한 날과 같은 위반행위로 적발된 날을 각각 기준으로 위반횟수를 계산한다.
※ 천재지변이나 그 밖의 불가항력의 사유로 발생한 위반행위는 위 표의 처분대상에서 제외한다.

(9) 화물자동차 운전자 채용기록의 관리

① 채용기록관리 및 명단제출자 : 운송사업자

② 채용기록관리 및 명단제출
- ㉠ 운전자 기록 및 관리내용 : 근무기간 등 운전경력증명서의 발급을 위하여 필요한 사항
- ㉡ 퇴직운전자 명단 제출 : 화물자동차 운전자 채용 또는 채용된 화물자동차 운전자가 퇴직하였을 때
- ㉢ 제출기관 및 제출기간
  - 제출기관 : 협회
  - 제출기간 : 채용 또는 퇴직한 날이 속하는 달의 다음 달 10일까지
- ※ 협회는 이를 종합해서 제출받은 달의 말일까지 연합회에 보고하여야 한다.

tip 운전자 명단 기록사항

- 운전자의 성명 · 생년월일
- 운전면허의 종류 · 취득일
- 화물운송 종사자격의 취득일

- ㉣ 협회 이관 : 폐업 때에는 화물자동차 운전자의 경력에 관한 기록 등 관련 서류를 협회에 이관
- ㉤ 경력증명서 발급
  - 협회 : 경력증명서 발급에 필요한 사항을 기록 · 관리
  - 경력증명서 발급을 요청받은 경우 경력증명서 발급
- ㉥ 취업 현황 통지
  - 운송사업자 : 매 분기말 현재 화물자동차 운전자 취업 현황을 다음 분기 첫 달 5일까지 협회에 통지
  - 협회는 그 다음 달 말일까지 시 · 도지사 및 연합회에 보고

06 사업자단체

(1) 협회

① 협회 설립
- ㉠ 인가권자 : 국토교통부장관
- ㉡ 설립 : 운수사업자
- ㉢ 목적
  - 화물자동차 운수사업의 건전한 발전
  - 운수사업자의 공동이익 도모
- ㉣ 설립 : 화물자동차 운송사업, 화물자동차 운송주선사업 및 화물자동차 운송가맹사업의 종류별 또는 시 · 도별로 협회 설립

② 협회의 사업
- ㉠ 화물자동차 운수사업의 건전한 발전과 운수사업자의 공동이익을 도모하는 사업
- ㉡ 화물자동차 운수사업의 진흥 및 발전에 필요한 통계의 작성 및 관리, 외국 자료의 수집 · 조사 및 연구사업
- ㉢ 경영자와 운수종사자의 교육훈련
- ㉣ 화물자동차 운수사업의 경영개선을 위한 지도
- ㉤ 협회의 업무로 정한 사항
- ㉥ 국가나 지방자치단체로부터 위탁받은 업무
- ㉦ ㉠부터 ㉤까지의 사업에 따르는 업무

(2) 연합회

① 연합회 구성 및 설립
- ㉠ 구성
  - 운송사업자
  - 운송주선사업자
  - 운송가맹사업자
- ㉡ 설립
  - 국토교통부령으로 정하는 바에 따라 연합회 설립
  - 운송사업자, 운송주선사업자, 운송가맹사업자로 구성된 협회는 각각 그 연합회의 회원이 됨

② 준용 : 연합회 설립 및 사업에 관하여는 법 제48조(협회의 설립) 및 법 제49조(협회의 사업)를 준용한다.

(3) 공제사업 및 공제조합

① 허가 및 인가권자 : 국토교통부장관

② 공제사업

   ⊙ 업무 : 운수사업자가 설립한 협회의 연합회는 대통령령으로 정하는 바에 따라 운수사업자의 자동차 사고로 인한 손해배상 책임의 보장사업 및 적재물배상 공제사업 등을 할 수 있다.

> **tip 공제사업 허가시 첨부서류**
>
> - 허가신청서
> - 공제규정
> - 사업계획서
> - 수지계산서

   ⓛ 공제사업에 관한 회계 : 다른 사업에 관한 회계와 구분하여 경리

③ 공제조합

   ⊙ 설립 : 운수사업자(대통령령으로 정하는 바에 따라)

   ⓛ 목적
- 상호간의 협동조직을 통하여 조합원이 자주적인 경제활동을 영위할 수 있도록 지원
- 조합원의 자동차 사고로 인한 손해배상책임의 보장사업 및 적재물배상 공제사업

④ 공제조합 사업 내용

   ⊙ 조합원의 사업용 자동차의 사고로 생긴 배상 책임 및 적재물배상에 대한 공제

   ⓛ 조합원이 사업용 자동차를 소유·사용·관리하는 동안 발생한 사고로 그 자동차에 생긴 손해에 대한 공제

   ⓒ 운수종사자가 조합원의 사업용 자동차를 소유·사용·관리하는 동안에 발생한 사고로 입은 자기 신체의 손해에 대한 공제

   ⓔ 공제조합에 고용된 자의 업무상 재해로 인한 손실을 보상하기 위한 공제

   ⓜ 공동이용시설의 설치·운영 및 관리, 그 밖에 조합원의 편의 및 복지 증진을 위한 사업

   ⓑ 화물자동차 운수사업의 경영 개선을 위한 조사·연구 사업

   ⓢ ⊙부터 ⓑ까지의 사업에 딸린 사업으로서 정관으로 정하는 사업

07 자가용 화물자동차의 사용

(1) 자가용 화물자동차 사용신고

① 신고기관 : 시·도지사

② 사용신고 대상 : 화물자동차 운송사업과 화물자동차 운송가맹사업에 이용되지 아니하고 자가용으로 사용되는 화물자동차로서 대통령령으로 정하는 화물자동차(사용신고대상 화물자동차)로 사용하려는 자

> **tip 사용 신고대상 화물자동차**
>
> - 특수자동차
> - 특수자동차를 제외한 화물자동차로서 최대 적재량이 2.5톤 이상인 화물자동차
> ※ 자가용 화물자동차의 소유자는 그 자가용 화물자동차에 신고확인증을 갖추어 두고 운행하여야 한다.

③ 신고사항 : 국토교통부령으로 정하는 사항

(2) 자가용 화물자동차 유상운송 금지

① 유상운송 및 임대금지

   ⊙ 자가용 화물자동차의 소유자 또는 사용자는 자가용 화물자동차를 유상(그 자동차의 운행에 필요한 경비 포함)으로 화물운송용으로 제공하거나 임대하여서는 아니 된다.

   ⓛ 국토교통부령으로 정하는 사유에 해당되는 경우로서 시·도지사의 허가를 받으면 화물운송용으로 제공하거나 임대할 수 있다.

② 유상운송의 허가사유
  ㉠ 비상사태 : 천재지변이나 이에 준하는 비상사태로 인하여 수송력 공급을 긴급히 증가시킬 필요가 있는 경우
  ㉡ 긴급히 필요한 경우 : 사업용 화물자동차·철도 등 화물운송수단의 운행이 불가능하여 이를 일시적으로 대체하기 위한 수송력 공급이 긴급히 필요한 경우
  ㉢ 영농조합법인이 운영 : 영농조합법인이 그 사업을 위하여 화물자동차를 직접 소유·운영하는 경우

(3) 자가용 화물자동차 사용의 제한 또는 금지

① 사용의 제한 또는 금지권자 : 시·도지사

② 금지기간 : 6개월 이내

③ 대상자 : 자가용 화물자동차의 소유자 또는 사용자

④ 제한 또는 금지해야 하는 경우
  ㉠ 자가용 화물자동차를 사용하여 화물자동차 운송사업을 경영한 경우
  ㉡ 자가용 화물자동차 유상운송 허가사유에 해당되는 경우이지만 허가를 받지 아니하고 자가용 화물자동차를 유상으로 운송에 제공하거나 임대한 경우

08 보칙 및 벌칙 등

(1) 운수종사자의 교육

① 교육실시
  ㉠ 실시권자 : 시·도지사
  ㉡ 대상 : 화물자동차의 운전업무에 종사하는 운수종사자
  ㉢ 방법 : 국토교통부령으로 정하는 바에 따라
  ㉣ 교육횟수 : 매년 1회 이상

  ㉤ 교육해야할 사항
    • 화물자동차 운수사업 관계 법령 및 도로교통 관계 법령
    • 교통안전에 관한 사항
    • 화물운수와 관련한 업무수행에 필요한 사항
    • 그 밖에 화물운수 서비스 증진 등을 위하여 필요한 사항

② 교육통지 및 시간
  ㉠ 통지
    • 관할관청이 운수종사자 교육계획을 수립하여 운수종사자 교육을 실시하는 때
    • 교육을 시작하기 1개월 전까지 운수사업자에게 통지
  ㉡ 교육시간 : 교육시간은 4시간

tip 교육시간 8시간 대상자
• 운수종사자 준수사항을 위반하여 벌칙 또는 과태료 부과처분을 받은 자
• 특별검사 대상자
• 이동통신단말장치를 장착해야 하는 위험물질 운송차량을 운전하는 사람

  ㉢ 운수종사자 교육 대상
    • 교육을 실시하는 해의 전년도 10월 31일을 기준으로 무사고·무벌점 기간이 10년 미만인 운수종사자
    • 교육을 실시하는 해에 교육을 이수한 운수종사자는 제외

(2) 화물자동차 운수사업의 지도·감독

① 지도·감독권자 : 국토교통부장관

② 목적 : 화물자동차 운수사업의 합리적인 발전을 도모

③ 지도·감독 범위 : 화물자동차 운수사업법에서 시·도지사의 권한으로 정한 사무

(3) 보고와 검사

① 보고 · 검사 : 국토교통부장관 또는 시 · 도지사

② 대상 및 보고 · 검사 사항
  ㉠ 대상 : 운수사업자나 화물자동차의 소유자 또는 사용자
  ㉡ 보고 · 검사 사항
   • 보고 : 사업 및 운임에 관한 사항이나 화물자동차의 소유 또는 사용에 관하여 보고 요구 및 서류 제출 요청
   • 필요하면 소속 공무원에게 운수사업자의 사업장에 출입하여 장부 · 서류, 그 밖의 물건을 검사하거나 관계인에게 질문을 하게 할 수 있다.

③ 보고 · 검사할 수 있는 경우
  ㉠ 화물자동차 운송사업의 허가 또는 증차를 수반하는 변경허가 · 화물자동차 운송주선사업의 허가 또는 화물자동차 운송가맹사업의 허가 또는 증차를 수반하는 변경허가에 따른 허가기준에 맞는지를 확인하기 위하여 필요한 경우
  ㉡ 화물운송질서 등의 문란행위를 파악하기 위하여 필요한 경우
  ㉢ 운수사업자의 위법행위 확인 및 운수사업자에 대한 허가취소 등 행정 처분을 위하여 필요한 경우

(4) 벌칙

① 5년 이하의 징역 또는 2천만 원 이하의 벌금
  ㉠ 적재된 화물이 떨어지지 아니하도록 국토교통부령으로 정하는 기준 및 방법에 따라 덮개 · 포장 · 고정장치 등 필요한 조치를 하지 아니하여 사람을 상해 또는 사망에 이르게 한 운송사업자
  ㉡ 적재된 화물이 떨어지지 아니하도록 국토교통부령으로 정하는 기준 및 방법에 따라 덮개 · 포장 · 고정장치 등 필요한 조치를 하지 아니하고 화물자동차를 운행하여 사람을 상해 또는 사망에 이르게 한 운수종사자

② 3년 이하의 징역 또는 3천만 원 이하의 벌금
  ㉠ 운송사업자 또는 운수종사자가 정당한 사유 없이 업무개시명령을 위반한 자

  ㉡ 거짓이나 부정한 방법으로 유류 또는 수소보조금을 교부받은 자
  ㉢ 유류 또는 수소보조금을 거짓이나 부정한 방법에 해당하는 행위에 가담하였거나 이를 공모한 주유업자 등

③ 2년 이하의 징역 또는 2천만 원 이하의 벌금
  ㉠ 허가를 받지 아니하거나 거짓이나 그 밖의 부정한 방법으로 허가를 받고 화물자동차 운송사업을 경영한 자
  ㉡ 자동차관리사업자와 부정한 금품을 주고 받은 운송사업자
  ㉢ 자동차관리사업자와 부정한 금품을 주고 받은 운수종사자
  ㉣ 개선명령을 이행하지 아니한 자
  ㉤ 사업을 양도한 자
  ㉥ 허가를 받지 아니하거나 거짓이나 그 밖의 부정한 방법으로 허가를 받고 화물자동차 운송주선사업을 경영한 자
  ㉦ 명의이용 금지 의무를 위반한 자
  ㉧ 허가를 받지 아니하거나 거짓이나 그 밖의 부정한 방법으로 허가를 받고 화물자동차 운송가맹사업을 경영한 자
  ㉨ 화물운송실적관리시스템의 정보를 변경, 삭제하거나 그 밖의 방법으로 이용할 수 없게 한 자 또는 권한 없이 정보를 검색, 복제하거나 그 밖의 방법으로 이용한 자
  ㉩ 직무와 관련하여 알게 된 화물운송실적관리자료를 다른 사람에게 제공 또는 누설하거나 그 목적 외의 용도로 사용한 자
  ㉪ 자가용 화물자동차를 유상으로 화물운송용으로 제공하거나 임대한 자

④ 1년 이하의 징역 또는 1천만 원 이하의 벌금
  ㉠ 다른 사람에게 자신의 화물운송 종사자격증을 빌려 준 사람
  ㉡ 다른 사람의 화물운송 종사자격증을 빌린 사람
  ㉢ 화물운송 종사자격증을 빌려주거나 빌리려는 행위를 알선한 사람

(5) 과태료

① 1천만 원 이하의 과태료
- ㉠ 공제조합업무의 개선명령을 따르지 아니한 자
- ㉡ 공제조합 임직원에 대한 제재 등 임직원에 대한 징계·해임의 요구에 따르지 아니하거나 시정명령을 따르지 아니한 자

② 500만 원 이하의 과태료를 부과
- ㉠ 경미한 사항을 변경하고 허가사항 변경신고를 하지 아니한 자
- ㉡ 운임 및 요금에 관한 신고를 하지 아니한 자
- ㉢ 운송약관의 신고를 하지 아니한 자
- ㉣ 화물운송 종사자격증을 받지 아니하고 화물자동차 운수사업의 운전 업무에 종사한 자
- ㉤ 거짓이나 그 밖의 부정한 방법으로 화물운송 종사자격을 취득한 자
- ㉥ 화물자동차 운전자 채용 기록의 관리를 위반한 자
- ㉦ 자료를 제공하지 아니하거나 거짓으로 제공한 자
- ㉧ 준수사항을 위반한 운송사업자
- ㉨ 준수사항을 위반한 운수종사자
- ㉩ 조사를 거부·방해 또는 기피한 자
- ㉪ 개선명령을 이행하지 아니한 자
- ㉫ 양도·양수, 합병 또는 상속의 신고를 하지 아니한 자
- ㉬ 휴업·폐업신고를 하지 아니한 자
- ㉭ 자동차등록증 또는 자동차등록번호판을 반납하지 아니한 자
- ㉮ 허가사항 변경신고를 하지 아니한 자
- ㉯ 준수사항을 위반한 운송주선사업자
- ㉰ 운송주선사업자의 준수사항을 위반한 국제물류주선업자
- ㉱ 허가사항 변경신고를 하지 아니한 자
- ㉲ 개선명령을 이행하지 아니한 자
- ㉳ 적재물배상보험등에 가입하지 아니한 자
- ㉴ 책임보험계약등의 체결을 거부한 보험회사등
- ㉵ 책임보험계약등을 해제하거나 해지한 보험등 의무가입자 또는 보험회사등
- ㉶ 책임보험계약등의 계약 종료일 통지를 위반하여 해당 사항을 알리지 아니한 보험회사등
- ㉷ 서명날인한 계약서를 위·수탁차주에게 교부하지 아니한 운송사업자
- ㉸ 위·수탁계약의 체결을 명목으로 부당한 금전지급을 요구한 운송사업자
- ㉹ 보조금 또는 융자금을 보조받거나 융자받은 목적 외의 용도로 사용한 자
- ㉺ 화물운송서비스평가를 위한 자료제출 등의 요구 또는 실지조사를 거부하거나 거짓으로 자료제출 등을 한 자
- ㉻ 조치명령을 이행하지 아니하거나 조사 또는 검사를 거부·방해 또는 기피한 자
- ⓐ 자가용 화물자동차의 사용을 신고하지 아니한 자
- ⓑ 자가용 화물자동차의 사용 제한 또는 금지에 관한 명령을 위반한 자
- ⓒ 운수종사자의 교육 교육을 받지 아니한 자
- ⓓ 운수사업자나 화물자동차의 소유자 또는 사용자에 대하여 그 사업 및 운임에 관한 사항이나 그 화물자동차의 소유 또는 사용에 관하여 보고를 하지 아니하거나 거짓으로 보고한 자
- ⓔ 운수사업자나 화물자동차의 소유자 또는 사용자에 대하여 그 사업 및 운임에 관한 사항이나 그 화물자동차의 소유 또는 사용에 따른 서류를 제출하지 아니하거나 거짓 서류를 제출한 자
- ⓕ 운수사업자나 화물자동차의 소유자 또는 사용자에 대하여 그 사업 및 운임에 관한 사항이나 그 화물자동차의 소유 또는 사용에 따른 검사를 거부·방해 또는 기피한 자
- ⓖ 화물자동차 안전운송원가의 산정을 위한 자료 제출 또는 의견 진술의 요구를 거부하거나 거짓으로 자료 제출 또는 의견을 진술한 자

(6) 과징금 부과기준

위반내용	화물자동차 운송사업		화물운송 주선사업	화물자동차 운송가맹사업
	일반	개인		
최대적재량 1.5톤 초과의 화물자동차가 차고지와 지방자치단체의 조례로 정하는 시설 및 장소가 아닌 곳에서 밤샘주차한 경우	20	10	–	20
최대적재량 1.5톤 이하의 화물자동차가 주차장, 차고지 또는 지방자치단체의 조례로 정하는 시설 및 장소가 아닌 곳에서 밤샘주차한 경우	20	5	–	20
신고한 운임 및 요금 또는 화주와 합의된 운임 및 요금이 아닌 부당한 운임 및 요금을 받은 경우	40	20	–	40
화주로부터 부당한 운임 및 요금의 환급을 요구받고 환급하지 않은 경우	60	30	–	60
신고한 운송약관 또는 운송가맹약관을 준수하지 않은 경우	60	30	–	60
사업용 화물자동차의 바깥쪽에 일반인이 알아보기 쉽도록 해당 운송사업자의 명칭을 표시하지 않은 경우	10	5	–	10
화물자동차 운전자의 취업 현황 및 퇴직 현황을 보고하지 않거나 거짓으로 보고한 경우	20	10	–	10
화물자동차 운전자에게 차 안에 화물운송 종사자격증명을 게시하지 않고 운행하게 한 경우	10	5	–	10
화물자동차 운전자에게 운행기록계가 설치된 운송사업용 화물자동차를 해당 장치 또는 기기가 정상적으로 작동되지 않는 상태에서 운행하도록 한 경우	20	10	–	20
개인화물자동차 운송사업자가 자기 명의로 운송계약을 체결한 화물에 대하여 다른 운송사업자에게 수수료나 그 밖의 대가를 받고 그 운송을 위탁하거나 대행하게 하는 등 화물운송 질서를 문란하게 하는 행위를 한 경우	180	90	–	–
운수종사자에게 휴게시간을 보장하지 않은 경우	180	60	–	180
밴형 화물자동차를 사용해 화주와 화물을 함께 운송하는 운송사업자가 일정한 장소에 오랜 시간 정차하여 화주를 호객하는 행위를 하거나 소속 운수종사자로 하여금 같은 호의 행위를 지시한 경우	60	30	–	60
신고한 운송주선약관을 준수하지 않은 경우	–	–	20	–
허가증에 기재되지 않은 상호를 사용한 경우	–	–	20	–
화주에게 견적서 또는 계약서를 발급하지 않은 경우	–	–	20	–
화주에게 사고확인서를 발급하지 않은 경우(화물의 멸실, 훼손 또는 연착에 대하여 사업자가 고의 또는 과실이 없음을 증명하지 못한 경우)	–	–	20	–

(7) 화물운송업 관련 업무 처리

① 시 · 도에서 처리하는 업무(일부는 시 · 군 · 구에서 처리)
  ㉠ 화물자동차 운송사업의 허가
  ㉡ 화물자동차 운송사업의 허가사항 변경허가
  ㉢ 화물자동차 운송사업의 허가기준에 관한 사항의 신고
  ㉣ 화물자동차 운송사업의 임시허가
  ㉤ 화물자동차 운송사업 영업소의 허가
  ㉥ 화물자동차 운송사업에 따른 운송약관의 신고 및 변경신고
  ㉦ 운송사업자에 대한 개선명령
  ㉧ 화물자동차 운송사업에 대한 양도 · 양수 또는 합병의 신고
  ㉨ 화물자동차 운송사업에 대한 상속의 신고
  ㉩ 화물자동차 운송사업에 대한 사업의 휴업 및 폐업 신고
  ㉪ 화물자동차 운송사업의 허가취소, 사업정지처분 및 감차 조치 명령
  ㉫ 화물자동차 사용 정지에 따른 화물자동차의 자동차등록증과 자동차등록번호판의 반납 및 반환
  ㉬ 운송사업자에 대한 과징금의 부과 · 징수 및 과징금 운용계획의 수립 · 시행
  ㉭ 화물자동차 운수사업의 허가 취소 청문
  ㉮ 화물운송 종사자격의 취소 및 효력의 정지
  ㉯ 화물운송 종사자격의 취소 및 효력의 정지에 따른 청문
  ㉰ 화물자동차 운송주선사업의 허가
  ㉱ 화물자동차 운송주선사업의 허가취소 및 사업정지처분
  ㉲ 화물자동차 운송가맹사업의 허가
  ㉳ 화물자동차 운송가맹사업의 변경허가 및 변경신고
  ㉴ 개선명령
  ㉵ 화물자동차 운송가맹사업의 허가취소, 사업정지처분 및 감차 조치 명령
  ㉶ 적재물배상 책임보험 또는 공제 계약이 끝난 후 새로운 계약이 체결되지 아니하였다는 통지의 수령
  ㉷ 화물자동차 운수사업의 종류별 또는 시 · 도별 협회의 설립인가
  ㉸ 협회사업에 대한 지도 · 감독
  ㉹ 자료제공 요청(화물운송 종사자격의 취소나 효력의 정지에 필요한 자료만 해당)
  ㉺ 운송사업자 및 운수종사자에 대한 과태료의 부과 및 징수
  ㉻ 자가용 화물자동차의 사용신고
  ⓐ 자가용 화물자동차의 유상운송 허가

② 협회에서 처리하는 업무
  ㉠ 화물자동차 운송사업 허가사항에 대한 경미한 사항 변경신고
  ㉡ 화물자동차 운송주선사업 허가사항에 대한 변경신고
  ㉢ 소유 대수가 1대인 운송사업자의 화물자동차를 운전하는 사람에 대한 경력증명서 발급에 필요한 사항 기록 · 관리

③ 연합회에서 처리하는 업무
  ㉠ 사업자 준수사항에 대한 계도활동
  ㉡ 과적(過積) 운행, 과로 운전, 과속 운전의 예방 등 안전한 수송을 위한 지도 · 계몽
  ㉢ 법령 위반사항에 대한 처분의 건의

④ 한국교통안전공단에서 처리하는 업무
  ㉠ 화물자동차 안전운임신고센터의 설치 · 운영
  ㉡ 운전적성에 대한 정밀검사의 시행
  ㉢ 화물운송 종사자격시험의 실시 · 관리 및 교육
  ㉣ 교통안전체험교육의 이론 및 실기교육
  ㉤ 화물운송 종사자격증의 발급
  ㉥ 화물자동차 운전자의 교통사고 및 교통법규 위반사항 제공요청 및 기록 · 관리
  ㉦ 화물자동차 운전자의 인명사상사고 및 교통법규 위반사항 제공
  ㉧ 화물자동차 운전자채용 기록 · 관리 자료의 요청

04 자동차관리법령

01 총칙

(1) 자동차관리법의 목적 및 정의

① 목적
  - ㉠ 자동차의 등록, 안전기준, 자기인증, 제작결함 시정, 점검, 정비, 검사 및 자동차관리사업등에 관한 사항을 정하여 자동차를 효율적으로 관리
  - ㉡ 자동차의 성능 및 안전을 확보함으로써 공공의 복리를 증진

② 용어정의
  - ㉠ 자동차 : 원동기에 의하여 육상에서 이동할 목적으로 제작한 용구 또는 이에 견인되어 육상을 이동할 목적으로 제작한 용구

  > **tip 적용이 제외되는 자동차**
  > - 건설기계
  > - 농업기계
  > - 군수차량
  > - 궤도 또는 공중선에 의하여 운행되는 차량
  > - 의료기기

  - ㉡ 자율주행자동차 : 운전자 또는 승객의 조작 없이 자동차 스스로 운행이 가능한 자동차를 말한다.
  - ㉢ 운행 : 사람 또는 화물의 운송 여부에 관계없이 자동차를 그 용법에 따라 사용하는 것
  - ㉣ 자동차사용자 : 자동차 소유자 또는 자동차 소유자로부터 자동차의 운행 등에 관한 사항을 위탁받은 자
  - ㉤ 자동차의 차령기산일
    - 제작연도에 등록된 자동차 : 최초의 신규등록일
    - 제작연도에 등록되지 않은 자동차 : 제작연도의 말일

(2) 자동차의 종류

① 승용자동차 : 10인 이하를 운송하기에 적합하게 제작된 자동차

② 승합자동차 : 11인 이상을 운송하기에 적합하게 제작된 자동차

> **tip 승합자동차로 보는 자동차**
> - 내부의 특수한 설비로 인하여 승차인원이 10인 이하로 된 자동차
> - 국토교통부령으로 정하는 경형자동차로서 승차정원이 10인 이하인 전방조종자동차

③ 화물자동차 : 화물을 운송하기에 적합한 화물적재공간을 갖추고, 화물적재공간의 총적재화물의 무게가 운전자를 제외한 승객이 승차공간에 모두 탑승했을 때의 승객의 무게보다 많은 자동차

> **tip 화물자동차의 범위**
> 화물을 운송하기 적합하게 바닥 면적이 최소 2제곱미터 이상(소형 · 경형화물자동차로서 이동용 음식판매 용도인 경우에는 0.5제곱미터 이상, 그 밖에 초소형화물차 및 특수용도형의 경형화물자동차는 1제곱미터 이상)인 화물적재공간을 갖춘 자동차로서 다음에 해당하는 자동차
> - 승차공간과 화물적재공간이 분리되어 있는 자동차로서 화물적재공간의 윗부분이 개방된 구조의 자동차, 유류 · 가스 등을 운반하기 위한 적재함을 설치한 자동차 및 화물을 싣고 내리는 문을 갖춘 적재함이 설치된 자동차(구조 · 장치의 변경을 통하여 화물적재공간에 덮개가 설치된 자동차 포함)
> - 승차공간과 화물적재공간이 동일 차실내에 있으면서 화물의 이동을 방지하기 위해 칸막이벽을 설치한 자동차로서 화물적재공간의 바닥면적이 승차공간의 바닥면적(운전석이 있는 열의 바닥면적 포함)보다 넓은 자동차
> - 화물을 운송하는 기능을 갖추고 자체적하 기타 작업을 수행할 수 있는 설비를 함께 갖춘 자동차

④ 특수자동차 : 다른 자동차를 견인하거나 구난작업 또는 특수한 작업을 수행하기에 적합하게 제작된 자동

차로서 승용자동차 · 승합자동차 또는 화물자동차가 아닌 자동차

⑤ **이륜자동차** : 1인 또는 2인의 사람을 운송하기에 적합하게 제작된 이륜의 자동차 및 그와 유사한 구조로 되어있는 자동차

---

02 **자동차의 등록**

(1) 등록

① **등록원부** : 자동차(이륜자동차 제외)는 자동차등록원부에 등록한 후가 아니면 이를 운행할 수 없다.

② **임시운행허가** : 임시운행허가를 받아 허가 기간 내에 운행하는 경우에는 운행할 수 있다.

③ **등록원부 관리** : 시 · 도지사는 등록원부를 비치 · 관리하여야 한다.

(2) 자동차등록번호판

① 등록번호판 및 봉인
  ㉠ **봉인 교부 및 회수권자** : 시 · 도지사
  ㉡ **봉인방법** : 국토교통부령으로 정하는 바에 따라 등록번호판을 붙이고 봉인
  ㉢ **봉인할 수 있는 자** : 자동차 소유자 또는 자동차 소유자를 갈음하여 등록을 신청하는 자
  ※ 자동차등록을 신청하는 자가 직접 자동차등록번호판을 붙이고 봉인을 하여야 하는 경우에 이를 이행하지 아니한 경우 : 과태료 50만 원
  ㉣ **봉인 후 탈착 금지** : 등록번호판 및 봉인은 다음에 해당하는 경우를 제외하고는 떼지 못한다.
  • 시 · 도지사의 허가를 받은 경우
  • 등록한 자동차정비업자가 정비를 위하여 사업장 내에서 일시적으로 뗀 경우
  • 다른 법률에 특별한 규정이 있는 경우
  ㉤ **등록번호판 및 봉인 재신청** : 등록번호판이나 봉인이 떨어지거나 알아보기 어렵게 된 경우

  ㉥ **등록번호판 및 봉인 없는 차량 운행 금지** : 등록번호판의 부착 또는 봉인을 하지 아니한 자동차는 운행 금지(임시운행허가번호판을 붙인 경우 예외)
  ㉦ **등록번호판 및 봉인 회수 후 폐기** : 등록번호판 및 그 봉인을 회수한 경우에는 다시 사용할 수 없는 상태로 폐기하여야 한다.

② 등록번호판
  ㉠ **등록번호판 가리고 운행금지** : 등록번호판을 가리거나 알아보기 곤란하게 하여서는 아니 되며, 그러한 자동차를 운행하여서는 아니 된다.
  ※ 자동차등록번호판을 가리거나 알아보기 곤란하게 하거나, 그러한 자동차를 운행한 경우 : 과태료 1차 50만 원, 2차 150만 원, 3차 250만 원
  ※ 고의로 자동차등록번호판을 가리거나 알아보기 곤란하게 한 자는 1년 이하의 징역 또는 1,000만 원 이하의 벌금
  ㉡ **등록번호판 제조 · 수입 · 판매 금지** : 등록번호판을 가리거나 알아보기 곤란하게 하기 위한 장치를 제조 · 수입하거나 판매 · 공여하여서는 아니 된다.
  ㉢ **외부장치용 등록번호판**
  • 자전거 운반용 부착장치 등 외부장치를 자동차에 붙여 등록번호판이 가려지게 되는 경우에는 외부장치용 등록번호판의 부착을 신청하여야 한다.
  • 신청 : 시 · 도지사
  ㉣ **등록번호판 영치업무 방해금지** : 등록번호판 영치업무를 방해할 목적으로 등록번호판의 부착 및 봉인 이외의 방법으로 등록번호판을 붙이거나 봉인하여서는 아니 되며, 그러한 자동차를 운행하여서도 아니 된다.

(3) 변경 및 이전등록

① **신청기관** : 시 · 도지사

② 변경등록
  ㉠ **신청** : 자동차 소유자는 등록원부의 기재 사항이 변경(이전등록 및 말소등록에 해당되는 경우는 제외)된 경우에는 변경등록을 신청하여야 한다.
  ㉡ **경미한 등록 사항 변경** : 대통령령으로 정하는 경미한 등록 사항을 변경하는 경우에는 변경등록을 신청하지 않아도 된다.
  ㉢ **변경등록 신청 기간** : 그 사유가 발생한 날부터 30일 이내에 등록관청에 신청하여야 한다.

- 신청 지연기간이 90일 이내인 때 : 과태료 2만 원
- 신청 지연기간이 90일 초과 174일 이내인 경우 : 2만 원에 91일째부터 계산하여 3일 초과 시마다 1만 원을 더한 금액
- 신청 지연기간이 175일 이상인 경우 : 30만 원

② 이전등록

  ㉠ 신청 : 등록된 자동차를 양수받는 자는 대통령령으로 정하는 바에 따라 자동차 소유권의 이전등록을 신청하여야 한다.

  ㉡ **자동차를 양수 후 양도** : 자동차를 양수한 자가 다시 양도하려는 경우에는 양도 전에 자기 명의로 이전등록을 하여야 한다.

  ㉢ **양도자 신청** : 자동차를 양수한 자가 이전등록을 신청하지 아니한 경우에는 대통령령으로 정하는 바에 따라 그 양수인을 갈음하여 양도자(이전등록을 신청할 당시 자동차등록원부에 적힌 소유자)가 신청할 수 있다.

(4) 말소등록

① 신청기관 : 시 · 도지사

  ㉠ 신청자 : 자동차 소유자(재산관리인 및 상속인을 포함)

  ㉡ 반납품목

  - 자동차등록증
  - 자동차등록번호판 및 봉인

  ㉢ 말소등록 사유

  - 자동차해체재활용업을 등록한 자에게 폐차를 요청한 경우
  - 자동차제작 · 판매자등에게 반품한 경우(자동차의 교환 또는 환불 요구에 따라 반품된 경우 포함)
  - 여객자동차 운수사업법에 따른 차령이 초과된 경우
  - 여객자동차 운수사업법 및 화물자동차 운수사업법에 따라 면허 · 등록 · 인가 또는 신고가 실효)되거나 취소된 경우
  - 천재지변 · 교통사고 또는 화재로 자동차 본래의 기능을 회복할 수 없게 되거나 멸실된 경우
  - 자동차를 수출하는 경우

- 압류등록을 한 후에도 환가절차 등 후속 강제집행 절차가 진행되고 있지 아니하는 차량 중 차령 등 환가가치가 남아 있지 아니하다고 인정되는 경우

  ※ 시 · 도지사가 말소등록 신청을 접수하였을 때에는 즉시 그 사실을 압류등록을 촉탁한 법원 또는 행정관청과 등록원부에 적힌 이해관계인에게 알려야 한다.

- 자동차를 교육 · 연구의 목적으로 사용하는 등 대통령령으로 정하는 사유에 해당하는 경우

  ※ 말소등록 신청을 하지 않은 경우 과태료
  - 신청 지연기간이 10일 이내인 경우 : 과태료 5만 원
  - 신청 지연기간이 10일 초과 54일 이내인 경우 : 5만 원에서 11일째부터 계산하여 1일마다 1만 원을 더한 금액
  - 신청 지연기간이 55일 이상인 경우 : 50만 원

② 시 · 도지사가 직권으로 말소등록을 할 수 있는 경우

  ㉠ 말소등록을 신청하여야 할 자가 신청하지 아니한 경우

  ㉡ 자동차의 차대가 등록원부상의 차대와 다른 경우

  ㉢ 자동차 운행정지 명령에도 불구하고 해당 자동차를 계속 운행하는 경우

  ㉣ 자동차를 폐차한 경우

  ㉤ 속임수나 그 밖의 부정한 방법으로 등록된 경우

  ㉥ 의무보험 가입명령을 이행하지 아니한 지 1년 이상 경과한 경우

(5) 임시운행

① 허가권자 : 국토교통부장관 또는 시 · 도지사

② 신청 및 허가

  ㉠ 신청자 : 자동차를 등록하지 아니하고 일시 운행을 하려는 자

  ㉡ 허가방법 : 대통령령으로 정하는 바에 따라

  ※ 자율주행자동차를 시험 · 연구 목적으로 운행하려는 자는 허가대상, 고장감지 및 경고장치, 기능해제장치, 운행구역, 운전자 준수 사항 등과 관련하여 국토교통부장관의 임시운행허가를 받아야 한다.

③ 임시운행 허가기간

  ㉠ 10일 이내

  - 신규등록신청을 위하여 자동차를 운행하려는 경우
  - 자동차의 차대번호 또는 원동기형식의 표기를 지우거나 그 표기를 받기 위하여 자동차를 운행하려는 경우
  - 신규검사 또는 임시검사를 받기 위하여 자동차를 운행하려는 경우

- 자동차를 제작·조립·수입 또는 판매하는 자가 판매사업장·하치장 또는 전시장에 보관·전시하기 위하여 운행하려는 경우
- 자동차를 제작·조립·수입 또는 판매하는자가 판매한 자동차를 환수하기 위하여 운행하려는 경우
- 자동차운전학원 및 자동차운전전문학원을 설립·운영하는 자가 검사를 받기 위하여 기능교육용 자동차를 운행하려는 경우
ⓛ 20일 이내 : 수출하기 위하여 말소등록한 자동차를 점검·정비하거나 선적하기 위하여 운행하려는 경우
ⓒ 40일 이내
- 자동차자기인증에 필요한 시험 또는 확인을 받기 위하여 자동차를 운행하려는 경우
- 자동차를 제작·조립 또는 수입하는 자가 자동차에 특수한 설비를 설치하기 위하여 다른 제작 또는 조립장소로 자동차를 운행하려는 경우
- 자동차를 제작·조립 또는 수입하는 자가 광고 촬영이나 전시를 위하여 자동차를 운행하려는 경우
ⓔ 2년의 범위 : 시험·연구의 목적으로 자동차를 운행하려는 다음의 경우
- 자동차자기인증 등록을 한 자
- 성능시험을 대행할 수 있도록 지정된 자
- 자동차 연구개발을 목적으로 기업부설연구소를 보유한 자
- 해외자동차업체나 국내에서 자동차를 제작 또는 조립하는 자와 계약을 체결하여 부품개발 등의 개발업무를 수행하는 자
ⓜ 5년의 범위 : 전기자동차 등 친환경·첨단미래형 자동차의 개발·보급을 위하여 필요하다고 국토교통부장관이 인정하는 자
③ 운행정지 중인 자동차의 임시운행
ㄱ 점검·정비·검사 또는 원상복구 명령에 따른 운행정지처분을 받아 운행정지 중인 자동차
ㄴ 검사 명령을 이행하지 아니한 지 1년 이상 경과한 경우에 따른 운행정지처분을 받아 운행정지 중인 자동차
ㄷ 사업정지처분을 받아 운행정지 중인 자동차
ㄹ 자동차등록증이 회수되거나 등록번호판이 영치된 자동차

ㅁ 압류로 인하여 운행정지 중인 자동차
ㅂ 의무보험에 가입되지 아니하여 등록번호판이 영치된 자동차
ㅅ 자동차 관련 과태료를 납부하지 않아 등록번호판이 영치된 자동차

03 자동차의 안전기준 및 자기인증

(1) 자동차의 구조 및 장치

① 성능기준 및 부품
  ㄱ 성능기준
   - 대통령령으로 정함
   - 구조 및 장치가 안전운행에 필요한 성능과 기준에 적합하지 아니하면 이를 운행하지 못함
  ㄴ 부품·장치·보호장구
   - 대통령령으로 정함
   - 자동차에 장착되거나 사용되는 부품·장치 또는 보호장구는 자동차부품은 부품안전기준에 적합하여야 함
  ㄷ 캠핑용자동차
   - 국토교통부령으로 정함
   - 캠핑용자동차 안에 취사 및 야영을 목적으로 설치하는 액화석유가스의 저장시설, 가스설비, 배관시설 및 그 밖의 사용시설은 「액화석유가스의 안전관리 및 사업법」에 적합하여야 함
   - 전기설비 및 캠핑설비는 국토교통부령으로 정하는 안전기준에 적합하여야 함
  ※ 자동차안전기준과 부품안전기준은 국토교통부령으로 정한다.

② 자동차의 구조 및 장치
  ㄱ 자동차의 구조
   - 길이·너비 및 높이
   - 최저지상고
   - 총중량
   - 중량분포
   - 최대안전경사각도
   - 최소회전반경
   - 접지부분 및 접지압력

ⓛ 자동차의 장치
- 원동기(동력발생장치) 및 동력전달장치
- 주행장치
- 조종장치
- 조향장치
- 제동장치
- 완충장치
- 연료장치 및 전기 · 전자장치
- 차체 및 차대
- 연결장치 및 견인장치
- 승차장치 및 물품적재장치
- 창유리
- 소음방지장치
- 배기가스발산방지장치
- 전조등 · 번호등 · 후미등 · 제동등 · 차폭등 · 후퇴 등 기타 등화장치
- 경음기 및 경보장치
- 방향지시등 기타 지시장치
- 후사경 · 창닦이기 기타 시야를 확보하는 장치
- 후방 영상장치 및 후진경고음 발생장치
- 속도계 · 주행거리계 기타 계기
- 소화기 및 방화장치
- 내압용기 및 그 부속장치
- 기타 자동차의 안전운행이 필요한 장치로서 국토교통부령이 정하는 장치

(2) 자동차의 튜닝

① 튜닝 승인권자 : 시장 · 군수 · 구청장

② 튜닝 신청
  ㉠ 신청자 : 자동차의 소유자
  ㉡ 신청사유 : 자동차의 구조 · 장치 중 국토교통부령으로 정하는 것을 변경하려는 경우
  ※ 튜닝 승인의 위탁 … 시장 · 군수 또는 구청장은 튜닝 승인에 관한 권한을 한국교통안전공단에 위탁한다.

③ 튜닝검사의 신청서류
  ㉠ 자동차검사신청서
  ㉡ 말소등록사실증명서
  ㉢ 튜닝승인서
  ㉣ 튜닝 전 · 후의 주요제원대비표
  ㉤ 튜닝 전 · 후의 자동차외관도(외관의 변경이 있는 경우)
  ㉥ 튜닝하려는 구조 · 장치의 설계도

④ 자동차 튜닝이 승인되지 않는 경우
  ㉠ 총중량이 증가하는 튜닝
  ㉡ 승차정원 또는 최대적재량의 증가를 가져오는 승차장치 또는 물품적재장치의 튜닝
  ※ 다음에 해당하는 경우 제외
    - 승차정원 또는 최대적재량을 감소시켰던 자동차를 원상회복하는 경우
    - 차대 또는 차체가 동일한 자동차로 자기인증되어 제원이 통보된 차종의 승차정원 또는 최대 적재량의 범위 안에서 승차정원 또는 최대적재량을 증가시키는 경우
    - 튜닝하려는 자동차의 총중량의 범위 내에서 캠핑용자동차로 튜닝하여 승차정원을 증가시키는 경우
  ㉢ 자동차의 종류가 변경되는 튜닝
  ※ 다음에 해당하는 경우 제외
    - 승용자동차와 동일한 차체 및 차대로 제작된 승합자동차의 좌석장치를 제거하여 승용자동차로 튜닝하는 경우
    - 화물자동차를 특수자동차로 튜닝하거나 특수자동차를 화물자동차로 튜닝하는 경우
  ㉣ 튜닝전보다 성능 또는 안전도가 저하될 우려가 있는 경우의 튜닝

04 자동차의 점검 및 정비

(1) 점검 및 정비 명령 등

① 명령권자 : 시장 · 군수 · 구청장

② 명령 및 내용
  ㉠ 방법 : 국토교통부령으로 정하는 바에 따라 점검 · 정비 · 검사 또는 원상복구를 명할 수 있다.
  ㉡ 명할 수 있는 경우와 내용
    - 자동차안전기준에 적합하지 아니하거나 안전운행에 지장이 있다고 인정되는 자동차
    - 승인을 받지 아니하고 튜닝한 자동차 : 원상복구 및 임시검사
    - 정기검사 또는 자동차종합검사를 받지 아니한 자동차 : 정기검사 또는 종합검사
    - 중대한 교통사고가 발생한 사업용 자동차 : 임시검사
    - 천재지변 · 화재 또는 침수로 인하여 안전운행에 지장이 있다고 인정되는 자동차 : 임시검사

③ 기간 및 운행정지
  ㉠ 점검 · 정비 · 검사 또는 원상복구를 명하려는 경우 기간을 정하여야 한다.
  ㉡ 이 경우 해당 자동차의 운행정지를 함께 명할 수 있다.

05 자동차의 검사

(1) 자동차검사

① 검사 실시 및 방법
  ㉠ 실시 : 국토교통부장관(한국교통안전공단이 대행)
  ㉡ 방법 : 국토교통부령으로 정하는 바에 따라

② 검사의 종류
  ㉠ 신규검사 : 신규등록을 하려는 경우 실시하는 검사 (신규등록 예정자)
  ㉡ 정기검사 : 신규등록 후 일정 기간마다 정기적으로 실시하는 검사
  ㉢ 튜닝검사 : 자동차를 튜닝한 경우에 실시하는 검사
  ㉣ 임시검사 : 자동차관리법 또는 자동차관리법에 따른 명령이나 자동차 소유자의 신청을 받아 비정기적으로 실시하는 검사
  ㉤ 수리검사 : 전손 처리 자동차를 수리한 후 운행하려는 경우에 실시하는 검사

> **tip 자동차검사 대행 기관**
>
> • 자동차검사 : 한국교통안전공단이 대행
> • 정기검사 : 지정정비사업자도 대행할 수 있다.

② 자동차검사의 진행
  ㉠ 검사확인권자 : 국토교통부장관
  ㉡ 검사해야할 내용
    • 자동차검사를 할 때에는 해당 자동차의 구조 및 장치가 국토교통부령으로 정하는 검자동차검사기준에 적합한지 여부
    • 차대번호 및 원동기형식이 전산정보처리조직에 기록된 자료의 내용과 동일한지 여부

※ 자동차검사를 실시한 후 그 결과를 자동차 소유자에게 통지하여야 한다. 이 경우 자동차검사기준은 사업용 자동차와 비사업용 자동차를 구분하여 정하여야 한다.

③ 자동차검사 합격에 따른 조치
  ㉠ 신규검사 : 신규검사증명서의 발급
  ㉡ 정기검사 · 튜닝검사 · 임시검사 또는 수리검사 : 검사한 사실을 등록원부에 기록

④ 검사유효기간의 연장
  ㉠ 기간연장 및 유예 : 천재지변이나 부득이한 사유로 검사를 받을 수 없다고 인정될 때에는 그 기간을 연장하거나 자동차검사를 유예할 수 있다.
  ㉡ 유예할 수 있는 경우 및 연장기간
    • 전시 · 사변 또는 이에 준하는 비상사태로 인하여 관할지역 안에서 자동차의 검사업무를 수행할 수 없다고 판단되는 때
    ※ 대상자동차 · 유예기간 및 대상지역등을 공고하여야 한다.
    • 자동차의 도난 · 사고발생의 경우나 압류된 경우 또는 장기간의 정비 기타 부득이한 사유가 인정되는 경우에는 자동차 소유자의 신청에 의하여 필요하다고 인정되는 기간
    • 섬지역의 출장검사인 경우에는 자동차검사대행자의 요청에 의하여 필요하다고 인정되는 기간
    • 신고된 매매용 자동차의 검사유효기간 만료일이 도래하는 경우에는 신고 전까지

(2) 자동차 정기검사 유효기간

차종			차령	검사 유효기간
비사업용 승용자동차 및 피견인자동차			모든 차령	2년(최초4년)
사업용 승용자동차			모든 차령	1년(최초2년)
승합 자동차	비사업용	경형 · 소형	4년 이하	2년
			4년 초과	1년
		중형 · 대형	8년 이하	1년(길이 5.5미터 미만인 자동차는 최초 2년)
			8년 초과	6개월
	사업용	경형 · 소형	4년 이하	2년
			4년 초과	1년
		중형 · 대형	8년 이하	1년
			8년 초과	6개월

			4년 이하	2년
화물 자동차	비 사업용	경형 · 소형	4년 초과	1년
		중형 · 대형	5년 이하	1년
			5년 초과	6개월
	사업용	경형 · 소형	모든 차령	1년(최초 2년)
		중형	5년 이하	1년
			5년 초과	6개월
		대형	2년 이하	1년
			2년 초과	6개월
특수 자동차	비사업용 및 사업용	경형 · 소형 · 중형 · 대형	5년 이하	1년
			5년 초과	6개월

(3) 자동차종합검사

① 실시 및 대상

　㉠ **시행기관** : 국토교통부장관과 환경부장관이 공동 실시

　㉡ **자동차종합검사 대상**

　　• 운행차 배출가스 정밀검사 시행지역에 등록한 자동차 소유자 : 배출가스 정밀검사(이하 "정밀검사" 라 함)

　　• 특정경유자동차 소유자 : 특정경유자동차 배출가스 검사(이하 "특정경유자동차검사"라 함)

　㉢ **종합검사 실시 분야**

　　• 자동차의 동일성 확인 및 배출가스 관련 장치 등의 작동 상태 확인을 관능검사(官能檢査 : 사람의 감각기관으로 자동차의 상태를 확인하는 검사) 및 기능검사로 하는 공통 분야

　　• 자동차 안전검사 분야

　　• 자동차 배출가스 정밀검사 분야

　※ 종합검사를 받은 경우에는 정기검사, 정밀검사, 특정경유자동차검사를 받은 것으로 본다.

② 종합검사의 대상과 유효기간

검사대상			차령	검사 유효기간
승용 자동차	비사업용	경형 · 소형 · 중형 · 대형	4년 초과	2년
	사업용	경형 · 소형 · 중형 · 대형	2년 초과	1년
승합 자동차	비사업용	경형 · 소형	4년 초과	1년
		중형	3년 초과	8년까지는 1년, 이후부터는 6개월
		대형	3년 초과	8년까지는 1년, 이후부터는 6개월
	사업용	경형 · 소형	4년 초과	1년
		중형	2년 초과	8년까지는 1년, 이후부터는 6개월
		대형	2년 초과	8년까지는 1년, 이후부터는 6개월
화물 자동차	비사업용	경형 · 소형	4년 초과	1년
		중형	3년 초과	5년까지는 1년, 이후부터는 6개월
		대형	3년 초과	5년까지는 1년, 이후부터는 6개월
	사업용	경형 · 소형	2년 초과	1년
		중형	2년 초과	5년까지는 1년, 이후부터는 6개월
		대형	2년 초과	6개월
특수 자동차	비사업용	경형 · 소형 · 중형 · 대형	3년 초과	5년까지는 1년, 이후부터는 6개월
	사업용	경형 · 소형 · 중형 · 대형	2년 초과	5년까지는 1년, 이후부터는 6개월

※ 검사 유효기간이 6개월인 자동차의 경우 종합검사 중 자동차 배출가스 정밀검사 분야의 검사는 1년마다 받는다.

③ 검사 유효기간의 계산 방법과 종합검사기간

　㉠ 검사 유효기간의 계산 방법

　　• 신규등록을 하는 자동차 : 신규등록일부터 계산

　　• 종합검사기간 내에 종합검사를 신청하여 적합 판정을 받은 자동차 : 직전 검사 유효기간 마지막 날의 다음 날부터 계산

- 종합검사기간 전 또는 후에 종합검사를 신청하여 적합 판정을 받은 자동차 : 종합검사를 받은 날의 다음 날부터 계산
- 재검사 결과 적합 판정을 받은 자동차 : 종합검사를 받은 것으로 보는 날의 다음 날부터 계산
ⓒ 종합검사기간
  - 기간 : 검사 유효기간의 마지막 날 전후 각각 31일 이내
  - 소유권 변동 또는 사용본거지 변경 등의 사유로 종합검사의 대상이 된 자동차 중 정기검사의 기간 중에 있거나 정기검사의 기간이 지난 자동차 : 변경등록을 한 날부터 62일 이내
④ 재검사
  ⓐ 대상 : 종합검사 실시 결과 부적합 판정을 받은 자동차의 소유자가 재검사를 받으려는 경우(재검사기간 내에 말소등록한 경우 제외)
  ⓑ 재검사기관 : 종합검사대행자 또는 종합검사지정정비사업자

---

tip 재검사 제출서류

- 자동차등록증
- 자동차종합검사 결과표 또는 자동차기능 종합진단서

  ⓒ 종합검사기간 내에 종합검사를 신청하여 부적합 판정을 받은 다음의 경우 : 부적합 판정을 받은 날부터 10일 이내 신청
  - 최고속도제한장치의 미설치, 무단 해체·해제 및 미작동
  - 자동차 배출가스 검사기준 위반
  - 기타사유로 부적합 판정을 받은 경우
  ⓓ 종합검사기간 전 또는 후에 종합검사를 신청한 경우 : 부적합 판정을 받은 날부터 10일 이내 신청
  ⓔ 종합검사를 받지 않은 것으로 보는 경우
  - 종합검사 결과 부적합 판정을 받은 자동차의 소유자가 재검사기간 내에 재검사를 신청하지 아니한 경우(재검사기간 내에 말소등록한 경우 제외)
  - 재검사기간 내에 재검사를 신청하였으나 그 기간 내에 적합 판정을 받지 못한 경우에는 종합검사를 받지 아니한 것으로 본다.

※ 종합검사 결과 부적합 판정을 받은 자동차가 특정경유자동차의 배출허용기준에 맞는지에 대한 검사가 면제되는 경우 자동차 배출가스 정밀검사 분야에 대해서는 재검사기간 내에 적합 판정을 받은 것으로 본다.

⑤ 종합검사 유효기간의 연장·유예사유 및 제출서류
  ⓐ 공통서류 : 자동차등록증
  ⓑ 전시·사변·비상사태로 인하여 종합검사 업무를 수행할 수 없다고 판단되는 경우 : 시·도지사가 대상 자동차, 유예기간 및 대상지역 등을 공고
  ⓒ 자동차의 도난 : 경찰관서에서 발급하는 도난신고 확인서
  ⓓ 사고로 인하여 자동차를 장기간 정비할 필요가 있는 경우
  - 시장·군수 또는 구청장, 경찰서장, 소방서장, 보험사 등이 발행한 사고사실증명서류 : 천재지변·교통사고 등으로 파손 또는 매몰 등이 된 경우만 해당
  - 정비업체에서 발행한 정비예정증명서 : 교통사고 등으로 장기간의 정비가 필요한 경우만 해당
  ⓔ 형사소송법 등에 따라 자동차가 압수되어 운행할 수 없는 경우 : 행정처분서
    ※ 운행을 제한받는 압류, 사업용자동차의 사업휴지·폐지나 자동차의 등록번호판 영치 등의 사용정지 등 행정처분을 받은 경우만 해당된다.
  ⓕ 그 밖에 부득이한 사유로 자동차를 운행할 수 없다고 인정되는 경우
  - 시장·군수 구청장(읍·면·동·이장 포함)이 확인한 섬 지역 장기체류 확인서
    ※ 섬 지역에 장기체류하고 있는 경우에 한하며 육지와 연결된 섬과 자동차종합검사 시행이 가능한 지역은 제외한다.
  - 병원입원 또는 해외출장 등 부득이한 사유가 있는 경우에는 그 사유를 객관적으로 증명할 수 있는 서류
  ⓖ 폐차를 하려는 경우 : 폐차인수증명서
⑥ 종합검사기간이 지난 자에 대한 독촉
  ⓐ 독촉기관 : 시·도지사
  ⓑ 대상 : 종합검사기간이 지난 자동차의 소유자
  ⓒ 기간 : 기간이 끝난 다음 날부터 10일 이내와 20일 이내

ⓐ 통지방법
  • 우편
  • 휴대전화 문자메시지로
ⓜ 통지할 내용
  • 종합검사기간이 지난 사실
  • 종합검사의 유예가 가능한 사유와 그 신청 방법
  • 종합검사를 받지 아니하는 경우에 부과되는 과태료의 금액과 근거 법규

---

tip 검사를 받지 아니한 경우 과태료

• 검사 지연기간이 30일 이내인 경우 : 4만 원
• 검사 지연기간이 30일 초과 114일 이내인 경우 : 4만 원에 31일째부터 계산하여 3일 초과 시마다 2만 원을 더한 금액
• 검사 지연기간이 115일 이상인 경우 : 60만 원

※ 자동차정기검사의 기간 … 검사유효기간만료일 전후 각각 31일 이내로 하며, 이 기간 내에 자동차정기검사에서 적합판정을 받은 경우에는 검사유효기간만료일에 자동차정기검사를 받은 것으로 본다.

01 총칙

(1) 도로법의 목적과 정의

① 목적
  ㉠ 도로망의 계획수립
  ㉡ 도로 노선의 지정
  ㉢ 도로공사의 시행과 도로의 시설 기준, 도로의 관리 · 보전 및 비용 부담 등에 관한 사항을 규정
  ㉣ 국민이 안전하고 편리하게 이용할 수 있는 도로의 건설과 공공복리의 향상에 이바지함

② 도로의 정의
  ㉠ 도로
    • 차도, 보도, 자전거도로, 측도, 터널, 교량, 육교 등 대통령령으로 정하는 시설로 구성된 것으로서 법 제10조에 열거된 것
    • 도로의 부속물을 포함

> **tip 대통령령으로 정하는 시설**
> • 차도 · 보도 · 자전거도로 및 측도
> • 터널 · 교량 · 지하도 및 육교(해당 시설에 설치된 엘리베이터를 포함한다)
> • 궤도
> • 옹벽 · 배수로 · 길도랑 · 지하통로 및 무넘기시설
> • 도선장 및 도선의 교통을 위하여 수면에 설치하는 시설

  ㉡ 도로의 부속물 : 도로관리청이 도로의 편리한 이용과 안전 및 원활한 도로교통의 확보, 그 밖에 도로의 관리를 위하여 설치하는 시설 또는 공작물
    • 주차장, 버스정류시설, 휴게시설 등 도로이용 지원시설
    • 시선유도표지, 중앙분리대, 과속방지시설 등 도로안전시설

• 통행료 징수시설, 도로관제시설, 도로관리사업소 등 도로관리시설
• 도로표지 및 교통량 측정시설 등 교통관리시설
• 낙석방지시설, 제설시설, 식수대 등 도로에서의 재해 예방 및 구조 활동, 도로환경의 개선 · 유지 등을 위한 도로부대시설
• 그 밖에 도로의 기능 유지 등을 위한 시설로서 대통령령으로 정하는 시설
- 주유소, 충전소, 교통 · 관광안내소, 졸음쉼터 및 대기소
- 환승시설 및 환승센터
- 장애물 표적표지, 시선유도봉 등 운전자의 시선을 유도하기 위한 시설
- 방호울타리, 충격흡수시설, 가로등, 교통섬, 도로반사경, 미끄럼방지시설, 긴급제동시설 및 도로의 유지 · 관리용 재료적치장
- 화물 적재량 측정을 위한 과적차량 검문소 등의 차량단속시설
- 도로에 관한 정보 수집 및 제공 장치, 기상 관측 장치, 긴급 연락 및 도로의 유지 · 관리를 위한 통신시설
- 도로 상의 방파시설, 방설시설, 방풍시설 또는 방음시설
- 도로에의 토사유출을 방지하기 위한 시설 및 비점오염저감시설
- 도로원표, 수선 담당 구역표 및 도로경계표
- 공동구
- 도로 관련 기술개발 및 품질 향상을 위하여 도로에 연접하여 설치한 연구시설
  ㉢ 국가도로망 : 고속국도와 일반국도, 지방도 등이 상호 유기적인 기능을 발휘할 수 있도록 체계적으로 구성한 도로망을 말한다.

② 국가간선도로망 : 전국적인 도로망의 근간이 되는 노선으로서 고속국도와 일반국도를 말한다.

(2) 도로의 종류와 등급

① **고속국도** : 국토교통부장관이 지정·고시한 도로

② **일반국도** : 국토교통부장관이 지정·고시한 도로

③ **특별시도·광역시도** : 특별시장 또는 광역시장이 노선을 정하여 지정·고시한 도로

④ **지방도** : 관할 도지사 또는 특별자치도지사가 노선을 인정한 것

⑤ **시도** : 특별자치시장 또는 시장이 노선을 인정한 것

⑥ **군도** : 관할 군수가 노선을 인정한 것

⑦ **구도** : 관할 구청장이 노선을 인정한 것

---

02 도로의 보전 및 공용부담

(1) 도로에 관한 금지행위 및 벌칙

① 도로에 관한 금지행위
 ㉠ 도로를 파손하는 행위
 ㉡ 도로에 토석, 입목·죽 등 장애물을 쌓아놓는 행위
 ㉢ 그 밖에 도로의 구조나 교통에 지장을 주는 행위

② 위반행위 및 벌칙
 ㉠ 위반행위
  • 고속국도를 파손하여 교통을 방해하거나 교통에 위험을 발생하게 한 자
  • 고속국도가 아닌 도로를 파손하여 교통을 방해하거나 교통에 위험을 발생하게 한 자
 ㉡ 벌칙 : 10년 이하의 징역이나 1억 원 이하의 벌금

(2) 차량의 운행제한

① 제한기관 : 도로관리청(도로를 관리하는 기관)

② 운행제한
 ㉠ 제한목적 : 도로구조를 보전하고 도로에서 차량 운행으로 인한 위험을 방지하기 위하여 필요한 경우
 ㉡ 제한방법 : 대통령령으로 정하는 바에 따라 도로에서의 차량 운행을 제한
 ※ 도로관리청 허가를 받은 차량의 경우에는 예외로 한다.

③ 운행을 제한할 수 있는 차량
 ㉠ 축하중이 10톤을 초과하거나 총중량이 40톤을 초과하는 차량
 ㉡ 차량의 폭이 2.5미터, 높이가 4.0미터(도로구조의 보전과 통행의 안전에 지장이 없다고 도로 관리청이 인정하여 고시한 도로노선의 경우에는 4.2미터), 길이가 16.7미터를 초과하는 차량
 ㉢ 도로관리청이 특히 도로구조의 보전과 통행의 안전에 지장이 있다고 인정하는 차량

④ 제한차량 운행허가의 신청
 ㉠ 신청 : 차량구조나 적재화물의 특수성이 있는 경우
 ㉡ 신청서 기재사항
  • 운행하려는 도로의 종류 및 노선명
  • 운행구간 및 그 총 연장
  • 차량의 제원
  • 운행기간
  • 운행목적
  • 운행방법

> **tip** 제한차량 운행허가 신청 첨부서류
>
> • 차량검사증 또는 차량등록증
> • 차량 중량표
> • 구조물 통과 하중 계산서(도로관리청이 인정한 경우 생략)

⑤ 도로관리청 관계 공무원의 조사
 ㉠ 조사내용 : 운행제한에 대한 위반 여부 확인
 ㉡ 조사방법 : 차량에 승차하거나 차량의 운전자(건설기계의 조종사 포함)에게 관계 서류의 제출을 요구하는 등의 방법으로 차량의 적재량을 측정

ⓒ 위반행위 및 벌칙

- 위반행위 : 정당한 사유 없이 적재량 측정을 위한 도로관리청의 요구에 따르지 아니한 자
- 벌칙 : 1년 이하의 징역이나 1천만 원 이하의 벌금

⑥ 운행제한의 허가

ⓐ 차량 운행허가

- 미리 출발지를 관할하는 경찰서장과 협의한 후 차량의 조건과 운행하려는 도로의 여건을 고려하여 대통령령으로 정하는 절차에 따라 운행허가
- 운행허가를 할 때에는 운행노선, 운행시간, 운행방법 및 도로 구조물의 보수·보강에 필요한 비용부담 등에 관한 조건을 붙일 수 있다.

ⓑ 위반행위 및 벌칙

- 위반행위
  - 운행 제한을 위반한 차량의 운전자
  - 운행 제한을 위반한 운행을 지시·요구하거나 적재된 화물의 중량을 사실과 다르게 고지한 자
- 벌칙 : 500만 원 이하의 과태료

(3) 적재량 측정 방해 행위의 금지

① 측정 방해 금지

ⓐ 자동차의 장치를 조작하는 등 대통령령으로 정하는 방법으로 차량의 적재량 측정을 방해하는 행위를 하여서는 아니 된다.

ⓑ 도로관리청은 차량의 운전자가 차량의 적재량 측정을 방해하였다고 판단하면 재측정을 요구할 수 있다. 이 경우 차량의 운전자는 정당한 사유가 없으면 그 요구에 따라야 한다.

② 위반행위 및 벌칙

ⓐ 위반행위

- 차량의 적재량 측정을 방해한 자
- 정당한 사유 없이 도로관리청의 재측정 요구에 따르지 아니한 자

ⓑ 벌칙 : 1년 이하의 징역이나 1천만 원 이하의 벌금

(4) 자동차전용도로의 지정

① 지정기관 : 도로관리청

② 지정요건 및 방법

ⓐ 지정요건

- 도로의 교통량이 현저히 증가하여 차량의 능률적인 운행에 지장이 있는 경우
- 도로의 일정한 구간에서 원활한 교통소통을 위하여 필요한 경우

ⓑ 지정방법 : 대통령령으로 정하는 바에 따라

- 자동차전용도로의 연장을 5킬로미터 이상이 되도록 하여야 한다.
- 도로관리청이 필요하다고 인정하는 경우 자동차전용도로의 연장을 2킬로미터 이상으로 할 수 있다.

③ 자동차전용도로를 지정할 때 의견수렴

ⓐ 도로관리청이 국토교통부장관 : 경찰청장의 의견

ⓑ 도로관리청이 특별시장·광역시장·도지사 또는 특별자치도지사 : 관할 시.도경찰청장의 의견

ⓒ 도로관리청이 특별자치시장·시장·군수 또는 구청장 : 관할 경찰서장의 의견

※ 도로관리청은 자동차전용도로 지정하거나 지정을 변경하는 때에는 이를 공고하여야 한다.

※ 자동차전용도로의 구조 및 시설기준 등 자동차전용도로의 지정에 필요한 사항은 국토교통부령으로 정한다.

---

tip 자동차 전용도로의 지정 공고 사항

- 도로의 종류·노선번호 및 노선명
- 도로 구간
- 통행의 방법(해제의 경우는 제외한다)
- 지정·변경 또는 해제의 이유
- 해당 구간에 있는 일반교통용의 다른 도로 현황(해제의 경우는 제외한다)
- 그 밖에 필요한 사항
※ 공고 후 지체 없이 국토교통부장관에게 보고

(5) 자동차전용도로의 통행방법

① 통행 및 표지설치

　ㄱ **통행 및 출입** : 자동차전용도로에서는 차량만을 사용해서 통행하거나 출입하여야 한다.

　ㄴ **도로표지의 설치**

　　• 설치기관 : 도로관리청

　　• 설치장소 : 자동차전용도로의 입구나 그 밖에 필요한 장소

　ㄷ **도로표지 내용**

　　• 차량만을 통행한다는 내용

　　• 자동차전용도로의 통행을 금지하거나 제한하는 대상 등을 구체적으로 밝힌 도로표지

② 벌칙

　ㄱ **위반행위** : 차량을 사용하지 아니하고 자동차전용도로를 통행하거나 출입한 자

　ㄴ **벌칙** : 1년 이하의 징역이나 1천만 원 이하의 벌금

06 대기환경보전법령

01 총칙

(1) 대기환경보전법의 목적과 용어

① 목적
- ㉠ 대기오염으로 인한 국민건강이나 환경에 관한 위해 예방
- ㉡ 대기환경을 적정하게 지속가능하게 관리·보전
- ㉢ 모든 국민이 건강하고 쾌적한 환경에서 생활할 수 있게 함

② 정의
- ㉠ 대기오염물질 : 대기오염의 원인이 되는 가스·입자상물질로서 환경부령으로 정하는 것
- ㉡ 온실가스 : 적외선 복사열을 흡수하거나 다시 방출하여 온실효과를 유발하는 대기 중의 가스상태 물질로서 이산화탄소, 메탄, 아산화질소, 수소불화탄소, 과불화탄소, 육불화황
- ㉢ 매연 : 연소할 때에 생기는 유리 탄소가 주가 되는 미세한 입자상물질
- ㉣ 검댕 : 연소할 때에 생기는 유리 탄소가 응결하여 입자의 지름이 1미크론 이상이 되는 입자상물질
- ㉤ 저공해자동차 : 대기오염물질의 배출이 없는 자동차 또는 제작차의 배출허용기준보다 오염물질을 적게 배출하는 자동차
- ㉥ 저공해엔진 : 자동차에서 배출되는 대기오염물질을 줄이기 위한 엔진으로서 환경부령으로 정하는 배출허용기준에 맞는 엔진
- ㉦ 배출가스저감장치 : 자동차에서 배출되는 대기오염물질을 줄이기 위하여 자동차에 부착 또는 교체하는 장치
- ㉧ 공회전제한장치 : 자동차에서 배출되는 대기오염물질을 줄이고 연료를 절약하기 위하여 자동차에 부착하는 장치

02 자동차배출가스의 규제

(1) 저공해자동차의 운행

① 명령 및 권고
- ㉠ 시행기관 : 특별시장·광역시장·특별자치시장·특별자치도지사·시장·군수
- ㉡ 시행목적
  - 대기질의 개선
  - 기후·생태계 변화유발물질 배출감소
- ㉢ 권고대상 및 방법
  - 권고대상 : 운행하는 자동차 중 차령과 대기오염물질 또는 기후·생태계 변화유발물질 배출정도가 환경부령으로 정하는 요건을 충족하는 자동차소유자
  - 방법 : 해당 특별시·광역시·특별자치시·특별자치도·시·군의 조례에 따라
- ㉣ 해당 자동차에 대한 명령 및 권고 대상
  - 저공해자동차로의 전환 또는 개조
  - 배출가스저감장치의 부착 또는 교체 및 배출가스 관련 부품의 교체
  - 저공해엔진(혼소엔진 포함)으로의 개조 또는 교체
- ㉤ 위반행위 및 벌칙
  - 위반행위 : 저공해자동차 또는 저공해건설기계로의 전환 또는 개조 명령, 배출가스저감장치의 부착·교체 명령 또는 배출가스 관련 부품의 교체 명령, 저공해엔진으로의 개조 또는 교체 명령을 이행하지 아니한 자
  - 벌칙 : 300만 원 이하의 과태료

② 저공해엔진으로 개조·교체
- ㉠ 대상 : 배출가스보증기간이 경과한 자동차 소유자
- ㉡ 목적 : 자동차에서 배출되는 배출가스가 운행차배출허용기준에 적합하게 유지
- ㉢ 방법 : 환경부령으로 정하는 바에 따라

ㄹ 개조 또는 교체
- 배출가스저감장치를 부착 또는 교체
- 저공해엔진으로 개조 또는 교체

③ 개조 또는 교체 촉진
ㄱ 실시기관 : 국가나 지방자치단체
ㄴ 촉진목적
- 저공해자동차의 보급
- 배출가스저감장치의 부착 또는 교체
- 저공해엔진으로의 개조 또는 교체
ㄷ 필요한 자금 보조 및 융자 대상자
- 저공해자동차 구입 및 저공해자동차로 개조하는 자
- 다음의 시설을 설치하는 자
- 천연가스를 연료로 사용하는 자동차에 천연가스를 공급하기 위한 시설로서 환경부장관이 정하는 시설
- 전기자동차에 전기를 충전하기 위한 시설로서 환경부장관이 정하는 시설
- 태양광, 수소연료 등 환경부장관이 정하는 저공해 자동차 연료공급시설
- 자동차에 배출가스저감장치를 부착 또는 교체하거나 저공해엔진으로 개조 또는 교체하는 자
- 자동차의 배출가스 관련 부품을 교체하는 자
- 권고에 따라 자동차를 조기에 폐차하는 자
- 배출가스가 매우 적게 배출되는 것으로서 환경부장관이 정하여 고시하는 자동차를 구입하는 자

(2) 공회전의 제한

① 공회전 제한
ㄱ 제한기관 : 시 · 도지사
ㄴ 제한시기 : 자동차 배출가스로 인한 대기오염 및 연료 손실을 줄이기 위하여 필요하다고 인정한 경우
ㄷ 제한방법 : 그 시 · 도의 조례가 정하는 바에 따라
ㄹ 제한장소 : 터미널, 차고지, 주차장 등
ㅁ 제한행위 : 자동차의 원동기를 가동한 상태로 주차하거나 정차하는 행위
② 벌칙
ㄱ 위반행위 : 자동차의 원동기 가동제한을 위반한 자동차의 운전자
ㄴ 벌칙 : 1차~3차 위반 : 과태료 5만 원

③ 공회전제한장치의 부착 명령
ㄱ 명령권자 : 시 · 도지사
ㄴ 대상 : 대중교통용 자동차 등 환경부령으로 정하는 자동차
ㄷ 방법 : 시 · 도 조례에 따라

> **tip 공회전 제한장치 부착명령 대상 자동차**
> - 시내버스운송사업에 사용되는 자동차
> - 일반택시운송사업에 사용되는 자동차
> - 화물자동차운송사업에 사용되는 최대적재량이 1톤 이하인 밴형 화물자동차로서 택배용으로 사용되는 자동차

※ 국가나 지방자치단체는 부착 명령을 받은 자동차 소유자에 대하여는 예산의 범위에서 필요한 자금을 보조하거나 융자할 수 있다.

(3) 운행차의 수시 점검

① 점검
ㄱ 점검기관 : 환경부장관, 특별시장 · 광역시장 · 특별자치시장 · 특별자치도지사 · 시장 · 군수 · 구청장
ㄴ 점검목적 : 자동차에서 배출되는 배출가스가 운행차배출허용기준에 맞는지 확인
ㄷ 점검장소 및 점검시기
- 장소 : 도로나 주차장 등
- 항목 : 자동차의 배출가스 배출상태
- 시기 : 수시로 점검
② 운행차의 수시점검
ㄱ 점검대상 자동차를 선정한 후 배출가스 점검
ㄴ 필요한 경우에는 운행 중인 상태에서 원격측정기 또는 비디오카메라를 사용하여 점검
③ 운행차 수시점검의 면제 대상
ㄱ 환경부장관이 정하는 저공해자동차
ㄴ 도로교통법 상 긴급자동차
ㄷ 군용 및 경호업무용 등 국가의 특수한 공용 목적으로 사용되는 자동차
④ 벌칙
ㄱ 위반행위 : 운행차의 수시점검을 불응하거나 기피 · 방해한 자
ㄴ 벌칙 : 200만 원 이하의 과태료

PART

02 화물취급요령

01 화물의 취급

(1) 화물 취급 및 과적의 위험성

① 화물취급의 위험성

  ㉠ 운전자가 화물을 불안전하게 취급할 경우 본인뿐만 아니라 다른 사람의 안전까지 위험하게 된다.

  ㉡ 결박 상태가 느슨한 화물은 다른 운전자의 긴장감을 고조시키고 차로변경이나 서행 등을 유발하여 교통사고의 주요한 원인이 될 수 있다.

  ㉢ 적재물이 낙하하는 돌발 상황이 발생하여 급정지하거나 급회전 할 경우 위험은 가중된다.

② 과적의 위험성

  ㉠ 과적은 엔진, 차량자체 및 운행하는 도로 등에 악영향을 미치고, 자동차의 핸들조작·제동장치조작·속도조절 등을 어렵게 한다.

  ㉡ 과적 차량이나 상대적으로 무거운 화물을 적재한 차량은 오르막길이나 내리막길에서는 서행하며 주의하여 운행하여야 한다.

  ㉢ 내리막길 운행 중 갑자기 멈출 경우, 브레이크 파열이나 적재물의 쏠림에 의한 위험이 있으므로 더욱 주의하여 운행하여야 한다.

(2) 운전자 주의사항 및 화물의 적재

① 운전자

  ㉠ 화물을 직접 적재·취급하는 것과 별개로 화물의 검사, 과적식별, 적재화물의 균형 유지 및 안전하게 묶고 덮는 것 등에 책임이 있다.

  ㉡ 운행 전에 과적상태인지, 불균형하게 적재되었는지, 불안전한 화물이 있는지 등을 확인해야 한다.

  ㉢ 운행 중에도 적재화물의 상태를 파악해야 한다.

    예 2시간 운행 후, 200㎞ 운행 후 또는 휴식할 때 적재물 상태 파악 등

② 화물적재

  ㉠ 화물은 차량의 적재함 가운데부터 좌우로 적재하고, 앞쪽이나 뒤쪽으로 무게중심이 치우치지 않도록 한다.

  ㉡ 적재함 아래쪽에 상대적으로 무거운 화물을 적재한다.

  ㉢ 화물을 모두 적재한 후에는 먼저 화물이 차량 밖으로 낙하하지 않도록 앞뒤좌우로 차단한다.

  ㉣ 화물이 운송 중에 쏠리지 않도록 윗 부분부터 아래 바닥까지 팽팽히 고정시킨다.

(3) 컨테이너 및 특수화물 운반

① 컨테이너 운반 자동차

  ㉠ 컨테이너 운반차량의 경우에는 컨테이너의 차량 밖 이탈을 방지하기 위해 컨테이너의 잠금장치를 차량의 해당 홈에 안전하게 걸어 고정시킨다.

  ㉡ 화물이 낙하하여 사람을 다치게 하거나 악천후(비 등)로 인한 피해를 막기 위해 덮개를 씌우는 것도 잊지 말아야 한다.

② 특수화물 운행시 주의할 점

  ㉠ **드라이 벌크 탱크(Dry bulk tanks) 차량** : 일반적으로 무게중심이 높고 적재물이 쏠리기 쉬우므로 커브길이나 급회전할 때 주의해야 한다.

  ㉡ **냉동차량** : 냉동설비 등으로 인해 무게중심이 높기 때문에 급회전할 때 특별한 주의 및 서행운전이 필요하다.

  ㉢ **동물운송차량** : 소나 돼지와 같은 가축 또는 살아 있는 동물을 운송하는 차량은 무게중심이 이동하면 전복될 우려가 있으므로 커브길 등에서 특별히 주의하여 운전하여야 한다.

  ㉣ **특이화물** : 길이가 긴 화물, 폭이 넓은 화물, 부피에 비하여 중량이 무거운 화물 등 비정상화물(Oversized loads)을 운반하는 때에는 적재물의 특성을 알리는 특수장비를 갖추거나 경고표시를 하는 등 운행에 특별히 주의한다.

02 운송장 작성과 화물포장

01 운송장의 기능과 운영

(1) 운송장의 개념과 기능

① 운송장의 개념
  ㉠ 운송장은 물건을 보낼 때 화물에 대한 정보를 담아 송하인으로부터 그 화물을 인수받을 때 부착되는 명세서의 일종이다.
  ㉡ 주로 택배에서 많이 쓰이는 운송장은 그 기능이 매우 중요하므로 관리 및 운영의 효율을 높이려는 노력이 기울여지고 있다.

② 운송장의 기능
  ㉠ 기본적 기능 : 운송장은 화물을 수탁시켰다는 증빙과 함께 만약 사고가 발생하는 경우에 운송장을 기준으로 손해배상을 청구할 수 있는 거래쌍방간의 법적인 권리와 의무를 가지게 된다.
  ㉡ 계약서 기능 : 개인고객의 경우 운송장이 작성되면 운송장에 기록된 내용과 약관에 기준한 계약이 성립된다.
  ㉢ 화물인수증 기능 : 운송장을 작성하고 운전자가 날인하여 교부함으로서 운송장에 기록된 내용대로 화물을 인수하였음을 확인하는 것이며 운송회사는 기록된 화물을 안전, 정확, 신속하게 배달할 책임이 있다.
  ㉣ 운송요금 영수증 기능 : 화물의 수탁 또는 배달시 운송요금을 현금으로 받는 경우에는 운송장에 회사의 수령인을 날인하여 사용함으로서 영수증 기능을 한다. 그러나 대부분의 회사가 운송장에 사업자등록번호 및 대표자의 날인을 인쇄하지 않고 있기 때문에 영수증으로 활용하기 위해서는 날인과 사업자등록번호를 확인 받아야 한다.
  ㉤ 정보처리 기본자료 : 운송장에는 송하인, 수하인, 기타 화물에 대한 정보가 수록되어 있으며, 운송사업자는 이들 자료를 마케팅, 요금청구, 사내 수입정산, 운전자 효율 측정, 각 작업단계의 효율측정 등의 정보처리 기본자료로 활용한다.
  ㉥ 배달에 대한 증빙(배송에 대한 증거서류 기능) : 화물을 수하인에게 인도하고 운송장에 인수자의 수령확인을 받음으로써 배달완료정보처리에 이용될 뿐만 아니라 물품 분실로 인한 민원이 발생한 경우에는 책임완수 여부를 증명해주는 기능을 한다.
  ㉦ 수입금 관리자료 : 운송장에 서비스요금을 기록함으로서 화물별 수입금을 파악하여 전체적인 수입금을 계산할 수 있는 관리 자료가 된다.
  ㉧ 행선지 분류정보 제공(작업지시서 기능) : 화물이 집하된 후 목적지에 도착할 때까지 각 단계의 작업에서 이 화물이 어디로 운행될 것인지를 알려주는 기능을 한다.

(2) 운송장의 형태

① 기본형 운송장(포켓타입) : 운송장은 업체별로 디자인에 다소 차이는 있으나 기록되는 내용은 대동소이하다.

> **tip 운송장에 기록되는 내용**
>
> • 송하인용
> • 전산처리용
> • 수입관리용
> • 배달표용
> • 수하인용
> ※ 수입관리용이 빠지는 경우도 있다.

② 보조운송장 : 동일 수하인에게 다수의 화물이 배달될 때 운송장 비용을 절약하기 위하여 사용하는 운송장으로서 간단한 기본적인 내용과 원운송장을 연결시키는 내용만 기록한다.

③ 스티커형 운송장
  ㉠ 운송장 제작비와 전산 입력비용을 절약하기 위하여 기업고객과 완벽한 EDI시스템이 구축될 수 있는 경우에 이용된다.
    ※ EDI(Electronic Data Interchange) … 전자문서교환

ⓛ 라벨 프린터기를 설치하고 자체 정보시스템에 운송장 발행 시스템, 출하정보의 전송시스템 등 별도의 EDI시스템이 필요하다.

ⓒ 발행한 운송장은 해당 화물의 출고가 반드시 당일 또는 최소한 익일 중에 이루어져 출고정보가 운송회사의 호스트로 전송되어야 하며, 이를 위하여 기업고객도 운송장의 출하를 바코드로 스캐닝하는 시스템을 운영해야 한다.

> **tip 스티커형 운송장의 구분**
>
> • 배달표형 스티커 운송장 : 화물에 부착된 스티커형 운송장을 떼어 내어 배달표로 사용할 수 있는 운송장
> • 바코드 절취형 스티커 운송장 : 스티커에 부착된 바코드만을 절취하여 별도의 화물배달표에 부착하여 배달확인을 받는 운송장

(3) 운송장의 기록과 운영

① 운송장 번호와 바코드
　ⓐ 운송장 번호와 그 번호를 나타내는 바코드는 운송장을 인쇄할 때 기록되기 때문에 운전자가 별도로 기록할 필요는 없다.
　ⓛ 운송장번호는 상당기간 중복되는 번호가 발행되지 않도록 충분한 자리수가 확보되어야 하며 운송장의 종류 등을 나타낼 수 있도록 설계되고 관리되어야 한다.

② 송하인 주소, 성명 및 전화번호
　ⓐ 송하인의 정확한 이름과 주소뿐만 아니라 전화번호도 기록해야 한다.
　ⓛ 송하인의 전화번호가 없으면 배송이 어려운 경우 송하인에게 확인하는 절차가 불가능해 고객 불만이 발생할 수 있다.
　※ 계속적으로 거래하는 기업고객인 경우에는 전산입력을 간소화할 수 있도록 거래처 코드를 별도로 기재

③ 수하인 주소, 성명 및 전화번호
　ⓐ 수하인의 정확한 이름과 주소(도로명 주소, 상세 주소 포함)와 전화번호를 기록해야 한다.
　ⓛ 기록된 주소가 불분명할 경우 전화번호가 없으면 배송이 어려워 반송될 가능성이 높아진다.

④ 주문번호 또는 고객번호
　ⓐ 인터넷이나 콜센터를 통하여 집하접수를 받는 경우 이용자가 접수번호만으로도 추적조회를 할 수 있도록 한다.
　ⓛ 통신판매·전자상거래 등의 경우에는 상품의 구매자나 판매자가 운송장 번호 없이도 화물추적이 가능하도록 한다.
　ⓒ 운송장에 예약접수번호·상품주문번호·고객번호 등을 표시토록 하고, 이 번호가 화물추적의 기본 단서가 되도록 운영한다.

⑤ 화물명
　ⓐ 화물명은 취급금지 및 제한 품목 여부를 알기 위해서 반드시 기록하여야 하며, 파손, 분실 등 사고발생시 손해배상의 기준이 된다.
　※ 만약 화물명이 취급금지 품목임을 알고도 수탁을 한 때에는 운송회사가 그 책임을 져야 한다.
　ⓛ 여러 가지 화물을 하나의 박스에 포장하는 경우에도 중요한 화물명은 기록해야 하며, 중고 화물인 경우에는 중고임을 기록한다. 왜냐하면 배달 후 일부 품목이 부족하거나 손상이 발생한 경우에는 책임여부를 규명해야 하기 때문이다.

⑥ 화물의 가격
　ⓐ 물품가액은 내용품에 대한 사항을 고객이 직접 기재 신고토록 하되, 중고 또는 수제품의 경우에는 시중 가격을 참고하여 산정한다.
　ⓛ 화물의 가격은 화물의 파손, 분실 또는 배달지연 사고발생시 손해배상의 기준이 되며, 약관이 정하고 있는 기준을 초과하는 고가의 화물인 경우에는 고가화물에 대한 할증을 적용해야 하므로 정확하게 기록한다.

⑦ 화물의 크기(중량, 사이즈)
　ⓐ 화물의 크기에 따라 요금이 달라지기 때문에 정확히 기록해야 한다.
　ⓛ 이를 소홀히 하면 영업점을 대리점 체제로 운영하는 경우에 있어서 운임사고의 원인이 될 수 있다.

⑧ 운임의 지급방법
　ⓐ 운송요금의 지불이 선불, 착불, 신용으로 구분되므로 이를 표시할 수 있도록 해야 한다.

ⓛ 별도 운송장으로 운영하는 경우에는 필요하지 않다.

⑨ **운송요금** : 운송요금을 표기하는 공간에는 단순히 운송요금뿐만 아니라 포장요금, 물품대, 기타 서비스 요금 등을 구분하여 기록할 수 있도록 설계한다.

⑩ **발송지(집하점)**

    ㉠ 화물을 집하한 주소를 기록하도록 한다.

    ⓛ 경우에 따라서는 실 발송지와 송하인의 주소가 다른 경우가 있기 때문에 배달 불가 사유가 발생할 때나 반송처리가 필요할 때에 집하영업점에 문의할 경우를 대비해 필요한 항목이다.

⑪ **도착지(코드)**

    ㉠ 화물이 도착할 터미널 및 배달할 장소를 기록하며, 화물을 분류할 때에 식별을 용이하게 하기 위해 코드화 작업이 필요하다.

    ⓛ 코드는 가급적 육안 식별이 가능하도록 2 ~ 3단위 정도로 정하는 것이 좋다.

⑫ **집하자**

    ㉠ 집하자가 누구(운전자)인가를 기록한다.

    ⓛ 집하한 사람(운전자)의 능률관리, 집하한 화물포장의 소홀, 금지품목의 집하 등 사후 화물사고가 발생하면 책임소재를 확인하기 위해 필요하다.

    ⓒ 일반적으로 운전자의 사원코드를 기록한다.

⑬ **인수자 날인**

    ㉠ 화물을 인수한 사람의 이름과 서명으로서 반드시 인수한 사람의 이름을 정자(正字)로 기록하고 서명이나 인장을 날인 받아야 한다.

    ⓛ 대리인계를 했을 때에도 마찬가지며 대리인수자가 서명을 거부할 때는 배달시의 상황을 정확히 기록토록 한다.

⑭ **특기사항** : 화물을 취급할 때의 주의사항, 집하 또는 배달할 때 주의사항이나 참고해야 할 사항을 기록한다.

⑮ **면책사항**

    ㉠ 포장상태 불완전 등으로 사고발생 가능성이 높아 수탁이 곤란한 화물의 경우에는 송하인이 모든 책임을 진다는 조건으로 수탁할 수 있다.

    ⓛ 운송장에는 송하인의 책임사항을 기록하고 서명도록 한다.

예 화물운송 조건을 명시
- 포장이 불완전하거나 파손가능성이 높은 화물인 때 : 파손면책
- 수하인의 전화번호가 없는 때에는 : 배달지연면책, 배달불능면책
- 식품 등 정상적으로 배달해도 부패의 가능성이 있는 화물인 때 : 부패면책

⑯ **화물의 수량**

    ㉠ 1개의 화물에 1개의 운송장 부착이 원칙이나, 1개의 운송장으로 기입하되 다수화물에 보조스티커를 사용하는 경우에는 총 박스 수량(단위포장 수량)을 기록할 수 있다.

    ⓛ 이는 포장 내의 물품 수량이 아니라 수탁 받은 단위를 나타낸다.

02   운송장 기재 및 부착요령

(1) 운송장 기재사항

① **송하인 기재사항**

    ㉠ 송하인의 주소, 성명(또는 상호) 및 전화번호

    ⓛ 수하인의 주소, 성명, 전화번호(거주지 또는 핸드폰번호)

    ⓒ 물품의 품명, 수량, 가격

    ⓔ 특약사항 약관설명 확인필 자필 서명

    ⓜ **파손품 또는 냉동 부패성 물품의 경우** : 면책확인서(별도 양식) 자필 서명

② **집하담당자 기재사항**

    ㉠ 접수일자, 발송점, 도착점, 배달 예정일

    ⓛ 운송료

    ⓒ 집하자 성명 및 전화번호

    ⓔ 수하인용 송장상의 좌측하단에 총수량 및 도착점 코드

    ⓜ 기타 물품의 운송에 필요한 사항

(2) 운송장 기재 시 유의사항

① 화물 인수 시 적합성 여부를 확인한 다음, 고객이 직접 운송장 정보를 기입하도록 한다.

② 운송장은 꼭꼭 눌러 기재하여 맨 뒷면까지 잘 복사되도록 한다.

③ 수하인의 주소 및 전화번호가 맞는지 재차 확인한다.

④ 유사지역과 혼동되지 않도록 도착점 코드가 정확히 기재되었는지 확인한다.

⑤ 특약사항에 대하여 고객에게 고지한 후 특약사항 약관설명 확인필에 서명을 받는다.

⑥ 파손, 부패, 변질 등 문제의 소지가 있는 물품의 경우에는 면책확인서를 받는다.

⑦ 고가품에 대하여는 그 품목과 물품가격을 정확히 확인하여 기재하고, 할증료를 청구하여야 하며, 할증료를 거절하는 경우에는 특약사항을 설명하고 보상한도에 대해 서명을 받는다.

⑧ 같은 장소로 2개 이상 보내는 물품에 대해서는 보조송장을 기재할 수 있으며, 보조송장도 주송장과 같이 정확한 주소와 전화번호를 기재한다.

⑨ 산간 오지, 섬 지역 등은 지역특성을 고려하여 배송예정일을 정한다.

(3) 운송장 부착요령

① 운송장 부착은 원칙적으로 접수 장소에서 매 건마다 작성하여 화물에 부착한다.

② 운송장은 물품의 정중앙 상단에 뚜렷하게 보이도록 부착한다.

③ 물품 정중앙 상단에 부착이 어려운 경우 최대한 잘 보이는 곳에 부착한다.

④ 박스 모서리나 후면 또는 측면에 부착하여 혼동을 주어서는 안 된다.

⑤ 운송장이 떨어지지 않도록 손으로 잘 눌러서 부착한다.

⑥ 운송장을 부착할 때에는 운송장과 물품이 정확히 일치하는지 확인하고 부착한다.

⑦ 운송장을 화물포장 표면에 부착할 수 없는 소형, 변형화물은 박스에 넣어 수탁한 후 부착하고, 작은 소포의 경우에도 운송장 부착이 가능한 박스에 포장하여 수탁한 후 부착한다.

⑧ 박스 물품이 아닌 쌀, 매트, 카펫 등은 물품의 정중앙에 운송장을 부착하며, 테이프 등을 이용하여 운송장이 떨어지지 않도록 조치하되, 운송장의 바코드가 가려지지 않도록 한다.

⑨ 운송장이 떨어질 우려가 큰 물품의 경우 송하인의 동의를 얻어 포장재에 수하인 주소 및 전화번호 등 필요한 사항을 기재하도록 한다.

⑩ 월불(月拂) 거래처의 경우 물품 상자를 재사용하는 경우가 많아 운송장이 이중으로 부착되는 경우가 발생하기 쉬우므로, 운송장 2개가 한 개의 물품에 부착되는 경우가 발생하지 않도록 상차할 때마다 확인하고, 2개 운송장이 부착된 물품이 도착되었을 때에는 바로 집하지점에 통보하여 확인하도록 한다.

⑪ 기존에 사용하던 박스를 사용하는 경우에 구 운송장이 그대로 방치되면 물품의 오·분류가 발생할 수 있으므로 반드시 구 운송장은 제거하고 새로운 운송장을 부착하여 1개의 화물에 2개의 운송장이 부착되지 않도록 한다.

⑫ 취급주의 스티커의 경우 운송장 바로 우측 옆에 붙여서 눈에 띄게 한다.

03 운송화물의 포장

(1) 포장의 개념과 구성

① 포장의 개념
  ㉠ 포장 : 물품의 수송, 보관, 취급, 사용 등에 있어 물품의 가치 및 상태를 보호하기 위해 적절한 재료, 용기 등을 물품에 사용하는 기술 또는 그 상태를 말한다.
  ㉡ 스타핑 : 겉 포장과 제품 사이 공간에 채워 넣는 종이나 솜 따위의 포장재를 스타핑이라고 한다.

② 포장의 재료
  ㉠ 택배를 보낼 때 물품 보호용으로 사용되는 포장재료는 종이상자, 에어캡, 스티로폼, 신문지 구긴 것 등이 있다.

ⓛ 의류처럼 깨질 구석이 전혀 없는 물품은 질긴 비 닐봉지에 그대로 포장해서 보내는 경우도 많다.

③ 포장의 구성
  ㉠ 개장(個裝)
    • 물품 개개의 포장으로 낱개포장(단위포장)이라 한다.
    • 물품의 상품가치를 높이기 위해 또는 물품 개개를 보호하기 위해 적절한 재료, 용기 등으로 물품을 포장하는 방법 및 포장한 상태
  ㉡ 내장(內裝)
    • 포장 화물 내부의 포장으로 속포장(내부포장)이라 한다.
    • 물품에 대한 수분, 습기, 광열, 충격 등을 고려하여 적절한 재료, 용기 등으로 물품을 포장하는 방법 및 포장한 상태
  ㉢ 외장(外裝)
    • 포장 화물 외부의 포장으로 겉포장(외부포장)이라 한다.
    • 물품 또는 포장 물품을 상자, 포대, 나무통 및 금속관 등의 용기에 넣거나 용기를 사용하지 않고 결속하여 기호, 화물표시 등을 하는 방법 및 포장한 상태

(2) 포장의 기능

① 보호성
  ㉠ 내용물을 보호하는 기능은 포장의 가장 기본적인 기능이다.
  ㉡ 보호성은 제품의 품질유지에 불가결한 요소로서 내용물의 변질 방지, 물리적인 변화 등 내용물의 변형과 파손으로부터의 보호(완충포장), 이물질의 혼입과 오염으로부터의 보호, 기타의 병균으로부터의 보호 등이 있다.

② 표시성 : 인쇄, 라벨 붙이기 등이 포장에 의해 표시가 쉬워진다.

③ 상품성 : 생산 공정을 거쳐 만들어진 물품은 자체 상품뿐만 아니라 포장을 통해 상품화가 완성된다.

④ 편리성 : 공업포장, 상업포장에 공통된 것으로서 설명서, 증서, 서비스품, 팜플릿 등을 넣거나 진열이 쉽고 수송, 하역, 보관에 편리하다.

⑤ 효율성 : 작업효율이 양호한 것을 의미하며, 구체적으로는 생산, 판매, 하역, 수·배송 등의 작업이 효율적으로 이루어진다.

⑥ 판매촉진성 : 판매의욕을 환기시킴과 동시에 광고 효과가 많이 나타난다.

(3) 포장의 분류

① 상업포장
  ㉠ 소매를 주로 하는 상거래 상품의 일부로서 또는 상품을 정리하여 취급하기 위해 시행하는 것으로 상품가치를 높이기 위해 하는 포장이다.
  ㉡ 판매를 촉진시키는 기능, 진열판매의 편리성, 작업의 효율성을 도모하는 기능이 중요시된다.(소비자 포장, 판매포장)

② 공업포장
  ㉠ 물품의 수송·보관을 주목적으로 하는 포장으로, 물품을 상자, 자루, 나무통, 금속 등에 넣어 수송·보관·하역과정 등에서 물품이 변질되는 것을 방지하는 포장이다.
  ㉡ 포장의 기능 중 수송·하역의 편리성이 중요시된다.(수송포장)

③ 포장 재료의 특성에 따른 분류
  ㉠ 유연포장
    • 포장된 물품 또는 단위포장물이 포장 재료나 용기의 유연성 때문에 본질적인 형태는 변화되지 않으나 일반적으로 외모가 변화될 수 있는 포장을 말한다.
    • 종이, 플라스틱필름, 알루미늄포일(알루미늄박), 면포 등의 유연성이 풍부한 재료로 하는 포장으로 필름이나 엷은 종이, 셀로판 등으로 포장하는 경우 부드럽게 구부리기 쉬운 포장형태를 말한다.
  ㉡ 강성포장
    • 포장된 물품 또는 단위포장물이 포장 재료나 용기의 경직성으로 형태가 변화되지 않고 고정되는 포장을 말한다.
    • 유연포장과 대비되는 포장으로 유리제 및 플라스틱제의 병이나 통(桶), 목제(木製) 및 금속제의 상자나 통(桶) 등 강성을 가진 포장을 말한다.

© 반강성포장

- 강성을 가진 포장 중에서 약간의 유연성을 갖는 골판지상자, 플라스틱보틀 등에 의한 포장을 말한다.
- 유연포장과 강성포장의 중간적인 포장을 말한다.

④ 포장방법(포장기법)별 분류

㉠ 방수포장

- 포장화물의 수송, 보관, 하역과정에서 포장 내용물을 괴어 있는 물, 바닷물, 빗물, 물방울로부터 보호하기 위해 방수 포장재료, 방수 접착제 등을 사용하여 포장내부에 물이 침입하는 것을 방지하는 포장을 말한다.
- 방수포장을 한 것은 반드시 방습포장을 겸하고 있는 것은 아니며, 방수포장에 방습포장을 병용할 경우에는 방습포장은 내면에, 방수포장은 외면에 하는 것을 원칙으로 한다.

㉡ 방습포장

- 흡수성이 없는 제품 또는 흡습 허용량이 적은 제품을 포장할 때 사용하는 포장을 말한다.
- 포장 내용물을 습기의 피해로부터 보호하기 위하여 방습 포장재료 및 포장용 건조제를 사용하여 건조 상태로 유지한다.

tip 제품별 방습포장의 주요기능

- 비료, 시멘트, 농약, 공업약품 : 흡습에 의해 부피가 늘어나는 것(팽윤, 膨潤), 고체가 저절로 녹는 것(조해, 潮解), 액체가 굳어지는 것(응고, 凝固) 방지
- 건조식품, 의약품 : 흡습에 의한 변질, 상품가치의 상실 방지
- 식료품, 섬유제품 및 피혁제품 : 곰팡이 발생 방지
- 고수분 식품, 청과물 : 탈습에 의한 변질, 신선도 저하 방지
- 금속제품 : 표면의 변색 방지
- 정밀기기(전자제품 등) : 기능 저하 방지

㉢ 방청포장

- 금속, 금속제품 및 부품을 수송 또는 보관할 때 녹 발생을 막기 위하여 하는 포장방법으로 방청 포장 작업은 되도록 낮은 습도의 환경에서 하는 것이 바람직하다.
- 금속제품의 연마부분은 되도록 맨손으로 만지지 않는 것이 바람직하며, 맨손으로 만진 경우에는 지문을 제거할 필요가 있다.

㉣ 완충포장

- 물품을 운송 또는 하역하는 과정에서 발생하는 진동이나 충격에 의한 물품파손을 방지하고, 외부로부터의 힘이 직접 물품에 가해지지 않도록 외부 압력을 완화시키는 포장방법을 말한다.
- 완충포장을 하기 위해서는 물품의 성질, 유통환경 및 포장재료의 완충성능을 고려하여야 한다.

㉤ 진공포장

- 밀봉 포장된 상태에서 공기를 빨아들여 밖으로 뽑아 버림으로써 물품의 변질, 내용물의 활성화 등을 방지하는 것을 목적으로 하는 포장을 말한다.
- 유연한 플라스틱필름으로 물건을 싸고 내부를 공기가 없는 상태로 만듦과 동시에 필름의 둘레를 용착밀봉(溶着密封)하는 방법으로 식품 포장 등에 많이 사용된다.

㉥ 압축포장

- 포장비와 운송, 보관, 하역비 등을 절감하기 위하여 상품을 압축, 적은 용적이 되게 한 후 결속재로 결체하는 포장방법을 말한다.
- 대표적인 것이 수입면의 포장이다.

㉦ 수축포장

- 물품을 1개 또는 여러 개를 합하여 수축 필름으로 덮고, 이것을 가열 수축시켜 물품을 강하게 고정·유지하는 포장을 말한다.
- 필름이 식으면서 줄어들어 제품에 밀착된다.

(4) 화물포장의 유의사항

① 화물포장이 부실하거나 불량한 경우

㉠ 고객에게 화물이 훼손되지 않게 포장을 보강하도록 양해를 구한다.

㉡ 포장비를 별도로 받고 포장할 수 있다.

※ 포장 재료비는 실비로 수령한다.

㉢ 포장이 미비하거나 포장 보강을 고객이 거부할 경우, 집하를 거절할 수 있으며 부득이 발송할 경우에는 면책확인서에 고객의 자필 서명을 받고 집하한다.

※ 특약사항 약관설명 확인필 란에 자필서명, 면책확인서는 지점에서 보관

② 특별 품목에 대한 포장
  ㉠ 손잡이가 있는 박스 물품의 경우 손잡이를 안으로
    접어 사각이 되게 한 다음 테이프로 포장한다.
  ㉡ 휴대폰 및 노트북 등 고가품의 경우 내용물이 파
    악되지 않도록 별도의 박스로 이중 포장한다.
  ㉢ 배나 사과 등을 박스에 담아 좌우에서 들 수 있
    도록 되어있는 물품의 경우 손잡이 부분의 구멍을
    테이프로 막아 내용물의 파손을 방지한다.
  ㉣ 꿀 등을 담은 병제품의 경우 가능한 플라스틱 병으
    로 대체하거나 병이 움직이지 않도록 포장재를 보강
    하여 낱개로 포장한 뒤 박스로 포장하여 집하한다.
    ※ 부득이 병으로 집하하는 경우 면책확인서를 받고, 내
       용물간의 충돌로 파손되는 경우가 없도록 박스 안의
       빈 공간에 폐지 또는 스티로폼 등으로 채워 집하한다.
  ㉤ 식품류(김치, 특산물, 농수산물 등)의 경우 스티
    로폼으로 포장하는 것을 원칙으로 하되, 스티로폼
    이 없을 경우 비닐로 내용물이 손상되지 않도록
    포장한 후 두꺼운 골판지 박스 등으로 포장하여
    집하한다.
  ㉥ 가구류의 경우 박스 포장하고 모서리부분을 에어
    캡으로 포장처리 후 면책확인서를 받아 집하한다.
  ㉦ 가방류, 보자기류 등의 경우 풀어서 내용물을 확인
    할 수 있는 물품들은 개봉이 되지 않도록 안전장
    치를 강구한 후 박스로 이중 포장하여 집하한다.
  ㉧ 포장된 박스가 낡은 경우 운송중에 박스 손상으로
    인한 내용물의 유실 또는 파손 가능성이 있는 물품
    에 대해서는 박스를 교체하거나 보강하여 포장한다.
  ㉨ 서류 등 부피가 작고 가벼운 물품의 경우 집하할
    때에는 작은 박스에 넣어 포장한다.
  ㉩ 비나 눈이 올 경우 비닐 포장 후 박스포장을 원
    칙으로 한다.
  ㉪ 부패 또는 변질되기 쉬운 물품의 경우 아이스박스
    를 사용한다.
  ㉫ 깨지기 쉬운 물품 등의 경우 플라스틱 용기로 대
    체하여 충격 완화포장을 한다.
    ※ 도자기, 유리병 등 일부물품은 집하금지 품목에 해당한다.
  ㉬ 옥매트 등 매트 제품의 경우 화물중간에 테이핑
    처리 후 운송장을 부착하고 운송장 대체용 또는
    송·수하인을 확인할 수 있는 내역을 매트 내 투
    입한다.

  ㉭ 매트 제품의 경우 내용물의 겉포장 상태가 천 종
    류로 되어 있어 타 화물에 의한 훼손으로 내용물
    의 오손우려가 있으므로 고객에게 양해를 구하여
    내용물을 보호할 수 있는 비닐포장을 하도록 한다.

(5) 일반 화물의 취급 표지(한국산업표준 KS T ISO 780)
① 취급 표지의 표시
  ㉠ 취급 표지는 포장에 직접 스텐실 인쇄하거나 라벨
    을 이용하여 부착하는 방법 중 적절한 것을 사용
    하여 표시한다.
  ㉡ 페인트로 그리거나 인쇄 또는 다른 여러 가지 방
    법으로 이 표준에 정의되어 있는 표지를 사용하는
    것을 장려하며 국경 등의 경계에 구애받을 이유는
    없다.
② 취급 표지의 색상
  ㉠ 표지의 색은 기본적으로 검은색을 사용한다. 포장
    의 색이 검은색 표지가 잘 보이지 않는 색이라면
    흰색과 같이 적절한 대조를 이룰 수 있는 색을
    부분 배경으로 사용한다.
  ㉡ 위험물 표지와 혼동을 가져올 수 있는 색의 사용
    은 피해야 한다.
  ㉢ 적색, 주황색, 황색 등의 사용은 이들 색의 사용
    이 규정화되어 있는 지역 및 국가 외에서는 사용
    을 피하는 것이 좋다.
③ 취급 표지의 크기 : 일반적인 목적으로 사용하는 취급
  표지의 전체 높이는 100mm, 150mm, 200mm의
  세 종류가 있다. 그러나 포장의 크기나 모양에 따라
  표지의 크기는 조정할 수 있다.
④ 취급 표지의 수와 위치
  ㉠ 하나의 포장 화물에 사용되는 동일한 취급 표지의
    수는 그 포장 화물의 크기나 모양에 따라 다르다.

- "깨지기 쉬움, 취급 주의" 표지는 4개의 수직면에 모두 표시해야 하며 위치는 각 변의 왼쪽 윗부분이다.
- "위 쌓기" 표지는 "깨지기 쉬움, 취급 주의" 표지와 같은 위치에 표시하여야 하며 이 두 표지가 모두 필요할 경우 "위" 표지를 모서리에 가깝게 표시한다.
- "무게 중심 위치" 표지는 가능한 한 여섯 면 모두에 표시하는 것이 좋지만 그렇지 않은 경우 최소한 무게 중심의 실제 위치와 관련 있는 4개의 측면에 표시한다.
- "지게차 꺾쇠 취급 표시" 표지는 클램프를 이용하여 취급할 화물에 사용한다. 이 표지는 마주보고 있는 2개의 면에 표시하여 클램프 트럭 운전자가 화물에 접근할 때 표지를 인지할 수 있도록 운전자의 시각 범위 내에 두어야 한다. 이 표지는 클램프가 직접 닿는 면에는 표시해서는 안 된다.
- "거는 위치" 표지는 최소 2개의 마주보는 면에 표시되어야 한다.
- ⓛ 수송 포장 화물을 단위 적재 화물화하였을 경우는 취급 표지는 잘 보일 수 있는 곳에 적절히 표시하여야 한다.
- ⓒ 표지의 정확한 적용을 위해 주의를 기울여야 하며 잘못된 적용은 부정확한 해석을 초래할 수 있다. "무게 중심 위치" 표지와 "거는 위치" 표지는 그 의미가 정확하고 완벽한 전달을 위해 각 화물의 적절한 위치에 표시되어야 한다.
- ⓔ 표지 "쌓는 단수 제한"에서의 n은 위에 쌓을 수 있는 최대한의 포장 화물 수를 말한다.

호칭	표지	내용
깨지기 쉬움, 취급주의		깨지기 쉬운 내용물이므로 주의하여 취급할 것
갈고리 금지		갈고리를 사용하지 말 것
위 쌓기		위쪽 방향으로 화물을 쌓을 것
직사광선 금지		직사광선을 피할 것

방사선 보호		방사능을 피할 것
젖음 방지		비를 맞으면 안 되는 포장 화물
무게 중심 위치		취급되는 최소 단위 화물의 무게 중심을 표시
굴림 방지		굴려서는 안 되는 화물을 표시
손수레 사용 금지		손수레를 끼우면 안 되는 면 표시
지게차 취급 금지		지게차를 사용한 취급 금지
조임쇠 취급 표시		이 표시가 있는 면의 양쪽 면이 클램프의 위치라는 표시
조임쇠 취급 제한		이 표지가 있는 면의 양쪽에는 클램프를 사용하면 안 된다는 표시
적재 제한		위쪽에 적재무게를 제한하는 표시
적재 단수 제한		위쪽에 적재를 금지하는 표시
적재 금지		화물 위에 다른 화물 적재 금지 표시
거는 위치		거는 위치를 표시
온도 제한		화물의 온도를 제한하는 표시

※ 이 표준은 어떤 종류의 화물에도 적용할 수 있으나 위험물의 취급 표지로는 사용할 수 없다.

03 화물의 상·하차

01 화물취급 준비 및 입·출고 작업

(1) 화물취급 전 준비사항

① 위험물, 유해물을 취급할 때에는 반드시 보호구를 착용하고, 안전모는 턱끈을 매어 착용한다.

② 보호구의 자체결함은 없는지 또는 사용방법은 알고 있는지 확인한다.

③ 취급할 화물의 품목별, 포장별, 비포장별(산물, 분탄, 유해물) 등에 따른 취급방법 및 작업순서를 사전 검토한다.

④ 유해, 유독화물 확인을 철저히 하고, 위험에 대비한 약품, 세척용구 등을 준비한다.

⑤ 화물의 포장이 거칠거나 미끄러움, 뽀족함 등은 없는지 확인한 후 작업에 착수한다.

⑥ 화물의 낙하, 분탄화물의 비산 등의 위험을 사전에 제거하고 작업을 시작한다.

⑦ 작업도구는 해당 작업에 적합한 물품으로 필요한 수량만큼 준비한다.

(2) 창고 내 작업 및 입·출고 작업

① 창고 내 작업 및 입·출고 작업 요령
  ㉠ 창고 내에서 작업할 때에는 어떠한 경우라도 흡연을 금한다.
  ㉡ 화물적하장소에 무단으로 출입하지 않는다.

② 창고 내 화물 옮길 때 주의사항
  ㉠ 창고의 통로 등에는 장애물이 없도록 조치한다.
  ㉡ 작업 안전통로를 충분히 확보한 후 화물을 적재한다.
  ㉢ 바닥에 물건 등이 놓여 있으면 즉시 치우도록 한다.
  ㉣ 바닥의 기름기나 물기는 즉시 제거하여 미끄럼 사고를 예방한다.
  ㉤ 운반통로에 있는 맨홀이나 홈에 주의해야 한다.
  ㉥ 운반통로에 안전하지 않은 곳이 없도록 조치한다.

③ 화물더미에서 작업할 때 주의사항
  ㉠ 화물더미 한쪽 가장자리에서 작업할 때에는 화물더미의 불안전한 상태를 수시 확인하여 붕괴 등의 위험이 발생하지 않도록 주의해야 한다.
  ㉡ 화물더미에 오르내릴 때에는 화물의 쏠림이 발생하지 않도록 조심해야 한다.
  ㉢ 화물을 쌓거나 내릴 때에는 순서에 맞게 신중히 하여야 한다.
  ㉣ 화물더미의 화물을 출하할 때에는 화물더미 위에서부터 순차적으로 층계를 지으면서 헐어낸다.
  ㉤ 화물더미의 상층과 하층에서 동시에 작업을 하지 않는다.
  ㉥ 화물더미의 중간에서 화물을 뽑아내거나 직선으로 깊이 파내는 작업을 하지 않는다.
  ㉦ 화물더미 위에서 작업을 할 때에는 힘을 줄 때 발 밑을 항상 조심한다.
  ㉧ 화물더미 위로 오르고 내릴 때에는 안전한 승강시설을 이용한다.

④ 화물을 연속적으로 이동시키기 위해 컨베이어(conveyor) 사용할 때 주의사항
  ㉠ 상차용 컨베이어를 이용하여 타이어 등을 상차할 때는 타이어 등이 떨어지거나 떨어질 위험이 있는 곳에서 작업을 해선 안 된다.
  ㉡ 컨베이어 위로는 절대 올라가서는 안 된다.
  ㉢ 상차 작업자와 컨베이어를 운전하는 작업자는 상호간에 신호를 긴밀히 해야 한다.

⑤ 화물을 운반할 때 주의사항
  ㉠ 운반하는 물건이 시야를 가리지 않도록 한다.
  ㉡ 뒷 걸음질로 화물을 운반해서는 안 된다.
  ㉢ 작업장 주변의 화물상태, 차량 통행 등을 항상 살핀다.
  ㉣ 원기둥형 화물을 굴릴 때는 앞으로 밀어 굴리고 뒤로 끌어서는 안 된다.

ⓜ 화물자동차에서 화물을 내리기 위하여 로프를 풀
　　　 거나 옆문을 열 때는 화물낙하 여부를 확인하고
　　　 안전위치에서 행한다.
　⑥ **발판을 활용한 작업을 할 때 주의사항**
　　㉠ 발판은 경사를 완만하게 하여 사용한다.
　　㉡ 발판을 이용하여 오르내릴 때에는 2명 이상이 동
　　　 시에 통행하지 않는다.
　　㉢ 발판의 넓이와 길이는 작업에 적합하고 자체결함
　　　 이 없는지 확인한다.
　　㉣ 발판의 설치는 안전하게 되어 있는지 확인한다.
　　㉤ 발판의 미끄럼 방지조치는 되어 있는지 확인한다.
　　㉥ 발판은 움직이지 않도록 목마위에 설치하거나 발판
　　　 상·하 부위에 고정조치를 철저히 하도록 한다.
　⑦ 화물의 붕괴를 막기 위하여 적재규정을 준수하고 있
　　 는지 확인한다.
　⑧ 작업 종료 후 작업장 주위를 정리해야 한다.

02 화물 하역·적재함 적재·운반 방법

(1) 하역방법

① 상자로 된 화물은 취급 표지에 따라 다루어야 한다.
② 화물의 적하순서에 따라 작업을 한다.
③ 종류가 다른 것을 적치할 때는 무거운 것을 밑에 쌓
　 는다.
④ 부피가 큰 것을 쌓을 때는 무거운 것은 밑에 가벼운
　 것은 위에 쌓는다.
⑤ 화물 종류별로 표시된 쌓는 단수 이상으로 적재를 하
　 지 않는다.
⑥ 길이가 고르지 못하면 한쪽 끝이 맞도록 한다.
⑦ 작은 화물 위에 큰 화물을 놓지 말아야 한다.
⑧ 물건을 쌓을 때는 떨어지거나 건드려서 넘어지지 않
　 도록 한다.
⑨ 물품을 야외에 적치할 때는 밑받침을 하여 부식을 방
　 지하고, 덮개로 덮어야 한다.

⑩ 높이 올려 쌓는 화물은 무너질 염려가 없도록 하고,
　 쌓아 놓은 물건 위에 다른 물건을 던져 쌓아 화물이
　 무너지는 일이 없도록 하여야 한다.
⑪ 화물을 한 줄로 높이 쌓지 말아야 한다.
⑫ 화물을 내려서 밑바닥에 닿을 때에는 갑자기 화물이
　 무너지는 일이 있으므로 안전한 거리를 유지하고 무
　 심코 접근하지 말아야 한다.
⑬ 화물을 쌓아 올릴 때에 사용하는 깔판 자체의 결함
　 및 깔판 사이의 간격 등의 이상유·무를 확인한다.
⑭ 화물을 싣고 내리는 작업을 할 때에는 화물더미 적재
　 순서를 준수하여 화물의 붕괴 등을 예방한다.
⑮ 화물더미에서 한쪽으로 치우치는 편중작업을 하고 있
　 는 경우에는 붕괴, 전도 및 충격 등의 위험에 각별히
　 유의한다.
⑯ 화물을 적재할 때에는 소화기, 소화전, 배전함 등의
　 설비사용에 장애를 주지 않도록 해야 한다.
⑰ 포대화물을 적치할 때는 겹쳐쌓기, 벽돌쌓기, 단별방
　 향 바꾸어쌓기 등 기본형으로 쌓고 올라가면서 중심
　 을 향하여 적당히 끌어 당겨야 하며 화물더미의 주위
　 와 중심이 일정하게 쌓아야 한다.
⑱ 바닥으로부터의 높이가 2미터 이상 되는 화물더미(포
　 대, 가마니 등으로 포장된 화물이 쌓여 있는 것)와
　 인접 화물더미 사이의 간격은 화물더미의 밑부분을
　 기준으로 10센티미터 이상으로 하여야 한다.
⑲ 파렛트에 화물을 적치할 때는 화물의 종류, 형상, 크기
　 에 따라 적부방법과 높이를 정하고 운반 중 무너질 위
　 험이 있는 것은 적재물을 묶어 파렛트에 고정시킨다.
⑳ 원목과 같은 원기둥형의 화물은 열을 지어 정방형을
　 만들고 그 위에 직각으로 열을 지어 쌓거나 또는 열
　 사이에 끼워 쌓는 방법으로 하되 구르기 쉬우므로
　 외측에 제동장치를 해야 한다.
㉑ 화물더미가 무너질 위험이 있는 경우에는 로프를 사
　 용하여 묶거나, 망을 치는 등 위험방지를 위한 조치
　 를 하여야 한다.
㉒ 제재목(製材木)을 적치할 때는 건너지르는 대목을 3
　 개소에 놓아야 한다.

㉓ 높은 곳에 적재할 때나 무거운 물건을 적재할 때에는 절대 무리해서는 아니 되며, 안전모를 착용해야 한다.

㉔ 물건을 적재할 때 주변으로 넘어질 것을 대비해 위험한 요소는 사전에 제거한다.

㉕ 물품을 적재할 때는 구르거나 무너지지 않도록 받침대를 사용하거나 로프로 묶어야 한다.

㉖ 같은 종류 또는 동일규격끼리 적재해야 한다.

(2) 적재함 적재방법

① 화물자동차에 화물을 적재할 때는 한쪽으로 기울지 않게 쌓고, 적재하중을 초과하지 않도록 해야 한다.

② 무거운 화물을 적재함 뒤쪽에 실으면 앞바퀴가 들려 조향이 마음대로 되지 않아 위험하다.

③ 무거운 화물을 적재함 앞쪽에 실으면 조향이 무겁고 제동할 때에 뒷바퀴가 먼저 제동되어 좌·우로 틀어지는 경우가 발생한다.

④ 화물을 적재할 때에는 최대한 무게가 골고루 분산될 수 있도록 하고, 무거운 화물은 적재함의 중간부분에 무게가 집중될 수 있도록 적재한다.

⑤ 냉동 및 냉장차량은 공기가 화물 전체에 통하게 하여 균등한 온도를 유지하도록 열과 열 사이 및 주위에 공간을 남기도록 유의하고, 화물을 적재하기 전에 적절한 온도로 유지되고 있는지 확인한다.

⑥ 가축은 화물칸에서 이리저리 움직여 차량이 흔들릴 수 있어 차량 운전에 문제를 발생시킬 수 있으므로 가축이 화물칸에 완전히 차지 않을 경우에는 가축을 한데 몰아 움직임을 제한하는 임시 칸막이를 사용한다.

⑦ 차량전복을 방지하기 위하여 적재물 전체의 무게중심 위치는 적재함 전후좌우의 중심위치로 하는 것이 바람직하다.

⑧ 화물을 적재할 때 적재함의 폭을 초과하여 과다하게 적재하지 않도록 한다.

⑨ 가벼운 화물이라도 너무 높게 적재하지 않도록 한다.

⑩ 차량에 물건을 적재할 때에는 적재중량을 초과하지 않도록 한다.

⑪ 물건을 적재한 후에는 이동거리의 원근에 관계없이 적재물이 넘어지지 않도록 로프나 체인 등으로 단단히 묶어야 한다.

⑫ 상차할 때 화물이 넘어지지 않도록 질서 있게 정리하면서 적재한다.

⑬ 차의 동요로 안정이 파괴되기 쉬운 짐은 결박을 철저히 한다.

⑭ 둥글고 구르기 쉬운 물건은 상자 등으로 포장한 후 적재한다.

⑮ 볼트와 같이 세밀한 물건은 상자 등에 넣어 적재한다.

⑯ 적재함보다 긴 물건을 적재할 때에는 적재함 밖으로 나온 부위에 위험표시를 하여 둔다.

⑰ 적재함 문짝을 개폐할 때에는 신체의 일부가 끼이거나 물리지 않도록 각별히 주의한다.

⑱ 작업 전 적재함 바닥의 파손, 돌출 또는 낙하물이 없는지 확인한다.

⑲ 적하할 때 적재함의 난간(문짝 위)에 서서 작업하지 않는다.

⑳ 방수천은 로프, 직물 끈 또는 고리가 달린 고무 끈을 사용하여 주행할 때 펄럭이지 않도록 묶는다.

㉑ 적재함에 덮개를 씌우거나 화물을 결박할 때에 추락, 전도 위험이 크므로 특히 유의한다.

㉒ 적재함 위에서 화물을 결박할 때 앞에서 뒤로 당겨 떨어지지 않도록 주의한다.

㉓ 차량용 로프나 고무바는 항상 점검 후 사용하고, 불량일 경우 즉시 교체한다.

㉔ 지상에서 결박하는 사람은 한 발을 타이어 또는 차량 하단부를 밟고 당기지 않으며, 옆으로 서서 고무바를 짧게 잡고 조금씩 여러 번 당긴다.

㉕ 적재함 위에서는 운전탑 또는 후방을 바라보고 선 자세에서 두 손으로 고무바를 위쪽으로 들어서 좌우로 이동시킨다.

㉖ 밧줄을 결박할 때 끊어질 것에 대비해 안전한 작업 자세를 취한 후 결박한다.

㉗ 적재함의 문짝 또는 연결고리는 결함이 없는지 확인한다.

㉘ 적재할 때에는 제품의 무게를 반드시 고려해야 한다. 병 제품이나 앰플 등의 경우는 파손의 우려가 높기 때문에 취급에 특히 주의를 요한다.

㉙ 적재 후 밴딩 끈을 사용할 때 견고하게 묶여졌는지 여부를 항상 점검해야 한다.

㉚ 컨테이너는 트레일러에 단단히 고정되어야 한다.

㉛ 헤더보드는 화물이 이동하여 트랙터 운전실을 덮치는 것을 방지하므로 차량에 헤더보드가 없다면 화물을 차단하거나 잘 묶어야 한다.

㉜ 체인은 화물 위나 둘레에 놓이도록 하고 화물이 움직이지 않을 정도로 탄탄하게 길 수 있도록 바인더를 사용한다.

㉝ 적재품의 붕괴여부를 상시 점검해야 한다.

㉞ 트랙터 차량의 캡과 적재물의 간격을 120cm 이상으로 유지해야 한다.

※ 경사주행 시 캡과 적재물의 충돌로 인하여 차량파손 및 인체상의 상해가 발생할 수 있다.

(3) 운반방법

① 물품 및 박스의 날카로운 모서리나 가시를 제거한다.

② 물품 운반에 적합한 장갑을 착용하고 작업한다.

③ 작업할 때 집게 또는 자석 등 적절한 보조공구를 사용하여 작업한다.

④ 너무 성급하게 서둘러서 작업하지 않는다.

⑤ **공동 작업을 할 때의 방법**
  ㉠ 상호간에 신호를 정확히 하고 진행 속도를 맞춘다.
  ㉡ 체력이나 신체조건 등을 고려하여 균형 있게 조를 구성하고, 리더의 통제 하에 큰소리로 신호하여 진행 속도를 맞춘다.
  ㉢ 긴 화물을 들어 올릴 때에는 두 사람이 화물을 향하여 평행으로 서서 화물양끝을 잡고 구령에 따라 속도를 맞추어 들어 올린다.

⑥ **물품을 들어 올릴 때의 자세 및 방법**
  ㉠ 몸의 균형을 유지하기 위해서 발은 어깨 넓이만큼 벌리고 물품으로 향한다.
  ㉡ 물품과 몸의 거리는 물품의 크기에 따라 다르나, 물품을 수직으로 들어 올릴 수 있는 위치에 몸을 준비한다.
  ㉢ 물품을 들 때는 허리를 똑바로 펴야 한다.
  ㉣ 다리와 어깨의 근육에 힘을 넣고 팔꿈치를 바로 펴서 서서히 물품을 들어올린다.
  ㉤ 허리의 힘으로 드는 것이 아니고 무릎을 굽혀 펴는 힘으로 물품을 든다.

⑦ 가능한 한 물건을 신체에 붙여서 단단히 잡고 운반한다.

⑧ 무거운 물건을 무리해서 들거나 너무 많이 들지 않는다.

⑨ 단독으로 화물을 운반하고자 할 때에는 인력운반중량 권장기준(인력운반 안전작업에 관한 지침)을 준수한다.

※ 인력운반 안전작업에 관한 지침

구분	시간당	운반중량	
		성인남자	성인여자
일시작업	2회 이하	25 ~ 30kg	15 ~ 20kg
계속작업	3회 이상	10 ~ 15kg	5 ~ 10kg

⑩ 물품을 들어올리기에 힘겨운 것은 단독작업을 금한다.

⑪ 무거운 물품은 공동운반하거나 운반차를 이용한다.

⑫ 물품을 몸에 밀착시켜서 몸의 균형중심에 가급적 접근시키고, 몸의 일부에 변형이 생기거나 균형이 파괴되어 비틀거리지 않게 한다.

⑬ 긴 물건을 어깨에 메고 운반할 때에는 앞부분의 끝을 운반자 키보다 약간 높게 하여모서리 등에 충돌하지 않도록 운반한다.

⑭ 시야를 가리는 물품은 계단이나 사다리를 이용하여 운반하지 않는다.

⑮ 물품을 운반하고 있는 사람과 마주치면 그 발밑을 방해하지 않게 피해준다.

⑯ 타이어를 굴릴 때는 좌·우 앞을 잘 살펴서 굴려야 하고, 보행자와 충돌하지 않도록 해야 한다.

⑰ 운반할 때에는 주위의 작업에 주의하고, 기계 사이를 통과할 때는 주의를 요한다.

⑱ 허리를 구부린 자세로 물건을 운반하지 않고, 몸의 균형을 유지한다.

⑲ 화물을 운반할 때는 들었다 놓았다 하지 말고 직선거리로 운반한다.

⑳ 화물을 들어 올리거나 내리는 높이는 작게 할수록 좋다.

㉑ 보조용구(갈고리, 지렛대, 로프 등)는 항상 점검하고 바르게 사용한다.

㉒ 취급할 화물 크기와 무게를 파악하고, 못이나 위험물이 부착되어 있는지 살펴본다.

㉓ 운반도중 잡은 손의 위치를 변경하고자 할 때에는 지주에 기댄 다음 고쳐 잡는다.

㉔ 화물을 놓을 때는 다리를 굽히면서 한쪽 모서리를 놓은 다음 손을 뺀다.

㉕ 갈고리를 사용할 때는 포장 끈이나 매듭이 있는 곳에 깊이 걸고 천천히 당긴다.

㉖ 갈고리는 지대, 종이상자, 위험 유해물에는 사용하지 않는다.

㉗ 물품을 어깨에 메고 운반할 때
　㉠ 물품을 받아 어깨에 멜 때는 어깨를 낮추고 몸을 약간 기울인다.
　㉡ 호흡을 맞추어 어깨로 받아 화물 중심과 몸 중심을 맞춘다.
　㉢ 진행방향의 안전을 확인하면서 운반한다.
　㉣ 물품을 어깨에 메거나 받아들 때 한쪽으로 쏠리거나 꼬이더라도 충돌하지 않도록 공간을 확보하고 작업을 한다.

㉘ 장척물, 구르기 쉬운 화물은 단독 운반을 피하고, 중량물은 하역기계를 사용한다.

(4) 기타 작업

① 화물은 가급적 세우지 말고 눕혀 놓는다.

② 화물을 바닥에 놓는 경우 화물의 가장 넓은 면이 바닥에 놓이도록 한다.

③ 바닥이 약하거나 원형물건 등 평평하지 않는 화물은 지지력이 있고 평평한 면적을 가진 받침을 이용한다.

④ 사람의 손으로 하는 작업은 가능한 한 줄이고, 기계를 이용한다.

⑤ 화물을 하역하기 위해 로프를 풀고 문을 열 때는 짐이 무너질 위험이 있으므로 주의한다.

⑥ 화물 위에 올라타지 않도록 한다.

⑦ 동일거래처의 제품이 자주 파손될 때에는 반드시 개봉하여 포장상태를 점검하고, 수제품의 경우에는 옆으로 눕혀 포장하지 말고 상하를 구별할 수 있는 스티커와 취급주의 스티커의 부착이 필요하다.

⑧ 제품 파손을 인지하였을 때는 즉시 사용 가능, 불가능 여부에 따라 분리하여 2차 오손을 방지한다.

⑨ 박스가 물에 젖어 훼손되었을 때에는 즉시 다른 박스로 교환하여 배송이나 운반도중에 박스의 훼손으로 인한 제품파손이 발생하지 않도록 한다.

(5) 수작업 운반과 기계작업 운반의 기준

구분	내용
수작업 운반기준	• 두뇌작업이 필요한 작업- 분류, 판독, 검사 • 얼마동안 시간 간격을 두고 되풀이되는 소량취급 작업 • 취급물품의 형상, 성질, 크기 등이 일정하지 않은 작업 • 취급물품이 경량물인 작업
기계작업 운반기준	• 단순하고 반복적인 작업- 분류, 판독, 검사 • 표준화되어 있어 지속적으로 운반량이 많은 작업 • 취급물품의 형상, 성질, 크기 등이 일정한 작업 • 취급물품이 중량물인 작업

03 특수화물의 취급

(1) 고압가스의 취급

① 고압가스를 운반할 때에는 그 고압가스의 명칭, 성질 및 이동 중의 재해방지를 위해 필요한 주의 사항을 기재한 서면을 운반책임자 또는 운전자에게 교부하고 운반 중에 휴대시킬 것

② 고압가스를 적재하여 운반하는 차량은 차량의 고장, 교통사정 또는 운반책임자, 운전자의 휴식 등 부득이한 경우를 제외하고는 장시간 정차하지 않으며, 운반책임자와 운전자가 동시에 차량에서 이탈하지 아니할 것

③ 고압가스를 운반할 때에는 안전관리책임자가 운반책임자 또는 운반차량 운전자에게 그 고압가스의 위해(危害) 예방에 필요한 사항을 주지시킬 것

④ 고압가스를 운반하는 자는 그 충전용기를 수요자에게 인도하는 때까지 최선의 주의를 다하여 안전하게 운반하여야 하며, 운반도중 보관하는 때에는 안전한 장소에 보관할 것

⑤ 200km이상의 거리를 운행하는 경우에는 중간에 충분한 휴식을 취한 후 운전할 것

⑥ 노면이 나쁜 도로에서는 가능한 한 운행하지 말 것. 부득이 노면이 나쁜 도로를 운행할 때에는 운행 개시 전에 충전용기의 적재상황을 재검사하여 이상이 없는가를 확인할 것

⑦ 노면이 나쁜 도로를 운행한 후에는 일시정지하여 적재 상황, 용기밸브, 로프 등의 풀림 등이 없도록 확인할 것

(2) 컨테이너의 취급

① 컨테이너의 구조
  ㉠ 컨테이너는 해당 위험물에 운송에 충분히 견딜 수 있는 구조와 강도를 가져야 한다.
  ㉡ 영구히 반복하여 사용 할 수 있도록 견고하게 제조되어야 한다.

② 위험물의 수납방법 및 주의사항
  ㉠ 컨테이너에 위험물을 수납하기 전에 철저히 점검하여 그 구조와 상태 등이 불안한 컨테이너를 사용해서는 안되며, 특히 개폐문의 방수상태를 점검할 것
  ㉡ 컨테이너를 깨끗이 청소하고 잘 건조할 것
  ㉢ 수납되는 위험물 용기의 포장 및 표찰이 완전한가를 충분히 점검하여 포장 및 용기가 파손되었거나 불완전한 것은 수납을 금지시킬 것
  ㉣ 수납에 있어서는 화물의 이동, 전도, 충격, 마찰, 누설 등에 의한 위험이 생기지 않도록 충분한 깔판 및 각종 고임목을 사용하여 화물을 보호하는 동시에 단단히 고정시킬 것. 또한 화물 중량의 배분과 외부충격의 완화를 고려하는 동시에 어떠한 경우라도 화물 일부가 컨테이너 밖으로 튀어 나와서는 안 된다.
  ㉤ 수납이 완료되면 즉시 문을 폐쇄한다.
  ㉥ 품명이 틀린 위험물 또는 위험물과 위험물 이외의 화물이 상호작용하여 발열 및 가스를 발생시키고, 부식작용이 일어나거나 기타 물리적 화학작용이 일어날 염려가 있을 때에는 동일 컨테이너에 수납해서는 안 된다.

③ 위험물의 표시 및 적재방법
  ㉠ 위험물의 표시 : 컨테이너에 수납 되어 있는 위험물의 분류명, 표찰 및 컨테이너 번호를 외측부 가장 잘 보이는 곳에 표시한다.
  ㉡ 적재방법
    • 위험물이 수납되어 있는 컨테이너가 이동하는 동안에 전도, 손상, 찌그러지는 현상 등이 생기지 않도록 적재한다.
    • 위험물이 수납되어 수밀의 금속제 컨테이너를 적재하기 위해 설비를 갖추고 있는 선창 또는 구획에 적재할 경우는 상호 관계를 참조하여 적재하도록 한다.
    • 컨테이너를 적재 후 반드시 콘(잠금장치)을 잠근다.

(3) 위험물 탱크로리 취급 시의 확인 · 점검

① 탱크로리에 커플링(coupling)은 잘 연결되었는지 확인한다.

② 접지는 연결시켰는지 확인한다.

③ 플랜지(flange) 등 연결부분에 새는 곳은 없는지 확인한다.

④ 플렉서블 호스(flexible hose)는 고정시켰는지 확인한다.

⑤ 누유된 위험물은 회수하여 처리한다.

⑥ 인화성물질을 취급할 때에는 소화기를 준비하고, 흡연자가 없는지 확인한다.

⑦ 주위 정리정돈상태는 양호한지 점검한다.

⑧ 담당자 이외에는 손대지 않도록 조치한다.

⑨ 주위에 위험표지를 설치한다.

(4) 주유취급소의 위험물 취급기준

① 자동차 등에 주유할 때에는 고정주유설비를 사용하여 직접 주유한다.

② 자동차 등을 주유할 때는 자동차 등의 원동기를 정지시킨다.

③ 자동차 등의 일부 또는 전부가 주유취급소 밖에 나온 채로 주유하지 않는다.

④ 주유취급소의 전용탱크 또는 간이탱크에 위험물을 주입할 때는 그 탱크에 연결되는 고정주유설비의 사용을 중지하여야 하며, 자동차 등을 그 탱크의 주입구에 접근시켜서는 아니 된다.

⑤ 유분리 장치에 고인 유류는 넘치지 않도록 수시로 퍼내어야 한다.

⑥ 고정주유설비에 유류를 공급하는 배관은 전용탱크 또는 간이탱크로부터 고정주유설비에 직접 연결된 것이어야 한다.

⑦ 자동차 등에 주유할 때는 정당한 이유 없이 다른 자동차 등을 그 주유취급소 안에 주차시켜서는 아니 된다. 다만, 재해발생의 우려가 없는 경우에는 그러하지 아니하다.

(5) 독극물 취급 시의 주의사항

① 독극물을 취급하거나 운반할 때는 소정의 안전한 용기, 도구, 운반구 및 운반차를 이용할 것

② 취급불명의 독극물은 함부로 다루지 말고, 독극물 취급방법을 확인한 후 취급할 것

③ 독극물의 취급 및 운반은 거칠게 다루지 말 것

④ 독극물을 보호할 수 있는 조치를 취하고 적재 및 적하 작업 전에는 주차 브레이크를 사용하여 차량이 움직이지 않도록 조치할 것

⑤ 독극물이 들어있는 용기가 쓰러지거나 미끄러지거나 튀지 않도록 철저하게 고정할 것

⑥ 독극물 저장소, 드럼통, 용기, 배관 등은 내용물을 알 수 있도록 확실하게 표시하여 놓을 것

⑦ 독극물이 들어 있는 용기는 마개를 단단히 닫고 빈 용기와 확실하게 구별하여 놓을 것

⑧ 용기가 깨어질 염려가 있는 것은 나무상자나 플라스틱상자 속에 넣어 보관하고, 쌓아둔 것은 울타리나 철망 등으로 둘러싸서 보관할 것

⑨ 취급하는 독극물의 물리적, 화학적 특성을 충분히 알고, 그 성질에 따른 방호수단을 알고 있을 것

⑩ 만약 독극물이 새거나 엎질러졌을 때는 신속히 제거할 수 있는 안전한 조치를 하여 놓을 것

⑪ 도난방지 및 오용 방지를 위해 보관을 철저히 할 것

> **tip 상 · 하차 작업 시의 확인사항**
>
> • 작업원에게 화물의 내용, 특성 등을 잘 주지시켰는가?
> • 받침목, 지주, 로프 등 필요한 보조용구는 준비되어 있는가?
> • 차량에 구름막이는 되어 있는가?
> • 위험한 승강을 하고 있지는 않는가?
> • 던지기 및 굴려 내리기를 하고 있지 않는가?
> • 적재량을 초과하지 않았는가?
> • 적재화물의 높이, 길이, 폭 등의 제한은 지키고 있는가?
> • 화물의 붕괴를 방지하기 위한 조치는 취해져 있는가?
> • 위험물이나 긴 화물은 소정의 위험표지를 하였는가?
> • 차량의 이동 신호는 잘 지키고 있는가?
> • 작업 신호에 따라 작업이 잘 행하여지고 있는가?
> • 차를 통로에 방치해 두지 않았는가?

04 적재물 결박 · 덮개 설치

01 파렛트 화물의 붕괴 방지요령

(1) 밴드걸기 방식

① 밴드걸기 방식은 나무상자를 파렛트(Pallet)에 쌓는 경우의 붕괴 방지에 많이 사용되는 방법으로 수평 밴드걸기 방식과 수직 밴드걸기 방식이 있다.

② 어느 쪽이나 밴드가 걸려 있는 부분은 화물의 움직임을 억제하지만, 밴드가 걸리지 않은 부분의 화물이 튀어나오는 결점이 있다.

③ 각목대기 수평 밴드걸기 방식은 포장화물의 네 모퉁이에 각목을 대고, 그 바깥쪽으로 부터 밴드를 거는 방법이다. 이것은 쌓은 화물의 압력이나 진동 · 충격으로 밴드가 느슨해지는 결점이 있다.

(2) 주연(周緣)어프 방식

① 파렛트의 가장자리(주연)를 높게 하여 포장화물을 안쪽으로 기울여, 화물이 갈라지는 것을 방지하는 방법으로서 부대화물 따위에 효과가 있다.

② 주연어프 방식만으로 화물이 갈라지는 것을 방지하기 어렵다. 다른 방법과 병용하여 안전을 확보하는 것이 효율적이다.

(3) 슬립 멈추기 시트삽입 방식

① 이것은 포장과 포장 사이에 미끄럼을 멈추는 시트를 넣음으로써 안전을 도모하는 방법이다.

② 부대화물에는 효과가 있으나, 상자는 진동하면 튀어오르기 쉽다는 문제가 있다.

(4) 풀 붙이기 접착 방식

① 파렛트 화물의 붕괴 방지대책의 자동화 · 기계화가 가능하고, 비용도 저렴한 방식이다.

② 사용하는 풀은 미끄럼에 대한 저항이 강하고, 상하로 뗄 때의 저항은 약한 것을 택하지 않으면 화물을 파렛트에서 분리시킬 때에 장해가 일어난다.

③ 풀은 온도에 의해 변화하는 수도 있는 만큼, 포장화물의 중량이나 형태에 따라서 풀의 양이나 풀칠하는 방식을 결정하여야 할 것이다.

(5) 수평 밴드걸기 풀 붙이기 방식

① 풀 붙이기와 밴드걸기 방식을 병용한 것이다.

② 화물의 붕괴를 방지하는 효과를 한층 더 높이는 방법이다.

(6) 슈링크 방식

① 열수축성 플라스틱 필름을 파렛트 화물에 씌우고 슈링크 터널을 통과시킬 때 가열하여 필름을 수축시켜 파렛트와 밀착시키는 방식으로 물이나 먼지도 막아내기 때문에 우천 시의 하역이나 야적보관도 가능하게 된다.

② 통기성이 없고, 고열(120 ~ 130℃)의 터널을 통과하므로 상품에 따라서는 이용할 수가 없고, 비용이 많이 든다는 단점이 있다.

(7) 스트레치 방식

① 스트레치 포장기를 사용하여 플라스틱 필름을 파렛트 화물에 감아 움직이지 않게 하는 방법이다.

② 슈링크 방식과는 달리 열처리는 행하지 않으나 통기성은 없다. 비용이 많이 드는 단점이 있다.

(8) 박스 테두리 방식

① 파렛트에 테두리를 붙이는 박스 파렛트와 같은 형태는 화물이 무너지는 것을 방지하는 효과는 크다.

② 평 파렛트에 비해 제조원가가 많이 든다.

02 화물붕괴 방지요령

(1) 파렛트 화물 사이에 생기는 틈바구니를 적당한 재료로 메우는 방법

① 파렛트 화물이 서로 얽히지 않도록 사이사이에 합판을 넣는다.

② 여러 가지 두께의 발포 스티롤판으로 틈새를 없앤다.

③ 에어백이라는 공기가 든 부대를 사용한다.

※ 화물 사이의 틈새가 적을수록 짐이 허물어지는 일도 적다는 사실에 고안된 방법이다.

(2) 차량에 특수장치를 설치하는 방법

① 화물붕괴 방지와 짐을 싣고 내리는 작업성을 생각하여, 차량에 특수한 장치를 설치하는 방법이 있다.

② 파렛트 화물의 높이가 일정하다면 적재함의 천장이나 측벽에서 파렛트 화물이 붕괴되지 않도록 누르는 장치를 설치한다.

③ 청량음료 전용차와 같이 적재공간이 파렛트 화물치수에 맞추어 작은 칸으로 구분되는 장치를 설치한다.

※ 차량에 적재된 화물의 붕괴를 방지하기 위한 요령으로 시트나 로프를 거는 방법이 일반적이다.

03 포장화물 운송과정의 외압과 보호요령

(1) 개요

① 포장화물은 운송과정에서 각종 충격, 진동 또는 압축하중을 받는다.

② 포장방법에 따라 물품의 보호, 보장이 뒷받침되고 있으나, 화물 보호를 위해서는 운송과정상의 외압을 이해하고 있어야 한다.

(2) 하역 시의 충격

① 하역 시의 충격 중 가장 큰 충격은 낙하충격이다. 낙하충격이 화물에 미치는 영향은 낙하의 높이, 낙하면의 상태 등 낙하상황과 포장의 방법에 따라 다르다.

② 일반적으로 수하역의 경우에 낙하의 높이는 아래와 같다.
   ㉠ 견하역 : 100cm 이상
   ㉡ 요하역 : 10cm 정도
   ㉢ 파렛트 쌓기의 수하역 : 40cm 정도

(3) 수송중의 충격 및 진동

① 수송중의 충격으로서는 트랙터와 트레일러를 연결할 때 발생하는 수평충격이 있는데, 이것은 낙하충격에 비하면 적은 편이다.

② 화물은 수평충격과 함께 수송 중에는 항상 진동을 받고 있다. 진동에 의한 장해로 제품의 포장면이 서로 닿아서 상처를 일으킨다던가, 표면이 상하는 것 등을 생각할 수 있다.

③ 트럭수송에서 비포장 도로 등 포장상태가 나쁜 길을 달리는 경우에는 상하진동이 발생하게 되므로 화물을 고정시켜 진동으로부터 화물을 보호한다.

(4) 보관 및 수송중의 압축하중

① 압축하중
   ㉠ 포장화물은 보관 중 또는 수송 중에 밑에 쌓은 화물이 반드시 압축하중을 받는다.
   ㉡ 이를 테면, 통상 높이는 창고에서는 4m, 트럭이나 화차에서는 2m이지만, 주행 중에는 상하진동을 받음으로 2배 정도로 압축하중을 받게 된다.

② 내하중
   ㉠ 내하중은 포장 재료에 따라 상당히 다르다.
   ㉡ 나무상자는 강도의 변화가 거의 없으나 골판지는 시간이나 외부 환경에 의해 변화를 받기 쉬우므로 골판지의 경우에는 외부의 온도와 습기, 방치 시간 등에 특히 유의하여야 한다.

05 운행요령

01 운행요령

(1) 일반사항

① 배차지시에 따라 차량을 운행한다.

② 배차지시에 따라 배정된 물자를 지정된 장소로 한정된 시간 내에 안전하고 정확하게 운송할 책임이 있다.

③ 사고예방을 위하여 관계법규를 준수함은 물론 운전 전, 운전 중, 운전 후 점검 및 정비를 철저히 이행한다.

④ 운전에 지장이 없도록 충분한 수면을 취하고, 주취운전이나 운전 중에는 흡연 또는 잡담을 하지 않는다.

⑤ 주차할 때에는 엔진을 끄고 주차브레이크 장치로 완전 제동한다.

⑥ 내리막길을 운전할 때에는 기어를 중립에 두지 않는다.

⑦ 트레일러를 운행할 때에는 트랙터와의 연결부분을 점검하고 확인한다.

⑧ 크레인의 인양중량을 초과하는 작업을 허용하지 않는다.

⑨ 미끄러지는 물품, 길이가 긴 물건, 인화성물질 운반 시는 각별한 안전관리를 한다.

⑩ 장거리운송의 경우 고속도로 휴게소 등에서 휴식을 취하다가 잠들어 시간이 지연되는 일이 없도록 한다. 특히 과다한 음주 등으로 인한 장시간 수면으로 운송 시간이 지연되지 않도록 주의한다.

⑪ 기타 고속도로 운전, 장마철, 여름철, 한랭기, 악천후, 철길 건널목, 야간에 운전할 때에는 제반 안전관리 사항에 대해 더욱 주의한다.

(2) 운행에 따른 일반적인 주의사항

① 규정속도로 운행한다.

② 비포장도로나 위험한 도로에서는 반드시 서행한다.

③ 정량초과 적재를 절대로 하지 않는다.

④ 화물을 편중되게 적재하지 않는다.

⑤ 교통법규를 항상 준수하여 타인에게 양보할 수 있는 여유를 갖는다.

⑥ 올바른 운전조작과 철저한 예방정비 점검을 실시한다.

⑦ 후진할 때에는 반드시 뒤를 확인 후에 후진경고하면서 서서히 후진한다.

⑧ 가능한 한 경사진 곳에 주차하지 않는다.

⑨ 화물을 적재하고 운행할 때에는 수시로 화물적재 상태를 확인한다.

⑩ 운전은 절대 서두르지 말고 침착하게 해야 한다.

⑪ 위험물을 운반할 때에는 위험물 표지 설치 등 관련규정을 준수하여야 한다.

02 운행시 주의사항

(1) 트랙터(Tractor) 운행에 따른 주의사항

① 중량물 및 활대품을 수송하는 경우에는 바인더 잭(Binder Jack)으로 화물결박을 철저히 하고, 운행할 때에는 수시로 결박 상태를 확인한다.

② 고속주행 중의 급제동은 잭나이프 현상 등의 위험을 초래하므로 조심한다.

③ 트랙터는 일반적으로 트레일러와 연결하여 운행하므로 일반 차량에 비해 회전반경 및 점유면적이 크다. 따라서 미리 운행경로의 도로정보와 화물의 제원, 장비의 제원을 정확히 파악한다.

④ 화물의 균등한 적재
  ㉠ 화물의 균등한 적재가 이루어지도록 한다.
  ㉡ 트레일러에 중량물을 적재할 때에는 화물적재 전에 중심을 정확히 파악하여 적재토록 해야 한다.
  ㉢ 만약 화물을 한쪽으로 치우치게 적재하면 킹핀 또는 후륜에 무리한 힘이 작용하여 트랙터의 견인력 약화와 각 하체 부분에 무리를 가져와 타이어의 이상마모 내지 파손을 초래하거나 경사도로에서 회전할 때 전복의 위험이 발생할 수 있다.
⑤ 후진할 때에는 반드시 뒤를 확인 후 서행한다.
⑥ 가능한 한 경사진 곳에 주차하지 않도록 한다.
⑦ 장거리 운행할 때에는 최소한 2시간 주행마다 10분 이상 휴식하면서 타이어 및 화물결박 상태를 확인한다.

(2) 컨테이너 상차 등에 따른 주의사항

① 상차 전의 확인사항
  ㉠ 배차부서로부터 배차지시를 받는다.
  ㉡ 배차부서에서 보세 면장번호를 통보 받는다.
  ㉢ 컨테이너 라인(LINE)을 배차부서로부터 통보 받는다.
  ㉣ 배차부서로부터 화주, 공장위치, 공장전화번호, 담당자 이름 등을 통보 받는다.
  ㉤ 배차부서로부터 상차지, 도착시간을 통보 받는다.
  ㉥ 배차부서로부터 컨테이너 중량을 통보 받는다.
  ㉦ 다른 라인(Line)의 컨테이너를 상차할 때 배차부서로부터 통보 받아야 할 사항
    • 라인 종류
    • 상차 장소
    • 담당자 이름과 직책, 전화번호
    • 터미널일 경우 반출 전송을 하는 사람
  ㉧ 면장 출력 장소
    • 상차할 때 해당 게이트로 가서 담당자에게 면장번호를 불러주고 보세운송 면장과 적하목록을 출력 받는다.
    • 철도 상차일 경우에는 철도역의 담당자, 기타 사업장일 경우에는 배차부서로부터 면장 출력 장소를 통보 받는다.

② 상차할 때의 확인사항
  ㉠ 손해(Damage)여부와 봉인번호(Seal No.)를 체크해야 하고 그 결과를 배차부서에 통보한다.
  ㉡ 상차할 때는 안전하게 실었는지를 확인한다.
  ㉢ 샤시 잠금 장치는 안전한지를 확실히 검사한다.
  ㉣ 다른 라인(Line)의 컨테이너 상차가 어려울 경우 배차부서로 통보한다.

③ 상차 후의 확인사항
  ㉠ 도착장소와 도착시간을 다시 한 번 정확히 확인한다.
  ㉡ 면장상의 중량과 실중량에는 차이가 있을 수 있으므로, 운전자 본인이 실중량이 더 무겁다고 판단되면 관련부서로 연락해서 운송 여부를 통보 받는다.
  ㉢ 상차한 후에는 해당 게이트(Gate)로 가서 전산정리를 해야 하고, 다른 라인일 경우에는 배차부서에게 면장번호, 컨테이너번호, 화주이름을 말해주고 전산정리를 한다.

④ 도착이 지연될 때 : 일정시간 이상 지연될 때에는 반드시 배차부서에 출발시간, 도착 지연 이유, 현재 위치, 예상 도착 시간 등을 연락해야 한다.

⑤ 화주 공장에 도착하였을 때
  ㉠ 공장 내 운행속도를 준수한다.
  ㉡ 사소한 문제라도 발생하면 직접 담당자와 문제를 해결하려고 하지 말고, 반드시 배차부서에 연락한다.
  ㉢ 복장 불량(슬리퍼, 런닝 차림 등), 폭언 등은 절대 하지 않는다.
  ㉣ 상·하차할 때 시동은 반드시 끈다.
  ㉤ 각 공장 작업자의 모든 지시 사항을 반드시 따른다.
  ㉥ 작업 상황을 배차부서로 통보한다.

⑥ 작업 종료 후 : 작업 종료 후 배차부서에 통보(문의해야 할 사항 : 작업 종료시간, 반납할 장소 등 문의)

03 고속도로 제한차량 및 운행허가

(1) 고속도로 제한차량

① 고속도로를 운행하려는 차량 중 아래사항에 해당되는 차량은 운행제한차량에 해당된다.
   ㉠ **축하중** : 차량의 축하중이 10톤을 초과
   ㉡ **총중량** : 차량 총중량이 40톤을 초과
   ㉢ **길이** : 적재물을 포함한 차량의 길이가 16.7m 초과
   ㉣ **폭** : 적재물을 포함한 차량의 폭이 2.5m 초과
   ㉤ **높이** : 적재물을 포함한 차량의 높이가 4.0m 초과
     ※ 도로 구조의 보전과 통행의 안전에 지장이 없다고 도로관리청이 인정하여 고시한 도로의 경우에는 4.2m
   ㉥ 다음 각목에 해당하는 적재불량 차량
     • 화물 적재가 편중되어 전도 우려가 있는 차량
     • 모래, 흙, 골재류, 쓰레기 등을 운반하면서 덮개를 미설치하거나 없는 차량
     • 스페어 타이어 고정상태가 불량한 차량
     • 덮개를 씌우지 않았거나 묶지 않아 결속상태가 불량한 차량
     • 액체 적재물 방류 또는 유출 차량
     • 사고 차량을 견인하면서 파손품의 낙하가 우려되는 차량
     • 기타 적재불량으로 인하여 적재물 낙하 우려가 있는 차량
   ㉦ **저속** : 정상운행속도가 50km/h 미만 차량
   ㉧ 이상기후일 때(적설량 10㎝ 이상 또는 영하 20℃ 이하) 연결 화물차량(풀카고, 트레일러 등)
   ㉨ 기타 도로관리청이 도로의 구조보전과 운행의 위험을 방지하기 위하여 운행제한이 필요하다고 인정하는 차량

② **제한차량의 표시 및 공고** : 도로법에 의한 운행제한의 표지는 다음 각 호의 사항을 기재하여 그 운행을 제한하는 구간의 양측과 그밖에 필요한 장소에 설치하고 그 내용을 공고하여야 한다.
   ㉠ 해당도로의 종류, 노선번호 및 노선명
   ㉡ 차량운행이 제한되는 구간 및 기간
   ㉢ 운행이 제한되는 차량
   ㉣ 차량운행을 제한하는 사유

   ㉤ 그 밖에 차량운행의 제한에 필요한 사항

(2) 고속도로 운행허가

① 운행허가기간
   ㉠ 운행허가기간 : 해당 운행에 필요한 일수로 한다.
   ㉡ 제한제원이 일정한 차량 : 제한제원이 일정한 차량(구조물 보강을 요하는 차량 제외)이 일정기간 반복하여 운행하는 경우에는 신청인의 신청에 따라 그 기간을 1년 이내로 할 수 있다.

② 차량호송
   ㉠ 운행허가기관의 장은 다음 각 호의 1에 해당하는 제한차량의 운행을 허가하고자 할 때에는 차량의 안전운행을 위하여 고속도로순찰대와 협조하여 차량호송을 실시토록 한다.
     ※ 운행자가 호송할 능력이 없거나 호송을 공사에 위탁하는 경우에는 공사가 이를 대행할 수 있다.
     • 적재물을 포함하여 차폭 3.6m 또는 길이 20m를 초과하는 차량으로서 운행상 호송이 필요하다고 인정되는 경우
     • 구조물통과 하중계산서를 필요로 하는 중량제한차량
     • 주행속도 50km/h 미만인 차량의 경우
   ㉡ 특수한 도로상황이나 제한차량의 상태를 감안하여 운행허가기관의 장이 필요하다고 인정하는 경우에는 ㉠의 규정에도 불구하고 그 호송기준을 강화하거나 다른 특수한 호송방법을 강구하게 할 수 있다.
   ㉢ ㉠의 규정에도 불구하고 안전운행에 지장이 없다고 판단되는 경우에는 제한차량 후면 좌우측에 "자동점멸신호등"의 부착 등의 조치를 함으로써 그 호송을 대신할 수 있다.

(3) 과적 차량 단속

① 과적차량에 대한 단속 근거
   ㉠ 도로법의 목적과 단속의 필요성
     • 도로망의 계획수립, 도로노선의 지정, 도로공사의 시행과 도로의 시설기준, 도로의 관리 · 보전 및 비용 부담 등에 관한 사항을 규정하여 국민이 안전하고 편리하게 이용할 수 있는 도로의 건설과 공공복리의 향상에 기여하는 것을 목적으로 한다.

- 관리청은 도로의 구조를 보전하고 운행의 위험을 방지하기 위하여 필요하다고 인정하면 대통령령으로 정하는 바에 따라 차량의 운행을 제한할 수 있다.
  ㉡ 위반에 따른 벌칙

위반항목	벌칙
- 총중량 40톤, 축하중 10톤, 높이 4.0m, 길이 16.7m, 폭 2.5m 초과 - 운행제한을 위반하도록 지시하거나 요구한 자 - 임차한 화물적재차량이 운행제한을 위반하지 않도록 관리하지 아니한 임차인	500만 원 이하의 과태료
- 적재량의 측정 및 관계서류의 제출요구 거부 시 - 적재량 측정 방해(축조작)행위 및 재측정 거부 시 - 적재량 측정을 위한 도로관리원의 차량 승차요구 거부 시	1년 이하의 징역이나 1천만 원 이하의 벌금

※ 화주, 화물자동차 운송사업자, 화물자동차 운송주선 사업자 등의 지시 또는 요구에 따라서 운행제한을 위반한 운전자가 그 사실을 신고하여 화주 등에게 과태료를 부과한 경우 운전자에게는 과태료를 부과하지 않는다.

② 과적의 폐해 및 방지방법
  ㉠ 과적의 폐해
  - 과적차량의 안전운행 취약 특성
  - 윤하중 증가에 따른 타이어 파손 및 타이어 내구 수명 감소로 사고 위험성 증가
  - 적재중량보다 20%를 초과한 과적차량의 경우 타이어 내구수명은 30% 감소, 50% 초과의 경우 내구 수명은 무려 60% 감소
  - 과적에 의해 차량이 무거워지면 제동거리가 길어져 사고의 위험성 증가
  - 과적에 의한 차량의 무게중심 상승으로 인해 차량이 균형을 잃어 전도될 가능성도 높아지며, 특히 나들목이나 분기점 램프와 같이 심한 곡선부에서는 약간의과속으로도 승용차에 비해 전도될 위험성이 매우 높아짐
  - 충돌 시의 충격력은 차량의 중량과 속도에 비례하여 증가

- 과적차량이 도로에 미치는 영향
  - 도로포장은 기후 및 환경적인 요인에 의한 파손, 포장재료의 성질과 시공 부주의에 의한 손상 그리고 차량의 반복적인 통과 및 과적차량의 운행에 따른 손상들이 복합적으로 영향을 끼치며, 이 중 과적에 의한 축하중은 도로포장 손상에 직접적으로 가장 큰 영향을 미치는 원인임
  - 도로법 운행제한기준인 축하중 10톤을 기준으로 보았을 때 축하중이 10%만 증가하여도 도로파손에 미치는 영향은 무려 50%가 상승함
  - 축하중이 증가할수록 포장의 수명은 급격하게 감소
  - 총중량의 증가는 교량의 손상도를 높이는 주요 원인으로 총중량 50톤의 과적차량의 손상도는 도로법 운행제한기준인 40톤에 비하여 무려 17배나 증가하는 것으로 나타남
  ㉡ 과적재 방지 방법
  - 과적재의 주요원인 및 현황
  - 운전자는 과적재하고 싶지 않지만 화주의 요청으로 어쩔 수 없이 하는 경우
  - 과적재를 하지 않으면 수입에 영향을 주므로 어쩔 수 없이 하는 경우
  - 과적재는 교통사고나 교통공해 등을 유발하여 자신이나 타인의 생활을 위협하는 요인으로 작용
  - 과적재 방지를 위한 노력
  - 운전자
    - 과적재를 하지 않겠다는 운전자의 의식변화
    - 과적재 요구에 대한 거절의사 표시
  - 운송사업자, 화주
    - 과적재로 인해 발생할 수 있는 각종 위험요소 및 위법행위에 대한 올바른 인식을 통해 안전운행을 확보
    - 화주는 과적재를 요구해서는 안 되며, 운송사업자는 운송차량이나 운전자의 부족 등의 사유로 과적제 운행계획 수립은 금물
    - 사업자와 화주와의 협력체계 구축
    - 중량계 설치를 통한 중량증명 실시 등

06 화물의 인수·인계요령

01 화물의 인수 및 적재요령

(1) 화물의 인수요령

① 포장 및 운송장 기재 요령을 반드시 숙지하고 인수에 임한다.

② 집하 자제품목 및 집하 금지품목(화약류 및 인화물질 등 위험물)의 경우는 그 취지를 알리고 양해를 구한 후 정중히 거절한다.

③ 집하물품의 도착지와 고객의 배달요청일이 배송 소요일수 내에 가능한지 필히 확인하고, 기간 내에 배송 가능한 물품을 인수한다.
예 0월 0일 0시까지 배달 등 조건부 운송물품 인수금지

④ 제주도 및 도서지역인 경우 그 지역에 적용되는 부대비용(항공료, 도선료)을 수하인에게 징수할 수 있음을 반드시 알려주고, 이해를 구한 후 인수한다.

⑤ 도서지역의 경우 차량이 직접 들어갈 수 없는 지역은 착불로 거래 시 운임을 징수할 수 없으므로 소비자의 양해를 얻어 운임 및 도선료는 선불로 처리한다.

⑥ 항공을 이용한 운송의 경우 항공기 탑재 불가 물품(총포류, 화약류, 기타 공항에서 정한 물품)과 공항유치물품(가전제품, 전자제품)은 집하시 고객에게 이해를 구한 다음 집하를 거절함으로써 고객과의 마찰을 방지한다.
※ 만약 항공료가 착불일 경우 기타란에 항공료 착불이라고 기재하고 합계란은 공란으로 비워둔다.

⑦ 운송인의 책임은 물품을 인수하고 운송장을 교부한 시점부터 발생한다.

⑧ 운송장에 대한 비용은 항상 발생하므로 운송장을 작성하기 전에 물품의 성질, 규격, 포장상태, 운임, 파손 면책 등 부대사항을 고객에게 알리고 상호 동의가 되었을 때 운송장을 작성, 발급하게 하여 불필요한 운송장 낭비를 막는다.

⑨ 화물은 취급가능 화물규격 및 중량, 취급불가 화물품목 등을 확인하고, 화물의 안전수송과 타화물의 보호를 위하여 포장상태 및 화물의 상태를 확인한 후 접수여부를 결정한다.

⑩ 두 개 이상의 화물을 하나의 화물로 밴딩처리한 경우에는 반드시 고객에게 파손 가능성을 설명하고 별도로 포장하여 각각 운송장 및 보조송장을 부착하여 집하한다.

⑪ 신용업체의 대량화물을 집하할 때는 수량 착오가 발생하지 않도록 최대한 주의하여 운송장 및 보조송장을 부착하고, 반드시 BOX 수량과 운송장에 기재된 수량을 확인한다.

⑫ 전화로 발송할 물품을 접수 받을 때 반드시 집하 가능한 일자와 고객의 배송 요구일자를 확인한 후 배송 가능한 경우에 고객과 약속하고, 약속 불이행으로 불만이 발생하지 않도록 한다.

⑬ 인수(집하)예약은 반드시 접수대장에 기재하여 누락되는 일이 없도록 한다.

⑭ 거래처 및 집하지점에서 반품요청이 들어왔을 때 반품요청일 다음 날로부터 빠른 시일 내에 처리한다.

(2) 화물의 적재요령

① 긴급을 요하는 화물(부패성 식품 등)은 우선적으로 배송될 수 있도록 쉽게 꺼낼 수 있게 적재한다.

② 취급주의 스티커 부착 화물은 적재함 별도공간에 위치하도록 하고, 중량화물은 적재함 하단에 적재하여 타 화물이 훼손되지 않도록 주의한다.

③ 다수화물이 도착하였을 때에는 미도착 수량이 있는지 확인한다.

02 화물의 인계 및 인수증 관리요령

(1) 화물의 인계요령

① 수하인의 주소 및 수하인이 맞는지 확인한 후에 인계한다.

② 지점에 도착된 물품에 대해서는 당일 배송을 원칙으로 한다.

　※ 산간 오지 및 당일배송이 불가능한 경우 소비자의 양해를 구한 뒤 조치하도록 한다.

③ 수하인에게 물품을 인계할 때 인계 물품의 이상 유무를 확인하여, 이상이 있을 경우 즉시 지점에 알려 조치하도록 한다.

④ 각 영업소로 분류된 물품은 수하인에게 물품의 도착 사실을 알리고 배송 가능한 시간을 약속한다.

⑤ 인수된 물품 중 부패성 물품과 긴급을 요하는 물품에 대해서는 우선적으로 배송을 하여 손해배상 요구가 발생하지 않도록 한다.

⑥ 영업소(취급소)는 택배물품을 배송할 때 물품뿐만 아니라 고객의 마음까지 배달한다는 자세로 성심껏 배송하여야 한다.

⑦ 배송 중 사소한 문제로 수하인과 마찰이 발생할 경우 일단 소비자의 입장에서 생각하고 조심스러운 언어로 마찰을 최소화할 수 있도록 한다.

⑧ 물품포장에 경미한 이상이 있는 경우에는 고객에게 사과하고 대화로 해결할 수 있도록 하며, 절대로 남의 탓으로 돌려 고객들의 불만을 가중시키지 않도록 한다.

⑨ 특히 택배는 수하인에게 직접 전달하는 운송 서비스이므로 수하인에게 배달처를 못 찾으니 어디로 나오라고 하던가, 배달처 위치가 높아 못 올라간다는 말을 하지 않는다.

⑩ 1인이 배송하기 힘든 물품의 경우 원칙적으로 집하해서는 아니 되지만, 도착된 물품에 대해서는 수하인에게 정중히 요청하여 같이 운반할 수 있도록 한다.

⑪ 물품을 고객에게 인계할 때 물품의 이상 유무를 확인시키고 인수증에 정자로 인수자 서명을 받아 향후 발생할 수 있는 손해배상을 예방하도록 한다.

　※ 인수자 서명이 없을 경우 수하인이 물품인수를 부인하면 그 책임이 배송지점에 전가된다.

⑫ 배송할 때 고객 불만 원인 중 가장 큰 부분은 배송직원의 대응 미숙에서 발생하는 경우가 많다. 부드러운 말씨와 친절한 서비스정신으로 고객과의 마찰을 예방한다.

⑬ 배송지연은 고객과의 약속 불이행 고객불만 사항으로 발전되는 경향이 있으므로 배송지연이 예상될 경우 고객에게 사전에 양해를 구하고 약속한 것에 대해서는 반드시 이행하도록 한다.

⑭ 배송확인 문의 전화를 받았을 경우, 임의적으로 약속하지 말고 반드시 해당 영업소에 확인하여 고객에게 전달하도록 한다.

⑮ 배송할 때 수하인 부재로 배송이 곤란한 경우, 임의적으로 방치 또는 배송처 안으로 무단 투기(投棄)하지 말고 수하인에게 연락하여 지정하는 장소에 전달하고, 수하인에게 알린다. 만약 수하인과 통화가 되지 않을 경우 송하인과 통화하여 반송 또는 다음 날 재배송 할 수 있도록 한다.

　※ 특히 아파트의 소화전이나 집 앞에 물건을 방치해 두지 말 것

⑯ 방문시간에 수하인이 부재중일 경우에는 부재중 방문표를 활용하여 방문근거를 남기되 우편함에 넣거나 문틈으로 밀어 넣어 타인이 볼 수 없도록 조치한다.

⑰ 수하인에게 인계가 어려워 부득이하게 대리인에게 인계할 때에는 사후조치로 실제 수하인과 연락을 취하여 확인한다.

⑱ 수하인과 연락이 되지 않아 물품을 다른 곳에 맡길 경우, 반드시 수하인과 연락하여 맡겨놓은 위치 및 연락처를 남겨 물품인수를 확인하도록 한다.

⑲ 수하인이 장기부재, 휴가, 주소불명, 기타 사유 등으로 배송이 어려운 경우, 집하지점 또는 송하인과 연락하여 조치하도록 한다.

⑳ 귀중품 및 고가품의 경우는 분실의 위험이 높고 분실되었을 때 피해 보상액이 크므로 수하인에게 직접 전달하도록 하며, 부득이 본인에게 전달이 어려울 경우 정확하게 전달 될 수 있도록 조치하여야 한다.

㉑ 배송 중 수하인이 직접 찾으러 오는 경우 물품을 전달할 때 반드시 본인 확인을 한 후 물품을 전달하고, 인수확인란에 직접 서명을 받아 그로 인한 피해가 발생하지 않도록 유의한다.

㉒ 물품 배송 중 발생할 수 있는 도난에 대비하여 근거리 배송이라도 차에서 떠날 때는 반드시 잠금장치를 하여 사고를 미연에 방지하도록 한다.

㉓ 당일 배송하지 못한 물품에 대하여는 익일 영업시간까지 물품이 안전하게 보관 될 수 있는 장소에 물품을 보관하여야 한다.

(2) 인수증 관리요령

① 인수증은 반드시 인수자 확인란에 수령인이 누구인지 인수자가 자필로 바르게 적도록 한다.

② 본인, 동거인, 관리인, 지정인, 기타 등으로 수령인을 구분하여 확인한다.

③ 같은 장소에 여러 박스를 배송할 때에는 인수증에 반드시 실제 배달한 수량을 기재 받아 차후에 수량차이로 인한 시비가 발생하지 않도록 하여야 한다.

④ 수령인이 물품의 수하인과 다른 경우 반드시 수하인과의 관계를 기재하여야 한다.

⑤ 지점에서는 회수된 인수증 관리를 철저히 하고, 인수근거가 없는 경우 즉시 확인하여 인수인계 근거를 명확히 관리하여야 한다. 물품 인도일 기준으로 1년 이내 인수근거 요청이 있을 때 입증 자료를 제시할 수 있어야 한다.

⑥ 인수증 상에 인수자 서명을 운전자가 임의 기재한 경우는 무효로 간주되며, 문제가 발생하면 배송완료로 인정받을 수 없다.

03 고객 유의사항

(1) 고객 유의사항의 필요성

① 택배는 소화물 운송으로 무한책임이 아닌 과실 책임에 한정하여 변상할 필요성

② 내용검사가 부적당한 수탁물에 대한 송하인의 책임을 명확히 설명할 필요성

③ 운송인이 통보받지 못한 위험부분까지 책임지는 부담 해소

(2) 고객 유의사항 사용범위(매달 지급하는 거래처 제외 – 계약서상 명시)

① 수리를 목적으로 운송을 의뢰하는 모든 물품

② 포장이 불량하여 운송에 부적합하다고 판단되는 물품

③ 중고제품으로 원래의 제품 특성을 유지하고 있다고 보기 어려운 물품
※ 외관상 전혀 이상이 없는 경우 보상불가

④ 통상적으로 물품의 안전을 보장하기 어렵다고 판단되는 물품

⑤ 일정금액(예 : 50만 원)을 초과하는 물품으로 위험 부담률이 극히 높고, 할증료를 징수하지 않은 물품

⑥ 물품 사고 시 다른 물품에까지 영향을 미쳐 손해액이 증가하는 물품

(3) 고객 유의사항 확인 요구 물품

① 중고 가전제품 및 A/S용 물품

② 기계류, 장비 등 중량 고가물로 40kg 초과 물품

③ 포장 부실물품 및 무포장 물품
  예 비닐포장 또는 쇼핑백 등

④ 파손 우려 물품 및 내용검사가 부적당하다고 판단되는 부적합 물품

04 사고발생 방지와 처리요령

(1) 화물사고의 유형과 원인, 방지요령

① 파손사고(깨어져 못쓰게 됨)
  ㉠ 원인
  • 집하할 때 화물의 포장상태 미확인한 경우
  • 화물을 함부로 던지거나 발로 차거나 끄는 경우
  • 화물을 적재할 때 무분별한 적재로 압착되는 경우
  • 차량에 상하차할 때 컨베이어 벨트 등에서 떨어져 파손되는 경우
  ㉡ 대책
  • 집하할 때 고객에게 내용물에 관한 정보를 충분히 듣고 포장상태 확인
  • 가까운 거리 또는 가벼운 화물이라도 절대 함부로 취급하지 않는다.
  • 사고위험이 있는 물품은 안전박스에 적재하거나 별도 적재 관리한다.
  • 충격에 약한 화물은 보강포장 및 특기사항을 표기해 둔다.

② 오손사고(더럽혀지고 손상됨)
  ㉠ 원인
  • 김치, 젓갈, 한약류 등 수량에 비해 포장이 약한 경우
  • 화물을 적재할 때 중량물을 상단에 적재하여 하단 화물 오손피해가 발생한 경우
  • 쇼핑백, 이불, 카펫 등 포장이 미흡한 화물을 중심으로 오손피해가 발생한 경우
  ㉡ 대책
  • 상습적으로 오손이 발생하는 화물은 안전박스에 적재하여 위험으로부터 격리
  • 중량물은 하단에, 경량물은 상단에 적재한다는 규정준수

③ 분실사고(물건 따위를 잃어버림)
  ㉠ 원인
  • 대량화물을 취급할 때 수량 미확인 및 송장이 2개 부착된 화물을 집하한 경우
  • 집배송을 위해 차량에서 이석하였을 때 차량 내 화물이 도난당한 경우

  • 화물을 인계할 때 인수자 확인(서명 등)이 부실한 경우
  ㉡ 대책
  • 집하할 때 화물수량 및 운송장 부착여부 확인 등 분실원인 제거
  • 차량에서 벗어날 때 시건장치 확인 철저(지점 및 사무소 등 방범시설 확인)
  • 인계할 때 인수자 확인은 반드시 인수자가 직접 서명하도록 할 것

④ 내용물 부족사고
  ㉠ 원인
  • 마대화물(쌀, 고춧가루, 잡곡 등) 등 박스가 아닌 화물의 포장이 파손된 경우
  • 포장이 부실한 화물에 대한 절취 행위(과일, 가전제품 등)가 발생한 경우
  ㉡ 대책
  • 대량거래처의 부실포장 화물에 대한 포장개선 업무요청
  • 부실포장 화물을 집하할 때 내용물 상세 확인 및 포장보강 시행

⑤ 오배달 사고
  ㉠ 원인
  • 수령인이 없을 때 임의장소에 두고 간 후 미확인한 경우
  • 수령인의 신분 확인 없이 화물을 인계한 경우
  ㉡ 대책
  • 화물을 인계하였을 때 수령인 본인여부 확인 작업 필히 실시
  • 우편함, 우유통, 소화전 등 임의장소에 화물 방치 행위 엄금

⑥ 지연배달사고
  ㉠ 원인
  • 사전에 배송연락 미실시로 제3자가 수취한 후 전달이 늦어지는 경우
  • 당일 배송되지 않는 화물에 대한 관리가 미흡한 경우
  • 제3자에게 전달한 후 원래 수령인에게 받은 사람을 미통지한 경우
  • 집하 부주의, 터미널 오분류로 터미널 오착 및 잔류되는 경우

ⓛ 대책
- 사전에 배송연락 후 배송 계획 수립으로 효율적 배송 시행
- 미배송되는 화물 명단 작성과 조치사항 확인으로 최대한의 사고예방조치
- 터미널 잔류화물 운송을 위한 가용차량 사용 조치
- 부재중 방문표의 사용으로 방문사실을 고객에게 알려 고객과의 분쟁 예방

⑦ 받는 사람과 보낸 사람을 알 수 없는 화물사고
  ㉠ 원인
  - 미포장 화물, 마대화물 등에 운송장을 부착한 경우 떨어지거나 훼손된 경우
  ㉡ 대책
  - 집하단계에서부터 운송장 부착여부 확인 및 테이프 등으로 떨어지지 않도록 고정 실시
  - 운송장과 보조운송장을 부착(이중부착, Double tagging)하여 훼손 가능성을 최소화

(2) 사고발생 시 영업사원의 역할

① 영업사원은 회사를 대표하여 사고처리를 위한 고객과의 최접점의 위치에서 초기 고객응대가 사고처리의 향방을 좌우한다는 인식을 가지고 최대한 정중한 자세와 냉철한 판단력을 가지고 사고를 수습해야 한다.

② 영업사원의 모든 조치가 회사 전체를 대표하는 행위로 고객의 서비스 만족 성향을 좌우한다는 신념으로 적극적인 업무자세가 필요하다.

(3) 사고화물의 배달 요령

① 화주의 심정은 상당히 격한 상태임을 생각하고 사고의 책임여하를 떠나 대면할 때 정중히 인사를 한 뒤, 사고경위를 설명한다.

② 화주와 화물상태를 상호 확인하고 상태를 기록한 뒤, 사고관련 자료를 요청한다.

③ 대략적인 사고처리과정을 알리고 해당 지점 또는 사무소 연락처와 사후 조치사항에 대해 안내를 하고, 사과를 한다.

07 화물자동차의 종류

01 화물자동차의 유형별 기준 및 호칭

(1) 화물자동차의 유형별 기준

① 화물자동차
   - ㉠ 일반형 : 보통의 화물운송용인 것
   - ㉡ 덤프형 : 적재함을 원동기의 힘으로 기울여 적재물을 중력에 의하여 쉽게 미끄러뜨리는 구조의 화물운송용인 것
   - ㉢ 밴형 : 지붕구조의 덮개가 있는 화물운송용인 것
   - ㉣ 특수용도형 : 특정한 용도를 위하여 특수한 구조로 하거나, 기구를 장치한 것으로서 일반형, 덤프형, 밴형 어느 형에도 속하지 아니하는 화물운송용인 것

② 특수자동차
   - ㉠ 견인형 : 피견인차의 견인을 전용으로 하는 구조인 것
   - ㉡ 구난형 : 고장·사고 등으로 운행이 곤란한 자동차를 구난·견인할 수 있는 구조인 것
   - ㉢ 특수작업형 : 견인형, 구난형 어느 형에도 속하지 아니하는 특수작업용인 것

(2) 산업현장의 화물자동차 호칭

① 보닛 트럭 : 원동기부의 덮개가 운전실의 앞쪽에 나와 있는 트럭

② 캡 오버 엔진 트럭 : 원동기의 전부 또는 대부분이 운전실의 아래쪽에 있는 트럭

③ 밴 : 상자형 화물실을 갖추고 있는 트럭. 다만, 지붕이 없는 것(오픈 톱형)도 포함

④ 픽업 : 화물실의 지붕이 없고, 옆판이 운전대와 일체로 되어 있는 화물자동차

⑤ 특수자동차
   - ㉠ 다음의 목적을 위하여 설계 및 장비된 자동차
     - 특별한 장비를 한 사람 또는 물품의 수송전용
     - 특수한 작업 전용
     - 특별한 장비를 한 사람 또는 물품의 수송전용, 특수한 작업 전용을 겸하여 갖춘 것
       > **예** 차량 운반차, 쓰레기 운반차, 모터 캐러반, 탈착 보디 부착 트럭, 컨테이너운반차 등
   - ㉡ 종류
     - 특수 용도 자동차(특용차) : 특별한 목적을 위하여 보디(차체)를 특수한 것으로 하고, 또는 특수한 기구를 갖추고 있는 특수 자동차
       > **예** 선전자동차, 구급차, 우편차, 냉장차 등
     - 특수장비차(특장차) : 특별한 기계를 갖추고, 그것을 자동차의 원동기로 구동할 수 있도록 되어 있는 특수 자동차. 별도의 적재 원동기로 구동하는 것도 있음
       > **예** 탱크차, 덤프차, 믹서 자동차, 위생 자동차, 소방차, 레커차, 냉동차, 트럭 크레인, 크레인붙이트럭 등

> **tip 특별자동차**
> - 특별용도차 : 트레일러, 전용특장차
> - 특별장비차 : 합리화 특장차

⑥ 냉장차 : 수송물품을 냉각제를 사용하여 냉장하는 설비를 갖추고 있는 특수 용도 자동차

⑦ 탱크차 : 탱크모양의 용기와 펌프 등을 갖추고, 오로지 물, 휘발유와 같은 액체를 수송하는 특수 장비차

⑧ 덤프차 : 화물대를 기울여 적재물을 중력으로 쉽게 미끄러지게 내리는 구조의 특수 장비 자동차로 리어 덤프, 사이드 덤프, 삼전 덤프 등이 있다.

⑨ 믹서 자동차 : 시멘트, 골재(모래·자갈), 물을 드럼 내에서 혼합 반죽하여(믹싱해서) 콘크리트로 하는 특수 장비 자동차로 특히, 생 콘크리트를 교반하면서 수송하는 것을 애지테이터(agitator)라 한다.

⑩ 레커차 : 크레인 등을 갖추고, 고장차의 앞 또는 뒤를 매달아 올려서 수송하는 특수 장비 자동차

⑪ 트럭 크레인 : 크레인을 갖추고 크레인 작업을 하는 특수 장비 자동차. 다만, 레커차는 제외

⑫ 크레인붙이트럭 : 차에 실은 화물의 쌓기·내리기용 크레인을 갖춘 특수 장비 자동차

⑬ 트레일러 견인 자동차 : 주로 풀 트레일러를 견인하도록 설계된 자동차. 풀 트레일러를 견인하지 않는 경우는 트럭으로서 사용할 수가 있다.

⑭ 세미 트레일러 견인 자동차 : 세미 트레일러를 견인하도록 설계된 자동차

⑮ 폴 트레일러 견인 자동차 : 폴 트레일러를 견인하도록 설계된 자동차

02 트레일러

(1) 트레일러의 개념 및 종류

① 개념 및 구성

ㄱ 개념 : 트레일러란 동력을 갖추지 않고, 모터 비이클에 의하여 견인되고, 사람 및(또는) 물품을 수송하는 목적을 위하여 설계되어 도로상을 주행하는 차량을 말한다.

ㄴ 구성 및 구조
  • 구성 : 트레일러는 자동차를 동력부분(견인차 또는 트랙터)과 적하부분(피견인차)으로 나누었을 때, 적하부분을 지칭한다.
  • 구조 : 트레일러는 대량·신속을 위한 차량, 대형화·경량화 화물적재의 효율성과 안정성, 타 운송수단과 협동일관수송(복합운송)이 가능한 구조를 구비하고 있다.

② 트레일러의 종류

ㄱ 풀 트레일러
  • 풀 트레일러란 트랙터와 트레일러가 완전히 분리되어 있고 트랙터 자체도 적재함을 가지고 있다.

  • 총 하중이 트레일러만으로 지탱되도록 설계되어 선단에 견인구 즉, 트랙터를 갖춘 트레일러이다.
  • 돌리와 조합된 세미 트레일러는 풀 트레일러로 해석된다. 이 형태는 기준 내 차량으로서 적재톤수(세미 트레일러급 14톤에 대해 풀 트레일러급 17톤), 적재량, 용적 모두 세미 트레일러보다는 유리하다.

ㄴ 세미 트레일러
  • 세미 트레일러용 트랙터에 연결하여, 총 하중의 일부분이 견인하는 자동차에 의해서 지탱되도록 설계된 트레일러이다.
  • 가동 중인 트레일러 중에서는 가장 많고 일반적인 트레일러다.
  • 잡화수송에는 밴형 세미 트레일러, 중량물에는 중량용 세미 트레일러, 또는 중저상식 트레일러 등이 사용되고 있다.
  • 세미 트레일러는 발착지에서의 트레일러 탈착이 용이하고 공간을 적게 차지해서 후진하는 운전을 하기가 쉽다.

ㄷ 폴 트레일러
  • 기둥, 통나무 등 장척의 적하물 자체가 트랙터와 트레일러의 연결부분을 구성하는 구조의 트레일러이다.
  • 파이프나 H형강 등 장척물의 수송을 목적으로 한 트레일러다.
  • 트랙터에 턴테이블을 비치하고, 폴 트레일러를 연결해서 적재함과 턴테이블이 적재물을 고정시키는 것으로, 축 거리는 적하물의 길이에 따라 조정할 수 있다.

ㄹ 돌리 : 세미 트레일러와 조합해서 풀 트레일러로 하기 위한 견인구를 갖춘 대차를 말한다.

(2) 트레일러의 장점

① 트랙터의 효율적 이용 : 트랙터와 트레일러의 분리가 가능하기 때문에 트레일러가 적화 및 하역을 위해 체류하고 있는 중이라도 트랙터 부분을 사용할 수 있으므로 회전율을 높일 수 있다.

② 효과적인 적재량 : 자동차의 차량총중량은 20톤으로 제한되어 있으나, 화물자동차 및 특수자동차(트랙터

와 트레일러가 연결된 경우 포함)의 경우 차량총중량은 40톤이다.

③ **탄력적인 작업** : 트레일러를 별도로 분리하여 화물을 적재하거나 하역할 수 있다.

④ **트랙터와 운전자의 효율적 운영** : 트랙터 1대로 복수의 트레일러를 운영할 수 있으므로 트랙터와 운전사의 이용효율을 높일 수 있다.

⑤ **일시보관기능의 실현** : 트레일러 부분에 일시적으로 화물을 보관할 수 있으며, 여유 있는 하역작업을 할 수 있다.

⑥ **중계지점에서의 탄력적인 이용** : 중계지점을 중심으로 각각의 트랙터가 기점에서 중계점까지 왕복 운송함으로써 차량운용의 효율을 높일 수 있다.

(3) 트레일러의 구조 형상에 따른 종류

① **평상식** : 전장의 프레임 상면이 평면의 하대를 가진 구조로서 일반화물이나 강재 등의 수송에 적합하다.

② **저상식** : 적재할 때 전고가 낮은 하대를 가진 트레일러(trailer)로서 불도저나 기중기 등 건설장비의 운반에 적합하다.

③ **중저상식** : 저상식 트레일러 가운데 프레임 중앙 하대부가 오목하게 낮은 트레일러로서 대형 핫코일(hot coil)이나 중량 블록 화물 등 중량화물의 운반에 편리하다.

④ **스케레탈 트레일러** : 컨테이너 운송을 위해 제작된 트레일러로서 전·후단에 컨테이너 고정장치가 부착되어 있으며, 20피트(feet)용, 40피트용 등 여러 종류가 있다.

⑤ **밴 트레일러** : 하대부분에 밴형의 보데가 장치된 트레일러로서 일반잡화 및 냉동화물 등의 운반용으로 사용된다.

⑥ **오픈 탑 트레일러** : 밴형 트레일러의 일종으로서 천장에 개구부가 있어 채광이 들어가게 만든 고척화물 운반용이다.

⑦ **특수용도 트레일러** : 덤프 트레일러, 탱크 트레일러, 자동차 운반용 트레일러 등이 있다.

(4) 연결차량의 종류

① **단차** : 연결상태가 아닌 자동차 및 트레일러를 지칭하는 말로 연결차량에 대응하여 사용되는 용어이다.

  ※ 연결차량 … 1대의 모터 비이클에 1대 또는 그 이상의 트레일러를 결합시킨 것을 말하는데, 통상 트레일러 트럭으로 불리기도 한다.

② **풀 트레일러 연결차량**

  ㉠ 1대의 트럭, 특별차 또는 풀 트레일러용 트랙터와 1대 또는 그 이상의 독립된 풀 트레일러를 결합한 조합으로, 어느 차량도 특수하거나 그렇지 않아도 좋다.

  ㉡ 차량 자체의 중량과 화물의 전중량을 자기의 전·후 차축만으로 흡수할 수 있는 구조를 가진 트레일러가 붙어 있는 트럭으로서 트랙터와 트레일러가 완전히 분리되어 있고, 트랙터 자체도 body를 가지고 있다.

> **tip 풀 트레일러의 장점**
> • 보통 트럭에 비하여 적재량을 늘릴 수 있다.
> • 트랙터 한 대에 트레일러 두 세대를 달 수 있어 트랙터와 운전자의 효율적 운용을 도모할 수 있다.
> • 트랙터와 트레일러에 각기 다른 발송지별 또는 품목별 화물을 수송할 수 있게 되어 있다.

③ **세미 트레일러 연결차량**

  ㉠ 1대의 세미 트레일러 트랙터와 1대의 세미 트레일러로 이루는 조합으로서 세미 트레일러는 특수하거나 그렇지 않아도 좋다.

  ㉡ 자체 차량중량과 적하의 총중량 중 상당부분을 연결장치가 끼워진 세미 트레일러 트랙터에 지탱시키는 하나 이상의 자축을 가진 트레일러를 갖춘 트럭으로서, 트레일러의 일부 하중을 트랙터가 부담하는 형태이다.

  ㉢ 잡화수송에는 밴형 세미 트레일러, 중량물에는 중량형 세미 트레일러 또는 중저상식 트레일러 등이 사용되고 있다.

  ㉣ 세미 트레일러는 발착지에서의 트레일러 탈착이 용이하고 공간을 적게 차지하며 후진이 용이한 특성을 가지고 있다.

④ 더블 트레일러 연결차량
  ㉠ 1대의 세미 트레일러용 트랙터와 1대의 세미 트
    레일러 및 1대의 풀 트레일러로 이루는 조합이다.
  ㉡ 세미 트레일러 및(또는) 풀 트레일러는 특수하거
    나 그렇지 않아도 좋다.

⑤ 풀 트레일러 연결차량
  ㉠ 1대의 풀 트레일러용 트랙터와 1대의 풀 트레일
    러로 이루어 조합이다.
  ㉡ 대형 파이프, 교각, 대형 목재 등 장척화물을 운
    반하는 트레일러가 부착된 트럭으로, 트랙터에 장
    치된 턴테이블에 풀 트레일러를 연결하고, 하대와
    턴테이블에 적재물을 고정시켜서 수송한다.

03 적재함 구조에 따른 화물자동차의 종류

(1) **카고 트럭**

① 우리나라의 카고트럭
  ㉠ 하대에 간단히 접는 형식의 문짝을 단 차량으로
    일반적으로 트럭 또는 카고 트럭이라고 부른다.
  ㉡ 카고 트럭은 우리나라에서 가장 보유대수가 많고
    일반화된 것이다.
  ㉢ 차종은 적재량 1톤 미만의 소형차로부터 12톤 이
    상의 대형차에 이르기까지 다양하다.

② 미국의 카고트럭 : 미국에서는 우리나라와 같은 카고
  트럭은 거의 없으며 보통 트럭이라고 할 경우 하대를
  밀폐시킬 수 있는 상자형 보디의 밴 트럭을 말한다.

③ 카고 트럭의 구조 : 카고 트럭의 하대는 귀틀(세로귀
  틀, 가로귀틀)이라고 불리는 받침부분과 화물을 얹는
  바닥부분, 그리고 짐 무너짐을 방지하는 문짝의 3개
  의 부분으로 이루어져 있다.

(2) **전용 특장차**

① 특장차의 개념
  ㉠ 특장차란 차량의 적재함을 특수한 화물에 적합하
    도록 구조를 갖추거나 특수한 작업이 가능하도록
    기계장치를 부착한 차량을 말한다.
  ㉡ 전용특장차로서는 덤프트럭, 믹서차, 분립체 수송
    차, 액체 수송차 또는 냉동차 등의 차량을 생각할
    수 있다.
  ㉢ 특히 냉동차는 저온, 냉장, 냉동을 포함하는 콜드
    체인의 신장이 기대되고 있는 오늘날 그 중요성이
    더욱 높아질 것으로 전망된다.

② 특장차의 종류
  ㉠ 덤프트럭
    • 덤프 차량은 특장차 중에 대표적인 차종이다.
    • 덤프 차량은 적재함 높이를 경사지게 하여 적재
      물을 쏟아 내리는 것으로서 주로 흙, 모래를 수송
      하는데 사용하고 있다.
    • 무거운 토사를 굴착기 등으로 거칠게 적재하기
      때문에 차체는 견고하게 만들어져 있다.
  ㉡ 믹서차량
    • 믹서차는 적재함 위에 회전하는 드럼을 싣고 이
      속에 생 콘크리트를 뒤섞으면서 토목건설 현장
      등으로 운행하는 차량이다.
    • 보디 부분을 움직이면서 수송하는 기능을 갖고
      있다. 대형차가 주류를 이룬다.
  ㉢ 벌크차량(분립체 수송차)
    • 시멘트, 사료, 곡물, 화학제품, 식품 등 분립체를
      자루에 담지 않고 실물상태로 운반하는 차량으로
      벌크차라고 부른다.
    • 하대는 밀폐형 탱크 구조로서 상부에서 적재하고
      스크루식, 공기압송식, 덤프식 또는 이들을 병용
      하여 배출한다.
    • 적재물에 따라 시멘트 수송차, 사료 운반차 등으
      로 부른다.
    • 시멘트 수송차량이 가장 많고 그 다음이 사료 수
      송 차량인데, 식품에서는 밀가루 수송에 사용되는
      비율이 높아지고 있다.
    • 물류면에서 보면 포장의 생략, 하역의 기계화라는
      관점에서 대단히 합리적인 차량이라고 할 수 있다.

ⓔ 액체 수송차

• 각종 액체를 수송하기 위해 탱크 형식의 적재함을 장착한 차량으로 탱크로리라고 불린다.
• 수송하는 종류가 대단히 많으며, 적재물의 명칭을 따서 휘발유 로리, 우유 로리 등으로 부른다.

tip 액체 적재물의 종류에 따른 구분

• 위험물 탱크로리 : 휘발유, 등유 등 석유제품, 메타놀, 농황산 등 화학제품이 포함되며 소방법에 의해 구조 및 취급상 엄격한 제약을 받는다.
• 비위험물 탱크로리 : 우유, 간장 등 식품이 포함되며 소방법의 제약은 없다.

ⓜ 냉동차

• 단열 보디에 차량용 냉동장치를 장착하여 적재함 내에 온도관리가 가능하도록 한 것으로 냉동식품이나 야채 등 온도관리가 필요한 화물수송에 사용된다.
• 보디는 단열되어 있는데, 냉동장치를 갖추지 않은 것을 보냉고(또는 냉장차)라고 부르며 구별하고 있다.
• 냉동차는 적재함 내를 냉각시키는 방법에 의해 기계식, 축냉식, 액체질소식, 드라이아이스식으로 분류된다.
• 식료품 가격의 안정을 위해 저온 유통기구(Cold chain)의 정비가 요망되고 있다.

※ 콜드체인 … 신선식품을 냉동, 냉장, 저온상태에서 생산자로부터 소비자의 손까지 전달하는 구조를 말한다.

ⓗ 기타 특정 화물 수송차

• 승용차를 수송하는 차량 운반차를 비롯, 목재(Chip) 운반차, 컨테이너 수송차, 프레하브 전용차, 보트 운반차, 가축 운반차, 말 운반차, 지육 수송차, 병 운반차, 파렛트 전용차, 행거차 등 여러 가지가 있다.
• 이들 화물의 공통적인 사실은 적재하는 화물에 맞는 특정 적재함을 갖추고 있다는 것이다.

(3) 합리화 특장차

① 합리화 특장차의 개념

㉠ 합리화 특장차란 화물을 싣거나 내릴 때 발생하는 하역을 합리화하는 설비기기를 차량 자체에 장비하고 있는 차를 말한다.
㉡ 합리화란 노동력의 절감, 신속한 적재하차, 화물의 품질유지, 기계화에 의한 하역코스트 절감방법 중 하나 이상을 목적으로 한 것인데, 그 중심은 적재하차의 합리화에 있다.

② 합리화 특장차의 종류

㉠ 실내 하역기기 장비차 : 이 유형에 속하는 차량의 특징은 적재함 바닥면에 롤러컨베이어, 로더용레일, 파렛트 이동용의 파렛트 슬라이더 또는 컨베이어 등을 장치함으로써 적재함 하역의 합리화를 도모하고 있다는 점이다.
㉡ 측방 개폐차

• 측방 개폐차는 화물에 시트를 치거나 로프를 거는 작업을 합리화하고, 동시에 포크리프트에 의해 짐부리기를 간이화할 목적으로 개발된 것이다.
• 스태빌라이저차는 보디에 스태빌라이저를 장치하고 수송 중의 화물이 무너지는 것을 방지할 목적으로 개발된 것이다.

㉢ 쌓기 · 내리기 합리화차

• 쌓기 · 부리기 합리화차는 리프트게이트, 크레인 등을 장비하고 쌓기 · 내리기 작업의 합리화를 위한 차량이다.
• 차량 뒷부분에 리프트게이트를 장치한 리프트게이트 부착 트럭 또는 크레인 부착 트럭 등이 있다.

㉣ 시스템 차량

• 시스템 차량이란 트레일러 방식의 소형트럭을 가리키며 CB(Changeable body)차 또는 탈착 보디차를 말한다.
• 보디의 탈착 방식으로는 기계식, 유압식, 차의 유압장치를 사용하는 것이 있다.

08 화물운송의 책임한계

01 이사화물 표준약관의 규정

(1) 인수거절

① 이사화물의 인수를 거절할 수 있는 경우
- ㉠ 현금, 유가증권, 귀금속, 예금통장, 신용카드, 인감 등 고객이 휴대할 수 있는 귀중품
- ㉡ 위험물, 불결한 물품 등 다른 화물에 손해를 끼칠 염려가 있는 물건
- ㉢ 동식물, 미술품, 골동품 등 운송에 특수한 관리를 요하기 때문에 다른 화물과 동시에 운송하기에 적합하지 않은 물건
- ㉣ 일반이사화물의 종류, 무게, 부피, 운송거리 등에 따라 운송에 적합하도록 포장할 것을 사업자가 요청하였으나 고객이 이를 거절한 물건

② 고객과 합의 후 인수 가능 : ①의 ㉠, ㉣에 해당되는 이사화물이더라도 사업자는 운송을 위한 특별한 조건을 고객과 합의한 경우에는 인수할 수 있다.

(2) 계약해제

① 고객의 책임 있는 사유로 계약을 해제한 경우 : 손해배상액을 사업자에게 지급한다.
- ㉠ 고객이 약정된 이사화물의 인수일 1일전까지 해제를 통지한 경우 : 계약금
- ㉡ 고객이 약정된 이사화물의 인수일 당일에 해제를 통지한 경우 : 계약금의 배액
- ※ 고객이 이미 지급한 계약금이 있는 경우에는 그 금액을 공제할 수 있다.

② 사업자의 책임 있는 사유로 계약을 해제한 경우 : 손해배상액을 고객에게 지급한다.
- ㉠ 사업자가 약정된 이사화물의 인수일 2일전까지 해제를 통지한 경우 : 계약금의 배액
- ㉡ 사업자가 약정된 이사화물의 인수일 1일전까지 해제를 통지한 경우 : 계약금의 4배액

- ㉢ 사업자가 약정된 이사화물의 인수일 당일에 해제를 통지한 경우 : 계약금의 6배액
- ㉣ 사업자가 약정된 이사화물의 인수일 당일에도 해제를 통지하지 않은 경우 : 계약금의 10배액
- ※ 고객이 이미 지급한 계약금이 있는 경우에는 손해배상액과는 별도로 그 금액도 반환한다.

③ 이사화물의 인수가 지연된 경우
- ㉠ 사업자의 귀책사유로 약정된 인수일시로부터 2시간 이상 지연된 경우
- ㉡ 고객은 계약을 해제하고 이미 지급한 계약금의 반환 및 계약금 6배액의 손해배상을 청구할 수 있다.

(3) 손해배상

① 사업자의 배상책임
- ㉠ 증명하지 못하는 경우 : 사업자는 자기 또는 사용인 기타 이사화물의 운송을 위하여 사용한 자가 이사화물의 포장, 운송, 보관, 정리 등에 관하여 주의를 게을리 하지 않았음을 증명하지 못하는 경우
- ㉡ 배상 책임 : 고객에 대하여 이사화물의 멸실, 훼손 또는 연착으로 인한 손해를 배상

② 사업자의 손해배상 범위
- ㉠ 연착되지 않은 경우
  - 전부 또는 일부 멸실된 경우 : 약정된 인도일과 도착장소에서의 이사화물의 가액을 기준으로 산정한 손해액의 지급
  - 훼손된 경우 : 수선이 가능한 경우에는 수선해 주고, 수선이 불가능한 경우에는 약정된 인도일과 도착장소에서의 이사화물의 가액을 기준으로 산정한 손해액의 지급
- ㉡ 연착된 경우
  - 멸실 및 훼손되지 않은 경우 : 계약금의 10배액 한도에서 약정된 인도일시로부터 연착된 1시간마다 계약금의 반액을 곱한 금액(연착 시간 수×계약금×1/2)의 지급.
- ※ 연착시간에서 1시간 미만의 시간은 산입하지 않는다.

- 일부 멸실된 경우 : 약정된 인도일과 도착장소에서의 이사화물의 가액을 기준으로 산정한 손해액 및 계약금의 10배액 한도에서 약정된 인도일시로부터 연착된 1시간마다 계약금의 반액을 곱한 금액(연착 시간 수×계약금×1/2)의 지급
- 훼손된 경우
  - 수선이 가능한 경우 : 수선해 주고 계약금의 10배액 한도에서 약정된 인도일시로부터 연착된 1시간마다 계약금의 반액을 곱한 금액(연착 시간 수×계약금×1/2)의 지급
  - 수선이 불가능한 경우 : 약정된 인도일과 도착장소에서의 이사화물의 가액을 기준으로 산정한 손해액액 및계약금의 10배액 한도에서 약정된 인도일시로부터 연착된 1시간마다 계약금의 반액을 곱한 금액(연착 시간 수×계약금×1/2)의 지급
- ⓒ 민법 제393조의 규정에 따라 그 손해 배상
  - 이사화물의 멸실, 훼손 또는 연착이 사업자 또는 그의 사용인 등의 고의 또는 중대한 과실로 인하여 발생한 때
  - 고객이 이사화물의 멸실, 훼손 또는 연착으로 인하여 실제 발생한 손해액을 입증한 경우
  - ※ 사업자가 보험에 가입하여 고객이 직접 보험회사로부터 보험금을 받은 경우에는, 사업자는 배상금액에서 그 보험금을 공제한 잔액을 지급한다.

(4) 고객의 손해배상

① 고객의 책임 있는 사유
- ㉠ 고객의 책임 있는 사유로 이사화물의 인수가 지체된 경우
- ㉡ 고객은 약정된 인수일시로부터 지체된 1시간마다 계약금의 반액을 곱한 금액(지체시간수×계약금×1/2)을 손해배상액으로 사업자에게 지급
  - ※ 계약금의 배액을 한도로 하며, 지체시간수의 계산에서 1시간 미만의 시간은 산입하지 않는다.

② 고객의 귀책사유
- ㉠ 고객의 귀책사유로 이사화물의 인수가 약정된 일시로부터 2시간 이상 지체된 경우
- ㉡ 사업자는 계약을 해제하고 계약금의 배액을 손해배상으로 청구
  - ※ 고객은 그가 이미 지급한 계약금이 있는 경우에는 손해배상액에서 그 금액을 공제할 수 있다.

(5) 사업자 면책

① 사업자의 면책사유
- ㉠ 이사화물의 결함, 자연적 소모
- ㉡ 이사화물의 성질에 의한 발화, 폭발, 물그러짐, 곰팡이 발생, 부패, 변색 등
- ㉢ 법령 또는 공권력의 발동에 의한 운송의 금지, 개봉, 몰수, 압류 또는 제3자에 대한 인도
- ㉣ 천재지변 등 불가항력적인 사유

② 책임이 없음을 입증해야 하는 경우 : ㉠㉡ 사유의 발생에 대해서는 자신의 책임이 없음을 입증해야 한다.

(6) 멸실·훼손과 운임

① 운임 청구 금지
- ㉠ 이사화물이 천재지변 등 불가항력적 사유 또는 고객의 책임 없는 사유로 전부 또는 일부 멸실되거나 수선이 불가능할 정도로 훼손된 경우
- ㉡ 사업자는 그 멸실·훼손된 이사화물에 대한 운임 등은 이를 청구하지 못한다.
  - ※ 사업자가 이미 그 운임 등을 받은 때에는 이를 반환한다.

② 운임 청구
- ㉠ 이사화물이 그 성질이나 하자 등 고객의 책임 있는 사유로 전부 또는 일부 멸실되거나 수선이 불가능할 정도로 훼손된 경우
- ㉡ 사업자는 그 멸실·훼손된 이사화물에 대한 운임 등도 이를 청구할 수 있다.

(7) 책임의 특별소멸사유와 시효

① 책임의 소멸
- ㉠ 이사화물의 일부 멸실 또는 훼손에 대한 사업자의 손해배상책임은, 고객이 이사화물을 인도받은 날로부터 30일 이내에 그 일부 멸실 또는 훼손의 사실을 사업자에게 통지하지 아니하면 소멸한다.
- ㉡ 이사화물의 멸실 훼손 또는 연착에 대한 사업자의 손해배상책임은 고객이 이사화물을 인도받은 날로부터 1년이 경과하면 소멸한다.
  - ※ 이사화물이 전부 멸실된 경우에는 약정된 인도일부터 기산한다.

② 책임소멸 적용 예외
  ㉠ 이사화물의 일부 멸실 또는 훼손의 사실을 알면서 이를 숨기고 이사화물을 인도한 경우
  ㉡ 사업자의 손해배상책임은 고객이 이사화물을 인도받은 날로부터 5년간 존속

(8) 사고증명서 발행 및 관할법원

① 사고증명서의 발행 : 사업자는 고객의 요청이 있으면 그 멸실·훼손 또는 연착된 날로부터 1년에 한하여 이사화물의 사고증명서를 발행한다.
② 관할법원 : 사업자와 고객간의 소송은 민사소송법상의 관할에 관한 규정에 따른다.

02 택배 표준약관의 규정

(1) 운송물 확인 및 수탁거절

① 운송물의 확인
  ㉠ 사업자는 운송장에 기재된 운송물의 종류와 수량에 관하여 고객(송화인)의 동의를 얻어 그 참여하에 이를 확인할 수 있다.
  ㉡ 사업자가 운송물을 확인한 경우에 운송물의 종류와 수량이 고객이 운송장에 기재한 것과 같은 때에는 사업자가 그로 인하여 발생한 비용 또는 손해를 부담하며, 다른 때에는 고객(송화인)이 이를 부담합니다.
② 운송물의 수탁을 거절할 수 있는 경우
  ㉠ 고객이 운송장에 필요한 사항을 기재하지 아니한 경우
  ㉡ 사업자가 고객에게 운송에 적합하지 아니한 운송물에 대하여 필요한 포장을 하도록 청구하거나, 고객의 승낙을 얻고자 하였으나 고객이 이를 거절하여 운송에 적합한 포장이 되지 않은 경우
  ㉢ 사업자가 운송장에 기재된 운송물의 종류와 수량에 관하여 고객의 동의를 얻어 그 참여 하에 이를 확인하고자 하였으나 고객이 그 확인을 거절하거나 운송물의 종류와 수량이 운송장에 기재된 것과 다른 경우

㉣ 운송물 1포장의 크기가 가로·세로·높이 세변의 합이 (   )cm를 초과하거나, 최장변이 (   )cm를 초과하는 경우
㉤ 운송물 1포장의 무게가 (   )kg를 초과하는 경우
㉥ 운송물 1포장의 가액이 300만 원을 초과하는 경우
㉦ 운송물의 인도예정일(시)에 따른 운송이 불가능한 경우
㉧ 운송물이 화약류, 인화물질 등 위험한 물건인 경우
㉨ 운송물이 밀수품, 군수품, 부정임산물 등 위법한 물건인 경우
㉩ 운송물이 현금, 카드, 어음, 수표, 유가증권 등 현금화가 가능한 물건인 경우
㉪ 운송물이 재생불가능한 계약서, 원고, 서류 등인 경우
㉫ 운송물이 살아있는 동물, 동물사체 등인 경우
㉬ 운송이 법령, 사회질서, 기타 선량한 풍속에 반하는 경우
㉭ 운송이 천재지변, 기타 불가항력적인 사유로 불가능한 경우

(2) 운송물의 인도일

① 운송물 인도일
  ㉠ 운송장에 인도예정일의 기재가 있는 경우에는 그 기재된 날
  ㉡ 운송장에 인도예정일의 기재가 없는 경우에는 운송장에 기재된 운송물의 수탁일로부터 인도예정 장소에 따라 다음 일수에 해당하는 날
    • 일반 지역 : 2일
    • 도서, 산간벽지 : 3일
② 사업자는 수하인이 특정 일시에 사용할 운송물을 수탁한 경우에는 운송장에 기재된 인도예정일의 특정 시간까지 운송물을 인도한다.

(3) 수하인 부재시의 조치

① 사업자는 운송물의 인도시 수하인으로부터 인도확인을 받아야 하며, 수하인의 대리인에게 운송물을 인도하였을 경우에는 수하인에게 그 사실을 통지한다.
② 사업자는 수하인의 부재로 인하여 운송물을 인도할 수 없는 경우에는 수하인에게 운송물을 인도하고자

한 일시, 사업자의 명칭, 문의할 전화번호, 기타 운송물의 인도에 필요한 사항을 기재한 서면(부재중 방문표)으로 통지한 후 사업소에 운송물을 보관한다.

(4) 손해배상

① 사업자의 손해배상
  ㉠ 증명하지 못하는 경우 : 사업자는 자기 또는 사용인, 기타 운송을 위하여 사용한 자가 운송물의 수탁, 인도, 보관 및 운송에 관하여 주의를 태만히 하지 않았음을 증명하지 못하는 경우
  ㉡ 배상 책임 : ②와 ④에 의하여 고객에게 운송물의 멸실, 훼손 또는 연착으로 인한 손해를 배상

② 고객이 운송물가액을 기재한 경우의 손해배상
  ㉠ 전부 또는 일부 멸실된 때 : 운송장에 기재된 운송물의 가액을 기준으로 산정한 손해액의 지급
  ㉡ 훼손된 때
    • 수선이 가능한 경우 : 수선해 줌
    • 수선이 불가능한 경우 : 운송장에 기재된 운송물의 가액을 기준으로 산정한 손해액의 지급
  ㉢ 연착되고 일부 멸실 및 훼손되지 않은 때
    • 일반적인 경우 : 인도예정일을 초과한 일수에 사업자가 기재한 운송장기재운임액의 50%를 곱한 금액(초과일수×운송장기재운임액×50%)의 지급 다만, 운송장기재운임액의 200%를 한도로 한다.
    • 특정 일시에 사용할 운송물의 경우 : 운송장기재운임액의 200%의 지급
  ㉣ 연착되고 일부 멸실 또는 훼손된 때 : ㉠ 또는 ㉡에 준함

③ 고객이 운송물가액을 기재하지 않은 경우의 손해배상
  ㉠ 전부 멸실된 때 : 인도예정일의 인도예정장소에서의 운송물 가액을 기준으로 산정한 손해액
  ㉡ 일부 멸실된 때 : 인도일의 인도장소에서의 운송물 가액을 기준으로 산정한 손해액
  ㉢ 훼손된 때
    • 일반적인 경우 : 인도예정일을 초과한 일수에 사업자가 기재한 운송장기재운임액의 50%를 곱한 금액(초과일수×운송장기재운임액×50%). 다만, 운송장기재운임액의 200%를 한도로 한다.

• 특정 일시에 사용할 운송물의 경우 : 운송장기재운임액의 200%의 지급
  ㉣ 연착되고 일부 멸실 및 훼손되지 않은 때
    • 일반적인 경우 : 인도예정일을 초과한 일수에 사업자가 기재한 운송장기재운임액의 50%를 곱한 금액(초과일수×운송장기재운임액×50%). 다만, 운송장기재운임액의 200%를 한도로 한다.
    • 특정 일시에 사용할 운송물의 경우 : 운송장기재운임액의 200%의 지급
  ㉤ 연착되고 일부 멸실 또는 훼손된 때 : ㉡ 또는 ㉢에 의하되, "인도일"을 "인도예정일"로 한다.

④ 운송물의 멸실, 훼손 또는 연착이 사업자 또는 그의 사용인의 고의 또는 중대한 과실로 인하여 발생한 때에는, 사업자는 ②와 ③의 규정에도 불구하고 모든 손해를 배상한다.
※ 손해배상한도액은 50만 원으로 하되, 운송물의 가액에 따라 할증요금을 지급하는 경우의 손해배상한도액은 각 운송가액 구간별 운송물의 최고가액으로 한다.

> **tip** 사업자의 면책
> • 사업자는 천재지변, 기타 불가항력적인 사유에 의하여 발생한 운송물의 멸실, 훼손 또는 연착에 대해서는 손해배상책임을 지지 아니한다.

(5) 책임의 특별소멸사유와 시효

① 책임의 소멸
  ㉠ 운송물의 일부 멸실 또는 훼손에 대한 사업자의 손해배상책임은 수하인이 운송물을 수령한 날로부터 14일 이내에 그 일부 멸실 또는 훼손의 사실을 사업자에게 통지하지 아니하면 소멸한다.
  ㉡ 운송물의 일부 멸실, 훼손 또는 연착에 대한 사업자의 손해배상책임은 수하인이 운송물을 수령한 날로부터 1년이 경과하면 소멸한다.

② 책임소멸 적용 예외
  ㉠ 운송물의 일부 멸실 또는 훼손의 사실을 알면서 이를 숨기고 운송물을 인도한 경우
  ㉡ 사업자의 손해배상책임은 수하인이 운송물을 수령한 날로부터 5년간 존속

PART

03 안전운행

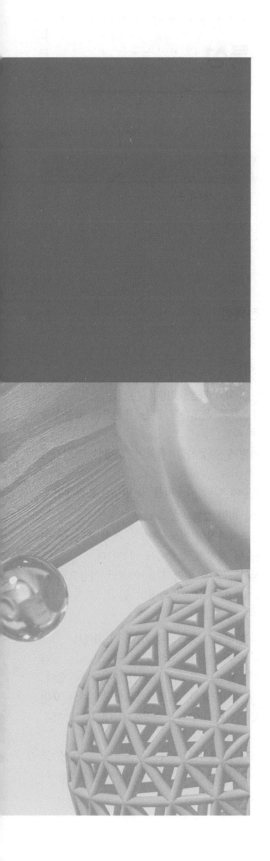

01 교통사고의 요인 및 운전의 특성

01 교통사고의 요인

(1) 도로교통체계 구성요소

① 도로교통체계를 구성하는 요소
- ㉠ 운전자 및 보행자를 비롯한 도로사용자
- ㉡ 도로 및 교통신호등 등의 환경
- ㉢ 차량

② 교통사고 및 교통문제 연결
- ㉠ 도로교통체계 구성요소들이 제 기능을 다하지 못할 때 교통체계의 이상 초래
- ㉡ 그 결과 교통사고를 비롯한 갖가지 교통문제로 연결

(2) 교통사고의 4대 요인

구분	내용
인적요인	• 신체, 생리, 심리, 적성, 습관, 태도 요인 등을 포함하는 개념 • 운전자 또는 보행자의 신체적 · 생리적 조건, 위험의 인지와 회피에 대한 판단, 심리적 조건 등 • 운전자의 적성과 자질, 운전습관, 내적태도 등
차량요인	• 차량구조장치 • 부속품 또는 적하(積荷)
도로요인	• 도로구조 : 도로의 선형, 노면, 차로 수, 노폭, 구배 등 • 안전시설 : 신호기, 노면표시, 방호책등
환경요인	• 자연환경 : 기상, 일광 등 자연조건 • 교통환경 : 차량 교통량, 운행 차 구성, 보행자 교통량 등 교통상황 • 사회환경 : 일반국민 · 운전자 · 보행자 등의 교통도덕, 정부의 교통정책, 교통단속과 형사처벌 등 • 구조환경 : 교통여건변화, 차량점검 및 정비 관리자와 운전자의 책임한계

tip 교통사고의 3대 요인

- 인적요인(운전자, 보행자 등)
- 차량요인
- 도로요인, 환경요인

02 운전특성

(1) 인지판단조작

① 인지 – 판단 – 조작의 과정을 반복
- ㉠ 인지 : 자동차를 운행하고 있는 운전자는 교통상황을 알아차리고
- ㉡ 판단 : 어떻게 자동차를 움직여 운전할 것인가를 결정하고
- ㉢ 조작 : 결정에 따라 자동차를 움직이는 운전행위

② 운전자 요인에 의한 교통사고
- ㉠ 인지판단조작과정의 어느 특정한 과정 또는 둘 이상의 연속된 과정의 결함에서 비롯된다.
- ㉡ 인지과정의 결함에 의한 사고가 절반 이상으로 가장 많으며, 이어서 판단과정의 결함, 조작과정의 결함 순이다.

③ 교통사고를 예방하고 교통안전을 확립하기 위해서
- ㉠ 운전자의 인지, 판단, 조작에 영향을 미치는 심리적 · 생리적 요인 등에 대한 고려가 병행되어야 한다.
- ㉡ 인적요인은 차량요인, 도로환경요인 등 다른 요인에 비하여 변화시키거나 수정이 상대적으로 매우 어렵다.
- ㉢ 계획적이고 체계적인 교육, 훈련, 지도, 계몽 등을 통하여 지속적인 변화를 추구하여야 성과를 이룰 수 있다.

(2) 운전특성

① 운전자의 정보처리과정

　ⓐ 감각기관의 수용기로부터 입수되는 차량 내·외의 교통정보(운전정보)는 구심성 신경을 통하여 정보처리부인 뇌로 전달된다.

　ⓑ 전달된 교통정보는 당해 운전자의 지식·경험·사고·판단을 바탕으로 의사결정과정을 거쳐 다시 원심성 신경을 통해 효과기(운동기)로 전달되어 운전조작행위가 이루어진다.

　ⓒ 이 같은 과정은 매우 짧은 매순간마다 행해지며, 동시에 수정·보완되는 피드백(Feed-Back) 과정을 끊임없이 반복한다.

　ⓓ 심리적 조건은 흥미·욕구·정서 등이 있다. 이들은 인간-기계(차량)의 정보처리과정 또는 행동을 촉진하거나 억제한다.

② 운전특성의 차이

　ⓐ 운전특성은 일정하지 않고 사람 간에 차이(개인차)가 있다.

　ⓑ 개인 내에 있어서도 신체적·생리적 및 심리적 상태가 항상 일정한 것은 아니어서 인간의 운전행위를 일정하게 유지시킬 수 없다. 환경조건과의 상호작용이 매우 가변적이기 때문이다.

　ⓒ 이러한 인간의 특성은 운전뿐 아니라 인간행위, 삶 자체에도 큰 영향을 미친다.

03　시각특성

(1) 시각의 중요성 및 특성

① 시각의 중요성

　ⓐ 운전자는 운전 중 필요한 정보를 얻기 위해 다른 감각보다 시각에 대부분 의존한다.

　ⓑ 도로교통법령 규정의 운전면허결격사유 중 "앞을 보지 못하는 사람에게 운전면허를 발급할 수 없다"라고 한 것은 운전에서 차지하는 시각의 중요성을 단적으로 말해주는 것이다.

　ⓒ 앞을 볼 수 있다고 하여 자동차 운전에 필요한 시각적인 적성을 다 갖춘 것은 아니다. 도로교통법은 시력, 색채식별에 관한 기준을 정하고 있다.

② 운전과 관련된 시각의 특성

　ⓐ 운전자는 운전에 필요한 정보의 대부분을 시각을 통하여 획득한다.

　ⓑ 속도가 빨라질수록 시력은 떨어진다.

　ⓒ 속도가 빨라질수록 시야의 범위가 좁아진다.

　ⓓ 속도가 빨라질수록 전방주시점은 멀어진다.

(2) 정지시력

① 정지시력이란 아주 밝은 상태에서 1/3인치(0.85cm) 크기의 글자를 20피트(6.10m)거리에서 읽을 수 있는 사람의 시력을 말하며 정상시력은 20/20으로 나타낸다.

② 20/40이란 정상시력을 가진 사람이 40피트 거리에서 분명히 볼 수 있는데도 불구하고 측정대상자는 20피트 거리에서야 그 글자를 분명히 읽을 수 있는 것을 의미한다. 이 사람은 정상시력을 가진 사람에 비해 2배의 큰 글자를 제시해야 같은 효과를 낼 수 있다.

③ 정지시력이란 5m 거리에서 흰 바탕에 검정으로 그린 란돌트 고리시표(직경 7.5mm, 굵기와 틈의 폭이 각각 1.5mm)의 끊어진 틈을 식별할 수 있는 시력을 말하며, 이 경우의 정상시력은 1.0으로 나타낸다.

④ 10m 거리에서 15mm 크기의 글자를 읽을 수있더라도 정상시력은 1.0이 된다. 만약 5m 떨어진 거리에서 크기 15mm의 문자를 판독할 수 있다면 이 경우의 시력은 0.5가 된다.

(3) 도로교통법령에 정한 시력기준

① 제1종 운전면허에 필요한 시력

　ⓐ 두 눈을 동시에 뜨고 잰 시력이 0.8이상, 양쪽 눈의 시력이 각각 0.5이상

　ⓑ 한쪽 눈을 보지 못하는 사람이 보통면허를 취득하려는 경우에는 다른 쪽 눈의 시력이 0.8 이상이고, 수평시야가 120도 이상이며, 수직시야가 20도 이상이고, 중심시야 20도 내 암점(暗點) 또는 반맹(半盲)이 없어야 한다.

② 제2종 운전면허에 필요한 시력
  ㉠ 두 눈을 동시에 뜨고 잰 시력이 0.5이상
  ㉡ 한쪽 눈을 보지 못하는 사람은 다른 쪽 눈의 시력이 0.6이상
③ 색의 구별 : 붉은색, 녹색 및 노란색을 구별할 수 있어야 한다.

(4) 동체시력

① 개념 : 동체시력이란 움직이는 물체(자동차, 사람 등) 또는 움직이면서(운전하면서) 다른 자동차나 사람 등의 물체를 보는 시력을 말한다.

② 동체시력의 특성
  ㉠ 동체시력은 물체의 이동속도가 빠를수록 상대적으로 저하된다.
    예 정지시력이 1.2인 사람이 시속 50km로 운전하면서 고정된 대상물을 볼 때의 시력은 0.7이하로, 시속 90km라면 시력이 0.5이하로 떨어진다.
  ㉡ 동체시력은 연령이 높을수록 더욱 저하되며, 장시간 운전에 의한 피로상태에서도 저하된다.

(5) 야간시력

① 야간의 시력저하
  ㉠ 해질무렵이 가장 운전하기 힘든 시간이라고 한다.
  ㉡ 전조등을 비추어도 주변의 밝기와 비슷하기 때문에 의외로 다른 자동차나 보행자를 보기 어렵다.
  ㉢ 야간운전의 어려움을 보완하기 위하여 가로등이나 차량의 전조등이 사용된다.

② 야간시력과 주시대상
  ㉠ 사람이 입고 있는 옷 색깔의 영향
    • 무엇인가 있다는 것을 인지하기 쉬운 옷 색깔 : 흰색, 엷은 황색의 순이며 흑색이 가장 어렵다.
    • 무엇인가가 사람이라는 것을 확인하기 쉬운 옷 색깔 : 적색, 백색의 순이며 흑색이 가장 어렵다.
    • 주시대상인 사람이 움직이는 방향을 알아맞히는데 가장 쉬운 옷 색깔 : 적색이며 흑색이 가장 어렵다.
  ㉡ 야간운전 주의사항
    • 운전자가 눈으로 확인할 수 있는 시야의 범위가 좁아진다.

• 마주 오는 차의 전조등 불빛에 현혹되는 경우 물체식별이 어려워진다. 마주 오는 차의 전조등 불빛으로 눈이 부실 때에는 시선을 약간 오른쪽으로 돌려 눈부심을 방지하도록 한다.
• 술에 취한 사람이 차도에 뛰어드는 경우에 주의해야 한다.
• 전방이나 좌우 확인이 어려운 신호등 없는 교차로나 커브길 진입 직전에는 전조등(상향과 하향을 2 ~ 3회 변환)으로 자기 차가 진입하고 있음을 알려 사고를 방지한다.
• 보행자와 자동차의 통행이 빈번한 도로에서는 항상 전조등의 방향을 하향으로 하여 운행하여야 한다.

(6) 암순응과 명순응

① 암순응
  ㉠ 일광 또는 조명이 밝은 조건에서 어두운 조건으로 변할 때 사람의 눈이 그 상황에 적응하여 시력을 회복하는 것을 말한다.
  ㉡ 맑은 날 낮 시간에 터널 밖을 운행하던 운전자가 갑자기 어두운 터널 안으로 주행하는 순간 일시적으로 일어나는 운전자의 심한 시각장애를 말하며, 시력회복이 명순응에 비해 매우 느리다.
  ㉢ 상황에 따라 다르지만 대개의 경우 완전한 암순응에는 30분 혹은 그 이상 걸리며 이것은 빛의 강도에 좌우된다(터널은 5 ~ 10초 정도).
  ㉣ 주간 운전 시 터널에 막 진입하였을 때 더욱 조심스러운 안전운전이 요구되는 이유이기도 하다.

② 명순응
  ㉠ 일광 또는 조명이 어두운 조건에서 밝은 조건으로 변할 때 사람의 눈이 그 상황에 적응하여 시력을 회복하는 것을 말한다.
  ㉡ 암순응과는 반대로 어두운 터널을 벗어나 밝은 도로로 주행할 때 운전자가 일시적으로 주변의 눈부심으로 인해 물체가 보이지 않는 시각장애를 말한다.
  ㉢ 상황에 따라 다르지만 명순응에 걸리는 시간은 암순응보다 빨라 수초 ~ 1분에 불과하다.

(7) 시야

① 시야와 주변시력

ㄱ 정지한 상태에서 눈의 초점을 고정시키고 양쪽 눈으로 볼 수 있는 범위를 시야라고 한다.

ㄴ 정상적인 시력을 가진 사람의 시야범위는 $180° \sim 200°$이다.

ㄷ 시야 범위 안에 있는 대상물이라 하더라도 시축에서 벗어나는 시각에 따라 시력이 저하된다.

ㄹ 시축(視軸)에서 시각 약 $3°$벗어나면 약 80%, $6°$벗어나면 약 90%, $12°$벗어나면 약 99%가 저하된다.

ㅁ 주행 중인 운전자는 전방의 한 곳에만 주의를 집중하기 보다는 시야를 넓게 갖도록 하고 주시점을 적절하게 이동시키거나 머리를 움직여 상황에 대응하는 운전을 해야 한다.

ㅂ 한 쪽 눈의 시야는 좌·우 각각 약 $160°$ 정도이며 양쪽 눈으로 색채를 식별할 수 있는 범위는 약 $70°$이다.

② 속도와 시야

ㄱ 시야의 범위는 자동차 속도에 반비례하여 좁아진다.

ㄴ 정상시력을 가진 운전자의 정지 시 시야범위는 약 $180 \sim 200°$이지만, 매시 40km로 운전 중이라면 그의 시야범위는 약 $100°$, 매시 70km면 약 $65°$, 매시 100km면 약 $40°$로 속도가 높아질수록 시야의 범위는 점점 좁아진다.

③ 주의의 정도와 시야

ㄱ 어느 특정한 곳에 주의가 집중되었을 경우의 시야범위는 집중의 정도에 비례하여 좁아진다.

ㄴ 운전 중 불필요한 대상에 주의가 집중되어있다면 주의를 집중한 것에 비례하여 시야범위가 좁아지고 교통사고의 위험은 그만큼 커진다.

(8) 주행시공간의 특성

① 속도가 빨라질수록 주시점은 멀어지고 시야는 좁아진다. 빠른 속도에 대비하여 위험을 그만큼 먼저 파악하고자 사람이 자동적으로 대응하는 과정이며 결과이다.

② 속도가 빨라질수록 가까운 곳의 풍경(근경)은 더욱 흐려지고 작고 복잡한 대상은 잘 확인되지 않는다. 고속주행로 상에 설치하는 표지판을 크고 단순한 모양으로 하는 것은 이런 점을 고려한 것이다.

04 사고의 심리

(1) 교통사고 원인과 요인

① 교통사고의 원인

ㄱ 교통사고의 원인 : 반드시 사고라는 결과를 초래한 그 어떤 것을 말한다.

ㄴ 사고의 요인 : 교통사고원인을 초래한 인자를 말한다. 따라서 요인이 반드시 결과(교통사고)로 연결되는 것은 아니다.

② 교통사고의 요인

ㄱ 간접적 요인

- 운전자에 대한 홍보활동결여 또는 훈련의 결여
- 차량의 운전전 점검습관의 결여
- 안전운전을 위하여 필요한 교육 태만
- 안전지식 결여
- 무리한 운행계획
- 직장이나 가정에서의 원만하지 못한 인간관계

ㄴ 중간적 요인

- 운전자의 지능
- 운전자성격
- 운전자 심신기능
- 불량한 운전태도
- 음주·과로 등

ㄷ 직접적 요인

- 사고 직전 과속과 같은 법규위반
- 위험인지의 지연
- 운전조작의 잘못
- 잘못된 위기대처

(2) 사고의 심리적 요인

① 교통사고를 유발한 운전자의 특성
- ㉠ 선천적 능력(타고난 심신기능의 특성) 부족
- ㉡ 후천적 능력(학습에 의해서 습득한 운전에 관계되는 지식과 기능) 부족
- ㉢ 바람직한 동기와 사회적 태도(각양의 운전상태에 대하여 인지, 판단, 조작하는 태도) 결여
- ㉣ 불안정한 생활환경

② 운전자의 착각
- ㉠ 크기의 착각 : 어두운 곳에서는 가로 폭보다 세로 폭을 보다 넓은 것으로 판단한다.
- ㉡ 원근의 착각 : 작은 것은 멀리 있는 것 같이, 덜 밝은 것은 멀리 있는 것으로 느껴진다.
- ㉢ 경사의 착각
  - 작은 경사는 실제보다 작게, 큰 경사는 실제보다 크게 보인다.
  - 오름 경사는 실제보다 크게, 내림경사는 실제보다 작게 보인다.
- ㉣ 속도의 착각
  - 주시점이 가까운 좁은 시야에서는 빠르게 느껴진다. 비교 대상이 먼 곳에 있을 때는 느리게 느껴진다.
  - 상대 가속도감(반대방향), 상대 감속도감(동일방향)을 느낀다.
- ㉤ 상반의 착각
  - 주행 중 급정거 시 반대방향으로 움직이는 것처럼 보인다.
  - 큰 물건들 가운데 있는 작은 물건은 작은 물건들 가운데 있는 같은 물건보다 작아 보인다.
  - 한쪽 방향의 곡선을 보고 반대 방향의 곡선을 봤을 경우 실제보다 더 구부러져 있는 것처럼 보인다.

③ 예측의 실수
- ㉠ 감정이 격앙된 경우
- ㉡ 고민거리가 있는 경우
- ㉢ 시간에 쫓기는 경우

---

05 운전피로

(1) 운전피로

① 개념
- ㉠ 운전작업에 의해서 일어나는 신체적인 변화, 심리적으로 느끼는 무기력감, 객관적으로 측정되는 운전기능의 저하를 총칭한다.
- ㉡ 순간적으로 변화하는 운전환경에서 오는 운전피로는 신체적 피로와 정신적 피로를 동시에 수반하지만, 신체적인 부담보다 심리적 부담이 더 크다.

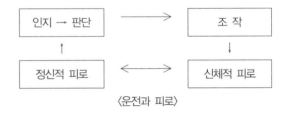

〈운전과 피로〉

② 운전피로의 특징과 요인
- ㉠ 운전피로의 특징
  - 피로의 증상은 전신에 걸쳐 나타나고 이는 대뇌의 피로(나른함, 불쾌감 등)를 불러온다.
  - 피로는 운전 작업의 생략이나 착오가 발생할 수 있다는 위험신호이다.
  - 단순한 운전피로는 휴식으로 회복되나 정신적, 심리적 피로는 신체적 부담에 의한 일반적 피로보다 회복시간이 길다.
- ㉡ 운전피로의 3요인
  - 생활요인 : 수면, 생활환경
  - 운전작업 중의 요인 : 차내환경, 차외환경, 운행조건
  - 운전자 요인 : 신체조건, 경험조건, 연령조건, 성별조건, 성격·질병

(2) 피로와 교통사고

① 피로의 진행과정
- ㉠ 피로의 정도가 지나치면 과로가 되고 정상적인 운전이 곤란해진다.

ⓛ 피로 또는 과로 상태에서는 졸음운전이 발생될 수 있고 이는 교통사고로 이어질 수 있다.

ⓒ 연속운전은 일시적으로 급성피로를 낮게 한다.

ⓡ 매일 시간상 또는 거리상으로 일정 수준 이상의 무리한 운전을 하면 만성피로를 초래한다.

② **운전피로와 교통사고** : 대체로 운전피로는 운전조작의 잘못, 주의력 집중의 편재, 외부의 정보를 차단하는 졸음 등을 불러와 교통사고의 직접·간접원인이 된다.

③ **장시간 연속운전** : 장시간 연속운전은 심신의 기능을 현저히 저하시킨다. 운행계획에 휴식시간을 삽입하고 생활 관리를 철저히 해야 한다.

④ **수면부족** : 적정한 시간의 수면을 취하지 못한 운전자는 교통사고를 유발할 가능성이 높음으로 운전계획이 세워지면 출발 전에 충분한 수면을 취한다.

(3) 피로와 운전착오

① 운전 작업의 착오는 운전업무 개시 후·종료 시에 많아진다. 개시 직후의 착오는 정적 부조화, 종료 시의 착오는 운전피로가 그 배경이다

② 운전시간 경과와 더불어 운전피로가 증가하여 작업타이밍의 불균형을 초래한다. 이는 운전기능, 판단착오, 작업 단절 현상을 초래하는 잠재적 사고로 볼 수 있다.

③ 운전착오는 심야에서 새벽사이에 많이 발생한다. 각성수준의 저하, 졸음과 관련된다.

④ 운전 피로에 정서적 부조나 신체적 부조가 가중되면 조잡하고 난폭하며 방만한 운전을 하게 된다.

⑤ 더욱이 피로가 쌓이면 졸음상태가 되어 차외, 차내의 정보를 효과적으로 입수하지 못한다.

> **tip 피로가 영향을 미치는 운전기능**
> • 감각, 지각 : 피로가 발생되면 운전자의 정보수용기구
> • 판단, 기억, 의사결정 : 정보처리기구
> • 운동기관 : 정보효과기구

06 보행자

(1) 보행자 사고의 실태

① 보행 중 교통사고

ⓖ 최근 5년간(2017년~2021년) 국내 교통사고 사망자를 분석한 결과, 전체 교통사고 사망자 중 38%가 보행자인 것으로 나타났다.

ⓛ 이는 OECD 회원국 평균인 19.3%(2019년도 OECD 통계 기준)보다 2배 높은 수준이다.

② 보행유형과 안전운전

ⓖ 보행유형

• 차대 사람의 사고가 가장 많이 발생

• 횡단 중의 사고(54.7%)가 가장 많이 발생

> **예** 횡단보도횡단, 횡단보도부근횡단, 육교부근횡단, 기타 횡단

• 어떤 형태이든 통행 중에 사고가 많이 발생

• 어린이와 노약자가 높은 비중을 차지하나 노인 보행 사망자의 점유율이 증가 추세에 있다.

※ 도로교통공단이 교통사고 빅데이터를 분석한 결과, 지난해(2022년) 교통사고 보행 사망자 중 59.8%가 65세 이상 고령 보행자라고 밝혔다.

ⓛ 안전운전

• 어린이와 노인 보행자 교통사고 예방을 위한 각별한 주의가 필요하다.

• 자동차와 보행자가 뒤섞이는 보차혼용도로에서는 안전운전을 하여야 한다.

> **tip 보차혼용도로**
> • 차도와 보도가 구분돼 있지 않은 도로를 말한다.
> • 전체 보행 사망자 10명 중 7명이 보차혼용도로서 사고를 당하고 있다.
> • 보도가 있는 도로에 비해 사망자는 3배, 부상자는 3.4배 많았다.

(2) 보행자 사고의 요인

① 교통사고를 당했을 당시의 보행자 요인은 교통상황 정보를 제대로 인지하지 못한 경우가 가장 많고, 다음으로 판단착오, 동작착오의 순서로 많다.

② 보행자의 인지결함, 판단착오, 동작착오는 교통사고와 가장 큰 관련이 있다.

(3) 비횡단보도를 횡단하는 횡단보행자의 심리

① **횡단거리 줄이기** : 횡단보도로 건너면 거리가 멀고 시간이 더 걸리기 때문에

② **평소습관** : 평소 교통질서를 잘 지키지 않는 습관을 그대로 답습

③ 자동차가 달려오지만 충분히 건널 수 있다고 판단해서

④ 갈 길이 바빠서

⑤ 술에 취해서

07 음주와 운전

(1) 음주운전 및 과다음주

① 음주운전

   ㉠ 경찰청 발표 교통사고통계(2015)에 따르면 음주운전 교통사고는 전체 교통사고의 약 10.5%를 점유하고 있다.

   ㉡ 음주운전 교통사고가 미치는 개인적 사회적 악영향을 고려할 때 하루 빨리 감소시켜야 할 사고유형 중의 하나이다.

② 과다음주(알콜 남용)

   ㉠ 과다음주(알콜 남용)은 알콜 중독보다는 경미한 상태로 의존적 증상은 없다.

   ㉡ 신체적 · 심리적 · 사회적 문제가 생길 정도로 과도하고 빈번하게 술을 마신다.

(2) 과다 음주의 문제점

① 질병

   ㉠ 과다음주(알콜 남용)는 신체 거의 모든 부분에 영향을 미쳐 여러 곳의 건강을 악화시키는 것으로 보고되고 있다.

   ㉡ 실제로 미국 질병관리센터에서는 병으로 인한 사망자중 알콜로 인한 사망자가 그렇지 않은 사람보다 식도암은 75%, 만성췌장염은 60%, 구강 및 인두, 후두암, 간경변은 50%, 급성췌장염은 42% 높다고 밝힌 바 있다.

② 행동 및 심리

   ㉠ 과도한 음주는 반사회적 행동, 정신장애, 기타 약물 남용, 강박신경증 등을 유발할 가능성이 높고, 우울증과 자살도 음주와 밀접한 관련이 있는 것으로 나타나고 있다.

   ㉡ 문제성 음주는 본인뿐 아니라 가족구성원들의 정서와 생활에 부정적인 큰 영향을 미쳐 가정의 가족응집력, 생활만족도가 일반 가족에 비해 낮아질 뿐만 아니라 문제성 음주자의 배우자들은 불안, 우울, 강박, 적대감 등이 높다.

③ 교통사고

   ㉠ 과도한 음주가 아니더라도 음주는 안전한 교통생활에 매우 부정적인 영향을 미친다.

   ㉡ 보행자의 경우도 음주보행은 교통사고의 위험을 증가시키며, 운전자의 경우는 더욱 위험하여 치명적인 교통사고로 연결되는 경우가 많다. 운전자의 음주운전은 개인적 · 사회적으로 치유하기 어려운 큰 손실을 초래한다.

(3) 음주의 개인차

① 음주량과 체내 알콜 농도의 관계
- ㉠ 습관성 음주자는 음주 30분 후에 체내 알콜 농도가 정점에 도달하였지만 그 체내 알콜 농도는 중간적(평균적) 음주자의 절반 수준이었다.
- ㉡ 중간적 음주자는 음주 후 60분에서 90분 사이에 체내 알콜 농도가 정점에 달하였지만 그 농도는 습관성 음주자의 2배 수준이었다.

② 체내 알콜 농도의 남녀 차
- ㉠ 여자는 음주 30분 후에, 남자는 60분 후에 체내 알콜 농도가 정점에 도달하였다.
- ㉡ 성별에 따라 체내 알콜 농도가 정점에 도달하는 시간의 차이가 존재하며 여자가 먼저 정점에 도달한다는 사실을 말해준다.

③ 체내 알콜농도의 변화를 주는 조건
- ㉠ 음주자의 체중
- ㉡ 음주시의 신체적 조건
- ㉢ 음주시의 심리적 조건

08 교통약자

(1) 고령운전자

① 고령자의 법적 정의
- ㉠ 노인복지법, 국민기초생활보장법 : 노인의 개념은 65세 이상을 의미
- ㉡ 고령자고용촉진법 : 고령자의 경우 55세 이상, 준고령자의 경우는 50세 ~ 55세 미만인 자로 규정
- ㉢ 국민연금법 : 노인을 노령연금 급여대상자로서 60세 이상

② 고령자의 특성
- ㉠ 신체적 특성
  - 시각적 측면 : 대비가 큰 물체 및 색의 식별능력 저하, 시야 폭 및 시각적 주의력 범위 감소
  - 청각적 측면 : 청각 기능 상실 또는 악화, 청력 및 주변 음 식별능력 저하

- ㉡ 정신적 특성
  - 인지반응시간 증가 : 입력된 정보의 두뇌에서 처리하는 인지반응시간의 증가
  - 선택적 및 다중적 주의력 감소 : 연속제공정보에서 중요한 정보에 집중하는 능력인 선택적 주의력 감소, 여러 가지 일을 동시에 수행·처리하는 다중적 주의력 감소
  - 활동기억력 감소 : 기억력, 지각, 문제해결력 장애

(2) 고령자(노인층) 교통안전

① 고령자의 교통행동
- ㉠ 고령자는 오랜 사회생활을 통하여 풍부한 지식과 경험을 가지고 있다.
- ㉡ 행동이 신중하여 모범적 교통 생활인으로서의 자질을 갖추고 있다.
- ㉢ 신체적인 면에서 운동능력이 떨어지고 시력·청력 등 감지기능이 약화되어 위급 시 회피능력이 둔화된다.
- ㉣ 교통안전과 관련하여 움직이는 물체에 대한 판별능력이 저하되고 야간의 어두운 조명이나 대향차가 비추는 밝은 조명에 적응능력이 상대적으로 부족하다.

② 고령자 교통안전 장애 요인
- ㉠ 고령자의 시각능력
  - 시력자체의 저하현상 발생
  - 대비(contrast)능력 저하
  - 동체시력의 약화 현상
  - 원근 구별능력의 약화
  - 암순응에 필요한 시간 증가
  - 눈부심(glare)에 대한 감수성이 증가
  - 시야(visual field) 감소 현상
- ㉡ 고령자의 청각능력
  - 청각기능의 상실 또는 약화 현상
  - 주파수 높이의 판별 저하
  - 목소리 구별의 감수성 저하
- ㉢ 고령자의 사고·신경능력
  - 복잡한 교통상황에서 필요한 빠른 신경활동과 정보판단 처리능력이 저하
  - 노화에 따른 근육운동의 저하

③ 고령보행자의 보행행동 특성 및 안전수칙
　㉠ 고령보행자의 보행행동 특성
　　• 뒤에서 차가 접근에도 주의를 기울이지 않거나 경음기를 울려도 반응을 보이지 않는 경향이 있다.
　　• 이면도로 등에서 도로의 노면표시가 없으면 도로 중앙부를 걷는 경향을 보이며, 보행 궤적이 흔들거리며 보행 중에 사선횡단을 하기도 한다.
　　• 고령자들은 보행 시 상점이나 포스터를 보면서 걷는 경향이 있다.
　　• 정면에서 오는 차량 등을 회피할 수 있는 여력을 갖지 못하며, 소리 나는 방향을 주시하지 않는 경향이 있다.
　㉡ 고령 보행자 안전수칙
　　• 횡단보도 신호에 녹색불이 들어와도 바로 건너지 않고 오고 있는 자동차가 정지했는지 확인한다.
　　• 자동차가 오고 있다면 보낸 후 똑바로 횡단한다.
　　• 횡단하는 동안에도 계속 주의를 기울인다.
　　• 횡단보도를 건널 때 젊은이의 보행속도에 맞추어 무리하게 건너지 말고 능력에 맞게 건너면서 손을 들어 자동차에 양보신호를 보낸다.
　　• 횡단보도 신호가 점멸 중일 때는 늦게 진입하지 말고 다음 신호를 기다린다.
　　• 주차 또는 정차된 자동차 앞뒤와 골목길, 코너는 운전자가 볼 수 없는 지역이므로 일단 정지하여 확인한 후 천천히 이동해야 한다.
　　• 음주 보행은 신체적, 정신적 능력을 저하시키므로 최대한 삼가야 한다.
　　• 생활 도로를 이용할 때 길 가장자리를 이용하여 안전하게 이동해야 한다.
　　• 야간 이동 시 눈에 띄는 밝은 색 옷을 입는다.

> **tip 고령 보행자 교통안전 계몽 사항**
>
> • 필요시 안경착용
> • 단독보다는 다수 또는 부축을 받아 도로를 횡단하는 방법
> • 야간에 운전자들의 눈에 잘 보이게 하는 방법(의복, 야광재의 보조)
> • 필요시는 보청기 사용
> • 도로 횡단 시 2륜자동차(모터사이클)를 잘 살피는 것
> • 필요시 주차된 자동차 사이를 안전하게 통과하는 방법
> • 기타 필요한 사항

(3) **고령운전자의 특성**
① 시각적 특성
　㉠ 조도와 야간시력이 낮아 적응하는 시간이 길다.
　㉡ 접근하는 차량의 전조등에 의한 섬광 효과로 멀리 보는데 불편하다.
　㉢ 물체와 그 배경간의 명암대비를 파악하는 능력인 대비민감도는 연령이 증가할수록 쇠퇴한다.
　㉣ 고령자는 배경색이 같은 밝기일 때 색체 구별하는 것을 어려워한다.
　㉤ 나이가 들수록 시야가 좁아지고, 주변의 신호에 더욱 둔감해진다.

② 인지적 특성
　㉠ 속도와 거리 판단의 정확성이 떨어진다.
　㉡ 좌회전 신호에 대한 정보처리능력이 부족하다.
　㉢ 단기기억이 쇠퇴하는 경향이 있다.

③ 반응 특성
　㉠ 긴급 상황에서의 인지반응시간이 늦다.
　㉡ 연속적 행동에 대한 인지반응시간이 늦다.

(4) **시 · 공간적 교통사고 특성**
① 시간대별 사망사고 발생건수
　㉠ 청장년층 : 20시 이후 야간 및 새벽시간에 집중
　㉡ 고령층 : 18~20시에 가장 많고, 06시부터 20시까지, 오전부터 낮 시간대에 평균 이상으로 집중

② 요일별 사망사고 발생건수
　㉠ 청장년층 : 주중에 집중
　㉡ 고령층 : 주말대비 주중에 약 2.8배 많다.

③ 도시규모별 사망사고 발생건수
　㉠ 연령층과 관계없이 군 단위가 가장 많다.
　㉡ 연령층별로는 청장년층대비 전기고령층의 사망사고 발생건수가 다소 많다.

(5) **인적 요인별 교통사고 특성**
① 운전면허 경과년수별 사망사고 발생건수
　㉠ 청장년층 : 운전면허 경과년수 5~10년 미만인 경우가 가장 많은 것으로 나타났으나, 운전면허 경과년수와 관계없이 전반적으로 많다.

ⓒ 고령층 : 운전면허 경과년수가 15년 이상인 경우에만 집중

② 사고 직전 행동별 사망사고 발생건수
　㉠ 청장년층 : 직진 중에만 집중
　ⓒ 고령층 : 직진 중 뿐만 아니라, 좌·우회전 중에 사고가 집중
　※ 법규위반별 특성…청장년층, 고령층 모두 안전운전의무 불이행에만 사고가 집중된다.

(6) 도로환경적 교통사고 특성

① 도로종류별 사망사고 발생건수
　㉠ 청장년층 : 일반국도, 특별광역시도, 시도 등에 집중
　ⓒ 고령층 : 일반국도, 특별광역시도, 지방도 등에 집중
　※ 후기고령층 대비 전기고령층의 특별광역시도 사망사고 발생건수는 약 2배 더 많다.

② 도로형태별 사망사고 발생건수
　㉠ 청장년층 : 일반 단일로에 사고가 집중
　ⓒ 고령층 : 일반 단일로 뿐만 아니라, 교차로 내에서 사고가 집중

> **tip 차량요인별 교통사고 특성**
>
> • 청장년층 : 운전자 사망사고 발생건수가 승용차, 화물차에 집중되고 있다.
> • 고령층 : 운전자 사망사고 발생건수가 승용차 뿐만 아니라, 화물차, 이륜차, 원동기장치자전거에 상대적으로 사고가 집중되고 있다.

(7) 어린이 교통안전

① 어린이의 일반적 특성과 행동능력
　㉠ 감각적 운동단계(2세 미만) : 교통상황에 대처할 능력이 전혀 없으며, 전적으로 보호자에게 의존
　ⓒ 전 조작 단계(2세~7세) : 2가지 이상을 동시에 생각하고 행동할 능력이 매우 미약
　ⓒ 구체적 조작단계(7세~12세) : 사고의 폭이 넓어지고, 개념의 발달로 교통상황을 충분히 인식하며, 교통규칙을 이해할 수 있는 수준에 도달
　ⓔ 형식적 조작단계(12세 이상) : 논리적 사고가 발달하여 보행자로서 교통질서에 참여 가능

② 어린이 교통사고의 특징
　㉠ 중학생 이하 어린이 교통사고 사상자는 중학생에 비해 취학 전 아동, 초등학교 저학년(1~3학년)에 집중되어 있다.
　ⓒ 보행 중(차대사람) 교통사고를 당하여 사망하는 비율이 가장 높다.
　ⓒ 시간대별 어린이 보행 사상자는 오후 4시에서 오후 6시 사이에 가장 많다.
　ⓔ 보행 중 사상자는 집이나 학교 근처 등 어린이 통행이 잦은 곳에서 가장 많이 발생되고 있다.

> **tip 어린이의 교통행동 특성**
>
> • 교통상황에 대한 주의력이 부족하다.
> • 판단력이 부족하고 모방행동이 많다.
> • 사고방식이 단순하다.
> • 추상적인 말은 잘 이해하지 못하는 경우가 많다.
> • 호기심이 많고 모험심이 강하다.
> • 눈에 보이지 않는 것은 없다고 생각한다.
> • 자신의 감정을 억제하거나 참아내는 능력이 약하다.
> • 제한된 주의 및 지각능력을 가지고 있다.

③ 어린이들이 당하기 쉬운 교통사고 유형
　㉠ 도로에 갑자기 뛰어들기
　ⓒ 도로 횡단 중의 부주의
　ⓒ 도로상에서 위험한 놀이
　ⓔ 자전거 사고
　ⓜ 차내 안전사고

④ 어린이가 승용차에 탑승했을 때
　㉠ 안전띠 착용 : 시트와 안전띠는 어른의 체격에 맞도록 제작되어 있으므로 가급적 어린이는 뒷좌석 3점식 안전띠의 길이를 조정하여 사용한다.
　ⓒ 여름철 주차 시 : 여름철 주차시 차내에 어린이를 혼자 방치하지 않아야 한다.
　ⓒ 문의 개폐 : 문은 어른이 열고 닫아야 안전하다.
　ⓔ 차를 떠날 때 : 차에서 떠날 때는 어린이와 같이 떠나야 한다.
　ⓜ 어린이는 뒷좌석에 탑승 : 뒷좌석에 태우고 차량문의 안전잠금장치를 잠근 후 운행한다.

사업용자동차 위험운전행태 분석

(1) 운행기록장치의 정의 및 자료 관리

① 운행기록장치 정의

　㉠ 운행기록장치 : 자동차의 속도, 위치, 방위각, 가속도, 주행거리 및 교통사고 상황 등을 기록하는 자동차의 부속장치 중 하나인 전자식장치를 말한다.

> **tip 운행기록장치에 갖추어야 하는 장치**
>
> • 위치추적장치
> • 기억장치
> • 이동식 저장장치 유선인터페이스 또는 근거리 무선통신장치
> • 운행상태 확인 장치
> • 운행기록 보안장치
> • 그 밖의 장치

　㉡ 운행기록장치의 장착 의무자

　　• 여객자동차 운송사업자
　　• 화물자동차 운송사업자 및 화물자동차 운송가맹사업자
　　• 어린이통학버스 운영자

　※ 1톤 미만의 소형 화물차량 등 국토교통부령으로 정하는 차량은 운행기록장치를 장착하지 않아도 된다.

　㉢ 운행기록장치의 장착 방법

　　• 전자식 운행기록장치의 장착 시 이를 수평상태로 유지되도록 하여야 한다.
　　• 수평상태의 유지가 불가능할 경우 그에 따른 보정값을 만들어 수평상태와 동일한 운행기록을 표출할 수 있게 하여야 한다.

> **tip 전자식 운행기록장치의 구조**
>
> • 센서 : 운행기록 관련신호를 발생
> • 증폭장치 : 신호를 변환
> • 타이머 : 시간 신호를 발생
> • 연상장치 : 신호를 처리하여 필요한 정보로 변환
> • 표시장치 : 정보를 가시화 하는 장치
> • 기억장치 : 운행기록을 저장
> • 전송장치 : 기억장치의 자료를 외부기기에 전달
> • 외부기기 : 분석 및 출력

② 운행기록의 보관 및 제출

　㉠ 운행기록의 보관

　　• 보관책임 : 운행기록장치 장착의무자
　　• 보관기간 : 6개월 동안
　　• 보관방법 : 운행기록장치 또는 저장장치(개인용 컴퓨터, CD, 휴대용 플래시메모리 저장장치 등)에 보관

　㉡ 운행기록의 제출방법

　　• 요청기관 : 교통행정기관 또는 한국교통안전공단
　　• 제출방법 : 운행기록을 한국교통안전공단의 운행기록 분석·관리 시스템에 입력하거나, 운행기록파일을 인터넷 또는 저장장치를 이용하여 제출
　　• 보관·관리 : 한국교통안전공단은 운송사업자가 제출한 운행기록 자료를 운행기록분석시스템에 보관, 관리하여야 하며, 1초 단위의 운행기록 자료는 6개월간 저장하여야 한다.

　※ 운행기록 장착의무자는 월별 운행기록을 작성하여 다음 달 말일까지 교통행정기관에 제출하여야 한다.

(2) 운행기록분석시스템의 활용

① 운행기록분석시스템 개요

　㉠ 개요 : 자동차의 운행정보를 자동적으로 기록할 수 있는 운행기록장치를 통해 운전자의 위험행동 등을 과학적으로 분석하는 시스템이다.

　※ 분석항목 … 자동차의 순간속도, 분당엔진회전수(RPM), 브레이크 신호, GPS, 방위각, 가속도 등의 운행기록 자료를 분석하여 운전자의 과속, 급감속 등이 있다.

　㉡ 목적 : 운행상황 분석결과를 운전자와 운수회사에 제공함으로써 운전자의 운전행태의 개선을 유도, 교통사고를 예방할 목적으로 구축되었다.

② 운행기록분석시스템 분석항목

　㉠ 자동차의 운행경로에 대한 궤적의 표기
　㉡ 운전자별·시간대별 운행속도 및 주행거리의 비교
　㉢ 진로변경횟수와 사고위험도 측정, 과속·급가속·급감속·급출발·급정지 등 위험운전 행동 분석
　㉣ 그 밖에 자동차의 운행 및 사고발생 상황의 확인

③ 운행기록분석결과의 활용

　㉠ 자동차의 운행관리
　㉡ 운전자에 대한 교육·훈련

ⓒ 운전자의 운전습관 교정

ⓔ 운송사업자의 교통안전관리 개선

ⓜ 교통수단 및 운행체계의 개선

ⓗ 교통행정기관의 운행계통 및 운행경로 개선

ⓢ 그 밖에 사업용 자동차의 교통사고 예방을 위한 교통안전정책의 수립

(3) 사업용자동차 운전자 위험운전 행태분석

① 위험운전 행동기준

위험운전행동		정의
과속유형	과속	• 도로제한속도보다 20km/h 초과 운행한 경우
	장기과속	• 도로 제한속도 보다 20km/h 초과해서 3분이상 운행한 경우
급가속유형	급가속	• 초당 11km/h 이상 가속 운행한 경우
	급출발	• 정지상태에서 출발하여 초당 11km/h 이상 가속 운행한 경우
급감속유형	급감속	• 초당 7.5km/h 이상 감속 운행한 경우
	급정지	• 초당 7.5km/h 이상 감속하여 속도가 "0"이 된 경우
급차로 변경유형 (초당 회전각)	급진로변경 (15~30°)	• 속도가 30km/h 이상에서 진행방향이 좌/우측(15~30″)으로 차로를 변경하며 가감속(초당 -5km/h~+5km/h) 하는 경우
	급앞지르기 (30~60°)	• 초당 11km/h 이상 가속하면서 진행방향이 좌/우측(30~60°)으로 차로를 변경하며 앞지르기 한 경우
급회전유형 (누전회전각)	급좌우회전 (60~120°)	• 속도가 15km/h 이상이고, 2초 안에 좌측(60~120° 범위)으로 급회전 한 경우
	급 U턴 (160~180°)	• 속도가 15km/h 이상이고, 3초 안에 좌/우측(160~180° 범위)으로 급하게 U턴한 경우
연속운전		• 운행시간이 4시간 이상 운행 10분 이하 휴식일 경우 ※ 11대 위험운전행동에 포함되지 않는다.

② 화물자동차의 운전행태별 사고유형 및 안전운전 요령

위험운전행동		사고유형 및 안전운전 요령
과속 유형	과속	• 차체중량이 무거워 과속 시 대형사고율이 높다. • 야간의 과속은 시야를 더욱 좁아지게 만들기 때문에 좌우를 살피면서 운행
	장기과속	• 장기과속은 운전자의 속도감각과 거리감을 저하시킨다. • 규정 속도를 준수
급가속 유형	급가속	• 무리한 급가속은 차량고장의 원인이 되고 다른 차량에 위협감을 주게 된다. • 요금소를 통과 후 급가속 행위는 추돌사고의 원인이 된다.
급감속 유형	급감속	• 차체가 높아 바로 앞 상황을 인지하지 못해 급감속할 수 있다. • 차체가 크기 때문에 급감속할 경우 다른 차량에 위험한 상황을 주게 된다. • 적재물량과 중량이 많아 급감속 금지
급회전 유형	급좌회전	• 전도 및 전복사고를 야기 • 적재물 낙하로 인한 2차 사고를 유발 • 비보호 교차로에서 저속으로 좌회전
	급우회전	• 다른 차량과의 충돌 및 보행자나 이륜차, 자전거와 사고를 유발 • 전도, 전복위험이 크므로 감속 운행
	급U턴	• U턴 시 진행방향과 대향방향에서 오는 과속차량과의 충돌 위험성 존재 • U턴 시 대향차로의 과속차량에 유의
급진로 변경유형	급 앞지르기	• 앞차의 저속시 진로변경을 위한 급앞지르기를 하기 쉽다. • 진로를 변경하려는 차로의 전방과 후방의 교통상황을 충분하게 고려하여 운전하는 습관이 중요하다.
	급진로 변경	• 급진로변경은 차량의 전도 및 전복을 야기할 수 있다. • 가속능력이 떨어지고 차폭이 커서, 다른 차량에 위협이 된다. • 방향지시등을 켜고 천천히 차로를 변경하여 옆 차로에 뒤따르는 차량이 진로변경 하는 것을 인지할 수 있도록 해야 한다. • 차로의 전방뿐만 아니라 후방의 교통상황도 충분하게 고려해야 한다.

02 자동차 요인과 안전운행

01 자동차의 주요 안전장치

(1) 제동장치

① 주차 브레이크
  ㉠ 차를 주차 또는 정차시킬 때 사용하는 제동장치로서 주로 손으로 조작한다.
  ㉡ 일부 소형자동차의 경우 발로 조작되는 경우도 있으며, 뒷바퀴 좌·우가 고정된다.

② 풋 브레이크
  ㉠ 주행 중에 발로써 조작하는 주 제동장치이다.
  ㉡ 브레이크 페달을 밟으면 휠 실린더의 피스톤에 의해 브레이크 라이닝을 밀어 주어 타이어와 함께 회전하는 드럼을 잡아 멈추게 한다.

③ 엔진 브레이크
  ㉠ 가속 페달을 놓거나 저단기어로 바꾸게 되면 엔진 브레이크가 작용하여 속도가 떨어지며, 제동력이 발생한다.
  ㉡ 내리막길에서 풋 브레이크만 사용하게 되면 라이닝의 마찰에 의해 제동력이 떨어지므로 엔진 브레이크를 사용하는 것이 안전하다.

④ ABS(Anti-lock Brake System)
  ㉠ 자동차가 급제동할 때 바퀴가 잠기는 현상을 방지하기 위해 개발된 특수 제동장치이다.
  ㉡ 미끄러짐 현상이 나타나면 미끄러지기 직전의 상태로 각 바퀴의 제동력을 ON, OFF시켜 제어함으로써 핸들의 조종이 용이하도록 한다.

> **tip** ABS 장착 후 제동 시 장점
> • 후륜 잠김 현상을 방지하여 방향 안정성을 확보
> • 전륜 잠김 현상을 방지하여 조종성 확보를 통해 장애물 회피, 차로변경 및 선회가 가능
> • 바퀴 잠김에 따른 편마모를 방지해 타이어 수명을 연장

  ㉢ 미끄러운 노면에서 브레이크를 밟는 경우(눈길, 빙판길, 빗길 등), 브레이크 페달을 급하게 힘을 주어 밟는 경우(아스팔트, 콘크리트 노면 등)에 ABS는 작동하게 된다.

(2) 주행장치

① 휠(wheel)
  ㉠ 휠은 타이어와 함께 차량의 중량을 지지하고 구동력과 제동력을 지면에 전달하는 역할을 한다.
  ㉡ 휠은 무게가 가볍고 노면의 충격과 측력에 견딜 수 있는 강성이 있어야 하고 타이어에서 발생하는 열을 흡수하여 대기 중으로 잘 방출시켜야 한다.

② 타이어
  ㉠ 휠의 림에 끼워져서 일체로 회전하며 자동차가 달리거나 멈추는 것을 원활히 한다.
  ㉡ 자동차의 중량을 떠받쳐 준다.
  ㉢ 지면으로부터 받는 충격을 흡수해 승차감을 좋게 한다.
  ㉣ 자동차의 진행방향을 전환시킨다.

(3) 조향장치

① 조향장치의 개념 및 기능
  ㉠ 개념 : 운전석에 있는 핸들(steering wheel)에 의해 앞바퀴의 방향을 틀어서 자동차의 진행방향을 바꾸는 장치를 말한다.
  ㉡ 기능 : 자동차가 주행할 때는 항상 바른 방향을 유지해야 하고, 핸들조작이나 외부의 힘에 의해 주행방향이 잘못되었을 때는 즉시 직전 상태로 되돌아 가게하는 기능을 한다.
  ※ 주행 중 안정성이 좋고 핸들조작이 용이하도록 앞바퀴 정렬이 잘되어 있어야한다.

② 토우인(Toe-in)

㉠ 개념 및 기능

- 개념 : 자동차 앞바퀴를 위에서 내려다보면 바퀴 중심선 사이의 거리가 앞쪽이 뒤쪽보다 약간 작게 되어 있는데 이것을 토인이라고 한다.
- 기능 : 토우인은 타이어의 마모를 방지하기 위해 있는 것인데 바퀴를 원활하게 회전시켜서 핸들의 조작을 용이하게 한다.

※ 토우인 값 … 승용차 2 ~ 3mm, 대형차 4 ~ 8mm 정도이다.

㉡ 토우인의 역할

- 주행 중 타이어가 바깥쪽으로 벌어지는 것을 방지한다.
- 캠버에 의해 토아웃 되는 것을 방지한다.
- 주행저항 및 구동력의 반력으로 토아웃이 되는 것을 방지하여 타이어의 마모를 방지한다.

③ 캠버(Camber)

㉠ 개념 및 기능

- 개념 : 자동차를 앞에서 보았을 때, 위쪽이 아래보다 약간 바깥쪽으로 기울어져 있는데, 이것을 (+) 캠버라 하고 위쪽이 아래보다 약간 안쪽으로 기울어져 있는 것을 (−) 캠버라고 말한다.
- 기능 : 캠버는 앞바퀴가 하중을 받았을 때 아래로 벌어지는 것을 방지하고 타이어 접지면의 중심과 킹핀의 연장선이 노면과 만나는 점과의 거리인 옵셋을 적게 하여 핸들 조작을 가볍게 하기 위하여 필요하다.

※ 캠버 각도 … 일반적으로 0.5 ~ 1.5° 정도이다.

㉡ 캠버의 역할

- 앞바퀴가 하중을 받을 때 아래로 벌어지는 것을 방지한다.
- 핸들조작을 가볍게 한다.
- 수직방향 하중에 의해 앞차축의 휨을 방지한다.

④ 캐스터(Caster)

㉠ 개념 및 기능

- 개념 : 자동차를 옆에서 보았을 때 차축과 연결되는 킹핀의 중심선이 약간 뒤로 기울어져 있는 것을 말한다.
- 기능 : 캐스터는 앞바퀴에 직진성을 부여하여 차의 롤링을 방지하고 핸들의 복원성을 좋게 하기 위하여 필요하다.

※ 캐스터 각도 … 일반적으로 1 ~ 3° 정도이다.

㉡ 캐스터의 역할

- 주행 시 앞바퀴에 방향성(진행하는 방향으로 향하게 하는 것)을 부여한다.
- 조향을 하였을 때 직진 방향으로 되돌아오려는 복원력을 준다.

(4) 현가장치

① 현가장치의 개념 및 기능

㉠ 개념 : 주행 중 노면으로부터 받는 진동이나 충격을 흡수 또는 완화하여 차체나 승차자를 보호하고 화물의 손상을 방지하며 안정성을 향상시키는 장치를 말한다.

㉡ 기능 : 구동력, 제동력, 원심력과 주행 중인 자동차에 영향을 주는 외부적 요인들을 흡수하여 차체를 항상 안정된 위치로 복원시키고 유지하는 기능을 한다.

② 판 스프링(Leaf spring)

㉠ 유연한 금속 층을 함께 붙인 것으로 차축은 스프링의 중앙에 놓이게 되며, 스프링의 앞과 뒤가 차체에 부착된다.

㉡ 주로 화물자동차에 사용된다.

tip 판 스프링의 특징

- 구조가 간단하나, 승차감이 나쁘다.
- 판간 마찰력을 이용하여 진동을 억제하나, 작은 진동을 흡수하기에는 적합하지 않다.
- 내구성이 크다.
- 너무 부드러운 판스프링을 사용하면 차축의 지지력이 부족하여 차체가 불안정하게 된다.

③ 코일 스프링(Coil spring)

㉠ 각 차륜에 내구성이 강한 금속 나선을 놓은 것으로 코일의 상단은 차체에 부착하는 반면 하단은 차륜에 간접적으로 연결된다.

㉡ 주로 승용자동차에 사용된다.

④ 비틀림 막대 스프링(Torsion bar spring)

㉠ 뒤틀림에 의한 충격을 흡수하며, 뒤틀린 후에도 원형을 되찾는 특수금속으로 제조된다.

㉡ 도로의 융기나 함몰 지점에 대응하여 신축하거나

비틀려 차륜이 도로 표면에 따라 아래위로 움직이
도록 하는 한편 차체는 수평을 유지하도록 해준다.

⑤ 공기 스프링(Air spring)

    ㉠ 공기스프링은 고무인포로 제조되어 압축공기로 채
워지며, 에어백이 신축하도록 되어있다.

    ㉡ 주로 버스와 같은 대형차량에 사용된다.

⑥ 충격흡수장치(Shock absorber)

    ㉠ 작동유를 채운 실린더로서 스프링의 동작에 반응
하여 피스톤이 위아래로 움직이며 운전자에게 전
달되는 반동량을 줄여준다.

    ㉡ 현가장치의 결함은 차량의 통제력을 저하시킬 수
있으므로 항상 양호한 상태로 유지되어야 한다.

    ※ 쇽 업소버는 대체로 유압식 텔레스코픽 쇽업소버가 사용
되며, 유압식과 가스식이 있다.

> **tip 쇽 업소버의 역할**
>
> • 승차감을 향상시킨다.
> • 노면에서 발생한 스프링의 진동을 흡수한다.
> • 스프링의 피로를 감소시킨다.
> • 타이어와 노면의 접착성을 향상시켜 커브길이나 빗길에
> 차가 튀거나 미끄러지는 현상을 방지한다.

02 자동차의 물리적 현상

(1) 속도의 현실적 개념

① 속도의 개념

    ㉠ 속도 : 물체가 나아가거나 일이 진행되는 빠르기를
말한다.

    ㉡ 주행속도 : 교통수단인 자동차가 움직여 가는 속도
로 주행 거리를 주행 시간으로 나눈 값이다.

② 속도의 현실적 개념

    ㉠ 속도는 상대적인 것이며 중요한 것은 사고의 가능
성과 사고의 회피를 가능하게 하는 데 필요한 공
간과 시간이다.

    ㉡ 속도가 증가함에 따라 자연법칙의 나쁜 영향들은
확대된다.

(2) 원심력

① 원심력의 개념

    ㉠ 개념 : 원의 중심으로부터 벗어나려는 힘을 원심력
이라 한다.

    ㉡ 원심력과 자동차

      • 운전에 중요한 영향을 미치는 또 다른 자연적 현
상에 원심력이 있다.

      • 자동차가 커브에 고속으로 진입하면 노면을 잡고
있으려는 타이어의 접지력을 끊어버릴 만큼 원심
이 강해지고 원심력이 더욱 커지면 차는 도로 밖
으로 기울면서 튀어나간다.

② 원심력과 속도

    ㉠ 원심력은 속도의 제곱에 비례하여 변한다. 매시
50km로 커브를 도는 차량은 매시 25km로 도는
차량보다 4배의 원심력을 지니는 것이다. 이 경우
속도는 2배에 불과하나 차를 직진시키려는 힘은
4배가 된다.

    ㉡ 원심력은 속도가 빠를수록, 커브가 작을수록, 또
중량이 무거울수록 커지게 되는데, 특히 속도의
제곱에 비례해서 커진다.

③ 원심력 극복을 위한 안전운전

    ㉠ 커브에 진입하기 전에 속도를 줄여 노면에 대한
타이어의 접지력(grip)이 원심력을 안전하게 극복
할 수 있도록 하여야 한다.

    ㉡ 커브가 예각을 이룰수록 원심력은 커지므로 안전
하게 회전하려면 이러한 커브에서 보다 감속하여
야 한다.

    ㉢ 비포장도로는 도로의 한가운데 높고 가장자리로
갈수록 낮아지는 곳이 많은데 이러한 도로는 커
브에서 원심력이 오히려 더 커질 수 있다.

(3) 타이어 관련 현상

① 스탠딩 웨이브(Standing wave) 현상

    ㉠ 개념

      • 자동차가 고속 주행할 때 타이어 접지부에 열이
축적되어 변형이 나타나는 현상을 말한다.

      • 자동차가 고속으로 달릴 때 일정속도 이상이 되
면 타이어 접지부의 바로 뒷부분이 부풀어 물결
처럼 주름이 접히게 된다.

ⓛ 발생
- 타이어 공기압이 낮은 상태에서 고속으로 달릴 때 발생한다.
- 일반 승용차용 타이어의 경우 대략 150km/h 전후의 주행속도에서 발생한다.
※ 스탠딩 웨이브 현상이 계속되면 타이어는 쉽게 과열되고 심한 경우에는 타이어가 파열된다.
ⓒ 예방법
- 고속주행에 적합한 타이어를 장착한다.
- 주행 속도를 줄이거나 안전속도로 맞춘다.
- 타이어의 공기압을 표준공기압보다 높인다.
- 타이어 마모를 수시로 점검한다.

② 수막현상(Hydroplaning)
ⓐ 개념
- 자동차가 물이 고인 노면을 고속으로 주행할 때 노면으로부터 떠올라 물위를 미끄러지듯이 되는 현상이 발생하게 되는 현상을 말한다.
- 수막현상이 발생하면 제동력 및 조향력 등을 상실하여 자동차를 통제할 수 없게 된다.
ⓛ 발생
- 조건이 나쁠 때에는 시속 80km 정도에서도 발생할 수 있다.
- 수막현상이 발생하는 최저의 물깊이는 2.5mm ~ 10mm정도이다.
ⓒ 예방법
- 주행속도를 낮추고 고속으로 주행하지 않는다.
- 마모된 타이어를 사용하지 않는다.
- 타이어의 공기압을 조금 높인다.
- 배수효과가 좋은 타이어를 사용한다.

(4) 브레이크 관련 현상

① 페이드(Fade) 현상
ⓐ 개념 : 주행 중 계속적인 브레이크 사용으로 드럼과 브레이크슈 또는 디스크와 패드에 마찰열이 축적되어 드럼이나 라이닝이 경화됨에 따라 제동력이 감소되는 현상을 말한다.
ⓛ 발생 : 풋브레이크의 지나친 사용으로 대부분 발생하게 된다.

ⓒ 예방법
- 풋브레이크 사용을 줄인다.
- 작동을 중지하고 드럼과 라이닝의 열을 식힌다.

② 베이퍼 록(Vapour lock) 현상
ⓐ 개념 : 브레이크액에 기포가 발생하여 브레이크를 밟아도 스펀지를 밟듯이 푹푹 꺼지면서 브레이크가 제대로 작동하지 않는 현상을 말한다.
ⓛ 발생
- 긴 내리막에서 과도한 브레이크 사용
- 드럼과 라이닝의 끌림에 의한 과열
- 브레이크 슈 리턴 스프링의 장력과 회로내 잔압의 저하
- 오일 불량 및 비점이 낮은 오일 사용
ⓒ 예방법
- 과도한 브레이크 사용을 줄인다.
- 품질 우수한 브레이크액을 사용한다.

③ 워터 페이드(Water fade) 현상
ⓐ 개념 : 브레이크 마찰재가 물에 젖어 마찰계수가 작아져 브레이크의 제동력이 저하되는 현상을 말한다.
ⓛ 발생 : 물인 고인 도로에 자동차를 정차시켰거나 수중 주행을 하였을 때 이 현상이 일어나며 브레이크가 전혀 작용되지 않을 수도 있다.
ⓒ 예방법 : 브레이크 페달을 반복해 밟으면서 천천히 주행하면 열에 의하여 서서히 브레이크가 회복된다.

④ 모닝 록(Morning lock) 현상
ⓐ 개념
- 브레이크 드럼에 미세한 녹이 발생하는 현상을 말한다.
- 모닝 록 현상이 발생하면 브레이크 드럼과 라이닝, 브레이크 패드와 디스크의 마찰계수가 높아져 평소보다 브레이크가 지나치게 예민하게 작동된다.
ⓛ 발생
- 비가 자주오거나 습도가 높은 날
- 오랜 시간 주차한 후
ⓒ 예방법 : 서행하면서 브레이크를 몇 번 밟아주게 되면 녹이 자연히 제거되면서 해소된다.

(5) 현가장치 관련 현상

① **자동차의 진동**

    ㉠ **바운싱(상하 진동)** : 차체가 Z축 방향과 평행 운동을 하는 고유 진동이다.

    ㉡ **피칭(앞뒤 진동)** : 차체가 Y축을 중심으로 하여 회전운동을 하는 고유 진동이다. 적재물이 없는 대형차량의 급제동 시 피칭현상으로 인해 스키드 마크가 짧게 끊어진 형태로 나타난다.

    ㉢ **롤링(좌우 진동)** : 차체가 X축을 중심으로 하여 회전운동을 하는 고유 진동이다. 롤링 시 급제동되면 좌우 스키드마크의 길이에서 차이가 난다.

    ㉣ **요잉(차체 후부 진동)** : 차체가 Z축을 중심으로 하여 회전운동을 하는 고유 진동이다. 심할 경우 노면상에 요마크를 생성한다.

② **노즈 다운, 노즈 업(Nose down, Nose up)**

    ㉠ **노즈 다운(다이브 현상)** : 자동차를 제동할 때 바퀴는 정지하려하고 차체는 관성에 의해 이동하려는 성질 때문에 앞 범퍼 부분이 내려가는 현상을 말한다.

    ㉡ **노즈 업(스쿼트 현상)** : 노즈 업은 자동차가 출발할 때 구동 바퀴는 이동하려 하지만 차체는 정지하고 있기 때문에 앞 범퍼 부분이 들리는 현상을 말한다.

(6) 선회 특성과 방향 안정성

① **언더스티어링(Under Steering)**

    ㉠ **개념** : 스티어링 휠을 돌렸음에도 자동차가 의도한 만큼 돌지 않고 코너 바깥으로 밀려나는 현상으로 스티어링으로 조향하는 것보다 실제 회전 반경이 더 큰 상태를 말한다.

    예 좁은 코너를 속도를 줄이지 않고 주행하다가 차가 바깥쪽으로 밀려나는 것을 경험했다면 그것이 언더스티어이다.

    ㉡ **발생**

      • 코너에 들어설 때의 속도에 의해 발생한다.

      • 언더스티어는 전륜구동 방식 차량에서 발생하기 더 쉽다는 특징이 있지만, 사실 언더스티어는 어느 차량에서든 발생할 수 있다.

    ㉢ **해결 방법** : 코너에 들어서기 전 가속 페달에서 발을 속도를 충분히 줄여준다.

※ 언더스티어는 한계 이상의 속도에서 발생하는 것이기 때문에 속도를 줄이기만 한다면 언더스티어는 발생하지 않는다. 즉, 과속만 하지 않는다면 안전하게 코너를 돌 수 있다.

② **오버스티어링(Over Steering)**

    ㉠ **개념** : 스티어링 휠을 돌렸는데 자동차가 의도한 것보다 더 깊게 돌아 코너 안쪽으로 파고드는 현상으로 스티어링으로 조향하는 것보다 실제 회전 반경이 더 작은 상태를 말한다.

    예 코너를 주행하다가 차량이 통제력을 잃고 뒤쪽이 흐르는 듯 차량이 코너 안쪽으로 파고드는 것을 경험했다면 그것이 오버스티어이다.

    ㉡ **발생**

      • 코너에 들어설 때의 속도에 의해 발생합니다.

      • 후륜구동 차량이 코너에서 가속을 할 때 한계를 넘어서는 순간, 뒷바퀴에 가해지는 원심력이 접지력을 넘어서게 되면서 발생한다.

    ㉢ **해결 방법**

      • 코너에 들어서기 전 속도를 충분히 줄여 준다.

      • '카운터 스티어'라는 어려운 기술을 써야 하지만 전문적으로 연습하지 않으면 더 위험한 상황에 처할 가능성이 높다.

(7) 내륜차와 외륜차

① **내륜차(內輪差)**

    ㉠ **개념** : 차량 회전을 할 때 앞 바퀴와 뒷 바퀴가 지나가는 위치가 일치하지 않고 뒷 바퀴가 지나가는 위치가 조금 더 안쪽으로 들어가면서 지나가는 현상을 말한다.

    ㉡ **특징** : 내륜차를 인지하지 못하고 급하게 핸들을 돌려버리면 측면의 인도, 차도 끝 쪽에 있는 보행자, 자전거 등이 차량의 오른쪽에 충돌되는 상황이 발생할 수 있다.

    ※ 일반 소형차의 내륜차는 약 90cm정도이며 대형 차량의 내륜차는 약 1.4m 이기 때문에 차량이 크면 클 수록 주의하여 운전을 하여야 한다.

② **외륜차(外輪差)**

    ㉠ **개념** : 자동차가 후진을 할 때 뒷바퀴가 지나가는 위치 보다 앞바퀴가 지나가는 위치가 더 바깥쪽으로 지나가는 현상을 말한다.

ⓒ 특징 : 외륜차가 대형 차량일수록 크기 때문에 대형 차량 쪽으로 끼어들기를 할 때에는 주의를 해야 한다.

※ 자동차가 전진 중 회전할 경우에는 내륜차에 의해, 또 후진 중 회전할 경우에는 외륜차에 의한 교통사고의 위험이 있다.

(8) 타이어 마모에 영향을 주는 요소

① 타이어의 공기압
  ㉠ 공기압이 낮으면 : 승차감은 좋아지나, 숄더 부분에 마찰력이 집중되기 때문에 수명이 짧다.
  ㉡ 공기압이 높으면 : 승차감은 나빠지며 트레드 중앙 부분의 마모가 촉진된다.

② 하중
  ㉠ 하중이 커지면 타이어의 굴곡이 심해지고 트레드의 접지 면적이 증가하여 마모를 촉진시킨다.
  ㉡ 하중이 커지면 공기압 부족과 같은 형태가 되어 마찰력이 증가하고 마모량이 커진다.

③ 속도
  ㉠ 주행 중 타이어에 일어나는 구동력, 제동력, 선회력 등으로 인하여 타이어의 마모가 촉진된다.
  ㉡ 속도가 빠를수록 타이어의 온도가 상승하여 트레드 고무의 마모량이 커진다.

  ※ 트레드 고무 … 자동차 타이어가 직접 노면에 접하는 부분에 사용하는 고무를 말한다.

④ 커브
  ㉠ 차가 커브를 돌 때 원심력에 대항하기 위해서 타이어에 환각을 주게 된다.
  ㉡ 커브길의 활각이 클수록 마모량이 커진다.

⑤ 브레이크
  ㉠ 차의 속도가 빠를수록 타이어의 마모가 더욱 심하게 된다.
  ㉡ 브레이크를 밟는 횟수가 많거나 브레이크를 밟기 직전의 속도가 빠를수록 타이어의 마모량은 커진다.

⑥ 노면
  ㉠ 포장된 도로보다 비포장도로가 타이어의 마모가 더 크다.
  ㉡ 비포장도로에서는 노면에 알맞은 주행을 하여야 마모를 줄일 수 있다.

(9) 유체자극의 현상

① 개념
  ㉠ 자동차가 고속으로 주행하면 운전자의 시야에 들어오는 노면과 도로의 경관이 빠르게 지나가면서 마치 물이 흐르는 이미지처럼 느껴지는 현상을 말한다.
  ㉡ 속도가 빠를수록 눈에 들어오는 흐름의 자극은 더해지며, 주변의 경관은 거의 흐르는 선과 같이 되어 눈을 자극한다.

② 유체자극의 영향
  ㉠ 자극을 받으면서 오랜 시간 운전을 하면, 운전자의 눈은 몹시 피로하게 된다.
  ㉡ 앞에 자동차가 주행하고 있으면 그 차와의 일정한 거리까지 접근하여, 될 수 있는 한 앞차의 뒷부분에 시선을 고정시켜서 앞차와 같은 속도로 주행하려고 한다.
  ㉢ 앞차와 같은 속도나 또는 일정한 거리를 두고 주행하게 되면, 눈의 시점이 한 곳에만 고정되어 주위의 정보(경관)가 거의 시계에 들어오지 않으며, 점차 시계의 입체감을 잃게 되고, 속도감·거리감 등이 마비되어 점점 의식이 저하되며, 반응도 둔해지게 된다.

03 정지거리와 정지시간

(1) 공주거리와 공주시간

① 공주시간 : 운전자가 자동차를 정지하려고 생각하고 브레이크 페달로 발을 옮겨 브레이크가 작동을 시작하는 순간까지의 시간을 말한다.

② 공주거리 : 자동차가 공주시간만큼 진행한 시간을 말한다.

(2) 제동시간과 제동거리

① **제동시간** : 운전자가 브레이크에 발을 올려 브레이크가 막 작동을 시작하는 순간부터 자동차가 완전히 정지할 때까지의 시간을 말한다.

② **제동거리** : 제동시간까지 자동차가 진행한 거리를 제동거리라고 한다.

(3) 정지시간과 정지거리

① **정지시간** : 운전자가 위험을 인지하고 자동차를 정지시키려고 시작하는 순간부터 자동차가 완전히 정지할 때까지의 시간을 정지시간이라고 한다.

② **정지거리** : 정지시간까지 자동차가 진행한 거리를 정지거리라고 한다.

> ※ 정지거리 … 공주거리와 제동거리를 합한 거리
> 정지시간 … 공주시간과 제동시간을 합한 시간

tip 긴급상황시 차량정지에 영향을 주는 요소

- 운전자의 지각시간
- 운전자의 반응시간
- 브레이크 혹은 타이어의 성능
- 도로조건

---

04 자동차의 일상점검

(1) 점검사항

구분	점검사항
원동기	• 시동이 쉽고 잡음이 없는가? • 배기가스의 색이 깨끗하고 유독가스 및 매연이 없는가? • 엔진오일의 양이 충분하고 오염되지 않으며 누출이 없는가? • 연료 및 냉각수가 충분하고 새는 곳이 없는가? • 연료분사펌프조속기의 봉인상태가 양호한가? • 배기관 및 소음기의 상태가 양호한가?
조향장치	• 스티어링 휠의 유동·느슨함·흔들림은 없는가? • 조향축의 흔들림이나 손상은 없는가?
동력전달장치	• 클러치 페달의 유동이 없고 클러치의 유격은 적당한가? • 변속기의 조작이 쉽고 변속기 오일의 누출은 없는가? • 추진축 연결부의 헐거움이나 이음은 없는가?
제동장치	• 브레이크 페달을 밟았을 때 상판과의 간격은 적당한가? • 브레이크액의 누출은 없는가? • 주차 제동레버의 유격 및 당겨짐은 적당한가? • 브레이크 파이프 및 호스의 손상 및 연결상태는 양호한가? • 에어브레이크의 공기 누출은 없는가? • 에어탱크의 공기압은 적당한가?
완충장치	• 새시스프링 및 쇽 업소버 이음부의 느슨함이나 손상은 없는가? • 새시스프링이 절손된 곳은 없는가? • 쇽 업소버의 오일 누출은 없는가?
주행장치	• 휠너트(허브너트)의 느슨함은 없는가? • 타이어의 이상마모와 손상은 없는가? • 타이어의 공기압은 적당한가?
기타	• 와이퍼의 작동은 확실한가? • 유리세척액의 양은 충분한가? • 전조등의 광도 및 조사각도는 양호한가? • 후사경 및 후부반사기의 비침 상태는 양호한가? • 등록번호판은 깨끗하며 손상이 없는가?

(2) 차량점검 및 주의사항

① 운행 전 점검을 실시한다.

② 적색 경고등이 들어온 상태에서는 운행하지 않는다.

③ 운행 전에 조향핸들의 높이와 각도가 맞게 조정되어 있는지 점검한다.

④ 운행 중 조향핸들의 높이와 각도를 조정하지 않는다.

⑤ 주차 시에는 항상 주차브레이크를 사용한다.

⑥ 파워핸들(동력조향)이 작동되지 않아도 트럭을 조향할 수 있으나 조향이 매우 무거움에 유의하여야 한다.

⑦ 주차브레이크를 작동시키지 않은 상태에서 운전석에서 떠나지 않는다.

⑧ 트랙터 차량의 경우 트레일러 주차 브레이크는 일시적으로만 사용하고 트레일러 브레이크만을 사용하여 주차하지 않는다.

⑨ 라디에이터 캡은 주의해서 연다.

⑩ 캡을 기울일 경우에는 최대 끝 지점까지 도달하도록 기울이고 스트러트(캡 지지대)를 사용한다.

⑪ 캡을 기울인 후 또는 원위치 시킨 후에 엔진을 시동할 경우에는 기어레버가 중립위치에 있는지 확인한다.

⑫ 캡을 기울일 때 손을 머드가드(흙받이 밀폐고무) 부위에 올려놓지 않는다.(손이 끼어서 다칠 우려가 있다.

⑬ 컨테이너 차량의 경우 고정장치가 작동되는지를 확인한다.

05 자동차 응급조치 방법

(1) 오감으로 판별하는 자동차 이상 징후

① 오감 활용

감각	점검방법	적용사례
시각	부품이나 장치의 외부 굽음 · 변형 · 녹슴	• 등물 · 오일 · 연료의 누설, 자동차의 기울어짐
청각	이상한 음	• 마찰음, 걸리는 쇳소리, 노킹소리, 긁히는 소리 등
촉각	느슨함, 흔들림, 발열 상태 등	• 볼트 너트의 이완, 유격, 브레이크 작동할 때 차량의 쏠림, 전기 배선 불량 등
후각	이상 발열 · 냄새	• 배터리액의 누출, 연료누설, 전선 등 타는 냄새 등

② 전조 현상

㉠ 고장은 반드시 전조 현상을 가져온다.

㉡ 평소 운전하면서 이상하게 느꼈다면 어느 곳에서, 어떠한 현상으로 나타나는가를 잘 파악해야 한다.

(2) 고장이 자주 일어나는 부분

① 진동과 소리

㉠ 엔진의 점화 장치 부분 : 주행 전 차체에 이상한 진동이 느껴질 때에는 플러그 배선이 빠져있거나 플러그 자체가 나쁠 때 나타나는 현상이다.

㉡ 엔진의 이음 : 엔진의 회전수에 비례하여 쇠가 마주치는 소리가 날 때는 밸브 장치에서 나는 소리로, 밸브 간극 조정으로 고쳐질 수 있다.

㉢ 팬벨트 : 가속 페달을 힘껏 밟는 순간 "끼익!"하는 소리가 나는 경우는 팬벨트 또는 기타의 V벨트가 이완되어 걸려 있는 풀리와의 미끄러짐에 의해 일어난다.

㉣ 클러치 부분 : 클러치를 밟고 있을 때 "달달달" 떨리는 소리와 함께 차체가 떨린다면, 클러치 릴리스 베어링의 고장으로 정비공장에 가서 교환하여야 한다.

㉤ 브레이크 부분 : 브레이크 페달을 밟아 차를 세우려고 할 때 바퀴에서 "끼익!" 하는 소리가 나는 경우는 브레이크 라이닝의 마모가 심하거나 라이닝에 결함이 있을 때 일어나는 현상이다.

㉥ 조향장치 부분 : 핸들 자체에 진동이 일어나면 앞바퀴 불량이 원인일 때가 많다. 앞 차륜 정렬(휠 얼라인먼트)이 맞지 않거나 바퀴 자체의 휠 밸런스가 맞지 않을 때 주로 일어난다.

㉦ 바퀴 부분 : 주행 중 하체 부분에서 비틀거리는 흔들림이 일어나거나 커브를 돌았을 때 휘청거리는 느낌이 들 때는 바퀴의 휠 너트의 이완이나 타이어의 공기가 부족할 때가 많다.

㉧ 현가장치 부분 : 비포장도로의 울퉁불퉁한 험한 노면 상을 달릴 때 "딱각딱각" 하는 소리나 "쿵쿵" 하는 소리가 날 때에는 현가장치인 쇽 업소버의 고장으로 볼 수 있다.

② 냄새와 열

㉠ 전기장치 부분 : 고무 같은 것이 타는 냄새가 날 때는 대개 엔진실 내의 전기 배선 등의 피복이 녹아 벗겨져 합선에 의해 전선이 타면서 나는 냄새가 대부분인데, 보닛을 열고 잘 살펴보면 그 부위를 발견할 수 있다.

㉡ 브레이크 부분 : 단내가 심하게 나는 경우는 주브레이크의 간격이 좁든가, 주차 브레이크를 당겼다 풀었으나 완전히 풀리지 않았을 경우이다. 또한 긴 언덕길을 내려갈 때 계속 브레이크를 밟는다면 이러한 현상이 일어나기 쉽다.

ⓒ 바퀴 부분 : 바퀴마다 드럼에 손을 대보면 어느 한 쪽만 뜨거울 경우가 있는데, 이때는 브레이크 라이닝 간격이 좁아 브레이크가 끌리기 때문이다.

③ 배출가스

　ⓐ 무색(약간 엷은 청색) : 완전연소 때 배출되는 가스의 색은 정상상태에서 무색 또는 약간 엷은 청색을 띤다.

　ⓑ 검은색 : 농후한 혼합가스가 들어가 불완전 연소되는 경우이다. 초크 고장이나 에어클리너 엘리먼트의 막힘, 연료장치 고장 등이 원인이다.

　ⓒ 백색 : 엔진 안에서 다량의 엔진오일이 실린더 위로 올라와 연소되는 경우로, 헤드 개스킷 파손, 밸브의 오일 씰 노후 또는 피스톤 링의 마모 등 엔진 보링을 할 시기가 됐음을 알려준다.

(3) 고장 유형별 조치방법

① 엔진계통

　ⓐ 엔진오일 과다 소모

점검사항	조치방법
• 배기 배출가스 육안 확인 • 에어 클리너 오염도 확인(과다 오염) • 블로바이가스 과다 배출 확인 • 에어클리너 청소 및 교환주기 미준수, 엔진과 콤프레셔 피스톤 링 과다 마모	• 엔진 피스톤 링 교환 • 실린더라이너 교환 • 실린더 교환이나 보링작업 • 오일팬이나 개스킷 교환 • 에어 클리너 청소 및 장착 방법 준수 철저

　ⓑ 엔진 온도 과열

점검사항	조치방법
• 냉각수 및 엔진오일의 양 확인과 누출여부 확인 • 냉각팬 및 워터펌프의 작동 확인 • 팬 및 워터펌프 벨트 확인 • 수온조절기의 열림 확인 • 라디에이터 손상 상태 및 써머스태트 작동상태 확인	• 냉각수 보충 • 팬벨트의 장력조정 • 냉각팬 휴즈 및 배선상태 확인 • 팬벨트 교환 • 수온조절기 교환 • 냉각수 온도 감지센서 교환라디에이터 캡을 열고 냉각수의 흐름 관찰

　ⓒ 엔진 과회전 현상

점검사항	조치방법
• 내리막길에서 순간적으로 고단에서 저단으로 기어 변속 시(감속 시) 엔진 내부가 손상되므로 엔진 내부 확인 • 로커암 캡을 열고 푸쉬로드 휨 상태, 밸브 스템 등 손상 확인(손상 상태가 심할 경우는 실린더 블록까지 파손됨)	• 최대 회전속도를 초과한 운전 금지 • 고단에서 저단으로 급격한 기어변속 금지(특히, 내리막길) • 주의사항 : 내리막길 중립상태(일명 : 후리)운행 금지 및 최대 엔진회전수 조정볼트(봉인) 조정 금지

　ⓓ 엔진 매연 과다 발생

점검사항	조치방법
• 엔진오일 및 필터 상태 점검 • 에어 클리너 오염 상태 및 덕트 내부 상태 확인 • 블로바이 가스 발생 여부 확인 • 연료의 질 분석 및 흡·배기 밸브 간극 점검(소리로 확인)	• 에어 클리너 오염 확인 후 청소 • 에어 클리너 덕트 내부 확인 (부풀음 또는 폐쇄 확인하여 흡입 공기량이 충분토록 조치) • 밸브간극 조정 실시

　ⓔ 엔진 시동 꺼짐

점검사항	조치방법
• 연료량 확인 • 연료파이프 누유 및 공기유입 확인 • 연료탱크 내 이물질 혼입 여부 확인 • 워터 세퍼레이터 공기유입 확인	• 연료공급 계통의 공기빼기 작업 • 워터 세퍼레이터 공기유입 부분 확인하여 현장에서 조치 가능하면 작업에 착수(단품교환) • 작업 불가시 응급조치하여 공장으로 입고

　ⓕ 혹한기 주행 중 시동 꺼짐

점검사항	조치방법
• 연료 파이프 및 호스 연결부분 에어 유입 확인 • 연료 차단 솔레노이드 밸브 작동 상태 확인 • 워터 세퍼레이터 내 결빙 확인	• 인젝션 펌프 에어빼기 작업 • 워터 세퍼레이트 수분 제거 • 연료탱크 내 수분 제거

ⓐ 엔진 시동 불량

점검사항	조치방법
• 연료 파이프 에어 유입 및 누유 점검 • 펌프 내부에 이물질이 유입되어 연료 공급이 안됨	• 플라이밍 펌프 작동 시 에어 유입 확인 및 에어 빼기 • 플라이밍 펌프 내부의 필터 청소

② 섀시 계통

㉠ 덤프 작동 불량

점검사항	조치방법
• P.T.O(동력인출장치) 작동상태 점검(반 클러치 정상작동) • 호이스트 오일 누출 상태 점검 • 클러치 스위치 점검 • P.T.O 스위치 작동 불량 발견	• P.T.O 스위치 교환 • 변속기의 P.T.O 스위치 내부 단선으로 클러치를 완전히 개방시키면 상기 현상 발생함 • 현상에서 작업 조치하고 불가능시 공장으로 입고

㉡ ABS 경고등 점등

점검사항	조치방법
• 자기 진단 점검 • 휠 스피드 센서 단선 단락 • 휠 센서 단품 점검 이상 발견 • 변속기 체인지 레버 작동 시 간섭으로 커넥터 빠짐	• 휠 스피드 센서 저항 측정 • 센서 불량인지 확인 및 교환 • 배선부분 불량인지 확인 및 교환

㉢ 주행 제동 시 차량 쏠림

점검사항	조치방법
• 좌·우 타이어의 공기압 점검 • 좌·우 브레이크 라이닝 간극 및 드럼손상 점검 • 브레이크 에어 및 오일 파이프 점검 • 듀얼 서킷 브레이크 점검 • 공기 빼기 작업 • 에어 및 오일 파이프라인 이상 발견	• 타이어의 공기압 좌·우 동일하게 주입 • 좌·우 브레이크 라이닝 간극 재조정 • 브레이크 드럼 교환 • 리어 앞 브레이크 커넥터의 장착 불량으로 유압 오작동

㉣ 제동 시 차체 진동

점검사항	조치방법
• 전(前)차륜 정렬상태 점검(휠 얼라이먼트) • 제동력 점검 • 브레이크 드럼 및 라이닝 점검 • 브레이크 드럼의 진원도 불량	• 조향핸들 유격 점검 • 허브베어링 교환 또는 허브너트 재조임 • 앞 브레이크 드럼 연마 작업 또는 교환

③ 전기계통

㉠ 와이퍼가 작동하지 않음

점검사항	조치방법
• 모터가 도는지 점검	• 모터 작동 시 블레이드 암의 고정너트를 조이거나 링크기구 교환 • 모터 미작동 시 퓨즈, 모터, 스위치, 커넥터 점검 및 손상부품 교환

㉡ 와이퍼 작동 시 소음발생

점검사항	조치방법
• 와이퍼 암을 세워놓고 작동	• 소음 발생 시 링크기구 탈거하여 점검 • 소음 미발생 시 와이퍼 블레이드 및 와이퍼 암 교환

㉢ 와셔액 분출 불량

점검사항	조치방법
• 와셔액 분사 스위치 작동	• 분출이 안될 때는 와셔액의 양을 점검하고 가는 철사로 막힌 구멍뚫기 • 분출방향 불량 시는 가는 철사를 구멍에 넣어 분사방향 조절

㉣ 제동등 계속 작동

점검사항	조치방법
• 제동등 스위치 접점 고착 점검 • 전원 연결배선 점검 • 배선의 차체 접촉 여부 점검	• 제동등 스위치 교환 • 전원 연결배선 교환 • 배선의 절연상태 보완

ⓜ 틸트 캡 하강 후 경고등 점등

점검사항	조치방법
• 하강 리미트 스위치 작동상태 점검 • 록킹 실린더 누유 점검 • 틸트 경고등 스위치 정상 작동 • 캡 밀착 상태 점검 • 캡 리어 우측 쇽 업소버 볼트 장착부 용접불량 점검 • 쇽 업소버 장착 부위 정렬 불량 확인	• 캡 리어 우측 쇽 업소버 볼트 장착부 용접불량 개소 정비 • 쇽 업소버 장착 부위 정렬 불량 정비 • 쇽 업소버 교환

ⓗ 비상등 작동 불량

점검사항	조치방법
• 좌측 비상등 전구 교환 후 동일현상 발생여부 점검 • 커넥터 점검 • 전원 연결 정상여부 확인 • 턴 시그널 릴레이 점검	• 턴 시그널 릴레이 교환

ⓢ 수온 게이지 작동 불량

점검사항	조치방법
• 온도 메터 게이지 교환 후 동일현상여부 점검 • 수온센서 교환 동일현상 여부 점검 • 배선 및 커넥터 점검 • 프레임과 엔진 배선 중간부위 과다하게 꺾임 확인 • 배선 피복은 정상이나 내부 에나멜선의 단선 확인	• 온도 메터 게이지 교환 • 수온센서 교환 • 배선 및 커넥터 교환 • 단선된 부위 납땜 조치 후 테이핑

03 도로요인과 안전운행

01 도로의 선형과 교통사고

(1) 도로요인 및 도로의 조건

① 도로요인
   ㉠ 도로구조 : 도로구조는 도로의 선형, 노면, 차로수, 노폭, 구배 등에 관한 것이다.
   ㉡ 안전시설 : 신호기, 노면표시, 방호울타리 등 도로의 안전시설에 관한 것을 포함하는 개념이다.

② 도로가 되기 위한 4가지 조건
   ㉠ 형태성 : 차로의 설치, 비포장의 경우에는 노면의 균일성 유지 등으로 자동차 기타 운송수단의 통행에 용이한 형태를 갖출 것
   ㉡ 이용성 : 사람의 왕래, 화물의 수송, 자동차 운행 등 공중의 교통영역으로 이용되고 있는 곳
   ㉢ 공개성 : 공중교통에 이용되고 있는 불특정 다수인 및 예상할 수 없을 정도로 바뀌는 숫자의 사람을 위해 이용이 허용되고 실제 이용되고 있는 곳
   ㉣ 교통경찰권 : 공공의 안전과 질서유지를 위하여 교통경찰권이 발동될 수 있는 장소

(2) 평면선형 및 종단선형

① 평면선형과 교통사고
   ㉠ 일반도로 : 곡선반경이 100m 이내일 때 사고율이 높으며, 2차로 도로에서는 사고율이 더욱 증가한다.
   ㉡ 고속도로 : 곡선반경 750m를 경계로 하여 그 값이 적어짐에 따라(곡선이 급해짐에 따라) 사고율이 높아진다.
   ㉢ 곡선부
   • 곡선부의 수가 많으면 사고율이 높을 것 같으나 반드시 그런 것은 아니다. 긴 직선구간 끝에 있는 곡선부는 짧은 직선구간 다음의 곡선부에 비하여 사고율이 높다.

• 곡선부가 오르막 내리막의 종단경사와 중복되는 곳은 훨씬 더 사고 위험성이 높으며, 곡선부는 미끄럼 사고가 발생하기 쉬운 곳이다.
• 곡선부에서 사고를 감소시키는 방법은 편경사를 개선하고, 시거를 확보하며, 속도표지와 시선유도표지를 포함한 주의표지와 노면표시를 잘 설치하여야 한다.

> **tip 곡선부 방호울타리의 기능**
> • 자동차의 차도이탈을 방지하는 것
> • 탑승자의 상해 및 자동차의 파손을 감소시키는 것
> • 자동차를 정상적인 진행방향으로 복귀시키는 것
> • 운전자의 시선을 유도하는 것

② 종단선형과 교통사고
   ㉠ 일반적으로 종단경사(오르막 내리막 경사)가 커짐에 따라 사고율이 높다.
   ㉡ 종단선형이 자주 바뀌면 종단곡선의 정점에서 시거가 단축되어 사고가 일어나기 쉽다.
   ㉢ 일반적으로 양호한 선형조건에서 제한시거가 불규칙적으로 나타나면 평균사고율보다 훨씬 높은 사고율을 보인다.

02 횡단면과 교통사고

(1) 차로수와 차로폭의 교통사고

① 차로수와 교통사고
   ㉠ 차로수의 개념 : 차로수란 양 방향 차로(오르막차로, 회전차로, 변속차로, 양보차로 제외)의 수를 합한 것을 말한다.
   ㉡ 교통사고
   • 차로수와 사고율의 관계는 아직 명확하지 않다.

- 일반적으로 차로수가 많으면 사고가 많으나 이는 그 도로의 교통량이 많고, 교차로가 많으며, 또 도로변의 개발밀도가 높기 때문일 수도 있기 때문이다.

② 차로폭과 교통사고
　㉠ 차로폭의 개념 : 자동차가 한 줄로 도로의 정해진 부분을 통행하도록 차선에 의하여 구분되는데, 그 차선과 차선 사이의 최단거리를 말한다.
　㉡ 교통사고
　　• 일반적으로 횡단면의 차로 폭이 넓을수록 교통사고예방의 효과가 있다.
　　• 교통량이 많고 사고율이 높은 구간의 차로 폭을 규정범위 이내로 넓히면 그 효과는 더욱 크다.

(2) 길어깨(갓길)와 교통사고

① 길어깨의 개념과 안정성
　㉠ 개념 : 도로의 주요 구조부를 보호하고 비상시에 이용하기 위하여 차도에 접속하여 설치하는 도로의 부분을 말한다.
　㉡ 안정성
　　• 길어깨가 넓으면 차량의 이동공간이 넓고, 시계가 넓으며, 고장차량을 주행차로 밖으로 이동시킬 수 있기 때문에 안전성이 크다.
　　• 길어깨가 토사나 자갈 또는 잔디보다는 포장된 노면이 더 안전하며, 포장이 되어 있지 않을 경우에는 건조하고 유지관리가 용이할수록 안전하다.

② 길어깨와 교통사고의 관계
　㉠ 길어깨와 교통사고의 관계는 노면표시를 어떻게 하느냐에 따라 어느 정도 변할 수 있다.
　㉡ 일반적으로 이와 같이 차도와 길어깨를 구획하는 노면표시를 하면 교통사고는 감소한다.
　㉢ 길어깨의 역할
　　• 고장차가 본선차도로부터 대피할 수 있고, 사고 시 교통의 혼잡을 방지하는 역할을 한다.
　　• 측방 여유폭을 가지므로 교통의 안전성과 쾌적성에 기여한다.
　　• 유지관리 작업장이나 지하매설물에 대한 장소로 제공된다.

- 절토부 등에서는 곡선부의 시거가 증대되기 때문에 교통의 안전성이 높다.
- 유지가 잘되어 있는 길어깨는 도로 미관을 높인다.
- 보행도로가 없는 도로에서는 보행자 등의 통행장소로 제공된다.

(3) 중앙분리대와 교통사고

① 중앙분리대의 개념
　㉠ 개념 : 차도를 통행의 방향에 따라 분리하고 옆부분의 여유를 확보하기 위하여 도로의 중앙에 설치하는 분리대와 측대를 말한다.
　㉡ 설치 : 중앙분리대의 폭은 설계속도 및 지역에 따라 다르게 설치한다.

② 중앙분리대의 종류
　㉠ 방호울타리형 : 중앙분리대 내에 충분한 설치폭의 확보가 어려운 곳에서 차량의 대향차로로의 이탈을 방지하는 곳에 설치한다.
　㉡ 연석형 : 좌회전 차로의 제공이나 향후 차로 확장에 쓰일 공간을 확보하고 연석의 중앙에 잔디나 수목을 심어 녹지공간을 제공하여 운전자에게 심리적 안정감을 준다.
　　※ 차량과 충돌 시 차량을 본래의 주행방향으로 복원해 주는 기능이 미약하다.
　㉢ 광폭형 : 도로선형의 양방향 차로가 완전히 분리될 수 있는 충분한 공간확보로 대향차량의 영향을 받지 않을 정도의 넓이를 제공한다.

> **tip 방호울타리의 기능**
> - 횡단을 방지할 수 있어야 한다.
> - 차량을 감속시킬 수 있어야 한다.
> - 차량이 대향차로로 튕겨나가지 않아야 한다.
> - 차량의 손상이 적도록 해야 한다.

③ 중앙분리대의 기능
　㉠ 차량의 중앙선침범에 의한 치명적인 정면충돌 사고를 방지하고 도로 중심선 축의 교통마찰을 감소시켜 교통용량이 증대된다.

ⓛ 평면교차로가 있는 도로에서는 폭이 충분할 때 좌회전 차로로 활용할 수 있어 교통처리가 유연하다.

ⓒ 광폭 분리대의 경우 사고 및 고장 차량이 정지할 수 있는 여유공간을 제공한다.

ⓔ 무단횡단이나 불법유턴을 방지하여 교통혼잡을 피함으로써 안전성을 높인다.

ⓜ 미처 제 시간에 횡단하지 못한 보행자의 안전대피 공간으로 사용되기도 한다.

ⓗ 야간 주행 시 대향차로의 전조등에 의한 눈부심을 방지한다.

ⓢ 신호등, 이정표, 교통안전표지판 등 다양한 노상시설을 설치할 수 있다.

(4) 교량과 교통사고

① 개념

ⓖ 개념 : 교통로나 구축물 또는 강 위를 사람이나 차량이 건널 수 있게 만든 다리를 말한다.

ⓛ 폭이나 접근부 : 교량의 폭이나 교량 접근부 등은 교통사고와 밀접한 관계에 있다.

② 교통사고

ⓖ 교량 접근로의 폭에 비하여 교량의 폭이 좁을수록 사고가 더 많이 발생한다.

ⓛ 교량의 접근로 폭과 교량의 폭이 같을 때 사고율이 가장 낮다.

ⓒ 교량의 접근로 폭과 교량의 폭이 서로 다른 경우에도 교통통제시설인 안전표지, 시선유도표지, 교량끝단의 노면표시를 설치함으로써 사고율을 감소시킬 수 있다.

(5) 용어정의

① 오르막차로 : 오르막 구간에서 저속 자동차를 다른 자동차와 분리하여 통행시키기 위하여 설치하는 차로를 말한다.

② 회전차로 : 자동차가 우회전, 좌회전 또는 유턴을 할 수 있도록 직진하는 차로와 분리하여 설치하는 차로를 말한다.

③ 변속차로 : 자동차를 가속시키거나 감속시키기 위하여 설치하는 차로를 말한다.

④ 측대 : 운전자의 시선을 유도하고 옆부분의 여유를 확보하기 위하여 중앙분리대 또는 길어깨에 차도와 동일한 횡단경사와 구조로 차도에 접속하여 설치하는 부분을 말한다.

⑤ 분리대 : 차도를 통행의 방향에 따라 분리하거나 성질이 다른 같은 방향의 교통을 분리하기 위하여 설치하는 도로의 부분이나 시설물을 말한다.

⑥ 주·정차대 : 자동차의 주차 또는 정차에 이용하기 위하여 도로에 접속하여 설치하는 부분을 말한다.

⑦ 노상시설 : 보도·자전거도로·중앙분리대·길어깨 또는 환경시설대 등에 설치하는 표지판 및 방호울타리 등 도로의 부속물(공동구를 제외한다.)을 말한다.

⑧ 횡단경사 : 도로의 진행방향에 직각으로 설치하는 경사로서 도로의 배수를 원활하게 하기 위하여 설치하는 경사와 평면곡선부에 설치하는 편경사를 말한다.

⑨ 편경사 : 평면곡선부에서 자동차가 원심력에 저항할 수 있도록 하기 위하여 설치하는 횡단경사를 말한다.

⑩ 종단경사 : 도로의 진행방향 중심선의 길이에 대한 높이의 변화 비율을 말한다.

⑪ 정지시거 : 운전자가 같은 차로상에 고장차 등의 장애물을 인지하고 안전하게 정지하기 위하여 필요한 거리로서 차로 중심선상 1미터의 높이에서 그 차로의 중심선에 있는 높이 15센티미터의 물체의 맨 윗부분을 볼 수 있는 거리를 그 차로의 중심선에 따라 측정한 길이를 말한다.

⑫ 앞지르기시거 : 2차로 도로에서 저속 자동차를 안전하게 앞지를 수 있는 거리로서 차로의 중심선상 1미터의 높이에서 반대쪽 차로의 중심선에 있는 높이 1.2미터의 반대쪽 자동차를 인지하고 앞차를 안전하게 앞지를 수 있는 거리를 도로 중심선에 따라 측정한 길이를 말한다.

04 안전운전

01 방어운전

(1) 방어운전의 개념

① 안전 및 방어운전의 개념
- ㉠ 안전운전 : 운전자가 자동차를 운행함에 있어서 운전자 자신이 위험한 운전을 하거나 교통사고를 유발하지 않도록 주의하여 운전하는 것을 말한다.
- ㉡ 방어운전 : 운전자가 다른 자동차 및 보행자로 인하여 사고 위험이 발생하더라도 실제 사고로 이어지지 않고 운전하는 것을 말한다.

② 방어운전 방법
- ㉠ 자기 자신이 사고의 원인을 만들지 않는 운전
- ㉡ 자기 자신이 사고에 말려들지 않게 하는 운전
- ㉢ 타인의 사고를 유발시키지 않는 운전

(2) 방어운전의 기본

① 능숙한 운전 기술 : 적절하고 안전하게 운전하는 기술을 몸에 익혀야 한다.

② 정확한 운전지식 : 교통표지판, 교통관련 법규 등 운전에 필요한 지식을 익힌다.

③ 세심한 관찰력 : 자신을 보호하는 좋은 방법 중이 하나는 언제든지 다른 운전자의 행태를 잘 관찰하고 타산지석으로 삼는 것이다.

④ 예측능력과 판단능력 : 안전을 위협하는 운전상황의 변화요소를 신속하게 파악하는 예측능력을 키우고, 교통상황에 적절하게 대응하고 이에 맞게 자신의 행동을 통제하고 조절하면서 운행하는 판단능력이 필요하다.

⑤ 양보와 배려의 실천 : 운전은 자기 혼자만 하는 것이 아니라 주위의 다른 자동차 운전자와 보행자를 같이 생각해야 하는 것인 만큼 양보와 배려가 습관화 되도록 한다.

⑥ 교통상황 정보수집 : TV, 라디오, 인터넷, 도로상의 전광판, 일기예보 등을 통해 입수되는 다양한 정보는 안전운전에 도움이 되며, 운전 중에는 그 교통현장의 정확하고 빠른 교통정보인지가 무엇보다 중요하다.

⑦ 반성의 자세 : 자신의 운전행동에 대한 반성을 통하여 더욱 안전한 운전자로 거듭날 수 있다.

⑧ 무리한 운행 금지 : 졸음상태, 음주상태와 신체적·심리적으로 건강하지 않은 상태와 자동차의 고장이나 자동차에 이상이 있는 경우에는 운행하지 않는다.

(3) 운전 중 방어운전

① 출발할 때
- ㉠ 차의 전·후, 좌·우는 물론 차의 밑과 위까지 안전을 확인한다.
- ㉡ 도로의 가장자리에서 도로를 진입하는 경우에는 반드시 신호를 한다.
- ㉢ 교통류에 합류할 때에는 진행하는 차의 간격상태를 확인하고 합류한다.

> **tip 속도를 줄여서 운행하여야 하는 경우**
> - 교통량이 많은 곳
> - 노면의 상태가 좋지 않은 곳
> - 기상상태와 도로조건 등으로 시계조건이 나쁜 곳
> - 해질 무렵, 터널 등 조명조건이 나쁠 때
> - 곡선반경이 작은 도로나 신호의 설치간격이 좁은 도로
> - 주택가나 이면도로

② 주행차로의 사용
- ㉠ 자기 차로를 선택하여 가능한 한 변경하지 않고 주행한다.
- ㉡ 필요한 경우가 아니면 중앙의 차로를 주행하지 않는다.
- ㉢ 갑자기 차로를 바꾸지 않는다.
- ㉣ 차로를 바꾸는 경우에는 반드시 신호를 한다.

③ 앞지르기할 때
  ㉠ 꼭 필요한 경우에만 앞지르기한다.
  ㉡ 앞지르기가 허용된 지역에서만 앞지르기한다.
  ㉢ 마주 오는 차의 속도와 거리를 정확히 판단한 후 앞지르기한다.
  ㉣ 반드시 안전을 확인한 후 앞지르기한다.
  ㉤ 앞지르기에 적당한 속도로 주행한다.
  ㉥ 앞지르기 후 뒤차의 안전을 고려하여 진입한다.
  ㉦ 앞지르기 전에 앞차에게 신호로 알린다.

④ 좌·우로 회전할 때
  ㉠ 회전이 허용된 차로에서만 회전한다.
  ㉡ 대향차가 교차로를 완전히 통과한 후 좌회전한다.
  ㉢ 우회전을 할 때 보도나 노견으로 타이어가 넘어가지 않도록 주의한다.
  ㉣ 미끄러운 노면에서는 특히, 급핸들 조작으로 회전하지 않는다.
  ㉤ 회전 시에는 반드시 신호를 한다.

⑤ 정지할 때
  ㉠ 운행 전에 제동등이 점등되는지 확인한다.
  ㉡ 원활하게 서서히 정지한다.
  ㉢ 교통상황을 판단하여 미리미리 속도를 줄여 급정지하지 않도록 한다.
  ㉣ 미끄러운 노면에서는 급제동으로 차가 회전하는 경우가 발생하지 않도록 한다.

⑥ 주차할 때
  ㉠ 주차가 허용된 지역이나 안전한 지역에 주차한다.
  ㉡ 주행차로에 차의 일부분이 돌출된 상태로 주차하지 않는다.
  ㉢ 언덕길 등 기울어진 길에는 바퀴를 고이거나 위험 방지를 위한 조치를 취한 후 안전을 확인하고 차에서 떠난다.
  ㉣ 차가 노상에서 고장을 일으킨 경우에는 적절한 고장표지를 설치한다.

⑦ 신호할 때
  ㉠ 틀린 신호를 하지 않도록 한다.
  ㉡ 경음기는 사용을 태만히 하거나 남용하여 사용하지 않도록 한다.

⑧ 차간거리
  ㉠ 앞차에 너무 밀착하여 주행하지 않도록 한다.
  ㉡ 후진 시 후방의 물체와의 거리를 확인한다.
  ㉢ 좌·우측 차량과의 안전거리를 확인한다.
  ㉣ 차위의 물체와의 거리를 확인한다.
  ㉤ 다른 차가 끼어들기 하는 경우에는 양보하여 안전하게 진입하도록 한다.

⑨ 감정의 통제
  ㉠ 졸음이 오는 경우 무리하여 운행하지 않도록 한다.
  ㉡ 타인의 운전태도에 감정적으로 반응하여 운전하지 않도록 한다.
  ㉢ 술이나 약물의 영향이 있는 경우 운전을 삼간다.
  ㉣ 몸이 불편한 경우에는 운전하지 않는다.

⑩ 점검과 주의
  ㉠ 운행 전·중·후에 차량점검을 철저히 한다.
  ㉡ 자신의 차량이나 적재된 화물에 대하여 정확히 숙지한다.
  ㉢ 운행 전·후에는 차량의 문이나 결박상태를 확인한다.

02 상황별 운전

(1) 교차로

① 개요
  ㉠ 교차로는 자동차, 사람, 이륜차 등의 엇갈림(교차)이 발생하는 장소로써, 교차로 및 교차로 부근은 횡단보도 및 횡단보도 부근과 더불어 교통사고가 가장 많이 발생하는 지점이다.
  ㉡ 교차로는 사각이 많으며, 무리하게 교차로를 통과하려는 심리가 작용하여 추돌사고가 일어나기 쉽다.
  ㉢ 교차로에서의 차대차 또는 차대사람 등의 엇갈림(교차)으로 인한 교통사고를 예방하고 교통의 원활한 소통을 도모하는 방법은 신호기를 설치하거나 교차로 자체를 입체화(고가도로 및 지하도 등 입체교차로 설치)하는 것이다.

ⓔ 신호기는 도로에서의 위험을 방지하고 교통의 안전과 원활한 소통을 확보하기 위하여 설치하는 교통안전시설이다.

ⓜ 교통안전시설의 장 · 단점

구분	장 · 단점
장점	• 교통류의 흐름을 질서 있게 한다. • 교통처리용량을 증대시킬 수 있다. • 교차로에서의 직각충돌사고를 줄일 수 있다. • 특정 교통류의 소통을 도모하기 위하여 교통 흐름을 차단하는 것과 같은 통제에 이용할 수 있다.
단점	• 과도한 대기로 인한 지체가 발생할 수 있다. • 신호지시를 무시하는 경향을 조장할 수 있다. • 신호기를 피하기 위해 부적절한 노선을 이용할 수 있다. • 교통사고, 특히 추돌사고가 다소 증가할 수 있다.

② 사고발생원인
　ⓐ 앞쪽(또는 옆쪽) 상황에 소홀한 채 진행신호로 바뀌는 순간 급출발
　ⓑ 정지신호임에도 불구하고 정지선을 지나 교차로에 진입하거나 무리하게 통과를 시도하는 신호무시
　ⓒ 교차로 진입 전 이미 황색신호임에도 무리하게 통과시도

③ 교차로 안전운전 및 방어운전
　ⓐ 신호등이 있는 경우 : 신호등이 지시하는 신호에 따라 통행한다.
　ⓑ 교통경찰관 수신호의 경우 : 교통경찰관의 지시에 따라 통행한다.
　ⓒ 신호등 없는 교차로의 경우 : 통행의 우선순위에 따라 주의하며 진행한다.
　ⓓ 섣부른 추측운전 금지 : 통행차량 또는 사람이 없다거나 잘 아는 곳이라는 생각으로 일시정지나 서행을 무시하고 형식적으로 통과하면 위험하므로 반드시 자신의 눈으로 안전을 확인하고 주행한다.
　ⓔ 언제든 정지할 수 있는 준비 태세 : 교차로에서는 자전거 또는 어린이 등이 뛰어 나올 수 있다는 것을 염두에 두고 이에 대처할 수 있도록 언제든지 정지할 수 있는 마음의 준비를 하고 운전한다.

ⓕ 신호가 바뀌는 순간 주의 : 교차로 사고의 대부분은 신호가 바뀌는 순간에 발생하므로 반대편 도로의 교통 전반을 살피며 1~2초의 여유를 가지고 서서히 출발한다.

ⓖ 교차로 정차 시 안전운전
　• 신호를 대기할 때는 브레이크 페달에 발을 올려 놓는다.
　• 정지할 때 까지는 앞차에서 눈을 떼지 않는다.

ⓗ 교차로 통과 시 안전운전
　• 신호는 자기의 눈으로 확실히 확인한다.
　• 직진할 경우는 좌 · 우회전하는 차를 주의한다.
　• 교차로의 대부분이 앞이 잘 보이지 않는 곳임을 알아야 한다.
　• 좌 · 우회전 시의 방향신호는 정확히 해야 한다.
　• 성급한 좌회전은 보행자를 간과하기 쉽다.
　• 앞차를 따라 차간거리를 유지해야 하며, 맹목적으로 앞차를 따라가지 않는다.

ⓘ 시가지 외 도로운행 시 안전운전
　• 자기 능력에 부합된 속도로 주행한다.
　• 맹속력으로 주행하는 차에게는 진로를 양보한다.
　• 좁은 길에서 마주 오는 차가 있을 때에는 서행하면서 교행한다.
　• 철길 건널목을 주의한다.
　• 커브에서는 특히 주의하여 주행한다.
　• 원심력을 가볍게 생각하지 않는다.

④ 교차로 황색신호
　ⓐ 목적
　　• 황색신호는 전신호와 후신호 사이에 부여되는 신호이다.
　　• 전신호 차량과 후신호 차량이 교차로 상에서 상호 충돌하는 것을 예방하여 교통사고를 방지하고자 하는 목적에서 운영되는 신호이다.
　ⓑ 신호시간
　　• 교차로 황색신호시간은 통상 3초를 기본으로 운영한다. 교차로의 크기에 따라 4~6초까지 연장 운영하기도 하지만, 지극히 부득이한 경우가 아니라면 6초를 초과하는 것은 금기로 한다.
　　• 교차로 황색신호시간은 이미 교차로에 진입한 차량은 신속히 빠져나가야 하는 시간이며 아직 교

차로에 진입하지 못한 차량은 진입해서는 안되는 시간이다.

ⓒ 황색신호 시 사고유형
- 교차로 상에서 전신호 차량과 후신호 차량의 충돌
- 횡단보도 전 앞차 정지 시 앞차 추돌
- 횡단보도 통과 시 보행자, 자전거 또는 이륜차 충돌
- 유턴 차량과의 충돌

ⓔ 교차로 황색신호 시 안전운전 및 방어운전
- 황색신호에는 반드시 신호를 지켜 정지선에 멈출 수 있도록 교차로에 접근할 때는 자동차의 속도를 줄여 운행한다.
- 교차로 내는 물론 교차로 부근에 무리하게 진입해서는 안 된다. 교차로 또는 교차로와 접해 있는 횡단보도 및 그 부근, 유턴구간 및 그 부근 등 사고다발지점인 경우가 많기 때문이다.
- 교차로에 무리하게 진입하거나 통과를 시도하지 않는다. 황색신호 진입 시 마주오는 차로의 차량도 황색신호에 출발할 수 있기 때문에 만일 사고가 일어난다면 대형사고가 될 가능성이 높다.

(2) 이면도로 운전법

① 이면도로 운전의 위험성
- ㉠ 도로의 폭이 좁고, 보도 등의 안전시설이 없다.
- ㉡ 좁은 도로가 많이 교차하고 있다.
- ㉢ 주변에 점포와 주택 등이 밀집되어 있으므로, 보행자 등이 아무 곳에서나 횡단이나 통행을 한다.
- ㉣ 길가에서 어린이들이 뛰어 노는 경우가 많으므로, 어린이들과의 사고가 일어나기 쉽다.

② 이면도로를 안전하게 통행하는 방법
- ㉠ 항상 위험을 예상하면서 운전
  - 속도를 낮춘다.
  - 자동차나 어린이가 갑자기 뛰어들지 모른다는 생각을 가지고 운전한다.
  - 언제라도 곧 정지할 수 있는 마음의 준비를 갖춘다.
- ㉡ 위험 대상물을 계속 주시
  - 위험스럽게 느껴지는 자동차나 자전거·손수레·사람과 그 그림자 등 위험 대상물을 발견하였을 때에는 그의 움직임을 주시하여 안전하다고 판단될 때까지 시선을 떼지 않는다.

- 특히 어린이들은 시야가 좁고 조심성이 부족하기 때문에, 자동차를 미처 보지 못하여 뜻밖의 장소에서 차의 앞으로 뛰어드는 사례가 많으므로, 방심하지 말아야 한다.

(3) 커브길

① 개요
- ㉠ 커브길은 도로가 왼쪽 또는 오른쪽으로 굽은 곡선부를 갖는 도로의 구간을 의미한다.
- ㉡ 곡선부의 곡선반경이 길어질수록 완만한 커브길이 되며 곡선반경이 극단적으로 길어져 무한대에 이르면 완전한 직선도로가 된다.
- ㉢ 곡선반경이 짧아질수록 급한 커브길이 된다.

② 커브길의 교통사고 위험
- ㉠ 도로 외 이탈의 위험이 뒤따른다.
- ㉡ 중앙선을 침범하여 대향차와 충돌할 위험이 있다.
- ㉢ 시야불량으로 인한 사고의 위험이 있다.

③ 커브길 주행방법
- ㉠ 완만한 커브길
  - 커브길의 편구배(경사도)나 도로의 폭을 확인하고 가속 페달에서 발을 떼어 엔진 브레이크가 작동되도록 하여 속도를 줄인다.
  - 엔진 브레이크만으로 속도가 충분히 떨어지지 않으면 풋 브레이크를 사용하여 실제 커브를 도는 중에 더 이상 감속할 필요가 없을 정도까지 속도를 줄인다.
  - 커브가 끝나는 조금 앞부터 핸들을 돌려 차량의 모양을 바르게 한다.
  - 가속 페달을 밟아 속도를 서서히 높인다.
- ㉡ 급 커브길
  - 커브의 경사도나 도로의 폭을 확인하고 가속 페달에서 발을 떼어 엔진 브레이크가 작동되도록 하여 속도를 줄인다.
  - 풋 브레이크를 사용하여 충분히 속도를 줄인다.
  - 후사경으로 오른쪽 후방의 안전을 확인한다.
  - 저단 기어로 변속한다.
  - 커브의 내각의 연장선에 차량이 이르렀을 때 핸들을 꺾는다.

- 차가 커브를 돌았을 때 핸들을 되돌리기 시작한다.
- 차의 속도를 서서히 높인다.
ⓒ 커브길 핸들조작
- 커브길에서의 핸들조작은 슬로우 인, 패스트 아웃 원리에 입각하여 커브 진입직전에 핸들조작이 자유로울 정도로 속도를 감속한다.
- 커브가 끝나는 조금 앞에서 핸들을 조작하여 차량의 방향을 안정되게 유지한 후, 속도를 증가(가속)하여 신속하게 통과할 수 있도록 하여야 한다.
④ 커브길 안전운전 및 방어운전
ⓐ 커브길에서는 미끄러지거나 전복될 위험이 있으므로 부득이한 경우가 아니면 급핸들 조작이나 급제동은 하지 않는다.
ⓑ 핸들을 조작할 때는 가속이나 감속을 하지 않는다.
ⓒ 중앙선을 침범하거나 도로의 중앙으로 치우쳐 운전하지 않는다.
ⓓ 주간에는 경음기, 야간에는 전조등을 사용하여 내 차의 존재를 알린다.
ⓔ 항상 반대 차로에 차가 오고 있다는 것을 염두에 두고 차로를 준수하며 운전한다.
ⓕ 커브길에서 앞지르기는 대부분 안전표지로 금지하고 있으나 안전표지가 없더라도 절대로 앞지르기 하지 않는다.
ⓖ 겨울철에는 빙판이 그대로 노면에 있는 경우가 있으므로 사전에 조심하여 운전한다.

(4) 차로폭

① 차로폭 및 도로폭
ⓐ 차로폭의 기준
- 기준에 따라 도로의 설계속도, 지형조건 등을 고려하여 달리할 수 있으나 대개 3.0m~3.5m를 기준으로 한다.
- 교량위, 터널내, 유턴차로(회전차로) 등에서 부득이한 경우 2.75m로 할 수 있다.
ⓑ 도로폭
- 시내 및 고속도로 등에서는 도로폭이 비교적 넓다.
- 골목길이나 이면도로 등에서는 도로폭이 비교적 좁다.

② 차로폭에 따른 사고 위험
ⓐ 차로폭이 넓은 경우 : 운전자가 느끼는 주관적 속도감이 실제 주행속도 보다 낮게 느껴짐에 따라 제한속도를 초과한 과속사고의 위험이 있다.
ⓑ 차로폭이 좁은 경우 : 차로폭이 좁은 도로의 경우는 차로수 자체가 편도 1~2차로에 불과하거나 보·차도 분리시설이 미흡하거나 도로정비가 미흡하고 자동차, 보행자 등이 무질서하게 혼재하는 경우가 있어 사고의 위험성이 높다.
③ 차로폭에 따른 안전운전 및 방어운전
ⓐ 차로폭이 넓은 경우 : 주관적인 판단을 가급적 자제하고 계기판의 속도계에 표시되는 객관적인 속도를 준수할 수 있도록 노력한다.
ⓑ 차로폭이 좁은 경우 : 보행자, 노약자, 어린이 등에 주의하여 즉시 정지할 수 있는 안전한 속도로 주행속도를 감속하여 운행한다.

(5) 언덕길

① 내리막길 안전운전 및 방어운전
ⓐ 내리막길을 내려가기 전에는 미리 감속하여 천천히 내려가며 엔진 브레이크로 속도를 조절하는 것이 바람직하다.
ⓑ 엔진 브레이크를 사용하면 페이드 현상을 예방하여 운행 안전도를 더욱 높일 수 있다.
ⓒ 배기 브레이크가 장착된 차량의 경우 배기 브레이크를 사용하면 운행의 안전도를 더욱 높일 수 있다.
※ 배기 브레이크 … 자동차의 엔진 브레이크 종류 중 하나로 엔진의 배기라인을 틀어막아 감속하는 브레이크이다. 엔진 브레이크에 비하여 빠르고 큰 제동력을 얻는다.

> **tip 배기 브레이크의 효과**
> - 브레이크액의 온도상승 억제에 따른 베이퍼 록 현상을 방지한다.
> - 드럼의 온도상승을 억제하여 페이드 현상을 방지한다.
> - 브레이크 사용 감소로 라이닝의 수명을 증대시킬 수 있다.

ⓓ 도로의 오르막길 경사와 내리막길 경사가 같거나 비슷한 경우라면, 변속기 기어의 단수도 오르막 내리막을 동일하게 사용하는 것이 적절하다.

ⓜ 커브 주행 시와 마찬가지로 중간에 불필요하게 속도를 줄인다든지 급제동하는 것은 금물이다.

ⓗ 비교적 경사가 가파르지 않은 긴 내리막길을 내려갈 때 시선은 통상 먼 곳을 바라보는 경향이 있기 때문에 가속 페달을 무심코 밟게 되어 자신도 모르게 순간 속도가 높아질 위험이 있으므로 조심해야 한다.

② 오르막길 안전운전 및 방어운전

㉠ 정차할 때는 앞차가 뒤로 밀려 충돌할 가능성을 염두에 두고 충분한 차간 거리를 유지한다.

㉡ 오르막길의 사각 지대는 정상 부근이다. 마주 오는 차가 바로 앞에 다가올 때까지는 보이지 않으므로 서행하여 위험에 대비한다.

㉢ 정차 시에는 풋 브레이크와 핸드 브레이크를 같이 사용한다.

㉣ 출발 시에는 핸드 브레이크를 사용하는 것이 안전하다.

㉤ 오르막길에서 앞지르기 할 때는 힘과 가속력이 좋은 저단 기어를 사용하는 것이 안전하다.

③ 언덕길 교행

㉠ 언덕길에서 올라가는 차량과 내려오는 차량의 교행 시에는 내려오는 차에 통행 우선권이 있으므로 올라가는 차량이 양보한다.

㉡ 올라가는 차량이 양보하는 것은 내리막 가속에 의한 사고위험이 더 높다는 점을 고려한 것이다.

(6) 앞지르기

① 앞지르기의 사고 위험

㉠ 앞지르기는 앞차보다 빠른 속도로 가속하여 상당한 거리를 진행해야 하므로 앞지르기할 때의 가속도에 따른 위험이 수반된다.

㉡ 앞지르기는 필연적으로 진로변경을 수반한다. 진로변경은 동일한 차로로 진로변경 없이 진행하는 경우에 비하여 사고의 위험이 높다.

② 앞지르기 사고의 유형

㉠ 앞지르기 위한 최초 진로변경 시 동일방향 좌측 후속차 또는 나란히 진행하던 차와 충돌

㉡ 좌측 도로상의 보행자와 충돌, 우회전차량과의 충돌

㉢ 중앙선을 넘어 앞지르기 시 대향차와 충돌

※ 중앙선이 실선인 경우 중앙선침범이 적용되고, 중앙선이 점선인 경우 일반 과실사고로 처리된다.

㉣ 진행 차로 내의 앞뒤 차량과의 충돌

㉤ 앞 차량과의 근접주행에 따른 측면 충격

㉥ 경쟁 앞지르기에 따른 충돌

③ 앞지르기 안전운전 및 방어운전

㉠ 자차가 앞지르기 할 때

• 앞지르기에 필요한 속도가 그 도로의 최고속도 범위 이내 일 때 앞지르기를 시도한다.

• 앞지르기에 필요한 충분한 거리와 시야가 확보되었을 때 앞지르기를 시도한다.

• 앞차가 앞지르기를 하고 있는 때는 앞지르기를 시도하지 않는다.

• 앞차의 오른쪽으로 앞지르기하지 않는다.

• 점선의 중앙선을 넘어 앞지르기 하는 때에는 대향차의 움직임에 주의하여야 한다.

㉡ 다른 차가 자차를 앞지르기 할 때

• 자차의 속도를 앞지르기를 시도하는 차의 속도 이하로 적절히 감속한다.

• 앞지르기 금지 장소나 앞지르기를 금지하는 때에도 앞지르기하는 차가 있다는 사실을 항상 염두에 두고 주의 운전한다.

(7) 철길 건널목

① 철길 건널목의 개념

㉠ 개념 : 철도와 도로법에서 정한 도로가 평면 교차하는 곳을 의미한다.

㉡ 구분 : 제1종 건널목, 제2종 건널목, 제3종 건널목으로 구분한다.

② 건널목의 종류

    ㉠ **1종 건널목** : 차단기, 경보기 및 건널목 교통안전 표지를 설치하고 차단기를 주·야간 계속하여 작동시키거나 또는 건널목 안내원이 근무하는 건널목이다.

    ㉡ **2종 건널목** : 경보기와 건널목 교통안전 표지만 설치하는 건널목이다.

    ㉢ **3종 건널목** : 건널목 교통안전 표지만 설치하는 건널목이다.

③ 철길 건널목 사고원인

    ㉠ 운전자가 건널목의 경보기를 무시하거나, 일시정지를 하지 않고 통과하다가 주로 발생한다.

    ㉡ 일단 사고가 발생하면 인명피해가 큰 대형사고가 주로 발생하게 된다.

④ 철길 건널목 안전운전 방어운전

    ㉠ **일시정지 후, 좌·우의 안전 확인** : 건널목 직전에서 일시정지 후 확인하며, 차단기가 내려졌거나, 내려지고 있거나, 경보음이 울릴 때, 건널목 앞쪽이 혼잡하여 건널목을 완전히 통과할 수 없게 될 염려가 있을 때에는 진입하지 않는다.

    ㉡ **건널목 통과 시 수동기어일 경우 변속 금지** : 엔진이 정지되지 않도록 가속 페달을 조금 힘주어 밟고 건널목을 통과할 때 수동기어일 경우 변속 과정에서 엔진이 멈출 수 있으므로 가급적 기어 변속을 하지 않고 통과한다.

    ㉢ **건널목 건너편 여유 공간 확인 후 통과** : 앞 차량을 따라 계속 건너갈 때는 앞 차량이 건너간 맞은편에 자기 차가 들어갈 여유 공간이 있을 때 통과한다.

⑤ 철길 건널목 내 차량고장 대처방법

    ㉠ 즉시 동승자를 대피시킨다.

    ㉡ 철도공사 직원에게 알리고 차를 건널목 밖으로 이동시키도록 조치한다.

    ㉢ 시동이 걸리지 않을 때는 당황하지 말고 기어를 1단 위치에 넣은 후 클러치 페달을 밟지 않은 상태에서 엔진 키를 돌리면 시동 모터의 회전으로 바퀴를 움직여 철길을 빠져 나올 수 있다.

(8) 고속도로의 운행

① 속도의 흐름과 도로사정, 날씨 등에 따라 안전거리를 충분히 확보한다.

② 주행 중 속도계를 수시로 확인하여 법정속도를 준수한다.

③ 차로 변경 시는 최소한 100m 전방으로부터 방향지시등을 켜고, 전방 주시점은 속도가 빠를수록 멀리 둔다.

④ 앞차의 움직임 뿐 아니라 가능한 한 앞차 앞의 3~4대 차량의 움직임도 살핀다.

⑤ 고속도로 진·출입 시 속도감각에 유의하여 운전한다.

⑥ 고속도로 진입 시 충분한 가속으로 속도를 높인 후 주행차로로 진입하여 주행차에 방해를 주지 않도록 한다.

⑦ 주행차로 운행을 준수하고 두 시간마다 휴식을 취한다.

⑧ 뒤차가 자기 차를 추월하고 있는 상황에서 경쟁하는 것은 위험하다.

(9) 야간운전

① 야간운전의 위험성

    ㉠ 야간에는 주간에 비해 시야가 전조등의 범위로 한정되어 노면과 앞차의 후미 등 전방만을 보게 되므로 주간보다 속도를 20%정도 감속하고 운행하여야 한다.

    ㉡ 커브길이나 길모퉁이에선 헤드라이트를 비춰도 회전하는 방향이 제대로 비춰지지 않아 앞이 제대로 보이지 않으므로 속도를 줄여 주행한다.

    ㉢ 야간에는 안구동작이 활발하지 못해 자극에 대한 반응이 둔해지게 되고 심하면 근육이나 뇌파의 반응도 저하되어 졸음까지 오게 되니 주의한다.

    ㉣ 마주 오는 대향차가 전조등을 상향등 상태로 주행하게 되면 조명 빛으로 인해 보행자의 모습을 볼 수 없게 되는 증발현상과 운전자의 눈 기능이 순간적으로 저하되는 현혹현상 등으로 인해 교통사고를 일으키게 되므로 상대방의 전조등을 정면으로 보지 않도록 한다.

② 야간 안전운전 방법
  ㉠ 해가 저물면 곧바로 전조등을 점등할 것
  ㉡ 주간보다 속도를 낮추어 주행할 것
  ㉢ 야간에 흑색이나 감색의 복장을 입은 보행자는 발견하기 곤란하므로 보행자의 확인에 더욱 세심한 주의를 기울일 것
  ㉣ 실내를 불필요하게 밝게 하지 말 것
  ㉤ 가급적 전조등이 비치는 곳 끝까지 살필 것
  ㉥ 주간보다 안전에 대한 여유를 크게 가질 것
  ㉦ 대향차의 전조등을 바로 보지 말 것
  ㉧ 자동차가 교행할 때 조명장치를 하향 조정할 것
  ㉨ 장거리 운행할 때에는 운행계획을 세워 적시에 휴식을 취할 것
  ㉩ 노상에 주·정차를 하지 말 것
  ㉪ 문제가 발생했을 때 정차시는 여러 가지 안전조치를 취할 것
  ㉫ 운전 시 흡연을 하지 말 것
  ㉬ 술취한 사람이 차도에 뛰어드는 경우를 조심할 것

⑽ 안개길과 빗길

① 안개길
  ㉠ 안개가 끼었을 때에는 차간거리를 충분히 확보하고 앞차의 제동이나 방향지시등의 신호를 예의주시하며 천천히 주행해야 안전하다.
  ㉡ 앞이 안보일 정도로 짙은 안개가 끼었을 때는 차를 안전한 곳에 세우고 잠시 기다리는 것이 좋으며, 미등과 비상경고등을 점등시켜 충돌사고 등을 미리 예방하는 조치를 취한다.

② 빗길
  ㉠ 비가 내리기 시작한 직후에는 빗물이 차량에서 나온 오일과 도로 위에서 섞이는데 이것은 도로를 아주 미끄럽게 하므로 조심해야 한다.
  ㉡ 비가 내려 물이 고인 길을 통과할 때는 속도를 줄이며 저속기어로 바꾸어 서행하여 통과한다.
  ㉢ 브레이크에 물이 들어가면 브레이크가 약해지거나 불균등하게 걸리거나 또는 풀리지 않을 수 있어 차량의 제동력을 감소시킨다.
  ㉣ 빗물이 고인 곳을 지난 후 주행하다가 브레이크가

원활히 작동하지 않을 경우에는 브레이크를 여러 번 나누어 밟아 마찰열로 브레이크 패드나 라이닝의 물기를 제거하거나 기어를 저단으로 하여 엔진 브레이크상태를 만든 다음 왼발로 브레이크 페달에 저항이 걸릴 정도로 밟고, 오른발은 가속페달을 밟아 물기를 제거한다.

⑾ 비포장도로

① 비포장도로의 운전
  ㉠ 깨끗하게 포장된 도로와는 달리 울퉁불퉁한 비포장도로는 노면 마찰계수가 낮고 매우 미끄럽다.
  ㉡ 비포장도로에서는 브레이킹, 가속페달 조작, 핸들링 등을 부드럽게 해야 한다.

② 모래, 진흙 등에 빠졌을 때
  ㉠ 주의할 점은 엔진을 고속으로 회전시키지 않아야 한다.
  ㉡ 몇 차례 시도에도 차가 밖으로 나오지 못하면 변속기의 손상과 엔진의 과열을 방지하기 위해 견인을 한다.

03 계절별 운전

⑴ 봄철

① 계절특성
  ㉠ 겨울이 끝나고 초봄에 접어들 때는 겨울 동안 얼어 있던 땅이 녹아 지반이 약해지는 해빙기이다.
  ㉡ 특히 날씨가 온화해짐에 따라 사람들의 활동이 활발해지는 계절이다.

② 기상 특성
  ㉠ 날씨의 변화가 심하면서 기온이 상승하고 낮과 밤의 일교차가 커지면서 강수량은 증가한다.
  ㉡ 일기 변화가 심하고 한낮에는 영상 20도까지 오르는 날씨가 되기도 한다.
  ㉢ 흙먼지가 날려 운행에 불편을 주고 황사 발생으로 인하여 운전자의 시야에 지장을 준다.

③ 교통사고의 특징
  ㉠ 도로조건
  • 날씨가 풀리면서 얼어있던 땅이 녹아 지반 붕괴로 인한 도로의 균열이나 낙석의 위험이 크다.
  • 포장된 도로에서 노변을 운행하는 것은 노변의 붕괴 또는 함몰로 인한 대형 사고의 위험이 높다.
  • 바람과 황사 현상에 의한 시야 장애도 종종 사고의 원인으로 작용한다.
  ㉡ 운전자
  • 기온이 상승함에 따라 긴장이 풀리고 몸도 나른해진다.
  • 춘곤증에 의한 졸음운전으로 전방주시태만과 관련된 사고의 위험이 높다.
  ㉢ 보행자
  • 추웠던 날씨가 풀리면서 도로변에 보행자가 급증하기 때문에 모든 운전자들은 때와 장소의 구분 없이 보행자 보호에 많은 주의를 기울어야 한다.
  • 어린이와 노약자들의 보행이나 교통수단 이용이 겨울에 비해 늘어나는 계절적 특성으로 어린이 노약자 관련 교통사고가 늘어난다.
  • 주택가나 학교 주변 또는 정류소 등 보행자가 많은 지역에서는 차간 거리를 여유 있게 확보하고 서행한다.

④ 안전운행 및 교통사고 예방
  ㉠ 교통 환경 변화
  • 도로의 지반 붕괴와 균열로 인하여 도로 노면 상태가 1년 중 가장 불안정하여 사고의 원인이 되므로 시선을 멀리 두어 노면 상태 파악에 신경을 써야 한다.
  • 도로정보를 사전에 파악하고, 변화하는 기후 조건에 잘 대처할 수 있도록 방어운전에 힘써야 한다.
  ㉡ 주변 환경 대응
  • 포근하고 화창한 외부환경 여건으로 보행자나 운전자 모두 집중력이 떨어져 사고 발생률이 다른 계절에 비해 높다.
  • 신학기를 맞아 학생들의 보행 인구가 늘어나고 각급 학교의 소풍이나 현장학습 그리고 본격적인 행락철을 맞아 통행량도 증가하게 된다.

• 들뜬 마음이나 과로 운전이 원인이 되어 교통사고로 이어질 가능성이 크다는 점에 유의하여 운행 중 충분한 휴식과 주변 교통 상황에 대해 집중력을 갖고 안전 운행한다.
  ㉢ 춘곤증
  • 봄이 되면 낮의 길이가 길어짐에 따라 활동 시간이 늘어나는 반면 휴식·수면 시간이 줄고, 신진대사 기능이 활발해지지만 춘곤증이 생기게 된다.
  • 춘곤증은 피로·나른함 및 의욕저하를 수반하여 운전하는 과정에서 주의력 집중이 안되고 졸음운전으로 이어져 대형 사고를 일으키는 원인이 될 수 있다.
  • 시속 60km로 달리는 자동차의 운전자가 1초를 졸았을 경우 무의식중의 주행거리가 약 16.7m나 되어 대형 사고의 원인이 될 수 있다.

⑤ 자동차관리
  ㉠ 세차
  • 자동차를 물로 자주 씻는 것은 그리 바람직하지 못하나 겨울을 보낸 다음에는 전문 세차장을 찾아 차체를 들어 올리고 구석구석 세차한다.
  • 노면의 결빙을 막기 위해 뿌려진 염화칼슘이 운행 중에 자동차의 바닥부분에 부착되어 차체의 부식을 촉진시킨다.
  ㉡ 월동장비 정리
  • 겨울을 나기 위해 필요했던 스노타이어, 체인 등 월동장비를 잘 정리해서 보관한다.
  • 월동장비 관리부실로 비싼 장비를 한철도 못쓰고 재사용이 불가능해지는 경우가 많기 때문이다.
  ㉢ 엔진오일 점검
  • 주행거리와 오일의 상태에 따라 교환해 주거나 부족할 때에는 보충해야 한다.
  • 오일을 교환할 때는 다른 오일과 혼합해서 사용하지 말고 동일 등급의 오일을 사용하며 반드시 오일 필터도 함께 교환한다.
  ㉣ 배선상태 점검
  • 전선의 피복이 벗겨진 부분은 없는지, 소켓 부분이 부식되지는 않았는지 등을 점검한다.
  • 낡은 배선은 새것으로 교환해주어 화재발생을 예방한다.

(2) 여름철

① 계절 특성

ⓐ 봄철에 비해 기온이 상승하며, 6월말부터 7월 중순까지 장마전선의 북상으로 비가 많이 온다.

ⓑ 장마 이후에는 무더운 날이 지속되며, 저녁 늦게까지 기온이 내려가지 않는 열대야 현상이 나타난다.

② 기상 특성

ⓐ 태풍을 동반한 집중 호우 및 돌발적인 악천후, 본격적인 무더위에 의해 기온이 높고 습기가 많아진다.

ⓑ 한밤중에도 무더운 현상이 계속되어 운전자들이 짜증을 느끼게 되고 쉽게 피로해지며 주의 집중이 어려워진다.

③ 교통사고의 특징

ⓐ **도로조건**

• 돌발적인 악천후 및 무더위 속에서 운전하다 보면 시각적 변화와 긴장 · 흥분 · 피로감등이 복합적 요인으로 작용하여 교통사고를 일으킬 수 있으므로 기상 변화에 잘 대비하여야 한다.

• 장마와 더불어 갑자기 소나기가 내리는 등의 기상변화 때문에 도로 노면의 물이 미끄러워 교통사고를 유발시킨다는 점도 유의하여야 한다.

ⓑ **운전자**

• 기온과 습도 상승으로 불쾌지수가 높아져 난폭운전, 불필요한 경음기 사용, 사소한 일에도 언성을 높이며 잘못을 전가하려는 행동이 나타난다.

• 수면부족과 피로로 인한 졸음운전 등도 집중력 저하 요인으로 작용한다.

ⓒ **보행자**

• 장마철에는 우산을 받치고 보행함에 따라 전 · 후방 시야를 확보하기 어렵다.

• 장마 이후엔 무더운 날씨로 불쾌지수가 증가하여 위험한 상황에 대한 인식이 둔해지고 안전수칙을 무시하려는 경향이 강하게 나타난다.

④ 안전 운행 및 교통사고 예방

ⓐ 뜨거운 태양 아래 오래 주차 시 : 출발하기 전에 창문을 열어 실내의 더운 공기를 환기시키고 에어컨을 최대로 켜서 실내의 더운 공기가 빠져나간 다음에 운행하는 것이 좋다.

ⓑ 주행 중 갑자기 시동이 꺼졌을 때

• 기온이 높은 날에는 운행 도중 엔진이 저절로 꺼지는 일이 발생하기도 하는데 이는 연료 계통에서 열에 의한 증기로 통로의 막힘 현상이 나타나 연료 공급이 단절되기 때문이다.

• 시동이 꺼졌을 때는 자동차를 길 가장자리 통풍이 잘되는 그늘진 곳으로 옮긴 다음, 보닛을 열고 10여분 정도 열을 식힌 후 재시동을 건다.

ⓒ 비가 내리는 중에 주행 시 : 비에 젖은 도로를 주행할 때는 건조한 도로에 비해 마찰력이 떨어져 미끄럼에 의한 사고 가능성이 있으므로 감속 운행한다.

⑤ 자동차관리

ⓐ 냉각장치 점검 : 여름철에는 엔진이 과열되기 쉬우므로 냉각수의 양은 충분한지, 냉각수가 새는 부분은 없는지, 팬벨트의 장력은 적절한지를 수시로 확인해야 한다.

ⓑ 와이퍼의 작동상태 점검 : 유리면과 접촉하는 부위인 블레이드가 닳지 않았는지, 모터의 작동은 정상적인지, 노즐의 분출구 막힘은 없고 분사각도는 양호한지, 워셔액은 깨끗하고 충분한지를 점검한다.

ⓒ 타이어 마모상태 점검

• 과마모 타이어는 빗길에서 잘 미끄러질뿐더러 제동거리가 길어지므로 교통사고의 위험이 높다.

• 노면과 맞닿는 부분인 요철형 무늬의 깊이(트레드 홈 깊이)가 최저 1.6mm 이상이 되는지를 확인하고 적정 공기압을 유지하고 있는지 점검한다.

ⓓ 차량 내부의 습기 제거

• 차량 내부에 습기가 찰 때에는 습기를 제거하여 차체의 부식과 악취발생을 방지한다.

• 폭우 등으로 물에 잠긴 차량의 경우는 각종 배선에서 수분이 완전히 제거되지 않아 합선이 일어날 수 있으므로 시동을 건다든지 전기장치를 작동시키지 않고 전문가의 도움을 받는다.

(3) 가을철

① 계절 특성

ⓐ 가을은 아침, 저녁으로 제법 선선한 바람이 불어 즐거운 느낌을 주기도 하지만, 심한 일교차로 건강을 해칠 수도 있다.

ⓛ 맑은 날씨가 계속되고 기온도 적당하여 학교 소풍이나 수학여행, 직장 또는 지역 단위의 교통수요가 많다.

ⓒ 심한 일교차가 일어나기 때문에 안개가 집중적으로 발생되어 대형 사고의 위험도 높아진다.

② 기상 특성

ⓐ 기온이 낮아지고 맑은 날이 많으며 강우량이 줄고, 아침에는 안개가 빈발하며 일교차가 심하다.

ⓛ 특히 하천이나 강을 끼고 있는 곳에서는 짙은 안개가 자주 발생한다.

③ 교통사고의 특징

ⓐ **도로조건** : 교통량 증가로 전국 도로가 몸살을 앓기는 하지만 다른 계절에 비하여 도로조건은 비교적 좋은 편이다.

ⓛ **운전자** : 추수철 국도 주변에는 경운기·트랙터 등의 통행이 늘고, 높고 푸른 하늘, 형형색색 물들어 있는 단풍을 감상하다보면 집중력이 떨어져 교통사고의 발생 위험이 있다.

ⓒ **보행자** : 맑은 날씨, 곱게 물든 단풍, 풍성한 수확, 추석, 단체여행객의 증가 등으로 들뜬 마음에 의한 주의력 저하 관련 사고가능성이 높다.

④ 안전운행 및 교통사고 예방

ⓐ **이상기후 대처**

• 안개가 발생되는 날은 예측하기가 어렵고, 예고 없이 발생하기도 하며 발생 지역의 범위도 매우 다양하다.

• 안개 속을 주행할 때 갑작스럽게 감속을 하면 뒤차에 의한 추돌이 우려되고 반대로 감속하지 않으면 앞차를 추돌하기 쉽다.

• 늦가을에 안개가 끼면 노면이 동결되는 경우가 있는데, 이때는 엔진 브레이크를 사용하면서 감속한 다음 브레이크를 밟아야 하며, 급핸들 및 급브레이크 조작을 삼간다.

ⓛ **보행자에 주의하여 운행**

• 사람들은 기온이 떨어지면 몸을 움츠리는 등 행동이 부자연스러워진다.

• 보행자도 교통 상황에 대처하는 능력이 저하되므로 보행자의 움직임에 주의하여 운행한다.

ⓒ **행락철 주의**

• 행락철인 가을에는 각급 학교의 수학여행·가을 소풍, 회사나 가족단위의 단풍놀이 등 단체 여행의 증가한다.

• 행락철에는 사고를 유발할 위험성이 높으므로 과속을 피하고, 교통법규를 준수한다.

ⓡ **농기계 주의**

• 추수시기를 맞아 경운기 등 농기계의 빈번한 사용도 교통사고의 원인이 되므로, 농촌지역 운행 시에는 농기계의 출현에 대비하여야 한다.

• 도로가에 심어져 있는 나무 등에 가려 간선 도로로 진입하는 경운기를 보지 못하는 경우가 있으므로 주의한다.

• 경운기 발견시에는 안전거리를 유지하고 경적을 울려, 자동차가 가까이 있다는 사실을 알려주어야 한다.

⑤ 자동차관리

ⓐ **세차 및 차체 점검**

• 바닷가로 여행을 다녀온 차량은 바닷가의 염분이 차체를 부식시키므로 깨끗이 씻어내고 페인트가 벗겨진 곳은 부분적으로 칠을 해서 녹이 슬지 않도록 한다.

• 진공청소기를 사용해서 차 내부 바닥에 쌓인 먼지를 제거한다.

ⓛ **서리제거용 열선 점검** : 기온의 하강으로 인해 유리창에 서리가 끼게 되므로 열선의 연결부분이 이탈하지 않았는지, 열선이 정상적으로 작동하는지를 미리 점검한다.

ⓒ **장거리 운행 전 점검사항**

• 타이어의 공기압은 적절하고, 상처 난 곳은 없는지, 스페어타이어는 이상 없는지를 점검한다.

• 보닛을 열어보아 냉각수와 브레이크액의 양을 점검한다.

• 엔진오일은 양 뿐 아니라 상태에 대한 점검을 병행한다.

• 팬벨트의 장력은 적정한지, 손상된 부분은 없는지 점검하고 여유분 한 개를 더 휴대한다.

• 헤드라이트, 방향지시등과 같은 각종 램프의 작동 여부를 점검한다.

• 운행 중의 고장이나 점검에 필요한 휴대용 작업
  등, 손전등을 준비한다.
• 출발 전 연료를 가득 채우고 지도를 휴대하는 것
  도 필요하다.

(4) 겨울철

① 계절 특성
  ㉠ 날씨는 춥고 눈이 많이 내리는 특성을 보인다.
  ㉡ 교통의 3대요소인 사람, 자동차, 도로환경 등 모
    든 조건이 다른 계절에 비하여 열악한 계절이다.

② 기상 특성
  ㉠ 겨울철은 습도가 낮고 공기가 매우 건조하며, 기온
    이 급강하고 한파를 동반한 눈이 자주 내린다.
  ㉡ 이상 현상으로 기온이 올라가면 겨울안개가 생성
    되기도 하며, 눈길, 빙판길, 바람과 추위 등이 운
    전에 악영향을 미치는 기상특성을 보인다.

③ 교통사고의 특징
  ㉠ 도로조건
    • 겨울철에는 눈이 녹지 않고 쌓여 적은 양의 눈이
      내려도 바로 빙판이 되기 때문에 자동차의 충
      돌·추돌·도로 이탈 등의 사고가 많이 발생한다.
    • 노면이 평탄하게 보이지만 실제로는 얼음으로 덮
      여있는 도로 구간이나 지점도 접할 수 있다.
  ㉡ 운전자
    • 잦은 모임 등으로 음주운전 사고가 우려된다.
    • 두꺼운 옷을 착용함에 따라 움직임은 둔해져 위
      기상황에 대한 민첩한 대처능력이 떨어지기 쉽다.
  ㉢ 보행자
    • 겨울철 보행자는 추위와 바람을 피하고자 두터운
      외투, 방한복 등을 착용하고 앞만 보면서 목적지
      까지 최단거리로 이동하고자 하는 경향이 있다.
    • 안전한 보행을 위하여 보행자가 확인하고 통행하
      여야 할 사항을 소홀히 하거나 생략하여 사고에
      직면하기 쉽다.

④ 안전운행 및 교통사고 예방
  ㉠ 출발 시
    • 노면에 눈이 쌓였거나 결빙되어 미끄러운 곳에서 는
      바퀴가 헛돌기 때문에 출발방법을 달리해야 한다.

• 도로가 미끄러울 때에는 급하거나 갑작스러운 동
  작을 하지 말고 부드럽게 천천히 출발하며 처음
  출발할 때 도로 상태를 느끼도록 한다.
• 핸들이 꺾여 있는 상태에서 출발하면 앞바퀴의
  회전각도 자체가 브레이크 역할을 해서 바퀴가
  헛도는 결과를 초래하므로 앞바퀴를 직진 상태에
  서 출발한다.
• 눈이 쌓인 미끄러운 오르막길에서는 주차 브레이
  크를 절반쯤 당겨 서서히 출발하며, 자동차가 출
  발한 후에는 주차 브레이크를 완전히 푼다.

  ㉡ 전·후방 주시 철저
• 겨울철은 밤이 길고, 약간의 비나 눈만 내려도 물
  체를 판단할 수 있는 능력이 감소하므로 전·후
  방의 교통 상황에 대한 주의가 필요하다.
• 미끄러운 도로를 운행할 때에는 돌발 사태에 대
  처할 수 있는 시간과 공간이 필요하므로 보행자
  나 다른 자동차의 흐름을 잘 살피고 자신의 자동
  차가 다른 사람의 눈에 잘 띌 수 있도록 한다.

  ㉢ 주행 시
• 빙판이나 눈길같이 미끄러운 도로에서의 제동 시
  정지거리가 평소보다 2배 이상 길기 때문에 충분
  한 차간거리 확보 및 감속이 요구되며 다른 차량
  과 나란히 주행하지 않는다.
• 눈이 내린 후 차바퀴 자국이 나 있을 때에는 선
  (앞)차량의 타이어 자국위에 자기 차량의 타이어
  바퀴를 넣고 달리면 미끄러짐을 예방할 수 있다.
• 기어는 2단 혹은 3단으로 고정하여 구동력을 바
  꾸지 않는 방법으로 주행한다.
• 미끄러운 오르막길에서는 앞서가는 자동차가 정상
  에 오르는 것을 확인한 후 올라가야 하며, 도중에
  정지하는 일이 없도록 밑에서부터 탄력을 받아
  일정한 속도로 기어 변속 없이 올라가야 한다.
• 주행 중 노면의 동결이 예상되는 그늘진 장소도
  주의해야 한다.
• 교량 위·터널 근처가 동결되기 쉬운 대표적인
  장소로 감속 운행한다.
• 눈 쌓인 커브길 주행 시에는 기어 변속을 하지
  말고 커브 진입 전에 충분히 감속해야 한다.
• 햇빛·바람·기온 차이로 커브길의 입구와 출구
  쪽의 노면 상태가 다르므로 도로상태를 확인 및
  감속하여야 한다.

ㄹ 장거리 운행 시
- 장거리 운행을 할 때는 목적지까지의 운행 계획을 평소보다 여유 있게 세워야 한다.
- 도착지·행선지·도착시간 등을 타인에게 고지하여 기상악화나 불의의 사태에 신속히 대처할 수 있도록 한다.
- 특히, 비포장도로나 산악 도로를 운행 시에는 월동 비상장구를 휴대한다.

⑤ 자동차관리
ㄱ 월동장비 점검
- 겨울철의 눈길이나 빙판길을 안전하게 주행하기 위해 스노타이어로 교환하거나 체인을 장착해야 한다.
- 체인은 구동 바퀴에만 장착해야 하며, 시속 50km 이상을 주행하면 심한 진동과 소음이 생기고 체인이 벗겨질 위험이 있으므로 과속하지 않도록 한다.
ㄴ 부동액 점검 : 냉각수의 동결을 방지하기 위해 부동액의 양 및 점도를 점검한다.
ㄷ 써머스타 상태 점검 : 엔진의 온도를 일정하게 유지시켜 주는 역할을 하는 써머스타를 점검하여 엔진의 워밍업이 길어지거나, 히터의 기능이 떨어지는 것을 예방한다.
ㄹ 체인 점검
- 자신의 자동차 타이어에 맞는 적절한 수의 체인과 여분의 크로스 체인을 구비한다.
- 체인의 절단이나 마모 부분은 없는지 점검하며 체인을 채우는 방법을 미리 익혀둔다.

04 위험물 운송

(1) 위험물 개요

① 개요 : 화학 반응에 의해 사람이나 다른 생물, 재산, 환경을 해칠 수 있는 물질을 말한다.

② 위험물의 종류 및 성질

구분	종류 및 성질
위험물의 종류	• 고압가스 • 화약 • 석유류 • 독극물 • 방사성물질
위험물의 성질	• 발화성 • 인화성 • 폭발성

(2) 위험물의 적재 및 운반방법

① 위험물의 적재
ㄱ 운반도중 위험물 또는 위험물을 수납한 운반용기가 떨어지거나 그 용기의 포장이 파손되지 않도록 적재할 것
ㄴ 수납구를 위로 향하게 적재할 것
ㄷ 직사광선 및 빗물 등의 침투를 방지할 수 있는 덮개를 설치할 것
ㄹ 혼재 금지된 위험물의 혼합 적재 금지

tip 운반용기와 포장외부에 표시해야 할 사항

- 위험물의 품목
- 화학명 및 수량

② 운반 방법
ㄱ 마찰 및 흔들림 일으키지 않도록 운반할 것
ㄴ 지정 수량 이상의 위험물을 차량으로 운반할 때는 차량의 전면 또는 후면의 보기 쉬운 곳에 표지를 게시할 것
ㄷ 일시정차 시는 안전한 장소를 택하여 안전에 주의할 것
ㄹ 그 위험물에 적응하는 소화설비를 설치할 것
ㅁ 재해발생이 우려될 때에는 응급조치를 취하고 가까운 소방관서, 기타 관계기관에 통보하여 조치를 받아야 한다.

(3) 차량에 고정된 탱크의 안전운행

① 운행 전의 점검

㉠ 차량의 점검

점점부분	점검내용
엔진 관련 부분	• 라디에이터 등의 냉각장치 누수 유무 • 냉각 수량의 적정 유무 • 라디에이터 캡의 부착상태의 적정 유무 • 팬벨트의 당김 상태 및 손상의 유무 • 기름량의 적정 유무 • 기타 운전시의 배기색깔
동력전달장치 부분	• 접속부의 조임과 헐거움의 정도 • 접속부의 이완 유무 • 접속부의 손상 유무
브레이크 부분	• 브레이크액 누설 또는 배관속의 공기 유무 • 브레이크 오일량의 적정 여부 • 페달과 바닥판과의 간격 • 핸들 브레이크 래칫의 물림상태 및 레바의 조임상태 적정여부
조향 핸들	• 핸들 높이의 정도 • 핸들 헐거움의 유무 • 기타 운전 시 조향 상태
바퀴 상태	• 바퀴의 조임, 헐거움의 유무 • 림(Rim)의 손상 유무 • 타이어 균열 및 손상 유무(편마모가 없을 것, 틈 깊이가 충분할 것, 공기압이 충분할 것)
샤시, 스프링 부분	• 스프링의 절손 또는 스프링 부착부의 손상 유무 점검 • 기타 부속품
기타 부속품	• 전조등, 점멸 표시등, 차폭등 및 차량번호판 등의 손상 및 작동상태 • 경음기, 방향지시기 및 윈도우 클리너 작동 상태

㉡ 탑재기기, 탱크 및 부속품 점검

• 탱크 본체가 차량에 부착되어 있는 부분에 이완이나 어긋남이 없을 것
• 밸브류가 확실히 정확히 닫혀 있어야 하며, 밸브 등의 개폐상태를 표시하는 꼬리표(Tag)가 정확히 부착되어 있을 것
• 밸브류, 액면계, 압력계 등이 정상적으로 작동하고 그 본체 이음매, 조작부 및 배관 등에 누설부분이 없을 것
• 호스 접속구에 캡이 부착되어 있을 것
• 접지탭, 접지클립, 접지코드 등의 정비상태가 양호할 것

② 운송 시 주의사항

㉠ 도로상이나 주택가, 상가 등 지정된 장소가 아닌 곳에서는 탱크로리 상호간에 취급물질을 입·출하시키지 말 것

㉡ 운송 중은 물론 정차 시에도 허용된 장소 이외에서는 흡연이나 그 밖의 화기를 사용하지 말 것
㉢ 수리할 때에는 통풍이 양호한 장소에서 실시할 것
㉣ 운송할 물질의 특성, 차량의 구조, 탱크 및 부속품의 종류와 성능, 정비점검방법, 운행 및 주차시의 안전조치와 재해발생 시에 취해야 할 조치를 숙지할 것

③ 안전운송기준

㉠ 법규, 기준 등의 준수 : 도로교통법, 고압가스 안전관리법, 액화석유가스의 안전관리 및 사업법 등 관계법규 및 기준을 잘 준수할 것
㉡ 운송중의 임시점검 : 도로의 노면이 나쁜 도로를 통과할 경우에는 그 주행 직전에 안전한 장소를 선

택하여 주차하고, 가스의 누설, 밸브의 이완, 부속품의 부착부분 등을 점검하여 이상여부를 확인할 것

ⓒ 운행 경로의 변경 : 운행계획에 따른 운행 경로를 임의로 바꾸지 말아야 하며, 부득이하여 운행 경로를 변경하고자 할 때에는 긴급한 경우를 제외하고는 소속사업소, 회사 등에 사전 연락하여 비상사태를 대비할 것

ⓔ 육교 등 밑의 통과
• 차량이 육교 등 밑을 통과할 때는 육교 등 높이에 주의하여 서서히 운행하여야 한다.
• 차량이 육교 등의 아래 부분에 접촉할 우려가 있는 경우에는 다른 길로 돌아서 운행하고, 또한 빈 차의 경우는 적재차량보다 차의 높이가 높게 되므로 적재차량이 통과한 장소라도 주의할 것

ⓜ 철길 건널목 통과
• 철길 건널목을 통과하는 경우는 건널목 앞에서 일시정지하고 열차가 지나가지 않는가를 확인하여 건널목위에 차가 정지하지 않도록 통과한다.
• 특히 야간의 강우, 짙은 안개, 적설의 경우, 또한 건널목 위에 사람이 많이 지나갈 때는 차를 안전하게 운행할 수 있는가를 생각하고 통과할 것

ⓗ 터널 내의 통과 : 터널에 진입하는 경우는 전방에 이상사태가 발생하지 않았는지 표시등을 확인하면서 진입할 것

ⓢ 취급물질 출하 후 탱크 속 잔류가스 취급 : 취급물질을 출하한 후에도 탱크 속에는 잔류가스가 남아 있으므로 내용물이 적재된 상태와 동일하게 취급 및 점검을 실시할 것

ⓞ 주차
• 운송 중 노상에 주차할 필요가 있는 경우에는 주택 및 상가 등이 밀집한 지역을 피하고, 교통량이 적고 부근에 화기가 없는 안전하고 지반이 평탄한 장소를 선택하여 주차할 것
• 부득이하게 비탈길에 주차하는 경우에는 사이드브레이크를 확실히 걸고 차바퀴를 고임목으로 고정한다. 또한, 차량운전자가 차량으로부터 이탈한 경우에는 항상 눈에 띄는 곳에 있어야 한다.

ⓩ 여름철 운행 : 탱크로리의 직사광선에 의한 온도상승을 방지하기 위하여 노상에 주차할 경우에는 직사광선을 받지 않도록 그늘에 주차시키거나 탱크에 덮개를 씌우는 등의 조치를 할 것

ⓩ 고속도로 운행
• 고속도로를 운행할 경우에는 속도감이 둔하여 실제의 속도 이하로 느낄 수 있으므로 제한속도와 안전거리를 필히 준수하여야 하며, 커브길 등에서는 특히 신중하게 운행할 것
• 200km 이상의 거리를 운행하는 경우에는 중간에 충분한 휴식을 취한 후 운행할 것

④ 이입 작업할 때의 기준
ⓐ 사업소 안전관리자의 작업기준
• 차를 소정의 위치에 정차시키고 사이드브레이크를 확실히 건 다음, 엔진을 끄고(엔진 구동방식의 것은 제외한다) 메인스위치 그 밖의 전기장치를 완전히 차단하여 스파크가 발생하지 아니하도록 하고, 커플링을 분리하지 아니한 상태에서는 엔진을 사용할 수 없도록 적절한 조치를 강구할 것
• 차량이 앞, 뒤로 움직이지 않도록 차바퀴의 전·후를 차바퀴 고정목 등으로 확실하게 고정시킬 것
• 정전기 제거용의 접지코드를 기지(基地)의 접지텍에 접속할 것
• 부근의 화기가 없는가를 확인할 것
• 「이입작업 중(충전 중) 화기엄금」의 표시판이 눈에 잘 띄는 곳에 세워져 있는가를 확인할 것
• 만일의 화재에 대비하여 소화기를 즉시 사용할 수 있도록 할 것
• 저온 및 초저온가스의 경우에는 가죽장갑 등을 끼고 작업을 할 것
• 만일 가스누설을 발견 할 경우에는 긴급차단장치를 작동시키는 등의 신속한 누출방지조치를 할 것
• 이입(移入)작업이 끝난 후 : 차량 및 이출(移出)시설 쪽에 있는 각 밸브의 폐지, 호스의 분리, 각 밸브의 캡 부착 등을 끝내고, 접지코드를 제거한 후 각 부분의 가스누출을 점검하고, 밸브상자를 뚜껑을 닫은 후, 차량 부근에 가스가 체류되어 있는지 여부를 점검하고 이상 없음을 확인한 후 차량운전자에게 차량이동을 지시할 것

ⓛ 차량 운전자가 안전관리자 책임 하에 취해야 할 조치
- 차량에 고정된 탱크의 운전자는 이입작업이 종료 될 때까지 탱크로리차량의 긴급차단장치 부근에 위치하여야 한다.
- 가스누출 등 긴급사태 발생 시 안전관리자의 지시에 따라 신속하게 차량의 긴급차단장치를 작동하거나 차량이동 등의 조치를 취하여야 한다.

⑤ 이송(移送)작업할 때의 기준
- ㉠ 이송 전·후에 밸브의 누출유무를 점검하고 개폐는 서서히 행할 것
- ㉡ 탱크의 설계압력 이상의 압력으로 가스를 충전하지 않을 것
- ㉢ 저울, 액면계 또는 유량계를 사용하여 과충전에 주의할 것
- ㉣ 가스 속에 수분이 혼입되지 않도록 하고, 슬립튜브식 액면계의 계량시에는 액면계의 바로 위에 얼굴이나 몸을 내밀고 조작하지 말 것
- ㉤ 액화석유가스 충전소 내에서는 동시에 2대 이상의 고정된 탱크에서 저장설비로 이송작업을 하지 않을 것
- ㉥ 충전소 내에서는 동시에 2대 이상의 차량에 고정된 탱크를 주·정차 시키지 않을 것.

⑥ 운행을 종료한 때의 점검
- ㉠ 밸브 등의 이완이 없을 것
- ㉡ 경계표지 및 휴대품 등의 손상이 없을 것
- ㉢ 부속품등의 볼트 연결상태가 양호할 것
- ㉣ 높이검지봉 및 부속배관 등이 적절히 부착되어 있을 것

(4) 충전용기 등의 적재·하역 및 운반방법

① 고압가스 충전용기의 운반기준 : 충전용기를 차량에 적재하여 운반하는 때에는 당해 차량의 앞뒤 보기 쉬운 곳에 각각 붉은 글씨로 "위험 고압가스"라는 경계표시를 할 것

② 밸브의 손상방지 용기취급 : 밸브가 돌출한 충전용기는 고정식 프로텍터 또는 캡을 부착시켜 밸브의 손상을 방지하는 조치를 하고 운반할 것

③ 충전용기 등을 적재한 차량의 주·정차 기준
- ㉠ 형을 충분히 고려하여 가능한 한 평탄하고 교통량이 적은 안전한 장소를 택할 것
- ㉡ 시장 등 차량의 통행이 현저히 곤란한 장소 등에는 주·정차하지 말 것
- ㉢ 언덕길 등 경사진 곳을 피하여야 하며, 엔진을 정지시킨 다음, 사이드브레이크를 걸어 놓고 반드시 차바퀴를 고정목으로 고정시킬 것
- ㉣ 제1종 보호시설에서 15m 이상 떨어지고, 제2종 보호시설이 밀착되어 있는 지역은 가능한 한 피할 것
- ㉤ 주위의 교통상황, 주위의 화기 등이 없는 안전한 장소에 주·정차할 것
- ㉥ 차량의 고장, 교통사정 또는 운반책임자·운전자의 휴식, 식사 등 부득이한 경우를 제외하고는 당해 차량에서 동시에 이탈하지 아니할 것. 동시에 이탈할 경우에는 차량이 쉽게 보이는 장소에 주차할 것
- ㉦ 차량의 고장 등으로 인하여 정차하는 경우는 고장 자동차의 표지 등을 설치하여 다른 차와의 충돌을 피하기 위한 조치를 할 것

④ 충전용기의 적재·하역 또는 지면에서의 운반작업 기준
- ㉠ 충전용기 등을 차에 싣거나, 내릴 때에는 당해 충전용기 등의 충격이 완화될 수 있는 고무판 또는 가마니 등의 위에서 주의하여 취급하여야 하며 이들을 항시 차량에 비치할 것
- ㉡ 충전용기 몸체와 차량과의 사이에 헝겊, 고무링 등을 사용하여 마찰을 방지하고 당해 충전용기 등에 흠이나 찌그러짐 등이 생기지 않도록 조치할 것
- ㉢ 고정된 프로텍터가 없는 용기는 보호캡을 부착한 후 차량에 실을 것
- ㉣ 충전용기를 용기보관소로 운반할 때는 가능한 손수레를 사용하거나 용기의 밑부분을 이용하여 운반할 것
- ㉤ 지반면 위를 운반하는 경우는 용기 등의 몸체가 지반면에 닿지 않도록 할 것
- ㉥ 충전용기 등을 차량에 적재하여 운반할 때는 그물망을 씌우거나, 전용 로프 등을 사용하여 떨어지

지 않도록 하여야 하며, 특히 충전용기 등을 차량에 싣거나, 내릴 때에는 로프 등으로 충전용기 등 일부를 고정하여 작업 도중 충전용기 등이 무너지거나 떨어지지 않도록 하여 작업할 것

ⓐ 독성가스 충전 용기를 운반하는 때에는 용기 사이에 목재 칸막이 또는 패킹을 할 것

ⓞ 가연성 가스 또는 산소를 운반하는 차량에서 소화설비 및 재해발생 방지를 위한 응급조치에 필요한 자재 및 공구 등을 휴대할 것

ⓩ 가연성 가스와 산소를 동일차량에 적재하여 운반하는 때에는 그 충전용기의 밸브가 서로 마주보지 않게 적재할 것.

ⓒ 충전용기와 소방법이 정하는 위험물과는 동일 차량에 적재하여 운반하지 아니할 것

ⓚ 납붙임용기 및 접합용기에 고압가스를 충전하여 차량에 적재할 때에는 포장상자(외부의 압력 또는 충격 등에 의하여 당해 용기 등에 흠이나 찌그러짐 등이 발생되지 않도록 만들어진 상자)의 외면에 가스의 종류 · 용도 및 취급시 주의사항을 기재한 것에 한하여 적재한다.

⑤ 충전용기를 차량에 적재할 때의 기준
ⓖ 차량의 최대 적재량을 초과하여 적재하지 않을 것
ⓛ 차량의 적재함을 초과하여 적재하지 않을 것
ⓔ 운반중의 충전용기는 항상 40℃ 이하를 유지할 것
ⓐ 자전거 또는 오토바이에 적재하여 운반하지 아니할 것. 다만, 차량이 통행하기 곤란한 지역 그 밖에 시 · 도지사가 지정하는 경우에는 그러하지 아니하다.

ⓜ 충전용기 등의 적재방법
• 충전용기를 차량에 적재하여 운반하는 때에는 차량운행 중의 동요로 인하여 용기가 충돌하지 아니하도록 고무링을 씌우거나 적재함에 넣어 세워서 운반할 것
※ 압축가스의 충전용기 중 그 형태 및 운반차량의 구조상 세워서 적재하기 곤란한 때에는 적재함 높이 이내로 눕혀서 적재할 수 있다.
• 충전용기 등을 목재 · 플라스틱 또는 강철재로 만든 팔레트(견고한 상자 또는 틀)내부에 넣어 안전하게 적재하는 경우와 용량 10kg 미만의 액화석

유가스 충전용기를 적재할 경우를 제외하고 모든 충전용기는 1단으로 쌓을 것
• 로프 등을 사용하여 확실하게 묶어서 적재하여야 하며, 운반차량 뒷면에는 두께가 5mm 이상, 폭 100mm 이상의 범퍼 (SS400 또는 이와 동등이상의 강도를 갖는 강재를 사용한 것에 한한다.) 또는 이와 동등이상의 효과를 갖는 완충장치를 설치하여야 한다.
※ 로프 등 … 충전용기 등은 짐이 무너지거나, 떨어지거나 차량의 충돌 등으로 인한 충격과 밸브의 손상 등을 방지하기 위하여 차량의 짐받이에 바싹대고 로프, 짐을 조이는 공구 또는 그물 등을 말한다.

ⓗ 차량에 충전용기 등을 적재한 후에 당해 차량의 측판 및 뒤판을 정상적인 상태로 닫은 후 확실하게 걸게쇠로 걸어 잠글 것

ⓘ 가스운반용차량의 적재함
• 리프트를 설치하여야 한다.
• 적재할 충전용기 최대 높이의 2/3이상까지 SS400 또는 이와 동등이상의 강도를 갖는 재질(가로 · 세로 · 두께가 75×40×5mm 이상인 ㄷ 형강 또는 호칭지름 · 두께가 50×3.2mm 이상의 강관)로 적재함을 보강하여 용기고정이 용이하도록 할 것
• 충전용기는 적재함의 구조가 적합한 가스전용 운반차량에 의하여 적재 · 운반 및 하역을 할 것
※ 적재능력 1톤 이하의 차량에는 적재함에 리프트를 설치하지 않을 수 있다.

05 고속도로 교통안전

(1) 교통사고의 특성 및 안전운전 방법

① 고속도로 교통사고의 특성
ⓖ 고속도로는 빠르게 달리는 도로의 특성상 다른 도로에 비해 치사율이 높다.
ⓛ 고속도로에서는 운전자 전방주시 태만과 졸음운전으로 인한 2차(후속)사고 발생가능성이 높아지고 있다.
ⓔ 고속도로는 운행 특성상 장거리 통행이 많고 특히 영업용 차량(화물차, 버스) 운전자의 장거리 운행

으로 인한 과로로 졸음운전이 발생할 가능성이 매우 높다.

ⓔ 화물차, 버스 등 대형차량의 안전운전 불이행으로 대형사고가 발생하고, 사망자도 대폭 증가하고 있는 추세이다. 또한 화물차의 적재불량과 과적은 도로상에 낙하물을 발생시키고 교통사고의 원인이 되고 있다.

ⓜ 최근 고속도로 운전 중 휴대폰 사용, DMB 시청 등 기기사용 증가로 인해 전방 주시에 소홀해 지고 이로 인한 교통사고 발생 가능성이 더욱 높아지고 있다.

② 고속도로 안전운전 방법

ⓞ 전방주시 : 고속도로 교통사고 원인의 대부분은 전방주시 의무를 게을리 한 탓이다. 운전자는 앞차의 뒷부분만 봐서는 안 되며 앞차의 전방까지 시야를 두면서 운전한다.

ⓛ 진입은 안전하게 천천히, 진입 후 가속은 빠르게 : 고속도로에 진입할 때는 방향지시등으로 진입 의사를 표시한 후 가속차로에서 충분히 속도를 높이고 주행하는 다른 차량의 흐름을 살펴 안전을 확인한 후 진입한다. 진입한 후에는 빠른 속도로 가속해서 교통흐름에 방해가 되지 않도록 한다.

ⓒ 주변 교통흐름에 따라 적정속도 유지 : 고속도로에서는 주변 차량들과 함께 교통흐름에 따라 운전하는 것이 중요하다. 주변차량들과 다른 속도로 주행하면 다른 차량의 운행과 교통흐름을 방해할 수 있기 때문에 최고속도 하에서 적정 속도를 유지해야 한다.

ⓡ 주행차로로 주행 : 느린 속도의 앞차를 추월할 경우 앞지르기 차로를 이용하며 추월이 끝나면 주행차로로 복귀한다. 복귀할 때에는 뒤차와 거리가 충분히 벌려졌을 때 안전하게 차로를 변경한다.

ⓜ 전 좌석 안전띠 착용 : 교통사고로 인한 인명피해를 예방하기 위해 전 좌석 안전띠를 착용해야 하며 고속도로 및 자동차 전용도로는 전 좌석 안전띠 착용이 의무사항이다.

ⓗ 후부 반사판 부착(차량 총중량 7.5톤 이상 및 특수 자동차는 의무 부착) : 후부 반사판은 화물차나 특수차량 뒷편에 부착해야 하는 안전표지판으로 야간에 후방에서 주행 중인 자동차가 전방을 잘 식별할 수 있도록 도와준다.

(2) **교통사고 및 고장 발생 시 대처 요령**

① 2차 사고의 방지

ⓞ 2차 사고는 선행 사고나 고장으로 정차한 차량 또는 사람(선행차량 탑승자 또는 사고 처리자)을 후방에서 접근하는 차량이 재차 충돌하는 사고를 말한다.

ⓛ 고속도로는 차량이 고속으로 주행하는 특성상 2차 사고 발생 시 사망사고로 이어질 가능성이 매우 높다.

ⓒ 고속도로 2차 사고 치사율은 일반사고 보다 6배 높다.

tip 2차사고 예방 안전행동요령

- 신속히 비상등을 켜고 다른 차의 소통에 방해가 되지 않도록 갓길로 차량을 이동시킨다(트렁크를 열어 위험을 알리는 것도 좋은 방법). 만일, 차량이동이 어려운 경우 탑승자들은 안전조치 후 신속하고 안전하게 가드레일 바깥 등의 안전한 장소로 대피한다.
- 후방에서 접근하는 차량의 운전자가 쉽게 확인할 수 있도록 고장자동차의 표지(안전삼각대)를 한다. 야간에는 적색 섬광신호·전기제등 또는 불꽃신호를 추가로 설치한다.(시인성 확보를 위한 안전조끼 착용 권장)
- 운전자와 탑승자가 차량 내 또는 주변에 있는 것은 매우 위험하므로 가드레일 밖 등 안전한 장소로 대피한다.
- 경찰관서(112), 소방관서(119) 또는 한국도로공사 콜센터(1588-2504)로 연락하여 도움을 요청한다.

② 부상자의 구호

ⓞ 사고 현장에 의사, 구급차 등이 도착할 때까지 부상자에게는 가제나 깨끗한 손수건으로 지혈하는 등 가능한 응급조치를 한다.

ⓛ 함부로 부상자를 움직여서는 안 되며, 특히 두부에 상처를 입었을 때에는 움직이지 말아야 한다. 그러나 2차 사고의 우려가 있을 경우에는 부상자를 안전한 장소로 이동시킨다.

③ 경찰공무원등에게 신고

  ⊙ 사고를 낸 운전자는 사고 발생 장소, 사상자 수, 부상정도, 그 밖의 조치상황을 경찰공무원이 현장에 있을 때에는 경찰 공무원에게, 경찰공무원이 없을 때에는 가장 가까운 경찰관서에 신고한다.

  ⊙ 사고발생 신고 후 사고 차량의 운전자는 경찰공무원이 말하는 부상자 구호와 교통안전 상 필요한 사항을 지켜야 한다.

> **tip 긴급견인서비스 및 도로공사 콜센터**
>
> • 고속도로 2504 긴급견인서비스(1588-2504, 한국도로공사 콜센터)
> • 고속도로 본선, 갓길에 멈춰 2차사고가 우려되는 소형차량을 가까운 안전지대(영업소, 휴게소, 쉼터)까지 견인하는 제도로서 한국도로공사에서 비용을 부담하는 무료 서비스
> • 대상 자동차 : 승용차, 16인 이하 승합차, 1.4톤 이하 화물차

(3) 도로터널 안전운전

① 도로터널 화재의 위험성

  ⊙ 터널은 반밀폐된 공간으로 화재가 발생할 경우

    • 내부에 열기가 축적되며 급속한 온도가 상승한다.
    • 종방향으로 연기확산이 빠르게 진행되어 시야확보가 어렵다.
    • 연기 질식에 의한 다수의 인명피해가 발생 될 수 있다.

  ⊙ 대형차량 화재 시

    • 약 1,200℃까지 온도가 상승한다.
    • 구조물에 심각한 피해를 유발하게 된다

> **tip 터널 안전운전 수칙**
>
> • 터널 진입 전 입구 주변에 표시된 도로정보를 확인한다.
> • 터널 진입 시 라디오를 켠다.
> • 선글라스를 벗고 라이트를 켠다.
> • 교통신호를 확인한다.
> • 안전거리를 유지한다.
> • 차선을 바꾸지 않는다.
> • 비상시를 대비하여 피난연결통로, 비상주차대 위치를 확인한다.

② 터널내 화재 시 행동요령

  ⊙ 운전자는 차량과 함께 터널 밖으로 신속하게 이동한다.

  ⊙ 터널 밖으로 이동이 불가능한 경우 최대한 갓길 쪽으로 정차한다.

  ⊙ 엔진을 끈 후 키를 꽂아둔 채 신속하게 하차한다.

  ⊙ 비상벨을 누르거나 비상전화로 화재발생을 알려줘야 한다.

  ⊙ 사고 차량의 부상자에게 119 구조요청 등의 도움을 준다.

  ⊙ 터널에 비치된 소화기나 설치되어 있는 소화전으로 조기 진화를 시도한다.

  ⊙ 조기 진화가 불가능할 경우 젖은 수건이나 손등으로 코와 입을 막고 낮은 자세로 화재 연기를 피해 유도등을 따라 신속히 터널 외부로 대피한다.

(4) 운행 제한 차량 단속

① 운행 제한차량 종류

  ⊙ 차량의 축하중 10톤, 총중량 40톤을 초과한 차량

  ⊙ 적재물을 포함한 차량의 길이(16.7m), 폭(2.5m), 높이(4m)를 초과한 차량

  ⊙ 다음에 해당하는 적재 불량 차량

    • 편중적재, 스페어 타이어 고정 불량
    • 덮개를 씌우지 않았거나 묶지 않아 결속 상태가 불량한 차량
    • 액체 적재물 방류차량, 견인 시 사고 차량 파손품 유포 우려가 있는 차량
    • 기타 적재 불량으로 인하여 적재물 낙하 우려가 있는 차량

② 운행 제한 관련 벌칙

  ⊙ 2년 이하의 징역이나 2천만 원 이하의 벌금 : 도로관리청의 차량 회차, 적재물 분리 운송, 차량 운행중지 명령에 따르지 아니한 자

  ⊙ 1년 이하의 징역이나 1천만 원 이하의 벌금

    • 적재량 측정을 위한 공무원의 차량 동승 요구 및 관계서류 제출요구 거부 한 자
    • 도로관리청의 적재량 재측정 요구에 따르지 아니한 자

ⓒ 500만 원 이하의 과태료
- 축하중 10톤, 총중량 40톤, 폭2.5m, 높이 4m, 길이 16.7m를 초과하여 운행제한을 위반한 운전자
- 임차한 화물적재차량이 운행제한을 위반하지 않도록 관리를 하지 아니한 임차인
- 운행제한 위반의 지시 · 요구 금지를 위반한 자

③ 과적차량 제한 사유
ⓖ 고속도로의 포장균열, 파손, 교량의 파괴
ⓛ 저속주행으로 인한 교통소통 지장
ⓒ 핸들 조작의 어려움, 타이어 파손, 전 · 후방 주시 곤란
ⓡ 제동장치의 무리, 동력연결부의 잦은 고장 등 교통사고 유발

④ 운행제한차량 통행이 도로포장에 미치는 영향
ⓖ 축하중 10톤 : 승용차 7만대 통행과 같은 도로파손
ⓛ 축하중 11톤 : 승용차 11만대 통행과 같은 도로파손
ⓒ 축하중 13톤 : 승용차 21만대 통행과 같은 도로파손
ⓡ 축하중 15톤 : 승용차 39만대 통행과 같은 도로파손

PART

04 운송서비스

01 직업 운전자의 기본자세

01 고객과 직업운전자

(1) 물류와 고객의 개념

① 물류(로지스틱스)
  ㉠ 오늘날 물류는 과거와 같이 단순히 장소적 이동을 의미하는 운송이 아니라 생산과 마케팅기능 중에 물류관련 영역까지도 포함하며, 이를 로지스틱스라고 한다.
  ㉡ 종전의 운송이 수요충족기능에 치우쳤다면, 로지스틱스는 수요창조기능에 중점을 둔다.

② 운전자
  ㉠ 물류의 최일선에 있는 운전자는 고객만족을 통한 수요창출에 누구보다 중요한 위치를 점하고 있다.
  ㉡ 대고객서비스의 수준을 높이는 일선 근무자가 바로 운전자인 것이다.

(2) 고객만족과 직업운전자

① 고객만족의 개념
  ㉠ 고객이 무엇을 원하고 있으며 무엇이 불만인지 알아내어 고객의 기대에 부응하는 좋은 제품과 양질의 서비스를 제공함으로써 고객으로 하여금 만족감을 느끼게 하는 것이다.
  ㉡ 고객만족경영의 추진력과 분위기 조성은 최고경영자의 몫이라 할 수 있으나, 실제로 고객을 상대하여 고객만족의 고지를 점령할 사람은 고객과 직접 접촉하는 최일선의 현장직원이다.
  ※ 접점제일주의(나는 회사를 대표하는 사람) … 고객을 직접 대하는 직원이 바로 회사를 대표하는 중요한 사람이라는 의미다.

② 직업운전자
  ㉠ 100명의 종업원 중 99명의 종업원이 바람직한 서비스를 제공한다 하더라도 고객이 접해본 단 1명이 불만족스럽다면 그 고객에게 있어서는 그 1명이 회사 전체를 대표하는 것이 된다.
  ㉡ 한 사람을 통하여 회사 전체를 평가할 수밖에 없는 것이 현실이다. 그 1명이 바로 한 사람의 운전자일 수 있다.

02 고객만족의 만족과 고객서비스

(1) 고객만족

① 친절이 중요한 이유
  ㉠ 고객이 거래를 중단하는 가장 큰 이유는 제품에 대한 불만이 아니라 일선 종업원의 불친절에 의한 것이다.
  ㉡ 종업원의 친절이 고객에게 가장 큰 영향을 미치는 것으로 나타났다.

② 고객의 욕구
  ㉠ 기억되기를 바란다.
  ㉡ 환영받고 싶어 한다.
  ㉢ 관심을 가져주기를 바란다.
  ㉣ 중요한 사람으로 인식되기를 바란다.
  ㉤ 편안해 지고 싶어 한다.
  ㉥ 칭찬받고 싶어 한다.
  ㉦ 기대와 욕구를 수용하여 주기를 바란다.

(2) 고객서비스

① 고객서비스의 개념
  ㉠ 고객의 이익이나 편의를 위하여 기업이나 가게에서 제공하는 서비스를 말한다.
  ㉡ 서비스도 제품과 마찬가지로 하나의 상품으로서 서비스 품질의 만족을 위하여 고객에게 계속적으로 제공하는 모든 활동이다.

② 고객서비스의 특징
　㉠ 무형성
　　• 보이지 않는다.
　　• 서비스는 형태가 없는 무형의 상품으로서 제품과 같은 형태로 제시되지도 않으며 측정하기도 어렵지만 누구나 느낄 수는 있다.
　㉡ 동시성
　　• 생산과 소비가 동시에 발생한다.
　　• 서비스는 공급자에 의하여 제공됨과 동시에 고객에 의하여 소비되는 성격을 갖는다.
　　• 서비스는 재고가 없고, 불량 서비스가 나와도 다른 제품처럼 반품할 수도 없고, 고치거나 수리할 수도 없다.
　㉢ 인간주체(이질성)
　　• 사람에 의존한다.
　　• 서비스는 사람에 의해 생산되어 고객에게 제공되기 때문에 똑같은 서비스라 하더라도 그것을 행하는 사람에 따라 품질의 차이가 발생하기 쉽다.
　　• 제품은 기계나 설비로 얼마든지 균질의 것을 만들어 낼 수 있다는 점과 대조적이다.
　㉣ 소멸성
　　• 즉시 사라진다.
　　• 서비스는 오래도록 남아있는 것이 아니고 제공한 즉시 사라져서 남아있지 않는다.
　㉤ 무소유권
　　• 가질 수 없다.
　　• 서비스는 누릴 수는 있으나 소유할 수는 없다.

03 고객만족을 위한 3요소

(1) 고객만족을 위한 서비스 품질의 분류
① 상품품질
　㉠ 성능 및 사용방법을 구현한 하드웨어 품질이다.
　㉡ 고객의 필요와 욕구 등을 각종 시장조사나 정보를 통해 정확하게 파악하여 상품에 반영시킴으로써 고객만족도를 향상시킨다.

② 영업품질
　㉠ 고객이 현장사원 등과 접하는 환경과 분위기를 고객만족으로 실현하기 위한 소프트웨어 품질이다.
　㉡ 고객에게 상품과 서비스를 제공하기까지의 모든 영업활동을 고객 지향적으로 전개하여 고객만족도 향상에 기여하도록 한다.
③ 서비스품질 : 고객으로부터 신뢰를 획득하기 위한 휴먼웨어 품질이다.

(2) 서비스 품질을 평가하는 고객의 기준
① 고객의 결정에 영향을 미치는 요인
　㉠ 구전에 의한 의사소통
　㉡ 개인적인 성격이나 환경적 요인
　㉢ 과거의 경험
　㉣ 서비스 제공자의 커뮤니케이션
② 서비스 품질을 평가하는 고객의 기준

구분	내용
신뢰성	• 정확하고 틀림없다. • 약속기일을 확실히 지킨다.
신속한 대응	• 기다리게 하지 않는다. • 재빠른 처리, 적절한 시간 맞추기
정확성	• 서비스를 행하기 위한 상품 및 서비스에 대한 지식이 충분하고 정확하다.
편의성	• 의뢰하기가 쉽다. • 언제라도 곧 연락이 된다. • 바로 전화를 받는다.
태도	• 예의 바르고 배려, 느낌이 좋다. • 복장이 단정하다.
커뮤니케이션	• 고객의 이야기를 잘 듣는다. • 알기 쉽게 설명한다.
신용도	• 회사를 신뢰할 수 있다. • 담당자가 신용이 있다.
안전성	• 신체적 · 재산적 안전 • 비밀유지
고객의 이해도	• 고객이 진정으로 요구하는 것을 안다. • 사정을 잘 이해하여 만족시킨다.
환경	• 쾌적한 환경과 좋은 분위기 • 깨끗한 시설 등의 완비

- 상대방의 입장을 이해하고 존중한다.
- 상대방의 여건, 능력, 개인차를 인정하여 배려한다.
- 상대에게 관심을 갖는 것은 상대로 하여금 내게 호감을 갖게 한다.
- 상대의 결점을 지적할 때에는 진지한 충고와 격려로 한다.
- 상대 존중은 돈 한 푼 들이지 않고 상대를 접대하는 효과가 있다.
- 상대방과의 신뢰관계는 이익을 창출하는 것이 아니라 상대방에게 도움이 되어야 형성된다.
- 자신의 것만 챙기는 이기주의는 바람직한 인간관계 형성의 저해요소이다.
- 약간의 어려움을 감수하는 것은 좋은 인간관계 유지를 위한 투자이다.
- 예의란 인간관계에서 지켜야 할 도리이다.
- 연장자는 사회 선배로서 존중하고, 공 · 사를 구분하여 예우한다.
- 관심을 가짐으로 인간관계는 더욱 성숙된다.
- 모든 인간관계는 성실을 바탕으로 한다.
- 항상 변함없는 진실한 마음으로 상대를 대한다.
- 성실성은 상대에게 신뢰를 주어 관계가 깊어지게 된다.

04 고객만족 행동예절

(1) 인사

① 인사의 중요성
　㉠ 인사는 평범하고도 대단히 쉬운 행위이지만 습관화되지 않으면 실천에 옮기기 어렵다.
　㉡ 인사는 애사심, 존경심, 우애, 자신의 교양과 인격의 표현이다.
　㉢ 인사는 서비스의 주요 기법이다.
　㉣ 인사는 고객과 만나는 첫걸음이다.
　㉤ 인사는 고객에 대한 마음가짐의 표현이다.
　㉥ 인사는 고객에 대한 서비스정신의 표시이다.

② 인사의 마음가짐
　㉠ 정성과 감사의 마음으로
　㉡ 예절바르고 정중하게
　㉢ 밝고 상냥한 미소로
　㉣ 경쾌하고 겸손한 인사말과 함께

③ 꼴불견 인사
　㉠ 얼굴을 빤히 보고하는 인사(턱을 쳐들고 눈을 치켜뜨고 하는 인사)
　㉡ 할까 말까 망설이면서 하는 인사
　㉢ 인사말이 없거나 분명치 않거나 성의 없이 말로만 하는 인사
　㉣ 무표정한 인사
　㉤ 경황없이 급히 하는 인사
　㉥ 뒷짐을 지고 하는 인사
　㉦ 상대방의 눈을 보지 않는 인사
　㉧ 자세가 흐트러진 인사
　㉨ 높은 곳에서 윗사람에게 하는 인사
　㉩ 머리만 까닥거리는 인사
　㉪ 고개를 옆으로 돌리는 인사
　㉫ 머리로 얼굴을 덮거나 바로 하기 위해 머리를 흔드는 인사

④ 올바른 인사방법
　㉠ 머리와 상체를 숙인다.
　　※ 가벼운 인사 : 15°, 보통 인사 : 30°, 정중한 인사 : 45°
　㉡ 머리와 상체를 직선으로 하여 상대방의 발끝이 보일 때까지 천천히 숙인다.
　㉢ 항상 밝고 명랑한 표정의 미소를 짓는다.
　㉣ 인사하는 지점의 상대방과의 거리는 약 2m 내외가 적당하다.
　㉤ 턱을 지나치게 내밀지 않도록 한다.
　㉥ 손을 주머니에 넣거나 의자에 앉아서 하는 일이 없도록 한다.

- 상대와 적당한 거리에서 손을 잡는다.
- 손은 반드시 오른손을 내민다.
- 손이 더러울 땐 양해를 구한다.
- 상대의 눈을 바라보며 웃는 얼굴로 악수한다.
- 허리는 무례하지 않도록 자연스레 편다.
- 상대방에 따라 허리를 10~15° 정도 굽히는 것도 좋다.
- 계속 손을 잡은 채로 말하지 않는다.
- 손을 너무 세게 쥐거나 또는 힘없이 잡지 않는다.
- 왼손은 자연스럽게 바지 옆선에 붙이거나 오른손 팔꿈치를 받쳐준다.

(2) 호감 받는 표정관리

① 표정의 중요성
ㄱ 표정은 첫인상을 크게 좌우한다.
ㄴ 첫인상은 대면 직후 결정되는 경우가 많다.
ㄷ 첫인상이 좋아야 그 이후의 대면이 호감 있게 이루어질 수 있다.
ㄹ 밝은 표정은 좋은 인간관계의 기본이다.
ㅁ 항상 밝은 표정과 미소는 자신을 위하는 것이라 생각한다.

② 시선
ㄱ 자연스럽고 부드러운 시선으로 상대를 본다.
ㄴ 눈동자는 항상 중앙에 위치하도록 한다.
ㄷ 가급적 고객의 눈높이와 맞춘다.

tip 고객이 싫어하는 시선

• 위로 치켜뜨는 눈
• 곁눈질
• 한 곳만 응시하는 눈
• 위·아래로 훑어보는 눈

③ 좋은 표정 체크사항(check-point)
ㄱ 밝고 상쾌한 표정인가
ㄴ 얼굴전체가 웃는 표정인가
ㄷ 돌아서면서 표정이 굳어지지 않는 가
ㄹ 입은 가볍게 다문다.
ㅁ 입의 양 꼬리가 올라가게 한다.

④ 고객 응대 마음가짐 10가지
ㄱ 사명감을 가진다.
ㄴ 고객의 입장에서 생각한다.
ㄷ 원만하게 대한다.
ㄹ 항상 긍정적으로 생각한다.
ㅁ 고객이 호감을 갖도록 한다.
ㅂ 공사를 구분하고 공평하게 대한다.
ㅅ 투철한 서비스 정신을 가진다.
ㅇ 예의를 지켜 겸손하게 대한다.
ㅈ 자신감을 갖는다.
ㅊ 꾸준히 반성하고 개선한다.

(3) 언어예절(대화시 유의사항)

① 불평불만을 함부로 떠들지 않는다.
② 독선적, 독단적, 경솔한 언행을 삼간다.
③ 욕설, 독설, 험담을 삼가한다.
④ 매사 침묵으로 일관하지 않는다.
⑤ 남을 중상 모략하는 언동을 하지 않는다.
⑥ 불가피한 경우를 제외하고 논쟁을 피한다.
⑦ 쉽게 흥분하거나 감정에 치우치지 않는다.
⑧ 농담은 조심스럽게 한다.
⑨ 매사 함부로 단정하지 않고 말한다.
⑩ 일부분을 보고 전체를 속단하여 말하지 않는다.
⑪ 도전적 언사는 가급적 자제한다.
⑫ 상대방의 약점을 지적하는 것을 피한다.
⑬ 남이 이야기하는 도중에 분별없이 차단하지 않는다.
⑭ 엉뚱한 곳을 보고 말을 듣고 말하는 버릇은 고친다.

(4) 흡연예절

① 흡연을 삼가야 할 곳
ㄱ 운행 중 차내에서
ㄴ 보행 중
ㄷ 재떨이가 없는 응접실
ㄹ 혼잡한 식당 등 공공장소
ㅁ 사무실내에서 다른 사람이 담배를 안 피울 때
ㅂ 회의장

② 담배꽁초의 처리방법
ㄱ 담배꽁초는 반드시 재떨이에 버린다.
ㄴ 자동차 밖으로 버리지 않는다.
ㄷ 화장실 변기에 버리지 않는다.
ㄹ 꽁초를 길에 버린 후 발로 비비지 않는다.
ㅁ 꽁초를 손가락으로 튕겨 버리지 않는다.

(5) 음주예절

① 경영방법이나 특정 인물에 대하여 비판하지 않는다.

② 상사에 대한 험담을 하지 않는다.

③ 과음하거나 지식을 장황하게 늘어놓지 않는다.

④ 술좌석을 자기자랑이나 평상시 언동의 변명의 자리로 만들지 않는다.

⑤ 상사와 합석한 술좌석은 근무의 연장이라 생각하고 예의바른 모습을 보여주어 더 큰 신뢰를 얻도록 한다.

⑥ 고객이나 상사 앞에서 취중의 실수는 영원한 오점을 남긴다.

(6) 운전예절

① 교통질서

ㄱ **교통질서의 중요성**

- 제한된 공간 속에서 수많은 사람이 안전하고 자유롭게 생활하기 위해서는 상호간의 질서와 사회 규범이 지켜져야 한다.
- 질서가 지켜질 때 비로소 남도 편하고 자신도 편하게 생활하게 되어 상호 조화와 화합이 이루어진다.
- 나아가 국가와 사회도 발전해 나간다. 도로 현장에서도 운전자 스스로 질서를 지킬 때 교통사고로부터 자신과 타인의 생명과 재산을 보호할 수 있으며 교통의 흐름도 원활하게 되어 능률적인 생활을 보장받을 수 있다.

ㄴ **질서의식의 함양**

- 일부 운전자들은 평소에 질서를 외치면서도 막상 운전하는 순간에는 "나 하나쯤이야"하는 생각으로 버젓이 차로를 무시하며 주행하거나 과속이나 앞지르기를 서슴없이 한다.
- 질서는 반드시 의식적·무의식적으로 지켜질 수 있도록 생활화되어야 한다.
- 적재된 화물의 안전에 만전을 기하여 난폭운전이나 교통사고 등으로 적재물이 손상되지 않도록 하여야 한다.

② 운전자의 사명과 자세

ㄱ **운전자의 사명**

- 남의 생명도 내 생명처럼 존중하며, 안전운행을 생활화하여 교통사고를 예방하여야 한다.
- 운전자는 "공인"이라는 자각이 필요하다.

ㄴ **운전자가 가져야 할 기본적 자세**

- 교통법규의 이해하고 준수한다.
- 여유 있고 양보하는 마음 자세로 운전한다.
- 주의력을 집중한다.
- 심신상태를 안정시켜 침착한 자세로 운전한다.
- 추측 운전은 삼가고 안전을 확인한 후 행동으로 옮겨야 한다.
- 운전기술을 과신하지 않는다.
- 저공해 등 환경보호, 소음공해를 최소화한다.

③ 올바른 운전예절

ㄱ **운전예절의 중요성**

- 사람은 일상생활의 대인관계에서 예의범절을 중시하고 있다.
- 예절은 인간 고유의 것이며, 사람의 됨됨이를 그 사람이 얼마나 예의 바른가에 따라 가늠하기도 한다.
- 교통 현장에서도 이와 같은 예절을 지키려는 노력이 보다 크게 요구된다.
- 예절 바른 운전습관은 원활한 교통질서를 유지하고 교통사고를 예방할 뿐 아니라 교통문화를 선진화하는데 지름길이 된다.

> **tip** 예절바른 운전습관
>
> - 명랑한 교통질서 유지
> - 교통사고의 예방
> - 교통문화를 정착시키는 선두주자

ㄴ **지켜야 할 운전예절**

- 안전운전은 자신의 운전기술을 과신하지 않고 교통법규의 준수와 예절바른 운전이 이행될 때 비로소 가능하다.
- 횡단보도에서는 보행자가 먼저 통행하도록 하고, 횡단보도 내에 자동차가 진입하지 않도록하고 정지선을 지킨다.

- 교차로나 좁은 길에서 마주 오는 자동차가 있을 경우 양보해 주고 전조등은 끄거나 하향으로 하여 상대방 운전자의 눈이 부시지 않도록 한다.
- 도로상에서 고장자동차를 발견하였을 경우 서로 도와 도로의 가장자리 등 안전한 장소로 유도하거나 안전조치를 한다.
- 방향지시등을 켜고 차선변경 등을 할 경우에는 눈인사를 하면서 양보해 주는 여유를 가지며, 도움이나 양보를 받았을 때 정중하게 손을 들어 답례한다.
- 교차로에 교통량이 많거나 교통정체가 있을 경우 자동차의 흐름에 따라 여유를 가지고 서행하며 안전하게 통과한다.

ⓒ 삼가야 할 운전행동
- 욕설이나 경쟁운전 행위
- 도로상에서 교통사고 등으로 차량을 세워 둔 채로 시비, 다툼 등의 행위를 하여 다른 자동차의 통행을 방해하는 행위
- 음악이나 경음기 소리를 크게 하여 다른 운전자를 놀라게 하거나 불안하게 하는 행위
- 신호등이 바뀌기 전에 빨리 출발하라고 전조등을 켰다 껐다 하거나 경음기로 재촉하는 행위
- 자동차 계기판 윗부분 등에 발을 올려놓고 운행하는 행위
- 교통 경찰관의 단속에 불응하고 항의하는 행위
- 방향지시등을 켜지 않고 차선을 변경하거나 버스 전용차로를 무단 통행하고 갓길로 주행하는 행위

④ 운송종사자의 서비스자세
ⓐ 화물운송업의 특성
- 화물을 적재한 차량이 출고되면 모든 책임은 회사의 간섭을 받지 않고 운전자의 책임으로 이어진다.
- 화물과 서비스가 함께 수송되어 목적지까지 운반하게 된다.

ⓑ 화물차량 운전의 직업상 어려움
- 장시간 운행으로 제한된 작업공간부족(차내 운전)
- 주·야간의 운행으로 생활리듬의 불규칙한 생활의 연속
- 공로운행에 따른 교통사고에 대한 위기의식 잠재

- 화물의 특수수송에 따른 운임에 대한 불안감(회사 부도 등)

ⓒ 화물운전자의 서비스 확립자세
- 화물운송의 기초로서 도착지의 주소가 명확한지 재확인하고 연락 가능한 전화 번호 기록을 유지한다.
- 현지에서 화물의 파손위험 여부 등 사전 점검 후 최선의 안전수송을 하여 착지의 화주에 인수인계하며, 특히 컨테이너의 경우 외부에서 물품이 보이지 않으므로 인수인계시 철저한 화물관리가 요구된다.
- 일반화물 중 이삿짐 수송 시에도 자신의 물건으로 여기고 소중히 수송하여야 한다.
- 화물운송 시 중간지점(휴게소)에서 화물의 이상 유무, 결속·풀림상태, 자동차점검 등 안전 유무를 반드시 점검한다.
- 화주가 요구하는 최종지점까지 배달하고 특히, 택배차량은 신속하고 편리함을 추구하여 자택까지 수송하여야 한다.

ⓓ 화물운전자의 운전자세
- 다른 자동차가 끼어들더라도 안전거리를 확보하는 여유를 가진다.
- 운전이 미숙한 자동차의 뒤를 따를 경우 서두르거나 선행자동차의 운전자를 당황하게 하지 말고 여유 있는 자세로 운행한다.
- 일반 운전자는 화물차의 뒤를 따라가는 것을 싫어하고, 기회가 있으면 화물자동차의 앞으로 추월하려는 마음이 강하기 때문에 적당한 장소에서 후속차량에게 진로를 양보하는 미덕을 갖는다.
- 직업운전자는 다른 자동차가 끼어들거나 운전이 서툴러도 상대에게 화를 내거나 보복운절을 하지 말아야 한다.
- 고객을 소중히 여기고, 친절하고 예의바른 서비스를 통하여 고객과 불필요한 마찰을 일으키지 않도록 한다.
- 항상 자동차에 대한 점검 및 정비를 철저히 하여 자동차를 항상 최상의 상태로 유지한다.
- 안전운행이나 고객의 서비스를 위해 자신의 건강을 항상 가장 좋은 상태로 유지하도록 건강관리를 잘한다.

(7) 용모, 복장

① 인성과 습관의 중요성 : 운전자의 습관은 운전행동에 영향을 미치게 되어 운전태도로 나타나므로 나쁜 운전습관을 개선하기 위해 노력하여야 한다.

② 운전자의 습관 형성
　㉠ 습관은 후천적으로 형성되는 조건반사 현상이므로 무의식중에 어떤 것을 반복적으로 행하게 될 때 자기도 모르게 습관화된 행동이 나타난다.
　㉡ 습관은 본능에 가까운 강력한 힘을 발휘하게 되어 나쁜 운전습관이 몸에 배면 나중에 고치기 어려우며 잘못된 습관은 교통사고로 이어진다.

> **tip 용모와 복장의 기본원칙**
>
> • 깨끗하고 단정하게
> • 품위 있고 규정에 맞게
> • 통일감 있게
> • 계절에 맞게
> • 편한 신발을 신되, 샌들이나 슬리퍼는 삼가

③ 고객에게 불쾌감을 주는 몸가짐
　㉠ 충혈된 눈
　㉡ 잠잔 흔적이 남은 머릿결
　㉢ 정리되지 않은 덥수룩한 수염
　㉣ 길게 자란 코털
　㉤ 지저분한 손톱
　㉥ 무표정 등

④ 단정한 용모 · 복장의 중요성
　㉠ 첫인상
　㉡ 고객과의 신뢰형성
　㉢ 활기찬 직장 분위기 조성
　㉣ 일의 성과
　㉤ 기분전환 등

(8) 운전자의 기본적 주의사항

① 법규 및 사내 교통안전 관련규정 준수
　㉠ 수입포탈 목적 장비운행 금지
　㉡ 배차지시 없이 임의운행 금지

　㉢ 정당한 사유 없이 지시된 운행경로 임의 변경운행 금지
　㉣ 승차 지시된 운전자 이외 타인에게 대리운전 금지
　㉤ 사전승인 없이 타인을 승차시키는 행위 금지
　㉥ 운전에 악영향을 미치는 음주 및 약물복용 후 운전 금지
　㉦ 철도 건널목에서는 일시정지 준수 및 주 · 정차행위 금지
　㉧ 본인이 소지하고 있는 면허로 관련법에서 허용하고 있는 차종 이외의 자동차 운전금지
　㉨ 회사차량의 불필요한 집단운행 금지.
　　※ 적재물의 특성상 집단운행이 불가피할 때에는 관리자의 사전승인을 받아 사고를 예방하기 위한 제반 안전조치를 취하고 운행한다.
　㉩ 자동차전용도로, 급한 경사길 등에 주 · 정차 금지
　㉪ 사회적인 물의를 야기시키거나 회사의 신뢰를 추락시키는 난폭운전 등의 운전행위 금지

② 운행전 준비
　㉠ 용모 및 복장 확인 (단정하게)
　㉡ 항상 친절하여야 하며, 고객 및 화주에게 불쾌한 언행금지
　㉢ 화물의 외부덮개 및 결박상태를 철저히 확인한 후 운행
　㉣ 차량 세차 및 운전석 내부를 항상 청결하게 유지
　㉤ 일상점검을 철저히 하고 이상 발견 시 정비관리자에게 즉시 보고하여 조치 후 운행
　㉥ 배차 및 지시, 전달사항을 확인하고 적재물의 특성을 확인하여 특별한 안전조치가 요구되는 화물에 대하여는 사전 안전장비를 장치하거나 휴대한 후 운행

③ 운행상 주의
　㉠ 주 · 정차 후 운행을 개시하고자 할 때에는 자동차주변의 노상취객 등을 확인 후 안전하게 운행
　㉡ 내리막길에서는 풋 브레이크 장시간 사용을 삼가하고, 엔진 브레이크 등을 적절히 사용하여 안전운행
　㉢ 보행자, 이륜자동차, 자전거 등과 교행, 병진, 추월운행 시 서행하며 안전거리를 유지하면서 저속으로 운행

ⓔ 후진 시에는 유도요원을 배치, 신호에 따라 안전하게 후진

ⓜ 노면의 적설, 빙판 시 즉시 체인을 장착한 후 안전운행

ⓗ 후속차량이 추월하고자 할 때에는 감속 등으로 양보운전

④ 교통사고 발생시 조치

ⓐ 교통사고가 발생한 경우 현장에서의 인명구호 및 관할경찰서에 신고 등의 의무를 성실히 수행

ⓒ 어떠한 사고라도 임의처리는 불가하며 사고발생 경위를 육하원칙에 의거 거짓 없이 정확하게 회사에 즉시 보고

ⓒ 사고로 인한 행정, 형사처분(처벌) 접수 시 임의처리 불가하며 회사의 지시에 따라 처리

ⓔ 형사합의 등과 같이 운전자 개인의 자격으로 합의 보상 이외 회사의 어떠한 경우라도 회사손실과 직결되는 보상업무는 일반적으로 수행불가

ⓜ 회사소속 자동차 사고를 유·무선으로 통보 받거나 발견 즉시 최인근 지점에 기착 또는 유·무선으로 육하원칙에 의거 즉시 보고

⑤ 신상변동 등의 보고

ⓐ 결근, 지각, 조퇴가 필요하거나 운전면허증 기재사항 변경, 질병 등 신상변동 시에는 회사에 즉시 보고

ⓒ 운전면허 일시정지, 취소 등의 행정처분이 내려지면 즉시 회사에 보고하여야 하며 어떠한 경우라도 운전금지

(9) 직업관

① 직업의 4가지 의미

ⓐ 경제적 의미 : 일터, 일자리, 경제적 가치를 창출하는 곳

ⓒ 정신적 의미 : 직업의 사명감과 소명의식을 갖고 정성과 정열을 쏟을 수 있는 곳

ⓒ 사회적 의미 : 자기가 맡은 역할을 수행하는 능력을 인정받는 곳

ⓔ 철학적 의미 : 일한다는 인간의 기본적인 리듬을 갖는 곳

② 직업윤리

ⓐ 직업에는 귀천이 없다(평등).

ⓒ 천직의식(운전으로 성공한 운전기사는 긍정적인 사고방식으로 어려운 환경을 극복)

ⓒ 감사하는 마음(본인, 부모, 가정, 직장, 국가에 대하여 본인의 역할이 있음을 감사하는 마음)

tip 직업의 3가지 태도

• 애정 • 긍지 • 열정

(10) **고객응대 예절**

① 집하 시 행동방법

ⓐ 집하는 서비스의 출발점이라는 자세로 한다.

ⓒ 인사와 함께 밝은 표정으로 정중히 두 손으로 화물을 받는다.

ⓒ 책임 배달구역을 정확히 인지하여 24시간, 48시간, 배달 불가지역에 대한 배달점소의 사정을 고려하여 집하한다.

ⓔ 2개 이상의 화물은 반드시 분리 집하한다(결박화물 집하금지).

ⓜ 취급제한 물품은 그 취지를 알리고 정중히 집하를 거절한다.

ⓗ 택배운임표를 고객에게 제시 후 운임을 수령한다.

ⓙ 운송장 및 보조송장 도착지란에 시, 구, 동, 군, 면 등을 정확하게 기재하여 터미널 오분류를 방지할 수 있도록 한다.

ⓞ 송하인용 운송장을 절취하여 고객에게 두 손으로 건네준다.

ⓩ 화물 인수 후 감사의 인사를 한다.

② 배달시 행동방법

ⓐ 배달은 서비스의 완성이라는 자세로 한다.

ⓒ 긴급배송을 요하는 화물은 우선 처리하고, 모든 화물은 반드시 기일 내 배송한다.

ⓒ 수하인 주소가 불명확할 경우 사전에 정확한 위치를 확인 후 출발한다.

ⓔ 무거운 물건일 경우 손수레를 이용하여 배달한다.

ⓜ 고객이 부재 시에는 "부재중 방문표"를 반드시 이용한다.

ⓗ 방문 시 밝고 명랑한 목소리로 인사하고 화물을 정중하게 고객이 원하는 장소에 가져다 놓는다.

ⓢ 인수증 서명은 정자로 실명 기재 후 받는다.

ⓞ 배달 후 돌아갈 때에는 이용해 주셔서 고맙다는 뜻을 밝히며 밝게 인사한다.

③ **고객불만 발생 시 행동방법**

㉠ 고객의 감정을 상하게 하지 않도록 불만 내용을 끝까지 참고 듣는다.

㉡ 불만사항에 대하여 정중히 사과한다.

㉢ 고객의 불만, 불편사항이 더 이상 확대되지 않도록 한다.

㉣ 고객불만을 해결하기 어려운 경우 적당히 답변하지 말고 관련부서와 협의 후에 답변하도록 한다.

㉤ 책임감을 갖고 전화를 받는 사람의 이름을 밝혀 고객을 안심시킨 후 확인하여 연락을 할 것을 전해준다.

㉥ 불만전화 접수 후 우선적으로 빠른 시간 내에 확인하여 고객에게 알린다.

④ **고객 상담시의 대처방법**

㉠ 전화벨이 울리면 즉시 받는다(3회 이내).

㉡ 밝고 명랑한 목소리로 받는다.

㉢ 집하의뢰 전화는 고객이 원하는 날, 시간 등에 맞추도록 노력한다.

㉣ 배송확인 문의전화는 영업사원에게 시간을 확인한 후 고객에게 답변한다.

㉤ 고객의 문의전화, 불만전화 접수 시 해당 지점이 아니더라도 확인하여 고객에게 친절히 답변한다.

㉥ 담당자가 부재중일 경우 반드시 내용을 메모하여 전달한다.

㉦ 전화가 끝나면 마지막 인사를 하고 상대편이 먼저 끊은 후 전화를 끊는다.

02 물류의 이해

01 물류의 기초 개념

(1) 물류의 개념

① 물류와 물류관리

   ⊙ **물류**(Logistics ; 로지스틱스) : 공급자로부터 생산자, 유통업자를 거쳐 최종 소비자에게 이르는 재화의 흐름을 의미한다.

   ⓒ **물류관리** : 재화의 효율적인 "흐름"을 계획, 실행, 통제할 목적으로 행해지는 제반활동을 의미한다.

> **tip 물류의 기능**
>
> • 운송(수송)기능   • 포장기능
> • 보관기능   • 하역기능
> • 정보기능

② 물류의 개념

   ⊙ **미국로지스틱스관리협회**(1985) : "로지스틱스란 소비자의 요구에 부응할 목적으로 생산지에서 소비지까지 원자재, 중간재, 완성품 그리고 관련 정보의 이동(운송) 및 보관에 소요되는 비용을 최소화하고 효율적으로 수행하기 위하여 이들을 계획, 수행, 통제하는 과정이다"라고 정의하였다.

   ⓒ **우리나라의 물류정책기본법** : "물류란 재화가 공급자로부터 조달·생산되어 수요자에게 전달되거나 소비자로부터 회수되어 폐기될 때까지 이루어지는 운송·보관·하역 등과 이에 부가되어 가치를 창출하는 가공·조립·분류·수리·포장·상표부착·판매·정보통신 등을 말한다."라고 정의하고 있다.

③ 물류시설의 개념

   ⊙ **물류시설** : 물류에 필요한 화물의 운송·보관·하역을 위한 시설, 화물의 운송·보관·하역 등에 부가되는 가공·조립·분류·수리·포장·상표부착·판매·정보통신 등을 위한 시설, 물류의 공

동화·자동화 및 정보화를 위한 시설, 물류터미널 및 물류단지시설을 말한다.

   ⓒ **현재의 물류** : 단순히 장소적 이동을 의미하는 운송의 개념에서 발전하여 자재조달이나 폐기, 회수 등까지 총괄하는 경향이다.

(2) 기업경영과 물류

① 기업경영에서 본 물류관리와 로지스틱스

   ⊙ 로지스틱스는 병참을 의미하는 프랑스어로서 전략물자(사람, 물자, 자금, 정보, 서비스 등)를 효과적으로 활용하기 위해서 고안해낸 관리조직에서 유래하였다.

      ※ 병참에는 군수자재의 발주, 생산계획, 구입, 재고관리, 배급, 수송, 통신 외에 자재의 규격화, 품질관리 등 주로 군의 작전활동에 필요한 관리 내용의 대부분이 포함된다.

   ⓒ 기업경영에서 본 물류관리도 로지스틱스(병참)와 유사하다.

> **tip 기업경영의 물류관리시스템 구성요소**
>
> • 원재료의 조달과 관리
> • 제품의 재고관리
> • 수송과 배송수단
> • 제품능력과 입지적응 능력
> • 창고 등의 물류거점
> • 정보관리
> • 인간의 기능과 훈련

   ⓒ 로지스틱스와 기업경영에서 본 물류관리 내용이 유사하여 로지스틱스라는 군사용어가 경영이론에 도입되었다.

   ⓔ 로지스틱스는 생산지에서 소비지까지의 원재료와 제품, 정보의 흐름을 관리하는 기술이라고 광범위하게 해석하게 되면서 광의의 물류개념과 유사 개념으로 인식한다.

② 물류개념의 국내 도입

　ⓐ 물류라는 용어는 1922년 미국의 마케팅 학자인 클라크(F.E. Clark) 교수가 처음 사용하였으며, 1950년대 미국기업들이 2차 대전 중 전략물자(사람, 물자, 자금, 정보, 서비스 등)의 효율적 지원을 위하여 발달한 군의 병참학을 응용하여 기업의 자재관리, 공급관리 및 유통관리분야에 "물적유통"이라는 개념을 도입하면서 학문적으로 본격 사용되기 시작하였다.

　ⓑ 물적유통이라는 용어는 1956년 미국으로 파견된 일본생산성본부의 유통기술전문시찰단에 의해서 일본에 소개되었고, 1971년이후 "물류(物流)"로 약칭하여 사용되기 시작하였다.

　ⓒ 우리나라에 물류(로지스틱스)가 소개된 것은 제2차 경제개발 5개년계획이 시작된 1962년 이후, 교역규모의 신장에 따른 물동량 증대, 도시교통의 체증 심화, 소비의 다양화·고급화가 시작되면서이다.

(3) 물류와 공급망관리

① 1970년대 : 경영정보시스템단계

　ⓐ 개요 : 1970년대는 창고보관·수송을 신속히 하여 주문처리시간을 줄이는데 초점을 둔 경영정보시스템단계이다.

　ⓑ **경영정보시스템(MIS)** : 기업경영에서 의사결정의 유효성을 높이기 위해 경영 내외의 관련 정보를 필요에 따라 즉각적으로 그리고 대량으로 수집, 전달, 처리, 저장, 이용할 수 있도록 편성한 인간과 컴퓨터와의 결합시스템을 말한다.

② 1980~90년대 : 전사적자원관리단계

　ⓐ 개요 : 물류단계로서 정보기술을 이용하여 수송, 제조, 구매, 주문관리기능을 포함하여 합리화하는 로지스틱스 활동이 이루어졌던 전사적자원관리단계이다.

　ⓑ **전사적자원관리(ERP)** : 기업활동을 위해 사용되는 기업 내의 모든 인적, 물적 자원을 효율적으로 관리하여 궁극적으로 기업의 경쟁력을 강화시켜 주는 역할을 하는 통합정보시스템을 말한다.

③ 1990년대 중반이후 : 공급망관리단계

　ⓐ 개요 : 1990년대 중반이후 최종고객까지 포함하여 공급망 상의 업체들이 수요, 구매정보 등을 상호 공유하는 통합 공급망관리단계이다.

　ⓑ 공급망관리(SCM)의 개념

　　• 공급망관리 : 고객 및 투자자에게 부가가치를 창출할 수 있도록 최초의 공급업체로부터 최종 소비자에게 이르기까지의 상품·서비스 및 정보의 흐름이 관련된 프로세스를 통합적으로 운영하는 경영전략이다.

　　• 공급망관리 : 제조, 물류, 유통업체 등 유통공급망에 참여하는 모든 업체들이 협력을 바탕으로 정보기술을 활용하여 재고를 최적화하고 리드타임을 대폭 감축하여 결과적으로 양질의 상품 및 서비스를 소비자에게 제공함으로써 소비자 가치를 극대화시키기 위한 전략이다.

　　• 공급망관리 : 제품생산을 위한 프로세스를 부품조달에서 생산계획, 납품, 재고관리 등을 효율적으로 처리할 수 있는 관리 솔루션으로 파악하기도 한다.

　ⓒ 공급망관리의 기능

　　• 제조업의 가치사슬은 보통 부품조달 → 조립·가공 → 판매유통으로 구성되고, 가치사슬의 주기가 단축되어야 생산성과 운영의 효율성을 증대시킬 수 있다.

　　• 종전에는 조립·가공단계의 생산성 향상에만 주력했다면 최근에는 부품조달이나 유통 등의 물류에 대한 관심이 고조되고 있는데 이는 인터넷의 등장에 따른 것이다.

　　• 인터넷의 등장으로 여러 가지 새로운 비즈니스모델이 선을 보이고 있는데 이들 모델의 성공여부는 물류에 달려있다. 물류비용의 절감과 신속, 정확한 배송서비스의 구축이 상당히 중요시되고 있다는 뜻이다.

　　• 이제는 더 이상 제조원가나 고품질 제품의 생산이 전부가 아니라, 고객이 원하는 제품을 얼마나 효율적이고 신속하게 현관문 앞까지 전달함으로써 고객을 만족시킬 수 있는가 하는 것이 인터넷 환경에서 빠른 속도로 확산되고 있는 것이다. 이에 대한 대안이 공급망관리인 것이다.

tip 인터넷유통에서의 물류원칙

- 적정수요 예측
- 배송기간의 최소화
- 셋째 반송과 환불시스템

(4) 물류의 역할과 기능

① 물류에 대한 개념적 관점에서의 물류의 역할

  ⊙ 국민경제적 관점

- 기업의 유통효율 향상으로 물류비를 절감하여 소비자물가와 도매물가의 상승을 억제하고 정시배송의 실현을 통한 수요자 서비스 향상에 이바지한다.
- 자재와 자원의 낭비를 방지하여 자원의 효율적인 이용에 기여하고, 사회간접자본의 증강과 각종 설비투자의 필요성을 증대시켜 국민경제개발을 위한 투자기회를 부여한다.
- 지역 및 사회개발을 위한 물류개선은 인구의 지역적 편중을 막고, 도시의 재개발과 도시교통의 정체완화를 통한 도시생활자의 생활환경개선에 이바지하며, 물류합리화를 통하여 상거래흐름의 합리화를 가져와 상거래의 대형화를 유발한다.

  ⊙ 사회경제적 관점

- 생산, 소비, 금융, 정보 등 우리 인간이 주체가 되어 수행하는 경제활동의 일부분이다.
- 운송, 통신, 상업활동을 주체로 하며 이들을 지원하는 제반활동을 포함한다.

  ⊙ 개별기업적 관점

- 최소의 비용으로 소비자를 만족시켜서 서비스 질의 향상을 촉진시켜 매출신장을 도모한다.
- 고객욕구만족을 위한 물류서비스가 판매경쟁에 있어 중요하며, 제품의 제조, 판매를 위한 원재료의 구입과 판매와 관련된 업무를 총괄관리하는 시스템 운영이다.

② 기업경영에 있어서 물류의 역할

  ⊙ 마케팅의 절반을 차지

- 물류가 마케팅 기능으로서 간주되기 시작한 것은 1950년대이다.
- 지금은 고객조사, 가격정책, 판매조직화, 광고선

전만으로는 마케팅을 실현하기 힘들고 결품방지나 즉납서비스 등의 물리적인 고객서비스가 수반되지 않으면 안 되는 시점이다.

※ 마케팅 … 생산자가 상품 또는 서비스를 소비자에게 유통시키는 것과 관련 있는 모든 체계적 경영활동을 말한다.

  ⊙ 판매기능 촉진

- 물류는 고객서비스를 향상시키고 물류코스트를 절감하여 기업이익을 최대화하는 것이 목표이다.
- 판매기능은 물류의 7R기준을 충족할 때 달성된다.

tip 물류관리의 기본원칙

7R 원칙	3S 1L 원칙
• Right Quality(적절한 품질) • Right Quantity(적절한 양) • Right Time(적절한 시간) • Right Place(적절한 장소) • Right Impression(좋은 인상) • Right Price(적절한 가격) • Right Commodity(적절한 상품)	• 신속하게(Speedy) • 안전하게(Safely) • 확실하게(Surely) • 저렴하게(Low)

  ⊙ 적정재고의 유지로 재고비용 절감에 기여

- 물류합리화로 불필요한 재고의 미보유
- 재고의 미보유에 따른 재고비용 절감

  ⊙ 물류(物流)와 상류(商流)분리를 통한 유통합리화에 기여

- 유통 : 물적유통(物流) + 상적유통(商流)
- 물류 : 발생지에서 소비지까지의 물자의 흐름을 계획, 실행, 통제하는 제반관리 및 경제활동
- 상류 : 검색, 견적, 입찰, 가격조정, 계약, 지불, 인증, 보험, 회계처리, 서류발행, 기록 등(전산화)

③ 물류의 기능

  ⊙ 운송기능 : 물품을 공간적으로 이동시키는 것으로, 수송에 의해서 생산지와 수요지와의 공간적 거리가 극복되어 상품의 장소적(공간적) 효용을 창출한다.

  ⊙ 포장기능 : 물품의 수 · 배송, 보관, 하역 등에 있어서 가치 및 상태를 유지하기 위해 적절한 재료, 용기 등을 이용해서 포장하여 보호하고자 하는 활동으로, 포장활동에서 중요한 모듈화는 일관시스템 실시에 중요한 요소이다.

※ 포장은 단위포장(개별포장), 내부포장(속포장), 외부포장(겉포장)으로 구분된다.

ⓒ 보관기능 : 물품을 창고 등의 보관시설에 보관하는 활동으로, 생산과 소비와의 시간적 차이를 조정하여 시간적 효용을 창출한다.

ⓔ 하역기능 : 수송과 보관의 양단에 걸친 물품의 취급으로 물품을 상하좌우로 이동시키는 활동으로 싣고 내림, 시설 내에서의 이동, 피킹, 분류 등의 작업이 있다.

> ※ 하역작업의 대표적인 방식은 컨테이너화와 파렛트화이며, 컨테이너 화물과 파렛트 화물은 기계를 사용하여 하역하는데 크레인, 지게차, 컨베이어 등이 이용된다.

ⓜ 정보기능 : 물류활동과 관련된 물류정보를 수집, 가공, 제공하여 운송, 보관, 하역, 포장, 유통가공 등의 기능을 컴퓨터 등의 전자적 수단으로 연결하여 줌으로써 종합적인 물류관리의 효율화를 도모할 수 있도록 하는 기능을 뜻한다.

ⓗ 유통가공기능 : 물품의 유통과정에서 물류효율을 향상시키기 위하여 가공하는 활동으로, 단순가공, 재포장, 또는 조립 등 제품이나 상품의 부가가치를 높이기 위한 물류활동이다.

(5) 물류관리

① 물류관리의 정의

ⓐ 경제재의 효용을 극대화시키기 위한 재화의 흐름에 있어서 운송, 보관, 하역, 포장, 정보, 가공 등의 모든 활동을 유기적으로 조정하여 하나의 독립된 시스템으로 관리하는 것이다.

ⓑ 물류관리는 그 기능의 일부가 생산 및 마케팅 영역과 밀접하게 연관되어 있다. 입지관리결정, 제품설계관리, 구매계획 등은 생산관리 분야와 연결되며, 대고객서비스, 정보관리, 제품포장관리, 판매망 분석 등은 마케팅관리 분야와 연결된다.

ⓒ 물류관리는 경영관리의 다른 기능과 밀접한 상호관계를 갖고 있으므로 물류관리의 고유한 기능 및 연결기능을 원활하게 수행하기 위해서는 기업 전체의 전략수립 차원에서 통합된 총괄시스템적 접근이 이루어져야 한다.

ⓔ 조달, 생산, 판매와 관련된 물류부문 뿐만 아니라 수요예측, 구매계획, 재고관리, 물류비 관리, 반품·회수·폐기 등을 포함하여 종합적으로 관리함으로써 기업경영에 있어서 최저비용으로 최대의

효과를 추구하는 종합적인 로지스틱스 개념하의 물류관리가 중요하다.

② 물류관리의 의의

ⓐ 기업외적 물류관리 : 고도의 물류서비스를 소비자에게 제공하여 기업경영의 경쟁력을 강화

ⓑ 기업 내적 물류관리 : 물류관리의 효율화를 통한 물류비 절감

ⓒ 물류의 신속, 안전, 정확, 정시, 편리, 경제성을 고려한 고객지향적인 물류서비스를 제공

ⓔ 기업경영에 있어 대고객서비스 제고와 물류비 절감을 동시에 달성하기 위한 물류전략을 구사하기 위해서는 종합물류관리체제로서 고객이 원하는 적절한 품질의 상품 적량을, 적시에, 적절한 장소에, 좋은 인상과 적절한 가격으로 공급해 주어야 함

③ 물류관리의 목표

ⓐ 비용절감과 재화의 시간적·장소적 효용가치의 창조를 통한 시장능력의 강화

ⓑ 고객서비스 수준 향상과 물류비의 감소(트레이드 오프관계)

> ※ 트레이드오프 상충관계 : 두 개의 정책목표 가운데 하나를 달성하려고 하면 다른 목표의 달성이 늦어지거나 희생되는 경우 양자간의 관계

ⓒ 고객서비스 수준의 결정은 고객지향적이어야 하며, 경쟁사의 서비스 수준을 비교한 후 그 기업이 달성하고자 하는 특정한 수준의 서비스를 최소의 비용으로 고객에게 제공

④ 물류관리의 활동

ⓐ 중앙과 지방의 재고보유 문제를 고려한 창고입지 계획, 대량·고속운송이 필요한 경우 영업운송을 이용, 말단 배송에는 자차를 이용한 운송, 고객주문을 신속하게 처리할 수 있는 보관·하역·포장 활동의 성력화, 기계화, 자동화 등을 통한 물류에 있어서 시간과 장소의 효용증대를 위한 활동

ⓑ 물류예산관리제도, 물류원가계산제도, 물류기능별 단가(표준원가), 물류사업부 회계제도 등을 통한 원가절감에서 프로젝트 목표의 극대화

ⓒ 물류관리 담당자 교육, 직장간담회, 불만처리위원회, 물류의 품질관리, 무하자운동, 안전위생관리 등을 통한 동기부여의 관리

(1) 기업물류의 개념과 범위

① 기업물류의 개념과 중요성

  ㉠ 기업물류의 개념 : 효율적인 물류활동을 하기 위해서 필요한 물류시스템의 설계, 물류작업 능률의 향상, 물류관리효율의 향상 등의 활동을 가리킨다.

  ㉡ 기업물류의 중요성

  • 물류체계 또는 물류시스템의 개선은 기업이든 국가든 부가가치의 증대를 통해 부를 증가시킨다.

  • 개별기업의 물류활동이 효율적으로 이루어지면 투입이 절감되거나 더 많은 산출을 가져와 비용 또는 가격경쟁력을 제고하고 나아가 총이윤이 증가한다.

  • 기업물류는 생산비, 고용, 전략적인 측면에서 상당한 의미를 갖는다. 최근에 와서는 물류활동을 통합적으로 관리하기 시작하여, 국제간의 경쟁심화, 기업의 국제화, 보다 신속하고 정확한 물류활동의 수행에 대한 요구 등의 기업환경 변화가 기업으로 하여금 물류의 중요성을 인식하게 한 동기가 되었다.

> **tip 기업물류의 역할**
>
> • 물류판매의 기능 촉진
> • 제3이윤으로서의 물류 인식
> • 재고량의 삭감과 적정 재고량 유지에 기여

② 기업물류의 범위와 활동

  ㉠ 기업물류의 범위

  • 물적공급과정 : 원재료, 부품, 반제품, 중간재를 조달 · 생산하는 물류과정

  • 물적유통과정 : 생산된 재화가 최종 고객이나 소비자에게까지 전달되는 물류과정을 말함

  ㉡ 기업물류의 활동

  • 주활동 : 대고객서비스수준, 수송, 재고관리, 주문처리

  • 지원활동 : 보관, 자재관리, 구매, 포장, 생산량과 생산일정 조정, 정보관리

(2) 고객서비스 수준과 물류의 발전방향

① 고객서비스 수준은 물류체계의 수준을 결정

  ㉠ 물류비용은 소비자에 대한 서비스 수준에 비례하여 증가하므로 물류서비스의 수준은 물류비용의 증감에 큰 영향을 끼친다.

  ㉡ 운송은 재화와 서비스의 공간적 가치를 창출하고, 재고는 시간적 가치를 증가시키므로 기업활동에 있어서 원자재나 완제품의 원활한 운송은 매우 중요하다.

  ㉢ 원활한 운송서비스가 제공되지 않는다면 적시에 제품을 시장에 공급할 수 없게 되며, 재고기간이 길어져서 제품의 가치가 떨어질 수 있다.

  ㉣ 다품종 소량화 및 재고비용의 절감에 따른 다빈도 소량 주문화에 따른 주문처리의 신속성이 요구된다.

② 기업물류의 조직

  ㉠ 기업 전체의 목표 내에서 물류관리자는 그 나름대로의 목표를 수립하여 기업 전체의 목표를 달성하는데 기여하도록 한다.

  ㉡ 물류관리자는 해당 기간 내에 투자에 대한 수익을 최대화 할 수 있도록 물류활동을 계획, 수행, 통제한다.

> **tip 물류관리의 목표**
>
> • 이윤증대
> • 비용절감을 위한 물류체계의 구축

(3) 물류전략과 물류계획

① 기업전략

  ㉠ 기업의 목적을 명확히 결정함으로써 설정되고, 이를 위해서는 기업이 추구하는 것이 이윤획득, 존속, 투자에 대한 수익, 시장점유율, 성장목표 가운데 무엇인지를 이해하는 것이 필요하며, 그 다음으로 비전수립이 필요하다.

  ㉡ 훌륭한 전략수립을 위해서는 소비자, 공급자, 경쟁사, 기업 자체의 4가지 요소를 고려할 필요가 있다.

※ 세부계획 수립 … 기업의 비용, 재무구조, 시장점유율 수준, 자산기준과 배치, 외부환경, 경쟁력, 고용자의 기술 등을 이해, 기업의 위험과 가능성을 고려하여 대안 전략을 선택한다.

② **물류전략**

  ㉠ 비용절감, 자본절감, 서비스개선을 목표로 한다. 비용절감은 운반 및 보관과 관련된 가변비용을 최소화하는 전략이고, 자본절감은 물류시스템에 대한 투자를 최소화하는 전략이다.

  ㉡ 서비스개선전략은 제공되는 서비스수준에 비례하여 수익이 증가한다는데 근거를 둔다.

> **tip 물류전략의 종류**
>
> • 프로액티브(proactive) 물류전략 : 사업목표와 소비자 서비스 요구사항에서부터 시작되며, 경쟁업체에 대항하는 공격적인 전략이다.
> • 크래프팅(crafting) 중심의 물류전략 : 특정한 프로그램이나 기법을 필요로 하지 않으며, 뛰어난 통찰력이나 영감에 바탕을 둔다.

③ **물류계획수립의 주요 영역**

  ㉠ **고객서비스 수준** : 시스템의 설계에 많은 영향을 끼치는 것으로, 전략적 물류계획을 수립할 시에 우선적으로 고려해야 할 사항은 적절한 고객서비스 수준을 설정하는 것이다.

  ㉡ **설비(보관 및 공급시설)의 입지결정** : 보관지점과 여기에 제품을 공급하는 공급지의 지리적인 위치를 선정하는 것으로, 이는 비용이 최소가 되는 경로를 발견함으로써 이윤을 최대화하는 것이다.

  ㉢ **재고의사결정** : 재고를 관리하는 방법에 관한 것을 결정하는 것으로, 여기에는 재고보충규칙에 따라 보관지점에 재고를 할당하는 전략과 보관지점에서 재고를 인출하는 전략 두 가지가 있다.

  ㉣ **수송의사결정** : 수송수단 선택, 적재규모, 자동차운행경로 결정, 일정계획

> **tip 물류부문에 있어 의사결정사항**
>
> • 창고의 입지선정   • 재고정책의 설정
> • 주문접수   • 주문접수 시스템의 설계
> • 수송수단의 선택

④ **물류계획수립문제의 개념화**

  ㉠ 물류계획수립문제를 해결하는 하나의 방법은 물류체계를 링크(link)와 노드(node : 보관지점)로 이루어지는 네트워크로 추상화하여 고찰하는 것이다.

  ㉡ 재고흐름에 대한 이동(운송)·보관활동과 더불어 정보네트워크를 고려할 필요가 있다.

  ㉢ 정보네트워크는 링크와 노드의 집합체라는 관점에서 제품이 이동하는 물류네트워크와 동일하다.

  ㉣ 제품 이동 네트워크와 정보 네트워크가 결합되어 물류시스템을 구성한다.

  ㉤ 물류네트워크의 구축 및 운영 시 비용과 수익이 적절히 균형을 이룰 수 있도록 해야 한다.

⑤ **물류계획수립 시점**

  ㉠ 신설기업이나 신제품 생산 시 새로운 물류네트워크의 구축이 필요하다.

  ㉡ 기존의 물류네트워크를 수정하는 것이 필요한지, 아니면 최적은 아니지만 계속 운영하는 것이 이익인지를 결정할 필요가 있다.

⑥ **물류네트워크의 평가와 감사를 위한 일반적 지침**

  ㉠ **수요** : 수요량, 수요의 지리적 분포

  ㉡ **고객서비스** : 재고의 이용가능성, 배달 속도, 주문 처리 속도 및 정확도

  ㉢ **제품특성** : 물류비용은 제품의 무게, 부피, 가치, 위험성 등의 특성에 민감하다.

  ㉣ **물류비용** : 물적공급과 물적유통에서 발생하는 비용은 기업의 물류시스템을 얼마나 자주 재구축해야 하는지를 결정한다.

  ㉤ **가격결정정책** : 상품의 매매에 있어서 가격결정정책을 변경하는 것은 물류활동을 좌우하므로 물류전략에 많은 영향을 끼친다.

⑦ 물류전략수립 지침
  ㉠ 총비용 개념의 관점에서 물류전략을 수립하며, 이는 물류비용들 간의 트레이드오프(상충) 관계에 기인한다.
  ㉡ 물류비용들 간에는 상충(역비례)이 있으므로 관련 활동들 간의 균형을 이루도록 조정하여 전체적으로 활동을 최적화하는 것이 필요하다.
  ㉢ 가장 좋은 트레이드오프는 100% 서비스 수준보다 낮은 서비스 수준에서 발생한다.
  ㉣ 제공되는 서비스 수준으로부터 얻는 수익에 대해 재고·수송비용(총비용)이 균형을 이루는 점에서 보관지점의 수를 결정한다.
  ㉤ 평균재고수준은 재고유지비와 판매손실비가 트레이드 오프관계에 있으므로 이들 두 비용이 균형을 이루는 점에서 결정한다.
  ㉥ 제품을 생산하는 가장 좋은 생산순서와 생산시간은 생산비용과 재고비용의 합이 최소가 되는 곳에서 결정한다.
  ㉦ 트레이드 오프관계에 있는 모든 비용을 평가하는 것은 바람직하지 않을 수도 있으며, 최고경영진이 고려해야 할 비용요소를 결정한다.

⑧ 물류관리 전략의 필요성과 중요성

구분	필요성과 중요성
전략적 물류	• 코스트 중심 • 제품효과 중심 • 기능별 독립 수행 • 부분 최적화 지향 • 효율 중심의 개념
로지스틱스	• 가치창출 중심 • 시장진출 중심(고객 중심) • 기능의 통합화 수행 • 전체 최적화 지향 • 효과(성과) 중심의 개념
21세기 초일류회사	• 미래에 대한 비전(vision)과 경영전략 및 물류전략에 대한 전사적인 공감대 형성 • 전략적 물류관리 마인드 제고를 위한 전사적인 계획 및 지속적인 실행 • 전사적인 업무·전산 교육체계 도입 및 확산 • 로지스틱스에 대한 정보수집, 분석, 공유를 위한 모니터 체계 확립

⑨ 로지스틱스 전략관리의 기본요건
  ㉠ 전문가 집단 구성
    • 물류전략계획 전문가
    • 현업 실무관리자
    • 물류서비스 제공자(프로바이더, Provider)
    • 물류혁신 전문가
    • 물류인프라 디자이너
  ㉡ 전문가의 자질
    • 분석력 : 최적의 물류업무 흐름 구현을 위한 분석 능력
    • 기획력 : 경험과 관리기술을 바탕으로 물류전략을 입안하는 능력
    • 창조력 : 지식이나 노하우를 바탕으로 시스템모델을 표현하는 능력
    • 판단력 : 물류관련 기술동향을 파악하여 선택하는 능력
    • 기술력 : 정보기술을 물류시스템 구축에 활용하는 능력
    • 행동력 : 이상적인 물류인프라 구축을 위하여 실행하는 능력
    • 관리력 : 신규 및 개발프로젝트를 원만히 수행하는 능력
    • 이해력 : 시스템 사용자의 요구(needs)를 명확히 파악하는 능력

> **tip 전략적 물류관리의 접근대상**
> • 자원소모, 원가 발생 : 원가경쟁력 확보, 자원 적정 분배
> • 활동 : 부가가치 활동 개선
> • 프로세스 : 프로세스 혁신
> • 흐름 : 흐름의 상시 감시

※ 물류전략의 실행구조(과정순환) … 전략수립 → 구조설계 → 기능정립 → 실행

⑩ 물류전략의 8가지 핵심영역

구분	핵심영역
전략수립	• 고객서비스수준 결정
구조설계	• 공급망설계 • 로지스틱스 네트워크전략 구축
기능정립	• 창고설계·운영 • 수송관리 • 자재관리
실행	• 정보·기술관리 • 조직·변화관리

03 제3자 물류

(1) 제3자 물류의 이해

① 정의 및 구분
  ㉠ 제3자 물류의 정의 : 제3자 물류업은 화주기업이 고객서비스 향상, 물류비 절감 등 물류활동을 효율화할 수 있도록 공급망 상의 기능 전체 혹은 일부를 대행하는 업종으로 정의되고 있다.
  ㉡ 물류 구분

구분	내용
제1자 물류 (자사물류)	• 화주기업이 직접 물류활동을 처리하는 자사물류 • 기업이 사내에 물류조직을 두고 물류업무를 직접 수행하는 경우
제2자 물류 (물류자회사)	• 물류자회사에 의해 처리하는 경우 • 기업이 사내의 물류조직을 별도로 분리하여 자회사로 독립시키는 경우
제3자 물류	• 화주기업이 자기의 모든 물류활동을 외부에 위탁하는 경우(단순 물류아웃소싱 포함) • 외부의 전문물류업체에게 물류업무를 아웃소싱 하는 경우

② 제3자 물류의 발전과정
  ㉠ 서비스의 깊이 측면에서 볼 때 : 물류활동의 운영 및 실행→관리 및 통제→계획 및 전략으로 발전하는 과정을 거친다.
  ㉡ 서비스의 폭 측면에서 볼 때 : 기능별 서비스→기능간 연계 및 통합서비스의 발전과정을 거치는 것이 보편적이며 이를 위해서는 공급망 관리기법이 필수적이다.

③ 제3자 물류와 물류아웃소싱과의 비교

구분	제3자 물류	물류 아웃소싱
화주와의 관계	• 전략적 제휴, 계약기반	• 수발주 관계, 거래기반
관계의 특징	• 협력적 관계	• 일시적 관계
서비스의 범위	• 종합 물류 서비스 지향	• 수송, 보관 등 기능별 서비스 지향
정보 공유	• 필수적	• 불필요
도입결정 권한	• 최고 경영자	• 중간 관리자
도입방법	• 경쟁계약	• 수의 계약
관리형태	• 통합관리형	• 분산관리형
운영기간	• 중·장기	• 단기, 일시
자산특성	• 무자산형 가능	• 자산소유 필수

④ 제3자 물류의 발전동향
  ㉠ 국내 물류시장은 최근 공급자와 수요자 양 측면 모두에서 제3자 물류가 활성화될 수 있는 기본적인 여건을 형성하고 있는 중이다.
  ㉡ 공급자 측면에서는 최근 신규 물류업체와 외국 물류기업의 시장 참여가 늘어남에 따라 물류시장의 경쟁구조가 한층 더 심화되고, 이에 따라 기존의 단순 운송·보관서비스에서 차별화된 저가격-고품질 물류서비스가 크게 확산될 전망이다.
  ㉢ 물류산업의 경쟁촉진을 제한하던 각종 행정규제가 크게 완화됨에 따라 특정 물류업종 안에서의 물류업체간(기존업체-신규업체 등) 경쟁은 물론이고 기능이 더욱 더 치열해지고 있다.
  ㉣ 수요자 측면에서는 최근 물류전문업체와의 전략적 제휴·협력을 통해 물류효율화를 추진하고자 하는 화주기업이 점증적으로 증가하고 있다.
  ㉤ IMF 외환위기 이후 비록 운송기능에 국한되어 있기는 하지만 화주기업의 물류아웃소싱이 큰 폭으로 증가하고 있다.

ⓗ 기업간 경쟁에서 기업네트워크간 경쟁으로 경쟁구조가 변하면서 경쟁력 제고를 위한 공급망관리(SCM)의 중요성이 크게 부각되고 있고, 이에 맞물려 물류전문업체와의 전략적 제휴·협력에 의한 물류효율화에 대한 화주기업의 관심이 고조되고 있다.

ⓢ 고객만족 경영환경 하에서 소비자 수요 변화에 따른 소량 다빈도 배송업무를 효율적으로 실시하기 위해 물류전문업체를 활용하는 화주기업이 크게 증가하고 있다.

ⓞ 이처럼 물류시장의 수요기반 확충과 공급 측면에서 통합물류서비스의 확산이 맞물려 서로 상승작용한다면 제3자 물류의 활성화는 훨씬 더 빠른 속도로 이루어질 수 있을 것이다.

ⓩ 그러나 물류산업 구조의 취약성, 물류기업의 내부역량 미흡, 소프트 측면의 물류기반요소 미확충, 물류환경의 변화에 부합하지 못하는 물류정책 등 제3자 물류의 발전 및 확산을 저해하는 제반 문제점이 조기에 개선되지 못할 경우 이 같은 전망은 실현되기 어려울 것이다.

(2) 제3자 물류의 도입이유와 기대효과

① 도입이유

ⓖ 자가물류 활동에 의한 물류효율화의 한계
- 경기변동과 수요 계절성에 의한 물량의 불안정, 기업 구조조정에 따른 물류경로의 변화 등에 효율적으로 대처하기 어렵다는 구조적 한계가 있다.
- 물류부문에 대한 과도한 투자비는 적정수준의 물량을 확보하지 못할 경우 투자비 회수가 어려워질 뿐만 아니라 오히려 고물류비 구조개선에 걸림돌이 될 수 있다.

ⓛ 물류자회사에 의한 물류효율화의 한계
- 물류자회사는 모기업의 물류효율화를 추진할수록 그 만큼 자사의 수입이 감소하는 이율배반적 상황에 직면하므로 궁극적으로 모기업의 물류효율화에 소극적인 자세를 보이게 된다.
- 모기업의 지나친 간섭과 개입으로 자율경영의 추진에 한계가 있다.

ⓒ 제3자 물류 → 물류산업 고도화를 위한 돌파구
- 제3자 물류의 활성화는 물류산업이 현재의 낙후·비효율을 극복하여 자생적인 발전능력을 확보할 수 있는 돌파구로 인식되고 있다.
- 고도화된 물류산업은 자가물류와의 적절한 경쟁·보완관계에 의하여 더욱 발전할 수 있고, 이에 의하여 현 고물류비구조를 개선하는데 주도적인 역할을 할 수 있을 것이다.

ⓔ 세계적인 조류로서 제3자 물류의 비중 확대
- 저가격·고품질의 물류서비스를 제공하는 물류전문업체가 풍부하다면 굳이 고정투자비 부담을 감수하면서까지 자가물류체제를 고수하려는 기업은 많지 않을 것이다.
- 물류전문업체를 이용한 물류공동화가 활성화될수록 기업의 투자비·운영비 부담의 경감과 물류비 절감효과가 더 확대될 것이다.

② 기대효과

ⓖ 화주기업 측면
- 제3자 물류업체의 고도화된 물류체계를 활용함으로써 자사의 핵심사업주력 화주기업은 각 부문별로 최고의 경쟁력을 보유하고 있는 기업 등과 통합·연계하는 공급망을 형성하여 공급망 대 공급망간 경쟁에서 유리한 위치를 차지할 수 있다.
- 조직 내 물류기능 통합화와 공급망상의 기업간 통합·연계화로 자본, 운영시설, 재고, 인력 등의 경영자원을 효율적으로 활용할 수 있고 또한 리드타임단축과 고객서비스의 향상이 가능하다.
- 물류시설 설비에 대한 투자부담을 제3자 물류업체에게 분산시킴으로써 유연성확보와 자가물류에 의한 물류효율화의 한계를 보다 용이하게 해소할 수 있다.
- 고정투자비 부담을 없애고, 경기변동, 수요계절성 등 물동량 변동, 물류경로변화에 효과적으로 대응할 수 있다.

ⓛ 물류업체 측면

- 제3자 물류의 활성화는 물류산업의 수요기반 확대로 이어져 규모의 경제효과에 의해 효율성, 생산성 향상을 달성한다.
- 물류업체는 고품질의 물류서비스를 개발·제공함에 따라 현재보다 높은 수익률을 확보할 수 있고, 또 서비스 혁신을 위한 신규투자를 더욱 활발하게 추진할 수 있다.

③ 제3자 물류에 의한 물류혁신 기대효과

㉠ 물류산업의 합리화에 의한 고물류비 구조를 혁신

- 제3자 물류서비스의 개선 및 확충으로 물류산업의 수요기반이 확대될수록 물류시설에 대한 고정투자비 부담의 감소로 규모의 경제효과를 얻을 수 있어 물류산업의 합리화가 촉진될 것이며, 그 결과 물류산업은 제조업 지원산업으로서의 역할을 효과적으로 수행할 수 있을 것이다.
- 규모의 경제효과에 의한 효율성 증대와 더불어 무엇보다 중요한 점은 여러 화주기업의 물류활동을 장기간 수탁운영하는 과정에서 축적되는 운영·관리기술 및 노하우로 전문성을 갖출 수 있고, 이의 효과를 협력·제휴관계에 있는 화주기업과 공유할 수 있다는 점이다.

㉡ 고품질 물류서비스의 제공으로 제조업체의 경쟁력 강화 지원

- 제조업체의 고객만족 경영체제를 지원할 수 있는 물류서비스가 신속하게 개발·제공됨에 따라 물류수요자인 제조업체들이 자사의 핵심사업에 모든 경영자원을 집중하여 경쟁력을 강화할 수 있는 여건이 조성된다.

- 물류전문업체가 제공하는 물류서비스의 높은 신뢰성, 보관창고의 신속한 입출고관리, 화물의 위치추적 등 다양한 부가서비스를 이용하는 제조업체는 생산성 경쟁뿐만 아니라 시간기반 경쟁에서도 유리한 위치를 확보할 수 있을 것이다.
- 물류전문업체의 입장에서는 고품질의 물류서비스를 개발·제공함에 따라 현재보다 높은 수익률을 확보할 수 있고, 이에 따라 서비스 혁신을 위한 신규투자가 더욱 활발해지는 효과가 있는 등 제조업체와 물류업체 모두에게 윈윈(win-win)게임이 될 것이다.

㉢ 종합물류서비스의 활성화 : 여러 종류의 물류서비스 중에서 가장 비중이 높은 운송서비스는 현행 화물자동차 의존형 개별직송방식에서 탈피하여 다른 운송수단과 연계되는 연계수송방식과 물류시설을 이용한 거점운송방식이 활성화되는 등 종합물류서비스로서의 면모를 갖추게 될 것이다.

㉣ 공급망관리(SCM) 도입·확산의 촉진

- 공급망관리(SCM)는 원자재 구매에서 최종소비자에 이르기까지 일련의 공급망(supply chain)상에 있는 사업주체간의 연계화·통합화를 통해 경쟁우위를 확보하려는 경영기법으로 이해할 수 있다.
- 통합물류(integrated logistics)가 조직내 물류관련 기능 및 업무의 통합에 의한 최적화에 초점을 두고 있는 반면, 공급망관리(SCM)는 기업간 통합을 위한 물류협력체제 구축에 중점을 두고 있다.

04 제4자 물류

(1) 제4자 물류(4PL)의 개념

① 개념 및 공급자
- ㉠ 제4자 물류의 개념 : 다양한 조직들의 효과적인 연결을 목적으로 하는 통합체로서 공급망의 모든 활동과 계획관리를 전담하는 것이다.
- ㉡ 제4자 물류의 공급자 : 광범위한 공급망의 조직을 관리하고 기술, 능력, 정보기술, 자료 등을 관리하는 공급망 통합자이다.
- ※ 제4자 물류란 컨설팅 기능까지 수행할 수 있는 제3자 물류로 정의 내릴 수도 있다.

② 제4자 물류의 핵심과 발전
- ㉠ 제4자 물류의 핵심 : 고객에게 제공되는 서비스를 극대화하는 것(Best of Breed)이다.
- ㉡ 제4자 물류의 발전 : 제3자 물류의 능력, 전문적인 서비스 제공, 비즈니스 프로세스관리, 고객에게 서비스기능의 통합과 운영의 자율성을 배가시키고 있다.

> **tip 제4자 물류의 두 가지 중요한 특징**
> - 제3자 물류보다 범위가 넓은 공급망의 역할을 담당
> - 전체적인 공급망에 영향을 주는 능력을 통하여 가치를 증식

(2) 공급망관리에 있어서의 제4자 물류의 4단계

① 1단계(재창조)
- ㉠ 공급망에 참여하고 있는 복수의 기업과 독립된 공급망 참여자들 사이에 협력을 넘어서 공급망의 계획과 동기화에 의해 가능한 것이다.
- ㉡ 재창조는 참여자의 공급망을 통합하기 위해서 비즈니스 전략을 공급망 전략과 제휴하면서 전통적인 공급망 컨설팅 기술을 강화한다.

② 2단계(전환)
- ㉠ 판매, 운영계획, 유통관리, 구매전략, 고객서비스, 공급망 기술을 포함한 특정한 공급망에 초점을 맞춘다.
- ㉡ 전환은 전략적 사고, 조직변화관리, 고객의 공급망 활동과 프로세스를 통합하기 위한 기술을 강화한다.

③ 3단계(이행)
- ㉠ 제4자 물류(4PL)는 비즈니스 프로세스 제휴, 조직과 서비스의 경계를 넘은 기술의 통합과 배송 운영까지를 포함하여 실행한다.
- ㉡ 제4자 물류(4PL)에서 있어서 인적자원관리가 성공의 중요한 요소로 인식된다.

④ 4단계(실행)
- ㉠ 제4자 물류 제공자는 다양한 공급망 기능과 프로세스를 위한 운영상의 책임을 지고, 그 범위는 전통적인 운송관리와 물류 아웃소싱보다 크다.
- ㉡ 조직은 공급망 활동에 대한 전체적인 범위를 제4자 물류 공급자에게 아웃소싱할 수 있다.

> **tip 제4자 물류공급자가 수행할 수 있는 범위**
> - 제3자 물류 공급자
> - 컨설팅회사
> - IT회사
> - 물류솔루션 업체들

(1) 물류시스템의 구성

① 운송

ㄱ 운송의 개념
- 물품을 장소적·공간적으로 이동시키는 것을 말한다.
- 운송시스템은 터미널이나 야드 등을 포함한 운송 결절점인 노드(Node), 운송경로인 링크(Link), 운송기관(수단)인 모드(Mode)를 포함한 하드웨어적인 요소와 운송의 컨트롤과 오퍼레이션 등을 포함하는 소프트웨어적인 측면의 각종 요소가 조직적으로 결합되고 통합됨으로써 전체적인 효율성이 발휘된다.

ㄴ 운송관련 용어의 의미

용어	의미
교통	현상적인 시각에서의 재화의 이동
운송	서비스 공급측면에서의 재화의 이동
운수	행정상 또는 법률상의 운송
운반	한정된 공간과 범위 내에서의 재화의 이동
배송	물류센터에서 각 점포나 소매점에 상품을 납입하기 위한 수송
통운	소화물 운송
간선수송	제조공장과 물류거점(물류센터)간의 장거리 수송으로 컨테이너 또는 파렛트를 이용, 유닛화 되어 일정단위로 취합되어 수송

ㄷ 운송수단의 형태

운송수단	형태
화물자동차	• 전세 또는 구역취급 -근거리운송 : 100km 이내 -중거리운송 : 101~300km -장거리운송 : 301km 이상 •노선운송 : 정기편, 자동차편 화물취급
철도	•직행운송 •컨테이너운송 •쾌속화물열차 •야드집결운송
선박	•정기선 •부정기선 •컨테이너운송 •카페리운송
항공기	•여객기운송 •화물전용기운송

tip 화물자동차 운송의 특징

- 원활한 기동성과 신속한 수배송
- 신속하고 정확한 문전운송
- 다양한 고객요구 수용
- 운송단위가 소량
- 에너지 다소비형의 운송기관 등

② 보관

ㄱ 보관의 개념
- 물품을 저장·관리하는 것을 의미하고 시간·가격 조정에 관한 기능을 수행한다.
- 수요와 공급의 시간적 간격을 조정함으로써 경제활동의 안정과 촉진을 도모한다.

ㄴ 보관의 중요성
- 최근에는 상품가치의 유지와 저장을 목적으로 하는 장기보관보다는 판매정책상의 유통목적을 위한 단기보관의 중요성이 강조되고 있다.
- 보관을 위한 시설인 창고에서는 물품의 입고, 정보에 기초한 재고관리가 행해진다.

③ 유통가공

　　㉠ 유통가공의 개념

　　　　• 보관을 위한 가공 및 동일 기능의 형태 전환을 위한 가공 등 유통단계에서 상품에 가공이 더해지는 것을 의미한다.

　　　　• 절단, 상세분류, 천공, 굴절, 조립 등의 경미한 생산활동이 포함된다. 이 밖에도 유닛화, 가격표·상표 부착, 선별, 검품 등 유통의 원활화를 도모하는 보조작업이 있다.

　　㉡ 유통가공의 중요성 : 최근에는 상품의 부가 가치를 높여 상품차별화를 목적으로 하는 유통가공의 중요성이 강조되고 있다.

④ 포장

　　㉠ 포장의 개념 : 물품의 운송, 보관 등에 있어서 물품의 가치와 상태를 보호하는 것을 말한다.

　　㉡ 포장의 구분

　　　　• 공업포장 : 기능면에서 품질유지를 위한 포장

　　　　• 상업포장 : 소비자의 손에 넘기기 위하여 행해지는 포장으로서 상품가치를 높여, 정보전달을 포함하여 판매촉진의 기능을 목적으로 한 포장

⑤ 하역

　　㉠ 하역의 개념 : 운송, 보관, 포장의 전후에 부수하는 물품의 취급으로 교통기관과 물류시설에 걸쳐 행해진다. 적입, 적출, 분류, 피킹(picking) 등의 작업이 여기에 해당한다.

　　㉡ 하역합리화의 대표적 수단

　　　　• 컨테이너화(containerization)

　　　　• 파렛트화(palletization)

⑥ 정보

　　㉠ 정보의 개념

　　　　• 물류활동에 대응하여 수집되며 효율적 처리로 조직이나 개인의 물류활동을 원활하게 한다.

　　　　• 최근에는 컴퓨터와 정보통신기술에 의해 물류시스템의 고도화가 이루어져 수주, 재고관리, 주문품 출하, 상품조달(생산), 운송, 피킹 등을 포함한 5가지 요소기능과 관련한 업무흐름의 일괄관리가 실현되고 있다.

　　㉡ 정보의 구분

　　　　• 상품의 수량과 품질정보

　　　　• 작업관리에 관한 물류정보와 수·발주정보

　　　　• 지불 등에 관한 상류정보

　　※ 대형소매점과 편의점에서는 유통비용의 절감과 판로확대를 위해 POS(판매시점관리)가 사용되고 EDI(전자문서교환)가 결부된 물류정보시스템이 급속하게 보급되고 있다.

(2) 물류 시스템화

① 물류시스템의 기능

　　㉠ 작업서브시스템 : 운송, 하역, 보관, 유통가공, 포장

　　㉡ 정보서브시스템 : 수·발주, 재고, 출하

② 물류시스템의 목적

　　㉠ 고객에게 상품을 적절한 납기에 맞추어 정확하게 배달하는 것

　　㉡ 고객의 주문에 대해 상품의 품절을 가능한 한 적게 하는 것

　　㉢ 물류거점을 적절하게 배치하여 배송효율을 향상시키고 상품의 적정재고량을 유지하는 것

　　㉣ 운송, 보관, 하역, 포장, 유통·가공의 작업을 합리화하는 것

　　㉤ 물류비용의 적절화·최소화 등

　　※ 최소의 비용으로 최대의 물류서비스를 산출하기 위하여 물류서비스를 3S1L의 원칙(Speedy, Safely, Surely, Low)으로 행한다.

③ 비용과 물류서비스간의 관계

　　㉠ 물류서비스를 일정하게 하고 비용절감을 지향하는 관계이다.

　　㉡ 물류서비스를 향상시키기 위해 물류비용이 상승하여도 달리 방도가 없다는 서비스 상승, 비용 상승의 관계이다.

　　㉢ 적극적으로 물류비용을 고려하는 방법으로 물류비용 일정, 서비스 수준 향상의 관계이다.

　　㉣ 보다 낮은 물류비용으로 보다 높은 물류서비스를 실현하려는 물류비용 절감, 물류서비스 향상의 관계이다.

(3) 운송 합리화 방안 및 수배송의 특성

① 운송 합리화 방안
  ㉠ 적기 운송과 운송비 부담의 완화
  ㉡ 실차율 향상을 위한 공차율의 최소화
  ㉢ 물류기기의 개선과 정보시스템의 정비
  ㉣ 최단 운송경로의 개발 및 최적 운송수단의 선택

② 수배송의 특성
  ㉠ 수송
    • 장거리 대량화물의 이동
    • 거점 ↔ 거점간 이동
    • 지역간 화물의 이동
    • 1개소의 목적지에 1회에 직송
  ㉡ 배송
    • 단거리 소량화물의 이동
    • 기업 ↔ 고객간 이동
    • 지역내 화물의 이동
    • 다수의 목적지를 순회하면서 소량 운송

---

tip 화물자동차 운송의 효율성 지표

• 가동률 : 화물자동차가 일정기간(예를 들어, 1개월)에 걸쳐 실제로 가동한 일수
• 실차율 : 주행거리에 대해 실제로 화물을 싣고 운행한 거리의 비율
• 적재율 : 최대적재량 대비 적재된 화물의 비율
• 공차거리율 : 주행거리에 대해 화물을 싣지 않고 운행한 거리의 비율
• 적재율이 높은 실차상태로 가동률을 높이는 것이 트럭 운송의 효율성을 최대로 하는 것이다.

---

(4) 공동 수배송의 장단점

구분	공동수송	공동배송
장점	• 물류시설 및 인원의 축소 • 발송작업의 간소화 • 영업용 트럭의 이용증대 • 입출하 활동의 계획화 • 운임요금의 적정화 • 여러 운송업체와의 복잡한 거래교섭의 감소 • 소량 부정기화물도 공동수송 가능	• 수송효율 향상(적재효율, 회전율 향상) • 소량화물 혼적으로 규모의 경제효과 • 자동차, 기사의 효율적 활용 • 안정된 수송시장 확보 • 네트워크의 경제효과 • 교통혼잡 완화 • 환경오염 방지
단점	• 기업비밀 누출에 대한 우려 • 영업부문의 반대 • 서비스 차별화에 한계 • 서비스 수준의 저하 우려 • 수화주와의 의사소통 부족 • 상품특성을 살린 판매전략 제약	• 외부 운송업체의 운임 덤핑에 대처 곤란 • 배송순서의 조절이 어려움 • 출하시간 집중 • 물량파악이 어려움 • 제조업체의 산재에 따른 문제 • 종업원 교육, 훈련에 시간 및 경비 소요

---

06 화물운송정보시스템의 이해

(1) 화물운송정보시스템의 구분

① 수배송관리시스템
  ㉠ 주문상황에 대해 적기 수배송체제의 확립과 최적의 수배송계획을 수립함으로써 수송비용을 절감하려는 체제이다.
  ㉡ 출하계획의 작성, 출하서류의 전달, 화물 및 운임계산의 명확성 등 컴퓨터와 통신기기를 이용하여 기계적으로 처리하게 된다.
  ※ 수배송관리시스템의 대표적인 것으로는 터미널화물정보시스템이 있다.

② 화물정보시스템

　　㉠ 화주에게 적기에 정보를 제공해주는 시스템을 의미한다.

　　㉡ 화물이 터미널을 경유하여 수송될 때 수반되는 자료 및 정보를 신속하게 수집하여 이를 효율적으로 관리한다.

③ 터미널화물정보시스템

　　㉠ 수출계약이 체결된 후 수출품이 트럭터미널을 경유하여 항만까지 수송되는 경우에 사용된다.

　　㉡ 국내거래 시 한 터미널에서 다른 터미널까지 수송되어 수하인에게 이송될 때까지의 전 과정에서 발생하는 각종 정보를 전산시스템으로 수집, 관리, 공급, 처리하는 종합정보관리체제이다.

(2) 수배송활동 단계에서의 물류정보처리 기능

① 계획 : 수송수단 선정, 수송경로 선정, 수송로트(lot) 결정, 다이어그램 시스템 설계, 배송센터의 수 및 위치 선정, 배송지역 결정 등

② 실시 : 배차 수배, 화물적재 지시, 배송지시, 발송정보 착하지에의 연락, 반송화물 정보관리, 화물의 추적 파악 등

③ 통제 : 운임계산, 자동차적재효율 분석, 자동차가동률 분석, 반품운임 분석, 빈 용기운임 분석, 오송 분석, 교착수송 분석, 사고분석 등

03 화물운송서비스의 이해

01 **물류의 신시대와 트럭수송의 역할**

(1) 물류의 생활화

① 미래의 물류

 ㉠ 물류는 범위가 넓고 실생활에 없어서는 안 되는 것이다.

 ㉡ 피터 드러커(P. Drucker)는 "아직도 비용을 절감할 수 있는 엄청난 미개척 영역이 남아 있다."라고 말하고 있는데, 이는 미개척 영역이 다름 아닌 (기업)물류라고 말하는 것이라고 볼 수 있다.

② 물류관리의 전망

 ㉠ 물류관리가 최근 경영혁신의 중심체 역할을 하고 있으며, 물류 자체만으로 새로운 시장을 창출하기도 한다.

 ㉡ 전문가들은 앞으로 물류혁신은 전문 물류업체를 중심으로 이뤄질 것으로 전망하고 있으며, 물류시스템이 경영을 변화시키면서 동시에 신시장을 만들어낼 것으로 예상하고 있다.

(2) 물류의 경쟁력

① 물류의 혁신과 경쟁수단

 ㉠ 물류는 합리화 시대를 거쳐 혁신이 요구되고 있으므로 이제까지의 연장선상에서 파악하는 것이 아니라 새로운 것을 창조하여야 한다.

 ㉡ 물류는 경영합리화에 필요한 코스트를 절감하는 영역 뿐 아니라 경쟁자와의 격차를 벌이려고 하는 중요한 경쟁수단이 되고 있다.

② 경쟁력 있는 물류를 무기로 제공

 ㉠ 트럭운송산업의 종사자로서 해야 하는 것은, 고객의 절실한 요망에 대응하여 화주에게 경쟁력 있는 물류를 무기로 제공할 의무가 있다고 할 수 있다.

 ㉡ 트럭운송 종사자에게는 경쟁력 있는 물류를 무기로 제공한다는 방침을 기본으로 하지 않으면 운송기업이나 종사자가 고객의 파트너로서의 지위를 확보하기 어렵다.

(3) 총 물류비의 절감

① 경쟁력의 저하

 ㉠ 고빈도 · 소량의 수송체계는 필연적으로 물류코스트의 상승을 가져온다.

 ㉡ 물류가 기업 간 경쟁의 중요한 수단으로 되면, 자연히 물류의 서비스체제에 비중을 두게 되고, 그에 따라 물류코스트가 과대하게 되며 코스트 면에서 경쟁력을 저하시키는 요인이 된다.

 ㉢ 경쟁력을 저하시키게 되면 화주는 물류전문업자에게 운임, 보관료 등의 인하를 요구하게 된다.

② 물류비의 절감

 ㉠ 물류의 세일즈는 컨설팅 세일즈이다. 화주기업에 대해서 물류비의 절감은 사내의 생산, 판매의 조정을 시작으로 하는 물류시스템의 개선이야말로 최대의 요건이라고 하는 것을 설명하고, 구체적인 개선안을 제시할 필요가 있다.

 ㉡ 물류서비스 제공자로서 화주의 총 물류비를 억제, 절감하기 위해서는 전문지식을 습득한 것이 중요하다.

 ㉢ 물류시스템을 파악하고 총 물류비를 대상으로 하는 절감은 반드시 수송비나 보관료 등의 인하를 필요한 조건으로 하는 것은 아니다.

(4) 적정요금을 품질(서비스)로 환원

① 수익률의 저조

ㄱ 트럭업계가 고객인 산업계에 가져다 준 것은 서비스를 포함한 품질향상에 대한 노력의 결여라기보다는 수익률이 낮은 데에서 오는 노동자비율의 저수준에 의한 생산성향상의 저해에 기인하는 바가 크다고 할 것이다.

ㄴ 자본이익률로 대표되고 있는 수익률의 상승이 서비스의 향상으로 이어지며, 생산성(노동생산성과 자본생산성)을 높여야 한다는 것은 상위를 차지하고 있는 택배업자에게서 이미 입증되고 있다.

② 노동조건의 개선과 서비스로의 환원

ㄱ 물류업무의 적정한 대가를 받고, 정당한 이익을 계상함과 동시에 노동조건의 개선에 힘쓴다.

ㄴ 서비스의 향상, 운송기술의 개발, 원가절감 등의 성과를 통해 화주(고객)에게 환원한다는 자세는 물류혁신시대의 화주기업과 물류전문업계 및 종사자의 새로운 파트너십이라고 할 수 있다.

(5) 혁신과 트럭운송

① 기업존속 결정의 조건

ㄱ 사업의 존속을 결정하는 조건은 "매상을 올릴 수 있는가", "코스트를 내릴 수 있는가?" 라는 2가지이다. 이 중에 어느 한 가지라도 실현시킬 수 있다면 사업의 존속이 가능하지만, 어느 쪽도 달성할 수 없다면 살아남기 힘들 것이다.

ㄴ 물류시장이 계속해서 성장하였던 고도성장시대에는 고객인 화주기업의 성장에 따라 매상이 상승하였지만, 그것은 매상을 올리는 적극적 행동의 결과는 아니다. 매상을 올린 것이 아니라 기업노력과 관계없이 올라간 것이다.

② 기업의 유지관리와 혁신

ㄱ 기업경영에는 두 가지의 면이 있다. 하나는 기업 고유의 전통과 실적을 계승하여 유지·관리하는 것이고, 다른 하나는 기업의 전통과 현상을 부정하여 새로운 기업체질을 창조하는 것이다.

ㄴ 시장경제의 격화에 의해 수익성이 낮아져 결국은 제로가 되면, 경영자는 항상 새로운 이익원천을 추구하지 않으면 안 된다. 이렇게 새로운 이익의 원천을 구하는 길을 경영혁신이라고 한다.

③ 기술혁신과 트럭운송사업

ㄱ 성숙기의 포화된 경제환경 하에서 거시적 시각의 새로운 이익원천에는 인구의 증가, 영토의 확대, 기술의 혁신 등 3가지가 있다.

ㄴ 경영혁신의 분야에서는 새로운 시장의 개척, 새로운 상품이나 서비스의 개발에 의한 수요의 창조, 경영의 다각화, 기업의 합병·계열화, 경영효과·생산성의 향상, 기업체질의 개선 등이 공통적 사항이다.

> **tip 트럭운송업계의 당면과제**
>
> - 고객인 화주기업의 시장개척 일부를 담당할 수 있는가
> - 소비자가 참가하는 물류의 신경쟁시대에 무엇을 무기로 하여 싸울 것인가
> - 고도정보화시대에 살아남기 위한 진정한 협업화에 참가할 수 있는가
> - 트럭이 새로운 운송기술을 개발할 수 있는가
> - 의사결정에 필요한 정보를 적시에 수집할 수 있는가

④ 수입확대와 원가절감

ㄱ 수입의 확대는 마케팅과 같은 의미로 이해할 수 있으며, "사업을 번창하게 하는 방법을 찾는 것"이라고 말할 수 있다.

ㄴ 원가의 절감은 원가의 재생산이라고 하는 것이 보다 더 적합하다고 할 수 있으며, 원가의 인하활동이라고 하거나 다른 표현으로 돈을 벌기 위해 묘안을 짜내는 것이다.

ㄷ 트럭업계가 원가절감이라고 하는 용어에 대해 반응을 보이고 있는 것은, 연료의 리터당 주행거리나 연료구입단가, 차량수리비, 타이어가 견딜 수 있는 킬로수 등이다.

ㄹ 원가절감은 지출을 억제한다고 하는 방어적인 수법만이 아니라 운행효율의 향상, 생산성의 향상이라고 하는 적극적·공격적인 수법이 필요한 것이다.

⑤ 운송사업의 존속과 번영을 위한 변혁요인
　㉠ **외부적 요인** : 조직이나 개인을 둘러싼 환경의 변화, 특히 고객의 욕구행동의 변화에 대응하지 못하는 조직이나 개인은 언젠가는 붕괴하게 된다.
　㉡ **내부적 요인** : 조직이든 개인이든 환경에 대한 오픈시스템으로 부단히 변화하는 것이다.

> **tip 운송사업의 존속과 번영을 위한 주의 사항**
>
> • 경쟁에 이겨 살아남지 않으면 안 된다.
> • 살아남기 위해서는 조직은 물론 자신의 문제점을 정확히 파악할 필요가 있다.
> • 문제를 알았으면 그 해결방법을 발견해야만 한다.
> • 문제를 해결한다고 하는 것은 현상을 타파하고 변화를 불러일으키는 것이다.
> • 모든 방책 중 최선의 방법을 선택하여 결정해야 한다.
> • 새로운 과제, 새로운 변화, 새로운 위험, 새로운 선택과 결정을 맞이하여 끊임없이 전진해 나가는 것이다.

⑥ 현상의 변혁에 필요한 4가지 요소
　㉢ 조직이나 개인의 전통, 실적의 연장선상에 존재하는 타성을 버리고 새로운 질서를 이룩하는 것이다.
　㉡ 유행에 휩쓸리지 않고 독자적이고 창조적인 발상을 가지고 새로운 체질을 만드는 것이다.
　㉢ 형식적인 변혁이 아니라 실제로 생산성 향상에 공헌할 수 있도록 일의 본질에서부터 변혁이 이루어져야 한다.
　㉣ 전통적인 체질은 좋든 나쁘든 견고하다.

02　신 물류서비스 기법의 이해

(1) 공급망관리(SCM)

① 공급망관리의 개념
　㉠ 공급망관리(SCM ; Supply Chain Management)이란 최종고객의 욕구를 충족시키기 위하여 원료공급자로부터 최종소비자에 이르기까지 공급망 내의 각 기업간에 긴밀한 협력을 통해 공급망인 전체의 물자의 흐름을 원활하게 하는 공동전략을 말한다.
　㉡ 공급망은 상류(商流)와 하류(荷流)를 연결시키는, 즉 최종소비자의 손에 상품과 서비스 형태의 가치를 가져다주는 여러 가지 다른 과정과 활동을 포함하는 조직의 네트워크를 말한다.
　㉢ 공급망관리에 있어서 각 조직은 긴밀한 협조관계를 형성하게 된다. 즉 공급망관리는 기업간 협력을 기본 배경으로 하는 것이다.

② 공급망관리의 효과
　㉠ 공급사슬 내의 원료, 상품 등의 흐름이 적절한 수준으로 유지되어 재고가 감소한다.
　㉡ 재고가 감소하고 재고관리비가 줄어드는 등 자금 여유가 생긴다.
　㉢ 과정의 유기적 통합으로 업무시간이 단축된다.
　㉣ 공급사슬 내의 기업 간에 신뢰관계가 형성되고 적극적인 제휴 관계를 통해 안정적인 공급이 가능하다.

② 물류 → 로지스틱스 → 공급망관리(SCM)로의 발전

구분	물류	로지스틱스	공급망관리
시기	• 1970~1985년	• 1986~1997년	• 1998년 ~
목적	• 물류부문 내 효율화	• 기업 내 물류 효율화	• 공급망 전체 효율화
대상	• 수송 • 보관 • 하역 • 포장	• 생산 • 물류 • 판매	• 공급자 • 메이커 • 도 · 소매 • 고객
표방	• 무인 도전	• 토탈물류	• 종합물류

(2) 전사적 품질관리(TQC)

① 전사적 품질관리의 개념
　㉠ 전사적 품질관리(TQC : Total Quality Control)란 제품이나 서비스를 만드는 모든 작업자가 품질에 대한 책임을 나누어 갖는다는 개념이다. 즉 불량품을 원천에서 찾아내고 바로잡기 위한 방안이며, 작업자가 품질에 문제가 있는 것을 발견하면 생산라인 전체를 중단시킬 수도 있다.

ⓛ 물류활동에 관련되는 모든 사람들이 물류서비스 품질에 대하여 책임을 나누어 가지고 문제점을 개선하는 것이며, 물류서비스 품질관리 담당자 모두가 물류서비스 품질의 실천자가 된다는 내용이다.

② 전사적 품질관리기법 강구
  ㉠ 물류서비스의 문제점을 파악하여 그 데이터를 정량화하는 것이 중요하다. 문제점을 수치로서 계량화할 수 없는 경우에는 정서적 정보를 이용하여 개선점을 찾는 전사적 품질관리기법을 강구할 수도 있다.
  ㉡ 원래 전사적 품질관리는 통계적인 기법이 주요 근간을 이루나 조직 부문 또는 개인간 협력, 소비자 만족, 원가절감, 납기, 보다 나은 개선이라는 "정신"의 문제가 핵이 되고 있다.

(3) 제3자 물류(TPL 또는 3PL)

① 개념
  ㉠ 제3자(third-party) : 물류채널 내의 다른 주체와의 일시적이거나 장기적인 관계를 가지고 있는 물류채널 내의 대행자 또는 매개자를 의미하여, 화주와 단일 혹은 복수의 제3자 물류 또는 계약물류이다.
  ㉡ 물류아웃소싱 : 기업이 사내에서 수행하던 물류업무를 전문업체에 위탁하는 것을 의미한다.

tip 기업이 물류아웃소싱을 도입하는 이유
- 물류관련 자산비용 부담을 줄임으로써 비용절감을 기대
- 전문물류서비스의 활용을 통해 고객서비스를 향상시킴
- 자사의 핵심사업 분야에 더욱 집중할 수 있어서, 전체적인 경쟁력을 제고할 수 있다는 기대

※ 물류아웃소싱을 특수관계가 없는 물류서비스 제공업체에게 위탁할 때 이를 제3자 물류라고 부를 수 있다.

② 제3자 물류의 개념에서 보는 관점
  ㉠ 기업이 사내에서 직접 수행하던 물류업무를 외부의 전문물류업체에게 아웃소싱한다는 관점
  ㉡ 전문물류업체와의 전략적 제휴를 통해 물류시스템 전체의 효율성을 제고하려는 전략의 일환으로 보는 관점

(4) 신속대응(QR)

① 신속대응의 개념
  ㉠ 신속대응 : 기업들은 시간과의 경쟁에서 우위를 확보하기 위해 기존의 JIT전략보다 더 신속하고 민첩한 체계를 통하여 물류효율화를 추구하게 되었는데, 이에 출현한 최신 물류기법이 바로 신속대응이다.
  ㉡ 신속대응 전략 : 생산·유통기간의 단축, 재고의 감소, 반품손실 감소 등 생산·유통의 각 단계에서 효율화를 실현하고 그 성과를 생산자, 유통관계자, 소비자에게 골고루 돌아가게 하는 기법을 말한다.

② 신속대응의 활용과 혜택
  ㉠ 신속대응의 활용
    • 신속대응은 생산·유통관련업자가 전략적으로 제휴하여 소비자의 선호 등을 즉시 파악하여 시장변화에 신속하게 대응할 수 있다.
    • 시장에 적합한 상품을 적시에, 적소로, 적당한 가격으로 제공하는 것을 원칙으로 하고 있다.
  ㉡ 신속대응의 혜택
    • 소매업자 : 유지비용의 절감, 고객서비스의 제고, 높은 상품회전율, 매출과 이익증대 등의 혜택을 볼 수 있다.
    • 제조업자 : 정확한 수요예측, 주문량에 따른 생산의 유연성 확보, 높은 자산회전율 등의 혜택을 볼 수 있다.
    • 소비자 : 상품의 다양화, 낮은 소비자 가격, 품질개선, 소비패턴 변화에 대응한 상품구매 등의 혜택을 볼 수 있다.

(5) 효율적 고객대응(ECR)

① 효율적 고객대응의 개념

    ㉠ **효율적 고객대응 전략** : 소비자 만족에 초점을 둔 공급망 관리의 효율성을 극대화하기 위한 모델로서, 제품의 생산단계에서부터 도매·소매에 이르기까지 전 과정을 하나의 프로세스로 보아 관련기업들의 긴밀한 협력을 통해 전체로서의 효율 극대화를 추구하는 효율적 고객대응기법이다.

    ㉡ **효율적 고객대응** : 제조업체와 유통업체가 상호 밀접하게 협력하여 기존의 상호기업간에 존재하던 비효율적이고 비생산적인 요소들을 제거하여 보다 효용이 큰 서비스를 소비자에게 제공하자는 것이다.

② 효율적 고객대응이 단순한 공급망 통합전략과 다른 점

    ㉠ 산업체와 산업체간에도 통합을 통하여 표준화와 최적화를 도모할 수 있다는 것이다.

    ㉡ 신속대응과의 차이점은 섬유산업뿐만 아니라 식품 등 다른 산업부문에도 활용할 수 있다는 것이다.

(6) 주파수 공용통신(TRS)

① 주파수 공용통신의 개념

    ㉠ 주파수 공용통신(TRS : Trunked Radio System)이란 중계국에 할당된 여러 개의 채널을 공동으로 사용하는 무전기시스템을 말한다.

    ㉡ 이동자동차나 선박 등 운송수단에 탑재하여 이동간의 정보를 리얼타임으로 송수신할 수 있는 통신서비스로서 현재 꿈의 로지스틱스의 실현이라고 부를 정도로 혁신적인 화물추적통신망시스템으로서 주로 물류관리에 많이 이용된다.

> **tip 주파수 공용통신의 대표적 서비스**
>
> • 음성통화(voice dispatch)
> • 공중망접속통화(PSTN I/L)
> • TRS 데이터통신(TRS data communication)
> • 첨단차량군 관리(advanced fleet management)

※ 주파수 공용통신(TRS)의 도입으로 데이터통신을 통해 신용카드 조회 및 화물인수서류가 축소되는 등 기업은 화물추적기능, 화주의 요구에 대한 신속대응, 서류처리의 축소, 정보의 실시간 처리 등의 이점을 가져오게 된다.

② 주파수 공용통신(TRS)의 도입 효과

    ㉠ 업무분야별 효과

      • **자동차운행 측면** : 사전배차계획 수립과 배차계획 수정이 가능해지며, 자동차의 위치추적기능의 활용으로 도착시간의 정확한 추정이 가능해진다.

      • **집배송 측면** : 체크아웃 포인트의 설치나 화물추적 기능 활용으로 지연사유 분석이 가능해져 표준운행시간 작성에 도움을 줄 수 있다.

      • **자동차 및 운전자관리 측면** : TRS를 통해 수송 중 고장자동차에 대응한 자동차 재배치나 지연사유 분석이 가능해지며, 데이터통신에 의한 실시간 처리가 가능해져 관리업무가 축소되며, 대고객에 대한 정확한 도착시간 통보로 JIT(즉납)가 가능해지고 분실화물의 추적과 책임자 파악이 용이하게 된다.

    ㉡ 기능별 효과

      • 자동차의 운행정보 입수와 본부에서 자동차로 정보전달이 용이해지고 자동차에서 접수한 정보의 실시간 처리가 가능해진다.

      • 화주의 수요에 신속히 대응할 수 있다는 장점과 화주의 화물추적이 용이해진다.

(7) 범지구측위시스템(GPS)

① GPS 통신망의 개념

    ㉠ 범지구측위시스템이란 관성항법과 더불어 어두운 밤에도 목적지에 유도하는 측위통신망으로서 그 유도기술의 핵심이 되는 것은 인공위성을 이용한 범지구측위시스템이며 주로 자동차위치추적을 통한 물류관리에 이용되는 통신망이다.

    ㉡ 범지구측위시스템(GPS)은 미국방성이 관리하는 새로운 시스템으로 고도 2만km 또는 24개의 위성으로부터 전파를 수신하여 그 소요시간으로 이동체의 거리를 산출한다.

② GPS의 도입 효과
  ㉠ GPS를 도입하면 각종 자연재해로부터 사전대비를 통해 재해를 회피할 수 있고, 토지조성공사에도 작업자가 건설용지를 돌면서 지반침하와 침하량을 측정하여 리얼 타임으로 신속하게 대응할 수 있다.
  ㉡ 대도시의 교통혼잡시에 자동차에서 행선지 지도와 도로 사정을 파악할 수 있으며, 공중에서 온천탐사도 할 수 있다.
  ㉢ 중요한 것은 밤낮으로 운행하는 운송차량 추적시스템을 GPS로 완벽하게 관리 및 통제할 수 있다는 장점이 있다.

(8) 통합판매 · 물류 · 생산시스템(CALS)

① CALS의 개념
  ㉠ 통합판매 · 물류 · 생산시스템(CALS ; Computer Aided Logistics Support)이란 1982년 미군의 병참지원체계로 개발된 것으로 최근에는 민간에까지 급속도로 확대되어 산업정보화의 마지막 무기이자 제조 · 유통 · 물류산업의 인터넷이라고 평가받고 있다.
  ㉡ 제품의 생산에서 유통 그리고 로지스틱스의 마지막 단계인 폐기까지 전 과정에 대한 정보를 한 곳에 모은다는 의미에서 통합유통 · 물류 · 생산시스템이라고 부르는 CALS는 특정 시스템의 개발기간 단축, 유통비와 물류비 절감, 상품의 품질향상 등 산업전반의 생산성과 경쟁력을 향상시킬 수 있다는 기대 속에서 기업들이 앞 다투어 도입하고 있다.

> **tip 통합판매 · 물류 · 생산시스템의 장점**
> • 디지털기술의 통합과 정보공유를 통한 신속한 자료처리 환경을 구축
> • 제품설계에서 폐기에 이르는 모든 활동을 디지털 정보기술의 통합을 통해 구현하는 산업화전략
> • 컴퓨터에 의한 통합생산이나 경영과 유통의 재설계

  ㉢ 통합판매 · 물류 · 생산시스템의 목표
    • 비즈니스 리엔지니어링을 통해 조정
    • 동시공학적 업무처리과정으로 연계
    • 다양한 정보를 디지털화하여 통합데이타베이스에 저장하고 활용

② 통합판매 · 물류 · 생산시스템의 중요성과 적용범주
  ㉠ 정보화 시대의 기업경영에 필수적인 산업정보화
  ㉡ 방위산업뿐 아니라 중공업, 조선, 항공, 섬유, 전자, 물류 등 제조업과 정보통신 산업에서 중요한 정보전략화
  ㉢ 과다서류와 기술자료의 중복 축소, 업무처리절차 축소, 소요시간 단축, 비용절감
  ㉣ 기존의 전자데이타정보(EDI)에서 영상, 이미지 등 전자상거래로 그 범위를 확대하고 궁극적으로 멀티미디어 환경을 지원하는 시스템으로 발전
  ㉤ 동시공정, 에러검출, 순환관리 자동활용을 포함한 품질관리와 경영혁신 구현 등

③ 통합판매 · 물류 · 생산시스템의 도입 효과
  ㉠ 새로운 생산 · 유통 · 물류의 패러다임으로 등장하고 있다.
  ㉡ 정보화시대를 맞이하여 기업경영에 필수적인 산업정보화전략이라고 요약할 수 있다.
  ㉢ 기업통합과 가상기업을 실현할 수 있을 것이다.

> **tip 통합판매 · 물류 · 생산시스템 도입효과**
> • 품질향상
> • 비용절감 및 신속처리

04 화물운송서비스와 문제점

01 물류고객서비스

(1) 물류부문 고객서비스의 개념

① 물류고객서비스 : 장기적으로 고객수요를 만족시킬 것을 목적으로 주문이 제시된 시점과 재화를 수취한 시점과의 사이에 계속적인 연계성을 제공하려고 조직된 시스템을 말한다.

> **tip 물류고객서비스의 3요소**
> - 주문처리, 송장작성 내지는 고객의 고충처리와 같은 것을 관리해야 하는 활동
> - 수취한 주문을 48시간 이내에 배송 할 수 있는 능력과 같은 성과척도
> - 전체적인 기업철학의 한 요소

② 물류부문의 고객서비스 : 물류시스템의 산출(output)이라고 할 수 있는데, 고객만족도의 향상을 도모하여 고객만족도를 높이는 것이라는 의미로 사용할 경우에 이를 고객서비스라고 할 수 있다.

> **tip 물류서비스에서 높여야 할 수준**
> - 제품의 이용가능성을 향상
> - 제품의 품절이나 결품율을 최소화
> - 제품의 배송이나 납품시의 신뢰성을 향상
> - 제품의 배송이나 납품의 스피드를 향상

(2) 물류고객서비스의 구성 요소

① 거래 전 요소 : 문서화된 고객서비스 정책 및 고객에 대한 제공, 접근가능성, 조직구조, 시스템의 유연성, 매니지먼트 서비스

② 거래 시 요소 : 재고품절 수준, 발주 정보, 주문사이클, 배송촉진, 환적(還積, transship), 시스템의 정확성, 발주의 편리성, 대체 제품, 주문상황 정보

③ 거래 후 요소 : 설치, 보증, 변경, 수리, 부품, 제품의 추적, 고객의 클레임, 고충·반품처리, 제품의 일시적 교체, 예비품의 이용 가능성

02 택배운송서비스

(1) 고객의 불만 및 요구사항

① 고객의 불만사항
  ㉠ 약속시간을 지키지 않는다.
    예 특히 집하 요청시
  ㉡ 전화도 없이 불쑥 나타난다.
  ㉢ 임의로 다른 사람에게 맡기고 간다.
  ㉣ 너무 바빠서 질문을 해도 도망치듯 가버린다.
  ㉤ 불친절하다.
  ㉥ 사람이 있는데도 경비실에 맡기고 간다.
  ㉦ 화물을 함부로 다룬다.
  ㉧ 화물을 무단으로 방치해 놓고 간다.
  ㉨ 전화로 불러낸다.
  ㉩ 길거리에서 화물을 건네준다.
  ㉪ 배달이 지연된다.
  ㉫ 기타
  ㉬ 잔돈이 준비되어 있지 않다.
  ㉭ 포장이 되지 않았다고 그냥 간다.
  ⓐ 운송장을 고객에게 작성하라고 한다.
  ⓑ 전화 응대가 불친절하다.
    예 통화 중, 여러 사람 연결
  ⓒ 사고배상 지연 등

② 고객요구 사항
ㄱ 할인 요구
ㄴ 포장불비로 화물 포장 요구
ㄷ 착불요구(확실한 배달을 위해)
ㄹ 냉동화물 우선 배달
ㅁ 판매용 화물 오전 배달
ㅂ 규격 초과화물, 박스화되지 않은 화물 인수 요구

(2) 택배종사자의 서비스 자세

① 애로사항을 극복하고 고객만족에 최선
ㄱ 송하인, 수하인, 화물의 종류, 집하시간, 배달시간 등이 모두 달라 서비스의 표준화가 어렵다.
ㄴ 특히 개인고객의 경우 어려움이 많다.
　　예 고객 부재, 지나치게 까다로운 고객, 주소불명, 산간오지·고지대 등

② 진정한 택배종사자로서 대접받을 수 있는 행동
ㄱ 단정한 용모
ㄴ 반듯한 언행
ㄷ 대고객 약속 준수 등

③ 상품을 판매하고 있다는 생각
ㄱ 많은 화물이 통신판매나 기타 판매된 상품을 배달하는 경우가 많다.
ㄴ 배달이 불량하면 판매에 영향을 준다.
ㄷ 내가 판매한 상품을 배달하고 있다고 생각하면서 배달한다.

④ 택배종사자의 용모와 복장
ㄱ 복장과 용모, 언행을 통제한다.
ㄴ 고객도 복장과 용모에 따라 대한다.
ㄷ 신분확인을 위해 명찰을 패용한다.
ㄹ 선글라스는 강도, 깡패로 오인할 수 있다.
ㅁ 슬리퍼는 혐오감을 준다.
ㅂ 항상 웃는 얼굴로 서비스 한다.

⑤ 안전운행과 자동차관리
ㄱ 사고와 난폭운전은 회사와 자신의 이미지 실추 → 이용 기피
ㄴ 골목길 처마, 간판주의
ㄷ 어린이, 노인 주의
ㄹ 후진 주의(반드시 뒤로 돌아 탈 것)
ㅁ 골목길 네거리 주의 통과
ㅂ 후문은 확실히 잠그고 출발(과속방지턱 통과 시 뒷문이 열려 사고발생)
ㅅ 골목길 난폭운전은 고객들의 이미지 손상
ㅇ 자동차의 외관은 항상 청결하게 관리

(3) 택배화물의 배달 및 집하 방법

① 택배화물의 배달방법
ㄱ 배달 순서 계획
• 관내 상세지도를 보유한다(비닐코팅).
• 배달표에 나타난 주소대로 배달할 것을 표시한다.
• 우선적으로 배달해야 할 고객의 위치 표시
• 배달과 집하 순서표시(루트 표시)
• 순서에 입각하여 배달표 정리
ㄴ 개인고객에 대한 전화
• 전화를 100% 하고 배달할 의무는 없다.
• 전화는 해도 불만, 안해도 불만을 초래할 수 있다. 그러나 전화를 하는 것이 더 좋다(약속은 변경 가능).
• 위치 파악, 방문예정 시간 통보, 착불요금 준비를 위해 방문예정시간은 2시간 정도의 여유를 갖고 약속한다.
• 전화를 안 받는다고 화물을 안 가지고 가면 안 된다.
• 주소, 전화번호가 맞아도 그런 사람이 없다고 할 때가 있다.
　　예 며느리 이름
• 방문예정시간에 수하인 부재중일 경우 반드시 대리 인수자를 지명받아 그 사람에게 인계해야 한다.
　　예 인계용이, 착불요금, 화물안전 확보

- 약속시간을 지키지 못할 경우에는 재차 전화하여 예정시간을 정정한다.

ⓒ 수하인 문전 행동방법
- **배달의 개념** : 가정이나 사무실에 배달
- **인사방법** : 초인종을 누른 후 인사한다. 사람이 안 나온다고 문을 쾅쾅 두드리거나 발로 차지 않는다.
  예 용변 중, 통화 중, 샤워 중, 장애인 등
- **화물인계방법** : ○○○한테서 또는 ○○에서 소포가 왔습니다. 판매상품인 경우는 ○○회사의 상품을 배달하러 왔습니다. 겉포장의 이상 유무를 확인한 후 인계한다.
- **배달표 수령인 날인 확보** : 반드시 정자 이름과 사인(또는 날인)을 동시에 받는다. 가족 또는 대리인이 인수할 때는 관계를 반드시 확인한다.
- **고객의 문의 사항이 있을시** : 집하 이용, 반품 등을 문의할 때는 성실히 답변한다. 조립방법, 사용방법, 입어 보이기 등은 정중히 거절한다.
- **불필요한 말과 행동을 하지 말 것**(오해 소지) : 배달과 관계없는 말은 하지 않는다.
  예 여자만 있는 가정 방문 시 눈길 주의(잠옷 차림, 샤워복 차림), 많은 선물에 대한 잡담, 외제품 사용에 대한 말, 배달되는 상품의 품질에 대한 말 등
- **화물에 이상이 있을시 인계방법**
- 약간의 문제가 있을 시는 잘 설명하여 이용하도록 한다.
- 완전히 파손, 변질 시에는 진심으로 사과하고 회수 후 변상하고, 내품에 이상이 있을 시는 전화할 곳과 절차를 알려준다.
- 배달완료 후 파손, 기타 이상이 있다는 배상 요청 시 반드시 현장 확인을 해야 한다.
  ※ 책임을 전가 받는 경우가 발생된다.

- **반드시 약속 시간(기간)내에 배달해야 할 화물** : 모든 배달품은 약속 시간(기간)내에 배달되어야 하며 특히 한약, 병원조제약, 식품, 학생들 기숙사 용품, 채소류, 과일, 생선, 판매용 식품(특히 명절 전), 서류 등은 약속 시간(기간)내에 좀 더 신속히 배달되도록 한다.
- **과도한 서비스 요청 시** : 설치 요구, 방안까지 운반, 제품 이상 유무 확인까지 요청 시 정중히 거절한다. 노인, 장애인 등이 요구할 때는 방안까지 운반
- 엉뚱한 집에 배달할 경우도 생기므로 주의한다. 아파트 등에서 너무 바쁘게 배달하다 보면 동을 잘못 알거나 호수를 착각하여 배달하는 경우가 있다.
  ※ 인계전 동, 호수, 성명 확인

ⓐ 대리 인계 시 방법
- **인수자 지정** : 전화로 사전에 대리 인수자를 지정(원활한 인수, 파손 · 분실 문제 책임, 요금수수)받는다. 반드시 이름과 서명을 받고 관계를 기록한다. 서명을 거부할 때는 시간, 상호, 기타 특징을 기록한다.
- **임의 대리 인계** : 수하인이 부재중인 경우 외에는 대리 인계를 절대 해서는 안 된다. 불가피하게 대리 인계를 할 때는 확실한 곳에 인계해야 한다.
  예 옆집, 경비실, 친척집 등

ⓜ 고객부재시 방법
- **부재안내표의 작성 및 투입** : 반드시 방문시간, 송하인, 화물명, 연락처 등을 기록하여 문안에 투입(문밖에 부착은 절대 금지)한다. 대리인 인수 시는 인수처 명기하여 찾도록 해야 한다.
- 대리인 인계가 되었을 때는 귀점 중 다시 전화로 확인 및 귀점 후 재확인한다.

- 밖으로 불러냈을 때의 방법 : 반드시 죄송하다는 인사를 한다. 소형화물 외에는 집까지 배달한다.
  - **예** 길거리 인계는 안됨
- ⓗ 기타 배달시 주의 사항
  - 화물에 부착된 운송장의 기록을 잘 보아야 한다. (특기사항)
  - 중량초과화물 배달시 정중한 조력 요청
  - 손전등 준비(초기 야간 배달)
- ⓘ 미배달화물에 대한 조치 : 미배달 사유를 기록하여 관리자에게 제출하고 화물은 재입고(주소불명, 전화불통, 장기부재, 인수거부, 수하인 불명)한다.

② 택배 집하 방법
- ㉠ 집하의 중요성
  - 집하는 택배사업의 기본
  - 집하가 배달보다 우선되어야 한다.
  - 배달 있는 곳에 집하가 있다.
  - 집하를 잘 해야 고객불만이 감소한다.
- ㉡ 방문 집하 방법
  - 방문 약속시간의 준수 : 고객 부재 상태에서는 집하 곤란. 약속시간이 늦으면 불만 가중(사전 전화)
  - 기업화물 집하 시 행동 : 화물이 준비되지 않았다고 운전석에 앉아있거나 빈둥거리지 말 것(작업을 도와주어야 함), 출하담당자와 친구가 되도록 할 것
  - 운송장 기록의 중요성 : 운송장 기록을 정확하게 기재하지 않고 부실하게 기재하면 오도착, 배달불가, 배상금액 확대, 화물파손 등의 문제점 발생

> **tip** 정확히 기재해야 할 사항
> - 수하인 전화번호 : 주소는 정확해도 전화번호가 부정확하면 배달 곤란
> - 정확한 화물명 : 포장의 안전성 판단기준, 사고 시 배상기준, 화물수탁 여부 판단기준, 화물취급요령
> - 화물가격 사고 시 배상기준, 화물수탁 여부 판단기준, 할증여부 판단기준

- 포장의 확인 : 화물종류에 따른 포장의 안전성 판단. 안전하지 못할 경우에는 보완 요구 또는 귀점 후 보완하여 발송. 포장에 대한 사항은 미리 전화하여 부탁해야 한다.

03 운송서비스의 사업용 · 자가용 특징 비교

(1) 철도와 선박과 비교한 트럭 수송의 장단점
① 장점
- ㉠ 문전에서 문전으로 배송서비스를 탄력적으로 행할 수 있다.
- ㉡ 중간 하역이 불필요하며 포장의 간소화 · 간략화가 가능하다.
- ㉢ 싣고 부리는 횟수가 적어도 된다.

② 단점
- ㉠ 수송 단위가 작고 연료비나 인건비(장거리의 경우) 등 수송단가가 높다.
- ㉡ 진동, 소음, 광화학 스모그 등의 공해가 발생한다.
- ㉢ 유류가 다량 소비된다.

(2) 사업용(영업용) 트럭운송의 장단점
① 장점
- ㉠ 수송비가 저렴하다.
- ㉡ 물동량의 변동에 대응한 안정수송이 가능하다.
- ㉢ 수송 능력이 높다.
- ㉣ 융통성이 높다.
- ㉤ 설비투자가 필요 없다.
- ㉥ 인적투자가 필요 없다.
- ㉦ 변동비 처리가 가능하다.

② 단점
- ㉠ 운임의 안정화가 곤란하다.
- ㉡ 관리기능이 저해된다.
- ㉢ 기동성이 부족하다.
- ㉣ 시스템의 일관성이 없다.
- ㉤ 인터페이스가 약하다.
- ㉥ 마케팅 사고가 희박하다.

(3) 자가용 트럭운송의 장단점

① 장점

- ㉠ 높은 신뢰성이 확보된다.
- ㉡ 상거래에 기여한다.
- ㉢ 작업의 기동성이 높다.
- ㉣ 안정적 공급이 가능하다.
- ㉤ 시스템의 일관성이 유지된다.
- ㉥ 위험부담도(리스크)가 낮다.
- ㉦ 인적 교육이 가능하다.

② 단점

- ㉠ 수송량의 변동에 대응하기가 어렵다.
- ㉡ 비용의 고정비화
- ㉢ 설비투자가 필요하다.
- ㉣ 인적 투자가 필요하다.
- ㉤ 수송능력에 한계가 있다.
- ㉥ 사용하는 차종, 차량에 한계가 있다.

※ 사업용(영업용), 자가용 모두 장단점은 있으나, 코스트와 서비스 면에서 자가용이 아니어서는 안 될 점만을 자가용으로 하고, 여타는 가능한 한 영업용의 선택적 유효이용을 도모하는 것이 타당하다.

(4) 트럭운송의 전망

① 국내의 트럭운송 비율이 높은 이유

- ㉠ 트럭 수송의 기동성이 산업계의 요청에 적합한 때문이다.
- ㉡ 트럭 수송의 경쟁자인 철도수송에서는 국철의 화물수송이 독립적으로 시장을 지배해 왔던 관계로 경쟁원리가 작용하지 않게 되고 그 지위가 낮은 때문이다.
- ㉢ 고속도로의 건설 등과 같은 도로시설에 대한 공공투자가 철도시설에 비해 적극적으로 이루어져 왔기 때문이다.
- ㉣ 소비의 다양화·소량화가 현저해지고, 종래의 제2차 산업 의존형에서 제3차 산업으로의 전환이 강해짐으로서 한층 더 트럭 수송이 중요한 위치를 차지하게 되었기 때문이다.

② 트럭운송의 발전 방향

- ㉠ 차종, 자동차, 하역, 주행의 최적화를 도모하고 낭비를 배제하도록 항상 유의하여야 한다.
- ㉡ 공차로 운행하지 않도록 수송을 조정하고 효율적인 운송시스템을 확립하는 것이 바람직스럽다.
- ㉢ 트레일러 수송과 도킹시스템에 의해 자동차 진행관리나 노무관리를 철저히 하고, 전체로서의 합리화를 추진하여야 한다.
- ㉣ 바꿔 태우기 수송과 이어타기 수송으로 합리화를 추진하여야 한다.

※ 트럭의 보디를 바꿔 실음으로서 합리화를 추진하는 것을 바꿔 태우기 수송이라고 하고 도킹 수송과 유사한 것이 이어타기 수송이며, 이것은 중간지점에서 운전자만 교체하는 수송방법을 말한다.

- ㉤ 컨테이너 및 파렛트 수송을 강화한다.
- ㉥ 집배 수송용자동차의 개발과 이용이 요구된다.
- ㉦ 트럭터미널의 복합화, 시스템화가 요구된다.

04 국내 화주기업 물류의 문제점

(1) 각 업체의 독자적 물류기능 보유(합리화 장애)

① 대기업은 대기업대로, 중소기업은 중소기업대로 진행해온 물류시스템에 대한 개선이 더디고 자체적으로 또는 주선이나 운송업체를 대상으로 일부분만 아웃소싱되는 물류체계가 아직도 많다.

② 이 경우 물류개선이 어렵고 전체를 하나의 규모로 하는 경제적인 물류를 달성하기 어렵다.

(2) 제3자 물류기능의 약화(제한적·변형적 형태)

① 제3자 물류가 부분적 또는 제한적으로 이뤄진다는 것은 화주기업이 물류아웃소싱을 한다고는 하나 자회사 형태로 운영하면서 기존의 물류시스템과 크게 다르지 않게 운영하는 등 아웃소싱만을 내세우는 변형적인 것을 말한다.

② 전문 업체에 의뢰하는 경향이 늘고 있으나 전체적으로는 아직도 적고, 사실상 문제(개선을 위한 다른 시스템을 접목하는 비용이 들어야만 하는 문제)만 복잡하게 하는 것으로 나타난다.

(3) 시설간 · 업체간 표준화 미약

① 표준화, 정보화가 이뤄져야만 물류절감을 도모할 수 있는 기본적인 체계를 갖추게 되나 단일물량(소수물량)을 리하면서 막대한 비용이 들어가는 시스템의 설치는 한계가 있다.

② 업종별, 상품별로 별도의 시스템을 갖추는 것은 당연하지만 비슷한 상품을 처리하는데도 새로운 시스템이나 시설, 장비를 들여야 하는 문제가 있어 물류업체를 어렵게 한다.

(4) 제조 · 물류업체간 협조성 미비

① 제조업체와 물류업체가 상호협력을 하지 못하는 가장 큰 이유는 신뢰성의 문제이며 두 번째는 물류에 대한 통제력, 세 번째가 비용부문인 것으로 나타나고 있다.

② 제조업체의 입장에서는 세무, 이익에 대한 배분 등 물류관리를 아웃소싱하면서 나타나는 문제에 대해 민감할 수밖에 없으나 이러한 문제들은 물류현장에서 별다른 문제없이 진행된다. 유통, 관리와 회사내부의 경영, 경리문제는 큰 문제없이 진행할 수 있기 때문이다.

> **tip** 제조 · 물류업체가 상호협력을 못하는 이유
>
> • 신뢰성의 문제
> • 물류에 대한 통제력
> • 비용부문

(5) 물류 전문업체의 물류인프라 활용도 미약

① 자사차량에, 자사물류시스템에, 자사관리인력에 물류인프라가 부족한 것이 원인이 되기도 하지만 과당경쟁이나 물류처리에 대한 이해부족, 지나친 욕심 등으로 물류시스템의 흐름에 역행하는 사례가 있다.

② 물류인프라를 활용하는 것은 물류업체가 초기 자본투자를 그만큼 줄이고 유동성(현금 및 시스템) 확보를 통한 물류효율화에 매진할 수 있기 때문이다.

> **tip** 제조 · 물류업체가 공생할 수 있는 방안
>
> • 운송에 차질이 없도록 기존 운송체계를 개선
> • 최적화를 이룰 수 있도록 하고 지역별 보관시스템을 활용
> • 화주의 요구(needs)에 즉각 대응할 수 있는 방안 마련
> • 전문화된 관리인력을 배치해 고객불만 처리나 물류장애 요인의 제거

PART

05 실전
연습문제

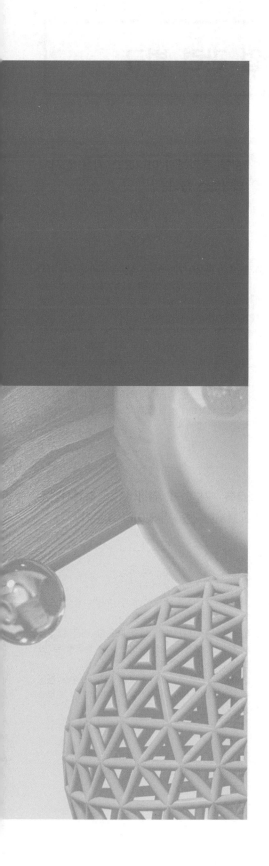

01 도로교통법령

1 도로에서 보행자의 보도와 차도가 구분되지 아니한 도로에서 보행자의 안전을 확보하기 위하여 안전표지 등으로 경계를 표시한 도로의 가장자리 부분을 무엇이라 하는가?

① 자동차전용도로
② 길가장자리구역
③ 안전지대
④ 고속도로

● Advice ① 자동차만 다닐 수 있도록 설치된 도로
③ 도로를 횡단하는 보행자나 통행하는 차마의 안전을 위하여 안전표지나 이와 비슷한 인공구조물로 표시한 도로의 부분
④ 자동차의 고속 운행에만 사용하기 위하여 지정된 도로

2 다음 중 차에 해당하지 않는 것은?

① 자전거
② 유모차
③ 건설기계
④ 자동차

● Advice 자동차, 건설기계, 원동기장치자전거, 자전거, 사람 또는 가축의 힘이나 그 밖의 동력으로 도로에서 운전되는 것을 차라 한다. 다만 철길이나 가설된 선을 이용하여 운전되는 것과 유모차와 행정안전부령으로 정하는 보행보조용 의자차는 제외한다.

3 운전자가 5분을 초과하지 아니하고 차를 정지시키는 것을 의미하는 용어는?

① 주차
② 정차
③ 운전
④ 서행

● Advice ① 운전자가 승객을 기다리다가 화물을 싣거나 차가 고장나거나 그 밖의 사유로 차를 계속 정지 상태에 두는 것 또는 운전자가 차에서 떠나서 즉시 그 차를 운전할 수 없는 상태에 두는 것
③ 도로(술에 취한 상태에서의 운전금지, 과로한 때 등의 운전금지, 사고발생 시의 조치 등은 도로 외의 곳을 포함)에서 차마 또는 노면전차를 그 본래의 사용 방법에 따라 사용하는 것(조종을 포함)
④ 운전자가 차 또는 노면전차를 즉시 정지시킬 수 있는 정도의 느린 속도로 진행하는 것

4 차로와 차로를 구분하기 위하여 그 경계지점을 안전표지로 표시한 선을 무엇이라 하는가?

① 차선
② 차로
③ 차도
④ 보도

● Advice ② 차마가 한 줄로 도로의 정하여진 부분을 통행하도록 차선으로 구분한 차도의 부분
③ 연석선, 안전표지 또는 그와 비슷한 인공구조물을 이용하여 경계를 표시하여 모든 차가 통행할 수 있도록 설치된 도로의 부분
④ 연석선, 안전표지나 그와 비슷한 인공구조물로 경계를 표시하여 보행자가 통행할 수 있도록 한 도로의 부분

정답 1.② 2.② 3.② 4.①

5 다음 중 도로법에 따른 도로의 종류가 아닌 것은?

① 일반국도   ② 지방도
③ 군도   ④ 농도

● Advice 농도는 경작지 등과 연결되어 농어민의 생산 활동에 직접 공용되는 도로로 농어촌도로 정비법에 따른 농어촌도로에 해당한다.
    ※ 도로법에 따른 도로 … 일반의 교통에 공용되는 도로로서 고속국도, 일반국도, 특별시도·광역시도, 지방도, 시도, 군도, 구도로 그 노선이 지정 또는 인정된 도로를 말하는 바, 이러한 요건을 갖추지 못한 것은 도로법상 도로가 아니다.

6 다음 중 자동차에 해당하지 않는 것은?

① 승용차   ② 원동기장치자전거
③ 화물자동차   ④ 이륜자동차

● Advice 자동차란 철길이나 가설된 선을 이용하지 아니하고 원동기를 사용하여 운전되는 차로 자동차관리법에 따른 승용·승합·화물·특수·이륜자동차(원동기장치자전거 제외) 및 건설기계관리법에 따른 건설기계를 말한다.

7 차량 신호등에 대한 설명으로 옳지 않은 것은?

① 녹색 등화일 경우 직진 또는 우회전을 할 수 있다.
② 적색 등화일 경우 정지선, 횡단보도 및 교차로의 직전에서 정지하여야 한다.
③ 황색 등화의 점멸일 경우 다른 교통에 주의하면서 진행할 수 있다.
④ 적색 등화의 점멸일 경우 비보호좌회전표지가 있는 곳에서는 좌회전할 수 있다.

● Advice 비보호좌회전표지 또는 비보호좌회전표시가 있는 곳에서는 녹색의 등화시 좌회전할 수 있다.
적색 등화의 점멸일 경우 차마는 정지선이나 횡단보도가 있을 때에는 그 직전이나 교차로의 직전에 일시정지한 후 다른 교통에 주의하면서 진행할 수 있다.

8 녹색화살표가 하향으로 표시된 차량신호등이 등화된 경우 어떻게 하여야 하는가?

① 다른 교통에 주의하면서 진행할 수 있다.
② 화살표 방향으로 진행하려는 경우 정지선이 있을 때에는 그 직전에 정지하여야 한다.
③ 횡단보도가 있을 때에는 일시정지한 후 다른 교통에 주의하면서 화살표 방향으로 진행한다.
④ 화살표로 지정한 차로로 진행할 수 있다.

● Advice 하향으로 표시된 녹색화살표의 등화 시 차마는 화살표로 지정한 차로로 진행할 수 있다.

9 보행신호등의 녹색 등화의 점멸시 보행자의 행동으로 가장 옳은 것은?

① 보행자는 횡단보도를 횡단할 수 있다.
② 횡단하고 있던 보행자는 천천히 횡단을 하여야 한다.
③ 보행자는 빠르게 횡단을 시작하여야 한다.
④ 횡단하고 있던 보행자는 횡단을 중지하고 보도로 되돌아와야 한다.

● Advice 보행신호등의 녹색 등화의 점멸 시 보행자는 횡단을 시작하여서는 아니 되고, 횡단하고 있는 보행자는 신속하게 횡단을 완료하거나 그 횡단을 중지하고 보도로 되돌아와야 한다.

정답 ▶ 5.④ 6.② 7.④ 8.④ 9.④

10 차량신호등의 적색 ×표 표시의 등화 시 차마의 통행방법으로 적절한 것은?

① 차마는 지정한 차로로 진행할 수 있다.

② 차마는 ×표가 있는 차로로 진행할 수 없다.

③ 차마는 ×표가 있는 차로로 진행할 수 있다.

④ 차마는 신속하게 그 차로 밖으로 진로를 변경하여야 한다.

●Advice 적색 ×표 표시의 등화 시 차마는 ×표가 있는 차로로 진행할 수 없다.

11 다음의 표지판이 나타내는 표시로 옳은 것은?

① 자동차전용도로

② 상습정체구간

③ 다인승차량전용차로

④ 자동차일방통행

●Advice 문제의 표지는 상습정체구간을 나타내는 주의표지이다.

12 다음의 표지판이 나타내는 표시로 옳은 것은?

① 자동차통행금지

② 화물자동차통행금지

③ 위험물적재차량통행금지

④ 승합자동차통행금지

●Advice 문제의 표지는 위험물적재차량통행금지를 나타내는 규제표지이다.

13 다음의 표지가 나타내는 것은 무엇인가?

① 2방향통행

② 좌측차로없어짐

③ 직진

④ 통행우선

●Advice 문제의 표지는 통행우선을 나타내는 지시표지이다.

정답 ▶ 10.② 11.② 12.③ 13.④

14 다음 안전표지의 설명이 잘못된 것은?

① → 노면이 고르지 못함

② → 미끄러운 도로

③ → 과속방지턱

④ → 추락주의

● Advice

 이 표지는 강변도로를 나타내는 주의표지이다.

15 다음 중 최저속도제한을 나타내는 규제표지에 해당하는 것은?

①

②

③

④

● Advice ① 최고속도제한
② 차간거리확보
③ 차높이제한

정답 ▶ 14.④ 15.④

16 다음 중 교량을 나타내는 주의표지는?

① 　②

③ 　④

Advice　① 터널
③ 횡풍
④ T자형교차로

17 다음의 표지가 나타내는 것은 무엇인가?

① 기상상태
② 일자
③ 노면상태
④ 교통규제

Advice　문제의 표지는 노면상태를 나타내는 보조표지이다.

18 도로에 다음과 같은 노면표시가 되어 있다면 이는 무엇을 나타내는 것인가?

① 자전거횡단도
② 자전거전용도로
③ 자전거우선도로
④ 자전거통행금지

Advice　문제의 표시는 자전거우선도로를 나타내는 노면표시이다.

19 다음의 노면표시가 나타내는 것은 무엇인가?

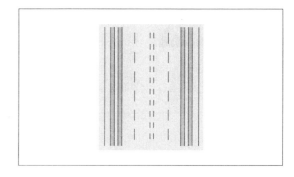

① 직진 및 좌회전금지
② 정차 · 주차금지
③ 직진 및 우회전금지
④ 노상장애물

정답　16.② 17.③ 18.③ 19.②

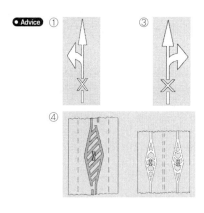

20 다음 중 회전교차로양보선을 나타내는 노면표시는?

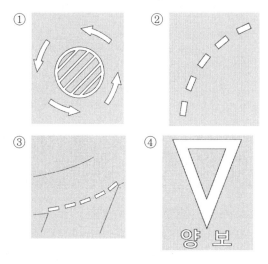

① 유도
② 유도선
④ 양보

21 고속도로 외의 도로에서 왼쪽 차로로 통행할 수 있는 차량은?

① 승용자동차　　　② 이륜자동차
③ 대형승합자동차　④ 화물자동차

고속도로 외의 도로에서 왼쪽 차로로 통행할 수 있는 차량은 승용자동차 및 경형 · 소형 · 중형 승합자동차이다.

22 차마의 운전자는 일반적으로 도로의 중앙 우측부분을 통행하여야 한다. 그러나 도로의 중앙이나 좌측 부분을 통행할 수 있는 특수한 경우가 있다. 다음 중 특수한 경우가 아닌 것은?

① 도로가 양방통행인 경우
② 도로의 파손, 도로공사나 그 밖의 장애 등으로 도로의 우측 부분을 통행할 수 없는 경우
③ 도로 우측 부분의 폭이 차마의 통행에 충분하지 아니한 경우
④ 도로 우측 부분의 폭이 6미터가 되지 아니하는 도로에서 다른 차를 앞지르려는 경우

차마의 운전자는 다음의 어느 하나에 해당하는 경우에는 도로의 중앙이나 좌측 부분을 통행할 수 있다.
㉠ 도로가 일방통행인 경우
㉡ 도로의 파손, 도로공사나 그 밖의 장애 등으로 도로의 우측부분을 통행할 수 없는 경우
㉢ 도로 우측 부분의 폭이 6미터가 되지 아니하는 도로에서 다른 차를 앞지르려는 경우. 다만, 도로의 좌측 부분을 확인할 수 없는 경우, 반대 방향의 교통을 방해할 우려가 있는 경우, 안전표지 등으로 앞지르기를 금지하거나 제한하고 있는 경우에는 통행할 수 있다.
㉣ 도로 우측 부분의 폭이 차마의 통행에 충분하지 아니한 경우
㉤ 가파른 비탈길의 구부러진 곳에서 교통의 위험을 방지하기 위하여 시 · 도경찰청장이 필요하다고 인정하여 구간 및 통행방법을 지정하고 있는 경우에 그 지정에 따라 통행하는 경우

정답 ▶ 20.③　21.①　22.①

23 도로교통법령상 화물자동차의 적재기준에 대한 설명으로 옳지 않은 것은?

① 화물자동차의 적재중량은 구조 및 성능에 따르는 적재중량의 110% 이내이어야 한다.

② 화물자동차의 길이의 10분의 1을 더한 길이를 넘어서는 화물을 적재하여서는 아니 된다.

③ 화물자동차 후사경으로 뒤쪽을 확인할 수 있는 범위의 너비를 초과하여 적재하여서는 아니 된다.

④ 화물자동차는 지상으로부터 2미터 이상의 높이로 화물을 적재하여서는 아니 된다.

●Advice 화물자동차의 적재높이는 지상으로부터 4미터의 높이를 초과하여서는 아니 된다. 도로구조의 보전과 통행의 안전에 지장이 없다고 인정하여 고시한 도로노선의 경우에는 4.2미터, 소형 3륜 자동차의 경우 지상으로부터 2.5미터, 이륜자동차의 경우 지상으로부터 2미터의 높이를 초과하여서는 아니 된다.

24 도로교통법령상 진로양보의무에 대한 내용으로 옳지 않은 것은?

① 긴급자동차를 제외한 모든 차의 운전자는 뒤에서 따라오는 차보다 느린 속도로 가려는 경우에는 도로의 우측 가장자리로 피하여 진로를 양보하여야 한다.

② 비탈진 좁은 도로에서 긴급자동차 외의 자동차가 서로 마주보고 진행할 때에는 올라가는 자동차가 도로의 우측 가장자리로 피하여 진로를 양보하여야 한다.

③ 비탈진 좁은 도로 외의 좁은 도로에서 사람을 태웠거나 물건을 실은 자동차와 동승자가 없고 물건을 싣지 아니한 자동차가 서로 마주보고 진행하는 경우에는 동승자가 있고 물건을 실은 자동차가 도로의 우측 가장자리로 피하여 진로를 양보하여야 한다.

④ 통행 구분이 설치된 도로의 경우에는 도로의 우측 가장자리로 피하여 진로를 양보하지 않아도 된다.

●Advice 비탈진 좁은 도로 외의 좁은 도로에서 사람을 태웠거나 물건을 실은 자동차와 동승자가 없고 물건을 싣지 아니한 자동차가 서로 마주보고 진행하는 경우에는 동승자가 없고 물건을 싣지 아니한 자동차가 도로의 우측 가장자리로 피하여 진로를 양보하여야 한다.

25 도로교통법령상 자동차 전용도로에서의 최고속도는 얼마인가?

① 매시 80km 이내

② 매시 60km 이내

③ 매시 100km

④ 매시 90km

●Advice 자동차 전용도로에서의 최고속도는 매시 90km이고 최저속도는 매시 30km이다.

26 비가 내려 노면이 젖어있는 경우 운행은 어떻게 하여야 하는가?

① 최고속도의 10/100을 줄인 속도로 운행한다.

② 최고속도의 20/100을 줄인 속도로 운행한다.

③ 최고속도의 50/100을 줄인 속도로 운행한다.

④ 최고속도의 70/100을 줄인 속도로 운행한다.

●Advice 비가 내려 노면이 젖어있는 경우와 눈이 20mm 미만으로 쌓인 경우 최고속도의 20/100을 줄인 속도로 운행하여야 한다.

정답 23.④ 24.③ 25.④ 26.②

27 다음 중 도로교통법령상 서행하여야 하는 장소가 아닌 것은?

① 교통정리를 하고 있는 교차로
② 도로가 구부러진 부근
③ 비탈길의 고갯마루 부근
④ 가파른 비탈길의 내리막

> **Advice** 서행하여야 하는 장소
> ㉠ 교통정리를 하고 있지 아니하는 교차로
> ㉡ 도로가 구부러진 부근
> ㉢ 비탈길의 고갯마루 부근
> ㉣ 가파른 비탈길의 내리막
> ㉤ 시·도경찰청장이 안전표지로 지정한 곳

28 다음 중 자동차의 운행을 일시 정지하여야 하는 경우가 아닌 것은?

① 철길 건널목을 통과하려는 경우
② 교차로나 그 부근에서 긴급자동차가 접근하는 경우
③ 차량신호등이 녹색등화인 경우
④ 앞을 보지 못하는 사람이 흰색 지팡이를 가지거나 장애인보조견을 동반하고 도로를 횡단하고 있는 경우

> **Advice** 차량신호등이 적색등화의 점멸인 경우 정지선이나 횡단보도가 있을 때에는 그 직전이나 교차로의 직전에 일시 정지하여야 한다.

29 교통정리를 하지 않고 있는 교차로에 진입하려는 경우 안전한 운전방법으로 옳지 않은 것은?

① 이미 교차로에 다른 차량이 있을 때에는 그 차에 진로를 양보하여야 한다.
② 도로의 폭이 좁은 도로에서 진입하려고 하는 경우에는 도로의 폭이 넓은 도로로부터 진입하는 차에 진로를 양보하여야 한다.
③ 동시에 진입하려고 하는 경우에는 좌측도로에서 진입하는 차에 진로를 양보하여야 한다.
④ 좌회전하려고 하는 경우에는 직진하거나 우회전하려는 차에 진로를 양보하여야 한다.

> **Advice** 동시에 진입하려고 하는 경우에는 우측도로에서 진입하는 차에 진로를 양보하여야 한다.

30 다음 중 제1종 보통면허로 운전할 수 없는 차량은?

① 승용자동차
② 승차정원 15인 이하의 승합자동차
③ 덤프트럭
④ 원동기장치자전거

> **Advice** 제1종 보통면허로 운전할 수 있는 차량 … 승용자동차, 승차정원 15인 이하의 승합자동차, 적재중량 12톤 미만의 화물자동차, 건설기계(도로를 운행하는 3톤 미만의 지게차에 한정), 총 중량 10톤 미만의 특수자동차(구난차 등은 제외), 원동기장치자전거

31 다음 중 제1종 대형면허로 운전할 수 있는 건설기계가 아닌 것은?

① 아스팔트살포기
② 콘크리트믹서트레일러
③ 3톤 이상의 지게차
④ 도로보수트럭

● Advice 제1종 대형면허로 운전할 수 있는 건설기계의 종류 … 덤프트럭, 아스팔트살포기, 노상안정기, 콘크리트믹서트럭, 콘크리트펌프, 천공기, 콘크리트믹서트레일러, 아스팔트콘크리트재생기, 도로보수트럭, 3톤 미만의 지게차

32 다음 중 제2종 보통면허로 운전할 수 있는 차량은?

① 트레일러
② 3톤 미만 지게차
③ 승차정원 15인승 승합자동차
④ 적재중량 2.5톤 화물자동차

● Advice 제2종 보통면허로 운전할 수 있는 차량 … 승용자동차, 승차정원 10인 이하의 승합자동차, 적재중량 4톤 이하의 화물자동차, 총 중량 3.5톤 이하의 특수자동차(구난차 등은 제외), 원동기장치자전거

33 위험물 등을 운반하는 적재중량 3톤 초과 또는 적재용량 3천리터 초과의 화물자동차를 운전할 수 있는 면허는?

① 제1종 보통면허   ② 제1종 대형면허
③ 제2종 보통면허   ④ 제2종 소형면허

● Advice 도로교통법령상 위험물 등을 운반하는 적재중량 3톤 이하 또는 적재용량 3천리터 이하의 화물자동차는 제1종 보통면허가 있어야 운전할 수 있고, 적재중량 3톤 초과 또는 적재용량 3천리터 초과의 화물자동차는 제1종 대형면허가 있어야 운전할 수 있다.

34 다음 중 운전면허취득의 응시기간의 제한이 가장 긴 것은?

① 음주운전으로 2회 이상 교통사고를 일으킨 경우
② 다른 사람이 부정하게 운전면허를 받도록 하기 위하여 운전면허시험에 대신 응시한 경우
③ 경찰공무원의 음주측정을 2회 이상 위반하여 운전면허가 취소된 경우
④ 다른 사람의 자동차 등을 훔치거나 빼앗은 경우

● Advice ① 운전면허가 취소된 날부터 3년
②③④ 운전면허가 취소된 날부터 2년

35 다음 중 운전면허의 취소사유에 해당하지 않는 것은?

① 술에 취한 상태에서 운전하였다고 인정할 만한 상당한 이유가 있음에도 불구하고 경찰공무원의 측정 요구에 불응한 경우
② 자동차관리법에 따라 등록되지 아니하거나 임시운행허가를 받지 아니한 자동차를 운전한 경우
③ 제1종 보통면허 및 제2종 보통면허를 받기 전에 연습면허의 취소사유가 있었던 경우
④ 승객의 차내 소란행위를 방치하고 운전한 경우

● Advice ①②③ 운전면허 취소사유
④ 운전면허 정지사유

정답 31.③ 32.④ 33.② 34.① 35.④

36 다음 중 교통법규 위반시 벌점이 가장 큰 것은?

① 60km/h 초과 속도위반
② 혈중 알코올농도 0.07%의 음주운전
③ 운전 중 휴대폰 사용
④ 지정차로 통행위반

● Advice ① 60점
② 100점
③ 15점
④ 10점

37 다음 설명 중 옳지 않은 것은?

① 교통사고 발생 원인이 불가항력이거나 피해자의 명백한 과실인 때에는 행정처분을 하지 아니한다.
② 자동차 등 대 사람의 교통사고의 경우 쌍방과실인 때에는 그 벌점을 5분의 1로 감경한다.
③ 자동차 등 대 자동차 등의 교통사고의 경우에는 그 사고원인 중 중한 위반행위를 한 운전자만 적용한다.
④ 교통사고로 인한 벌점산정에 있어 처분 받을 운전자 본인의 피해에 대하여는 벌점을 산정하지 아니한다.

● Advice 자동차 등 대 사람의 교통사고의 경우 쌍방과실인 때에는 그 벌점을 2분의 1로 감경한다.

38 다음 중 1톤 화물자동차가 주차금지위반을 한 경우 범칙금은 얼마인가?

① 12만 원
② 9만 원
③ 6만 원
④ 4만 원

● Advice 1톤 화물자동차의 경우 정차·주차방법위반, 주차금지위반, 통행금지·제한위반, 전용차로 통행위반, 안전거리 미확보 등의 위반행위를 한 경우에는 4만 원의 범칙금이 부과된다.
※ 승용자동차등 : 4톤 이하 화물자동차

39 5톤 화물자동차가 제한속도 100km 고속도로를 아무도 없는 새벽 2시에 150km/h로 달리다가 과속카메라에 찍히고 말았다. 이 화물자동차의 범칙금액은 얼마인가?

① 13만 원
② 12만 원
③ 10만 원
④ 9만 원

● Advice 4톤 초과 화물자동차의 경우 40km/h 초과 60km/h 이하의 속도위반을 한 경우 10만 원의 범칙금이 부과된다.
※ 승합자동차등 : 4톤 초과 화물자동차

40 어린이보호구역을 1톤 화물자동차가 90km/h의 속도로 지나갈 경우 화물자동차의 고용주 등에 대한 과태료는 얼마인가?

① 16만 원　　② 13만 원
③ 10만 원　　④ 7만 원

● Advice 어린이보호구역 및 노인·장애인보호구역(제한속도 30km 이내)에서의 속도위반별 과태료(승용자동차 등)
㉠ 60km/h 초과 → 16만 원
㉡ 40km/h 초과 60km/h 이하 → 13만 원
㉢ 20km/h 초과 40km/h 이하 → 10만 원
㉣ 20km/h 이하 → 7만 원

정답 ▶ 36.② 37.② 38.④ 39.③ 40.②

02 교통사고처리특례법

1 교통사고처리특례법의 목적으로 옳은 것은?

① 사소한 과실로 인한 교통사고의 신속한 처리를 위한 법이다.

② 고의로 교통사고를 일으킨 운전자의 신속한 처벌을 목적으로 한다.

③ 교통사고로 인한 피해의 신속한 회복과 국민생활의 편익을 증진함을 목적으로 한다.

④ 교통사고를 일으킨 가해자의 신속한 회복을 위한 법이다.

> **Advice** 교통사고처리특례법은 업무상과실(業務上過失) 또는 중대한 과실로 교통사고를 일으킨 운전자에 관한 형사처벌 등의 특례를 정함으로써 교통사고로 인한 피해의 신속한 회복을 촉진하고 국민생활의 편익을 증진함을 목적으로 한다〈교통사고처리특례법 제1조〉.

2 다음 중 교통사고의 도주사고로 보기 어려운 사례는?

① 운전자를 바꿔치기 하여 신고한 경우

② 피해자를 병원까지만 후송하고 계속 치료 받을 수 있는 조치 없이 도주한 경우

③ 가해자가 심한 부상을 입어 타인에게 의뢰하여 피해자를 후송 조치한 경우

④ 사고현장에 있었어도 사고사실을 은폐하기 위해 거짓진술·신고한 경우

> **Advice** 도주가 적용되지 않는 경우
> ㉠ 피해자가 부상 사실이 없거나 극히 경미하여 구호조치가 필요치 않는 경우
> ㉡ 가해자 및 피해자 일행 또는 경찰관이 환자를 후송 조치하는 것을 보고 연락처를 주고 가버린 경우
> ㉢ 교통사고 가해운전자가 심한 부상을 입어 타인에게 의뢰하여 피해자를 후송 조치한 경우
> ㉣ 교통사고 장소가 혼잡하여 도저히 정지할 수 없어 일부 진행한 후 정지하고 되돌아와 조치한 경우

3 다음 중 신호위반으로 보기 어려운 것은?

① 사전출발

② 주의신호 시 무리한 진입

③ 신호 무시하고 진행

④ 진행신호 시 무리한 진입

> **Advice** 신호위반의 종류
> ㉠ 사전출발 신호위반
> ㉡ 주의(황색)신호에 무리한 진입
> ㉢ 신호 무시하고 진행한 경우

4 다음 중 뺑소니 운전자에 대한 가중처벌 내용으로 옳지 않은 것은?

① 피해자를 사망에 이르게 하고 도주하거나, 도주 후에 피해자가 사망한 경우에는 무기 또는 5년 이상의 징역에 처한다.

② 피해자를 상해에 이르게 하고 도주한 경우에는 3년 이상의 유기징역 또는 5천만 원 이하의 벌금에 처한다.

③ 피해자를 사고 장소로부터 옮겨 유기하고 도주한 후 피해자가 사망한 경우에는 사형, 무기 또는 5년 이상의 징역에 처한다.

④ 피해자를 상해에 이르게 한 다음 사고 장소로부터 옮겨 유기하고 도주한 경우 3년 이상의 유기징역에 처한다.

> **Advice** 피해자를 상해에 이르게 하고 도주한 경우에는 1년 이상의 유기징역 또는 500만 원 이상 3천만 원 이하의 벌금에 처한다.

정답 ▶ 1.③ 2.③ 3.④ 4.②

5 뺑소니 사고의 성립요건에 대한 내용이다. ( ) 안에 들어갈 말은?

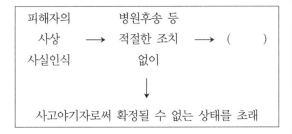

① 피해자를 방치한 채 현장을 이탈한 경우 등
② 피해자를 구호한 후 현장을 이탈한 경우 등
③ 피해자를 다른 장소로 유기한 후 신고한 경우 등
④ 피해자를 구호하고 관할 경찰관서에 신고한 경우 등

●Advice 뺑소니 사고의 성립요건

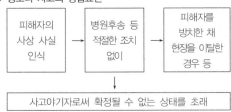

6 황색주의신호에 대한 설명으로 옳지 않은 것은?

① 선신호 및 후신호 시 진행차량 간 사고를 예방하기 위한 제도적 장치이다.
② 후신호 차량의 신호위반이 대부분 신호위반 사고를 차지한다.
③ 초당거리 역산으로 신호위반을 입증할 수 있다.
④ 황색주의신호는 기본 3초간 점멸된다.

●Advice 대부분 선신호 차량이 신호위반을 하며, 후신호 논스톱 사전진입 시는 예외이다.

7 교통사고처리특례법상 중앙선침범 시 형사 입건되는 사고가 아닌 것은?

① 오던 길로 되돌아 가기 위해 U턴하며 중앙선을 침범한 경우
② 빗길에 과속으로 운행하다가 미끄러지며 중앙선을 침범한 경우
③ 졸다가 뒤늦게 급제동하여 중앙선을 침범한 경우
④ 뒤차의 추돌로 앞차가 밀리면서 중앙선을 침범한 경우

●Advice 중앙선침범이 적용되지 않는 사례
  ㉠ 뒤차의 추돌로 앞차가 밀리면서 중앙선을 침범한 경우
  ㉡ 횡단보도에서의 추돌사고
  ㉢ 내리막길 주행 중 브레이크 파열 등 정비 불량으로 중앙선을 침범한 사고
  ㉣ 앞차의 정지를 보고 추돌을 피하려 중앙선을 침범한 사고
  ㉤ 보행자를 피양하다 중앙선을 침범한 사고
  ㉥ 빙판길에 미끄러지면서 중앙선을 침범한 사고

8 교통사고처리특례법상 과속이 성립되는 경우에 해당하는 것은?

① 법정속도와 지정속도를 20km/h 초과한 경우
② 법정속도와 지정속도를 10km/h 초과한 경우
③ 법정속도와 지정속도를 5km/h 초과한 경우
④ 법정속도와 지정속도를 초과한 경우

●Advice 과속이란 도로교통법령상 규정된 법정속도와 지정속도를 초과한 경우이며 교통사고처리특례법상 법정속도와 지정속도를 20km/h 초과한 경우를 말한다.

정답 5.① 6.② 7.④ 8.①

9 속도위반으로 걸린 자동차의 속도를 추정하는 방법으로 옳지 않은 것은?

① 운전자 진술

② 스피드건

③ 운행기록계

④ 주유내역

> ● Advice 경찰에서 사용 중인 속도추정방법
> ㉠ 운전자의 진술
> ㉡ 스피드건
> ㉢ 타코그래프(운행기록계)
> ㉣ 제동흔적 등

10 다음 중 앞지르기 금지장소가 아닌 곳은?

① 교차로

② 터널 앞

③ 다리 위

④ 도로의 구부러진 곳

> ● Advice 앞지르기 금지장소
> ㉠ 교차로
> ㉡ 터널 안
> ㉢ 다리 위
> ㉣ 도로의 구부러진 곳
> ㉤ 비탈길의 고갯마루 부근
> ㉥ 가파른 비탈길의 내리막

11 다음 중 앞지르기 금지 위반 행위에 해당하지 않는 것은?

① 병진 시 앞지르기

② 앞차의 좌회전 시 앞지르기

③ 터널 안에서 앞지르기

④ 앞차 좌측으로 앞지르기

> ● Advice 앞지르기 금지 위반 행위
> ㉠ 병진 시 앞지르기
> ㉡ 앞차의 좌회전 시 앞지르기
> ㉢ 위험방지를 위한 정지 · 서행 시 앞지르기
> ㉣ 앞지르기 금지 장소에서의 앞지르기
> ㉤ 실선의 중앙선 침범 앞지르기 · 앞지르기 방법 위반 행위
> • 우측 앞지르기
> • 2개 차로 사이로 앞지르기

12 다음 중 철길 건널목 통과방법을 위반한 과실이 아닌 것은?

① 철길 건널목 직전 일시정지 불이행

② 안전미확인 통행 중 사고

③ 고장 시 승객대피 조치 불이행

④ 신호에 따른 일시정지 불이행

> ● Advice 철길 건널목 통과방법 위반 과실
> ㉠ 철길 건널목 직전 일시정지 불이행
> ㉡ 안전미확인 통행 중 사고
> ㉢ 고장 시 승객대피, 차량이동 조치 불이행

13 다음 중 보행자로 보지 않는 경우는?

① 자전거를 끌고 횡단보도를 보행하였다.

② 오토바이를 끌고 횡단보도를 보행하였다.

③ 자전거를 타고 횡단보도를 통행하다 사고가 발생하였다.

④ 자전거를 타고가다 멈추고 한 발을 페달에 한 발을 노면에 딛고 서 있던 중 사고가 발생하였다.

> ● Advice 자전거, 오토바이 등 이륜차를 타고 횡단보도를 통행하다 사고가 발생하면 이륜차를 보행자로 간주하지 않고 제차로 간주하여 처리한다.

정답 9.④ 10.② 11.④ 12.④ 13.③

14 다음 중 보행자 보호의무 위반 사고로 볼 수 없는 것은?

① 횡단보도 전에 정지한 차량을 추돌, 앞차가 밀려나가 보행자를 충돌한 경우

② 횡단보도 앞에 나와 택시를 잡던 중 진입한 차량에 의해 충돌한 경우

③ 횡단보도에 진입하는 차량에 의해 보행자가 놀라거나 충돌을 회피하기 위해 도망가다 넘어져 그 보행자를 다치게 한 경우

④ 보행신호에 횡단보도에 진입하여 주의신호 또는 정지신호에 출발하다 마저 건너고 있던 보행자를 충돌한 경우

● Advice ② 보행의 경우가 아니므로 보행자 보호의무 위반 사고가 성립되지 않는다.

15 무면허 운전에 해당하지 않는 경우는?

① 면허를 취득하지 않고 운전하는 경우

② 면허정지 기간 중에 운전하는 경우

③ 시험합격 후 연습면허증 교부 후 운전하는 경우

④ 유효기간이 지난 운전면허증으로 운전하는 경우

● Advice 무면허 운전
　㉠ 면허를 취득하지 않고 운전하는 경우
　㉡ 유효기간이 지난 운전면허증으로 운전하는 경우
　㉢ 면허 취소처분을 받은 자가 운전하는 경우
　㉣ 면허정지 기간 중에 운전하는 경우
　㉤ 시험합격 후 면허증 교부 전에 운전하는 경우
　㉥ 면허종별의 차량을 운전하는 경우
　㉦ 위험물을 운반하는 화물자동차가 적재중량 3톤을 초과함에도 제1종 보통운전면허로 운전한 경우
　㉧ 건설기계를 제1종 보통운전면허로 운전한 경우
　㉨ 면허 있는 자가 도로에서 무면허자에게 운전연습을 시키던 중 사고를 야기한 경우
　㉩ 군인이 군면허만 취득 소지하고 일반차량을 운전한 경우

　㉪ 임시운전증명서 유효기간 지나 운전 중 사고 야기한 경우
　㉫ 외국인으로 국제운전면허를 받지 않고 운전한 경우
　㉬ 외국인으로 입국하여 1년이 지난 국제운전면허증을 소지하고 운전하는 경우

16 다음 중 음주운전에 해당하지 않는 것은?

① 술을 마시고 주차장 또는 주차선 안에서 운전한 경우

② 도로교통법에서 정한 음주기준치 미만의 술을 마시고 운전한 경우

③ 술에 취한 상태에서 도로를 운전한 경우

④ 술을 마시고 공장 정문 안쪽 통행로에서 주차장으로 운전한 경우

● Advice 술을 마시고 운전을 하였다 하더라도 도로교통법에서 정한 음주 기준(혈중 알코올농도 0.03% 이상)에 해당하지 않으면 음주운전이 아니다.

17 승객추락 방지의무 위반 사고에 해당하지 않는 것은?

① 운전자가 출발하기 전 그 차의 문을 제대로 닫지 않아 탑승객이 추락한 경우

② 택시의 승객탑승 후 출입문을 닫기 전에 출발하여 승객이 지면으로 추락한 경우

③ 개문발차로 인한 승객의 낙상사고의 경우

④ 개문 당시 승객의 손이나 발이 끼어 사고가 난 경우

● Advice 승객추락 방지의무 위반이 아닌 경우
　㉠ 개문 당시 승객의 손이나 발이 끼어 사고 난 경우
　㉡ 택시의 경우 목적지에 도착하여 승객 자신이 출입문을 개폐 도중 사고가 발생한 경우

정답 　14.② 　15.③ 　16.② 　17.④

1 다음 중 화물자동차 운수사업법의 목적으로 보기 어려운 것은?

① 운수사업의 효율적 관리
② 운수사업의 복리 증진
③ 화물의 원활한 운송
④ 공공복리의 증진

> ● Advice 화물자동차 운수사업을 효율적으로 관리하고 건전하게 육성하여 화물의 원활한 운송을 도모함으로써 공공복리의 증진에 기여함을 목적으로 한다.

2 다음 중 화물자동차의 유형별 분류로 보기 어려운 것은?

① 일반형　　　　　② 견인형
③ 밴형　　　　　　④ 특수용도형

> ● Advice 화물자동차의 유형별 기준
> ㉠ 일반형
> ㉡ 덤프형
> ㉢ 밴형
> ㉣ 특수용도형

3 화물자동차의 종류 중 물품적재장치의 바닥면적이 승차장치의 바닥면적보다 넓어야 하며, 승차정원이 3명 이하이어야 하는 조건을 충족해야 하는 것은?

① 일반형　　　　　② 견인형
③ 구난형　　　　　④ 밴형

> ● Advice 밴형 화물자동차는 다음의 요건을 모두 충족하여야 한다.
> ㉠ 물품적재장치의 바닥면적이 승차장치의 바닥면적보다 넓을 것
> ㉡ 승차정원이 3명 이하일 것

4 다른 사람의 요구에 응하여 화물자동차를 사용하여 화물을 유상으로 운송하는 사업은?

① 화물자동차 운송주선사업
② 화물자동차 운송가맹사업
③ 화물자동차 운송사업
④ 화물자동차 운수사업

> ● Advice 화물자동차 운송사업 … 다른 사람의 요구에 응하여 화물자동차를 사용하여 화물을 유상으로 운송하는 사업을 말한다. 이 경우 화주가 화물자동차에 함께 탈 때의 화물은 중량, 용적, 형상 등이 여객자동차 운송사업용 자동차에 싣기 부적합한 것으로서 그 기준과 대상차량 등은 국토교통부령으로 정한다.

5 화물자동차 운수사업에 해당하지 않는 것은?

① 화물자동차 운송사업
② 화물자동차 운송주선사업
③ 화물자동차 운송경비사업
④ 화물자동차 운송가맹사업

> ● Advice 화물자동차 운수사업이란 화물자동차 운송사업, 화물자동차 운송주선사업 및 화물자동차 운송가맹사업을 말한다.

6 20대 이상의 범위에서 20대 이상의 화물자동차를 사용하여 화물을 운송하는 사업은?

① 일반화물자동차 운송사업
② 구난화물자동차 운송사업
③ 견인화물자동차 운송사업
④ 특수화물자동차 운송사업

> ● Advice ㉠ 일반화물자동차 운송사업 : 20대 이상의 범위에서 20대 이상의 화물자동차를 사용하여 화물을 운송하는 사업
> ㉡ 개인화물자동차 운송사업 : 화물자동차 1대를 사용하여 화물을 운송하는 사업으로서 대통령령으로 정하는 사업

정답 1.② 2.② 3.④ 4.③ 5.③ 6.①

7 다음 중 화물자동차 운송가맹점으로 볼 수 없는 자는?

① 운송가맹사업자의 화물정보망을 이용하여 운송 화물을 배정받아 화물을 운송하는 운송사업자

② 운송가맹사업자의 화물운송계약을 중개·대리하는 운송주선사업자

③ 운송가맹사업자의 화물정보망을 이용하여 운송 화물을 배정받아 화물을 운송하는 자로서 화물자동차 운송사업의 경영의 일부를 위탁받은 사람

④ 운송가맹사업자의 화물정보망을 이용하여 운송 화물을 배정받아 화물을 운송하는 자로서 화물자동차 운송가맹점으로 가입한 운송사업자에게 화물자동차 운송사업의 경영의 일부를 위탁받은 사람

●Advice 운송가맹사업자의 화물정보망을 이용하여 운송 화물을 배정받아 화물을 운송하는 자로서 화물자동차 운송사업의 경영의 일부를 위탁받은 사람. 다만, 경영의 일부를 위탁한 운송사업자가 화물자동차 운송가맹점으로 가입한 경우는 제외한다.

8 화물자동차 운송사업의 허가사항을 변경하려는 경우 누구에게 변경허가를 받아야 하는가?

① 대통령
② 행정안전부장관
③ 국토교통부장관
④ 운송주선사업자

●Advice 운송사업자가 허가사항을 변경하려면 국토교통부령으로 정하는 바에 따라 국토교통부장관의 변경허가를 받아야 한다. 다만, 대통령령으로 정하는 경미한 사항을 변경하려면 국토교통부령으로 정하는 바에 따라 국토교통부장관에게 신고하여야 한다.

9 화물자동차 운송사업의 허가사항 변경신고의 대상에 해당하지 않는 것은?

① 상호의 변경
② 임원의 변경
③ 화물취급소의 설치
④ 화물자동차의 대폐차

●Advice 화물자동차 운송사업의 허가사항 변경신고의 대상
  ㉠ 상호의 변경
  ㉡ 대표자의 변경(법인인 경우만 해당한다)
  ㉢ 화물취급소의 설치 및 폐지
  ㉣ 화물자동차의 대폐차
  ㉤ 주사무소·영업소 및 화물취급소의 이전. 다만, 주사무소의 경우 관할 관청의 행정구역 내에서의 이전만 해당한다.

10 운송사업자가 신규로 화물자동차 운송사업의 운임 및 요금을 신고할 때에는 운임 및 요금신고서에 서류를 첨부하여 제출하여야 한다. 다음 중 첨부서류에 해당하지 않는 것은?

① 원가계산서
② 운임표
③ 요금표
④ 운임 및 요금의 신·구대비표

●Advice ④ 변경신고인 경우에만 해당하는 서류이다.

정답 7.④ 8.③ 9.② 10.④

11 화물의 멸실·훼손 또는 인도의 지연으로 인도기한이 지난 화물은 얼마의 기한 이내에 인도되지 않으면 멸실된 것으로 보는가?

① 15일 이내
② 1개월 이내
③ 2개월 이내
④ 3개월 이내

● Advice 화물의 멸실·훼손 또는 인도의 지연으로 발생한 운송사업자의 손해배상 책임에 관하여는 「상법」 제135조를 준용하며, 화물이 인도기한이 지난 후 3개월 이내에 인도되지 아니하면 그 화물은 멸실된 것으로 본다.

12 다음 중 적재물배상보험에 가입하여야 하는 자가 아닌 자는?

① 최대 적재량이 5톤 이상이거나 총중량이 10톤 이상인 화물자동차 중 일반형 화물자동차와 견인형 특수자동차를 소유하고 있는 운송사업자
② 용달화물 운송주선사업자
③ 이사화물 운송주선사업자
④ 운송가맹사업자

● Advice 적재물배상보험에 가입하여야 하는 자
㉠ 최대 적재량이 5톤 이상이거나 총중량이 10톤 이상인 화물자동차 중 일반형·밴형·특수용도형 화물자동차와 견인형 특수자동차를 소유하고 있는 운송사업자
㉡ 이사화물 운송주선사업자
㉢ 운송가맹사업자

13 화물자동차 운수사업법상 책임보험계약의 전부 또는 일부를 해제하거나 해제할 수 있는 경우가 아닌 것은?

① 화물자동차 운송사업의 허가사항 중 감차 조치가 된 경우
② 화물자동차 운송사업을 휴업하거나 폐업한 경우
③ 화물자동차 운송주선사업의 허가가 취소된 경우
④ 화물자동차 운송가맹사업의 허가사항 중 감차 외의 사항이 변경된 경우

● Advice 보험 등 의무가입자 및 보험회사 등은 다음의 어느 하나에 해당하는 경우 외에는 책임보험계약 등의 전부 또는 일부를 해제하거나 해제하여서는 아니 된다.
㉠ 화물자동차 운송사업의 허가사항이 변경(감차만을 말한다)된 경우
㉡ 화물자동차 운송사업을 휴업하거나 폐업한 경우
㉢ 화물자동차 운송사업의 허가가 취소되거나 감차 조치 명령을 받은 경우
㉣ 화물자동차 운송주선사업의 허가가 취소된 경우
㉤ 화물자동차 운송가맹사업의 허가사항이 변경(감차만을 말한다)된 경우
㉥ 화물자동차 운송가맹사업의 허가가 취소되거나 감차 조치 명령을 받은 경우
㉦ 적재물배상보험 등에 이중으로 가입되어 하나의 책임보험계약 등을 해제하거나 해지하려는 경우
㉧ 보험회사 등이 파산 등의 이유로 영업을 계속할 수 없는 경우

정답 11.④ 12.② 13.④

14 보험회사 등은 책임보험계약 등을 체결하고 있는 보험 등 의무가입자에게 그 계약종료일 며칠 전까지 그 계약이 끝난다는 사실을 알려야 하는가?

① 10일, 5일
② 15일, 5일
③ 20일, 10일
④ 30일, 10일

Advice 보험회사 등은 책임보험계약 등을 체결하고 있는 보험 등 의무가입자에게 그 계약종료일 30일 전과 10일 전에 각각 그 계약이 끝난다는 사실을 알려야 한다.

15 국토교통부령으로 정하는 화물자동차 운전자의 연령 및 운전경력 등의 요건에 대한 내용으로 옳지 않은 것은?

① 화물자동차를 운전하기에 적합한 도로교통법에 따른 운전면허를 가지고 있어야 한다.
② 20세 이상이어야 한다.
③ 운전경력은 1년 이상이어야 한다.
④ 화물자동차 운수사업용 자동차를 운전한 경력이 있는 경우 그 운전경력이 1년 이상이면 된다.

Advice 화물자동차 운전자의 운전경력은 2년 이상이어야 한다. 다만, 여객자동차 운수사업용 자동차 또는 화물자동차 운수사업용 자동차를 운전한 경력이 있는 경우에는 그 운전경력이 1년 이상이면 된다.

16 다음 중 화물운송 종사자격이 취소되는 경우가 아닌 것은?

① 거짓이나 그 밖의 부정한 방법으로 화물운송 종사자격을 취득한 경우
② 화물운송 종사자격증을 다른 사람에게 빌려 준 경우
③ 화물운송 종사자격 정지기간 중에 화물자동차 운수사업의 운전 업무에 종사한 경우
④ 화물운송 중 고의나 과실로 교통사고를 일으켜 사람을 사망하게 하거나 다치게 한 경우

Advice ①②③ 자격을 취소하는 경우
④ 6개월 이내의 기간을 정하여 자격의 효력을 정지하는 경우

17 화물자동차 운수사업법에 따른 화물자동차 운전자의 관리에 대한 설명으로 옳지 않은 것은?

① 운송사업자는 화물자동차 운전자를 채용하거나 채용된 화물자동차 운전자가 퇴직하였을 때에는 그 명단을 협회에 제출하여야 하며, 협회는 이를 종합하여 연합회에 보고하여야 한다.
② 운전자 명단에는 운전자의 성명·생년월일과 운전면허의 종류·취득일 및 화물운송 종사자격의 취득일을 분명히 밝혀야 한다.
③ 운송사업자는 폐업을 하게 되었을 때에는 화물자동차 운전자의 경력에 관한 기록 등 관련 서류를 협회에 이관하여야 한다.
④ 협회는 일반화물자동차 운송사업자의 화물자동차를 운전하는 사람에 대한 경력증명서 발급에 필요한 사항을 기록하여 관리하여야 한다.

Advice 협회는 개인화물자동차 운송사업자의 화물자동차를 운전하는 사람에 대한 경력증명서 발급에 필요한 사항을 기록하여 관리하여야 한다.

정답 ▶ 14.④ 15.③ 16.④ 17.④

18 화물자동차 운수사업법상 운송사업자가 준수하여야 할 사항에 대한 내용으로 옳지 않은 것은?

① 운송사업자는 고장 및 사고차량 등 화물의 운송과 관련하여 자동차관리법에 따른 자동차관리사업자와 부정한 금품을 주고받아서는 아니 된다.

② 운송사업자는 화물운송의 대가로 받은 운임 및 요금의 전부 또는 일부에 해당되는 금액을 부당하게 화주, 다른 운송사업자 또는 화물자동차 운송주선사업을 경영하는 자에게 되돌려주는 행위를 하여서는 아니 된다.

③ 운송사업자는 화물자동차 운송사업을 양도·양수하는 경우에는 양도·양수에 소요되는 비용을 위·수탁차주가 직접 부담하게 해야 한다.

④ 운송사업자는 위·수탁차주가 다른 운송사업자와 동시에 1년 이상의 운송계약을 체결하는 것을 제한하거나 이를 이유로 불이익을 주어서는 아니 된다.

> **● Advice** 운송사업자는 화물자동차 운송사업을 양도·양수하는 경우에는 양도·양수에 소요되는 비용을 위·수탁차주에게 부담시켜서는 아니 된다.

19 화물자동차 운송사업에서 화주가 화물자동차에 함께 탈 때의 화물은 중량, 용적, 형상 등이 여객자동차 운송사업용 자동차에 싣기 부적합한 것으로서 그 기준과 대상차량 등은 국토교통부령으로 정한다고 되어 있다. 다음 중 국토교통부령으로 정하는 화물의 기준으로 보기 어려운 것은?

① 화주 1명당 화물의 중량이 20킬로그램 이상일 것

② 화주 1명당 화물의 용적이 2만 세제곱센티미터 이상일 것

③ 화물이 기계·기구류 등 공산품일 것

④ 화물이 폭발성·인화성 또는 부식성 물품일 것

> **● Advice** 화물의 기준
> ㉠ 화주 1명당 화물의 중량이 20킬로그램 이상일 것
> ㉡ 화주 1명당 화물의 용적이 4만 세제곱센티미터 이상일 것
> ㉢ 화물은 다음의 어느 하나에 해당하는 물품일 것
> • 불결하거나 악취가 나는 농산물·수산물 또는 축산물
> • 혐오감을 주는 동물 또는 식물
> • 기계·기구류 등 공산품
> • 합판·각목 등 건축기자재
> • 폭발성·인화성 또는 부식성 물품

정답 > 18.③ 19.②

20 화물자동차 운송사업자가 밤샘주차를 할 경우 그 장소로 적합하지 않은 곳은?

① 다른 운송사업자의 차고지
② 화물자동차 휴게소
③ 화물터미널
④ 졸음쉼터

● Advice 밤샘주차(0시부터 4시까지 사이에 하는 1시간 이상의 주차를 말한다)하는 경우에는 다음의 어느 하나에 해당하는 시설 및 장소에서만 해야 한다.
  ㉠ 해당 운송사업자의 차고지
  ㉡ 다른 운송사업자의 차고지
  ㉢ 공영차고지
  ㉣ 화물자동차 휴게소
  ㉤ 화물터미널
  ㉥ 그 밖에 지방자치단체의 조례로 정하는 시설 또는 장소

21 화물자동차 운수사업법령상 휴게시간 없이 2시간 연속운전한 운수종사자에게 보장하여야 할 휴게시간은 얼마인가? (단, 예외적인 경우 제외)

① 15분
② 20분
③ 25분
④ 30분

● Advice 화물자동차 운수사업법령상 휴게시간 없이 2시간 연속 운전한 운수종사자에게 15분 이상의 휴게시간을 보장할 것. 다만, 예외에 해당하는 경우에는 1시간까지 연장운행을 하게 할 수 있으며 운행 후 30분 이상의 휴게시간을 보장해야 한다.

22 화물자동차 운송사업에 종사하는 운수종사자가 하여서는 아니되는 행위로 옳지 않은 것은?

① 일정한 장소에 오랜 시간 정차하여 화주를 호객하는 행위
② 택시 요금미터기의 장착 등 국토교통부령으로 정하는 택시 유사표시행위
③ 정당한 사유로 화물을 중도에서 내리게 하는 행위
④ 부당한 운임 또는 요금을 요구하거나 받는 행위

● Advice 화물자동차 운송사업에 종사하는 운수종사자는 다음의 어느 하나에 해당하는 행위를 하여서는 아니 된다.
  ㉠ 정당한 사유 없이 화물을 중도에서 내리게 하는 행위
  ㉡ 정당한 사유 없이 화물의 운송을 거부하는 행위
  ㉢ 부당한 운임 또는 요금을 요구하거나 받는 행위
  ㉣ 고장 및 사고차량 등 화물의 운송과 관련하여 자동차관리 사업자와 부정한 금품을 주고받는 행위
  ㉤ 일정한 장소에 오랜 시간 정차하여 화주를 호객하는 행위
  ㉥ 문을 완전히 닫지 아니한 상태에서 자동차를 출발시키거나 운행하는 행위
  ㉦ 택시 요금미터기의 장착 등 국토교통부령으로 정하는 택시 유사표시행위
  ㉧ 적재된 화물이 떨어지지 아니하도록 국토교통부령으로 정하는 기준 및 방법에 따라 덮개·포장·고정장치 등 필요한 조치를 하지 아니하고 화물자동차를 운행하는 행위
  ㉨ 「자동차관리법」 제35조를 위반하여 전기·전자장치 (최고속도제한장치에 한정한다)를 무단으로 해체하거나 조작하는 행위

23 화물자동차 운수사업법에 따라 부과 · 징수된 과징금의 용도로 볼 수 없는 것은?

① 화물터미널의 건설
② 공동차고지의 건설
③ 책임보험금 지급
④ 신고포상금 지급

● Advice 과징금의 용도
 ㉠ 화물터미널의 건설 및 확충
 ㉡ 공동차고지의 건설 및 확충
 ㉢ 경영개선 및 화물에 대한 정보제공사업 등 화물자동차 운수사업의 발전을 위하여 필요한 사항
  • 공영차고지의 설치 · 운영사업
  • 특별시장 · 광역시장 · 도지사 또는 특별자치도지사가 설치 · 운영하는 운수종사자의 교육시설에 대한 비용의 보조사업
  • 교육 훈련 사업
 ㉣ 신고포상금의 지급

24 화물자동차를 10대 소유한 운송사업자가 화물운송종사자에게 화물을 운송하게 하였는데 해당 연도에 3건의 교통사고가 발생하였다면 교통사고지수는?

① 1
② 2
③ 3
④ 4

● Advice 교통사고지수 $= \dfrac{\text{교통사고건수}}{\text{화물자동차의 대수}} \times 10$
$= \dfrac{3}{10} \times 10 = 3$

25 특별시장 · 광역시장 · 특별자치시장 · 특별자치도지사 · 시장 또는 군수가 운송사업자에게 지급하는 보조금을 5년의 범위에서 정지하여야 하는 사유로 볼 수 없는 것은?

① 화물자동차 운수사업이 아닌 다른 목적에 사용한 유류분에 대하여 보조금을 지급받은 경우
② 다른 운송사업자 등이 구입한 유류 사용량을 자기가 사용한 것으로 위장하여 보조금을 지급받은 경우
③ 운송사업자가 운송 또는 주선 실적에 따른 신고를 하지 아니하였거나 거짓으로 신고하여 보조금을 지급받은 경우
④ 주유업자로부터 유류의 구매를 가장하거나 실제 구매금액을 초과하여 신용카드, 직불카드, 선불카드에 의한 거래를 하거나 이를 대행하게 하여 보조금을 지급받은 경우

● Advice 보조금 지급 정지 사유
 ㉠ 석유판매업자 또는 액화석유가스 충전사업자로부터 세금계산서를 거짓으로 발급받아 보조금을 지급받은 경우
 ㉡ 주유업자로부터 유류의 구매를 가장하거나 실제 구매금액을 초과하여 신용카드, 직불카드, 선불카드에 의한 거래를 하거나 이를 대행하게 하여 보조금을 지급받은 경우
 ㉢ 화물자동차 운수사업이 아닌 다른 목적에 사용한 유류분에 대하여 보조금을 지급받은 경우
 ㉣ 다른 운송사업자 등이 구입한 유류 사용량을 자기가 사용한 것으로 위장하여 보조금을 지급받은 경우
 ㉤ 제43조 제2항에 따라 대통령령으로 정하는 사항을 위반하여 보조금을 지급받은 경우
 ㉥ 소명서 및 증거자료의 제출요구에 따르지 아니하거나, 이에 따른 검사나 조사를 거부 · 기피 또는 방해한 경우

정답 23.③ 24.③ 25.③

26 다음 중 화물자동차 운송사업의 허가를 반드시 취소하는 경우가 아닌 것은?

① 정당한 사유 없이 업무개시 명령을 이행하지 아니한 경우
② 부정한 방법으로 화물자동차 운송사업 허가를 받은 경우
③ 결격사유 중 어느 하나에 해당하게 된 경우
④ 화물자동차 교통사고와 관련하여 거짓이나 그 밖의 부정한 방법으로 보험금을 청구하여 금고 이상의 형을 선고받고 그 형이 확정된 경우

> **⦿ Advice** 법 제14조 제1항에 따른 국토교통부장관의 업무개시 명령을 정당한 사유 없이 거부한 경우
> ㉠ **1차** : 자격 정지 30일
> ㉡ **2차** : 자격 취소

27 화물자동차 운송주선사업의 허가기준에 대한 설명으로 옳은 것은?

① 영업소의 수는 2개 이상이어야 한다.
② 상용인부는 3명 이상이어야 한다.
③ 자본금은 2억 원 이상이어야 한다.
④ 사무실은 영업에 필요한 면적을 확보하여야 한다.

> **⦿ Advice** 화물자동차 운송주선사업의 허가기준
> ㉠ 국토교통부장관이 화물의 운송주선 수요를 감안하여 고시하는 공급기준에 맞을 것
> ㉡ **사무실** : 영업에 필요한 면적. 다만, 관리사무소 등 부대시설이 설치된 민영 노외주차장을 소유하거나 그 사용계약을 체결한 경우에는 사무실을 확보한 것으로 본다.

28 화물자동차 운송가맹사업자의 허가사항 변경신고의 대상으로 보기 어려운 것은?

① 법인인 경우 대표자의 변경사항
② 화물취급소의 설치 및 폐지사항
③ 화물자동차 운송가맹계약의 체결 또는 해제 · 해지 사항
④ 주사무소의 설치 및 폐지사항

> **⦿ Advice** 운송가맹사업자의 허가사항 변경신고의 대상
> ㉠ 대표자의 변경(법인인 경우만 해당)
> ㉡ 화물취급소의 설치 및 폐지
> ㉢ 화물자동차의 대폐차(화물자동차를 직접 소유한 운송가맹사업자만 해당)
> ㉣ 주사무소 · 영업소 및 화물취급소의 이전
> ㉤ 화물자동차 운송가맹계약의 체결 또는 해제 · 해지

29 화물자동차 운송가맹사업의 허가기준에 대한 설명으로 옳지 않은 것은?

① 사무실 및 영업소로 영업에 필요한 면적을 확보해야 한다.
② 화물자동차를 100대 이상을 보유하여야 한다.
③ 그 밖의 운송시설로 화물정보망을 갖추어야 한다.
④ 운송사업자가 화물자동차 운송가맹사업 허가를 신청하는 경우 운송사업자의 지위에서 보유하고 있던 화물자동차 운송사업용 화물자동차는 화물자동차 운송가맹사업의 허가기준 대수로 겸용할 수 없다.

> **⦿ Advice** 화물자동차를 50대 이상(운송가맹점이 소유하는 화물자동차 대수를 포함하되, 8개 이상의 시 · 도에 각각 5대 이상 분포되어야 함)을 보유하여야 한다.

정답 ▶ 26.① 27.④ 28.④ 29.②

30 화물자동차 운송주선사업자의 준수사항으로 옳지 않은 것은?

① 운송주선사업자는 자기의 명의로 운송계약을 체결한 화물에 대하여 그 계약금액 중 일부를 제외한 나머지 금액으로 다른 운송주선사업자와 재계약하여 이를 운송하도록 하여서는 아니 된다.

② 운송주선사업자가 운송가맹사업자에게 화물의 운송을 주선하는 행위는 재계약·중개 또는 대리로 본다.

③ 운송주선사업자는 운송사업자에게 화물의 종류·무게 및 부피 등을 거짓으로 통보하거나 기준을 위반하는 화물의 운송을 주선하여서는 아니 된다.

④ 운송주선사업자는 화주로부터 중개 또는 대리를 의뢰받은 화물에 대하여 다른 운송주선사업자에게 수수료나 그 밖의 대가를 받고 중개 또는 대리를 의뢰하여서는 아니 된다.

> ● Advice 운송주선사업자가 운송가맹사업자에게 화물의 운송을 주선하는 행위는 재계약·중개 또는 대리로 보지 아니한다.

31 안전운행의 확보, 운송질서의 확립 및 화주의 편의를 도모하기 위하여 국토교통부장관이 운송가맹사업자에게 명할 수 있는 개선명령으로 보기 어려운 것은?

① 운송약관의 변경
② 화물자동차의 구조변경
③ 화물자동차의 권리금의 반환
④ 적재물배상책임보험과 의무보험의 가입

> ● Advice 국토교통부장관은 안전운행의 확보, 운송질서의 확립 및 화주의 편의를 도모하기 위하여 필요하다고 인정하면 운송가맹사업자에게 다음의 사항을 명할 수 있다.
> ㉠ 운송약관의 변경
> ㉡ 화물자동차의 구조변경 및 운송시설의 개선
> ㉢ 화물의 안전운송을 위한 조치
> ㉣ 정보공개서의 제공의무 등, 가맹금의 반환, 가맹계약서의 기재사항 등, 가맹계약의 갱신 등의 통지
> ㉤ 적재물배상보험등과 「자동차손해배상 보장법」에 따라 운송가맹사업자가 의무적으로 가입하여야 하는 보험·공제의 가입
> ㉥ 그 밖에 화물자동차 운송가맹사업의 개선을 위하여 필요한 사항으로서 대통령령으로 정하는 사항

32 화물운송종사자격시험의 운전적성정밀검사에 대한 설명으로 옳지 않은 것은?

① 화물운송종사자격증을 취득하려는 사람은 신규검사를 실시하여야 한다.

② 여객자동차 운송사업용 자동차 또는 화물자동차 운송사업용 자동차의 운전업무에 종사하다가 퇴직한 사람으로서 신규검사 또는 유지검사를 받은 날부터 3년이 지난 후 재취업하려는 사람은 자격유지검사를 실시하여야 한다.

③ 과거 1년간 운전면허행정처분기준에 따라 산출된 누산점수가 81점인 사람은 자격유지검사를 실시하여야 한다.

④ 교통사고를 일으켜 사람을 사망하게 하거나 5주 이상의 치료가 필요한 상해를 입힌 사람은 특별검사를 실시하여야 한다.

※ 자격유지검사를 실시하여야 하는 사람

  ⊙ 여객자동차 운송사업용 자동차 또는 화물자동차 운송사업용 자동차의 운전업무에 종사하다가 퇴직한 사람으로서 신규검사 또는 유지검사를 받은 날부터 3년이 지난 후 재취업하려는 사람. 다만, 재취업일까지 무사고로 운전한 사람은 제외

  ⓒ 신규검사 또는 유지검사의 적합판정을 받은 사람으로서 해당 검사를 받은 날부터 3년 이내에 취업하지 아니한 사람

33 화물운송종사자격시험에 대한 설명으로 옳지 않은 것은?

① 교통안전체험교육은 총 16시간으로 하며 이론교육, 실기교육으로 구분하여 실시한다.

② 자격시험에 합격한 사람은 6시간 동안 교통안전공단에서 실시하는 교육을 받아야 한다.

③ 자격시험과 교통안전체험교육은 총점의 6할 이상을 얻은 사람을 합격자와 이수자로 한다.

④ 자격시험에 합격한 사람이 교통안전체험 연구·교육시설의 교육과정 중 기본교육과정을 이수한 경우에는 교육을 받은 것으로 본다.

34 화물운송종사자격증명에 대한 설명으로 옳지 않은 것은?

① 운송사업자는 화물자동차 운전자에게 화물운송 종사자격증명을 운전석 앞 창의 왼쪽 아래에 항상 게시하고 운행하도록 하여야 한다.

② 운송사업자는 퇴직한 화물자동차 운전자의 명단을 제출하는 경우에는 협회에 화물운송 종사자격증명을 반납하여야 한다.

③ 운송사업자는 사업의 양도 신고를 하는 경우에는 관할관청에 화물운송 종사자격증명을 반납하여야 한다.

④ 관할관청은 화물운송 종사자격증명을 반납받았을 때에는 그 사실을 협회에 통지하여야 한다.

35 관할관청은 운수종사자 교육을 실시하려면 교육을 시행하기 며칠 전에 운수사업자에게 통지하여야 하는가?

① 15일   ② 20일

③ 1개월   ④ 2개월

36 다음 중 과태료의 부과금액이 다른 하나는?

① 화물운송 종사자격증을 받지 아니하고 화물자동차 운수사업의 운전 업무에 종사한 자

② 보조금 또는 융자금을 보조받거나 융자받은 목적 외의 용도로 사용한 자

③ 임직원에 대한 징계·해임의 요구에 따르지 아니하거나 시정명령을 따르지 아니한 자

④ 화물운송서비스평가를 위한 자료제출 등의 요구 또는 실지조사를 거부하거나 거짓으로 자료제출 등을 한 자

● Advice ①②④ 500만 원 이하의 과태료를 부과한다.
③ 1천만 원 이하의 과태료를 부과한다.
※ 500만 원 이하의 과태료 대상
ⓐ 허가사항 변경신고를 하지 아니한 자
ⓑ 운임 및 요금에 관한 신고를 하지 아니한 자
ⓒ 약관의 신고를 하지 아니한 자
ⓓ 화물운송 종사자격증을 받지 아니하고 화물자동차 운수사업의 운전 업무에 종사한 자
ⓔ 거짓이나 그 밖의 부정한 방법으로 화물운송 종사자격을 취득한 자
ⓕ 자료를 제공하지 아니하거나 거짓으로 제공한 자
ⓖ 준수사항을 위반한 운송사업자
ⓗ 준수사항을 위반한 운수종사자
ⓘ 개선명령을 이행하지 아니한 자
ⓙ 양도·양수, 합병 또는 상속의 신고를 하지 아니한 자
ⓚ 휴업·폐업신고를 하지 아니한 자
ⓛ 자동차등록증 또는 자동차등록번호판을 반납하지 아니한 자
ⓜ 준수사항을 위반한 운송주선사업자
ⓝ 운송주선사업자의 준수사항을 위반한 국제물류주선업자
ⓞ 개선명령을 이행하지 아니한 자
ⓟ 적재물배상보험등에 가입하지 아니한 자
ⓠ 책임보험계약등의 체결을 거부한 보험회사등
ⓡ 책임보험계약등을 해제하거나 해지한 보험등 의 무가입자 또는 보험회사등
ⓢ 서명날인한 계약서를 위·수탁차주에게 교부하지 아니한 운송사업자
ⓣ 위·수탁계약의 체결을 명목으로 부당한 금전지급을 요구한 운송사업자
ⓤ 보조금 또는 융자금을 보조받거나 융자받은 목적 외의 용도로 사용한 자
ⓥ 화물운송서비스평가를 위한 자료제출 등의 요구 또는 실지조사를 거부하거나 거짓으로 자료제출 등을 한 자
ⓦ 조치명령을 이행하지 아니하거나 조사 또는 검사를 거부·방해 또는 기피한 자
ⓧ 자가용 화물자동차의 사용을 신고하지 아니한 자
ⓨ 자가용 화물자동차의 사용 제한 또는 금지에 관한 명령을 위반한 자
ⓩ 운송종사자의 교육을 받지 아니한 자
⓪ 보고를 하지 아니하거나 거짓으로 보고한 자
ⓗ 서류를 제출하지 아니하거나 거짓 서류를 제출한 자
ⓐ 검사를 거부·방해 또는 기피한 자
ⓑ 화물자동차 안전운송원가의 산정을 위한 자료 제출 또는 의견 진술의 요구를 거부하거나 거짓으로 자료 제출 또는 의견을 진술한 자

정답 ▶ 36.③

37 화물자동차 운수사업자는 화물자동차 운수사업의 건전한 발전과 운수사업자의 공동이익을 도모하기 위하여 국토교통부장관의 인가를 받아 화물자동차 운수사업의 종류별 또는 특별시·광역시·특별자치시·도·특별자치도별로 협회를 설립할 수 있다. 다음 중 협회의 사업에 대한 설명으로 옳지 않은 것은?

① 화물자동차 운수사업의 건전한 발전과 운수사업자의 공동이익을 도모하는 사업
② 화물자동차 운수사업의 진흥 및 발전에 필요한 통계의 작성 및 관리, 외국 자료의 수집·조사 및 연구사업
③ 대표자와 경영자의 교육훈련
④ 화물자동차 운수사업의 경영개선을 위한 지도

●Advice 협회의 사업
　㉠ 화물자동차 운수사업의 건전한 발전과 운수사업자의 공동이익을 도모하는 사업
　㉡ 화물자동차 운수사업의 진흥 및 발전에 필요한 통계의 작성 및 관리, 외국 자료의 수집·조사 및 연구사업
　㉢ 경영자와 운수종사자의 교육훈련
　㉣ 화물자동차 운수사업의 경영개선을 위한 지도
　㉤ 화물자동차 운수사업법에서 협회의 업무로 정한 사항
　㉥ 국가나 지방자치단체로부터 위탁받은 업무
　㉦ ㉠부터 ㉤까지의 사업에 따르는 업무

38 화물자동차 운수사업법령상 과징금을 부과하는 위반행위의 종류와 과징금의 금액에 대한 내용으로 옳지 않은 것은?

① 화주로부터 부당한 운임 및 요금의 환급을 요구받고 환급하지 않은 경우 – 일반 화물자동차운송사업자에게 60만 원이 부과된다.
② 화물자동차 운전자에게 차 안에 화물운송 종사자격증명을 게시하지 않고 운행하게 한 경우 – 일반 화물자동차운송사업자에게 10만 원이 부과된다.
③ 신고한 운송약관 또는 운송가맹약관을 준수하지 않은 경우 – 일반 화물자동차운송사업자에게 30만 원이 부과된다.
④ 최대적재량 1.5톤 이하의 화물자동차가 주차장, 차고지 또는 지방자치단체의 조례로 인정하는 시설 및 장소가 아닌 곳에서 밤샘주차한 경우 – 일반 화물자동차운송사업자에게 20만 원이 부과된다.

●Advice 신고한 운송약관 또는 운송가맹약관을 준수하지 않은 경우 – 일반 화물자동차운송사업자에게 60만 원이 부과된다.

정답 ▷ 37.③　38.③

1 다음 중 자동차관리법상 자동차에 해당되는 것은?

① 모터그레이더 　　 ② 피견인자동차

③ 동력이앙기 　　 ④ 군용트럭

> ● Advice 　자동차란 원동기에 의하여 육상에서 이동할 목적으로 제작한 용구 또는 이에 견인되어 육상을 이동할 목적으로 제작한 용구(피견인자동차)를 말한다.

2 다음 중 자동차관리사업으로 볼 수 없는 것은?

① 자동차매매업

② 자동차정비업

③ 자동차운행업

④ 자동차해체재활용업

> ● Advice 　자동차관리사업이란 자동차매매업, 자동차정비업 및 자동차해체재활용사업을 말한다.

3 제작연도에 등록된 자동차의 차령기산일은 언제인가?

① 최초의 제작연월일

② 최초의 신규등록일

③ 제작연도의 말일

④ 등록연도의 말일

> ● Advice 　자동차의 차령기산일
> ㉠ 제작연도에 등록된 자동차 : 최초의 신규등록일
> ㉡ 제작연도에 등록되지 아니한 자동차 : 제작연도의 말일

4 자동차관리법상 화물자동차의 화물적재공간의 바닥 면적은 최소 얼마 이상이어야 하는가?

① 1제곱미터 이상 　　 ② 2제곱미터 이상

③ 3제곱미터 이상 　　 ④ 4제곱미터 이상

> ● Advice 　화물자동차의 범위
> 화물을 운송하기 적합하게 바닥 면적이 최소 2제곱미터 이상(소형 · 경형화물자동차로서 이동용 음식판매 용도인 경우에는 0.5제곱미터 이상, 그 밖에 초소형화물차 및 특수용도형의 경형화물자동차는 1제곱미터 이상을 말한다)인 화물적재공간을 갖춘 자동차로서 다음의 하나에 해당하는 자동차
> • 승차공간과 화물적재공간이 분리되어 있는 자동차로서 화물적재공간의 윗부분이 개방된 구조의 자동차, 유류 · 가스 등을 운반하기 위한 적재함을 설치한 자동차 및 화물을 싣고 내리는 문을 갖춘 적재함이 설치된 자동차(구조 · 장치의 변경을 통하여 화물적재공간에 덮개가 설치된 자동차를 포함한다)
> • 승차공간과 화물적재공간이 동일 차실내에 있으면서 화물의 이동을 방지하기 위해 칸막이벽을 설치한 자동차로서 화물적재공간의 바닥면적이 승차공간의 바닥면적(운전석이 있는 열의 바닥면적을 포함한다)보다 넓은 자동차
> • 화물을 운송하는 기능을 갖추고 자체적하 기타 작업을 수행할 수 있는 설비를 함께 갖춘 자동차

5 자동차관리법상 자동차의 종류로 볼 수 없는 것은?

① 승용자동차

② 승합자동차

③ 군용자동차

④ 이륜자동차

> ● Advice 　자동차의 종류
> ㉠ 승용자동차
> ㉡ 승합자동차
> ㉢ 화물자동차
> ㉣ 특수자동차
> ㉤ 이륜자동차

정답 　1.② 　2.③ 　3.② 　4.② 　5.③

6 자동차관리법에 따른 자동차의 등록에 관한 내용으로 옳지 않은 것은?

① 자동차는 자동차등록원부에 등록한 후가 아니면 운행할 수 없다.

② 시·도지사는 자동차 신규등록 신청을 받으면 등록원부에 필요한 사항을 적고 자동차등록증을 발급하여야 한다.

③ 자동차를 제작·조립 또는 수입하는 자가 자동차를 판매한 경우에는 등록원부 작성에 필요한 자동차 제작증 정보를 전산정보처리조직에 즉시 전송하여야 하며 산 사람을 갈음하여 지체 없이 신규등록을 신청하여야 한다.

④ 자동차제작·판매자 등은 반품으로 말소 등록된 자동차를 판매하는 경우에는 해당 자동차가 반품된 자동차라는 사실을 시·도지사에게 보고하여야 한다.

> **Advice** 자동차제작·판매자 등은 반품으로 말소 등록된 자동차를 판매하는 경우에는 해당 자동차가 반품된 자동차라는 사실을 구매자에게 고지하여야 한다.

7 자동차관리법상 자동차등록번호판에 대한 내용으로 옳지 않은 것은?

① 자동차 소유자 또는 자동차 소유자를 갈음하여 등록을 신청하는 자가 직접 등록번호판의 부착 및 봉인을 하려는 경우에는 등록번호판의 부착 및 봉인을 직접 하게 할 수 있다.

② 등록번호판 및 봉인은 시·도지사의 허가를 받은 경우와 다른 법률에 특별한 규정이 있는 경우를 제외하고는 떼지 못한다.

③ 등록번호판의 부착 또는 봉인을 하지 아니하거나 임시운행허가번호판을 붙인 자동차는 운행하지 못한다.

④ 누구든지 등록번호판을 가리거나 알아보기 곤란하게 하여서는 아니 되며, 그러한 자동차를 운행하여서도 아니 된다.

> **Advice** 등록번호판의 부착 또는 봉인을 하지 아니한 자동차는 운행하지 못한다. 다만, 임시운행허가번호판을 붙인 경우에는 그러하지 아니하다.

8 자동차 소유주가 자동차 등록원부의 기재사항이 변경된 경우에는 변경등록을 신청하여야 한다. 다음 중 변경등록을 하지 않은 위반행위로 인한 과태료에 대한 내용으로 옳지 않은 것은?

① 자동차의 변경등록사유가 발생한 날부터 30일 이내에 변경등록을 하지 아니한 경우에는 과태료를 부과한다.

② 신청기간만료일로부터 90일 이내인 경우에는 2만 원의 과태료가 부과된다.

③ 신청기간만료일부터 90일을 초과한 경우 174일 이내인 경우라면 2만 원에 91일째부터 계산하여 5일 초과 시마다 1만 원씩 부과된다.

④ 신청 지연기간이 175일 이상인 경우 과태료는 30만 원이다.

> **Advice** 변경등록 신청을 하지 않은 경우
> ㉠ 신청기간만료일부터 90일 이내인 때 : 과태료 2만 원
> ㉡ 신청기간만료일부터 90일을 초과한 경우 174일 이내인 경우 2만 원에 91일째부터 계산하여 3일 초과 시마다 : 과태료 1만 원
> ㉢ 신청 지연기간이 175일 이상인 경우 : 30만 원

정답 ▶ 6.④ 7.③ 8.③

9 자동차관리법상 이전등록에 대한 설명으로 옳지 않은 것은?

① 자동차매매업자는 자동차의 매도 또는 매매의 알선을 한 경우에는 산 사람을 갈음하여 이전등록 신청을 하여야 한다.

② 등록된 자동차를 양수받는 자는 대통령령으로 정하는 바에 따라 시·도지사에게 자동차 소유권의 이전등록을 신청하여야 한다.

③ 자동차를 양수한 자가 다시 제3자에게 양도하려는 경우에는 양도 전에 제3자 명의로 이전등록을 하여야 한다.

④ 자동차를 양수한 자가 이전등록을 신청하지 아니한 경우에는 대통령령으로 정하는 바에 따라 그 양수인을 갈음하여 양도자(이전등록을 신청할 당시 등록원부에 적힌 소유자)가 신청할 수 있다.

> **Advice** 자동차를 양수한 자가 다시 제3자에게 양도하려는 경우에는 양도 전에 자기 명의로 이전등록을 하여야 한다.

10 자동차관리법상 자동차의 구조에 해당하지 않는 것은?

① 최대안전경사각도
② 차체 및 차대
③ 접지부분 및 접지압력
④ 총중량

> **Advice** 자동차의 구조
> ㉠ 길이·너비 및 높이
> ㉡ 최저지상고
> ㉢ 총중량
> ㉣ 중량분포
> ㉤ 최대안전경사각도
> ㉥ 최소회전반경
> ㉦ 접지부분 및 접지압력

11 다음 중 시·도지사의 직권으로 자동차의 등록말소를 할 수 있는 경우가 아닌 것은?

① 자동차를 수출한 경우
② 속임수를 사용하여 자동차를 등록한 경우
③ 말소등록을 신청하여야 할 자가 신청하지 아니한 경우
④ 자동차의 차대가 등록원부상의 차대와 다른 경우

> **Advice** 시·도지사는 다음의 어느 하나에 해당하는 경우에는 직권으로 말소등록을 할 수 있다.
> ㉠ 말소등록을 신청하여야 할 자가 신청하지 아니한 경우
> ㉡ 자동차의 차대(차대가 없는 자동차의 경우에는 차체)가 등록원부상의 차대와 다른 경우
> ㉢ 자동차를 폐차한 경우
> ㉣ 속임수나 그 밖의 부정한 방법으로 등록된 경우
> ㉤ 자동차 운행정지 명령에도 불구하고 해당 자동차를 계속 운행하는 경우

12 다음 중 자동차의 말소등록 신청사유로 볼 수 없는 것은?

① 천재지변·교통사고 또는 화재로 자동차 본래의 기능을 회복할 수 없게 되거나 멸실된 경우

② 자동차를 수입하는 경우

③ 자동차제작·판매자등에게 반품한 경우

④ 자동차해체재활용업자에게 폐차를 요청한 경우

> **Advice** 자동차의 말소등록 … 자동차 소유자는 등록된 자동차가 다음의 어느 하나의 사유에 해당하는 경우에는 자동차등록증, 자동차 등록번호판 및 봉인을 반납하고 시·도지사에게 말소등록을 신청하여야 한다. 다만, ㉠ 및 ㉢의 사유에 해당되는 경우에는 말소등록을 신청할 수 있다.
> ㉠ 자동차해체재활용업자에게 폐차를 요청한 경우
> ㉡ 자동차제작·판매자등에게 반품한 경우
> ㉢ 「여객자동차 운수사업법」에 따른 차령(車齡)이 초과된 경우

정답 9.③ 10.② 11.① 12.②

ⓔ 「여객자동차 운수사업법」 및 「화물자동차 운수사업법」에 따라 면허 · 등록 · 인가 또는 신고가 실효되거나 취소된 경우

ⓜ 천재지변 · 교통사고 또는 화재로 자동차 본래의 기능을 회복할 수 없게 되거나 멸실된 경우

ⓗ 자동차를 수출하는 경우

ⓢ 압류등록을 한 후에도 환가 절차 등 후속 강제집행 절차가 진행되고 있지 아니하는 차량 중 차령 등 환가가치가 남아 있지 아니하다고 인정되는 경우. 이 경우 시 · 도지사가 해당 자동차 소유자로부터 말소등록 신청을 접수하였을 때에는 즉시 그 사실을 압류등록을 촉탁한 법원 또는 행정관청과 등록원부에 적힌 이해관계인에게 알려야 한다.

ⓞ 자동차를 교육 · 연구의 목적으로 사용하는 등 대통령령으로 정하는 사유에 해당하는 경우

13 다음 중 자동차의 장치에 해당하지 않는 것은?

① 창유리　　　　② 내압용기
③ 원동기　　　　④ 좌석안전띠

●Advice 자동차의 장치 … 원동기(동력발생장치) 및 동력전달장치, 주행장치, 조종장치, 조향장치, 제동장치, 완충장치, 연료장치 및 전기 · 전자장치, 차체 및 차대, 연결장치 및 견인장치, 승차장치 및 물품적재장치, 창유리, 소음방지장치, 배기가스발산방지장치, 전조등 · 번호등 · 후미등 · 제동등 · 차폭등 · 후퇴등 기타 등화장치, 경음기 및 경보장치, 방향지시등 기타 지시장치, 후사경 · 창닦이기 기타 시야를 확보하는 장치, 후방 영상장치 및 후진경고음 발생장치, 속도계 · 주행거리계 기타 계기, 소화기 및 방화장치, 내압용기 및 그 부속장치, 기타 자동차의 안전운행이 필요한 장치로서 국토교통부령이 정하는 장치

14 자동차관리법상 임시운행의 허가기간이 가장 짧은 것은?

① 수출하기 위하여 말소등록한 자동차를 점검 · 정비하거나 선적하기 위하여 운행하려는 경우

② 자동차를 제작 · 조립 또는 수입하는 자가 자동차에 특수한 설비를 설치하기 위하여 다른 제작 또는 조립장소로 자동차를 운행하려는 경우

③ 자동차를 제작 · 조립 · 수입 또는 판매하는 자가 판매사업장 · 하치장 또는 전시장에 자동차를 보관 · 전시하기 위하여 운행하려는 경우

④ 자동차자기인증에 필요한 시험 또는 확인을 받기 위하여 자동차를 운행하려는 경우

●Advice 임시운행허가기간

ⓐ 10일 이내
　• 신규등록신청을 위하여 자동차를 운행하려는 경우
　• 자동차의 차대번호 또는 원동기형식의 표기를 지우거나 그 표기를 받기 위하여 자동차를 운행하려는 경우
　• 신규검사 또는 임시검사를 받기 위하여 자동차를 운행하려는 경우
　• 자동차를 제작 · 조립 · 수입 또는 판매하는 자가 판매사업장 · 하치장 또는 전시장에 자동차를 보관 · 전시하기 위하여 운행하려는 경우
　• 자동차를 제작 · 조립 · 수입 또는 판매하는 자가 판매한 자동차를 환수하기 위하여 운행하려는 경우
　• 자동차운전학원 및 자동차운전전문학원을 설립 · 운영하는 자가 검사를 받기 위하여 기능교육용 자동차를 운행하려는 경우

ⓑ 20일 이내 : 수출하기 위하여 말소등록한 자동차를 점검 · 정비하거나 선적하기 위하여 운행하려는 경우

ⓒ 40일 이내
　• 자동차자기인증에 필요한 시험 또는 확인을 받기 위하여 자동차를 운행하려는 경우
　• 자동차를 제작 · 조립 또는 수입하는 자가 자동차에 특수한 설비를 설치하기 위하여 다른 제작 또는 조립장소로 자동차를 운행하려는 경우

ⓓ 자가 시험 · 연구의 목적으로 자동차를 운행하려는 경우 : 2년의 범위에서 해당 시험 · 연구에 소요되는 기간. 다만, 전기자동차 등 친환경 · 첨단미래형 자동차의 개발 · 보급을 위하여 필요하다고 국토교통부장관이 인정하는 자의 경우 5년

정답 13.④　14.③

15 자동차관리법상 자동차 튜닝이 승인되지 않는 경우에 해당하지 않는 것은?

① 승차정원 또는 최대적재량의 증가를 가져오는 승차장치 또는 물품적재장치의 튜닝

② 튜닝전보다 성능 또는 안전도가 저하될 우려가 있는 경우의 튜닝

③ 자동차의 종류가 변경되는 튜닝

④ 전기자동차 등 신기술을 적용하는 튜닝

> **● Advice** 자동차 튜닝이 승인되지 않는 경우
> ㉠ 총중량이 증가되는 튜닝
> ㉡ 승차정원 또는 최대적재량의 증가를 가저오는 승차장치 또는 물품적재장치의 튜닝. 다만, 다음의 어느 하나에 해당하는 경우를 제외한다.
> • 승차정원 또는 최대적재량을 감소시켰던 자동차를 원상회복하는 경우
> • 동일한 형식으로 자기인증되어 제원이 통보된 차종의 승차정원 또는 최대 적재량의 범위안에서 승차정원 또는 최대적재량을 증가시키는 경우
> • 차대 또는 차체가 동일한 승용자동차·승합자동차의 승차정원 중 가장 많은 것의 범위 안에서 해당 자동차의 승차정원을 증가시키는 경우
> ㉢ 자동차의 종류가 변경되는 튜닝
> ㉣ 튜닝전보다 성능 또는 안전도가 저하될 우려가 있는 경우의 튜닝

16 자동차관리법상 자동차소유자에게 점검·정비·검사 또는 원상복구를 명할 수 있는 경우에 해당하지 않는 것은?

① 자동차안전기준에 적합하지 아니하거나 안전운행에 지장이 있다고 인정되는 자동차

② 승인을 받지 아니하고 튜닝한 자동차

③ 정기검사 또는 자동차종합검사를 받지 아니한 자동차

④ 「화물자동차 운수사업법」에 따른 경미한 교통사고가 발생한 사업용 자동차

> **● Advice** 시장·군수·구청장은 다음의 어느 하나에 해당하는 자동차 소유자에게 국토교통부령으로 정하는 바에 따라 점검·정비·검사 또는 원상복구를 명할 수 있다. 다만, ㉡에 해당하는 경우에는 원상복구 및 임시검사를, ㉢에 해당하는 경우에는 정기검사 또는 종합검사를, ㉣에 해당하는 경우에는 임시검사를 각각 명하여야 한다.
> ㉠ 자동차안전기준에 적합하지 아니하거나 안전운행에 지장이 있다고 인정되는 자동차
> ㉡ 승인을 받지 아니하고 튜닝한 자동차
> ㉢ 정기검사 또는 자동차종합검사를 받지 아니한 자동차
> ㉣ 「화물자동차 운수사업법」에 따른 중대한 교통사고가 발생한 사업용 자동차

17 다음 중 신규등록 후 일정 기간마다 정기적으로 실시하는 검사는?

① 신규검사   ② 정기검사

③ 튜닝검사   ④ 임시검사

> **● Advice** 자동차검사의 종류
> ㉠ **신규검사** : 신규등록을 하려는 경우 실시하는 검사
> ㉡ **정기검사** : 신규등록 후 일정 기간마다 정기적으로 실시하는 검사
> ㉢ **튜닝검사** : 자동차를 튜닝한 경우에 실시하는 검사
> ㉣ **임시검사** : 자동차관리법 또는 자동차관리법에 따른 명령이나 자동차 소유자의 신청을 받아 비정기적으로 실시하는 검사

정답 ▶ 15.④ 16.④ 17.②

18 자동차관리법상 자동차 정기검사의 유효기간이 잘못 연결된 것은?

① 사업용 승용자동차 – 1년
② 차령 2년 이하의 사업용 대형화물자동차 – 1년
③ 비사업용 승용자동차 – 1년
④ 차령 5년인 사업용 소형 승합자동차 – 1년

●Advice 자동차 정기검사 유효기간

차종			차령	검사 유효기간
비사업용 승용자동차 및 피견인자동차			모든차령	2년(최초4년)
사업용 승용자동차			모든차령	1년(최초2년)
승합 자동차	비 사업용	경형 ·소형	4년 이하	2년
			4년 초과	1년
		중형 ·대형	8년 이하	1년(길이 5.5미터 미만인 자동차는 최초 2년)
			8년 초과	6개월
	사업용	경형 ·소형	4년 이하	2년
			4년 초과	1년
		중형 ·대형	8년 이하	1년
			8년 초과	6개월
화물 자동차	비 사업용	경형 ·소형	4년 이하	2년
			4년 초과	1년
		중형 ·대형	5년 이하	1년
			5년 초과	6개월
	사업용	경형 ·소형	모든차령	1년(최초 2년)
		중형	5년 이하	1년
			5년 초과	6개월
		대형	2년 이하	1년
			2년 초과	6개월
특수 자동차	비사업용 및 사업용	경형 · 소형 · 중형 · 대형	5년 이하	1년
			5년 초과	6개월

19 자동차종합검사 시 실시하는 검사분야가 아닌 것은?

① 자동차의 동일성 확인 및 배출가스 관련 장치 등의 작동 상태 확인을 관능검사 및 기능검사로 하는 공통 분야
② 자동차 안전검사 분야
③ 자동차 배출가스 정밀검사 분야
④ 자동차 정밀검사 및 정기검사 분야

●Advice 대기환경보전법에 따른 운행차 배출가스 정밀검사 시행 지역에 등록한 자동차 소유자 및 수도권 대기환경개선에 관한 특별법에 따른 특정경유자동차 소유자는 정기검사와 대기환경보전법에 따라 실시하는 배출가스 정밀검사 또는 수도권 대기환경개선에 관한 특별법에 따른 특정경유자동차 배출가스 검사를 통합하여 국토교통부장관과 환경부장관이 공동으로 다음에 대하여 실시하는 자동차종합검사를 받아야 한다. 종합검사를 받은 경우에는 정기검사, 정밀검사 및 특정경유자동차검사를 받은 것으로 본다.
㉠ 자동차의 동일성 확인 및 배출가스 관련 장치 등의 작동 상태 확인을 관능검사(사람의 감각기관으로 자동차의 상태를 확인하는 검사) 및 기능검사로 하는 공통 분야
㉡ 자동차 안전검사 분야
㉢ 자동차 배출가스 정밀검사 분야

정답 18.③ 19.④

20 자동차종합검사 실시 결과 부적합 판정을 받은 자동차의 소유자는 재검사를 받아야 한다. 다음 중 종합검사기간 내에 종합검사를 신청한 경우 며칠까지 검사를 받아야 하는가?

① 부적합 판정을 받은 날부터 종합검사기간 만료 후 10일 이내
② 부적합 판정을 받은 날부터 종합검사기간 만료 후 20일 이내
③ 부적합 판정을 받은 날부터 10일 이내
④ 부적합 판정을 받은 날부터 20일 이내

● Advice 종합검사 실시 결과 부적합 판정을 받은 자동차의 소유자가 재검사를 받으려는 경우에는 다음의 구분에 따른 기간 내에 종합검사대행자 또는 종합검사지정정비사업자에게 자동차등록증과 자동차종합검사 결과표 또는 자동차기능 종합진단서를 제출하고 해당 자동차를 제시하여야 한다.
ⓐ 종합검사기간 내에 종합검사를 신청한 경우 : 부적합 판정을 받은 날부터 종합검사기간 만료 후 10일 이내
ⓑ 종합검사기간 전 또는 후에 종합검사를 신청한 경우 : 부적합 판정을 받은 날부터 10일 이내
ⓒ 종합검사기간 내에 종합검사를 신청하였으나 최고속도제한장치의 미설치, 무단 해체·해제 및 미작동과 자동차 배출가스 검사기준위반으로 부적합 판정을 받은 경우 : 부적합 판정을 받은 날부터 10일 이내

21 다음 중 자동차종합검사의 유효기간 계산방법이 잘못된 것은?

① 신규등록을 하는 자동차의 경우 신규등록일부터 계산한다.
② 종합검사기간 내에 종합검사를 신청하여 적합 판정을 받은 자동차의 경우 직전 검사 유효기간 마지막 날의 다음 날부터 계산한다.
③ 종합검사기간 전 또는 후에 종합검사를 신청하여 적합 판정을 받은 자동차의 경우 종합검사를 받은 날부터 계산한다.
④ 재검사 결과 적합 판정을 받은 자동차의 경우 자동차종합검사 결과표 또는 자동차기능 종합진단서를 받은 날의 다음 날부터 계산한다.

● Advice 자동차종합검사 유효기간의 계산
ⓐ 신규등록을 하는 자동차 : 신규등록일부터 계산
ⓑ 종합검사기간 내에 종합검사를 신청하여 적합 판정을 받은 자동차 : 직전 검사 유효기간 마지막 날의 다음 날부터 계산
ⓒ 종합검사기간 전 또는 후에 종합검사를 신청하여 적합 판정을 받은 자동차 : 종합검사를 받은 날의 다음 날부터 계산
ⓓ 재검사 결과 적합 판정을 받은 자동차 : 자동차종합검사 결과표 또는 자동차기능 종합진단서를 받은 날의 다음 날부터 계산

정답 20.① 21.③

22 다음 중 비사업용 승용자동차의 종합검사 유효기간은?

① 6개월　　　　② 1년

③ 2년　　　　④ 5년

● Advice 종합검사의 대상과 유효기간

검사대상			차령	검사 유효기간
승용 자동차	비사 업용	경형·소형· 중형·대형	4년 초과	2년
	사업용	경형·소형· 중형·대형	2년 초과	1년
승합 자동차	비사 업용	경형·소형	4년 초과	1년
		중형	3년 초과	8년까지는 1년, 이후부터 는 6개월
		대형	3년 초과	8년까지는 1년, 이후부터는 6 개월
	사업용	경형·소형	4년 초과	1년
		중형	2년 초과	8년까지는 1년, 이후부터 는 6개월
		대형	2년 초과	8년까지는 1년, 이후부터 는 6개월
화물 자동차	비사 업용	경형·소형	4년 초과	1년
		중형	3년 초과	5년까지는 1년, 이후부터 는 6개월
		대형	3년 초과	5년까지는 1년, 이후부터 는 6개월
	사업용	경형·소형	2년 초과	1년
		중형	2년 초과	5년까지는　1 년, 이후부터 는 6개월
		대형	2년 초과	6개월
특수 자동차	비사 업용	경형·소형 ·중형·대형	3년 초과	5년까지는 1년, 이후부터 는 6개월
	사업용	경형·소형· 중형·대형	2년 초과	5년까지는 1년, 이후부터 는 6개월

---

05 도로법령

1 도로법상 도로가 아닌 것은?

① 터널

② 지하도

③ 백사장

④ 옹벽

● Advice 도로란 차도, 보도, 자전거도로, 측도, 터널, 교량, 육교 등 대통령령으로 정하는 시설로 구성된 것으로서, 도로의 부속물을 포함한다.
※ 대통령령으로 정하는 시설
　㉠ 차도·보도·자전거도로 및 측도
　㉡ 터널·교량·지하도 및 육교(해당 시설에 설치된 엘리베이터 포함)
　㉢ 궤도
　㉣ 옹벽·배수로·길도랑·지하통로 및 무넘기시설
　㉤ 도선장 및 도선의 교통을 위하여 수면에 설치하는 시설

2 다음 중 도로의 종류에 해당하지 않는 것은?

① 시도

② 군도

③ 면도

④ 구도

● Advice 도로의 종류와 등급 … 도로의 종류는 다음과 같고 그 등급은 열거한 순서와 같다.
1. 고속국도(고속국도의 지선 포함)
2. 일반국도(일반국도의 지선 포함)
3. 특별시도·광역시도
4. 지방도
5. 시도
6. 군도
7. 구도

정답 ▶ 22.③ / 1.③　2.③

3 국토교통부장관이 주요 도시, 지정항만, 주요 공항, 국가산업단지 또는 관광지 등을 연결하여 고속국도와 함께 국가간선도로망을 이루는 도로 노선을 정하여 지정·고시한 도로는?

① 특별시도

② 광역시도

③ 일반국도

④ 지방도

> **Advice** ①② 특별시, 광역시의 관할구역에 있는 주요 도로망을 형성하는 도로, 특별시·광역시의 주요 지역과 인근 도시·항만·산업단지·물류시설 등을 연결하는 도로 및 그 밖의 특별시 또는 광역시의 기능 유지를 위하여 특히 중요한 도로로서 특별시장 또는 광역시장이 노선을 정하여 지정·고시한 도로
> ④ 지방의 간선도로망을 이루는 도청 소재지에서 시청 또는 군청 소재지에 이르는 도로, 시청 또는 군청 소재지를 서로 연결하는 도로, 도 또는 특별자치도에 있거나 해당 도 또는 특별자치도와 밀접한 관계에 있는 공항·항만·역을 연결하는 도로, 도 또는 특별자치도에 있는 공항·항만·역에서 해당 도 또는 특별자치도와 밀접한 관계가 있는 고속국도, 일반국도 또는 지방도를 연결하는 도로 및 그 밖의 지방의 개발을 위하여 특히 중요한 도로로서 관할 도지사 또는 특별자치도지사가 그 노선을 인정한 것

4 다음 중 도로의 부속물에 포함되지 않는 것은?

① 공동구

② 배수로

③ 가로등

④ 주유소

> **Advice** **도로의 부속물** … 도로관리청이 도로의 편리한 이용과 안전 및 원활한 도로교통의 확보, 그 밖에 도로의 관리를 위하여 설치하는 다음의 어느 하나에 해당하는 시설 또는 공작물을 말한다.
> ㉠ 주차장, 버스정류시설, 휴게시설 등 도로이용 지원시설
> ㉡ 시선유도표지, 중앙분리대, 과속방지시설 등 도로안전시설
> ㉢ 통행료 징수시설, 도로관제시설, 도로관리사업소 등 도로관리시설

> ㉣ 도로표지 및 교통량 측정시설 등 교통관리시설
> ㉤ 낙석방지시설, 제설시설, 식수대 등 도로에서의 재해 예방 및 구조 활동, 도로환경의 개선·유지 등을 위한 도로부대시설
> ㉥ 그 밖에 도로의 기능 유지 등을 위한 시설로서 대통령령으로 정하는 시설
> • 주유소, 충전소, 교통·관광안내소, 졸음쉼터 및 대기소
> • 환승시설 및 환승센터
> • 장애물 표적표지, 시선유도봉 등 운전자의 시선을 유도하기 위한 시설
> • 방호울타리, 충격흡수시설, 가로등, 교통섬, 도로반사경, 미끄럼방지시설, 긴급제동시설 및 도로의 유지·관리용 재료적치장
> • 화물 적재량 측정을 위한 과적차량 검문소 등의 차량단속시설
> • 도로에 관한 정보 수집 및 제공 장치, 기상 관측 장치, 긴급 연락 및 도로의 유지·관리를 위한 통신시설
> • 도로 상의 방파시설, 방설시설, 방풍시설 또는 방음시설(방음림 포함)
> • 도로에의 토사유출을 방지하기 위한 시설 및 비점오염저감시설
> • 도로원표, 수선 담당 구역표 및 도로경계표
> • 공동구
> • 도로 관련 기술개발 및 품질 향상을 위하여 도로에 연접하여 설치한 연구시설

5 도로에서 금지되는 행위에 해당하지 않는 것은?

① 도로를 파손하는 행위

② 도로에 토석을 쌓아놓는 행위

③ 도로에 입목을 치우는 행위

④ 도로의 교통에 지장을 주는 행위

> **Advice** 도로에 관한 금지행위 … 누구든지 정당한 사유 없이 도로에 대하여 다음의 행위를 하여서는 아니 된다.
> ㉠ 도로를 파손하는 행위
> ㉡ 도로에 토석, 입목·죽 등 장애물을 쌓아놓는 행위
> ㉢ 그 밖에 도로의 구조나 교통에 지장을 주는 행위

정답 3.③ 4.② 5.③

6 도로법에 따른 차량의 운행제한 규정에 대한 설명으로 옳지 않은 것은?

① 도로관리청은 도로 구조를 보전하고 도로에서의 차량 운행으로 인한 위험을 방지하기 위하여 필요하면 도로에서의 차량 운행을 제한할 수 있다.

② 도로관리청은 축하중이 5톤을 초과하거나 총중량이 20톤을 초과하는 차량의 운행을 제한할 수 있다.

③ 도로관리청은 차량의 폭이 2.5미터, 높이가 4.0미터, 길이가 16.7미터를 초과하는 차량의 운행을 제한할 수 있다.

④ 도로관리청이 특히 도로 구조의 보전과 통행의 안전에 지장이 있다고 인정하는 차량의 운행을 제한할 수 있다.

●Advice 도로관리청은 축하중이 10톤을 초과하거나 총중량이 40톤을 초과하는 차량의 운행을 제한할 수 있다.

7 차량의 구조나 적재화물의 특수성으로 인하여 도로관리청에 제한차량 운행허가를 받으려는 자가 신청서에 기재해야 할 사항이 아닌 것은?

① 운행하려는 도로의 종류

② 차량의 제원

③ 운행속도

④ 운행기간

●Advice 운행허가를 받으려는 자는 국토교통부령으로 정하는 제한차량 운행허가 신청서에 다음의 사항을 적고, 구조물 통과 하중 계산서를 첨부하여 도로관리청에 제출하여야 한다. 다만, 제한기준을 초과하는 정도가 경미하거나 구조물의 보강이 필요하지 아니하다고 도로관리청이 인정하는 경우에는 구조물 통과 하중 계산서의 제출을 생략할 수 있다.

ⓐ 운행하려는 도로의 종류 및 노선명
ⓑ 운행구간 및 그 총 연장
ⓒ 차량의 제원
ⓓ 운행기간
ⓔ 운행목적
ⓕ 운행방법

8 도로법령상 차량의 운행제한에 대한 설명으로 옳지 않은 것은?

① 도로관리청은 운행제한에 대한 위반여부를 확인하기 위하여 관계 공무원으로 하여금 차량에 승차하거나 차량의 운전자에게 관계 서류의 제출을 요구하는 등의 방법으로 차량의 적재량을 측정하게 할 수 있다.

② 정당한 사유 없이 적재량 측정을 위한 도로관리청의 요구에 따르지 아니한 자는 3년 이하의 징역이나 3천만 원 이하의 벌금에 처한다.

③ 도로관리청은 차량의 운행허가를 하려면 미리 출발지를 관할하는 경찰서장과 협의한 후 차량의 조건과 운행하려는 도로의 여건을 고려하여 대통령령으로 정하는 절차에 따라 운행허가를 하여야 한다.

④ 운행 제한을 위반한 차량의 운전자, 운행 제한 위반의 지시·요구 금지를 위반한 자에게는 500만 원 이하의 과태료를 부과한다.

●Advice 정당한 사유 없이 적재량 측정을 위한 도로관리청의 요구에 따르지 아니한 자는 1년 이하의 징역이나 1천만 원 이하의 벌금에 처한다.

정답 6.② 7.③ 8.②

9 도로법령상 자동차전용도로의 통행 방법에 대한 설명으로 옳지 않은 것은?

① 자동차전용도로에서는 차량만을 사용해서 통행하거나 출입하여야 한다.

② 도로관리청은 자동차전용도로의 입구에 자동차전용도로의 통행을 금지하거나 제한하는 도로표지를 설치하여야 한다.

③ 차량을 사용하지 않고 자동차전용도로를 통행하거나 출입한 자는 500만 원 이하의 과태료를 부과한다.

④ 자동차전용도로의 도로표지는 통행을 제한하거나 금지하는 대상 등을 구체적으로 밝혀야 한다.

> **Advice** 자동차전용도로의 통행 방법
> ㉠ 자동차전용도로에서는 차량만을 사용해서 통행하거나 출입하여야 한다.
> ㉡ 도로관리청은 자동차전용도로의 입구나 그 밖에 필요한 장소에 ㉠의 내용과 자동차전용도로의 통행을 금지하거나 제한하는 대상 등을 구체적으로 밝힌 도로표지를 설치하여야 한다.
> ※ 차량을 사용하지 아니하고 자동차전용도로를 통행하거나 출입한 자는 1년 이하의 징역이나 1천만 원 이하의 벌금에 처한다.

10 도로관리청이 자동차전용도로를 해제할 경우 공고해야 할 사항이 아닌 것은?

① 도로의 종류 · 노선번호 및 노선명

② 도로 구간

③ 통행의 방법

④ 해제의 이유

> **Advice** 도로관리청이 자동차전용도로를 지정 · 변경 또는 해제할 때에는 다음의 사항을 공고하고 지체 없이 국토교통부장관에게 보고하여야 한다.
> ㉠ 도로의 종류 · 노선번호 및 노선명
> ㉡ 도로 구간
> ㉢ 통행의 방법(해제의 경우 제외)
> ㉣ 지정 · 변경 또는 해제의 이유
> ㉤ 해당 구간에 있는 일반교통용의 다른 도로 현황(해제의 경우 제외)
> ㉥ 그 밖에 필요한 사항

06 대기환경보전법령

1 대기오염으로 인한 국민건강이나 환경에 관한 위해를 예방하고 대기환경을 적정하고 지속가능하게 관리 · 보전하여 모든 국민이 건강하고 쾌적한 환경에서 생활할 수 있게 하는 것을 목적으로 하는 법률은?

① 도시 및 주거환경정비법

② 대기환경보전법

③ 산업안전보건법

④ 자연환경보전법

> **Advice** ① 도시기능의 회복이 필요하거나 주거환경이 불량한 지역을 계획적으로 정비하고 노후 · 불량건축물을 효율적으로 개량하기 위하여 필요한 사항을 규정함으로써 도시환경을 개선하고 주거생활의 질을 높이는데 이바지함을 목적으로 한다.
> ③ 산업안전 · 보건에 관한 기준을 확립하고 그 책임의 소재를 명확하게 하여 산업재해를 예방하고 쾌적한 작업환경을 조성함으로써 노무를 제공하는 사람의 안전 및 보건을 유지 · 증진함을 목적으로 한다.
> ④ 자연환경을 인위적 훼손으로부터 보호하고, 생태계와 자연경관을 보전하는 등 자연환경을 체계적으로 보전 · 관리함으로써 자연환경의 지속가능한 이용을 도모하고, 국민이 쾌적한 자연환경에서 여유있고 건강한 생활을 할 수 있도록 함을 목적으로 한다.

정답 ▶ 9.③ 10.③ / 1.②

2 복사열을 흡수하거나 다시 방출하여 온실효과를 유발하는 대기 중의 가스상태 물질로서 이산화탄소, 메탄, 아산화질소, 수소불화탄소, 과불화탄소, 육불화황 등을 의미하는 용어는?

① 유해성대기감시물질

② 기후·생태계 변화유발물질

③ 온실가스

④ 입자상물질

Advice ① 대기오염물질 중 심사·평가 결과 사람의 건강이나 동식물의 생육에 위해를 끼칠 수 있어 지속적인 측정이나 감시·관찰 등이 필요하다고 인정된 물질로서 환경부령으로 정하는 것을 말한다.
② 지구 온난화 등으로 생태계의 변화를 가져올 수 있는 기체상물질로서 온실가스와 환경부령으로 정하는 것을 말한다.
④ 물질이 파쇄·선별·퇴적·이적될 때, 그 밖에 기계적으로 처리되거나 연소·합성·분해될 때에 발생하는 고체상 또는 액체상의 미세한 물질을 말한다.

3 대기오염물질의 배출이 없는 자동차 또는 제작차의 배출허용기준보다 오염물질을 적게 배출하는 자동차를 무엇이라 하는가?

① 저공해자동차

② 자율주행자동차

③ 하이브리드자동차

④ 특수자동차

Advice 저공해자동차
㉠ 대기오염물질의 배출이 없는 자동차
㉡ 「대기환경보전법」에 따른 제작차의 배출허용기준보다 오염물질을 적게 배출하는 자동차

4 연소할 때에 생기는 유리 탄소가 주가 되는 미세한 입자상물질을 의미하는 것은?

① 검댕   ② 먼지

③ 매연   ④ 가스

Advice ① 연소할 때에 생기는 유리 탄소가 응결하여 입자의 지름이 1미크론 이상이 되는 입자상물질을 말한다.
② 대기 중에 떠다니거나 흩날려 내려오는 입자상물질을 말한다.
④ 물질이 연소·합성·분해될 때에 발생하거나 물리적 성질로 인하여 발생하는 기체상물질을 말한다.

5 자동차에서 배출되는 대기오염물질을 줄이기 위하여 자동차에 부착 또는 교체하는 장치로서 환경부령으로 정하는 저감효율에 적합한 장치는?

① 공회전제한장치

② 배출가스저감장치

③ 저공해엔진

④ 촉매제

Advice ① 자동차에서 배출되는 대기오염물질을 줄이고 연료를 절약하기 위하여 자동차에 부착하는 장치로서 환경부령으로 정하는 기준에 적합한 장치를 말한다.
③ 자동차에서 배출되는 대기오염물질을 줄이기 위한 엔진(엔진 개조에 사용하는 부품을 포함)으로서 환경부령으로 정하는 배출허용기준에 맞는 엔진을 말한다.
④ 배출가스를 줄이는 효과를 높이기 위하여 배출가스저감장치에 사용되는 화학물질로서 환경부령으로 정하는 것을 말한다.

정답 2.③ 3.① 4.③ 5.②

6 차령과 대기오염물질 또는 기후·생태계 변화유발물질 배출정도 등에 관하여 환경부령으로 정하는 요건을 충족하는 자동차의 소유자에게 그 지역의 조례에 따라 그 자동차에 대하여 조치명령이나 조기폐차를 권고할 수 있다. 다음 중 조치명령에 해당하지 않는 것은?

① 저공해자동차로의 개조
② 배출가스저감장치의 부착
③ 저공해엔진으로의 교체
④ 공회전제한장치의 부착

●Advice 조치명령사항
㉠ 저공해자동차로의 전환 또는 개조
㉡ 배출가스저감장치의 부착 또는 교체 및 배출가스 관련 부품의 교체
㉢ 저공해엔진(혼소엔진 포함)으로의 개조 또는 교체

7 자동차의 배출가스가 운행차배출허용기준에 적합한지를 확인하기 위하여 도로나 주차장 등에서 자동차 배출가스 배출상태를 수시로 점검하여 하는데 다음 중 수시점검을 하지 않아도 되는 차량이 아닌 것은?

① 저공해자동차   ② 긴급자동차
③ 화물자동차   ④ 군용 트럭

●Advice 운행차 수시점검의 면제대상
㉠ 환경부장관이 정하는 저공해자동차
㉡ 도로교통법에 따른 긴급자동차
㉢ 군용 및 경호업무용 등 국가의 특수한 공용 목적으로 사용되는 자동차

8 국가나 지방자치단체가 저공해자동차의 보급 및 배출가스저감장치의 부착 또는 교체와 저공해엔진으로의 개조 또는 교체를 촉진하기 위하여 예산의 범위에서 필요한 자금을 보조하거나 융자할 수 있는 자로 볼 수 없는 것은?

① 자동차에 배출가스저감장치를 부착 또는 교체하거나 자동차의 엔진을 저공해엔진으로 개조 또는 교체하는 자
② 자동차의 배출가스 관련 부품을 교체하는 자
③ 저공해자동차를 구입하거나 저공해자동차로 개조하는 자
④ 권고에 따라 자동차를 조기에 대차하는 자

●Advice 국가나 지방자치단체는 저공해자동차의 보급, 배출가스저감장치의 부착 또는 교체와 저공해엔진으로의 개조 또는 교체를 촉진하기 위하여 다음의 어느 하나에 해당하는 자에 대하여 예산의 범위에서 필요한 자금을 보조하거나 융자할 수 있다.
㉠ 저공해자동차를 구입하거나 저공해자동차로 개조하는 자
㉡ 저공해자동차에 연료를 공급하기 위한 시설 중 다음의 시설을 설치하는 자
• 천연가스를 연료로 사용하는 자동차에 천연가스를 공급하기 위한 시설로서 환경부장관이 정하는 시설
• 전기를 연료로 사용하는 자동차(전기자동차)에 전기를 충전하기 위한 시설로서 환경부장관이 정하는 시설
• 그 밖에 태양광, 수소연료 등 환경부장관이 정하는 저공해자동차 연료공급시설
㉢ 자동차에 배출가스저감장치를 부착 또는 교체하거나 자동차의 엔진을 저공해엔진으로 개조 또는 교체하는 자
㉣ 자동차의 배출가스 관련 부품을 교체하는 자
㉤ 권고에 따라 자동차를 조기에 폐차하는 자
㉥ 그 밖에 배출가스가 매우 적게 배출되는 것으로서 환경부장관이 정하여 고시하는 자동차를 구입하는 자

정답 ▶ 6.④ 7.③ 8.④

9 대기환경보전법령상 시·도지사가 공회전제한장치의 부착을 명령할 수 있는 택배용으로 사용되는 밴형 화물자동차의 최대적재량은 얼마인가?

① 1톤 이하
② 1.5톤 이하
③ 3톤 이하
④ 5톤 이하

● Advice 공회전 제한장치 부착명령 대상 자동차
ⓐ 시내버스운송사업에 사용되는 자동차 : 광역급행형·직행좌석형·좌석형 및 일반형 등으로 그 운행형태를 구분
ⓑ 일반택시운송사업(군단위를 사업구역으로 하는 운송사업 제외)에 사용되는 자동차 : 경형·소형·중형·대형·모범형 및 고급형 등으로 구분
ⓒ 화물자동차운송사업에 사용되는 최대적재량이 1톤 이하인 밴형 화물자동차로서 택배용으로 사용되는 자동차

10 배출가스의 수시점검방법에 대한 설명으로 옳지 않은 것은?

① 환경부장관, 특별시장·광역시장·특별자치시장·특별자치도지사·시장·군수·구청장은 자동차에서 배출되는 배출가스가 운행차배출허용기준에 적합한지 확인하기 위하여 도로나 주차장 등에서 자동차의 배출가스 배출상태를 수시로 점검하여야 한다.
② 환경부장관, 특별시장·광역시장·특별자치시장·특별자치도지사·시장·군수·구청장은 점검대상 자동차를 선정한 후 배출가스를 점검하여야 한다.
③ 원활한 차량소통과 승객의 편의 등을 위하여 필요한 경우에는 운행 중인 상태에서 디지털 카메라 또는 캠코더만을 사용하여 점검할 수 있다.
④ 배출가스 측정방법은 환경부장관이 정하여 고시한다.

● Advice 원활한 차량소통과 승객의 편의 등을 위하여 필요한 경우에는 운행 중인 상태에서 원격측정기 또는 비디오카메라를 사용하여 점검할 수 있다.

정답 ▶ 9.① 10.③

02 화물취급요령

01 개요 및 운송장 작성과 화물포장

1 화물차량을 운행할 경우 유의할 사항으로 옳지 않은 것은?

① 드라이 벌크 탱크 차량은 커브길이나 급회전 시 주의해야 한다.

② 냉동차량은 급회전시 주의해야 한다.

③ 가축운반차량은 커브길에게 주의가 필요하다.

④ 비정상화물차량은 커브길에 주의가 필요하다.

● **Advice** 비정상화물이란 길이가 긴 화물, 폭이 넓은 화물 또는 부피에 비하여 중량이 무거운 화물 등을 말한다. 이러한 비정상화물차량을 운전할 때에는 적재물의 특성을 알리는 특수장비를 갖추거나 경고표시를 하여 운행에 주의하여야 한다.
※ 커브길이나 급회전시 주의해야 할 차량은 무게중심이 높은 차량이다.

2 운송장의 기능으로 옳지 않은 것은?

① 계약서 기능

② 화물인도증 기능

③ 운송요금 영수증 기능

④ 배달에 대한 증빙자료

● **Advice** 운송장의 기능
㉠ 계약서 기능
㉡ 화물인수증 기능
㉢ 운송요금 영수증 기능
㉣ 정보처리 기본자료
㉤ 배달에 대한 증빙
㉥ 수입금 관리자료
㉦ 행선지 분류정보 제공

3 동일 수하인에게 다수의 화물이 배달될 경우 운송장비용을 절약하기 위하여 사용하는 운송장은 무엇인가?

① 보조운송장

② 스티커형 운송장

③ 배달표형 스티커 운송장

④ 바코드 절취형 스티커 운송장

● **Advice** ② 운송장 제작비와 전산 입력비용을 절약하기 위하여 기업고객과 완벽한 EDI시스템이 구축된 경우 사용한다.
③ 화물에 부착된 스티커형 운송장을 떼어내어 배달표로 사용할 수 있는 운송장이다.
④ 스티커에 부착된 바코드만을 절취하여 별도의 화물배달표에 부착하여 배달확인을 받는 운송장을 말한다.

4 다음 중 운송장에 기재해야 할 사항이 아닌 것은?

① 운송장 번호

② 송하인 주소

③ 수하인 주민등록번호

④ 화물명

● **Advice** 운송장에 기재해야 할 사항
㉠ 운송장 번호와 바코드
㉡ 송하인 주소, 성명, 전화번호
㉢ 수하인 주소, 성명, 전화번호
㉣ 주문번호 또는 고객번호
㉤ 화물명
㉥ 화물의 가격
㉦ 화물의 크기
㉧ 운임의 지급방법
㉨ 운송요금

정답 ▷ 1.④ 2.② 3.① 4.③

ⓧ 발송지
ⓣ 도착지
ⓔ 집하자
ⓟ 인수자 날인
ⓗ 특기사항
㉮ 면책사항
㉯ 화물의 수량

5 다음 중 운송장 기재요령 중 송하인이 기재해야 할 내용이 아닌 것은?

① 물품의 품명, 가격, 수량
② 수하인의 주소, 성명, 전화번호
③ 특약사항 약관설명 확인필 자필 서명
④ 접수일자, 발송점, 도착점

> **Advice** 운송장 기재시 송하인이 기재해야 할 사항
> ㉠ 송하인의 주소, 성명 및 전화번호
> ㉡ 수하인의 주소, 성명, 전화번호
> ㉢ 물품의 품명, 수량, 가격
> ㉣ 특약사항 약관설명 확인필 자필 서명
> ㉤ 파손품 또는 냉동 부패성 물품의 경우 면책확인서 자필 서명

6 운송장 기재 시 유의사항에 대한 설명으로 옳지 않은 것은?

① 화물 인수 시 적합성 여부를 확인한 다음, 고객이 직접 운송장 정보를 기입하도록 하여야 한다.
② 수하인의 주소 및 전화번호가 맞는지 정확하게 확인한다.
③ 파손, 부패, 변질 등 문제의 소지가 있는 물품의 경우에는 면책확인서를 받는다.
④ 고가품의 경우 할증료의 청구를 거절할 때에는 면책확인서를 받는다.

> **Advice** 고가품에 대하여는 그 품목과 물품가격을 정확히 확인하여 기재하고, 할증료를 청구하여야 하며, 할증료를 거절하는 경우에는 특약사항을 설명하고 보상한도에 대해 서명을 받는다.

7 다음 중 포장의 종류에 해당하지 않는 것은?

① 개장
② 내장
③ 외장
④ 기장

> **Advice** 포장의 종류는 개장, 내장, 외장이 있다.

8 운송장 부착요령에 대한 설명으로 옳지 않은 것은?

① 운송장 부착은 원칙적으로 접수장소에서 매 건마다 작성하여 화물에 부착하여야 한다.
② 운송장은 물품의 정중앙 상단에 뚜렷하게 보이도록 부착한다.
③ 물품 정중앙 상단에 부착이 어려운 경우 박스 모서리나 후면 또는 측면에 부착한다.
④ 운송장이 떨어질 우려가 큰 물품의 경우 송하인의 동의를 얻어 포장재에 수하인 주소 및 전화번호 등 필요사항을 기재하도록 한다.

> **Advice** 물품 정중앙 상단에 부착이 어려운 경우 최대한 잘 보이는 곳에 부착하여야 하며, 박스 모서리나 후면 또는 측면에 부착하여 혼동을 주어서는 아니된다.

정답 ▶ 5.④ 6.④ 7.④ 8.③

9 포장의 기능으로 옳지 않은 것은?

① 보호성   ② 표시성

③ 편리성   ④ 고급성

> **Advice** 포장의 기능
> ㉠ 보호성
> ㉡ 표시성
> ㉢ 상품성
> ㉣ 편리성
> ㉤ 효율성
> ㉥ 판매촉진성

10 포장의 분류 중 포장 재료의 특성에 따른 분류에 해당하지 않는 것은?

① 유연포장

② 강성포장

③ 방수포장

④ 반강성포장

> **Advice** 포장 재료의 특성에 따른 분류
> ㉠ 유연포장
> ㉡ 강성포장
> ㉢ 반강성포장

11 제품별 방습포장의 기능에 대한 설명으로 옳지 않은 것은?

① 건조식품 – 흡습에 의한 변질 및 상품가치의 상실 방지

② 금속제품 – 표면의 변색 방지

③ 공업약품 – 팽윤, 조해, 응고 방지

④ 전자제품 – 곰팡이 발생 방지

> **Advice** 전자제품의 경우 기능 저하를 방지한다.

12 다음 중 포장기법에 따른 분류로 볼 수 없는 것은?

① 방수포장

② 상업포장

③ 방청포장

④ 진공포장

> **Advice** 포장기법에 따른 분류
> ㉠ 방수포장
> ㉡ 방습포장
> ㉢ 방청포장
> ㉣ 완충포장
> ㉤ 진공포장
> ㉥ 압축포장
> ㉦ 수축포장

13 화물포장에 대한 유의사항 중 특별 품목에 대한 설명으로 옳지 않은 것은?

① 손잡이가 있는 박스의 경우 손잡이를 안으로 접어 사각이 되게 한 다음 테이프로 포장한다.

② 비나 눈이 올 경우 비닐포장 후 박스포장을 원칙으로 한다.

③ 포장비를 별도로 받도록 한다.

④ 노트북 등 고가품의 경우 내용물이 파악되지 않도록 별도의 박스로 이중포장을 한다.

> **Advice** 운송화물의 포장이 부실하거나 불량한 경우 포장비를 별도로 받고 포장할 수 있는 사항은 화물포장의 일반적인 유의사항에 해당한다.

정답 ▶ 9.④ 10.③ 11.④ 12.② 13.③

14 다음 중 내용물이 깨지기 쉬운 것이므로 주의해서 취급해야 한다는 취급 표지에 해당하는 것은?

① 　　　　②

③ 　　　　④

●Advice ② 화물의 올바른 위 방향을 표시한다.
③ 포장 화물의 저장 또는 유통시 온도 제한을 표시한다.
④ 비를 맞으면 안 되는 포장 화물을 표시한다.

02 화물의 상·하차

1 화물을 취급하기 전 준비 또는 확인해야 할 사항에 대한 내용으로 옳지 않은 것은?

① 위험물, 유해물 등을 취급할 때에는 반드시 보호구 및 안전모를 착용한다.
② 취급할 화물의 품목별, 포장별 등에 따른 취급방법을 사전에 검토한다.
③ 화물의 포장이 거칠거나 미끄러움 등이 없는지 확인한다.
④ 작업도구는 작업에 적합한 물품으로 화물의 수보다 많은 수량을 준비한다.

●Advice 작업도구는 해당 작업에 적합한 물품으로 필요한 수량만큼 준비한다.

2 창고 내에서 화물을 옮길 경우 주의해야 할 사항으로 적절하지 못한 것은?

① 통로 등에는 장애물이 없도록 조치한다.
② 바닥에 물건 등이 놓여 있으면 작업순서에 따라 처리하도록 한다.
③ 운반통로에 있는 맨홀이나 홈에 주의한다.
④ 작업안전통로를 충분히 확보한 후 화물을 적재한다.

●Advice 바닥에 물건 등이 놓여 있으면 즉시 치우도록 하고 바닥의 기름기나 물기는 즉시 제거하여야 한다.

3 화물을 운반할 경우 주의해야 할 사항으로 옳지 않은 것은?

① 운반하는 물건이 시야를 가리지 않도록 한다.
② 뒷걸음질로 화물을 운반하여서는 아니된다.
③ 작업장 주변의 화물상태, 차량통행 등을 항상 주의한다.
④ 원기둥형의 화물을 굴릴 때는 앞으로 밀어 굴리거나 뒤로 끈다.

●Advice 원기둥형의 화물을 굴릴 때에는 앞으로 밀어 굴리고 뒤로 끌어서는 안 된다.

정답 14.① / 1.④ 2.② 3.④

4 창고 내 화물의 취급요령에 대한 설명으로 옳지 않은 것은?

① 창고 내에서 작업할 때에는 어떠한 경우라도 흡연을 금한다.
② 화물적하장소는 수시로 출입이 가능하도록 개방하여 둔다.
③ 화물의 붕괴를 막기 위하여 적재규정을 준수하고 있는지 확인한다.
④ 작업 종료 후 작업장 주의를 정리한다.

●Advice 화물적하장소에 무단으로 출입하여서는 안 된다.

5 화물취급시 발판을 활용하여 작업할 경우 주의해야 할 사항으로 옳지 않은 것은?

① 발판의 설치가 안전하게 되어 있는지 확인한다.
② 발판의 경사는 완만하게 하여 사용한다.
③ 발판을 이용하여 오르내릴 때에는 2명 이상이 동시에 통행한다.
④ 발판은 움직이지 않도록 목마위에 설치하거나 발판 상하 부위에 고정조치를 철저히 하도록 한다.

●Advice 발판을 이용하여 오르내릴 때에는 2명 이상이 동시에 통행하지 않는다.

6 차량 내 화물을 적재할 경우 트랙터 차량의 캡과 적재물의 간격은 얼마이여야 하는가?

① 120cm 이상
② 80cm 이하
③ 40cm 이상
④ 100cm 이하

●Advice 트랙터 차량의 캡과 적재물의 간격을 120cm 이상을 유지해야 한다.

7 다음 중 화물의 하역방법에 대한 설명으로 옳지 않은 것은?

① 부피가 큰 것을 쌓을 때에는 무거운 것은 밑에 가벼운 것은 위에 쌓는다.
② 화물은 한 줄로 높이 쌓도록 한다.
③ 종류가 다른 것을 적치할 때는 무거운 것은 밑에 쌓는다.
④ 화물의 적하순서에 따라 작업을 한다.

●Advice 화물은 한 줄로 높이 쌓지 말아야 한다.

8 화물의 차량 내 적재방법에 대한 설명으로 옳지 않은 것은?

① 화물을 적재할 때에는 최대한 무게가 골고루 분산될 수 있도록 하고, 무거운 화물은 적재함의 중간부분에 무게가 집중될 수 있도록 적재한다.
② 냉동 및 냉장차량은 공기가 화물 전체에 통하게 하여 균등한 온도를 유지하도록 열과 열 사이 및 주위에 공간을 남기도록 유의하고, 화물을 적재하기 전에 적절한 온도로 유지되고 있는지 확인한다.
③ 차량전복을 방지하기 위하여 적재물 전체의 무게중심 위치는 적재함 앞쪽 좌우의 위치로 하는 것이 바람직하다.
④ 물건을 적재한 후에는 이동거리가 멀건 가깝건 간에 짐이 넘어지지 않도록 로프나 체인 등으로 단단히 묶어야 한다.

●Advice 차량전복을 방지하기 위하여 적재물 전체의 무게중심 위치는 적재함 전후좌우의 중심위치로 하는 것이 바람직하다.

정답 4.② 5.③ 6.① 7.② 8.③

9 화물을 운반하기 위하여 공동 작업을 수행할 경우 주의사항으로 옳지 않은 것은?

① 작업자 상호 간에 신호를 정확히 이해하고 진행속도를 맞추도록 한다.

② 체력이나 신체조건 등을 고려하여 균형 있게 조를 구성하고 리더의 통제 하에 큰 소리로 신호하여 진행속도를 맞춘다.

③ 긴 화물을 들어 올릴 때에는 두 사람이 화물을 향하여 옆으로 서서 화물중앙을 서로 잡고 구령에 따라 속도를 맞추어 들어 올린다.

④ 너무 성급하게 서둘러서 작업을 하지 않으며 장갑을 착용하고 작업하도록 한다.

● Advice 긴 화물을 들어 올릴 때에는 두 사람이 화물을 향하여 평행으로 서서 화물양끝을 잡고 구령에 따라 속도를 맞추어 들어 올린다.

10 화물 운반시 물품을 들어 올릴 경우 자세 및 방법에 대한 설명으로 옳지 않은 것은?

① 물품을 들 때에는 허리를 똑바로 펴야 한다.

② 다리와 어깨의 근육에 힘을 넣고 팔꿈치를 바로 펴서 서서히 물품을 들어올린다.

③ 무릎을 굽혀 펴는 힘으로 드는 것이 아니고 허리의 힘을 이용하여 물품을 든다.

④ 물품과 몸의 거리는 물품의 크기에 따라 다르나, 물품을 수직으로 들어 올릴 수 있는 위치에 몸을 준비한다.

● Advice 허리의 힘으로 드는 것이 아니고 무릎을 굽혀 펴는 힘으로 물품을 든다.

11 단독으로 화물을 운반하고자 할 경우 인력운반중량 권장기준으로 옳은 것은?

① 일시작업 – 성인남자 25~30kg

② 일시작업 – 성인여자 10~15kg

③ 계속작업 – 성인남자 25~30kg

④ 계속작업 – 성인여자 15~20kg

● Advice 단독으로 화물을 운반할 경우 인력운반중량 권장기준
　㉠ 일시작업(시간당 2회 이하)
　　• 성인남자 25~30kg
　　• 성인여자 15~20kg
　㉡ 계속작업(시간당 3회 이상)
　　• 성인남자 10~15kg
　　• 성인여자 5~10kg

12 화물의 운반방법에 대한 설명으로 옳지 않은 것은?

① 무거운 물품은 공동운반하거나 운반차를 이용한다.

② 긴 물건을 어깨에 메고 운반할 때에는 앞부분의 끝을 운반자 키보다 약간 낮게 하여 모서리 등에 충돌하지 않도록 운반한다.

③ 화물을 운반할 때에는 들었다 놓았다 하지 말고 직선거리로 운반한다.

④ 화물을 들어 올리거나 내리는 높이는 작게 할수록 좋다.

● Advice 긴 물건을 어깨에 메고 운반할 때에는 앞부분의 끝을 운반자 키보다 약간 높게 하여 모서리 등에 충돌하지 않도록 운반한다.

정답 ▶ 9.③ 10.③ 11.① 12.②

13 화물의 취급시 기계작업 운반기준에 대한 내용으로 옳지 않은 것은?

① 단순하고 반복적인 작업

② 취급물품이 경량물인 작업

③ 표준화되어 있어 지속적으로 운반량이 많은 작업

④ 취급물품의 형상, 성질, 크기 등이 일정한 작업

● Advice 기계작업 운반기준
㉠ 단순하고 반복적인 작업 – 분류, 판독, 검사
㉡ 표준화되어 있어 지속적으로 운반량이 많은 작업
㉢ 취급물품의 형상, 성질, 크기 등이 일정한 작업
㉣ 취급물품이 중량물인 작업

14 고압가스 취급에 대한 내용으로 옳지 않은 것은?

① 고압가스를 운반할 경우 그 고압가스의 명칭, 성질 및 이동중의 재해방지를 위해 필요한 주의사항을 기재한 서면을 운반책임자 또는 운전자에게 교부하여야 한다.

② 고압가스를 적재하여 운반하는 차량은 차량의 고장, 교통사정 또는 운반책임자, 운전자의 휴식 등의 이유로 장시간 정차 또는 주차를 할 때에는 안전한 곳에 정차하여야 한다.

③ 고압가스를 운반할 때에는 안전관리책임자가 운반책임자 또는 운반차량 운전자에게 그 고압가스의 위해 예방에 필요한 사항을 주지시켜야 한다.

④ 고압가스를 운반하는 자는 그 충전용기를 수요자에게 인도하는 때까지 최선의 주의를 다하여 안전하게 운반하여야 하며, 운반도중 보관하는 때에는 안전한 장소에 보관하여야 한다.

● Advice 고압가스를 적재하여 운반하는 차량은 차량의 고장, 교통사정 또는 운반책임자, 운전자의 휴식 등 부득이한 경우를 제외하고는 장시간 정차하지 않는다. 또한 운반책임자와 운전자가 동시에 차량에서 이탈하면 안 된다.

15 화물운송 시 사용되는 컨테이너에 위험물을 수납할 경우 적부방법 및 주의사항으로 옳지 않은 것은?

① 수납되는 위험물 용기의 포장 및 표찰이 완전한가를 충분히 점검하여 포장 및 용기가 파손되었거나 불완전한 것은 수납을 금지시켜야 한다.

② 위험물을 수납하기 전 컨테이너를 깨끗이 청소하고 그 구조와 상태 등을 확인하고 개폐문의 작동상태를 점검하여야 한다.

③ 수납에 있어 화물의 이동, 전도, 충격, 마찰, 누설 등에 의한 위험이 발생하지 않도록 충분한 깔판 및 각종 고임목을 사용하여 화물을 보호하는 동시에 단단히 고정시켜야 한다.

④ 화물 중량의 배분과 외부충격의 완화를 고려하는 동시에 어떠한 경우라도 화물 일부가 컨테이너 밖으로 튀어 나와서는 안 된다.

● Advice 컨테이너에 위험물을 수납하기 전에 철저히 점검하여 그 구조와 상태 등이 불안한 컨테이너를 사용해서는 안 되며, 특히 개폐문의 방수상태를 점검하여야 한다.

정답 ▶ 13.② 14.② 15.②

16 위험물 탱크로리 취급 시 확인사항에 대한 내용으로 옳지 않은 것은?

① 탱크로리에 커플링은 잘 연결되었는지 확인한다.
② 접지는 연결시켰는지 확인한다.
③ 플랜지 등 연결부분을 고정시켰는지 확인한다.
④ 플렉서블 호스는 고정시켰는지 확인한다.

Advice ③ 플랜지 등 연결부분에 새는 곳은 없는지 확인한다.

17 주유취급소의 위험물 취급기준에 대한 설명으로 옳지 않은 것은?

① 자동차 등에 주유할 때에는 고정주유설비를 사용하여 직접 주유한다.
② 자동차 등에 주유할 때는 다른 자동차 등을 그 주유취급소 안에 주차시켜야 한다.
③ 고정주유설비에 유류를 공급하는 배관은 전용탱크 또는 간이탱크로부터 고정주유설비에 직접 연결된 것이어야 한다.
④ 주유취급소의 전용탱크 또는 간이탱크에 위험물을 주입할 때는 그 탱크에 연결되는 고정주유설비의 사용을 중지하여야 하며, 자동차 등을 그 탱크의 주입구에 접근시켜서는 아니된다.

Advice ② 자동차 등에 주유할 때는 정당한 이유 없이 다른 자동차 등을 그 주유취급소 안에 주차시켜서는 아니 된다. 다만, 재해발생의 우려가 없는 경우에는 그러하지 아니하다.

18 독극물 취급에 대한 설명으로 옳지 않은 것은?

① 독극물을 취급하거나 운반할 때에는 소정의 안전용기, 도구, 운반구 및 운반차를 이용하여야 한다.
② 취급불명의 독극물은 함부로 다루지 말고, 독극물 취급방법을 확인한 후 취급하여야 한다.
③ 독극물의 취급 및 운반은 위험성이 강하므로 거칠게 다루어야 한다.
④ 독극물 저장소, 드럼통, 용기, 배관 등은 내용물을 알 수 있도록 확실하게 표시해 놓아야 한다.

Advice ③ 독극물의 취급 및 운반은 거칠게 다루지 말도록 한다.

19 화물의 상·하차 작업시 확인하여야 할 사항으로 옳지 않은 것은?

① 최대한 많은 화물을 적재하였는지를 확인한다.
② 작업신호에 따라 작업이 잘 행하여지고 있는지 확인한다.
③ 받침목, 지주, 로프 등 필요한 보조용구는 준비되어 있는지 확인한다.
④ 차를 통로에 방치해 두지 않았는지 확인한다.

Advice 화물의 상·하차 작업시 확인사항
㉠ 작업원에게 화물의 내용, 특성 등을 잘 주지시켰는가?
㉡ 받침목, 지주, 로프 등 필요한 보조용구는 준비되어 있는가?
㉢ 차량에 구름막이는 되어 있는가?
㉣ 위험한 승강을 하고 있지는 않은가?
㉤ 던지기 및 굴려 내리기를 하고 있지 않은가?
㉥ 적재량을 초과하지 않았는가?
㉦ 적재화물의 높이, 길이, 폭 등의 제한은 지키고 있는가?
㉧ 화물의 붕괴를 방지하기 위한 조치는 취해져 있는가?
㉨ 위험물이나 긴 화물은 소정의 위험표지를 하였는가?
㉩ 차량의 이동신호는 잘 지키고 있는가?
㉪ 작업신호에 따라 작업이 잘 행하여지고 있는가?
㉫ 차를 통로에 방치해 두지 않았는가?

정답 ▶ 16.③ 17.② 18.③ 19.①

1 파렛트 화물의 붕괴 방지 요령 중 풀붙이기와 밴드걸이 방식을 병용한 것은?

① 슬립멈추기 시트삽입 방식
② 수평 밴드걸기 풀붙이기 방식
③ 슈링크 방식
④ 스트레치 방식

> **Advice** 수평 밴드걸기 풀붙이기 방식 … 풀붙이기와 밴드걸기 방식을 병용한 것으로 화물의 붕괴를 방지하는 효과를 한층 더 높이는 방법이다.

2 차량에 적재된 화물의 붕괴를 방지하기 위한 요령에 대한 설명으로 옳지 않은 것은?

① 시트나 로프를 거는 방법을 일반적으로 사용한다.
② 화물붕괴 방지 및 작업성을 생각하여 차량에 특수한 장치를 설치하기도 한다.
③ 파렛트 화물이 서로 얽혀 버리지 않도록 사이사이에 합판을 넣는다.
④ 청량음료 전용차의 경우 적재공간에 발포 스티로폼을 넣어 틈을 없애주어야 한다.

> **Advice** 청량음료 전용차의 경우 적재공간을 파렛트 화물치수에 맞추어 작은 칸으로 구분되는 장치를 설치한다.

3 포장화물이 운송과정에서 받는 외압 중 수하역의 경우 낙하의 높이로 옳지 않은 것은?

① 견하역 – 100cm 이상
② 요하역 – 10cm 이상
③ 파렛트 쌓기의 수하역 – 40cm 정도
④ 내하역 – 50cm 이상

> **Advice** 수하역의 경우 낙하의 높이
> ㉠ 견하역 : 100cm 이상
> ㉡ 요하역 : 10cm 정도
> ㉢ 파렛트 쌓기의 수하역 : 40cm 정도

4 다음 설명 중 포장화물운송과정의 외압과 보호요령에 대한 설명으로 옳지 않은 것은?

① 화물은 수평충격과 함께 수송 중 항상 진동을 받는다.
② 포장화물은 보관 중 또는 수송 중에 밑에 쌓은 화물이 반드시 압축하중을 받는 것은 아니다.
③ 포장재료 중 골판지는 시간이나 외부 환경에 의해 변화를 받기 쉬우므로 골판지의 경우 외부 온도와 습기 등에 유의하여야 한다.
④ 포장화물은 운송과정에서 각종 충격, 진동 또는 압축하중을 받는다.

> **Advice** 포장화물은 보관 중 또는 수송 중에 밑에 쌓은 화물이 반드시 압축하중을 받는다. 통상 높이는 창고에서는 4m, 트럭이나 화차에서는 2m이지만, 주행 중에는 상하진동을 받음으로 2배 정도로 압축하중을 받게 된다.

정답 ▶ 1.② 2.④ 3.④ 4.②

1 화물차의 운행에 대한 설명으로 옳지 않은 것은?

① 내리막길을 운전할 때에는 기어를 중립에 둔다.

② 크레인의 경우 인양중량을 초과하는 작업을 허용해서는 안 된다.

③ 주차할 때에는 엔진을 끄고 주차브레이크 장치로 완전 제동한다.

④ 미끄러지기 쉬운 물품, 길이가 긴 물건, 인화성 물질 운반시에는 각별한 안전관리를 한다.

● Advice 화물차 운행시 내리막길을 운전할 때에는 기어를 중립에 두지 않는다.

2 화물차 운행시 일반적으로 주의해야 할 사항으로 옳지 않은 것은?

① 규정속도로 운행하여야 한다.

② 화물을 편중되게 적재하지 않는다.

③ 비포장도로나 위험한 도로에서는 서행하도록 한다.

④ 후진할 때에는 반드시 후진 경고음을 확인한 후 백미러를 보며 서서히 후진한다.

● Advice 후진할 때에는 반드시 뒤를 확인 후 후진 경고하여 서서히 후진한다.

3 다음 중 고속도로 운행제한차량에 해당하지 않는 조건은?

① 길이 – 적재물을 포함한 차량의 길이가 16.7m 초과

② 폭 – 적재물을 포함한 차량의 폭이 2.5m 초과

③ 총중량 – 차량 총중량이 10톤을 초과

④ 높이 – 적재물을 포함한 차량의 높이가 4m 초과

● Advice 총중량 – 차량 총중량이 40톤을 초과

4 컨테이너 상차시 확인해야 하는 사항으로 볼 수 없는 것은?

① 손해여부와 봉인번호를 체크하고 그 결과를 배차부서에 통보한다.

② 상차시에는 안전하게 실었는지를 확인한다.

③ 도착장소와 도착시간을 다시 한 번 정확히 확인한다.

④ 다른 라인의 컨테이너 상차가 어려울 경우 배차부서로 통보한다.

● Advice ③ 상차 후 확인사항에 해당한다.
※ 상차 시 확인사항
㉠ 손해여부와 봉인번호를 체크해야 하고 그 결과를 배차부서에 통보한다.
㉡ 상차할 때는 안전하게 실었는지를 확인한다.
㉢ 샤시 잠금 장치는 안전한지를 확실히 검사한다.
㉣ 다른 라인의 컨테이너 상차가 어려울 경우 배차부서로 통보한다.

정답 1.① 2.④ 3.③ 4.③

5 다음 중 고속도로 운행제한차량 중 적재불량차량에 해당하지 않는 것은?

① 화물 적재가 편중되어 전도 우려가 있는 차량
② 모래, 흙, 골재류, 쓰레기 등을 운반하면서 덮개를 미설치하거나 없는 차량
③ 스페어 타이어가 장착되지 않은 차량
④ 덮개를 씌우지 않았거나 묶지 않아 결속상태가 불량한 차량

> ● Advice 적재불량차량
> ㉠ 화물 적재가 편중되어 전도 우려가 있는 차량
> ㉡ 모래, 흙, 골재류, 쓰레기 등을 운반하면서 덮개를 미설치하거나 없는 차량
> ㉢ 스페어 타이어 고정상태가 불량한 차량
> ㉣ 덮개를 씌우지 않았거나 묶지 않아 결속상태가 불량한 차량
> ㉤ 액체 적재물 방류 또는 유출 차량
> ㉥ 사고 차량을 견인하면서 파손품의 낙하가 우려되는 차량
> ㉦ 기타 적재불량으로 인하여 적재물 낙하 우려가 있는 차량

6 임차한 화물적재차량이 운행제한을 위반하지 않도록 관리하지 않은 임차인에 대한 벌칙으로 옳은 것은?

① 1년 이하의 징역이나 1천만 원 이하의 벌금
② 500만 원 이하의 벌금
③ 500만 원 이하의 과태료
④ 300만 원 이하의 과태료

> ● Advice 500만 원 이하의 과태료를 내는 위반항목
> • 총중량 40톤, 축하중 10톤, 높이 4.0m, 길이 16.7m, 폭 2.5m 초과
> • 운행제한을 위반하도록 지시하거나 요구한 자
> • 임차한 화물적재차량이 운행제한을 위반하지 않도록 관리하지 아니한 임차인

7 다음 중 고속도로 운행시 저속에 해당하는 속도는?

① 50km/h 미만
② 70km/h 미만
③ 100km/h 미만
④ 110km/h 미만

> ● Advice 저속차량이란 정상운행속도가 50km/h 미만인 차량을 말한다.

8 과적차량이 도로에 미치는 영향에 대한 설명으로 옳지 않은 것은?

① 도로포장은 기후 및 환경적인 요인에 의한 파손, 포장재료의 성질과 시공 부주의에 의한 손상 그리고 차량의 반복적인 통과 및 과적차량의 운행에 따른 손상들이 복합적으로 영향을 끼치며, 이중 과적에 의한 축하중은 도로포장 손상에 직접적으로 가장 큰 영향을 미친다.
② 도로법 운행제한기준인 축하중 10톤을 기준으로 보았을 때 축하중이 10%만 증가하여도 도로파손에 미치는 영향은 무려 50%가 상승한다.
③ 축하중이 증가할수록 포장의 수명은 급격하게 증가한다.
④ 총중량의 증가는 교량의 손상도를 높이는 주요 원인으로 총중량 50톤의 과적차량의 손상도는 도로법 운행제한기준인 40톤에 비하여 무려 17배나 증가한다.

> ● Advice ③ 축하중이 증가할수록 포장의 수명은 급격하게 감소한다.

정답 5.③ 6.③ 7.① 8.③

05 화물의 인수 · 인계요령

1 화물차량의 화물 인수요령에 대한 설명으로 적절하지 못한 것은?

① 포장 및 운송장 기재 요령을 반드시 숙지하고 인수에 임하도록 한다.

② 집하 자제품목 및 집하 금지품목의 경우 그 취지를 알리고 양해를 구한 후 정중히 거절하도록 한다.

③ 집하품목의 도착지와 고객의 배달요청일이 배송 소요 일수 내에 가능한지 필히 확인하고, 기간 내에 배송 가능한 물품을 인수한다.

④ 도서지역의 경우 소비자의 양해를 얻어 운임 및 도선료는 착불로 처리한다.

> **Advice** 도서지역의 경우 차량이 직접 들어갈 수 없는 지역은 착불로 거래 시 운임을 징수할 수 없으므로 소비자의 양해를 얻어 운임 및 도선료는 선불로 처리한다.

2 다음 중 화물운송인의 책임발생시기로 알맞은 것은?

① 물품을 인수하고 운송장을 교부한 시점

② 물품을 인도하고 운송장을 교부한 시점

③ 물품을 인수하고 접수대장에 기록한 시점

④ 물품을 인도하고 접수대장에 기록한 시점

> **Advice** 운송인의 책임은 물품을 인수하고 운송장을 교부한 시점부터 발생한다.

3 화물의 적재요령에 대한 설명으로 옳지 않은 것은?

① 부패성 식품의 경우 신선도 유지를 위하여 가장 안쪽에 적재한다.

② 취급주의 스티커 부착 화물은 적재한 별도공간에 위치하도록 한다.

③ 중량화물은 적재함 하단에 적재하여 타 화물이 훼손되지 않도록 주의한다.

④ 다수화물이 도착하였을 때에는 미도착 수량이 있는지 확인한다.

> **Advice** 긴급을 요하는 화물(부패성 식품 등)은 우선적으로 배송될 수 있도록 쉽게 꺼낼 수 있게 적재한다.

4 화물의 인계요령에 대한 설명으로 옳지 않은 것은?

① 지점에 도착된 물품에 대해서는 익일 배송을 원칙으로 한다.

② 수하인에게 물품을 인계할 때에는 인계 물품의 이상 유무를 확인하여 이상이 있을 경우 즉시 지점에 알려 조치하도록 한다.

③ 인수된 물품 중 부패성 물품과 긴급을 요하는 물품에 대해서는 우선적으로 배송을 하여 손해배상요구가 발생하지 않도록 한다.

④ 배송확인 문의 전화를 받았을 경우, 임의적으로 약속하지 말고 반드시 해당 영업소에 확인하여 고객에게 전달하도록 한다.

> **Advice** 지점에 도착된 물품에 대해서는 당일 배송을 원칙으로 한다. 단, 산간 오지 및 당일 배송이 불가능한 경우 소비자의 양해를 구한 뒤 조치하도록 한다.

정답 ▶ 1.④ 2.① 3.① 4.①

5 화물인수증에 대한 설명으로 옳지 않은 것은?

① 인수증은 반드시 인수자 확인란에 수령인이 누구인지 인수자가 자필로 바르게 적도록 한다.

② 수령인이 물품의 수하인과 다른 경우 반드시 수하인과의 관계를 기재하여야 한다.

③ 인수증 상에 인수자 서명을 운전자가 임의로 기재하여도 되며, 문제가 발생하지 않는 한 배송완료로 인정받을 수 있다.

④ 동일한 장소에 여러 박스를 배송할 경우 인수증에 반드시 실제 배달한 수량을 기재받아 차후에 수량차이로 인한 시비가 발생하지 않도록 하여야 한다.

> **●Advice** 인수증 상에 인수자 서명을 운전자가 임의로 기재한 경우 무효로 간주되며, 문제가 발생하면 배송완료로 인정받을 수 없다.

6 다음 중 고객 유의사항 확인 요구 물품에 해당하지 않는 것은?

① 중고 가전제품

② 중량 고가물로 40kg 초과 물품

③ 포장 부실물품

④ 포장 물품

> **●Advice** 고객 유의사항 확인 요구 물품
> ㉠ 중고 가전제품 및 A/S용 물품
> ㉡ 기계류, 장비 등 중량 고가물로 40kg 초과 물품
> ㉢ 포장 부실물품 및 무포장 물품(비닐포장 또는 쇼핑백 등)
> ㉣ 파손 우려 물품 및 내용검사가 부적당하다고 판단되는 부적합 물품

7 다음 중 고객 유의사항 사용범위에 해당하지 않는 것은?

① 포장이 불량하여 운송에 부적합하다고 판단되는 물품

② 수리를 목적으로 운송을 의뢰하는 모든 물품

③ 통상적으로 물품의 안전을 보장하기 어렵다고 판단되는 물품

④ 일정금액을 초과하는 물품으로 위험 부담률이 극히 낮고, 할증료를 징수하지 않는 물품

> **●Advice** 고객 유의사항 사용범위
> ㉠ 수리를 목적으로 운송을 의뢰하는 모든 물품
> ㉡ 포장이 불량하여 운송에 부적합하다고 판단되는 물품
> ㉢ 중고제품으로 원래의 제품 특성을 유지하고 있다고 보기 어려운 물품
> ㉣ 통상적으로 물품의 안전을 보장하기 어렵다고 판단되는 물품
> ㉤ 일정금액을 초과하는 물품으로 위험 부담률이 극히 높고, 할증료를 징수하지 않는 물품
> ㉥ 물품 사고 시 다른 물품에까지 영향을 미쳐 손해액이 증가하는 물품

8 화물사고의 유형으로 볼 수 없는 것은?

① 파손사고

② 오손사고

③ 인명사고

④ 오배달사고

> **●Advice** 화물사고의 유형
> ㉠ 파손사고
> ㉡ 오손사고
> ㉢ 분실사고
> ㉣ 내용물 부족사고
> ㉤ 오배달사고
> ㉥ 지연배달사고
> ㉦ 받는 사람과 보낸 사람을 알 수 없는 화물사고

정답 5.③ 6.④ 7.④ 8.③

9 화물의 지연배달사고의 원인으로 볼 수 없는 것은?

① 사전에 배송연락 미실시로 제3자가 수취한 후 전달이 늦어지는 경우
② 집배송을 위해 차량을 이석하였을 때 차량 내 화물이 도난당한 경우
③ 제3자에게 전달한 후 원래 수령인에게 받은 사람을 미통지한 경우
④ 집하 부주의, 터미널 오분류로 터미널 오착 및 잔류되는 경우

Advice ② 분실사고의 원인에 해당한다.
  ※ 지연배달사고의 원인
    ㉠ 사전에 배송연락 미실시로 제3자가 수취한 후 전달이 늦어지는 경우
    ㉡ 당일 배송되지 않는 화물에 대한 관리가 미흡한 경우
    ㉢ 제3자에게 전달한 후 원래 수령인에게 받은 사람을 미통지한 경우
    ㉣ 집하 부주의, 터미널 오분류로 터미널 오착 및 잔류되는 경우

10 화물 분실사고의 원인으로 옳지 않은 것은?

① 수령인이 없을 때 임의장소에 두고 간 후 미확인한 경우
② 대량화물을 취급할 때 수량 미확인 및 송장이 2개 부착된 화물을 집하한 경우
③ 집배송을 위해 차량을 이석하였을 때 차량 내 화물이 도난당한 경우
④ 화물을 인계할 때 인수자 확인이 부실한 경우

Advice ① 오배달사고의 원인에 해당한다.
  ※ 오배달사고의 원인
    ㉠ 수령인이 없을 때 임의장소에 두고 간 후 미확인한 경우
    ㉡ 수령인의 신분 확인 없이 화물을 인계한 경우

11 화물의 파손사고 대책에 대한 설명으로 옳지 않은 것은?

① 집하할 때 고객에게 내용물에 관한 정보를 충분히 듣고 포장상태를 확인한다.
② 인계할 때 인수자 확인은 반드시 인수자가 직접 서명하도록 한다.
③ 사고위험이 있는 물품은 안전박스에 적재하거나 별도 적재 관리한다.
④ 충격에 약한 화물은 보강포장 및 특기사항으로 표기해 둔다.

Advice ② 분실사고 대책에 대한 설명이다.
  ※ 파손사고 대책
    ㉠ 집하할 때 고객에게 내용물에 관한 정보를 충분히 듣고 포장상태를 확인한다.
    ㉡ 가까운 거리 또는 가벼운 화물이라도 절대 함부로 취급하지 않는다.
    ㉢ 사고위험이 있는 물품은 안전박스에 적재하거나 별도 적재 관리한다.
    ㉣ 충격에 약한 화물은 보강포장 및 특기사항을 표기해 준다.

06 화물자동차의 종류

1 다음 중 화물자동차의 종류로 볼 수 없는 것은?

① 덤프형 ② 구난형
③ 밴형 ④ 일반형

Advice ② 특수자동차에 해당한다.
  ※ 화물자동차의 종류
    ㉠ **일반형** : 보통의 화물운송용인 것
    ㉡ **덤프형** : 적재함을 원동기의 힘으로 기울여 적재물을 중력에 의하여 쉽게 미끄러뜨리는 구조의 화물운송용인 것
    ㉢ **밴형** : 지붕구조의 덮개가 있는 화물운송용인 것
    ㉣ **특수용도형** : 특정한 용도를 위하여 특수한 구조로 하거나, 기구를 장치한 것으로서 위 어느 형에도 속하지 아니하는 화물운송용인 것

정답 ▶ 9.② 10.① 11.② / 1.②

2 특별한 목적을 위하여 보디를 특수한 것으로 하고, 또는 특수한 기구를 갖추고 있는 특수 자동차에 해당하지 않는 것은?

① 선전자동차   ② 구급차
③ 냉장차   ④ 냉동차

● Advice ④ 냉동차는 특장차에 해당한다.
①②③ 특용차에 해당한다.

3 다음 중 그 종류가 다른 하나는?

① 쓰레기 운반차
② 크레인붙이트럭
③ 믹서 자동차
④ 위생 자동차

● Advice ① 특수한 작업 전용 차량에 해당한다.
②③④ 특장차에 해당한다.

4 차에 실은 화물의 쌓아 내림용 크레인을 갖춘 특수 장비 자동차는?

① 픽업
② 레커차
③ 트럭 크레인
④ 크레인붙이트럭

● Advice ① 화물실의 지붕이 없고 옆판이 운전대와 일체로 되어 있는 화물자동차
② 크레인 등을 갖추고 고장차의 앞 또는 뒤를 매달아 올려서 수송하는 특수 장비 자동차
③ 크레인을 갖추고 크레인 작업을 하는 특수 장비 자동차. 다만, 레커차는 제외

5 시멘트, 골재, 물을 드럼 내에서 혼합 반죽하여 콘크리트로 하는 특수 장비 자동차로 생 콘크리트를 교반하면서 수송하는 것은?

① 덤프차   ② 애지테이터
③ 탱크차   ④ 밴

● Advice ① 화물대를 기울여 적재물을 중력으로 쉽게 미끄러지게 내리는 구조의 특수 장비 자동차
③ 탱크모양의 용기와 펌프 등을 갖추고 오로지 물, 휘발유와 같은 액체를 수송하는 특수 장비차
④ 상자형 화물실을 갖추고 있는 트럭

6 트레일러의 종류로 볼 수 없는 것은?

① 풀 트레일러   ② 세미 트레일러
③ 돌리   ④ 애지테이터

● Advice 트레일러의 종류
㉠ 풀 트레일러
㉡ 세미 트레일러
㉢ 폴 트레일러
㉣ 돌리

7 세미 트레일러와 조합해서 풀 트레일러로 하기 위한 견인구를 갖춘 대차를 무엇이라 하는가?

① 풀 트레일러   ② 세미 트레일러
③ 폴 트레일러   ④ 돌리

● Advice ① 트렉터와 트레일러가 완전히 분리되어 있고 트렉터 자체도 적재함을 가지고 있는 구조의 트레일러
② 트렉터에 연결하여 총 하중의 일부분이 견인하는 자동차에 의해서 지탱되도록 설계된 트레일러
③ 장척의 적하물 자체가 트렉터와 트레일러의 연결부분을 구성하는 구조의 트레일러

정답 ▶ 2.④ 3.① 4.④ 5.② 6.④ 7.④

8 트레일러의 장점으로 보기 어려운 것은?

① 트렉터와 트레일러의 분리가 가능하기 때문에 트레일러가 적화 및 하역을 위해 체류하고 있는 중이라도 트렉터 부분을 사용할 수 있으므로 회전율을 높일 수 있다.

② 자동차의 차량총중량은 20톤으로 제한되어 있으나, 화물자동차 및 특수자동차의 경우 차량총중량은 40톤이다.

③ 트레일러를 별도로 분리하여 화물을 적재하거나 하역할 수 있다.

④ 트렉터 1대로 1대의 트레일러만을 운영할 수 있으므로 트렉터와 운전사의 이용효율을 높일 수 없다.

> **Advice** 트렉터 1대로 복수의 트레일러를 운영할 수 있으므로 트렉터와 운전사의 이용효율을 높일 수 있다.

9 트레일러 자체의 구조 형상에 따른 분류에 해당하지 않는 것은?

① 평상식
② 저상식
③ 고상식
④ 밴 트레일러

> **Advice** 트레일러 자체의 구조 형상에 따른 분류
> ㉠ 평상식
> ㉡ 저상식
> ㉢ 중저상식
> ㉣ 스케레탈 트레일러
> ㉤ 밴 트레일러
> ㉥ 오픈 탑 트레일러
> ㉦ 특수용도 트레일러

10 1대의 모터 비이클에 1대 또는 그 이상의 트레일러를 결합시킨 것을 무엇이라 하는가?

① 연결차량
② 블록차량
③ 특장차량
④ 카고차량

> **Advice** 연결차량 … 1대의 모터 비이클에 1대 또는 그 이상의 트레일러를 결합시킨 것으로 통상 트레일러 트럭이라고 한다.

11 풀 트레일러의 장점으로 보기 어려운 것은?

① 일반 트럭에 비해 적재량을 늘릴 수 있다.

② 트렉터 한 대에 트레일러 두 세대를 달 수 있어 트렉터와 운전사의 효율적 운용을 도모할 수 있다.

③ 트렉터와 트레일러에 각기 다른 발송지별 또는 품목별 화물을 수송할 수 있게 되어 있다.

④ 발착지에서의 트레일러 탈착이 용이하고 공간을 적게 차지하며 후진이 용이하다.

> **Advice** ④ 세미 트레일러 연결차량에 대한 설명이다.

12 다음에서 그 분류가 다른 하나는?

① 덤프트럭
② 벌크차량
③ 액체 수송차
④ 카고트럭

> **Advice** ①②③ 전용 특장차

> **정답** 8.④ 9.③ 10.① 11.④ 12.④

13 시멘트, 사료, 곡물, 화학제품, 식품 등 분립체를 자루에 담지 않고 실물상태로 운반하는 차량을 무엇이라 하는가?

① 덤프트럭

② 믹서차량

③ 벌크차량

④ 액체 수송차

> **● Advice** **벌크차량** … 시멘트, 사료, 곡물, 화학제품, 식품 등 분립체를 자루에 담지 않고 실물상태로 운반하는 차량을 말한다. 하대는 밀폐형 탱크 구조로서 상부에서 적재하고 스크루식, 공기압송식, 덤프식 또는 이들을 병용하여 배출한다. 이 차량은 적재물에 따라 시멘트 수송차, 사료 운반차 등으로 불린다. 물류면에서 포장의 절략, 하역의 기계화라는 관점에서 합리적인 차량이다.

14 화물을 싣거나 내릴 때 발생하는 하역을 합리화하는 설비기기를 차량 자체에 장비하고 있는 차를 지칭하는 것은?

① 액체 수송차

② 카고 트럭

③ 행거차

④ 합리화 특장차

> **● Advice** **합리화 특장차** … 화물을 싣거나 내릴 때 발생하는 하역을 합리화하는 설비기기를 차량 자체에 장비하고 있는 차를 말한다. 합리화란 노동력의 절감, 신속한 적재하차, 화물의 품질유지, 기계화에 의한 하역코스트 절감방법 중 하나 이상을 목적으로 한 것인데, 그 중심은 적재하차의 합리화에 있다. 합리화 특장차는 차량 내부의 하역 합리화를 주목적으로 하는 실내 하역기기 장비차, 측면에서 파렛트 등, 롯트(lot) 단위로 짐을 부릴 수 있게 하는 측방 개폐차, 짐부리기 합리화차(쌓기·부리기 합리하차) 및 보디를 트랙터에 붙였다 떼었다 할 수 있는 시스템 차량의 4종류로 분류된다.

15 화물에 시트를 치거나 로프를 거는 작업을 합리화하고, 동시에 포크리프트에 의해 짐부리기를 간이화할 목적으로 개발된 차량은?

① 실내하역기기 장비차

② 측방 개폐차

③ 쌓기·부리기 합리화차

④ 시스템 차량

> **● Advice** ① 적재함 바닥면에 롤러컨베이어, 로더용레일, 파렛트 이동용의 파렛트 슬라이더 또는 컨베이어 등을 장치함으로써 적재함 하역의 합리화를 도모하고 있다.
> ③ 리프트게이트, 크레인 등을 장비하고 쌓기·내리기 작업의 합리화를 위한 차량이다.
> ④ 트레일러 방식의 소형트럭을 가리키며 CB(Changeable body)차 또는 탈착 보디차를 말한다.

07 화물운송의 책임한계

1 이사화물 표준약관에 따른 사업자가 이사화물의 인수를 거절할 수 있는 물건이 아닌 것은?

① 현금

② 미술품

③ 골동품

④ 화장품

> **● Advice** 사업자가 인수 거절을 할 수 있는 물품
> ㉠ 현금, 유가증권, 귀금속, 예금통장, 신용카드, 인감 등 고객이 휴대할 수 있는 귀중품
> ㉡ 위험물, 불결한 물품 등 다른 화물에 손해를 끼칠 염려가 있는 물건
> ㉢ 동식물, 미술품, 공동품 등 운송에 특수한 관리를 요하기 때문에 다른 화물과 동시에 운송하기에 적합하지 않은 물건
> ㉣ 일반이사화물의 종류, 무게, 부피, 운송거리 등에 따라 운송에 적합하도록 포장할 것을 사업자가 요청하였으나 고객이 이를 거절한 물건

정답 13.③ 14.④ 15.② / 1.④

2 이사화물 표준약관 규정에 따라 사업자의 책임 있는 사유로 인해 계약을 해제한 경우 고객에게 지급해야 할 손해배상액에 대한 내용으로 옳지 않은 것은?

① 사업자가 약정된 이사화물의 인수일 2일전까지 해제를 통지한 경우 – 계약금의 배액

② 사업자가 약정된 이사화물의 인수일 1일전까지 해제를 통지한 경우 – 계약금의 4배액

③ 사업자가 약정된 이사화물의 인수일 당일에 해제를 통지한 경우 – 계약금의 8배액

④ 사업자가 약정된 이사화물의 인수일 당일에도 해제를 통지하지 않은 경우 – 계약금의 10배액

● Advice ③ 사업자가 약정된 이사화물의 인수일 당일에 해제를 통지한 경우 – 계약금의 6배액

3 이사화물 표준약관에 따른 고객의 손해배상액을 계산하는 공식으로 옳은 것은?

① 연착 시간 수 × 계약금 × $\frac{1}{2}$

② 지체 시간 수 × 계약금 × $\frac{1}{2}$

③ 연착 시간 수 × 계약금 × 2

④ 지체 시간 수 × 계약금 × 2

● Advice 고객의 책임 있는 사유로 이사화물의 인수가 지체된 경우에는 고객은 약정된 인수일시로부터 지체된 1시간마다 계약금의 반액을 곱한 금액$\left(지체\ 시간\ 수 × 계약금 × \frac{1}{2}\right)$을 손해배상액으로 사업자에게 지급하여야 한다. 다만, 계약금의 배액을 한도로 하며, 지체시간 수의 계산에서 1시간 미만의 시간은 산입하지 않는다.

4 이사화물 표준약관에 따른 사업자의 면책사유에 해당하지 않는 것은?

① 이사화물의 결함

② 이사화물의 성질에 의한 폭발

③ 이사화물의 일부 멸실

④ 천재지변

● Advice 사업자의 면책사유
㉠ 이사화물의 결함, 자연적 소모
㉡ 이사화물의 성질에 의한 발화, 폭발, 물그러짐, 곰팡이 발생, 부패, 변색 등
㉢ 법령 또는 공권력의 발동에 의한 운송의 금지, 개봉, 몰수, 압류 또는 제3자에 대한 인도
㉣ 천재지변 등 불가항력적인 사유

5 택배표준약관에 따른 운송장에 인도예정일의 기재가 없는 경우 일반지역의 인도예정일은?

① 1일　　　　② 2일

③ 3일　　　　④ 4일

● Advice 운송장에 인도예정일의 기재가 없는 경우 운송장에 기재된 운송물의 수탁일로부터 인도예정 장소에 따라 다음 일수에 해당하는 날을 인도일로 한다.
㉠ 일반 지역 : 2일
㉡ 도서, 산간벽지 : 3일

6 택배표준약관상 사업자가 운송물의 일부 멸실 또는 훼손의 사실을 알면서 이를 숨기고 운송물을 인도한 경우 사업자의 손해배상책임기간은?

① 1년　　　　② 3년

③ 5년　　　　④ 7년

● Advice 사업자 또는 그 사용인이 운송물의 일부 멸실 또는 훼손의 사실을 알면서 이를 숨기고 운송물을 인도한 경우에는 사업자의 손해배상책임은 수하인이 운송물을 수령한 날로부터 5년간 존속한다.

정답 2.③ 3.② 4.③ 5.② 6.③

7 이사화물 표준약관에 따른 손해배상에 대한 설명으로 옳지 않은 것은?

① 사업자는 자기 또는 사용인 기타 이사화물의 운송을 위하여 사용한 자가 이사화물의 포장, 운송, 보관, 정리 등에 관하여 주의를 게을리 하지 않았음을 증명하지 못하는 한 고객에 대하여 이사화물의 멸실, 훼손, 연착으로 인한 손해를 배상할 책임을 진다.

② 이사화물이 연착되지 않고 일부 멸실된 경우 약정된 인도일과 도착장소에서의 이사화물의 가액을 기준으로 산정한 손해액을 지급하여야 한다.

③ 이사화물이 연착되고 일부 멸실된 경우 계약금의 5배액 한도에서 약정된 인도일시로부터 연착된 1시간마다 계약금의 반액을 곱한 금액을 지급하여야 한다.

④ 이사화물의 멸실, 훼손 또는 연착이 사업자 또는 그의 사용인 등의 고의 또는 중대한 과실로 인하여 발생한 때 또는 고객이 이사화물의 멸실, 훼손 또는 연착으로 인하여 실제 발생한 손해액을 입증한 경우에는 사업자는 민법의 규정에 따라 그 손해를 배상하여야 한다.

> **Advice** 이사화물이 연착된 경우 손해배상
> ㉠ 멸실 및 훼손되지 않은 경우 : 계약금의 10배액 한도에서 약정된 인도일시로부터 연착된 1시간마다 계약금의 반액을 곱한 금액의 지급
> ㉡ 일부 멸실된 경우
> • 약정된 인도일과 도착장소에서의 이사화물의 가액을 기준으로 산정한 손해액 지급
> • 계약금 10배액 한도에서 약정된 인도일시로부터 연착된 1시간마다 계약금의 반액을 곱한 금액의 지급
> ㉢ 훼손된 경우
> • 수선이 가능한 경우에는 수선해 주고, 계약금 10배액 한도에서 약정된 인도일시로부터 연착된 1시간마다 계약금의 반액을 곱한 금액의 지급

> • 수선이 불가능한 경우 계약금 10배액 한도에서 약정된 인도일시로부터 연착된 1시간마다 계약금의 반액을 곱한 금액의 지급하거나 약정된 인도일과 도착장소에서의 이사화물의 가액을 기준으로 산정한 손해액의 지급

8 택배표준약관에 따라 사업자가 운송의 수탁을 거절할 수 있는 사유로 보기 어려운 것은?

① 고객이 운송장에 필요한 사항을 기재하지 아니한 경우

② 운송물의 인도예정일에 따른 운송이 가능한 경우

③ 고객이 확인을 거절하거나 운송물의 종류와 수량이 운송장에 기재된 것과 다른 경우

④ 운송물 1포장의 가액이 300만 원을 초과하는 경우

> **Advice** 택배표준약관에 따른 사업자의 수탁거절 사유
> ㉠ 고객이 운송장에 필요한 사항을 기재하지 아니한 경우
> ㉡ 고객이 청구나 승낙을 거절하여 운송에 적합한 포장이 되지 않은 경우
> ㉢ 고객이 확인을 거절하거나 운송물의 종류와 수량이 운송장에 기재된 것과 다른 경우
> ㉣ 운송물 1포장의 크기가 가로·세로·높이 세변의 합이 (   )cm를 초과하거나, 최장변이 (   )cm를 초과하는 경우
> ㉤ 운송물 1포장의 무게가 (   )kg를 초과하는 경우
> ㉥ 운송물 1포장의 가액이 300만 원을 초과하는 경우
> ㉦ 운송물의 인도예정일(시)에 따른 운송이 불가능한 경우
> ㉧ 운송물이 화약류, 인화물질 등 위험한 물건인 경우
> ㉨ 운송물이 밀수품, 군수품, 부정임산물 등 위법한 물건인 경우
> ㉩ 운송물이 현금, 카드, 어음, 수표, 유가증권 등 현금화가 가능한 물건인 경우
> ㉪ 운송물이 재생불가능한 계약서, 원고, 서류 등인 경우
> ㉫ 운송물이 살아있는 동물, 동물사체 등인 경우
> ㉬ 운송이 법령, 사회질서, 기타 선량한 풍속에 반하는 경우
> ㉭ 운송이 천재지변, 기타 불가항력적인 사유로 불가능한 경우

정답 7.③ 8.②

9 택배표준약관상 운송장에 고객이 운송물의 가액을 기재한 경우 사업자의 손해배상책임에 대한 설명으로 옳지 않은 것은?

① 전부 멸실된 경우 – 운송장에 기재된 운송물의 가액을 기준으로 산정한 손해액의 지급
② 수선이 불가능하게 훼손된 경우 – 최대한 수선을 하여주던지 또는 수선비를 지급
③ 연착되고 일부가 멸실되지 않은 일반적인 경우 – 인도예정일을 초과한 일수에 사업자가 운송장에 기재한 운임액의 50%를 곱한 금액의 지급
④ 연착되고 일부가 멸실된 경우 – 운송장에 기재된 운송물의 가액을 기준으로 산정한 손해액의 지급

● Advice 수선이 불가능하게 훼손된 경우 – 운송장에 기재된 운송물의 가액을 기준으로 산정한 손해액의 지급

10 택배표준약관상 사업자의 손해배상책임이 소멸하는 기간은?

① 수하인이 운송물을 수령한 날로부터 6개월
② 수하인이 운송물을 수령한 날로부터 10개월
③ 수하인이 운송물을 수령한 날로부터 12개월
④ 수하인이 운송물을 수령한 날로부터 24개월

● Advice 운송물의 일부 멸실, 훼손 또는 연착에 대한 사업자의 손해배상책임은 수하인이 운송물을 수령한 날로부터 1년이 경과하면 소멸한다. 다만, 운송물이 전부 멸실된 경우에는 그 인도예정일로부터 기산한다.

11 택배표준약관에 대한 설명으로 옳지 않은 것은?

① 사업자는 운송물의 인도시 수하인으로부터 인도확인을 받아야 하며, 수하인의 대리인에게 운송물을 인도하였을 경우에는 수하인에게 그 사실을 통보하여야 한다.
② 사업자는 수하인의 부재로 인하여 운송물을 인도할 수 없는 경우에는 수하인에게 운송물을 인도하고자 한 일시, 사업자의 명칭, 문의할 전화번호, 기타 운송물의 인도에 필요한 사항을 기재한 서면으로 통지한 후 사업소에 운송물을 보관하여야 한다.
③ 사업자는 수하인이 특정 일시에 사용할 운송물을 수탁한 경우에는 운송장에 기재된 인도예정일 후 최대 2일까지 운송물을 인도하여야 한다.
④ 사업자는 운송장에 인도예정일의 기재가 있는 경우에는 그 기재된 날까지 운송물을 인도하여야 한다.

● Advice 사업자는 수하인이 특정 일시에 사용할 운송물을 수탁한 경우에는 운송장에 기재된 인도예정일의 특정 시간까지 운송물을 인도하여야 한다.

12 택배표준약관상 고객이 운송장에 운송물의 가액을 기재하지 않은 경우 사업자의 손해배상한도액은?

① 10만 원
② 30만 원
③ 50만 원
④ 100만 원

● Advice 고객이 운송장에 운송물의 가액을 기재하지 않은 경우에는 사업자의 손해배상한도액은 50만 원으로 한다.

정답 ▶ 9.② 10.③ 11.③ 12.③

03 안전운행

01 교통사고의 요인 및 운전의 특성

1 교통사고의 3대 요인에 해당하지 않는 것은?

① 인적요인
② 차량요인
③ 도로 · 환경요인
④ 수적요인

> ●Advice 교통사고의 3대 요인
> ㉠ 인적요인
> ㉡ 차량요인
> ㉢ 도로 · 환경요인

2 다음 중 교통사고의 요인 중 인적요인에 해당하지 않는 것은?

① 운전습관
② 위험의 인지와 회피에 대한 판단
③ 도로의 안전시설
④ 운전자의 신체적 조건

> ●Advice 인적요인
> ㉠ 운전자 또는 보행자의 신체적 · 생리적 조건
> ㉡ 위험의 인지와 회피에 대한 판단
> ㉢ 심리적 조건
> ㉣ 운전자의 적성과 자질
> ㉤ 운전습관
> ㉥ 내적태도

3 다음 중 교통사고의 요인 중 환경요인에 해당하지 않는 것은?

① 자연환경
② 내적환경
③ 사회환경
④ 구조환경

> ●Advice 환경요인
> ㉠ **자연환경**: 기상, 일광 등 자연조건
> ㉡ **교통환경**: 차량 교통량, 운행차 구성 보행자 교통량 등
> ㉢ **사회환경**: 일반국민 · 운전자 · 보행자 등의 교통도덕, 정부의 교통정책, 교통단속과 형사처벌 등
> ㉣ **구조환경**: 교통여건변화, 차량점검 및 정비관리자와 운전자의 책임한계 등

4 운전과 관련되는 시각의 특성에 대한 내용으로 옳지 않은 것은?

① 운전자는 운전에 필요한 정보의 대부분을 시각을 통하여 획득한다.
② 속도가 빨라질수록 시력은 떨어진다.
③ 속도가 빨라질수록 시야의 범위가 넓어진다.
④ 속도가 빨라질수록 전방주시점은 멀어진다.

> ●Advice 속도가 빨라질수록 시야의 범위는 좁아진다.

정답 1.④ 2.③ 3.② 4.③

5 도로교통법상 제1종 운전면허에 필요한 시력은 얼마인가?

① 두 눈을 동시에 뜨고 잰 시력이 0.5 이상
② 두 눈을 동시에 뜨고 잰 시력이 0.6 이상
③ 두 눈을 동시에 뜨고 잰 시력이 0.7 이상
④ 두 눈을 동시에 뜨고 잰 시력이 0.8 이상

● Advice 제1종 운전면허에 필요한 시력은 두 눈을 동시에 뜨고 잰 시력이 0.8 이상, 양쪽 눈의 시력이 각각 0.5 이상 이어야 한다.

6 도로교통법상 운전면허의 시력측정시 구별하여야 할 색상이 아닌 것은?

① 붉은색
② 녹색
③ 검정색
④ 노란색

● Advice 붉은색, 녹색 및 노란색을 구별할 수 있어야 한다.

7 움직이는 물체 또는 움직이면서 다른 자동차나 사람 등의 물체를 보는 시력은?

① 정지시력
② 동체시력
③ 야간시력
④ 주간시력

● Advice 동체시력 … 움직이는 물체(자동차, 사람 등) 또는 움직이면서(운전하면서) 다른 자동차나 사람 등의 물체를 보는 시력을 말한다.

8 야간운전시 주의사항으로 옳지 않은 것은?

① 운전자가 눈으로 확인할 수 있는 시야의 범위가 좁아진다.
② 마주 오는 차의 전조등 불빛에 현혹되는 경우 물체식별이 어려워진다.
③ 전방이나 좌우 확인이 어려운 신호등 없는 교차로나 커브길 진입 직전에는 전조등으로 자기 차가 진입하고 있음을 알려 사고를 방지하여야 한다.
④ 보행자와 자동차의 통행이 빈번한 도로에서는 항상 전조등의 방향을 상향으로 하여 운행하여야 한다.

● Advice ④ 보행자와 자동차의 통행이 빈번한 도로에서는 항상 전조등의 방향을 하향으로 하여 운행하여야 한다.

9 일광 또는 조명이 밝은 조건에서 어두운 조건으로 변할 때 사람의 눈이 그 상황에 적응하여 시력을 회복하는 것을 무엇이라 하는가?

① 명순응
② 암순응
③ 심시력
④ 심경각

● Advice ① 일광 또는 조명이 어두운 조건에서 밝은 조건으로 변할 때 사람의 눈이 그 상황에 적응하여 시력을 회복하는 것
③ 심경각에 의한 기능을 통한 시력
④ 전방에 있는 대상물까지의 거리를 목측하는 것

정답 ▶ 5.④ 6.③ 7.② 8.④ 9.②

10 정상적인 시력을 가진 사람의 시야범위는 얼마인가?

① $90° \sim 180°$

② $180° \sim 200°$

③ $200° \sim 220°$

④ $180° \sim 240°$

●Advice 정상적인 시력을 가진 사람의 시야범위는 $180° \sim 200°$이다.

11 교통사고의 요인을 바르게 나열한 것은?

① 간접적 요인, 중간적 요인, 직접적 요인

② 결과적 요인, 중간적 요인, 직접적 요인

③ 직접적 요인, 간접적 요인, 사고유발 요인

④ 인명요인, 사고요인, 물자요인

●Advice 교통사고의 요인은 간접적 요인, 중간적 요인, 직접적 요인 등 3가지로 구분한다.

12 교통사고의 요인 중 음주운전과 가장 관계가 깊은 것은?

① 간접적 요인   ② 중간적 요인

③ 직접적 요인   ④ 필연적 요인

●Advice 중간적 요인 … 운전자의 지능, 운전자 성격, 운전자 심신기능, 불량한 운전태도, 음주 및 과로 등

13 교통사고를 유발한 운전자의 특성으로 보기 어려운 것은?

① 선천적 능력의 부족

② 후천적 능력의 부족

③ 사회적 태도의 결여

④ 안정된 생활환경

●Advice 교통사고 유발 운전자의 특성
㉠ 선천적 능력(타고난 심신기능의 특성) 부족
㉡ 후천적 능력(학습에 의해서 습득한 운전에 관계되는 지식과 기능) 부족
㉢ 바람직한 동기와 사회적 태도(각양의 운전상태에 대하여 인지, 판단, 조작하는 태도) 결여
㉣ 불안정한 생활환경

14 큰 물건들 가운데 있는 작은 물건은 작은 물건들 가운데 있는 같은 물건보다 작아 보이는 현상은?

① 크기의 착각

② 원근의 착각

③ 상반의 착각

④ 경사의 착각

●Advice ① 어두운 곳에서는 가로 폭보다 세로 폭을 보다 넓은 것으로 판단한다.
② 작은 것은 멀리 있는 것 같이, 덜 밝은 것은 멀리 있는 것으로 느껴진다.
④ 작은 경사는 실제보다 작게, 큰 경사는 실제보다 크게 보인다.

정답 ▶ 10.② 11.① 12.② 13.④ 14.③

15 교통사고의 심리적 요인 중 예측의 실수에 해당하지 않는 것은?

① 감정이 격양된 경우
② 고민거리가 있는 경우
③ 시간에 쫓기는 경우
④ 불량한 운전태도를 가진 경우

● Advice 예측의 실수
㉠ 감정이 격양된 경우
㉡ 고민거리가 있는 경우
㉢ 시간에 쫓기는 경우

16 피로의 진행과정에 대한 내용으로 옳지 않은 것은?

① 피로의 정조가 지나치면 과로가 되고 정상적인 운전이 곤란해진다.
② 피로 또는 과로 상태에서는 졸음운전이 발생될 수 있고 이는 교통사고로 이어질 수 있다.
③ 연속운전은 만성피로를 낳게 한다.
④ 매일 시간상 또는 거리상으로 일정 수준 이상의 무리한 운전을 하면 만성피로를 초래한다.

● Advice 연속운전은 일시적으로 급성피로를 낳게 한다.

17 운전피로에 대한 설명으로 옳지 않은 것은?

① 피로의 증상은 전신에 걸쳐 나타나고 이는 대뇌의 피로를 불러온다.
② 피로는 운적작업의 생략이나 착오가 발생할 수 있다는 위험신호이다.
③ 운전피로는 휴식으로 회복되나 정신적, 심리적 피로는 신체적 부담에 의한 일반적 피로보다 회복시간이 짧다.
④ 운전피로는 수면·생활환경 등 생활요인, 차내환경·차외환경·운행조건 등 운전작업 중의 요인, 신체조건·경험조건·연령조건·성별조건·성격·질병 등의 운전자 요인 등 3요인으로 구성된다.

● Advice ③ 운전피로는 휴식으로 회복되나 정신적, 심리적 피로는 신체적 부담에 의한 일반적 피로보다 회복시간이 길다.

18 운전착오에 대한 설명으로 옳지 않은 것은?

① 운전시간의 경과와 더불어 운전피로가 증가하여 작업타이밍의 불균형을 초래한다. 이는 운전기능, 판단착오, 작업단절 현상을 초래하는 잠재적 사고로 볼 수 있다.
② 운전착오는 정오에서 저녁 사이에 많이 발생한다.
③ 운전피로에 정서적 부조나 신체적 부조가 가중되면 조잡하고 난폭하며 방만한 운전을 하게 된다.
④ 피로가 쌓이면 졸음상태가 되어 차외, 차내의 정보를 효과적으로 입수하지 못한다.

● Advice 운전착오는 심야에서 새벽 사이에 많이 발생한다. 각성 수준의 저하, 졸음과 관련된다.

정답 ▶ 15.④ 16.③ 17.③ 18.②

19 보행자 사고의 요인 중 교통정보 인지결함의 원인에 대한 내용으로 옳지 않은 것은?

① 술에 많이 취해 있다.

② 등교 또는 출근시간 때문에 급하게 서둘러 걷고 있다.

③ 충분히 건널 수 있을 거라는 판단을 하였다.

④ 동행자와 이야기에 열중하거나 놀이에 열중했다.

> **Advice** ③ 비횡단보도의 횡단보행자의 심리에 해당한다.
>
> ※ 보행자 사고의 교통정보 인지결함의 원인
> ㉠ 술에 많이 취해 있었다.
> ㉡ 등교 또는 출근시간 때문에 급하게 서둘러 걷고 있었다.
> ㉢ 횡단 중 한쪽 방향에만 주의를 기울였다.
> ㉣ 동행자와 이야기에 열중했거나 놀이에 열중했다.
> ㉤ 피곤한 상태여서 주의력이 저하되었다.
> ㉥ 다른 생각을 하면서 보행하고 있었다.

20 음주운전 교통사고의 특징에 대한 내용으로 옳지 않은 것은?

① 주차 중인 자동차와 같은 정지물체 등에 충돌할 가능성이 높다.

② 전신주, 가로시설물, 가로수 등과 같은 고정물체와 충돌할 가능성이 높다.

③ 대향차의 전조등에 의한 현혹 현상 발생 시 정상운전보다 교통사고 위험이 증가된다.

④ 차량 대 차량 접촉사고의 가능성이 높다.

> **Advice** 음주운전 교통사고의 특징
> ㉠ 주차 중인 자동차와 같은 정지물체 등에 충돌할 가능성이 높다.
> ㉡ 전신주, 가로시설물, 가로수 등과 같은 고정물체와 충돌할 가능성이 높다.
> ㉢ 대향차의 전조등에 의한 현혹 현상 발생 시 정상운전보다 교통사고 위험이 증가된다.
> ㉣ 음주운전에 의한 교통사고가 발생하면 치사율이 높다.
> ㉤ 차량단독사고의 가능성이 높다.

21 신체적 · 육체적으로 변화기에 있는 사람, 심리적인 면에서 개성의 기능이 감퇴되고 있는 사람, 사회적인 변화에 따라 사회적인 관계가 과거에 속해 있는 사람이라고 정의되는 사람은?

① 노인

② 고령자

③ 개인

④ 장년층

> **Advice** Leonard E. Breen의 고령자에 대한 정의이다.
>
> ※ 노인의 정의
> ㉠ 노인복지학 측면의 노인의 정의 : 신체적 · 정신적 측면에서의 상실현상을 겪고 있는 65세 이상인 사람
> ㉡ 서병숙의 노인의 정의 : 노화에 따라 신체적, 정신적 노쇠와 사회적 역할의 감소로 신체적으로는 의존적인 성향이 되는 반면, 사회 · 문화적으로는 연장자로서의 권위를 갖는 사람
> ㉢ 김수영의 노인의 정의 : 인생의 마지막 단계에서 신체적 · 정신적 기능이 쇠퇴하고 사회적 역할이 감소되며, 이에 따라 경제 및 사회 · 문화적 요인의 복합적인 작용에 의해서 생활기능을 정상적으로 발휘할 수 없는 사람
> ㉣ 최성재 · 장인협의 노인의 정의 : 생리적 · 신체적 기능의 퇴화와 더불어 심리적인 변화가 일어나서 개인의 자기유지 기능과 사회적 역할 기능이 약화되고 있는 사람

22 고령 운전자의 운전특성으로 보기 어려운 것은?

① 고령 운전자는 젊은 층에 비해 상대적으로 신중하다.

② 고령 운전자는 젊은 층에 비해 상대적으로 과속을 많이 한다.

③ 고령 운전자는 젊은 층에 비해 반사신경이 둔하다.

④ 고령 운전자는 젊은 층에 비해 돌발사태기 대응력이 미흡하다.

> **Advice** ② 고령 운전자는 젊은 층에 비해 상대적으로 과속을 하지 않는다.

정답 ▶ 19.③ 20.④ 21.② 22.②

23 다음 내용 중 분류가 다른 하나는?

① 신체적 · 정신적 측면에서의 상실현상을 겪고 있는 65세 이상인 사람

② 노화에 따라 신체적, 정신적 노쇠와 사회적 역할의 감소로 신체적으로는 의존적인 성향이 되는 반면, 사회 · 문화적으로는 연장자로서의 권위를 갖는 사람

③ 인생의 마지막 단계에서 신체적 · 정신적 기능이 쇠퇴하고 사회적 역할이 감소되며, 이에 따라 경제 및 사회 · 문화적 요인의 복합적인 작용에 의해서 생활기능을 정상적으로 발휘할 수 없는 사람

④ 신체적 · 육체적으로 변화기에 있는 사람, 심리적인 면에서 개성의 기능이 감퇴되고 있는 사람, 사회적인 변화에 따라 사회적인 관계가 과거에 속해 있는 사람

● Advice ①②③ 노인의 정의
④ 고령자의 정의

24 고령보행자의 보행행동 특성에 대한 설명으로 옳지 않은 것은?

① 뒤에서 오는 차의 접근에도 주의를 기울이지 않거나 경음기를 울려도 반응을 보이지 않는 경향이 증가한다.

② 이면도로 등에서 도로의 노면표시가 없으면 도로 중앙부로 걷는 경향으로 보이며, 보행 궤적이 흔들거리며 보행중에 사선횡단을 하기도 한다.

③ 고령자들은 보행 시 정면만을 주시하면서 걷는 경향이 있다.

④ 정면에서 오는 차량 등을 회피할 수 있는 여력을 갖지 못하며, 소리 나는 방향을 주시하지 않는 경향이 있다.

● Advice 고령자들은 보행 시 상점이나 포스터를 보면서 걷는 경향이 있다.

25 고령자의 특성에 대한 설명으로 옳지 않은 것은?

① 색채지각이 손실되어 색 구분이 어렵다.

② 움직임 탐지능력의 쇠퇴로 속도변화에 따른 인지적 탐지가 어렵다.

③ 2~3개의 연속적 행동시 대처반응이 저하된다.

④ 입력된 정보의 두뇌에서 처리하는 인지반응시간이 감소한다.

● Advice 고령자의 정신적 특성
㉠ 입력된 정보의 두뇌에서 처리하는 인지반응시간의 증가
㉡ 연속제공정보에서 중요한 정보에 집중하는 능력인 선택적 주의력 감소, 여러 가지 일을 동시에 수행 · 처리하는 다중적 주의력 감소
㉢ 기억력, 지각, 문제해결력 장애

정답 23.④ 24.③ 25.④

26 어린이 교통사고의 특징에 대한 설명으로 옳지 않은 것은?

① 어릴수록, 학년이 낮을수록 교통사고 발생 위험률이 높다.

② 보행 중 교통사고를 당하여 사망하는 비율이 가장 높다.

③ 오후 4시에서 6시 사이에 어린이 보행 사상자가 가장 많다.

④ 백화점, 마트 주변 등 차량의 통행이 많은 곳에서 주로 발생한다.

● Advice 어린이 교통사고 보행 중 사상자는 집이나 학교 근처 등 어린이 통행이 잦은 곳에서 가장 많이 발생한다.

27 어린이의 일반적인 교통행동 특성에 대한 내용으로 옳지 않은 것은?

① 어린이는 여러 사물에 대한 적절한 주의력 배분으로 한 사물에 대한 집중력이 약하다.

② 판단력은 부족하고 어른의 행동에 대한 모방 행동이 많다.

③ 손을 들면 자동차가 멈추어 줄 것이라고 생각하고 행동하는 사물이나 현상을 단순하게 이해하는 경향이 강하다.

④ 어린이는 기분 나는 대로 또는 감정이 변하는 대로 행동하는 등 충동성이 강하므로 자신의 감정을 억제하거나 참아내는 능력이 약하다.

● Advice 어린이는 여러 사물에 적절한 주의를 배분하지 못하고, 한 가지 사물만 집중하는 경향을 보인다.

28 어린이가 승용차에 탑승했을 때의 설명으로 옳지 않은 것은?

① 여름철 차내에 어린이를 혼자 방치하면 탈수 현상과 산소부족으로 생명을 잃는 경우가 있으므로 주의하여야 한다.

② 어린이는 제일 먼저 태우고 제일 나중에 내리도록 하며, 문은 스스로 열고 닫도록 한다.

③ 어린이가 차안에 혼자 남아 있으면 차의 시동을 걸거나 각종 장치를 만져 뜻밖의 사고가 생길 수 있으므로 어린이와 같이 차에서 떠나야 한다.

④ 어린이는 반드시 뒷자석에 태우고 도어의 안전잠금장치를 잠근 후 운행한다.

● Advice 어린이가 문을 열고 닫을 때 부주의하여 손가락이나 다리를 다칠 경우도 있고 주위의 다른 차량이나 자전거 등에 부딪칠 경우도 있으므로 반드시 어린이는 제일 먼저 태우고 제일 나중에 내리도록 하며, 문은 어른이 열고 닫아야 안전하다.

정답 26.④ 27.① 28.②

02 자동차 요인과 안전운행

1 자동차의 제동장치의 종류로 볼 수 없는 것은?

① 주차 브레이크

② 풋 브레이크

③ 엔진 브레이크

④ 디스크 브레이크

Advice 제동장치의 종류
- ㉠ 주차 브레이크
- ㉡ 풋 브레이크
- ㉢ 엔진 브레이크
- ㉣ ABS

2 타이어와 함께 차량의 중량을 지지하고 구동력과 제동력을 지면에 전달하는 역할을 하는 주행장치는?

① 타이어

② 휠

③ 캠버

④ 토우인

Advice 휠 … 타이어와 함께 차량의 중량을 지지하고 구동력과 제동력을 지면에 전달하는 역할을 한다. 휠은 무게가 가볍고 노면의 충격과 측력에 견딜 수 있는 강성이 있어야 하고 타이어에서 발생하는 열을 흡수하여 대기 중으로 잘 방출시켜야 한다.

3 앞바퀴를 위에서 보았을 때 앞쪽이 뒤쪽보다 좁은 상태를 의미하는 것은?

① 토우인

② +캠버

③ 캐스터

④ −캠버

Advice
- ② 자동차를 앞에서 보았을 때, 위쪽이 아래보다 약간 바깥쪽으로 기울어져 있는 상태
- ③ 자동차를 옆에서 보았을 때, 차축과 연결되는 킹핀의 중심선이 약간 뒤로 기울어진 상태
- ④ 자동차를 앞에서 보았을 때, 위쪽이 아래보다 약간 안쪽으로 기울어져 있는 상태

4 차량의 무게를 지탱하여 차체가 직접 차축에 얹히지 않도록 해주며 도로 충격을 흡수하여 운전자와 화물에 더욱 유연한 승차를 제공하는 장치는?

① 제동장치

② 주행장치

③ 조향장치

④ 현가장치

Advice
- ① 주행하는 자동차를 감속 또는 정지시킴과 동시에 주차 상태를 유지하기 위하여 필요한 장치
- ② 엔진에서 발생한 동력이 최종적으로 바퀴에 전달되어 자동차가 노면 위를 달리게 되는데, 주행장치는 휠과 타이어가 해당한다.
- ③ 핸들에 의해 앞바퀴의 방향을 틀어 자동차의 진행방향으로 바꾸는 장치

정답 1.④ 2.② 3.① 4.④

5 자동차 각각의 네 바퀴에 달려있는 감지기를 통해 브레이크를 밟을 때 바퀴가 잠기는 현상을 감지한 뒤 브레이크를 풀어주어 바퀴가 다시 돌도록 한 후 바퀴가 움직이면 다시 브레이크를 작동해 바퀴가 잠기도록 반복하면서 노면의 상태에 따라 자동적으로 제동력을 제어하여 제동 안정성을 보다 높게 확보할 수 있도록 한 제동장치는?

① 주차 브레이크 ② 풋 브레이크
③ 엔진 브레이크 ④ ABS

● Advice ① 차를 주차 또는 정차시킬 때 사용하는 제동장치로서 주로 손으로 조작하나, 일부 승용자동차의 경우 발로 조작하는 경우도 있으며, 뒷바퀴 좌·우가 고정된다.
② 주행 중에 발로써 조작하는 주 제동장치로서 브레이크 페달을 밟으면 페달의 바로 앞에 있는 마스터 실린더 내의 피스톤이 작동하여 브레이크액이 압축되고, 압축된 브레이크액은 파이프를 따라 휠 실린더로 전달된다. 휠 실린더의 피스톤에 의해 브레이크 라이닝을 밀어 주어 타이어와 함께 회전하는 드럼을 잡아 멈추게 한다.
③ 가속 페달을 놓거나 저단기어로 바꾸게 되면 엔진 브레이크가 작용하여 속도가 떨어지게 된다. 이는 구동바퀴에 의해 엔진이 역으로 회전하는 것과 같이 되어 그 회전 저항으로 제동력이 발생하는 것이다. 내리막길에서 풋 브레이크만 사용하게 되면 라이닝의 마찰에 의해 제동력이 떨어지므로 엔진 브레이크를 사용하는 것이 안전하다.

6 충격흡수장치(Shock absorber)의 특징으로 옳지 않은 것은?

① 노면에서 발생한 스프링의 진동을 흡수한다.
② 승차감을 향상시킨다.
③ 스프링의 피로를 감소시킨다.
④ 타이어와 노면의 접착성을 저하시킨다.

● Advice 충격흡수장치(Shock absorber)는 타이어와 노면의 접착성을 향상시켜 커브길이나 빗길에 차가 튀거나 미끄러지는 현상을 방지한다.

7 주로 화물자동차에 사용되는 판 스프링의 특징에 대한 설명으로 옳지 않은 것은?

① 구조가 간단하고 승차감이 우수하다.
② 판간 마찰력을 이용하여 진동을 억제하나, 작은 진동을 흡수하기에는 적합하지 않다.
③ 내구성이 크다.
④ 너무 부드러운 판 스프링을 사용하면 차축의 지지력이 부족하여 차체가 불안정하게 된다.

● Advice 판 스프링은 구조가 간단하나 승차감이 나쁜 단점이 있다.

8 타이어가 회전하면 이에 따라 타이어의 원주에서는 변형과 복원을 반복한다. 타이어의 회전속도가 빨라지면 접지부에서 받은 타이어의 변형이 다음 접지 시점까지도 복원되지 않고 접지의 뒤쪽에 진동의 물결이 일어나는 현상은?

① 스탠딩 웨이브 현상
② 수막현상
③ 페이드 현상
④ 베이퍼 록 현상

● Advice 스탠딩 웨이브 현상에 대한 설명이다.
※ 스탠딩 웨이브 현상이 계속되면 타이어는 쉽게 과열되고 원심력으로 인해 트레드부가 변형될 뿐 아니라 오래가지 못해 파열된다. 스탠딩 웨이브 현상을 예방하기 위해서는 다음과 같은 주의가 필요하다.
㉠ 속도를 맞추어야 한다.
㉡ 공기압을 높여야 한다.

정답 5.④ 6.④ 7.① 8.①

9 수막현상에 대한 내용으로 옳지 않은 것은?

① 물이 고인 노면을 고속으로 주행하게 되면 물의 저항에 의해 노면으로부터 떠올라 물위를 미끄러지듯이 되는 현상을 말한다.

② 수막현상은 수상스키와 같은 원리에 의한 것으로 타이어 접지면의 앞쪽에서 물의 수막이 침범하여 그 압력에 의해 타이어가 노면으로부터 떨어지는 현상이다.

③ 수막현상을 예방하기 위해서는 고속으로 주행하면 안 된다.

④ 수막현상을 예방하기 위해서는 공기압을 조금 낮게 하여야 한다.

> ● Advice 수막현상을 예방하기 위한 방법
> ㉠ 고속으로 주행하지 않는다.
> ㉡ 마모된 타이어를 사용하지 않는다.
> ㉢ 공기압을 조금 높게 한다.
> ㉣ 배수효과가 좋은 타이어를 사용한다.

10 수막현상이 발생하는 최저의 물깊이는 얼마인가?

① 8.5mm ~ 15mm
② 6.5mm ~ 12mm
③ 4.5mm ~ 11mm
④ 2.5mm ~ 10mm

> ● Advice 수막현상이 발생하는 최저의 물깊이는 자동차의 속도, 타이어의 마모정도, 노면의 거침 등에 따라 다르지만 일반적으로 2.5mm ~ 10mm 정도이다.

11 비탈길을 내려가거나 할 경우 브레이크를 반복하여 사용하면 마찰열이 라이닝에 축적되어 브레이크의 제동력이 저하되는 현상을 무엇이라 하는가?

① 베이퍼 록 현상
② 페이드 현상
③ 모닝 록 현상
④ 롤링 현상

> ● Advice 페이드 현상 … 자동차가 비탈길을 내려가거나 할 경우 브레이크를 반복하여 사용하면 마찰열이 라이닝에 축적되어 브레이크의 제동력이 저하되는 경우가 있다. 이 현상을 페이드 현상이라고 하며 이는 브레이크 라이닝의 온도상승으로 라이닝 면의 마찰계수가 저하되기 때문에 페달을 강하게 밟아도 제동이 잘 되지 않는다.

12 브레이크 마찰재가 물에 젖어 마찰계수가 작아져 브레이크의 제동력이 저하되는 현상은?

① 페이드 현상
② 베이퍼 록 현상
③ 워터 페이드 현상
④ 모닝 록 현상

> ● Advice 워터 페이드 현상 … 브레이크 마찰재가 물에 젖어 마찰계수가 작아져 브레이크의 제동력이 저하되는 현상이다. 물이 고인 도로에 자동차를 정차시켰거나 수중 주행을 하였을 경우 이 현상이 나타나며, 브레이크가 전혀 작동하지 않을 수도 있다. 이 경우 브레이크 페달을 반복해 밟으면서 천천히 주행을 하게 되면 열에 의해 서서히 브레이크가 회복하게 된다.

정답 9.④ 10.④ 11.② 12.③

13 비가 자주 오거나 습도가 높은 날 또는 오랜 시간 주차한 후 브레이크 드럼에 미세한 녹이 발생하는 현상은?

① 페이드 현상　　　② 베이퍼 록 현상
③ 수막현상　　　　④ 모닝 록 현상

●Advice 모닝 록(Morning lock) … 비가 자주 오거나 습도가 높은 날 또는 오랜 시간 주차한 후에는 브레이크 드럼에 미세한 녹이 발생하는 현상을 말한다. 이 현상이 나타나면 브레이크드럼과 라이닝, 브레이크 패드와 디스크의 마찰계수가 높아져 평소보다 브레이크가 지나치게 예민하게 작동된다. 그러므로 평소의 감각대로 제동을 하게 되면 급제동이 되어 의외의 사고가 발생할 수 있다. 따라서 아침에 운행을 시작할 때나 장시간 주차한 다음 운행을 시작하는 경우에는 출발하기 전에 브레이크를 몇 차례 밟아주는 것이 좋다. 모닝 록 현상은 서행하면서 브레이크를 몇 번 밟아주게 되면 녹이 자연히 제거되면서 해소된다.

14 자동차의 진동 현상으로 볼 수 없는 것은?

① 롤링　　　　　　② 요잉
③ 바운싱　　　　　④ 다이브

●Advice 자동차의 진동 현상
㉠ 바운싱
㉡ 피칭
㉢ 롤링
㉣ 요잉

15 차량의 무게중심을 지나는 세로방향의 축을 중심으로 차량이 좌우로 기울어지는 현상은?

① 바운싱　　　　　② 피칭
③ 롤링　　　　　　④ 요잉

●Advice ① 차체가 Z축 방향과 평행 운동을 하는 고유 진동
② 차체가 Y축을 중심으로 하여 회전 운동을 하는 고유 진동
④ 차체가 Z축을 중심으로 하여 회전 운동을 하는 고유 진동

16 자동차가 제동할 때 바퀴는 정지하려 하고 차체는 관성에 의해 이동하려는 성질 때문에 앞 범퍼 부분이 내려가는 현상은?

① 롤링　　　　　　② 노즈다운
③ 스쿼트　　　　　④ 노즈업

●Advice 노즈 다운과 노즈 업
㉠ 노즈 다운 : 자동차를 제동할 때 바퀴는 정지하려고 차체는 관성에 의해 이동하려는 성질 때문에 앞 범퍼 부분이 내려가는 현상을 말하며, 다이브 현상이라고 한다.
㉡ 노즈 업 : 자동차가 출발할 때 구동 바퀴는 이동하려 하지만 차체는 정지하고 있기 때문에 앞 범퍼 부분이 들리는 현상을 말하며, 스쿼트 현상이라고 한다.

17 자동차 타이어의 마모에 영향을 주는 요소로 보기 어려운 것은?

① 공기압　　　　　② 날씨
③ 브레이크　　　　④ 노면

●Advice 자동차 타이어의 마모에 영향을 주는 요소
㉠ 공기압
㉡ 하중
㉢ 속도
㉣ 커브
㉤ 브레이크
㉥ 노면

정답 ▶ 13.④　14.④　15.③　16.②　17.②

18 고속도로에서 고속으로 주행하게 되면 노면과 좌우에 있는 나무나 중앙분리대의 풍경 등이 마치 물이 흐르듯이 흘러서 눈에 들어오는 느낌의 자극을 받게 되는데 이러한 현상을 무엇이라 하는가?

① 유체자극 현상
② 페이드 현상
③ 수막 현상
④ 바운싱 현상

●Advice 유체자극 현상 ⋯ 고속도로에서 고속으로 주행을 하게 되면, 노면과 좌우에 있는 나무나 중앙분리대의 풍경 등이 마치 물이 흐르듯이 흘러서 눈에 들어오는 느낌의 자극을 받게 된다. 속도가 빠를수록 눈에 들어오는 흐름의 자극은 더해지며, 주변의 경관은 거의 흐르는 선과 같이 되어 눈을 자극하게 되는 현상이다.

19 다음 중 정지소요시간을 구하는 공식으로 알맞은 것은?

① 공주거리와 제동거리의 차
② 공주거리와 제동거리의 합
③ 공주시간과 제동시간의 차
④ 공주시간과 제동시간의 합

●Advice 자동차의 정지까지 소요된 시간을 정지소요시간이라 하며 이는 공주시간과 제동시간의 합으로 나타낸다.

20 운전자가 자동차를 정지시켜야 할 상황임을 지각하고 브레이크 페달로 발을 옮겨 브레이크가 작동을 시작하는 순간까지의 시간은?

① 공주시간
② 제동시간
③ 정의시간
④ 정지시간

●Advice 공주시간과 공주거리
㉠ 공주시간 : 운전자가 자동차를 정지시켜야 할 상황임을 지각하고 브레이크 페달로 발을 옮겨 브레이크가 작동을 시작하는 순간까지의 시간
㉡ 공주거리 : 위의 상황에서 자동차가 진행한 거리

21 차량점검 시 주의사항에 대한 내용으로 옳지 않은 것은?

① 적색 경고등이 들어온 상태에서는 절대로 운행을 하지 않는다.
② 운행 전에 조향핸들의 높이와 각도가 맞게 조정되었는지 점검한다.
③ 급격한 경사로가 아닌 이상 주차브레이크를 사용하지 않아도 된다.
④ 라디에이터 캡은 주의해서 연다.

●Advice 주차 시에는 항상 주차브레이크를 사용하며, 주차브레이크를 작동시키지 않은 상태에서 절대로 운전석에서 떠나지 않는다.

22 자동차를 운행하는 도중 고무 같은 것이 타는 냄새가 날 때에는 바로 세워야 한다. 이러한 냄새가 날 경우는 어느 부분이 이상한 것인가?

① 브레이크 부분
② 바퀴 부분
③ 전기장치 부분
④ 엔진 부분

● Advice 전기장치 부분에 이상이 나타난 경우 고무 같은 것이 타는 냄새가 날 때에는 바로 차를 세워야 한다. 이는 엔진실 내의 전기 배선 등의 피복이 녹아 벗겨져 합선에 의해 전선이 타면서 나는 냄새가 대부분이다. 보닛을 열고 잘 살펴보아 이러한 부위를 발견하여야 한다.

23 자동차 배출가스의 색상은 어떠한 색이어야 정상인가?

① 검은색
② 흰색
③ 회색
④ 무색

● Advice 완전 연소 때 배출되는 가스의 색은 정상상태에서 무색 또는 약간 엷은 청색을 띤다.
초크 고장이나 에어클리너 엘리먼트의 막힘, 연료장치 고장 등일 경우에는 검은색을 띠며, 헤드 개스킷 파손, 밸브의 오일 씰 노후 및 피스톤 링의 마모 등 엔진 보링을 할 시기가 될 때는 흰색을 띤다.

24 주행시 엔진의 온도가 과열될 경우 그 조치 방법으로 적절하지 못한 것은?

① 냉각수를 보충하도록 한다.
② 엔진 피스톤 링을 교환하도록 한다.
③ 냉각팬 휴즈 및 배선상태를 확인하도록 한다.
④ 냉각수 온도 감지센서를 교환하도록 한다.

● Advice 주행시 엔진 온도 과열이 나타날 경우 조치방법
㉠ 냉각수 보충
㉡ 팬벨트의 장력조정
㉢ 냉각팬 휴즈 및 배선상태 확인
㉣ 팬벨트 교환
㉤ 수온조절기 교환
㉥ 냉각수 온도 감지센서 교
㉦ 외관상 결함 상태가 없을 경우
• 라디에이터 캡을 열고 냉각수의 흐름을 관찰한 후 냉각수 내 기포 현상이 있는가를 확인
• 기포 현상은 연소실 내 압축가스가 새고 있다는 것(미세한 경우는 약 10~15분 정도 확인 관찰해야 함)
• 이 경우 실린더헤드 볼트 조임 불량 및 손상으로 고장입고 조치

25 주행 제동 시 차량의 쏠림 현상이 나타날 경우 점검해야 할 사항으로 옳지 않은 것은?

① 좌우 타이어의 공기압을 점검하도록 한다.
② 좌우 브레이크 라이닝의 간극 및 드럼손상을 점검하도록 한다.
③ 브레이크 에어 및 오일 파이프를 점검하도록 한다.
④ 연료 탱크 내 수분을 제거하도록 한다.

● Advice 주행 제동 시 차량 쏠림이 나타날 경우 점검사항
㉠ 좌우 타이어의 공기압 점검
㉡ 좌우 브레이크 라이닝 간극 및 드럼손상 점검
㉢ 브레이크 에어 및 오일 파이프 점검
㉣ 듀얼 서킷 브레이크 점검
㉤ 공기 빼기 작업
㉥ 에어 및 오일 파이프라인 이상 발견

정답 22.③ 23.④ 24.② 25.④

26 급제동 시 차체 진동이 심하고 브레이크 페달이 떨릴 경우 점점해야 할 사항이 아닌 것은?

① 휠 얼라이먼트 상태 점검

② 전원 연결배선 교환

③ 브레이크 드럼 및 라이닝 점검

④ 브레이크 드럼의 진원도 불량

●Advice 급제동 시 차체 진동이 심하고 브레이크 페달이 떨릴 경우 점검사항
ㄱ 휠 얼라이먼트 점검
ㄴ 제동력 점검
ㄷ 브레이크 드럼 및 라이닝 점검
ㄹ 브레이크 드럼의 진원도 불량

27 주행 중 브레이크 작동시 온도 메터 게이지가 하강할 경우 점검해야 할 사항으로 옳지 않은 것은?

① 온도 메터 게이지 교환 후 동일현상 여부 점검

② 수온센서 교환 후 동일현상 여부 점검

③ 배선 및 커넥터 점검

④ 록킹 실린더 누유 점검

●Advice 주행 중 브레이크 작동 시 온도 메터 게이지 하강시 점검사항
ㄱ 온도 메터 게이지 교환 후 동일현상 여부 점검
ㄴ 수온센서 교환 후 동일현상 여부 점검
ㄷ 배선 및 커넥터 점검
ㄹ 프레임과 엔진 배선 중간부위 과다하게 꺾임 확인
ㅁ 배선 피복은 정상이나 내부 에나멜선의 단선 확인

03 도로요인과 안전운행

1 도로가 되기 위한 4가지 조건에 해당하지 않는 것은?

① 형태성

② 이용성

③ 비공개성

④ 교통경찰권

●Advice 도로가 되기 위한 조건
ㄱ **형태성** : 차로의 설치, 비포장의 경우에는 노면의 균일성 유지 등으로 자동차 기타 운송수단의 통행에 용이한 형태를 갖출 것
ㄴ **이용성** : 사람의 왕래, 화물의 수송, 자동차 운행 등 공중의 교통영역으로 이용되고 있는 곳
ㄷ **공개성** : 공중교통에 이용되고 있는 불특정 다수인 및 예상할 수 없을 정도로 바뀌는 숫자의 사람을 위해 이용이 허용되고 실제 이용되고 있는 곳
ㄹ **교통경찰권** : 공공의 안전과 질서유지를 위하여 교통경찰권이 발동될 수 있는 장소

2 도로의 곡선부에 방호울타리를 설치하는 이유로 옳지 않은 것은?

① 자동차의 차도이탈을 방지하기 위하여

② 탑승자의 상해 및 자동차의 파손을 감소시키기 위하여

③ 자동차의 편경사를 개선하고 사고율을 감소시키기 위하여

④ 운전자의 시선을 유도하기 위하여

●Advice 곡선부 방호울타리의 기능
ㄱ 자동차의 차도이탈을 방지하는 것
ㄴ 탑승자의 상해 및 자동차의 파손을 감소시키는 것
ㄷ 자동차를 정상적인 진행방향으로 복귀시키는 것
ㄹ 운전자의 시선을 유도하는 것

정답 26.② 27.④ / 1.③ 2.③

3 갓길(길어깨)의 역할로 보기 어려운 것은?

① 고장차가 본선차도로부터 대피할 수 있고, 사고 시 교통의 혼잡을 야기하는 역할을 한다.
② 측방 여유폭을 가지므로 교통의 안전성과 쾌적성에 기여한다.
③ 절토부 등에서는 곡선부의 시거가 증대되기 때문에 교통의 안전성이 높다.
④ 보도 등이 없는 도로에서는 보행자 등의 통행장소로 제공된다.

> ●Advice 길어깨의 역할
> ㉠ 고장차가 본선차도로부터 대피할 수 있고, 사고 시 교통의 혼잡을 방지하는 역할을 한다.
> ㉡ 측방 여유폭을 가지므로 교통의 안전성과 쾌적성에 기여한다.
> ㉢ 유지관리 작업장이나 지하매설물에 대한 장소로 제공된다.
> ㉣ 절토부 등에서는 곡선부의 시거가 증대되기 때문에 교통의 안전성이 높다.
> ㉤ 유지가 잘 되어 있는 길어깨는 도로 미관을 높인다.
> ㉥ 보도 등이 없는 도로에서는 보행자 등의 통행장소로 제공된다.

4 다음 설명 중 옳지 않은 것은?

① 교량 접근로의 폭에 비하여 교량의 폭이 좁을수록 사고가 더 많이 발생한다.
② 교량의 접근로 폭과 교량의 폭이 같을 때 사고율이 가장 높다.
③ 교량의 접근로 폭과 교량의 폭이 서로 다를 경우 교통통제시설을 효과적으로 설치함으로써 사고율을 현저히 감소시킨다.
④ 교량 접근로의 폭에 비하여 교량의 폭이 넓을수록 사고율이 낮다.

> ●Advice 교량의 접근로 폭과 교량의 폭이 같을 때 사고율이 가장 낮다.

5 중앙분리대의 기능에 대한 설명으로 옳지 않은 것은?

① 상하 차도의 교통 분리
② 사고 및 고장 차량이 정지할 수 있는 여유공간 제공
③ 필요에 따라 유턴 가능
④ 대향차의 현광 방지

> ●Advice 중앙분리대의 기능
> ㉠ 상하 차도의 교통 분리
> ㉡ 평면교차로가 있는 도로에서는 폭이 충분할 때 좌회전 차로로 활용할 수 있어 교통처리 유연
> ㉢ 광폭 분리대의 경우 사고 및 고장 차량이 정지할 수 있는 여유공간을 제공
> ㉣ 보행자에 대한 안전섬이 됨으로써 횡단시 안전
> ㉤ 필요에 따라 유턴 방지
> ㉥ 대향차의 현광 방지
> ㉦ 도로표지, 기타 교통관제시설 등을 설치할 수 있는 장소를 제공

6 다음 중 용어의 정의가 잘못된 것은?

① 차로수 – 양방향 차로의 수를 합한 것을 말한다.
② 오르막차로 – 오르막 구간에서 저속 자동차를 다른 자동차와 분리하여 통행시키기 위하여 설치하는 차로
③ 측대 – 운전자의 시선을 유도하고 옆부분의 여유를 확보하기 위하여 중앙분리대 또는 길어깨에 차도와 동일한 횡단경사와 구조로 차도에 접속하여 설치하는 부분
④ 길어깨 – 차도를 통행의 방향에 따라 분리하고 옆부분의 여유를 확보하기 위하여 도로의 중앙에 설치하는 분리대와 측대를 말한다.

> ●Advice ④ 중앙분리대에 대한 설명이다.
> ※ 길어깨 … 도로를 보호하고 비상시에 이용하기 위하여 차도에 접속하여 설치하는 도로의 부분을 말한다.

> **정답** ▶ 3.① 4.② 5.③ 6.④

7 평면곡선부에서 자동차가 원심력에 저항할 수 있도록 하기 위하여 설치하는 횡단경사를 무엇이라 하는가?

① 횡단경사
② 편경사
③ 종단경사
④ 노상시설

● Advice ① 도로의 진행방향에 직각으로 설치하는 경사로서 도로의 배수를 원활하게 하기 위하여 설치하는 경사와 평면곡선부에 설치하는 편경사를 말한다.
③ 도로의 진행방향 중심선의 길이에 대한 높이의 변화비율을 말한다.
④ 보도 · 자전거도로 · 중앙분리대 · 길어깨 또는 환경시설대 등에 설치하는 표지판 및 방호울타리 등 도로의 부속물을 말한다.

8 2차로 도로에서 저속 자동차를 안전하게 앞지를 수 있는 거리를 무엇이라 하는가?

① 정지시거
② 오르막차로
③ 주 · 정차대
④ 앞지르기시거

● Advice 앞지르기시거 … 2차로 도로에서 저속 자동차를 안전하게 앞지를 수 있는 거리로서 차로의 중심선상 1미터의 높이에서 반대쪽 차로의 중심선에 있는 높이 1.2m의 반대쪽 자동차를 인지하고 앞차를 안전하게 앞지를 수 있는 거리를 도로 중심선에 따라 측정한 길이를 말한다.

---

04 안전운전

1 운전자가 다른 운전자나 보행자가 교통법규를 지키지 않거나 위험한 행동을 하더라도 이에 대처할 수 있는 운전자세를 갖추어 미리 위험한 상황을 피하여 운전하는 것을 일컫는 용어는?

① 안전운전   ② 방어운전
③ 야간운전   ④ 초보운전

● Advice 방어운전 … 운전자가 다른 운전자나 보행자가 교통법규를 지키지 않거나 위험한 행동을 하더라도 이에 대처할 수 있는 운전자세를 갖추어 미리 위험한 상황을 피하여 운전하는 것, 위험한 상황을 만들지 않고 운전하는 것, 위험한 상황에 직면했을 때는 이를 효과적으로 회피할 수 있도록 운전하는 것을 말한다.
㉠ 자기 자신이 사고의 원인을 만들지 않는 운전
㉡ 자기 자신이 사고에 말려들어 가지 않게 하는 운전
㉢ 타인의 사고를 유발시키지 않는 운전

2 방어운전의 기본에 해당하지 않는 것은?

① 교통상황 정보수집
② 정확한 운전 지식
③ 초보적인 운전 기술
④ 예측능력과 판단력

● Advice 방어운전의 기본
㉠ 능숙한 운전 기술
㉡ 정확한 운전 지식
㉢ 세심한 관찰력
㉣ 예측능력과 판단력
㉤ 양보와 배려의 실천
㉥ 교통상황 정보수집
㉦ 반성의 자세
㉧ 무리한 운행 배제

정답 ▶ 7.② 8.④ / 1.② 2.③

3 시동을 걸고 출발을 할 경우 방어운전 방법으로 옳지 않은 것은?

① 차의 전후, 좌우는 물론 차의 밑과 위까지 안전을 확인한다.
② 도로의 가장자리에서 도로로 진입하는 경우에는 최대한 빠르게 진입한다.
③ 교통류에 합류할 때에는 진행하는 차의 간격 상태를 확인하고 합류한다.
④ 과로로 피로하거나 심리적으로 흥분된 상태에서는 운전을 자제한다.

● Advice 도로의 가장자리에서 도로로 진입하는 경우에는 반드시 신호를 해야 한다.

4 주행시 속도조절에 대한 설명으로 옳지 않은 것은?

① 교통량이 많은 곳에서는 속도를 줄여서 주행하고 노면의 상태가 나쁜 도로에서는 속도를 줄여 주행한다.
② 기상상태나 도로조건 등으로 시계조건이 나쁜 곳에서는 속도를 줄여 주행하고 해질 무렵, 터널 등 조명 조건이 나쁠 때에도 속도를 줄여 주행한다.
③ 주택가나 이면도로 등에서는 과속이나 난폭 운전을 하지 않는다.
④ 곡선반경이 큰 도로나 신호의 설치간격이 넓은 도로에서는 속도를 낮추어 안전하게 통과한다.

● Advice 곡선반경이 작은 도로나 신호의 설치간격이 좁은 도로에서는 속도를 낮추어 안전하게 통과한다.

5 앞지르기를 할 때 방어운전 요령으로 옳지 않은 것은?

① 앞지르기가 허용된 지역에서만 앞지르기를 한다.
② 마주 오는 차의 속도와 거리를 정확히 판단한 후 앞지르기를 한다.
③ 앞지르기 후 뒤차의 안전을 고려하여 진입한다.
④ 앞지르기를 한 후 뒤차에게 신호로 알린다.

● Advice 앞지르기 전에 앞차에게 신호로 알린다.

6 교차로 신호기 설치의 장점으로 옳지 않은 것은?

① 교통류의 흐름을 질서 있게 한다.
② 교차로에서의 직각충돌사고를 줄일 수 있다.
③ 과도한 대기로 인한 지체가 발생할 수 있다.
④ 교통처리용량을 증대시킬 수 있다.

● Advice 교차로 신호기 설치의 장점
㉠ 교통류의 흐름을 질서 있게 한다.
㉡ 교통처리용량을 증대시킬 수 있다.
㉢ 교차로에서의 직각충돌사고를 줄일 수 있다.
㉣ 특정 교통류의 소통을 도모하기 위하여 교통 흐름을 차단하는 것과 같은 통제에 이용할 수 있다.

7 주차를 할 경우 운전방법에 대한 설명으로 옳지 않은 것은?

① 앞차에 최대한 밀착하여 주차하도록 한다.
② 주행차로에 차의 일부분이 돌출된 상태로 주차하지 않는다.
③ 언덕길 등 기울어진 길에는 바퀴를 고이거나 위험방지를 위한 조치를 취한 후 안전을 확인하고 차에서 떠난다.
④ 차가 노상에서 고장을 일으킨 경우에는 적절한 고장표지를 설치한다.

● Advice 주차할 경우 운전방법
　㉠ 주차가 허용된 지역이나 안전한 지역에 주차한다.
　㉡ 주행차로에 차의 일부분이 돌출된 상태로 주차하지 않는다.
　㉢ 언덕길 등 기울어진 길에는 바퀴를 고이거나 위험방지를 위한 조치를 취한 후 안전을 확인하고 차에서 떠난다.
　㉣ 차가 노상에서 고장을 일으킨 경우에는 적절한 고장표지를 설치한다.

8 이면도로의 위험성에 대한 내용으로 옳지 않은 것은?

① 도로의 폭이 좁고 보도 등의 안전시설이 없다.
② 좁은 도로가 많이 교차하고 있다.
③ 주변에 점포와 주택 등이 밀집되어 있으므로 보행자들이 신호를 잘 지키며 통행한다.
④ 길가에서 어린이들이 뛰어 노는 경우가 많으므로 어린이들과의 사고가 일어나기 쉽다.

● Advice 이면도로는 주변에 점포와 주택 등이 밀집되어 있으므로 보행자 등이 아무 곳에서나 횡단이나 통행을 하므로 위험하다.

9 교차로 사고의 발생원인으로 옳지 않은 것은?

① 앞쪽 상황에 소홀한 채 진행신호로 바뀌는 순간 급출발한다.
② 정지신호임에도 불구하고 정지선을 지나 교차로에 진입했거나 무리하게 통과를 시도한다.
③ 교차로 진입 전 이미 황색신호임에도 무리하게 통과를 시도한다.
④ 통행의 우선순위에 따라 최대한 빠르게 진행한다.

● Advice 교차로 교통사고의 발생 원인
　㉠ 앞쪽 상황에 소홀한 채 진행신호로 바뀌는 순간 급출발
　㉡ 정지신호임에도 불구하고 정지선을 지나 교차로에 진입하거나 무리하게 통과를 시도하는 신호무시
　㉢ 교차로 진입 시 이미 황색신호임에도 무리하게 통과 시도

10 교차로 통과 시 안전운전방법으로 옳지 않은 것은?

① 신호는 자기의 눈으로 확실히 확인한다.
② 직진할 경우 좌우회전 하는 차를 주의한다.
③ 좌우회전 시 방향신호를 정확하게 한다.
④ 좌회전은 최대한 빠른 속도로 통과한다.

● Advice 교차로 통과시 안전운전방법
　㉠ 신호는 자기의 눈으로 확실히 확인
　㉡ 직진할 경우 좌우회전 하는 차에 주의
　㉢ 교차로의 대부분은 앞이 잘 보이지 않는 곳임을 알아야 함
　㉣ 좌우회전 시 방향신호는 정확히 해야 함
　㉤ 성급한 좌회전은 보행자를 간과하기 쉬움
　㉥ 앞차를 따라 차간거리를 유지해야 하며, 맹목적으로 앞차를 따라가면 안됨

정답 7.① 8.③ 9.④ 10.④

11 교차로 황색신호시간에 일어날 수 있는 교통사고의 유형으로 볼 수 없는 것은?

① 교차로 상에서 전 신호 차량과 후 신호 차량의 충돌이 발생한다.
② 횡단보도 전 앞차의 정지 시 앞차를 추돌하는 사고가 발생한다.
③ 횡단보도 통과 시 보행자 및 자전거 또는 이륜차와의 충돌이 발생한다.
④ 우회전 차량과의 충돌이 발생할 수 있다.

●Advice 교차로 황색신호시간에 일어날 수 있는 교통사고의 유형
　ㄱ 교차로 상에서 전 신호 차량과 후 신호 차량의 충돌
　ㄴ 횡단보도 전 앞차 정지 시 앞차 추돌
　ㄷ 횡단보도 통과 시 보행자, 자전거 또는 이륜차 충돌
　ㄹ 유턴 차량과의 충돌

12 이면도로를 안전하게 운행하는 방법으로 옳지 않은 것은?

① 항상 위험을 예상하면서 서행을 하도록 한다.
② 자동차나 어린이가 갑자기 뛰어들지 모른다는 생각을 가지고 운전을 한다.
③ 위험스러운 자전거, 손수레, 사람과 그 그림자 등 위험대상물을 발견했을 때에는 최대한 빠르게 추월하여 그 자리를 피하도록 한다.
④ 언제라도 바로 정지할 수 있는 마음의 준비를 갖춘다.

●Advice 위험스럽게 느껴지는 자동차나 자전거 · 손수레 · 사람과 그 그림자 등 위험 대상물을 발견하였을 때에는 그의 움직임을 주시하여 안전하다고 판단될 때까지 시선을 떼지 않는다.

13 커브길에 대한 설명으로 옳지 않은 것은?

① 도로가 왼쪽 또는 오른쪽으로 굽은 곡선부를 갖는 도로의 구간을 의미한다.
② 곡선부의 곡선반경이 길어질수록 완만한 커브길이 되며 곡선반경이 극단적으로 길어져 무한대에 이르면 완전한 곡선도로가 된다.
③ 곡선반경이 짧아질수록 급한 커브길이 된다.
④ 커브길은 미끄러지거나 전복될 위험이 있으므로 부득이한 경우가 아니면 급핸들조작이나 급제동을 하여서는 아니된다.

●Advice 곡선부의 곡선반경이 길어질수록 완만한 커브길이 되며 곡선반경이 극단적으로 길어져 무한대에 이르면 완전한 직선도로가 된다.

14 커브길 안전주행 방법으로 옳지 않은 것은?

① 핸들을 조작할 때에는 가속이나 감속을 하지 않는다.
② 중앙선을 침범하거나 도로의 중앙으로 치우쳐 운전하지 않는다.
③ 항상 반대 차로에 차가 오고 있다는 것을 염두에 두고 차로를 준수하며 운전한다.
④ 커브길에서 앞지르기는 대부분 안전표지로 금지하고 있으니 안전표지가 없는 곳에서는 앞지르기가 가능하다.

●Advice 커브길에서 앞지르기는 대부분 안전표지로 금지하고 있으나 안전표지가 없더라도 절대로 하지 않는다.

정답 11.④ 12.③ 13.② 14.④

15 차로폭에 대한 설명으로 옳지 않은 것은?

① 차로폭은 일반적으로 시내 및 고속도로는 좁고, 골목길이나 이면도로는 넓다.

② 차로폭이 넓은 경우 주관적 속도감이 실제 주행속도보다 낮게 느껴짐에 따라 제한속도를 초과한 과속사고가 일어날 위험이 크다.

③ 차로폭이 좁은 경우 보행자, 노약자, 어린이 등에 주의하여 즉시 정지할 수 있는 안전한 속도로 주행하여야 한다.

④ 차로폭이 넓은 경우 과속의 위험이 있고, 차로폭이 좁은 경우 차량 및 보행자 등에 의한 사고의 위험이 크다.

> **●Advice** 시내 및 고속도로 등에서는 도로폭이 비교적 넓고, 골목길이나 이면도로 등에서는 도로폭이 비교적 좁다.

16 내리막길을 주행할 때 주의해야 할 사항으로 옳지 않은 것은?

① 내리막길을 내려가기 전 미리 감속하고 엔진 브레이크를 사용하여 속도를 조절하여야 한다.

② 내리막길 주행시 중간에 불필요하게 속도를 줄이거나 급제동을 하는 것은 금물이다.

③ 내리막길 주행시 경사가 낮다고 하여 가속을 하게 되면 위험하다.

④ 내리막길 주행시 풋 브레이크를 사용하면 페이드 현상을 예방하여 안전운행을 할 수 있다.

> **●Advice** 내리막길 주행시 엔진 브레이크를 사용하면 페이드 현상을 예방하여 운행 안전도를 더욱 높일 수 있다.

17 오르막길 운행시 안전운전 방법으로 옳지 않은 것은?

① 정차할 경우 앞차가 뒤로 밀려 충돌할 가능성을 염두해 두고 충분한 차간 거리를 유지하도록 한다.

② 정차 시에는 엔진 브레이크와 배기 브레이크를 같이 사용하도록 한다.

③ 출발 시에는 핸드 브레이크를 사용하는 것이 안전하다.

④ 오르막길에서 앞지르기를 할 때에는 힘과 가속력이 좋은 저단 기어를 사용하는 것이 안전하다.

> **●Advice** ② 정차 시에는 풋 브레이크와 핸드 브레이크를 같이 사용하도록 한다.

18 앞지르기 사고의 대표적인 유형으로 옳지 않은 것은?

① 앞지르기를 위한 최초 진로변경 시 동일방향 좌측 후손차 또는 나란히 진행하던 차와의 충돌사고

② 좌측 도로상의 보행자 또는 우회전차량과의 충돌사고

③ 중앙선을 넘어 앞지르기를 할 경우 대향차와의 충돌사고

④ 유턴 차량과의 충돌사고

> **●Advice** 앞지르기 사고의 유형
> ㉠ 앞지르기를 하기 위한 최초 진로변경 시 동일방향 좌측 후속차 또는 나란히 진행하던 차와의 충돌사고
> ㉡ 좌측 도로상의 보행자와 충돌, 우회전 차량과의 충돌사고
> ㉢ 중앙선을 넘어 앞지르기 시 대향차와의 충돌사고
> ㉣ 진행 차로 내의 앞뒤 차량과의 충돌사고
> ㉤ 앞 차량과의 근접주행에 따른 측면 충돌사고
> ㉥ 경쟁 앞지르기에 따른 충돌사고

정답 ▶ 15.① 16.④ 17.② 18.④

19 철길 건널목의 종류로 볼 수 없는 것은?

① 1종 건널목
② 2종 건널목
③ 3종 건널목
④ 4종 건널목

> **Advice** 철길 건널목의 종류
> ㉠ 1종 건널목 : 차단기, 경보기 및 건널목 교통안전 표지를 설치하고 차단기를 주·야간 계속하여 작동시키거나 또는 건널목 안내원이 근무하는 건널목
> ㉡ 2종 건널목 : 경보기와 건널목 교통안전 표지만 설치하는 건널목
> ㉢ 3종 건널목 : 건널목 교통안전 표지만 설치하는 건널목

20 철길 건널목을 안전하게 통과하는 방법으로 옳지 않은 것은?

① 일시정지 후 좌우의 안전을 확인하고 통과한다.
② 앞 차량을 따라 통과할 경우 앞 차량이 건너간 맞은편에 자차가 들어갈 여유 공간이 있을 경우에 통과하도록 한다.
③ 차단기가 내려지고 있거나, 경보음이 울릴 때 등 건널목을 완전하게 통과할 수 없는 염려가 있을 때에는 진입하지 않도록 한다.
④ 건널목을 통과할 때에는 기어를 빠르게 변속하여 최대한 빨리 통과하도록 한다.

> **Advice** 건널목을 통과할 때에는 기어를 변속하지 않는다. 특히 수동변속기 차량의 경우 기어 변속 과정에서 엔진이 정지될 수 있으므로 가속 페달을 조금 힘주어 밟고 통과하도록 한다.

21 고속도로 운행에 대한 설명으로 옳지 않은 것은?

① 속도의 흐름과 도로사정, 날씨 등에 따라 안전거리를 충분히 확보하도록 하고 법정속도를 준수하도록 한다.
② 차로 변경 시에는 최소한 100m 전방에서부터 방향지시등을 켜고, 전방 주시점은 속도가 빠를수록 멀리 둔다.
③ 고속도로 진입 시에는 충분한 가속으로 속도를 높인 후 주행차로로 진입하여 주행차에 방해를 주지 않도록 한다.
④ 고속도로 주행 시에는 앞차 움직임만을 살피도록 하고, 주행차로 운행을 준수하도록 한다.

> **Advice** 고속도로 주행 시에는 앞차의 움직임 뿐 아니라 가능한 한 앞차 앞의 3~4대 차량의 움직임도 살펴야 한다.

22 여름철 자동차 관리 시 주의해서 점검해야 할 사항이 아닌 것은?

① 냉각장치
② 와이퍼
③ 타이어 마모
④ 엔진오일

> **Advice** 여름철에는 무더위와 장마, 휴가철을 맞아 장거리 운전하는 경우가 있으므로 냉각장치의 점검, 와이퍼의 작동상태 점검, 타이어 마모상태 점검, 차량 내부의 습기 제거 등에 주의를 기울여 점검하도록 한다.

정답 19.④ 20.④ 21.④ 22.④

23 다음 설명 중 옳지 않은 것은?

① 야간에는 주간에 비해 시야가 전조등의 범위로 한정되어 노면과 앞차의 후미 등 전방만을 보게 되므로 주간보다 속도를 5% 정도 감속하고 운행하여야 한다.

② 안개로 인해 시야의 장애가 발생되면 우선 차간거리를 충분히 확보하고 앞차의 제동이나 방향지시등의 신호를 예의주시하며 천천히 주행하도록 한다.

③ 비가 내려 물이 고인 길을 통과할 때에는 속도를 줄이며 저속기어로 변속한 후 서행하여 통과하도록 한다.

④ 울퉁불퉁한 비포장도로를 통과할 때에는 브레이킹, 가속페달 조작, 핸들링 등을 부드럽게 하도록 한다.

● Advice 야간에는 주간에 비해 시야가 전조등의 범위로 한정되어 노면과 앞차의 후미 등 전방만을 보게 되므로 주간보다 속도를 20% 정도 감속하고 운행하여야 한다.

24 위험물의 종류로 보기 어려운 것은?

① 고압가스
② 석유류
③ 화약
④ 주류

● Advice 위험물의 종류 ⋯ 고압가스, 화약, 석유류, 독극물, 방사성물질 등

25 가을철 장거리 운행 전 점검사항으로 옳지 않은 것은?

① 타이어의 공기압은 적절하고, 상처난 곳은 없는지, 스페어타이어는 이상 없는 지를 점검한다.

② 보닛을 열어 냉각수와 브레이크액의 양을 점검하고, 엔진오일은 양 뿐 아니라 상태에 대한 점검도 병행하며, 펜밸트의 장력은 적정한지, 손상된 부분은 없는지 점검하도록 한다.

③ 헤드라이트, 방향지시등과 같은 각종 램프의 작동여부를 점검한다.

④ 연료는 연비의 향상을 위하여 가득 채우지 않도록 한다.

● Advice 가을철 장거리 운행 전 점검사항
㉠ 타이어의 공기압은 적절하고, 상처난 곳은 없는지, 스페어타이어는 이상 없는 지를 점검한다.
㉡ 보닛을 열어보아 냉각수와 브레이크액의 양을 점검하고, 엔진오일은 양 뿐 아니라 상태에 대한 점검을 병행하며, 팬밸트의 장력은 적정한지, 손상된 부분은 없는지 점검하고 여유분 한 개를 더 휴대한다.
㉢ 헤드라이트, 방향지시등과 같은 각종 램프의 작동여부를 점검한다.
㉣ 운행중의 고장이나 점검에 필요한 휴대용 작업등, 손전등을 준비한다.
㉤ 출발 전 연료를 가득 채우고 지도를 휴대하는 것도 필요하다.

정답 ▶ 23.① 24.④ 25.④

26 겨울철 빙판이나 눈길 같은 미끄러운 도로를 주행할 경우 안전운행 방법으로 옳지 않은 것은?

① 눈이 내린 후 차바퀴 자국이 나 있을 때에는 앞 차량의 타이어 자국 위에 자기 차량의 타이어 바퀴를 넣고 달리면 미끄러짐을 예방할 수 있다.

② 미끄러운 오르막길에서는 앞서가는 자동차가 정상에 오르는 것을 확인한 후 올라가야 하며, 도중에 정지하는 일이 없도록 밑에서부터 탄력을 받아 일정한 속도로 기어 변속 없이 한 번에 올라가야 한다.

③ 주행 중 교량 위나 터널 근처에서는 약간의 가속을 하여 빠르게 통과하도록 한다.

④ 눈 쌓인 커브길 주행 시 기어 변속을 하지 않아야 하며, 진입 전에 충분히 감속을 하도록 한다.

● **Advice** 주행 중 노면의 동결이 예상되는 그늘진 장소도 주의해야 한다. 햇볕을 받는 남향 쪽의 도로는 건조하지만 북쪽 도로는 동결하는 경우가 많다. 교량 위·터널 근처가 동결되기 쉬운 대표적인 장소이므로 감속하여 운행하도록 하여야 한다.

27 위험물의 적재방법으로 옳지 않은 것은?

① 운반용기와 포장외부에는 위험물의 수량만을 기재하여야 한다.

② 운반도중 위험물 또는 위험물을 수납한 운반용기가 떨어지거나 그 용기의 포장이 파손되지 않도록 적재하여야 한다.

③ 직사광선 및 빗물 등의 침투를 방지하기 위하여 덮개 등을 설치하도록 한다.

④ 혼재 금지된 위험물의 혼합 적재는 금지하도록 한다.

● **Advice** 운반용기와 포장외부에 위험물의 품목, 화학명 및 수량 등을 표기하여야 한다.

28 가스운반전용차량의 적재함에 리프트를 설치하지 않을 수 있는 차량의 적재 중량은?

① 20톤

② 10톤

③ 5톤

④ 1톤 이하

● **Advice** 가스운반전용차량의 적재함에는 리프트를 설치하여야 한다. 다만, 적재능력 1톤 이하의 차량에는 적재함에 리프트를 설치하지 않을 수 있다.

29 탱크로리 차량의 탱크 속 취급물질을 안전하게 운송하기 위하여 준수해야 할 사항으로 옳지 않은 것은?

① 도로교통법, 고압가스 안전관리법, 액화석유가스의 안전관리 및 사업법 등 관계법규 및 기준을 잘 준수하도록 한다.

② 노면이 나쁜 도로를 통과할 경우 주행 직전 안전한 장소를 선택하여 주차하고, 가스의 누설, 밸브의 이완, 부속품의 부착부분 등을 점검하여 이상여부를 확인하도록 한다.

③ 육교 등 밑을 통과할 때에는 육교 등 높이에 주의하여 서서히 운행하여야 하며, 차량이 육교 등의 아래 부분에 접촉할 우려가 있는 경우에는 다른 길로 돌아서 운행하도록 한다.

④ 운행계획에 따른 운행경로를 준수하여야 하며, 도로의 사정 및 교통체증으로 인하여 운행 경로를 부득이하게 변경할 경우 최단 경로를 선택하여 운행하도록 한다.

● **Advice** 운행계획에 따른 운행경로를 임의로 바꾸지 말아야 하며, 부득이하여 운행경로를 변경하고자 할 때에는 긴급한 경우를 제외하고는 소속사업소, 회사 등에 사전 연락하여 비상사태를 대비하도록 하여야 한다.

30 차량에 고정된 탱크로부터 저장설비 등에 가스를 주입하는 작업을 할 경우 당해 사업소의 안전관리자의 작업기준으로 옳지 않은 것은?

① 이송 전후 밸브의 누출유무를 점검하고 개폐는 빠르게 행한다.

② 탱크의 설계압력 이상의 압력으로 가스를 충전하여서는 안 된다.

③ 가스에 수분이 혼입되지 않도록 하고, 슬립튜브식 액면계의 계량시에는 액면계의 바로 위에 얼굴이나 몸을 내밀고 조작하지 말아야 한다.

④ 액화석유가스 충전소 내에서는 동시에 2대 이상의 고정된 탱크에서 저장설비로 이송작업을 하지 말아야 한다.

● **Advice** ① 이송 전후에 밸브의 누출유무를 점검하고 개폐는 서서히 행하여야 한다.

31 고압가스 충전용기를 운반하는 경우 충전용기의 운반 중의 적정온도는 얼마인가?

① 10℃ 이하
② 40℃ 이하
③ 40℃ 이상
④ -10℃ 이하

● **Advice** 운반중의 충전용기는 항상 40℃ 이하를 유지하도록 하여야 한다.

정답 29.④ 30.① 31.②

32 고압가스 충전용기 운반차량에 충전용기를 적재하는 방법에 대한 설명으로 옳지 않은 것은?

① 압축가스의 충전용기 중 그 형태 및 운반차량의 구조상 세워서 적재하기 곤란한 때에는 적재함에 넣은 후 최대한 세워서 적재한다.

② 충전용기 등을 목재·플라스틱 또는 강철재로 만든 팔레트 내부에 넣어 안전하게 적재하는 경우와 용량 10kg 미만의 액화석유가스 충전 용기를 적재할 경우를 제외하고는 모든 충전용기는 1단으로 쌓아야 한다.

③ 충전용기 등은 짐이 무너지거나, 떨어지거나 차량의 충돌 등으로 인한 충격과 밸브의 손상 등을 방지하기 위하여 차량의 짐받이에 바싹대고 로프, 짐을 조이는 공구 등을 사용하여 확실하게 묶어 적재하며, 운반차량 뒷면에는 두께 5mm 이상, 폭 100mm 이상의 범퍼를 설치하여야 한다.

④ 차량에 충전용기 등을 적재한 후에 당해 차량의 측판 및 뒤판을 정상적인 상태로 닫은 후 확실하게 걸게쇠로 걸어 잠그도록 한다.

● Advice 충전용기를 차량에 적재하여 운반하는 때에는 차량운행 중의 동요로 인하여 용기가 충돌하지 않도록 고무링을 씌우거나 적재함에 넣어 세워서 운반하여야 한다. 다만, 압축가스의 충전용기 중 그 형태 및 운반차량의 구조상 세워서 적재하기 곤란한 때에는 적재함 높이 이내로 눕혀서 적재할 수 있다.

33 고속도로 교통사고의 특성에 대한 설명으로 옳지 않은 것은?

① 운전자의 전방주시 태만과 졸음운전 등으로 인하여 2차 사고 발생 가능성이 높다.

② 영업용 차량 운전자의 잦은 장거리 운행으로 인한 대형차량의 증가로 대형사고가 자주 발생한다.

③ 화물차의 적재불량과 과적은 도로상에 낙하물을 발생시키고 교통사고의 원인이 된다.

④ 운행 중 휴대폰 사용, DMB 시청 등 기기사용의 증가로 인해 전방주시 소홀로 인해 교통사고 발생가능성이 더욱 증가하고 있다.

● Advice 고속도로 교통사고의 특성
㉠ 고속도로는 빠르게 달리는 도로 특성상 다른 도로에 비해 치사율이 높다.
㉡ 운전자 전반주시 태만과 졸음운전으로 인한 2차 사고가 발생할 가능성이 높다.
㉢ 화물차, 버스 등 운전자의 장거리 운행으로 인한 과로로 졸음운전이 발생할 가능성이 매우 높다.
㉣ 화물차, 버스 등 대형차량의 안전운전 불이행으로 대형사고가 발생하며, 사망자도 대폭 증가한다.
㉤ 화물차의 적재불량과 과적은 도로상에 낙하물을 발생시키고 교통사고의 원인이 된다.
㉥ 운전 중 휴대폰 사용, DMB 시청 등 기기사용 증가로 인한 전방주시에 소홀해 이로 인한 교통사고 발생가능성이 더욱 증가하고 있다.

34 편도 1차로 고속도로의 최고제한속도는 얼마인가?

① 50km
② 80km
③ 100km
④ 120km

● Advice 편도 1차로 고속도로의 최고속도는 80km이고, 최저속도는 50km이다.

35 다음 중 고속도로 운행제한 차량으로 볼 수 없는 것은?

① 차량의 총 중량이 40톤을 초과하는 차량
② 적재 불량으로 적재물의 낙하 우려가 있는 차량
③ 덮개를 씌우지 않았거나 묶지 않아 결속 상태가 불량한 차량
④ 적재물을 포함한 차량의 길이가 15m, 폭 1.5m, 높이 2m를 초과한 차량

● Advice 적재물을 포함한 차량의 길이가 16.7m, 폭 2.5m, 높이 4m를 초과한 차량은 운행 제한차량에 해당한다.

36 고속도로에서 과적차량을 제한하는 사유로 보기 어려운 것은?

① 고속도로의 포장균열 및 파손
② 고속주행으로 인한 교통사고 유발
③ 핸들 조작의 어려움 및 타이어 파손
④ 제동장치의 무리 및 동력연결부의 잦은 고장으로 교통사고 유발

● Advice 과적차량의 제한 사유
　　㉠ 고속도로의 포장균열, 파손, 교량의 파괴
　　㉡ 저속주행으로 인한 교통소통 지장
　　㉢ 핸들 조작의 어려움, 타이어 파손, 전·후방 주시 곤란
　　㉣ 제동장치의 무리, 동력연결부의 잦은 고장 등 교통사고 유발

37 다음 중 터널 안전운전 수칙으로 옳지 않은 것은?

① 터널 진입 전 입구 주변에 표시된 도로정보를 확인한다.
② 선글라스를 쓰고 라이트를 켠다.
③ 안전거리를 유지한다.
④ 차선을 바꾸지 않는다.

● Advice ② 터널에서는 선글라스를 벗고 라이트를 켠다.

38 터널 내 화재 시 행동요령으로 옳지 않은 것은?

① 운전자는 차량과 함께 터널 밖으로 신속히 이동한다.
② 비상벨을 누르거나 비상전화로 화재발생을 알려줘야 한다.
③ 터널 밖으로 이동이 불가능한 경우 최대한 갓길 쪽으로 정차한다.
④ 엔진을 끈 후 키를 뽑아 신속하게 하차한다.

● Advice ④ 엔진을 끈 후 키를 꽂아둔 채 신속하게 하차한다.

04 운송서비스

1 화물운송서비스에서 대고객서비스의 수준을 높이는 일선 근무자는?

① 상담원
② 운전자
③ 대표자
④ 중개인

● Advice 화물운송서비스에서 대고객서비스 수준을 높이는 일선 근무자는 바로 운전자이다. 고객을 상대하여 고객만족의 고지를 점령할 사람이 바로 고객과 직접 접촉하는 최일선의 현장직원인 운전자라 할 수 있다.

2 고객서비스의 특성으로 보기 어려운 것은?

① 무형성
② 동시성
③ 동질성
④ 소멸성

● Advice 고객서비스의 특성
㉠ 무형성
㉡ 동시성
㉢ 이질성
㉣ 소멸성
㉤ 무소유권

3 고객만족을 위한 서비스 품질의 분류에 해당하지 않는 것은?

① 상품품질
② 영업품질
③ 가격품질
④ 서비스품질

● Advice 고객만족을 위한 서비스 품질의 분류
㉠ 상품품질
㉡ 영업품질
㉢ 서비스품질

4 고객이 서비스 품질을 평가하는 요인으로 보기 어려운 것은?

① 신뢰성
② 비공개성
③ 커뮤니케이션
④ 신용도

● Advice 고객이 서비스 품질을 평가하는 요인
㉠ 신뢰성
㉡ 신속한 대응
㉢ 정확성
㉣ 편의성
㉤ 태도
㉥ 커뮤니케이션
㉦ 신용도
㉧ 안전성
㉨ 고객의 이해도
㉩ 환경

정답 1.② 2.③ 3.③ 4.②

5 고객 서비스의 첫 동작이며, 마지막 동작인 인사의 중요성에 대한 설명으로 옳지 않은 것은?

① 인사는 애사심, 존경심, 우애, 자신의 교양과 인격의 표현이다.
② 인사는 서비스의 주요 기법이다.
③ 인사는 고객이 갖는 서비스만족의 활동이다.
④ 인사는 고객과 만나는 첫걸음이다.

● Advice 인사의 중요성
ⓐ 인사는 광범위하고도 대단히 쉬운 행위이지만 습관화되지 않으면 실천에 옮기기 어렵다.
ⓑ 인사는 애사심, 존경심, 우애, 자신의 교양과 인격의 표현이다.
ⓒ 인사는 서비스의 주요 기법이다.
ⓓ 인사는 고객과 만나는 첫걸음이다.
ⓔ 인사는 고객에 대한 마음가짐의 표현이다.
ⓕ 인사는 고객에 대한 서비스정신의 표시이다.

6 서비스예절교육 시 인사방법을 교육하려고 한다. 다음 중 올바른 인사방법으로 보기 어려운 것은?

① 머리와 상체를 직선으로 하여 상대방의 발끝이 보일 때까지 천천히 숙인다.
② 정중한 인사는 머리와 상체를 30도 정도 숙이는 것이다.
③ 인사하는 지점의 상대방과의 거리는 약 2m 내외가 적당하다.
④ 손을 주머니에 넣거나 의자에 앉아서 하는 일이 없어야 한다.

● Advice 가벼운 인사는 15°, 보통 인사는 30°, 정중한 인사는 45° 정도로 머리와 상체를 숙여서 한다.

7 다음 중 악수예절에 대한 설명으로 옳지 않은 것은?

① 상대의 눈을 바라보며 웃는 얼굴로 악수하여야 한다.
② 계속 손을 잡은 채로 말하면 안 된다.
③ 손은 반드시 왼손을 내민다.
④ 손을 너무 세게 쥐거나 또는 힘없이 잡으면 실례이다.

● Advice 악수를 할 때에는 항상 오른손을 내밀어야 한다.

8 고객응대를 위한 서비스 종사자의 마음가짐으로 보기 어려운 것은?

① 항상 긍정적으로 생각하여야 한다.
② 공사를 구분하고 공평하게 대하여야 한다.
③ 예의를 지켜 겸손하게 대하여야 한다.
④ 회사의 입장에서 생각하여야 한다.

● Advice 고객 응대 마음가짐 10가지
ⓐ 사명감을 가진다.
ⓑ 고객의 입장에서 생각한다.
ⓒ 원만하게 대한다.
ⓓ 항상 긍정적으로 생각한다.
ⓔ 고객이 호감을 갖도록 한다.
ⓕ 공사를 구분하고 공평하게 대한다.
ⓖ 투철한 서비스 정신을 가진다.
ⓗ 예의를 지켜 겸손하게 대한다.
ⓘ 자신감을 갖는다.
ⓙ 꾸준히 반성하고 개선한다.

정답 5.③ 6.② 7.③ 8.④

9 언어예절 중 대화시 유의사항으로 적절하지 못한 것은?

① 쉽게 흥분하거나 감정에 치우쳐서는 안 된다.
② 일부분을 보고 전체를 속단하여 말하지 않는다.
③ 욕설, 독설, 험담은 삼가도록 한다.
④ 매사 침묵으로 일관하도록 한다.

> ●Advice 매사 침묵으로 일관하는 것은 언어예절에 어긋나는 행동이다.

10 고객 응대시 시선처리에 대한 내용으로 옳지 않은 것은?

① 눈동자는 항상 중앙에 위치하도록 한다.
② 가급적이면 고객과 눈높이를 맞추는 것이 좋다.
③ 고객을 위·아래로 한 번씩 훑어보아야 한다.
④ 자연스럽고 부드러운 시선으로 고객을 바라보아야 한다.

> ●Advice 위로 치켜뜨는 눈, 곁눈질, 한 곳만 응시하는 눈, 위·아래로 훑어보는 눈은 고객이 정말 싫어하는 시선처리 방법이다.

11 다음 중 흡연을 삼가야 할 장소로 적합하지 않은 것은?

① 혼잡한 한식 전문 식당
② 보행중 지하철역 앞
③ 20명이 근무하는 사무실
④ 재떨이가 놓인 응접실

> ●Advice 흡연을 삼가야 할 곳
> ㉠ 운행 중 차내
> ㉡ 보행중
> ㉢ 재떨이가 없는 응접실
> ㉣ 혼잡한 식당 등 공공장소
> ㉤ 사무실 내에서 다른 사람이 담배를 안 피울 때
> ㉥ 회의장

12 직장 내 동료, 상사, 고객과의 술자리에서의 음주예절에 대한 내용으로 옳지 않은 것은?

① 회사의 경영방법이나 특정인물을 비하하거나 비판하지 않는다.
② 과음을 하지 않고 본인의 지식을 장황하게 늘어놓아 신뢰를 얻도록 한다.
③ 상사와의 술자리는 근무의 연장이라 여기고 끝까지 예의를 차리도록 한다.
④ 고객 앞에서의 실수는 영원한 오점으로 기억되므로 과음하거나 실수하지 않도록 한다.

> ●Advice 음주예절
> ㉠ 경영방법이나 특정한 인물에 대하여 비판하지 않는다.
> ㉡ 상사에 대한 험담을 하지 않는다.
> ㉢ 과음하거나 지식을 장황하게 늘어놓지 않는다.
> ㉣ 술자리를 자기자랑이나 평상시 언동의 변명의 자리로 만들지 않는다.
> ㉤ 상사와 합석한 술자리는 근무의 연장이라 생각하고 예의바른 모습을 보여주어 더 큰 신뢰를 얻도록 한다.
> ㉥ 고객이나 상사 앞에서 취중의 실수는 영원한 오점을 남긴다.

13 도로에서 운전자가 지켜야 할 기본적인 마인드로 옳지 않은 것은?

① 교통법규의 이해와 준수
② 자신의 운전기술 과신
③ 주의력 집중 및 심신상태의 안정
④ 여유 있고 양보하는 마음으로 운전

> ●Advice 운전자가 지켜야 할 기본적 자세
> ㉠ 교통법규의 이해와 준수
> ㉡ 여유 있고 양보하는 마음으로 운전
> ㉢ 주의력 집중 및 심신상태의 안정
> ㉣ 추측 운전의 삼가
> ㉤ 운전기술의 과신 금물
> ㉥ 저공해 등 환경보호
> ㉦ 소음공해 최소화

> **정답** 9.④ 10.③ 11.④ 12.② 13.②

14 도로를 운전하는 운전자가 지켜야 할 운전예절로 볼 수 없는 것은?

① 횡단보도에서는 보행자가 먼저 지나가도록 일시 정지하여 보행자를 보호하는데 앞장서고 정지선을 반드시 지키도록 한다.

② 교차로나 좁은 길에서 마주 오는 차끼리 만나면 먼저 가도록 양보해 주고 전조등은 끄거나 하향으로 하여 상대방 운전자의 눈이 부시지 않도록 한다.

③ 방향지시등을 켜고 차선변경 등을 할 때에는 눈인사를 하면서 양보해 주는 여유를 가지며, 이웃 운전자에게 도움이나 양보를 받았을 때에는 정중하게 손을 들어 답례한다.

④ 도로상에서 고장차량을 발견하였을 때에는 즉시 경찰에 신고하고 그 자리를 빠르게 통과하도록 한다.

Advice 도로상에서 고장차량을 발견하였을 때에는 즉시 서로 도와 길 가장자리 구역으로 유도하여야 한다.

15 화물차량 운전의 직업상 어려움으로 보기 힘든 것은?

① 차량의 장시간 운전으로 제한된 작업공간부족
② 주·야간 운행으로 생활리듬의 불규칙한 생활의 연속
③ 공로운행에 따른 타 차량과의 경쟁의식 상승
④ 화물의 특수수송에 따른 운임에 대한 불안감

Advice 화물차량 운전의 직업상 난점
　　㉠ 차량의 장시간 운전으로 제한된 작업공간부족(차내 운전)
　　㉡ 주·야간의 운행으로 생활리듬의 불규칙한 생활의 연속
　　㉢ 공로운행에 따른 교통사고에 대한 위기의식 잠재
　　㉣ 화물의 특수수송에 따른 운임에 대한 불안감(회사 부도)

16 도로상에 운전자가 삼가야 할 행동으로 알맞지 않은 것은?

① 욕설이나 경쟁심의 운전행위는 하지 않도록 한다.

② 도로상에서 사고 등으로 차량을 세워 둔 채 시비나 다툼의 행위로 인하여 다른 차량의 통행을 방해하지 않도록 한다.

③ 신호등이 바뀌기 전에 빨리 출발하라고 전조등을 켰다 껐다 하거나 경음기로 재촉하는 행위를 하지 않도록 한다.

④ 급한 일이 아니면 방향지시등을 켜지 않고 갑자기 끼어들거나 갓길로 주행하는 행위를 하지 않도록 한다.

Advice 도로상 운전자가 삼가야 할 행동
　　㉠ 욕설이나 경쟁심의 운전행위
　　㉡ 도로상에서 사고 등으로 차량을 세워 둔 채 시비, 다툼 등의 행위를 하여 다른 차량의 통행을 방해하는 행위
　　㉢ 음악이나 경음기 소리를 크게 하여 다른 운전자를 놀라게 하거나 불안하게 하는 행위
　　㉣ 신호등이 바뀌기 전에 빨리 출발하라고 전조등을 켰다 껐다 하거나 경음기로 재촉하는 행위
　　㉤ 자동차 계기판 윗부분 등에 발을 올려놓고 운행하는 행위
　　㉥ 교통 경찰관의 단속 행위에 불응하고 항의하는 행위
　　㉦ 방향지시등을 켜지 않고 차선을 변경하거나 버스 전용차로를 무단 통행하거나 갓길로 주행하는 행위

정답 14.④ 15.③ 16.④

17 화물운전자의 화물운송과정에서 요구되는 서비스 확립자세로 보기 어려운 것은?

① 화물운송시 도착지의 주소가 명확한지 재확인하고 연락 가능한 전화번호 기록을 유지한다.

② 현지에서 화물의 파손위험 여부 등 사전 점검 후 최선의 안전수송을 하여 도착지의 화주에 인수인계한다.

③ 화물운송 시 안전도에 대한 점검을 위하여 중간지점에서 화물점검과 결속 풀림상태, 차량점검 등을 반드시 한다.

④ 화주가 요구하는 최종지점까지 배달하고 특히, 이삿짐차량은 신속함을 추구하여 최대한 빠르게 수송하여야 한다.

> ● Advice 일반화물 중 이삿짐 수송시에는 자신의 물건으로 여기고 소중하게 수송하여야 하며, 택배차량은 신속하고 편리함을 추구하여 자택까지 수송하여야 한다.

18 화물운송종사 운전자가 지켜야 할 기본적인 준수사항으로 보기 어려운 것은?

① 배차지시 없이 임의로 운행하여서는 아니 된다.

② 회사차량의 불필요한 집단운행을 하여서는 아니 된다.

③ 음주 및 약물복용 후 운전을 하여서는 아니 된다.

④ 지시된 운행경로를 변경하거나 회사임원을 승차시켜서는 아니 된다.

> ● Advice 화물운송종사 운전자의 준수사항
> ㉠ 수입포탈 목적 장비운행 금지
> ㉡ 배차지시 없이 임의 운행금지
> ㉢ 정당한 사유 없이 지시된 운행경로 임의 변경운행 금지
> ㉣ 승차 지시된 운전자 이외의 타인에게 대리운전 금지
> ㉤ 사전 승인 없이 타인을 승차시키는 행위 금지
> ㉥ 운전에 악영향을 미치는 음주 및 약물복용 후 운전 금지
> ㉦ 철도 건널목에서는 일시정지 준수 및 주·정차행위 금지
> ㉧ 본인이 소지하고 있는 면허로 관련 법에서 허용하고 있는 차종 이외의 차량 운전금지
> ㉨ 회사차량의 불필요한 집단운행 금지. 다만, 적재물의 특성상 집단운행이 불가피할 때에는 관리자의 사전 승인을 받아 사고를 예방하기 위한 제반 안전 조치를 취하고 운행
> ㉩ 자동차전용도로, 급한 경사길 등에 주·정차 금지
> ㉪ 기타 사회적인 물의를 야기시키거나 회사의 신뢰를 추락시키는 난폭운전 등의 운전행위 금지
> ㉫ 외관과 내부를 청결하게 하여 쾌적한 운행환경을 유지한다.

19 화물운송 운전자가 교통사고가 발생하였을 경우 조치하여야 할 사항으로 옳지 않은 것은?

① 형사합의 등과 같이 운전자 개인의 자격으로 합의하거나 보상받는 것 이외 회사의 어떠한 경우라도 회사손실과 직결되는 보상업무는 일반적으로 수행불가하다.

② 사고로 인한 행정, 형사처분 접수 시 임의처리가 불가하며 회사의 지시에 따라 처리하여야 한다.

③ 경미한 사고는 임의처리가 가능하며 중대한 사고 발생 시 경위를 육하원칙에 의거 거짓없이 정확하게 회사에 즉시 보고하여야 한다.

④ 교통사고가 발생한 경우 현장에서의 인명구조, 관할경찰서에 신고 등의 의무를 성실히 수행하여야 한다.

> ● Advice 어떠한 사고라도 임의처리는 불가하며 사고발생 경위를 육하원칙에 의거 거짓 없이 정확하게 회사에 즉시 보고하여야 한다.

> **정답** ▶ 17.④ 18.④ 19.③

20 고객불만 접수시 행동요령으로 옳지 않은 것은?

① 고객의 감정이 상하지 않도록 불만 내용을 끝까지 참고 들어야 한다.
② 고객의 불만 및 불편사항이 더 이상 확대되지 않도록 한다.
③ 고객 불만을 해결하기 어려운 경우 적당히 답변하도록 한다.
④ 불만전화 접수 후 우선적으로 빠른 시간 내에 확인하여 고객에게 알리도록 한다.

●Advice 고객 불만을 해결하기 어려운 경우 적당히 답변하지 말고 관련 부서와 협의 후에 답변을 하도록 한다.

21 직업의 3가지 태도가 아닌 것은?

① 애정　　　　② 긍지
③ 능력　　　　④ 열정

●Advice 직업의 3가지 태도 … 애정, 긍지, 열정

22 고객 상담 전화 대응요령으로 옳지 않은 것은?

① 전화벨이 울리면 3회 이내에 받는다.
② 전화가 끝나면 마지막 인사를 하고 상대편보다 먼저 끊는다.
③ 집하의뢰 전화는 고객이 원하는 날, 시간 등에 맞추도록 노력한다.
④ 배송확인 문의전화는 영업사원에게 시간을 확인한 후 고객에게 답변한다.

●Advice 전화가 끝나면 마지막 인사를 하고 상대편이 먼저 끊은 후 전화를 끊는다.

23 서비스는 사람에 의하여 생산되어 고객에게 제공되기 때문에 똑같은 서비스라 하더라도 그것을 행하는 사람에 따라 달라지는 특성을 갖는다. 이 특성은 무엇인가?

① 동시성　　　　② 이질성
③ 소멸성　　　　④ 무형성

●Advice ① 서비스는 공급자에 의하여 제공됨과 동시에 고객에 의하여 소비되는 성격을 갖는다.
③ 서비스는 제공 즉시 사라져 남아있지 않는다.
④ 서비스는 형태가 없는 무형의 상품이다.

02　물류의 이해

1 물류에 대한 개념적 관점에서의 물류의 역할로 보기 어려운 것은?

① 국민경제적 관점
② 사회경제적 관점
③ 판매기능적 관점
④ 개별기업적 관점

●Advice 물류에 대한 개념적 관점에서의 물류의 역할
㉠ 국민경제적 관점
㉡ 사회경제적 관점
㉢ 개별기업적 관점

2 제조, 물류, 유통업체 등 유통공급망에 참여하는 모든 업체들이 협력을 바탕으로 정보기술을 활용하여 재고를 최적화하고 리드타임을 대폭 감축하여 결과적으로 양질의 상품 및 서비스를 소비자에게 제공함으로써 소비자 가치를 극대화시키기 위한 전략은?

① 경영정보시스템
② 전사적자원관리
③ 공급망관리
④ 마케팅관리

Advice 공급망관리의 정의
㉠ 고객 및 투자자에게 부가가치를 창출할 수 있도록 최초의 공급업체로부터 최종 소비자에게 이르기까지의 상품·서비스 및 정보의 흐름이 관련된 프로세스를 통합적으로 운영하는 경영전략
㉡ 제조, 물류, 유통업체 등 유통공급망에 참여하는 모든 업체들이 협력을 바탕으로 정보기술을 활용하여 재고를 최적화하고 리드타임을 대폭 감축하여 결과적으로 양질의 상품 및 서비스를 소비자에게 제공함으로써 소비자 가치를 극대화시키기 위한 전략
㉢ 제품생산을 위한 프로세스를 부품조달에서 생산계획, 납품, 재고관리 등을 효율적으로 처리할 수 있는 관리 솔루션

3 고객이 요구하는 수준의 서비스 제공이라는 물류의 목적 달성을 위한 7R의 원칙에 해당되지 않는 것은?

① Right time
② Right place
③ Right impression
④ Right promotion

Advice 7R의 원칙 … 적절한 상품(Right Commodity)을 적절한 품질(Right Quality)과 적절한 양(Right Quantity)을 적절한 시간(Right Time)에 적절한 장소(Right Place)로 좋은 인상(Right Impression) 아래 적절한 가격(Right Price)으로 고객에게 전달한다.

4 물류에 대한 설명으로 옳지 않은 것은?

① 물류란 공급자로부터 생산자, 유통업자를 거쳐 최종 소비자에게 이르는 재화의 흐름을 말한다.
② 물류는 재화가 공급자로부터 조달·생산되어 수요자에게 전달되거나 소비자로부터 회수되어 폐기될 때까지 이루어지는 운송·보관·하역 등과 이에 부가되어 가치를 창출하는 가공·조립·분류·수리·포장·상표부착·판매·정보통신 등을 말한다.
③ 물류는 자재조달이나 폐기, 회수 등까지 총괄하는 경향이 아닌 단순한 장소적 이동을 의미하는 운송의 개념이다.
④ 물류는 소비자의 요구에 부응할 목적으로 생산지에서 소비지까지 원자재, 중간재, 완성품 그리고 관련 정보의 이동 및 보관에 소요되는 비용을 최소화하고 효율적으로 수행하기 위하여 이들을 계획, 수행, 통제하는 과정이다.

Advice 물류는 단순히 장소적 이동을 의미하는 운송의 개념에서 발전하여 자재조달이나 폐기, 회수 등까지 총괄하는 경향이다.

5 생산자가 상품 또는 서비스를 소비자에게 유통시키는 것과 관련 있는 모든 체계적 경영활동을 무엇이라 하는가?

① 로지스틱스　　② 마케팅
③ 유통　　④ 입찰보증

Advice 마케팅 … 생산자가 상품 또는 서비스를 소비자에게 유통시키는 것과 관련 있는 모든 체계적 경영활동을 말한다. 현재 기업경영에서 물류가 마케팅의 절반을 차지하고 있다.

정답 ▶ 2.③ 3.④ 4.③ 5.②

6 물적유통과 상적유통, 정보를 통합하여 무엇이라고 하는가?

① 물류   ② 상류
③ 유통   ④ 운송

● Advice 물적유통과 상적유통, 정보를 통합하여 유통이라 한다. 물류는 발생지에서 소비지까지의 물자의 흐름을 계획, 실행, 통제하는 제반관리 및 경제활동이며, 상류는 검색, 견적, 입찰, 가격조정, 계약, 지불, 인증, 보험, 회계처리, 서류발행, 기록 등을 의미한다.

7 물류의 기능으로 볼 수 없는 것은?

① 운송기능   ② 보관기능
③ 정보기능   ④ 가격기능

● Advice 물류의 기능
  ㉠ 운송기능
  ㉡ 포장기능
  ㉢ 보관기능
  ㉣ 하역기능
  ㉤ 정보기능
  ㉥ 유통가공기능

8 고객서비스 수준 향상과 물류비의 감소의 관계를 무엇이라 하는가?

① 수면자효과
② 필립스 곡선
③ 트레이드 오프
④ 아키텍처 효과

● Advice 트레이드 오프 … 두 개의 정책목표 가운데 하나를 달성하려고 하면 다른 목표의 달성이 늦어지거나 희생되는 경우 양자 간의 관계를 말한다.

9 물류 계획 수립 단계에 관한 설명으로 옳지 않은 것은?

① 무엇을, 언제, 그리고 어떻게
② 전략, 전술, 운영의 2단계
③ 전략적 계획은 불완전하고 정확도가 낮은 자료를 이용해서 수행
④ 운영계획은 정확하고 세부자료를 이용해서 수행

● Advice ② 전략, 전술, 운영의 3단계

10 물류시스템의 목적은 최소의 비용으로 최대의 물류서비스를 산출하기 위하여 물류 서비스를 3S1L의 원칙(Speedy, Safely, Surely, Low)으로 행하는 것이다. 이를 보다 구체화한 설명으로 옳지 않은 것은?

① 고객에게 상품을 적절한 납기에 맞추어 정확하게 배달하는 것
② 운송, 보관, 하역, 포장, 유통 · 가공의 작업을 합리화하는 것
③ 물류비용을 적절화하고 최소화하는 것
④ 고객의 주문에 대해 상품의 품절을 가능한 한 많게 하는 것

● Advice ㉠ 고객에게 상품을 적절한 납기에 맞추어 정확하게 배달하는 것
  ㉡ 고객의 주문에 대해 상품의 품절을 가능한 한 적게 하는 것
  ㉢ 물류거점을 적절하게 배치하여 배송효율을 향상시키고 상품의 적정재고량을 유지하는 것
  ㉣ 운송, 보관, 하역, 포장, 유통 · 가공의 작업을 합리화하는 것
  ㉤ 물류비용의 적절화 · 최소화 등

정답   6.③   7.④   8.③   9.②   10.④

11 다음 중 물류 관리의 의의가 아닌 것은?

① 기업 외적 물류관리

② 기업 내적 물류관리

③ 물류의 신속, 안전, 정확, 정시, 편리, 경제성을 고려한 고객지향적인 물류서비스를 제공

④ 종합물류관리체제로서 고객이 원하는 적절한 품질의 상품 적량을, 적시에, 적절한 장소에, 좋은 인상과 높은 가격으로 공급해 주어야 함

Advice ④ 종합물류관리체제로서 고객이 원하는 적절한 품질의 상품 적량을, 적시에, 적절한 장소에, 좋은 인상과 적절한 가격으로 공급해 주어야 함

12 기업물류의 주활동에 해당하지 않는 것은?

① 수송 ② 보관

③ 주문처리 ④ 재고관리

Advice 기업물류의 주활동에는 대고객서비스수준, 수송, 재고관리, 주문처리, 지원활동에는 보관, 자재관리, 구매, 포장, 생산량과 생산일정 조정, 정보관리가 포함된다.

13 다음 중 물류관리의 목표가 아닌 것은?

① 고객서비스와 비용의 증가

② 재화의 시간적·장소적 효용가치의 창조를 통한 시장능력의 강화

③ 고객서비스 수준 향상과 물류비의 감소

④ 그 기업이 달성하고자 하는 특정한 수준의 서비스를 최소의 비용으로 고객에게 제공

Advice ① 비용은 절감 된다.

14 다음 중 물류활동에 관한 설명으로 옳지 않은 것은?

① 중앙과 지방의 재고보유 문제를 고려한 창고입지 계획 등을 통한 물류에 있어서 시간과 장소의 효용증대를 위한 활동

② 비용절감과 재화의 시간적·장소적 효용가치의 창조를 통한 시장능력의 강화

③ 물류예산관리제도 등을 통한 원가절감에서 프로젝트 목표의 극대화

④ 물류관리 담당자 교육, 직장간담회, 불만처리위원회 등을 통한 동기부여의 관리

Advice ②는 물류관리의 목표에 해당한다.

15 훌륭한 기업전략을 수립하기 위해서 고려해야할 요소가 아닌 것은?

① 소비자 ② 공급자

③ 경쟁사 ④ 세부자료

Advice 훌륭한 전략수립을 위해서는 소비자, 공급자, 경쟁사, 기업 자체의 4가지 요소를 고려할 필요가 있다.

16 사업목표와 소비자 서비스 요구사항에서부터 시작되며, 경쟁업체에 대항하는 공격적인 기업물류전략은?

① 크래프팅 물류전략

② 프로엑티브 물류전략

③ 서비스개선 물류전략

④ 링크크로드 불류전략

Advice 프로엑티브 물류전략은 사업목표와 소비자 서비스 요구사항에서부터 시작되며, 경쟁업체에 대항하는 공격적인 전략을 말하며, 크래프팅 물류전략은 특정한 프로그램이나 기법을 필요로 하지 않으며, 뛰어난 통찰력이나 영감에 바탕을 둔다.

정답 11.④ 12.② 13.① 14.② 15.④ 16.②

17 다음 중 기업물류에 관한 설명으로 옳지 않은 것은?

① 물류체계 또는 물류시스템의 개선은 기업이든 국가든 부가가치의 증대를 통해 부를 증가시킨다.

② 개별기업의 물류활동이 효율적으로 이루어지면 비용 또는 가격경쟁력을 제고하고 나아가 총이윤이 증가한다.

③ 기업에 있어서의 물류관리는 소비자의 요구와 필요에 따라 효율적인 방법으로 재화와 서비스를 공급받는 것을 말한다.

④ 일반적으로 물류활동의 범위는 물적공급과정과 물적유통과정에 국한된다.

● Advice ③ 기업에 있어서의 물류관리는 소비자의 요구와 필요에 따라 효율적인 방법으로 재화와 서비스를 공급하는 것을 말한다.

18 다음 중 기업물류의 범위에 관한 설명으로 옳지 않은 것은?

① 기업물류의 범위는 크게 주활동과 지원활동으로 크게 구분한다.

② 일반적으로 물류활동의 범위는 물적공급과정과 물적유통과정에 국한된다.

③ 물적공급과정은 원재료, 부품, 반제품, 중간재를 조달·생산하는 물류과정이다.

④ 물적유통과정은 생산된 재화가 최종 고객이나 소비자에게까지 전달되는 물류과정을 말한다.

● Advice ①은 기업물류의 활동에 해당한다.

19 다음 중 기업물류와 기업물류의 조직에 관한 설명으로 옳지 않은 것은?

① 기업 전체의 목표 내에서 물류관리자는 그 나름대로의 목표를 수립하여 기업 전체의 목표를 달성하는데 기여하도록 한다.

② 이윤증대와 비용절감을 위한 물류체계의 구축이 물류관리의 목표이다.

③ 물류관리자는 해당 기간 내에 투자에 대한 수익을 최소화 할 수 있도록 물류활동을 계획, 수행, 통제한다.

④ 기업물류는 생산비, 고용, 전략적인 측면에서 상당한 의미를 갖는다.

● Advice ③ 물류관리자는 해당 기간 내에 투자에 대한 수익을 최대화 할 수 있도록 물류활동을 계획, 수행, 통제한다.

20 다음 중 물류계획수립문제에 관한 설명으로 옳지 않은 것은?

① 물류네트워크의 구축 및 운영 시 비용과 수익이 적절히 균형을 이룰 수 있도록 해야 한다.

② 노드는 재고 보관지점들 간에 이루어지는 제품의 이동경로를 나타낸다.

③ 정보는 판매수익, 생산비용, 재고수준, 창고의 효용, 예측, 수송요율 등에 관한 것이다.

④ 물류체계의 각 요소들은 상호의존적이므로 물류시스템을 전체적으로 고찰할 필요가 있다.

● Advice ② 링크는 재고 보관지점들 간에 이루어지는 제품의 이동경로를 나타낸다.

정답 17.③ 18.① 19.③ 20.②

21 다음 중 물류계획수립의 주요 영역이 아닌 것은?

① 고객서비스 수준

② 설비의 가격

③ 재고의사결정

④ 수송의사결정

> ●Advice 계획수립의 주요 영역
> ㉠ **고객서비스 수준** : 시스템의 설계에 많은 영향을 끼
> 치는 것으로, 전략적 물류계획을 수립할 시에 우선
> 적으로 고려해야 할 사항은 적절한 고객서비스 수준
> 을 설정하는 것이다.
> ㉡ **설비의 입지결정** : 보관지점과 여기에 제품을 공급하
> 는 공급지의 지리적인 위치를 선정하는 것으로, 이
> 는 비용이 최소가 되는 경로를 발견함으로써 이윤
> 을 최대화하는 것이다.
> ㉢ **재고의사결정** : 재고를 관리하는 방법에 관한 것을
> 결정하는 것으로, 여기에는 재고보충규칙에 따라 보
> 관지점에 재고를 할당하는 전략과 보관지점에서 재
> 고를 인출하는 전략 두 가지가 있다.
> ㉣ **수송의사결정** : 수송수단 선택, 적재규모, 차량운행
> 경로 결정, 일정계획.

22 다음 중 전략적 물류에 해당하지 않는 것은?

① 코스트 중심

② 제품효과 중심

③ 가격별 독립 수행

④ 부분 최적화 지향

> ●Advice 전략적 물류
> ㉠ 코스트 중심
> ㉡ 제품효과 중심
> ㉢ 기능별 독립 수행
> ㉣ 부분 최적화 지향
> ㉤ 효율 중심의 개념

23 물류전략의 핵심영역 중 실행영역에 해당하는 것은?

① 수송관리

② 고객서비스수준 결정

③ 조직 · 변화관리

④ 공급망 설계

> ●Advice 물류전략의 핵심영역
> ㉠ **전략수립** : 고객서비스수준 결정
> ㉡ **구조설계**
> • 공급망설계
> • 로지스틱스 네트워크전략 구축
> ㉢ **기능정립**
> • 창고설계 · 운영
> • 수송관리
> • 자재관리
> ㉣ **실행**
> • 정보 · 기술관리
> • 조직 · 변화관리

24 다음 중 로지스틱스에 해당하지 않는 것은?

① 공급창출 중심

② 시장진출 중심

③ 기능의 통합화 수행

④ 전체 최적화 지향

> ●Advice 로지스틱스
> ㉠ 가치창출 중심
> ㉡ 시장진출 중심(고객 중심)
> ㉢ 기능의 통합화 수행
> ㉣ 전체 최적화 지향
> ㉤ 효과(성과) 중심의 개념

정답 ▶ 21.② 22.③ 23.③ 24.①

25 다음 중 수배송활동의 단계에 해당하지 않는 것은?

① 평가   ② 통제
③ 실시   ④ 계획

> **Advice** 수배송활동의 각 단계(계획–실시–통제)에서의 물류정보 처리 기능
> ㉠ **계획** : 수송수단 선정, 수송경로 선정, 수송로트(lot) 결정, 다이어그램 시스템 설계, 배송센터의 수 및 위치 선정, 배송지역 결정 등
> ㉡ **실시** : 배차 수배, 화물적재 지시, 배송지시, 발송정보 착하지에의 연락, 반송화물 정보관리, 화물의 추적 파악 등
> ㉢ **통제** : 운임계산, 자동차적재효율 분석, 자동차가동률 분석, 반품운임 분석, 빈용기운임 분석, 오송 분석, 교착수송 분석, 사고분석 등

26 다음 중 전문가의 자질에 관한 설명으로 옳지 않은 것은?

① 분석력 : 최적의 물류업무 흐름 구현을 위한 분석 능력
② 기획력 : 경험과 관리기술을 바탕으로 물류전략을 입안하는 능력
③ 창조력 : 지식이나 노하우를 바탕으로 시스템 모델을 표현하는 능력
④ 판단력 : 정보기술을 물류시스템 구축에 활용하는 능력

> **Advice** 전문가의 자질
> ㉠ **분석력** : 최적의 물류업무 흐름 구현을 위한 분석 능력
> ㉡ **기획력** : 경험과 관리기술을 바탕으로 물류전략을 입안하는 능력
> ㉢ **창조력** : 지식이나 노하우를 바탕으로 시스템모델을 표현하는 능력
> ㉣ **판단력** : 물류관련 기술동향을 파악하여 선택하는 능력
> ㉤ **기술력** : 정보기술을 물류시스템 구축에 활용하는 능력
> ㉥ **행동력** : 이상적인 물류인프라 구축을 위하여 실행하는 능력
> ㉦ **관리력** : 신규 및 개발프로젝트를 원만히 수행하는 능력
> ㉧ **이해력** : 시스템 사용자의 요구(needs)를 명확히 파악하는 능력

27 로지스틱스 전략관리의 기본 요건에 해당하는 것은?

① 전문가의 행동
② 전문가의 관리
③ 전문가의 자질
④ 전문가의 이름

> **Advice** 로지스틱스 전략관리의 기본요건
> ㉠ 전문가 집단 구성
> ㉡ 전문가의 자질

28 다음 중 물류자회사에 관한 설명으로 옳지 않은 것은?

① 물류자회사는 모기업의 물류관련업무를 수행·처리하기 위하여 모기업의 출자에 의하여 별도로 설립된 자회사를 의미한다.
② 물류자회사는 물류비의 정확한 집계와 이에 따른 물류비 증가요소의 파악, 전문인력의 양성, 경제적인 투자결정 등 이점이 있다.
③ 물류자회사는 모기업의 물류효율화를 추진할수록 그 만큼 자사의 수입이 감소하는 이율배반적 상황에 직면하므로 궁극적으로 모기업의 물류효율화에 소극적인 자세를 보이게 된다.
④ 노무관리 차원에서 모기업으로부터의 인력퇴출 장소로 활용되어 인건비 상승에 대한 부담이 가중되기도 한다.

> **Advice** ② 물류자회사는 물류비의 정확한 집계와 이에 따른 물류비 절감요소의 파악, 전문인력의 양성, 경제적인 투자결정 등 이점이 있다.

정답 ▶ 25.① 26.④ 27.③ 28.②

29 화물자동차 운송의 효율성 지표로 옳지 않은 것은?

① 가동률 ② 적재율

③ 공차거리율 ④ 회전율

화물자동차 운송의 효율성 지표

   ㉠ **가동률** : 화물자동차가 일정기간에 걸쳐 실제로 가동한 일수

   ㉡ **실차율** : 주행거리에 대해 실제로 화물을 싣고 운행한 거리의 비율

   ㉢ **적재율** : 최재적대량 대비 적재된 화물의 비율

   ㉣ **공차거리율** : 주행거리에 대해 화물을 싣지 않고 운행한 거리의 비율

   ㉤ 적재율이 높은 실차상태로 가동율을 높이는 것이 트럭운송의 효율성을 최대로 하는 것이다.

30 제3자 물류의 비중 확대로 인한 화주기업 측면 기대효과가 아닌 것은?

① 최고의 경쟁력을 보유하고 있는 기업 등과 통합·연계하는 공급망을 형성하여 공급망 대 공급망간 경쟁에서 유리한 위치를 차지할 수 있다.

② 조직 내 물류기능 통합화와 공급망상의 기업 간 통합·연계화로 자본, 운영시설, 재고, 인력 등의 경영자원을 효율적으로 활용할 수 있다.

③ 제3자 물류의 활성화는 물류산업의 수요기반 확대로 이어져 규모의 경제효과에 의해 효율성, 생산성 향상을 달성한다.

④ 물류시설 설비에 대한 투자부담을 제3자 물류업체에게 분산시킴으로써 유연성확보와 자가물류에 의한 물류효율화의 한계를 보다 용이하게 해소할 수 있다.

③은 물류업체 측면 기대효과이다.

31 공급망관리에 있어서의 제4자 물류의 4단계에 해당하지 않는 것은?

① 1단계 : 계획 ② 2단계 : 전환

③ 3단계 : 이행 ④ 4단계 : 실행

제4자 물류의 4단계

   ㉠ **1단계 – 재창조(Reinvention)** : 공급망에 참여하고 있는 복수의 기업과 독립된 공급망 참여자들 사이에 협력을 넘어서 공급망의 계획과 동기화에 의해 가능한 것으로, 재창조는 참여자의 공급망을 통합하기 위해서 비즈니스 전략을 공급망 전략과 제휴하면서 전통적인 공급망 컨설팅 기술을 강화한다.

   ㉡ **2단계 – 전환(Transformation)** : 이 단계는 판매, 운영계획, 유통관리, 구매전략, 고객서비스, 공급망 기술을 포함한 특정한 공급망에 초점을 맞추며, 전환(Transformation)은 전략적 사고, 조직변화관리, 고객의 공급망 활동과 프로세스를 통합하기 위한 기술을 강화한다.

   ㉢ **3단계 – 이행(Implementation)** : 제4자 물류(4PL)는 비즈니스 프로세스 제휴, 조직과 서비스의 경계를 넘은 기술의 통합과 배송운영까지를 포함하여 실행한다. 제4자 물류(4PL)에서 있어서 인적자원관리가 성공의 중요한 요소로 인식된다.

   ㉣ **4단계 – 실행(Execution)** : 제4자 물류(4PL) 제공자는 다양한 공급망 기능과 프로세스를 위한 운영상의 책임을 지고, 그 범위는 전통적인 운송관리와 물류 아웃소싱보다 범위가 크다. 조직은 공급망 활동에 대한 전체적인 범위를 제4자 물류(4PL) 공급자에게 아웃소싱할 수 있다. 제4자 물류(4PL) 공급자가 수행할 수 있는 범위는 제3자 물류(3PL) 공급자, IT회사, 컨설팅회사, 물류솔루션 업체들이다.

32 화물이 터미널을 경유하여 수송될 때 수반되는 자료 및 정보를 신속하게 수집하여 이를 효율적으로 관리하는 동시에 화주에게 적기에 정보를 제공해주는 시스템은?

① 수배송관리시스템

② 화물정보시스템

③ 터미널화물정보시스템

④ 창고관리시스템

정답 29.④ 30.③ 31.① 32.②

Advice
① 주문상황에 대해 적기 수배송체계의 확립과 최적의 수배송계획을 수립함으로써 수송비용을 절감하려는 시스템
③ 수출계약이 체결된 후 수출품이 트럭터미널을 경유하여 항만까지 수송되는 경우 국내거래 시 한 터미널에서 다른 터미널까지 수송되어 수하인에게 이송될 때까지의 전 과정에서 발생하는 각종 정보를 전산시스템으로 수집, 관리, 공급, 처리하는 종합정보관리시스템

03 화물운송서비스의 이해

1 트럭운송업계가 당면하고 있는 영역으로 옳지 않은 것은?

① 고객인 화주기업의 시장개척의 일부를 담당할 수 있는가.
② 의사결정에 필요한 정보를 적시에 제공할 수 있는가.
③ 소비자가 참가하는 물류의 신경쟁시대에 무엇을 무기로 하여 싸울 것인가.
④ 고도정보화시대, 그리고 살아남기 위한 진정한 협업화에 참가할 수 있는가.

Advice 트럭운송업계가 당면하고 있는 영역
㉠ 고객인 화주기업의 시장개척의 일부를 담당할 수 있는가.
㉡ 소비자가 참가하는 물류의 신경쟁시대에 무엇을 무기로 하여 싸울 것인가.
㉢ 고도정보화시대, 그리고 살아남기 위한 진정한 협업화에 참가할 수 있는가.
㉣ 트럭이 새로운 운송기술을 개발할 수 있는가.
㉤ 의사결정에 필요한 정보를 적시에 수집할 수 있는가 등

2 다음 중 물류서비스 기법과 관련된 용어가 아닌 것은?

① 픽업
② 제3자 물류
③ 신속대응
④ 전사적 품질관리

Advice ① 화물실의 지붕이 없고, 옆판이 운전대와 일체로 되어 있는 화물자동차

3 다음 빈칸에 들어갈 용어는 무엇인가?

> _____은(는) 소비자 만족에 초점을 둔 공급망 관리의 효율성을 극대화하기 위한 모델로서, 제품의 생산단계에서부터 도매·소매에 이르기까지 전 과정을 하나의 프로세스로 보아 관련기업들의 긴밀한 협력을 통해 전체로서의 효율 극대화를 추구하는 효율적 고객대응기법이다.

① QR
② ECR
③ TRS
④ GPS

Advice 효율적 고객대응(ECR ; Efficient Consumer Response)
효율적 고객대응(ECR)이 단순한 공급망 통합전략과 다른 점은 산업체와 산업체간에도 통합을 통하여 표준화와 최적화를 도모할 수 있다는 점이며, 신속대응(QR)과의 차이점은 섬유산업뿐만 아니라 식품 등 다른 산업부문에도 활용할 수 있다는 것이다.

정답 ▶ 1.② 2.① 3.②

4 다음에서 설명하고 있는 방법은 무엇인가?

> 이 방법은 기업경영에 있어서 제품이나 서비스를 만드는 모든 작업자가 품질에 대한 책임을 나누어 갖는다는 개념이다. 즉 불량품을 원천에서 찾아내고 바로잡기 위한 방안이며, 작업자가 품질에 문제가 있는 것을 발견하면 생산라인 전체를 중단시킬 수도 있다. 그러므로 이 방법은 물류활동에 관련되는 모든 사람들이 물류서비스 품질에 대하여 책임을 나누어 가지고 문제점을 개선하는 것이며, 물류서비스 품질관리 담당자 모두가 물류서비스 품질의 실천자가 된다는 내용이다.

① 3PL ; Third-party logistics
② QR ; Quick Response
③ ECR; Efficient Consumer Response
④ TQC ; Total Quality Control

> **Advice** 전사적 품질관리(TQC)
> 물류서비스의 품질관리를 보다 효율적으로 하기 위해서는 물류현상을 정량화하는 것이 중요하다. 즉 물류서비스의 문제점을 파악하여 그 데이터를 정량화하는 것이 중요하다. 이렇게 하면 보다 효율적인 전사적 물류서비스 품질관리가 가능해진다. 물론 문제점을 수치로서 계량화할 수 없는 경우에는 정서적 정보를 이용하여 개선점을 찾는 전사적 품질관리(TQC)기법을 강구할 수도 있다.
> 원래 전사적 품질관리(TQC)는 통계적인 기법이 주요 근간을 이루나 조직 부문 또는 개인간 협력, 소비자 만족, 원가절감, 납기, 보다 나은 개선이라는 "정신"의 문제가 핵이 되고 있다.

5 다음 중 통합판매·물류·생산시스템(CALS)에 관한 설명으로 옳지 않은 것은?

① 정보화 시대의 기업경영에 필수적인 산업정보화에 적용된다.
② 중공업, 조선, 항공, 섬유, 전자, 물류 등의 정보전략화에 적용된다.
③ 과다서류와 기술자료의 중복 증가, 업무처리절차 증가, 소요시간 증가, 비용이 증가한다.
④ 동시공정, 에러검출, 순환관리 자동활용을 포함한 품질관리와 경영혁신 구현 등에 적용된다.

> **Advice** ③ 통합판매·물류·생산시스템(CALS)의 적용으로 과다서류와 기술자료의 중복 축소, 업무처리절차 축소, 소요시간 단축, 비용이 절감한다.
> ※ 통합판매·물류·생산시스템(CALS)의 도입 효과
> ㉠ CALS/EC는 새로운 생산·유통·물류의 패러다임으로 등장하고 있다. 이는 민첩생산시스템으로써 패러다임의 변화에 따른 새로운 생산시스템, 첨단생산시스템, 고객요구에 신속하게 대응하는 고객만족시스템, 규모경제를 시간경제로 변화, 정보인프라로 광대역 ISDN(B-ISDN)으로써 그 효과를 나타내고 있다.
> ㉡ CALS의 추진전략을 살펴보면, 정보화시대를 맞이하여 기업경영에 필수적인 산업정보화전략이라고 요약할 수 있다. 모든 정보기술과 통신기술의 통합화전략이며, 정보화사회의 새로운 생산모델 및 경영혁신수단이며, 정보의 공유와 활용으로 기업을 수평적이고 동시공학적(同時工學的) 체제로 전환함으로써 고객만족에 기반을 두게 되었으며, 시장의 개방화와 전자상거래의 확산에 따른 정보의 글로벌화와 함께 21세기 정보화사회의 핵심전략으로서 부각되고 있다.
> ㉢ 또 하나 특이한 CALS/EC의 도입효과로는 CALS/EC가 기업통합과 가상기업을 실현할 수 있을 것이란 점이다. 이는 기술정보를 통합 및 공유한 세계화된 실시간 경영실현을 통해 기업통합이 가능할 것이란 점이며, 또한 정보시스템의 연계는 조직의 벽을 허물어 가상기업(virtual enterprise, VE)의 출현을 낳게 하고 이는 기업내 또는 기업간 장벽을 허물 것이란 점이다.

정답 4.④ 5.③

ⓔ 가상기업이란 급변하는 상황에 민첩하게 대응키 위한 전략적 기업제휴를 의미한다. 여기서는 정보시스템으로 동시공학체제를 갖춘 생산·판매·물류시스템과 경영시스템을 확립한 기업. 시장의 급속한 변화에 대응키 위해 수익성 낮은 사업은 과감히 버리고 리엔지니어링을 통해 경쟁력 있는 사업에 경영자원을 집중투입, 필요한 정보를 공유하면서 상품의 공동개발을 실현. 제품단위 또는 프로젝트 단위별로 기동적인 기업간 제휴를 할 수 있는 수평적 네트워크형 기업관계 형성을 의미한다.

ⓜ 한국무역정보통신(KTNET)은 KT·EDI를 개발한 이후 이를 토대로 CALS 분야의 선두주자로 부상하고 있다. 동 회사는 1996년 4월 건설교통부의 종합물류사업권을 획득하고 종합물류망에 지능형수송시스템(ITS)을 결합하는 무선데이터사업의 추진과 함께 지리정보시스템(GIS)을 겸한 서비스를 시작하여 향후 가상기업의 출현을 가능하게 하는 서비스를 제공할 것이다.

6 다음 중 공급망관리에 관한 설명으로 옳지 않은 것은?

① 공급망관리는 기업간 분리를 기본 배경으로 한다.
② 공급망 내의 각 기업은 상호 협력하여 공급망 프로세스를 재구축하고, 업무협약을 맺으며, 공동전략을 구사한다.
③ 공급망관리란 공급망 내의 각 기업간에 긴밀한 협력을 통해 공급망인 전체의 물자의 흐름을 원활하게 하는 공동전략을 말한다.
④ 공급망은 최종소비자의 손에 상품과 서비스 형태의 가치를 가져다주는 여러 가지 다른 과정과 활동을 포함하는 조직의 네트워크를 말한다.

● Advice ① 공급망관리는 기업간 협력을 기본 배경으로 한다.

7 차량위치추적을 통한 물류관리에 이용되는 통신망은?

① TRS   ② GPS
③ ECR   ④ TPL

● Advice GPS … 관성항법과 더불어 어두운 밤에도 목적지에 유도하는 측위통신망으로써 그 유도기술의 핵심이 되는 것은 인공위성을 이용한 범지구측위시스템이며, 주로 차량위치추적을 통한 물류관리에 이용되는 통신망이다.

8 주파수 공용통신(TRS) 도입 효과 중 기능별 효과에 해당하는 것은?

① 사전배차계획 수립과 배차계획 수정이 가능해지며, 차량의 위치추적기능의 활용으로 도착시간의 정확한 추정이 가능해진다.
② 체크아웃 포인트의 설치나 화물추적기능 활용으로 지연사유 분석이 가능해져 표준운행시간 작성에 도움을 줄 수 있다.
③ 차량의 운행정보 입수와 본부에서 차량으로 정보전달이 용이해지고 차량으로 접수한 정보의 실시간 처리가 가능해지며, 화주의 수요에 신속히 대응할 수 있다는 점이며 또한 화주의 화물추적이 용이해진다.
④ 고장차량에 대응한 차량 재배치나 지연사유 분석이 가능해진다.

● Advice ① 차량운행 측면 효과
② 집배송 측면 효과
④ 차량 및 운전자관리 측면 효과

정답 ▶ 6.① 7.② 8.③

9 기업들이 시간과의 경쟁에서 우위를 확보하기 위하여 기존의 JIT 전략보다 더 신속하고 민첩한 체계를 통하여 물류효율화를 추구하게 되었는데 이에 출현한 시스템으로 생산·유통기간의 단축, 재고의 감소, 반품손실의 감소 등 생산·유통의 각 단계에서 효율화를 실현하고 그 성과를 생산자, 유통관계자, 소비자에게 골고루 돌아가게 하는 기법은?

① ECR 　　　　② QR
③ CALS 　　　　④ TQC

● Advice ① 소비자 만족에 초점을 둔 공급망 관리의 효율성을 극대화하기 위한 모델로서, 제품의 생산단계에서부터 도매·소매에 이르기까지 전 과정을 하나의 프로세스로 보아 관련기업들의 긴밀한 협력을 통해 전체로서의 효율 극대화를 추구하는 효율적 고객대응기법을 말한다.
③ 제품의 생산에서 유통 그리고 로지스틱스의 마지막 단계인 폐기까지 전 과정에 대한 정보를 한 곳에 모은다는 의미에서 통합유통·물류·생산시스템이라 한다. 특정 시스템의 개발기간 단축, 유통비와 물류비의 절감, 상품의 품질향상 등 산업전반의 생산성과 경쟁력을 향상시킬 수 있다는 기대 속에 기업들이 도입하고 있는 시스템이다.
④ 제품이나 서비스를 만드는 모든 작업자가 품질에 대한 책임을 나누어 갖는다는 개념이다. 즉 불량품을 원천에서 찾아내고 바로잡기 위한 방안이며, 작업자가 품질에 문제가 있는 것을 발견하면 생산라인 전체를 중단시킬 수도 있다. 그러므로 물류의 전사적 품질관리(TQC)는 물류활동에 관련되는 모든 사람들이 물류서비스 품질에 대하여 책임을 나누어 가지고 문제점을 개선하는 것이며, 물류서비스 품질관리 담당자 모두가 물류서비스 품질의 실천자가 된다는 내용이다.

---

04 화물운송서비스와 문제점

1 다음 중 물류고객서비스에 관한 설명으로 옳은 것은?

① 고객서비스의 수준은 얼마만큼의 잠재고객이 고객으로 바뀔 것인가를 결정하게 된다.
② 물류 부문의 고객서비스에는 기존 고객의 유지 확보를 도모하고 잠재적 고객이나 기존고객의 획득을 도모하기 위한 수단이라는 의의가 있다.
③ 물류 부문의 고객서비스란 제조업자나 유통업자가 그 물류활동의 수행을 통하여 고객에게 발주·구매한 제품에 관하여 단순하게 물류서비스를 제공하는 것이다.
④ 물류고객서비스의 정의는 주문처리, 송장작성 내지는 고객의 고충처리와 같은 것을 관리해야 하는 활동, 수취한 주문을 72시간 이내에 배송 할 수 있는 능력과 같은 성과척도 등을 말한다.

● Advice ② 물류 부문의 고객서비스에는 기존 고객의 유지 확보를 도모하고 잠재적 고객이나 신규고객의 획득을 도모하기 위한 수단이라는 의의가 있다.
③ 물류 부문의 고객서비스란 제조업자나 유통업자가 그 물류활동의 수행을 통하여 고객에게 발주·구매한 제품에 관하여 단순하게 물류서비스를 제공하는 것이 아니라 그 물류활동을 보다 확실하게 효율적으로, 보다 정확하게 수행함으로써 보다 나은 물류서비스를 제공하는 것이다.
④ 물류고객서비스의 정의는 주문처리, 송장작성 내지는 고객의 고충처리와 같은 것을 관리해야 하는 활동, 수취한 주문을 48시간 이내에 배송 할 수 있는 능력과 같은 성과척도, 하나의 활동 내지는 일련의 성과척도라기보다는 전체적인 기업철학의 한 요소 등 3가지를 말한다.

2 물류고객서비스 요소에 관한 설명으로 옳지 않은 것은?

① 주문처리시간 : 고객주문의 수취에서 상품구색의 준비를 마칠 때까지의 경과시간

② 주문품의 상품구색시간 : 고객에게로의 배송시간

③ 재고신뢰성 : 품절, 백오더, 주문충족률, 납품률 등

④ 주문량의 제약 : 허용된 최소주문량과 최소주문금액

●Advice ② 납기 : 고객에게로의 배송시간, 즉 상품구색을 갖춘 시점에서 고객에게 주문품을 배송하는데 소요되는 시간

3 고객서비스전략을 구축할 때 가장 먼저 고려되어야 할 사항은 무엇인가?

① 무엇이 필요한 서비스인가

② 매출 증가량은 얼마인가

③ 무엇을 최우선으로 생각할 것인가

④ 고객이 만족하여야만 하는 서비스정책은 무엇인가

●Advice ③ 주안점을 물류코스트를 내리는 것에 둘 것인가, 서비스 수준을 향상시키는데 둘 것인가를 결정하지 않으면 안 된다. 단 그 가운데 조금이라도 물류코스트의 성과가 오르도록 컨설턴트와 같은 물류전문가나 물류회사의 지혜를 빌리면서 노력하는 것이다.

4 다음 중 물류고객서비스 요소 중 거래 전 요소에 해당하는 것은?

① 고객의 클레임

② 시스템의 정확성

③ 시스템의 유연성

④ 예비품의 이용가능성

●Advice 거래요소

　㉠ **거래 전 요소** : 문서화된 고객서비스 정책 및 고객에 대한 제공, 접근가능성, 조직구조, 시스템의 유연성, 매니지먼트 서비스

　㉡ **거래 시 요소** : 재고품절 수준, 발주 정보, 주문사이클, 배송촉진, 환적, 시스템의 정확성, 발주의 편리성, 대체 제품, 주문 상황 정보

　㉢ **거래 후 요소** : 설치, 보증, 변경, 수리, 부품, 제품의 추적, 고객의 클레임, 고충·반품처리, 제품의 일시적 교체, 예비품의 이용가능성

5 다음 중 영업용 운송에 관한 내용으로 가장 옳지 않은 것은?

① 설비투자나 또는 인적 투자 등이 필요 없다.

② 물동량의 변동에 대응한 안정수송이 가능하다.

③ 일관 운송시스템의 구축이 곤란하다.

④ 돌발적인 수요증가에 대한 탄력적 대응이 불가능하다.

●Advice 영업용 운송은 돌발적인 수요의 증가에 대한 탄력적인 대응이 가능하다.

6 다음 중 택배운송서비스 고객 불만사항으로 옳지 않은 것은?

① 약속시간을 지키지 않는다.

② 전화도 없이 불쑥 나타난다.

③ 임의로 다른 사람에게 맡기고 간다.

④ 경비실이 있는데도 고객에게 배달한다.

●Advice ④ 사람이 있는데도 경비실에 맡기고 간다.

정답 ▶ 2.② 3.③ 4.③ 5.④ 6.④

7 다음 중 택배운송서비스 고객요구사항이 아닌 것은?

① 착불요구
② 판매용 화물 오후 배달
③ 냉동화물 우선 배달
④ 규격 초과화물 인수 요구

●Advice ② 판매용 화물 오전 배달

8 택배종사자의 서비스 자세로 옳지 않은 것은?

① 애로사항이 있더라도 극복하고 고객만족을 위하여 최선을 다한다.
② 진정한 택배종사자로서 대접받을 수 있도록 행동한다.
③ 상품을 구매하고 있다고 생각한다.
④ 복장과 용모, 언행을 통제한다.

●Advice ③ 상품을 판매하고 있다고 생각한다.

9 택배의 대리 인계 방법으로 옳지 않은 것은?

① 대리 인계 기피 장소는 옆집, 경비실, 친척집 등이 있다.
② 전화로 사전에 대리 인수자를 지정받는다.
③ 수하인이 부재중인 경우 외에는 대리 인계를 절대 해서는 안 된다.
④ 불가피하게 대리 인계를 할 때는 확실한 곳에 인계해야 한다.

●Advice ① 옆집, 경비실, 친척집 등은 대리 인계를 하기에 적절한 장소이다.

10 자가용 트럭운송의 장점이 아닌 것은?

① 높은 신뢰성이 확보된다.
② 수송비가 저렴하다.
③ 작업의 기동성이 높다.
④ 안정적 공급이 가능하다.

●Advice ②는 영업용 트럭운송의 장점이다.

11 철도와 선박과 비교한 트럭 운송에 대한 내용으로 옳지 않은 것은?

① 문전에서 문전까지 배송서비스를 탄력적으로 행할 수 있고 중간하역이 불필요하며, 포장의 간소화·간략화가 가능할 뿐 아니라 다른 수송기관과 연동하지 않고도 일관된 서비스를 할 수 있어 싣고 부리는 횟수가 적어도 된다.
② 수송단위가 많고 연료비나 인건비 등 수송단가가 낮다.
③ 진동, 소음, 스모그 등의 공해 문제, 유류의 다량소비에서 오는 자원 및 에너지절약 문제 등 편익성의 이면에는 해결해야 할 많은 문제점이 있다.
④ 도로망의 정비, 트럭터미널, 정보를 비롯한 트럭수송 관계의 공공투자를 계속적으로 수행하고, 전국 트레일러 네트워크의 확립을 축으로 수송기관 상호의 인터페이스의 원활화를 급속히 실현하여야 한다.

●Advice 트럭 수송은 수송 단위가 작고 연료비나 장거리의 경우 인건비 등 수송단가가 높다는 단점을 가지고 있다.

정답 ▶ 7.② 8.③ 9.① 10.② 11.②

12 영업용 트럭운송의 장점으로 옳지 않은 것은?

① 물동량의 변동에 대응한 안정수송이 가능하다.

② 인적투자 및 설비투자가 필요하지 않다.

③ 수송능력이 높으며 융통성도 높다.

④ 기동성 및 관리기능이 높다.

Advice 영업용 트럭운송의 장·단점

　㉠ 장점

　　• 수송비가 저렴하다.

　　• 물동량의 변동에 대응한 안정수송이 가능하다.

　　• 수송능력이 높다.

　　• 융통성이 높다.

　　• 설비투자가 필요 없다.

　　• 인적투자가 필요 없다.

　　• 변동비 처리가 가능하다.

　㉡ 단점

　　• 운임의 안정화가 곤란하다.

　　• 관리기능이 저해된다.

　　• 기동성이 부족하다.

　　• 시스템의 일관성이 없다.

　　• 인터페이스가 약하다.

　　• 마케팅 사고가 희박하다.

13 트럭 운송이 국내 운송의 대부분을 차지하고 있다는 사실에 대한 이유로 보기 어려운 것은?

① 트럭 운송의 기동성이 산업계의 요청에 가장 적합하기 때문이다.

② 트럭 운송은 철도 운송에 비해 독점적이고 경쟁원리가 작용하지 않기 때문이다.

③ 고속도로의 건설 등 도로시설에 대한 투자확충으로 기반시설이 확대되어 있기 때문이다.

④ 소비의 다양화, 소량화가 현저하고 제3차 산업으로의 전환이 강해져 트럭 운송의 수요가 더욱더 커졌기 때문이다.

Advice 트럭 운송의 경쟁자인 철도 운송에서는 국철의 화물수송이 독립적으로 시장을 지배해 왔던 관계로 경쟁원리가 작용하지 않게 되고 그 지위가 낮기 때문이다.

14 국내 화주기업 물류의 문제점으로 옳지 않은 것은?

① 각 업체의 독자적 물류기능 보유

② 제3자 물류 기능의 강화

③ 시설간·업체간 표준화 미약

④ 제조·물류 업체간 협조성 미비

Advice 국내 화주기업 물류의 문제점

　㉠ 각 업체의 독자적 물류기능 보유

　㉡ 제3자 물류 기능의 약화

　㉢ 시설간·업체간 표준화 미약

　㉣ 제조·물류 업체간 협조성 미비

　㉤ 물류 전문업체의 물류 인프라 활용도 미약

15 다음 중 트럭운송의 전망으로 옳지 않은 것은?

① 트레일러 수송과 도킹시스템화

② 바꿔 태우기 수송과 이어타기 수송

③ 컨테이너 및 파렛트 수송의 약화

④ 집배 수송용차의 개발과 이용

Advice 트럭운송의 전망

　㉠ 고효율화

　㉡ 왕복실차율을 높인다.

　㉢ 트레일러 수송과 도킹시스템화

　㉣ 바꿔 태우기 수송과 이어타기 수송

　㉤ 컨테이너 및 파렛트 수송의 강화

　㉥ 집배 수송용차의 개발과 이용

　㉦ 트럭터미널

정답 12.④ 13.② 14.② 15.③

PART

06 실전
모의고사

정답_ 339p

제1과목 교통 및 화물자동차 운수사업 관련 법규

1 다음 중 「자동차관리법」에 따른 자동차의 분류에 해당하지 않는 것은?

① 승용자동차
② 화물자동차
③ 원동기장치자전거
④ 오토바이

2 일반도로에서 차량신호등에 대한 설명으로 옳지 않은 것은?

① 녹색 신호등이 등화되면 차마는 직진 또는 우회전을 할 수 있다.
② 황색 신호등이 등화되면 차마가 이미 교차로에 일부라도 진입한 경우에는 신속히 교차로 밖으로 진행하여야 한다.
③ 적색 신호등이 등화되면 차마는 정지선, 횡단보도 직전에서 정지하여야 한다.
④ 황색 신호등이 등화되면 비보호좌회전표지가 있는 곳에서는 좌회전 할 수 있다.

3 다음에서 표시하는 지시표지의 내용은 무엇인가?

① 직진 및 좌회전
② 좌회전 및 유턴
③ 좌우회전
④ 우회로

4 다음 중 편도 3차로 이상 고속도로에서 왼쪽 차로로 통행할 수 있는 차량은?

① 승용자동차 ② 대형승합자동차
③ 이륜자동차 ④ 화물자동차

5 차마의 운전자가 도로의 중앙이나 좌측부분을 통행할 수 있는 경우가 아닌 것은?

① 도로가 일방통행인 경우
② 안전표지 등으로 앞지르기를 금지하거나 제한하고 있는 경우
③ 도로의 파손, 도로공사나 그 밖의 장애 등으로 도로의 우측 부분을 통행할 수 없는 경우
④ 도로 우측 부분의 폭이 차마의 통행에 충분하지 아니한 경우

6 편도 1차로인 일반도로의 최고속도는 얼마인가?

① 매시 80km 이내
② 매시 70km 이내
③ 매시 60km 이내
④ 제한 없음

7 다음 중 최고속도의 20%를 줄인 속도로 운행해야 하는 상태에 해당하는 것은?

① 폭우로 인하여 가시거리가 100m 이내인 경우
② 노면이 얼어붙은 경우
③ 비가 내려 노면이 젖어 있는 경우
④ 눈이 20mm 이상 쌓인 경우

8 다음 중 자동차를 일시정지 하여야 하는 장소가 아닌 곳은?

① 철길 건널목을 통과하려는 경우 철길 건널목 앞
② 차량신호등이 녹색등화의 점멸인 경우
③ 어린이가 보호자 없이 도로를 횡단할 경우
④ 지체장애인이나 노인이 도로를 횡단하고 있는 경우

9 다음 중 제1종 보통 연습면허로 운전할 수 없는 차량은?

① 승용자동차
② 승차정원 15인승 이하의 승합자동차
③ 적재중량 12톤 미만의 화물자동차
④ 5톤 미만의 지게차

10 다음 중 교통법규 위반 벌점이 10점이 아닌 것은?

① 지정차로 통행위반
② 전용차로 통행위반
③ 주차·정차금지위반
④ 안전거리 미확보

11 다음 중 교통사고처리특례법의 혜택을 받을 수 없는 사고는?

① 불가항력적으로 중앙선을 침범한 사고
② 중앙선이 없는 도로에서 중앙 부분을 침범한 사고
③ 제한속도를 매시 10km 초과하여 운전하다 일으킨 사고
④ 보도가 설치된 도로의 보도를 침범한 사고

12 교통사고처리특례법의 특례대상인 사고는?

① 사고 후 피해자를 유기하고 도주한 사고
② 제한속도를 20km 초과한 속도로 운전 중 야기한 사고
③ 앞지르기를 위반하다가 야기한 사고
④ 빙판에 미끄러져 중앙선을 침범한 사고

13 다음 중 교통사고의 도주사고로 볼 수 있는 사례는?

① 피해자가 부상 사실이 없거나 극히 경미하여 구호조치가 필요치 않는 경우
② 사상 사실을 인식하고도 가버린 경우
③ 가해자 및 피해자 일행 또는 경찰관이 환자를 후송 조치하는 것을 보고 연락처를 주고 가버린 경우
④ 교통사고 가해운전자가 심한 부상을 입어 타인에게 의뢰하여 피해자를 후송 조치한 경우

14 다음 중 화물자동차 운수사업법령상 화물자동차 유형별 분류로 보기 어려운 것은?

① 일반형
② 구난형
③ 덤프형
④ 밴형

15 화물자동차 운수사업법령상 운송약관에 기재하여야 하는 사항이 아닌 것은?

① 사업의 종류
② 운임 및 요금의 환급에 관한 사항
③ 화물의 인도 · 인수에 관한 사항
④ 책임보험계약에 관한 사항

16 화물자동차 운수사업법령상 화물자동차 운송사업의 허가사항 변경신고를 국토교통부장관에게 하여야 하는 사항이 아닌 것은?

① 관할 관청의 행정구역 밖으로의 주사무소 · 영업소 및 화물취급소의 이전
② 화물취급소의 설치 또는 폐지
③ 화물자동차의 대폐차
④ 상호의 변경

17 화물자동차 운수사업법령상 책임보험계약등의 해제 또는 해지의 사유가 아닌 것은?

① 화물자동차 운송사업의 허가사항의 변경(감차만을 말한다.)
② 화물자동차 운송사업의 감차 조치 명령
③ 화물자동차 운송가맹사업의 허가사항의 변경(감차만을 말한다.)
④ 화물자동차 운송주선사업의 감차 조치 명령

18 화물자동차 운수사업법령상 운송사업자에 관한 설명으로 옳은 것은?

① 운송사업자는 운임과 요금을 정하여 국토교통부장관에게 인가를 받아야 한다.
② 운송사업자는 운송약관을 정하여 국토교통부장관에게 신고하여야 한다.
③ 운송사업자가 상호를 변경하는 경우 국토교통부장관에게 변경허가를 받아야 한다.
④ 화물자동차 운송사업을 양도 · 양수하려는 경우 양도인은 국토교통부장관에게 신고하여야 한다.

19 화물자동차 운수사업법령상 화물자동차 운송가맹사업의 허가기준에 관한 설명으로 옳지 않은 것은? (단, 감경은 고려하지 않음)

① 운송가맹점이 소유하는 화물자동차 대수를 포함하여 화물자동차가 50대 이상이고, 8개 이상의 시·도에 각각 5대 이상 분포되어야 한다.

② 사무실 및 영업소로 영업에 필요한 면적을 확보해야 한다.

③ 그 밖의 운송시설로 화물정보망 이외의 시설을 갖추어야 한다.

④ 화물자동차를 직접 소유하는 경우 최저보유차고면적은 화물자동차 1대당 그 화물자동차의 길이와 너비를 곱한 면적이다.

20 화물자동차 운수사업법령상 화물자동차 운송가맹사업 및 화물정보망에 관한 설명으로 옳지 않은 것은?

① 허가를 받은 운송가맹사업자는 중요한 허가사항을 변경하려면 국토교통부장관에 대하여 신고하여야 한다.

② 국토교통부장관은 운송가맹사업자 또는 운송가맹점이 요청하면 분쟁을 조정할 수 있다.

③ 국토교통부장관은 안전운행의 확보, 운송질서의 확립 및 화주의 편의를 도모하기 위하여 필요하다고 인정하면 운송가맹사업자에게 운송약관의 변경을 명할 수 있다.

④ 운송사업자가 다른 운송사업자나 다른 운송사업자에게 소속된 위·수탁차주에게 화물운송을 위탁하는 경우에는 운송가맹사업자의 화물정보망이나 인증 받은 화물정보망을 이용할 수 있다.

21 화물자동차 운수사업법령상 내용으로 옳은 것은?

① 견인형 특수자동차를 사용하여 컨테이너를 운송하는 운송사업자 또는 화물자동차를 직접 소유한 운송가맹사업자는 운임과 요금을 정하여 미리 국토교통부장관에게 신고하여야 한다.

② 화물의 멸실·훼손 또는 인도의 지연으로 발생한 운송사업자의 손해배상 책임에 관하여는 민법을 준용한다.

③ 화물이 인도기한이 지난 후 1개월 이내에 인도되지 아니하면 그 화물은 멸실된 것으로 본다.

④ 국토교통부장관은 화주가 분쟁조정을 요청하면 1개월 내에 그 사실을 확인하고 손해내용을 조사한 후 조정안을 작성하여야 한다.

22 자동차관리법상 10인 이하를 운송하기에 적합하게 제작된 자동차를 의미하는 것은?

① 승용자동차　　　② 승합자동차
③ 화물자동차　　　④ 특수자동차

23 다음 중 자동차의 튜닝이 승인되는 경우에 해당하는 것은?

① 총중량이 증가되는 튜닝

② 최대적재량을 감소시켰던 자동차를 원상회복하는 경우

③ 자동차의 종류가 변경되는 튜닝

④ 변경전보다 성능 또는 안전도가 저하될 우려가 있는 경우의 변경

24 도로법령상 도로에 관한 금지행위에 대한 설명으로 옳지 않은 것은?

① 정당한 사유 없이 도로를 파손하는 행위

② 도로공단에 허가를 받아 도로에 토석을 쌓아 놓는 행위

③ 그 밖에 도로의 구조나 교통에 지장을 주는 행위

④ 고속도로가 아닌 도로를 파손하여 교통을 방해하거나 교통에 위험을 발생하게 한 자는 10년 이하의 징역이나 1억 원 이하의 벌금

25 다음 중 국가나 지방자치단체가 저공해자동차의 보급, 배출가스저감장치의 부착 및 교체, 저공해엔진으로의 개조 및 교체를 촉진하기 위하여 자금을 보조하거나 융자할 수 있는 자가 아닌 자는?

① 저공해자동차를 구입하거나 저공해자동차로 개조하는 자

② 전기를 연료로 사용하는 자동차에 전기를 충전하기 위한 시설을 설치하는 자

③ 배출가스저감장치를 부착 또는 교체하거나 자동차의 엔진을 저공해엔진으로 개조 또는 교체하는 자

④ 자동차의 천연가스 관련 부품을 교체하는 자

제2과목 화물취급요령

1 운송장의 기능에 관한 설명으로 옳지 않은 것은?

① 계약서의 기능

② 운송요금 영수증의 기능

③ 화물인수증의 기능

④ 유가증권의 기능

2 다음 중 운송장의 형태가 아닌 것은?

① 기본형 운송장

② 보조운송장

③ 스티커형 운송장

④ 자석형 운송장

3 다음 중 송하인이 기재할 사항으로 옳지 않은 것은?

① 주소

② 운송료

③ 자필 서명

④ 물품의 품명

4 포장 활동에 대한 설명으로 옳지 않은 것은?

① 물적 유통활동에서 포장이라 함은 상업포장을 말한다.
② 포장이란 물품을 수송하거나 보관함에 있어서 가치 및 상태를 보호하기 위한 수단이다.
③ 포장은 적절한 재료, 용기 등을 이용하여 물품에 가하는 기술과 그 기술을 가한 상태를 말하며 형태에 따라서 상업, 공업포장으로 구분된다.
④ 포장의 종류는 개장, 내장, 외장이 있다.

5 다음 중 포장의 기능이 아닌 것은?

① 보호성 ② 표시성
③ 유연성 ④ 편리성

6 일반화물의 취급표시를 나타낸 화인 ㉠과 ㉡의 명칭을 올바르게 나열한 것은?

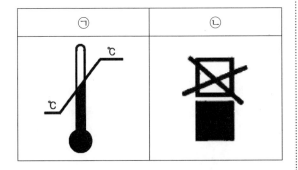

㉠	㉡

① ㉠ : 온도제한, ㉡ : 적재 단수 제한
② ㉠ : 화기엄금, ㉡ : 직사광선, 열차폐
③ ㉠ : 온도제한, ㉡ : 적재 금지
④ ㉠ : 온도제한, ㉡ : 젖음방지

7 다음 중 포장방법에 대한 설명으로 옳지 않은 것은?

① 방습포장 : 포장내부에 물이 침입하는 것을 방지하는 포장
② 방청포장 : 녹의 발생을 막기 위하여 하는 포장방법
③ 완충포장 : 외부 압력을 완화시키는 포장방법
④ 진공포장 : 포장된 상태에서 공기를 빨아들여 밖으로 뽑아버리는 포장방법

8 화물 운반시 주의해야 할 사항으로 옳지 않은 것은?

① 운반하는 물건이 시야를 가리지 않도록 주의한다.
② 화물을 운반할 때에는 너무 무거운 경우 뒷걸음질로 운반하도록 한다.
③ 화물자동차에서 화물을 내릴 때 로프를 풀거나 옆문을 열 때는 화물낙하 여부를 확인하고 안전위치에서 행해야 한다.
④ 작업장 주변의 화물상태 및 차량 통행 등에 주의하도록 한다.

9 화물의 하역방법에 대한 설명으로 옳지 않은 것은?

① 상자로 된 화물은 취급 표지에 따라 다루도록 한다.

② 포대화물을 적치할 때에는 겹쳐쌓기, 벽돌쌓기, 단별방향 바꾸어 쌓기 등 기본형으로 쌓고 올라가면서 중심을 향하여 적당히 끌어 당겨야 하며 화물더미의 주위와 중심이 일정하게 쌓아야 한다.

③ 원목과 같은 원기둥형의 화물은 열을 지어 정방형을 만들고 그 위에 직각으로 열을 지어 쌓거나 또는 열 사이에 끼워 쌓는 방법으로 하되 구르기 쉬우므로 외측에 제동장치를 해야 한다.

④ 제재목을 적치할 때에는 건너지르는 대목을 2개소에 놓아야 한다.

10 화물을 운반하는 방법 중 물품을 들어 올릴 때의 자세 및 방법에 대한 내용으로 적절하지 못한 것은?

① 몸의 균형을 유지하기 위하여 발은 어깨 넓이만큼 벌리고 물품으로 향한다.

② 물품과 몸의 거리는 물품의 크기에 따라 다르나, 물품을 수평으로 들어 올릴 수 있는 위치에 몸을 준비한다.

③ 물품을 들 때에는 허리를 똑바로 펴야 한다.

④ 허리의 힘으로 드는 것이 아니고 무릎을 굽혀 펴는 힘으로 물품을 든다.

11 다음 중 차량 내 적재방법으로 옳지 않은 것은?

① 화물자동차에 화물을 적재할 때는 한쪽으로 기울지 않게 쌓는다.

② 트랙터 차량의 캡과 적재물의 간격을 150㎝ 이상으로 유지해야 한다.

③ 가벼운 화물이라도 너무 높게 적재하지 않도록 한다.

④ 볼트와 같이 세밀한 물건은 상자 등에 넣어 적재한다.

12 다음 중 화물운반방법에 관한 설명으로 옳지 않은 것은?

① 물품의 운반에 적합한 장갑을 착용하고 작업한다.

② 작업할 때 집게 또는 자석 등 적절한 보조공구를 사용하여 작업한다.

③ 단독으로 화물을 운반하고자 할 때 일시작업 시 성인남자는 10~15kg이 기준이다.

④ 물품을 운반하고 있는 사람과 마주치면 그 발밑을 방해하지 않게 피해준다.

13 파렛트의 가장자리를 높게 하여 포장화물을 안쪽을 기울여 화물이 갈라지는 것을 방지하는 화물 붕괴 방지 방식은?

① 스트레치 방식

② 슈링크 방식

③ 주연어프 방식

④ 슬립멈추기 시트삽입 방식

14 사람의 신체를 이용하여 화물을 하역하는 것을 수하역이라 한다. 다음 중 수하역을 실시할 경우 요하역의 낙하의 높이는?

① 10cm

② 40cm

③ 80cm

④ 100cm

15 화물인수증의 관리요령에 대한 설명으로 옳지 않은 것은?

① 수령인이 물품의 수하인과 다른 경우 반드시 수하인과의 관계를 기재하도록 한다.

② 인수증 상에 인수자 서명을 운전자가 임의 기재하여도 상관이 없다.

③ 물품 인도일 기준으로 1년 이내 인수 근거 요청이 있을 경우 입증자료로 제시할 수 있으므로 관리를 철저히 하도록 한다.

④ 인수증은 반드시 인수자 확인란에 수령인이 누구인지 인수자가 자필로 바르게 적도록 한다.

제3과목 **안전운행**

1 교통사고의 3대 요인에 해당하지 않는 것은?

① 인적요인

② 인지요인

③ 차량요인

④ 도로요인

2 운전자의 시각특성에 대한 설명으로 옳지 않은 것은?

① 운전자는 운전에 필요한 정보의 대부분을 시각을 통하여 획득한다.

② 속도가 빨라질수록 시력은 떨어진다.

③ 속도가 빨라질수록 시야의 범위가 넓어진다.

④ 속도가 빨라질수록 전방주시점은 멀어진다.

3 야간에 운전자가 보행자를 인지하기에 가장 좋은 색상은?

① 흑색

② 흰색

③ 적색

④ 황색

4 어두운 곳에서 가로 폭보다 세로 폭의 길이를 보다 넓은 것으로 판단하는 착각은?

① 원근의 착각

② 속도의 착각

③ 크기의 착각

④ 상반의 착각

5 고령자의 교통안전 장애요인으로 볼 수 없는 것은?

① 고령자의 시각능력

② 고령자의 청각능력

③ 고령자의 사고능력

④ 고령자의 후각능력

6 다음 중 자동차의 주요 안전장치가 아닌 것은?

① 제동장치   ② 주행장치

③ 조향장치   ④ 노면장치

7 타이어의 마모에 영향을 주는 요인으로 보기 어려운 것은?

① 공기압

② 브레이크

③ 노면상태

④ 휠 크기

8 자동차가 물이 고인 노면을 고속으로 주행할 때 타이어는 타이어 홈 사이에 있는 물을 배수하는 기능이 감소되어 물의 저항에 의해 노면으로부터 떠올라 물위를 미끄러지듯이 되는 현상은?

① 워터 페이드 현상

② 수막현상

③ 마모현상

④ 모닝로크 현상

9 다음 중 방어운전으로 볼 수 없는 것은?

① 자기 자신이 사고의 원인을 만들지 않는 운전

② 자기 자신이 사고에 말려들어 가지 않게 하는 운전

③ 타인의 사고를 유발시키지 않는 운전

④ 교통사고를 유발하지 않도록 주의하여 하는 운전

10 자동차의 진동 관련 현상에 해당하지 않는 것은?

① 바운싱

② 롤링

③ 요잉

④ 다이브

11 여름철 자동차 관리상 점검사항이 아닌 것은?

① 완충장치 점검

② 와이퍼 작동상태 점검

③ 타이어 마모상태 점검

④ 차량 내부 습기 제거

12 주행제동 시 차량의 쏠림 현상이 일어날 경우 점검해야 할 사항으로 옳지 않은 것은?

① 좌우 타이어의 공기압 점검

② 좌우 브레이크 라이닝 간극 점검

③ 브레이크 에어 및 오일 파이프 점검

④ 휠 얼라이먼트 점검

13 중앙분리대의 기능에 대한 설명으로 옳지 않은 것은?

① 상하 차도의 교통 분리

② 대향차의 현광 방지

③ 필요에 따라 유턴 허용

④ 광폭 분리대의 경우 사고 및 고장 차량이 정지할 수 있는 여유공간 제공

14 방어운전에 대한 설명으로 옳지 않은 것은?

① 교통량이 너무 많은 길이나 시간을 피해 운전하도록 하며 교통이 혼잡할 때에는 조심스럽게 교통의 흐름을 따르고, 끼어들기 등을 삼간다.

② 교차로를 통과할 때는 신호를 무시하고 뛰어나오는 차나 사람이 있을 수 있으므로 반드시 안전을 확인한 뒤에 서서히 주행한다. 좌우로 도로의 안전을 확인한 후 주행한다.

③ 대형 화물차나 버스의 바로 뒤에서 주행할 때에는 전방의 교통상황을 파악할 수 없으므로, 이럴 때는 최대한 빨리 방향지시등을 켜고 앞지르기를 하여 대형차의 뒤에서 이탈해 주행한다.

④ 신호기가 설치되어 있지 않은 교차로에서는 좁은 도로로부터 우선순위를 무시하고 진입하는 자동차가 있으므로, 이런 때에는 속도를 줄이고 좌우의 안전을 확인한 다음 통행한다.

15 교차로에서 신호등의 장점으로 옳지 않은 것은?

① 교통류의 흐름을 질서 있게 한다.
② 교통처리용량을 증대시킬 수 있다.
③ 교차로에서의 직각충돌사고를 줄일 수 있다.
④ 과도한 대기로 인하여 지체가 발생할 수 있다.

16 커브길에서의 안전운전 방법으로 옳지 않은 것은?

① 커브길에서는 급핸들 조작이나 급제동은 하지 않도록 한다.
② 중앙선을 침범하거나 도로의 중앙으로 치우쳐 운전하면 안 된다.
③ 앞지르기는 대부분 안전표지로 금지하고 있으나 안전표지가 없는 장소에서는 앞지르기가 허용된다.
④ 주간에는 경음기, 야간에는 전조등을 사용하여 내 차의 존재를 알리도록 한다.

17 언덕길 교행시 우선권이 있는 차량은?

① 속도가 낮은 차량
② 올라가는 차량
③ 속도가 높은 차량
④ 내려오는 차량

18 원심력에 대한 설명으로 옳지 않은 것은?

① 원심력은 속도의 제곱에 비례하여 변한다.
② 원심력은 속도가 빠를수록 커진다.
③ 원심력은 커브가 길수록 커진다.
④ 원심력은 중량이 무거울수록 커진다.

19 어린이를 승용차에 태웠을 때 주의해야 할 사항으로 옳지 않은 것은?

① 어린이는 뒷자석 3점식 안전띠의 길이를 조정하여 앉히도록 한다.
② 어린이는 주의력 부족으로 사고가 발생할 위험이 높으므로 제일 먼저 태우고 제일 나중에 내리도록 한다.
③ 어린이를 혼자 차 안에 내버려 두어서는 안 된다.
④ 어린이는 앞좌석이나 뒷자석 관계없이 안전띠를 하고 앉히도록 한다.

20 엔진 출력이 감소되며 매연이 과다 발생할 경우 점검사항은?

① 냉각수 및 엔진오일의 양 확인 및 누출여부 확인
② 에어 클리너 오염도 확인
③ 연료탱크 내 이물질 혼입 여부 확인
④ 호이스트 오일 누출 상태 점검

21 좌·우회전을 할 때 방어운전 방법으로 옳지 않은 것은?

① 회전이 허용된 차로에서만 회전한다.
② 대향차가 교차로를 통과하기 전에 먼저 좌회전한다.
③ 우회전 할 때 보도나 노견으로 타이어가 넘어가지 않도록 주의한다.
④ 급핸들 조작으로 회전하지 않는다.

22 교차로 황색신호시간에 일어날 수 있는 교통사고의 유형을 보기 어려운 것은?

① 전 신호 차량과 후 신호 차량의 충돌사고
② 횡단보도 전 앞차 통과 시 보행자 추돌사고
③ 횡단보도 통과 시 보행자, 자전거 또는 이륜차 충돌사고
④ 유턴 차량과의 충돌사고

23 화물자동차에 충전용기 등을 차량에 적재할 경우 지켜야 할 기준에 대한 설명으로 옳지 않은 것은?

① 차량의 최대 적재량을 초과하여 적재하여서는 아니 된다.
② 차량의 적재함을 초과하여 적재하여서는 아니 된다.
③ 운반 중의 충전용기는 항상 40℃ 이하를 유지하여야 한다.
④ 화물자동차 또는 오토바이에 적재하여 운반하여야 한다.

24 고속도로 안전운전 방법에 대한 내용으로 옳지 않은 것은?

① 고속도로 운전시 전방주시는 큰 사고를 예방할 수 있다.
② 고속도로 진입시 안전하게 천천히 진입하도록 한다.
③ 고속도로를 통행할 때에는 전 좌석 안전벨트를 착용하여야 한다.
④ 고속도로 통행시 화물차는 후부반사판을 부착하여야 한다.

25 교통사고 및 고장 발생 시 2차사고 예방 안전 행동요령으로 옳지 않은 것은?

① 신속히 비상등을 켜고 다른 차의 소통에 방해가 되지 않도록 갓길로 차량을 이동시킨다.
② 후방에서 접근하는 차량의 운전자가 쉽게 확인할 수 있도록 고장자동차의 표지를 한다.
③ 운전자와 탑승자는 차량 내 또는 주변에서 대기하도록 한다.
④ 경찰관서, 소방관서 또는 한국도로공사 콜센터로 연락하여 도움을 요청한다.

3 운전시 삼가야 할 운전행동으로 옳지 않은 것은?

① 욕설이나 지나친 경쟁심의 행위
② 음악소리에 따라 노래를 부르는 행위
③ 경찰관의 단속 행위에 불응하고 항의하는 행위
④ 급차로 변경이나 갓길을 주행하는 행위

제4과목 운송서비스

1 고객서비스의 특성에 해당하지 않는 것은?

① 무형성
② 동시성
③ 소멸성
④ 소유성

4 다음 중 직업의 3가지 태도가 아닌 것은?

① 애정
② 인내
③ 긍지
④ 열정

2 고객이 서비스 품질을 평가하는 기준으로 옳지 않은 것은?

① 신뢰성
② 편의성
③ 안전성
④ 이질성

5 다음 중 배달시 행동방법으로 옳지 않은 것은?

① 배달은 서비스의 완성이라는 자세로 한다.
② 긴급배송을 요하는 화물은 우선 처리한다.
③ 무거운 물건일 경우 깨지지 않게 직접 들고 배달한다.
④ 고객이 부재 시에는 "부재중 방문표"를 반드시 이용한다.

6 다음 물류관리의 역할 중 국민경제적인 관점에서의 내용으로 가장 옳지 않은 것은?

① 지역경제의 균형 발전으로 인한 인구의 지역적인 편중을 억제
② 물류의 합리화는 상품흐름의 합리화를 초래하여 상거래의 대형화 유발
③ 물류개선을 위해 사회간접자본의 증강과 각종 설비투자를 필요로 하게 되며, 이를 통해 개발을 위한 투자기회 부여
④ 제품의 품질을 유지하여 정시배송을 통해 소비자에게 양적으로 향상된 서비스를 제공

7 다음 중 물류관리의 7R 원칙에 해당하지 않는 것은?

① Right Speed(적절한 시간)
② Right Quality(적절한 품질)
③ Right Place(적절한 장소)
④ Right Price(적절한 가격)

8 다음 중 물류에 관한 설명으로 옳지 않은 것은?

① 물류는 유통부분 중에서 수송, 보관, 하역, 포장 등의 업무를 전문적으로 취급하는 것이다.
② 물류는 상류에 상대되는 개념이다.
③ 물류는 물자유통뿐만 아니라 서류 및 금전의 이동, 정보유통까지도 포함한다.
④ 물류와 상류의 기능이 구분되는 배경은 경제구조의 대형화·광역화와 밀접한 관련이 있다.

9 국민경제적 관점에서의 물류의 역할을 설명한 것 중 옳은 것은?

① 고객의 욕구만족이 판매에 중요한 영향을 미칠 것으로 예상한다.
② 최소의 비용으로 소비자에게 만족을 줄 수 있도록 서비스의 질적 향상을 통해 매출의 신장을 기대할 수 있다.
③ 운송통신활동과 상업 활동을 주체로 이를 지원하는 모든 활동을 포함한다.
④ 유통효율의 향상을 통한 물류비의 절감으로 기업의 체질개선 및 물가상승을 억제한다.

10 다음 중 공동 수배송의 장점이 아닌 것은?

① 물류시설 및 인원의 축소
② 상품특성을 살린 판매전략 제약
③ 영업용 트럭의 이용증대
④ 여러 운송업체와의 복잡한 거래교섭의 감소

11 다음 중 물류관리의 목표에 대한 설명으로 가장 적절한 것은?

① 재고량을 줄여 재고비용을 감소시키면 고객서비스 수준은 향상된다.
② 고객서비스 수준보다는 물류비용을 항상 우선적으로 고려해야 한다.
③ 일반적으로 물류비의 감소와 고객서비스 수준의 향상 간에는 상충관계(Trade-off)가 있다.
④ 운송비, 주문처리비 등의 눈에 보이는 비용을 절감해야 고객서비스 수준이 향상된다.

12 다음 중 물류정보시스템에 관한 설명으로 적절하지 않은 것은?

① GIS(Geographic Information System)는 이동체의 위치 및 상태를 무선통신을 이용하여 실시간으로 파악, 관리하는 시스템이다.

② TRS(Trunked Radio System)는 정보물류망 중 중계국에 할당된 여러 개의 채널을 공동으로 사용하는 무전기시스템이다.

③ EDI(Electronic Data Interchange)는 거래업체 간에 상호 합의된 서식을 일정한 형태를 가진 전자메시지로 변환, 처리하는 전자문서교환시스템이다.

④ DPS(Digital Picking System)는 점포로부터 발주 자료를 센터의 상품 Rack에 부착한 표기에 피킹수량을 디지털로 표시한다.

13 다음은 무엇에 대한 효과인가?

> • 적시 배달 증대
> • 시간, 인력, 비용의 절약
> • 대규모 자본 지출의 감소
> • 상품 추적 시스템의 개선
> • 핵심 사업에 집중

① 제3자 물류(TPL)
② 판매시점관리(POS)
③ 리엔지니어링(BPR)
④ 공급체인관리(SCM)

14 다음 그림과 같이 고객기업이 물류비절감, 고객서비스 향상, 시장경쟁력 향상 등을 위하여 3PL 업자에게 업무를 위탁하는 것을 무엇이라 하는가?

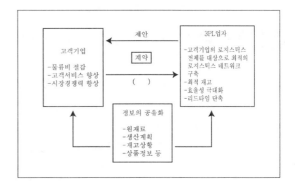

① Outsourcing
② SCM
③ Cross-docking
④ JIT

15 사업용 트럭운송의 장점에 해당하지 않는 것은?

① 물동량의 변동에 대응한 안정수송이 가능하다.
② 인적투자가 필요 없다.
③ 수송비가 저렴하다.
④ 인터페이스가 약하다.

정답_ 350p

제1과목 교통 및 화물자동차 운수사업 관련 법규

1 연석선(차도와 보도를 구분하는 돌 등으로 이어진 선), 안전표지 또는 그와 비슷한 인공구조물을 이용하여 경계를 표시하여 모든 차가 통행할 수 있도록 설치된 도로의 부분을 무엇이라 하는가?

① 차로
② 차도
③ 보도
④ 도로

2 보행자 신호등에 대한 설명으로 옳지 않은 것은?

① 녹색 신호등의 등화시 보행자는 횡단보도를 횡단할 수 있다.
② 녹색 신호등의 점멸시 보행자는 횡단을 시작하여서는 아니 된다.
③ 녹색 신호등의 점멸시 보행자는 신속하게 횡단을 시작하여야 한다.
④ 적색 신호등의 등화시 보행자는 횡단보도를 횡단하여서는 아니 된다.

3 노면표시에 대한 설명으로 옳지 않은 것은?

① 도로교통의 안전을 위하여 각종 주의·규제·지시 등의 내용을 노면에 기호·문자 또는 선으로 도로사용자에게 알리는 표시를 말한다.
② 노면표시에 사용되는 각종 선에서 점선은 제한, 실선은 허용, 복선은 의미의 강조를 나타낸다.
③ 노면표시 중 백색은 동일방향의 교통류 분리 및 경계를 표시한다.
④ 노면표시 중 황색은 반대방향의 교통류 분리 및 도로이용의 제한 및 지시를 표시한다.

4 다음 표지의 연결의 잘못된 것은?

①
자동차통행금지

②
화물자동차통행금지

③
승합자동차통행금지

④
자전거통행금지

5 화물자동차의 적재용량 중 높이기준으로 옳은 것은?

① 지상으로부터 3미터

② 지상으로부터 4미터

③ 지상으로부터 4.2미터

④ 지상으로부터 2미터

6 편도 2차로 이상의 고속도로의 최고속도는 얼마인가?

① 매시 80km

② 매시 90km

③ 매시 100km

④ 매시 120km

7 다음 중 서행하여야 하는 장소가 아닌 곳은?

① 도로가 구부러진 부근

② 비탈길의 고갯마루 부근

③ 가파른 비탈길의 내리막

④ 적색 등화인 교차로

8 다음 중 제2종 보통면허로 운전할 수 없는 차량은?

① 승용자동차

② 승차정원 15인 이하의 승합자동차

③ 적재중량 4톤 이하의 화물자동차

④ 원동기장치자전거

9 다음 중 운전면허가 취소된 날부터 2년 동안 운전면허시험에 응시할 수 없는 경우가 아닌 것은?

① 음주운전 금지 규정을 2회 이상 위반하여 운전면허가 취소된 경우

② 경찰공무원의 음주운전 여부측정을 2회 이상 위반하여 운전면허가 취소된 경우

③ 음주운전 금지 규정을 위반하여 술에 취한 상태로 운전을 하다가 2회 이상 교통사고를 일으킨 경우

④ 다른 사람이 부정하게 운전면허를 받도록 하기 위하여 운전면허시험에 대신 응시한 경우

10 다음 중 범칙행위의 범칙금액이 3만 원이 아닌 것은?

① 좌석안전띠 미착용

② 불법부착장치차 운전

③ 서행의무위반

④ 지정속도에서 10km 속도위반

11 교통사고처리특례법상 중과실사고에 해당하지 않는 것은?

① 건널목통과방법위반사고

② 인도돌진사고

③ 제한속도 시속 15km 초과의 속도위반 사고

④ 무면허운전 중 사고

12 교통사고처리특례법상 특례대상이 되지 못하는 교통사고는?

① 무단횡단인을 충격하고 피해자와 합의를 하여 처벌을 원하지 않는 사고
② 교통경찰관의 수신호에 따라 운행하다 횡단보도 보행인을 충격해 식물인간이 된 사고
③ 중앙선이 없는 도로에서 중앙 부분을 넘어서 대향차량 운전자를 피상케 한 사고
④ 정류장에서 승객이 탑승한 것을 확인하고 출발했으나 그 승객이 문밖으로 떨어진 사고

13 다음 중 화물자동차 운송사업의 이용자에게·내려지는 과징금의 용도가 아닌 것은?

① 화물 터미널의 건설 및 확충
② 공동차고지의 건설과 확충
③ 탈세포상금의 지급
④ 화물에 대한 정보 제공사업 등 화물자동차 운수사업의 발전을 위하여 필요한 사항

14 다음 중 화물자동차 운송사업의 허가취소 혹은 사업정지가 되는 경우가 아닌 것은?

① 부정한 방법으로 화물자동차 운송사업허가를 받은 경우
② 화물자동차 운송사업의 허가 또는 증차를 수반하는 변경허가에 따른 기준을 충족하지 못하게 된 경우
③ 화물운송 종사자격이 없는 자에게 화물을 운송하게 한 경우
④ 정당한 사유로 개선명령을 이행하지 아니한 경우

15 다음 중 보조금 지급 정지 사유에 해당하지 않는 것은?

① 석유판매업자 또는 액화석유가스 충전사업자로부터 세금계산서를 거짓으로 발급받아 보조금을 지급받은 경우
② 소명서 및 증거자료의 제출요구에 따르고, 이에 따른 검사나 조사를 받은 경우
③ 화물자동차 운수사업이 아닌 다른 목적에 사용한 유류분에 대하여 보조금을 지급받은 경우
④ 다른 운송사업자등이 구입한 유류 사용량을 자기가 사용한 것으로 위장하여 보조금을 지급받은 경우

16 화물자동차 운수사업법령상 운송사업자의 준수사항에 관한 설명으로 옳지 않은 것은?

① 운송사업자는 화물운송의 대가로 받은 운임 및 요금의 전부 또는 일부에 해당하는 금액을 부당하게 화주, 다른 운송사업자 또는 화물자동차 운송주선사업을 경영하는 자에게 되돌려주는 행위를 하여서는 아니 된다.
② 운송사업자는 자기 명의로 운송 계약을 체결한 화물에 대하여 다른 운송사업자에게 수수료나 그 밖의 대가를 받고 그 운송을 위탁하거나 대행하게 하는 등 화물운송 질서를 문란하게 하는 행위를 하여서는 아니 된다.
③ 운송사업자는 운임 및 요금과 운송약관을 영업소 또는 화물자동차에 갖추어 두고 이용자가 요구하면 이를 내보여야 한다.
④ 운송사업자는 택시 요금미터기의 장착 등 국토교통부령으로 정하는 택시 유사표시 행위를 해야 한다.

17 화물자동차 운수사업법령상 화물자동차 운송가맹사업에 관한 설명으로 옳지 않은 것은?

① 운송가맹사업자는 주사무소 외의 장소에서 상주하여 영업하려면 국토교통부령으로 정하는 바에 따라 국토교통부장관의 허가를 받아 영업소를 설치하여야 한다.

② 화물자동차 운송가맹사업자가 대통령령으로 정한 경미한 사항의 허가사항을 변경하려면 국토교통부장관에게 신고하여야 한다.

③ 화물자동차를 직접 소유한 운송가맹사업자의 화물자동차의 대폐차는 허가사항 변경신고 대상이다.

④ 화물자동차 운송가맹사업의 허가를 받기 위해서는 운송가맹점이 소유하는 화물자동차 대수를 포함하여 200대 이상이어야 한다.

18 화물자동차 운수사업법령상 국토교통부장관이 청문을 해야 하는 처분에 해당하지 않는 것은?

① 화물자동차 운송사업의 허가취소
② 화물자동차 운송주선사업의 허가취소
③ 화물자동차 운송가맹사업의 허가취소
④ 화물자동차 운수사업자가 설립한 공제조합의 인가취소

19 다음 중 화물운송업 업무 처리의 주체가 다른 하나는?

① 화물자동차 운송사업의 허가
② 화물자동차 운송사업에 따른 운송약관의 신고 및 변경신고
③ 화물자동차 운송사업 허가사항에 대한 경미한 사항 변경신고
④ 화물자동차 운송사업에 대한 양도·양수 또는 합병의 신고

20 화물자동차 운수사업법령상 화물자동차 운수종사자가 하여서는 아니되는 행위를 모두 고른 것은?

> ㉠ 정당한 사유 없이 화물을 중도에서 내리게 하는 행위
> ㉡ 정당한 사유 없이 화물의 운송을 거부하는 행위
> ㉢ 부당한 운임 또는 요금을 요구하거나 받는 행위
> ㉣ 고장 및 사고차량 등 화물의 운송과 관련하여 자동차관리사업자와 부정한 금품을 주고받는 행위
> ㉤ 일정한 장소에 오랜 시간 정차하여 화주를 호객하는 행위
> ㉥ 문을 완전히 닫지 아니한 상태에서 자동차를 출발시키거나 운행하는 행위
> ㉦ 운임 및 요금과 운송약관을 영업소 또는 화물자동차에 갖추어 두고 이용자가 요구하면 이를 내보여야 하는 행위

① ㉡, ㉢, ㉣, ㉤, ㉥
② ㉠, ㉡, ㉢, ㉣, ㉤, ㉥
③ ㉠, ㉡, ㉣, ㉤, ㉥, ㉦
④ ㉡, ㉢, ㉣, ㉤, ㉥, ㉦

21 다음 중 시·도지사가 직권으로 말소등록을 할 수 있는 경우가 아닌 것은?

① 자동차를 폐차한 경우
② 말소등록을 신청하여야 할 자가 신청한 경우
③ 자동차의 차대가 등록원부상의 차대와 다른 경우
④ 속임수나 그 밖의 부정한 방법으로 등록된 경우

22 자동차관리법령에 대한 설명으로 옳지 않은 것은?

① 자동차소유자 또는 자동차소유자에 갈음하여 자동차등록을 신청하는 자가 직접 자동차등록번호판을 붙이고 봉인을 하여야 하는 경우 이를 이행하지 아니한 경우에는 50만 원의 과태료에 처한다.
② 자동차등록번호판을 가리거나 알아보기 곤란하게 하거나 그러한 자동차를 운행한 경우에는 30만 원의 과태료에 처한다.
③ 자동차의 변경등록 신청을 하지 않은 경우 신청기간 만료일부터 90일 이내이면 2만 원의 과태료가 부과된다.
④ 자동차 말소등록을 신청하여야 하는 자동차 소유주가 말소등록 신청을 하지 않은 경우 신청 지연기간이 10일 이내이면 5만 원의 과태료가 부과된다.

23 비사업용 승용자동차를 소유하고 있는 자가 최초 4년에 자동차 정기검사를 받았다면 몇 년 후에 정기검사를 받아야 하는가?

① 6월
② 1년
③ 2년
④ 4년

24 도로관리청은 도로 구조를 보전하고 도로에서의 차량 운행으로 인한 위험을 방지하기 위하여 필요하면 도로에서의 차량 운행을 제한할 수 있다. 다음 중 운행을 제한할 수 있는 차량이 아닌 것은?

① 축하중이 10톤을 초과하는 차량
② 총중량이 20톤을 초과하는 차량
③ 차량의 폭이 2.5미터, 높이가 4.0미터를 초과하는 차량
④ 도로 구조의 보전과 통행의 안전에 지장이 있다고 인정하는 차량

25 대기환경보전법령상 공회전 제한장치 부착명령 대상 자동차에 해당하지 않는 것은?

① 좌석형 버스
② 모범택시
③ 고속버스
④ 1톤 택배용 밴형 화물차

1 운송장의 역할과 중요성에 관한 설명으로 옳지 않은 것은?

① 배송 완료 후 배송여부 등에 대한 책임소재를 확인하는 증거서류 역할을 하게 된다.

② 선불로 요금을 지불한 경우에는 운송장을 영수증으로 사용할 수 있다.

③ 택배회사가 화물을 송하인으로부터 이상 없이 인수하였음을 증명하는 서류이다.

④ 착불화물의 경우에는 운송장을 증빙으로 제시하여 수하인에게 요금을 청구하는 것은 불가능하다.

2 동일 수하인에게 다수의 화물이 배달될 때 운송장비용을 절약하기 위하여 사용하는 운송장은?

① 기본형 운송장

② 보조 운송장

③ 스티커형 운송장

④ 배달표형 운송장

3 일반적인 목적으로 사용하는 화물의 취급 표지의 전체 높이가 아닌 것은?

① 100mm

② 150mm

③ 200mm

④ 250mm

4 포장(Packaging)에 관한 설명으로 옳지 않은 것은?

① 물품의 유통과정에 있어서 그 물품의 가치 및 상태를 보호하기 위해 적합한 재료 또는 용기 등으로 물품을 포장하는 방법이나 상태를 말한다.

② 물품정보의 전달 및 물품의 판매를 촉진함과 동시에 재료와 형태면에서 포장의 사회적 공익성과 함께 환경에 적합해야 한다.

③ 화물의 이동성, 보호성을 높이는 등 물류프로세스 상에서 중요한 역할을 수행하고 있다.

④ 국가물류비에서 차지하는 비율이 매우 높고, 생산과 마케팅을 연결하는 기능을 지니고 있다.

5 다음 중 운송장 부착요령으로 옳지 않은 것은?

① 운송장은 물품의 정중앙 하단에 뚜렷하게 보이도록 부착한다.

② 박스 모서리나 후면 또는 측면에 부착하여 혼동을 주어서는 안 된다.

③ 운송장이 떨어지지 않도록 손으로 잘 눌러서 부착한다.

④ 취급주의 스티커의 경우 운송장 바로 우측 옆에 붙여서 눈에 띄게 한다.

6 다음의 화물취급표지가 나타내는 것은 무엇인가?

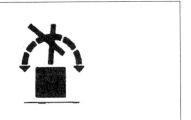

① 무게 중심 위치
② 굴림 방지
③ 취급주의
④ 거는 위치

8 화물더미에서 작업을 할 경우 주의해야 할 사항으로 보기 어려운 것은?

① 화물더미에 오르내릴 때에는 화물의 쏠림이 발생하지 않도록 조심하도록 한다.
② 화물더미의 화물을 출하할 때에는 화물더미 위에서부터 순차적으로 층계를 지으면서 헐어내야 한다.
③ 화물더미의 상층과 하층에서 동시에 작업을 하도록 한다.
④ 화물더미의 중간에서 화물을 뽑아내거나 직선으로 깊이 파내는 작업을 하지 않는다.

7 다음 중 창고 내 작업 및 입·출고 작업요령으로 옳지 않은 것은?

① 창고 내에서 작업할 때에는 어떠한 경우라도 흡연을 금한다.
② 바닥의 기름기나 물기는 입고를 마친 후에 제거한다.
③ 화물을 쌓거나 내릴 때에는 순서에 맞게 신중히 하여야 한다.
④ 컨베이어(conveyor) 위로는 절대 올라가서는 안 된다.

9 화물자동차 내 화물의 적재방법으로 옳지 않은 것은?

① 차량전복을 방지하기 위하여 적재물 전체의 무게중심 위치는 적재함 전후좌우의 중심위치로 하는 것이 바람직하다.
② 가벼운 화물은 최대한 높게 적재하도록 한다.
③ 차량에 물건을 적재할 때에는 적재중량을 초과하지 않도록 한다.
④ 물건을 적재한 후에는 이동거리가 멀건 가깝건 간에 짐이 넘어지지 않도록 로프나 체인 등으로 단단히 묶어야 한다.

10 물품을 들어올릴 때의 자세로 옳지 않은 것은?

① 발은 어깨 넓이만큼 벌리고 물품으로 향한다.
② 물품을 수직으로 들어 올릴 수 있는 위치에 몸을 준비한다.
③ 물품을 들 때는 허리를 굽혀야 한다.
④ 허리의 힘으로 드는 것이 아니고 무릎을 굽혀 펴는 힘으로 물품을 든다.

11 파렛트의 가장자리를 높게 하여 포장화물을 안쪽으로 기울여, 화물이 갈라지는 것을 방지하는 방법은?

① 밴드걸기 방식
② 슬립멈추기 시트삽입 방식
③ 풀붙이기 접착방식
④ 주연어프 방식

12 다음 중 견하역의 높이로 알맞은 것은?

① 10cm 정도
② 40cm 정도
③ 80cm 정도
④ 100cm 이상

13 다음 중 화물의 붕괴 방지방법으로 옳지 않은 것은?

① 시트를 거는 방법
② 파렛트 화물 사이에 소형 화물을 메우는 방법
③ 차량에 특수장치를 설치하는 방법
④ 로프를 거는 방법

14 다음 중 고속도로를 운행하려는 차량 중 운행제한차량의 기준에 대한 연결이 잘못된 것은?

① 축하중 – 차량의 축하중이 10톤을 초과한 차량
② 총중량 – 차량의 총중량이 40톤을 초과한 차량
③ 길이 – 적재물을 포함한 차량의 길이가 16.7m를 초과한 차량
④ 높이 – 적재물을 포함한 차량의 높이가 2.5m를 초과한 차량

15 다음 중 화물사고의 유형 중 화물을 적재할 때 무분별한 적재로 압착되거나 화물을 함부로 던지거나 발로 차고 끄는 경우 발생하는 사고는?

① 오손사고
② 분실사고
③ 파손사고
④ 내용물 부족사고

1 운전과 관련되는 시각의 특성으로 옳지 않은 것은?

① 속도가 빨라질수록 시력은 떨어진다.
② 속도가 빨라질수록 시야의 범위가 좁아진다.
③ 속도가 빨라질수록 전방주시점은 가까워진다.
④ 운전자는 운전에 필요한 정보의 대부분을 시각을 통하여 획득한다.

2 동체시력에 대한 설명으로 옳지 않은 것은?

① 움직이는 물체 또는 움직이면서 다른 자동차나 사람 등의 물체를 보는 시력을 동체시력이라 한다.
② 물체의 이동속도가 빠를수록 동체시력은 상대적으로 저하된다.
③ 운전자의 연령이 낮을수록 동체시력은 저하된다.
④ 장시간 운전 등 피로에 의해서도 동체시력은 저하된다.

3 다음 중 교통사고의 요인 중 간접적 요인에 해당하는 것은?

① 음주상태
② 운적조작의 잘못
③ 운전자의 성격
④ 무리한 운행계획

4 다음 중 운전피로의 3요인이 아닌 것은?

① 생활요인
② 사회요인
③ 운전작업 중의 요인
④ 운전자 요인

5 제동장치의 종류에 해당하지 않는 것은?

① 풋 브레이크
② 주차 브레이크
③ 엔진 브레이크
④ 마찰 브레이크

6 유압식 브레이크 휠 실린더나 브레이크 파이프 속에서 브레이크액이 기화하여 페달을 밟아도 스펀지를 밟는 것같이 유압이 전달되지 않아 브레이크가 작동하지 않는 현상은?

① 모닝록 현상
② 베이퍼록 현상
③ 스탠딩 웨이브 현상
④ 워터 페이드 현상

7 수막현상을 방지하는 방법으로 옳지 않은 것은?

① 고속으로 주행하지 않는다.
② 타이어의 공기압을 낮춘다.
③ 마모된 타이어를 사용하지 않는다.
④ 배수효과가 좋은 타이어를 사용한다.

8 운전자가 브레이크에 발을 올려 브레이크가 막 작동을 시작하는 순간부터 자동차가 완전히 정지할 때까지의 시간을 무엇이라 하는가?

① 정지소요시간
② 공주시간
③ 제동시간
④ 정지시간

9 교통사고에 대한 설명으로 옳지 않은 것은?

① 일반도로에서는 곡선반경이 100m 이내일 때 사고율이 높다.
② 일반적으로 종단경사가 커짐에 따라 사고율이 높다.
③ 곡선부의 수가 많으면 사고율이 높다.
④ 곡선부가 오르막과 내리막의 종단 경사와 중복되는 곳이 사고 위험성이 훨씬 높다.

10 일반적인 도로의 차로 폭은 얼마인가?

① 2.5m ~ 2.7m
② 2.7m ~ 2.9m
③ 3.0m ~ 3.5m
④ 4.0m ~ 4.5m

11 고속으로 달리고 있을 때 핸들 자체에 진동이 일어나거나 심하게 흔들린다면 이는 어느 부분이 이상한 것인가?

① 클러치
② 브레이크
③ 앞바퀴
④ 팬벨트

12 갓길의 역할로 보기 어려운 것은?

① 고장차가 본선차도로부터 대피할 수 없고, 사고 시 교통의 혼잡을 방지한다.
② 측방 여유폭을 가지므로 교통의 안전성과 쾌적성에 기여한다.
③ 유지관리 작업장이나 지하매설물에 대한 장소로 제공된다.
④ 보도 등이 없는 도로에서는 보행자 등의 통행장소로 제공된다.

13 운전자의 시선을 유도하고 옆부분의 여유를 확보하기 위하여 중앙분리대 또는 길어깨에 차도와 동일한 횡단경사와 구조로 차도에 접속하여 설치하는 부분을 의미하는 용어는?

① 차로수
② 측대
③ 분리대
④ 길어깨

14 도로 주행 시 속도조절 방법에 대한 설명으로 옳지 않은 것은?

① 노면의 상태가 나쁜 도로에서는 속도를 줄여서 주행하도록 한다.
② 해질 무렵, 터널 등 조명조건이 나쁠 때에는 라이트를 켜고 속도를 올려 주행하도록 한다.
③ 곡선반경이 작은 도로나 신호의 설치간격이 좁은 도로에서는 속도를 낮추어 안전하게 통과한다.
④ 주택가나 이면도로 등에서는 과속이나 난폭운전을 하지 않도록 한다.

15 교차로 안전운전 방법으로 보기 어려운 것은?

① 추측운전은 하지 않는다.
② 신호가 바뀌는 순간을 주의한다.
③ 언제든 정지할 수 있는 준비태세를 갖추어야 한다.
④ 맹목적으로 앞차를 따라가도록 한다.

16 내리막길 주행 시 사용해야 하는 브레이크는?

① 풋 브레이크
② 주차 브레이크
③ 엔진 브레이크
④ 디스크 브레이크

17 안전한 야간운전 방법으로 옳지 않은 것은?

① 해가 저물면 바로 전조등을 점등하여야 한다.
② 주간보다 속도를 늦추어 주행하여야 한다.
③ 실내를 불필요하게 밝게 하지 않도록 한다.
④ 대향차의 전조등이 비치는 곳 끝까지 살펴야 한다.

18 스탠딩 웨이브 현상을 예방하기 위한 방법으로 적절한 것은?

① 브레이크를 천천히 밟는 연습을 한다.
② 차량의 무게중심을 조절하도록 한다.
③ 속도를 높이도록 한다.
④ 타이어의 공기압을 높이도록 한다.

19 어린이들이 당하기 쉬운 교통사고 유형으로 옳지 않은 것은?

① 도로에 갑자기 뛰어들기
② 자전거 사고
③ 차외 전도사고
④ 도로 횡단 중의 부주의

20 정차 중 엔진의 시동이 꺼질 경우 조치해야 할 사항은?

① 플라이밍 펌프 내부의 필터 청소
② 연료 탱크내 수분 제거
③ 휠 스피드 센서 저항 측정
④ 연료공급 계통의 공기빼기 작업

21 도로에서 앞지르기를 하는 방법으로 옳지 않은 것은?

① 앞지르기가 허용된 지역에서만 앞지르기를 한다.
② 마주 오는 차의 속도와 거리를 정확히 판단한 후 앞지르기 한다.
③ 앞지르기 후 뒤차의 안전을 고려하여 진입한다.
④ 앞지르기 전에 뒤차에게 신호로 알린다.

22 철길 건널목 통행방법으로 옳지 않은 것은?

① 일시 정지 후 좌·우의 안전을 확인한다.
② 건널목 통과 시 기어는 변속하지 않는다.
③ 앞 차량과의 차간 거리를 최대한 좁혀 통과한다.
④ 건널목 내 차량고장 시 동승자를 즉시 대피시킨다.

23 겨울철 자동차관리 방법으로 옳지 않은 것은?

① 스노타이어로 교환하거나 체인 등의 월동장비를 점검하여야 한다.
② 냉각수의 동결을 방자하기 위해 부동액의 양과 점도를 점검하여야 한다.
③ 엔진의 온도를 일정하게 유지시켜 주는 써머스타를 점검하도록 한다.
④ 팬벨트의 장력은 적절한지를 수시로 확인하여야 한다.

24 고속도로 긴급견인 서비스 연락처로 옳은 것은?

① 1588-3082
② 1588-2580
③ 1588-2504
④ 1588-8282

25 다음 중 운행 제한 차량 단속에 대한 설명으로 옳지 않은 것은?

① 도로의 포장균열 및 파괴, 교통소통의 지장 등의 이유로 과적차량을 제한한다.
② 덮개를 씌우지 않아 결속상태가 불량한 화물자동차는 적재불량차량으로 단속대상이 된다.
③ 총중량 11톤의 화물자동차는 승용차 11만대 통행과 동일한 도로파손을 야기한다.
④ 축하중 10톤의 화물자동차는 승용차 10만대 통행과 동일한 도로파손을 야기한다.

제4과목 운송서비스

1 고객만족을 위한 서비스 품질로 보기 어려운 것은?

① 상품 품질
② 영업 품질
③ 가격 품질
④ 서비스 품질

2 고객만족 행동예절 중 올바른 인사방법으로 옳지 않은 것은?

① 항상 밝고 명랑한 표정의 미소를 짓도록 한다.
② 머리와 상체를 숙이고 인사를 하도록 한다.
③ 데스크에 있을 경우에는 앉아서 하도록 한다.
④ 턱을 지나치게 내밀지 않도록 한다.

3 고객응대예절 중 화물 배달시 행동요령으로 옳지 않은 것은?

① 긴급배송을 요하는 화물은 우선 처리하고, 화물은 우선순위를 정하여 배송한다.
② 수하인의 주소가 불명확할 경우 사전에 정확한 위치를 확인 후 출발한다.
③ 고객 부재 시에는 부재중 방문표를 반드시 이용한다.
④ 인수증 서명시 반드시 정자로 실명 기재 후 받는다.

4 다음 중 개념적 관점에서의 물류의 역할이 아닌 것은?

① 국가경제적 관점
② 국민경제적 관점
③ 사회경제적 관점
④ 개별기업적 관점

5 다음 중 고객의 욕구로 옳지 않은 것은?

① 기억되기를 바란다.
② 편안해 지고 싶어 한다.
③ 칭찬받고 싶어 한다.
④ 평범한 사람으로 인식되기를 바란다.

6 다음 중 택배화물의 배달방법으로 옳지 않은 것은?

① 배달표에 나타난 주소대로 배달할 것을 표시한다.
② 전화는 해도 불만을 초래할 수 있기 때문에 전화를 하지 않는다.
③ 우선적으로 배달해야 할 고객의 위치 표시한다.
④ 방문예정시간에 수하인 부재중일 경우 반드시 대리 인수자를 지명 받아 그 사람에게 인계해야 한다.

7 다음 중 물류에 대한 설명으로 옳지 않은 것은?

① 물리적, 사회적인 물(物)의 흐름에 관한 경제 활동으로 물자유통과 정보유통이 포함된다.
② 제품의 흐름을 용이하게 하는 이동 및 보관 활동의 전부와 이에 수반되는 정보를 계획, 조직, 통제하는 활동을 말한다.
③ 상거래에 의해서 구매자로부터 판매자에게 상품의 소유권이 이전되는 활동을 말한다.
④ 물류관리의 목표로 물류비절감, 서비스향상 등 어느 쪽에 더 중점을 두느냐를 정하여야 한다.

8 물류의 기능과 목적을 설명하고 있는 것으로 적절치 못한 것은?

① 물류의 기능은 장소적 조정, 시간적 조정, 수량적 조정, 품질적 조정, 가격적 조정 등의 기능을 갖고 있다.
② 물류의 원칙 중 3S1L은 '신속하게(Speedy), 저렴하게(Low), 안전(Safely)하게, 확실하게 (Surely)'를 의미한다.
③ 7R 원칙은 고객이 요구하는 상품을, 고객이 요구하는 상품의 품질로 유지하며, 고객이 요구하는 정량을, 고객이 요구하는 시기에, 고객이 요구하는 장소에, 고객에게 좋은 인상의 상품 상태로, 가격결정기구에 의해 적정한 가격으로 고객에게 전달하는 것을 말한다.
④ 물류의 목적은 기업의 이윤극대화 뿐이다.

9 물류관리에 대한 설명으로 옳지 않은 것은?

① 물류관리는 생산과 소비자 사이에 형성되어 윤활유 역할을 하며, 경우에 따라서는 생산 활동을 포함한다.
② 제품의 비용절감과 재화의 시간적 및 장소적인 효용가치를 통한 시장경쟁력의 강화를 의미한다.
③ 원재료의 조달과 제품의 생산에서 소비에 이르기까지 수반되는 물적 유통의 제반업무를 말한다.
④ 경제활동이 원활하게 발전하려면 경제활동의 모든 요소가 시간과 공간을 초월해서 균형 있게 발전되는 것이 무엇보다도 중요하다.

10 다음 중 물류고객서비스의 요소는 거래 전 요소, 거래 시 요소, 거래 후 요소 등으로 분류할 수 있다. 다음 중 거래 시 요소가 아닌 것은?

① 재고 품절 수준
② 주문 상황정보
③ 시스템의 정확성
④ 설치, 보증, 교환, 수리

11 물류의 기본기능과 함께 전자상거래가 발전되면서 공급 체인율을 효율적으로 지원하며, 해결책을 제시하고 변화·관리능력 및 전략적 컨설팅을 포함하는 물류영역을 무엇이라 하는가?

① 제4자 물류(4PL)　② 운송주선업
③ 제2자 물류(2PL)　④ NVOCC

12 다음 중 신속대응(QR)에 관한 설명으로 옳지 않은 것은?

① JIT(Just in time)전략보다 더 신속하고 민첩한 체계이다.
② 생산·유통기간의 단축, 재고의 감소, 반품손실 감소 등 생산·유통의 각 단계에서 효율화를 실현한다.
③ 신속대응(QR)을 활용함으로써 소매업자는 정확한 수요예측, 주문량에 따른 생산의 유연성 확보, 높은 자산회전율 등의 혜택을 볼 수 있다.
④ 생산·유통관련업자가 전략적으로 제휴하여 소비자의 선호 등을 즉시 파악하여 시장변화에 신속하게 대응한다.

13 다음 중 제4자 물류(4PL)의 정의 및 설명으로 바르지 못한 것은?

① 제3자 물류업체와 물류 컨설팅업체, IT업체의 결합된 형태이다.
② 제4자 물류 이용 시 수입의 증대, 운용비용의 감소, 운전자본의 감소, 고정자본의 감소 등의 효과를 볼 수 있다.
③ 제4자 물류 운용모델에는 시너지 플러스(Synergy Plus), 솔루션 통합자(Solution Integrator), 산업혁신자(Industry Innovator) 모델이 있다.
④ 제4자 물류는 단수 기업의 물류업무를 종합적으로 지원하는 개념이다.

14 다음 중 영업용 트럭운송의 단점이 아닌 것은?

① 운임의 안정화가 곤란하다.
② 관리기능이 저해된다.
③ 기동성이 부족하다.
④ 인적투자가 필요 없다.

15 자가용 트럭운송의 장점에 해당하지 않는 것은?

① 작업의 기동성이 높다.
② 위험부담도가 낮다.
③ 설비투자가 필요하다.
④ 높은 신뢰성이 확보된다.

제1과목 교통 및 화물자동차 운수사업 관련 법규

1 ③

자동차란 철길이나 가설된 선을 이용하지 아니하고 원동기를 사용하여 운전되는 차(견인되는 자동차도 자동차의 일부로 봄)로서 다음의 차를 말한다.
㉠ 「자동차관리법」에 따른 다음의 자동차. 다만, 원동기장치자전거는 제외
  • 승용자동차
  • 승합자동차
  • 화물자동차
  • 특수자동차
  • 이륜자동차

2 ④

황색 신호등의 등화
㉠ 차마는 정지선이 있거나 횡단보도가 있을 때에는 그 직전이나 교차로의 직전에 정지하여야 하며, 이미 교차로에 차마의 일부라도 진입한 경우에는 신속히 교차로 밖으로 진행하여야 한다.
㉡ 차마는 우회전할 수 있고 우회전하는 경우에는 보행자의 횡단을 방해하지 못한다.

3 ②

문제의 표지는 좌회전 및 유턴을 나타내는 지시표지이다.

4 ①

편도 3차로 이상 고속도로에서 왼쪽 차로로 통행할 수 있는 차량은 승용자동차 및 경형·소형·중형 승합자동차이다.

5 ②

도로 우측 부분의 폭이 6미터가 되지 아니하는 도로에서 다른 차를 앞지르려는 경우 운전자는 도로의 중앙이나 좌측부분을 통행할 수 있다. 다만, 다음에 해당하는 경우에는 그러하지 아니하다.
㉠ 도로의 좌측 부분을 확인할 수 없는 경우
㉡ 반대 방향의 교통을 방해할 우려가 있는 경우
㉢ 안전표지 등으로 앞지르기를 금지하거나 제한하고 있는 경우

6 ③

일반도로의 최고속도와 최저속도
㉠ 편도 2차로 이상
  • 최고속도 : 매시 80km 이내
  • 최저속도 : 제한 없음
㉡ 편도 1차로
  • 최고속도 : 매시 60km 이내
  • 최저속도 : 제한 없음

7 ③

최고속도의 20%를 줄인 속도로 운행해야 하는 경우
㉠ 비가 내려 노면이 젖어 있는 경우
㉡ 눈이 20mm 미만 쌓인 경우

8 ②

일시정지 하여야 하는 장소

㉠ 보도와 차도가 구분된 도로에서 도로 외의 곳을 출입할 때에는 보도를 횡단하기 직전에 일시정지

㉡ 모든 차의 운전자는 신호기 등이 표시하는 신호가 없는 철길 건널목을 통과하려는 경우에는 철길 건널목 앞에서 일시정지

㉢ 보행자가 횡단보도를 통행하고 있을 때에는 보행자의 횡단을 방해하거나 위험을 주지 아니하도록 그 횡단보도 앞에서 일시정지

㉣ 보행자전용도로의 통행이 허용된 곳에서 보행자를 위험하게 하거나 보행자의 통행을 방해하지 아니하도록 보행자의 걸음속도로 운행하거나 일시정지

㉤ 교차로나 그 부근에서 긴급자동차가 접근하는 경우에는 교차로를 피하여 일시정지

㉥ 교통정리를 하고 있지 아니하고 좌우를 확인할 수 없거나 교통이 빈번한 교차로에서는 일시정지

㉦ 시 · 도경찰청장이 필요하다고 인정하여 안전표지로 지정한 곳

㉧ 어린이가 보호자 없이 도로를 횡단할 때, 어린이가 도로에서 앉아 있거나 서 있을 때 또는 어린이가 도로에서 놀이를 할 때 등 어린이에 대한 교통사고의 위험이 있는 것을 발견한 경우, 앞을 보지 못하는 사람이 흰색 지팡이를 가지거나 장애인보조견을 동반하는 등의 조치를 하고 횡단하고 있는 경우, 지하도나 육교 등 도로 횡단시설을 이용할 수 없는 지체장애인이나 노인 등이 도로를 횡단하고 있는 경우에는 일시정지

㉨ 차량신호등이 적색등화의 점멸인 경우 정지선이나 횡단보도가 있을 때에는 그 직전이나 교차로의 직전에 일시정지

9 ④

보통면허로 운전할 수 있는 차량

㉠ 제1종 보통면허 : 승용자동차, 승차정원 15인승 이하의 승합자동차, 적재중량 12톤 미만의 화물자동차, 건설기계(도로를 운행하는 3톤 미만의 지게차에 한정), 총 중량 10톤 미만의 특수자동차(구난차 등은 제외), 원동기장치자전거

㉡ 제2종 보통면허 : 승용자동차, 승차정원 10인 이하의 승합자동차, 적재중량 4톤 이하의 화물자동차, 총 중량 3.5톤 이하의 특수자동차(구난차 등은 제외), 원동기장치자전거

10 ③

③ 범칙금 부과 행위에 해당한다.

※ **교통법규 위반 벌점 10점인 경우**

㉠ 통행구분 위반(보도침범, 보도 횡단방법 위반)

㉡ 지정차로 통행위반(진로변경 금지장소에서의 진로변경 포함)

㉢ 일반도로 전용차로 통행위반

㉣ 안전거리 미확보(진로변경 방법위반 포함)

㉤ 앞지르기 방법위반

㉥ 보행자 보호 불이행(정지선위반 포함)

㉦ 승객 또는 승하차자 추락방지조치위반

㉧ 안전운전 의무 위반

㉨ 노상 시비 · 다툼 등으로 차마의 통행 방해행위

㉩ 돌 · 유리병 · 쇳조각이나 그 밖에 도로에 있는 사람이나 차마를 손상시킬 우려가 있는 물건을 던지거나 발사하는 행위

㉪ 도로를 통행하고 있는 차마에서 밖으로 물건을 던지는 행위

11 ④

보도가 설치된 도로의 보도를 침범한 경우 보도침범사고, 통행방법위반 등의 행위로 처벌을 받는다.

12 ④

사고피양 등 부득이한 중앙선침범 사고는 특례대
상이 된다.

㉠ 앞차의 정지를 보고 추돌을 피하려다 중앙선을
  침범한 사고
㉡ 보행자를 피양하다 중앙선을 침범한 사고
㉢ 빙판길에 미끄러지면서 중앙선을 침범한 사고

13 ②

도주사고 적용사례

㉠ 사상 사실을 인식하고도 가버린 경우
㉡ 피해자를 방치한 채 사고현장을 이탈 도주한 경우
㉢ 사고현장에 있었어도 사고사실을 은폐하기 위
  해 거짓 진술·신고한 경우
㉣ 부상피해자에 대한 적극적인 구호조치 없이 가
  버린 경우
㉤ 피해자가 이미 사망했다고 하더라도 사체 안치
  후송 등 조치 없이 가버린 경우
㉥ 피해자를 병원까지만 후송하고 계속 치료 받을
  수 있는 조치 없이 도주한 경우
㉦ 운전자를 바꿔치기 하여 신고한 경우

14 ②

화물자동차 유형별 기준

㉠ 일반형
㉡ 덤프형
㉢ 밴형
㉣ 특수용도형

15 ④

운송약관에 기재하여야 하는 사항

㉠ 사업의 종류
㉡ 운임 및 요금의 수수 또는 환급에 관한 사항
㉢ 화물의 인도·인수·보관 및 취급에 관한 사항
㉣ 운송책임의 시기(始期) 및 종기(終期)
㉤ 손해배상 및 면책에 관한 사항

㉥ 그 밖에 화물자동차 운송사업을 경영하는 데에
  필요한 사항

16 ①

화물자동차 운송사업의 허가를 받은 자(운송사업
자)가 허가사항을 변경하려면 국토교통부령으로 정
하는 바에 따라 국토교통부장관의 변경허가를 받
아야 한다. 다만, 대통령령으로 정하는 경미한 사
항을 변경하려면 국토교통부령으로 정하는 바에
따라 국토교통부장관에게 신고하여야 한다.

※ 허가사항 변경신고의 대상
  ㉠ 상호의 변경
  ㉡ 대표자의 변경(법인인 경우만 해당)
  ㉢ 화물취급소의 설치 또는 폐지
  ㉣ 화물자동차의 대폐차
  ㉤ 주사무소·영업소 및 화물취급소의 이전.
    다만, 주사무소 이전의 경우에는 관할 관청
    의 행정구역 내에서의 이전만 해당한다.

17 ④

보험 등 의무가입자 및 보험회사 등은 다음의 어
느 하나에 해당하는 경우 외에는 책임보험계약 등
의 전부 또는 일부를 해제하거나 해지하여서는 아
니 된다.

㉠ 화물자동차 운송사업의 허가사항이 변경(감차만
  을 말한다)된 경우
㉡ 화물자동차 운송사업을 휴업하거나 폐업한 경우
㉢ 화물자동차 운송사업의 허가가 취소되거나 감
  차 조치 명령을 받은 경우
㉣ 화물자동차 운송주선사업의 허가가 취소된 경우
㉤ 화물자동차 운송가맹사업의 허가사항이 변경(감
  차만을 말한다)된 경우
㉥ 화물자동차 운송가맹사업의 허가가 취소되거나
  감차 조치 명령을 받은 경우
㉦ 적재물배상보험등에 이중으로 가입되어 하나의
  책임보험계약등을 해제하거나 해지하려는 경우

◎ 보험회사 등이 파산 등의 사유로 영업을 계속
할 수 없는 경우

㉣ 그 밖에 ⊙부터 ◎까지의 규정에 준하는 경우
로서 대통령령으로 정하는 경우

18 ②

운송사업자는 운송약관을 정하여 국토교통부장관
에게 신고하여야 한다. 이를 변경하려는 때에도 또
한 같다.

19 ③

화물자동차 운송가맹사업의 허가기준

항목	허가기준
허가기준 대수	50대 이상(운송가맹점이 소유하는 화물자동차 대수를 포함하되, 8개 이상의 시·도에 각각 5대 이상 분포되어야 한다)
사무실 및 영업소	영업에 필요한 면적
최저보유차고 면적	화물자동차 1대당 그 화물자동차의 길이와 너비를 곱한 면적(화물자동차를 직접 소유하는 경우만 해당한다)
화물자동차의 종류	화물자동차(화물자동차를 직접 소유하는 경우만 해당한다)
그 밖의 운송시설	화물정보망을 갖출 것

20 ①

허가를 받은 운송가맹사업자는 허가사항을 변경하
려면 국토교통령으로 정하는 바에 따라 국토교
통부장관의 변경허가를 받아야 한다. 다만, 대통령
령으로 정하는 경미한 사항을 변경하려면 국토교
통부령으로 정하는 바에 따라 국토교통부장관에게
신고하여야 한다.

21 ①

운임 및 요금을 신고하여야 하는 화물자동차 운송
사업의 허가를 받은 자(운송사업자) 또는 화물자동
차 운송가맹사업의 허가를 받은 자(운송가맹사업
자)는 다음의 어느 하나에 해당하는 운송사업자 또
는 운송가맹사업자를 말한다.

㉠ 구난형 특수자동차를 사용하여 고장차량·사고차량
등을 운송하는 운송사업자 또는 운송가맹사업자(화물
자동차를 직접 소유한 운송가맹사업자만 해당)

㉡ 견인형 특수자동차를 사용하여 컨테이너를 운
송하는 운송사업자 또는 운송가맹사업자(화물
자동차를 직접 소유한 운송가맹사업자만 해당)

22 ①

② 11인 이상을 운송하기에 적합하게 제작된 자동차

③ 화물을 운송하기에 적합한 화물적재공간을 갖
추고, 화물적재공간의 총적재화물의 무게가 운
전자를 제외한 승객이 승차공간에 모두 탑승했
을 때의 승객의 무게보다 많은 자동차

④ 다른 자동차를 견인하거나 구난작업 또는 특수
한 작업을 수행하기에 적합하게 제작된 자동차
로서 승용자동차·승합자동차 또는 화물자동차
가 아닌 자동차

23 ②

자동차 튜닝이 승인되지 않는 경우

㉠ 총중량이 증가되는 튜닝

㉡ 승차정원 또는 최대적재량의 증가를 가져오는 승
차장치 또는 물품적재장치의 튜닝(승차정원 또는
최대적재량을 감소시켰던 자동차를 원상회복하는
경우와 동일한 형식으로 자기인증되어 제원이 통보
된 차종의 승차정원 또는 최대적재량의 범위안에서
최대적재량을 증가시키는 경우, 차대 또는 차체가
동일한 승용자동차·승합자동차의 승차정원 중 가
장 많은 것의 범위 안에서 해당 자동차의 승차정원
을 증가시키는 경우는 제외)

㉢ 자동차의 종류가 변경되는 튜닝

㉣ 변경전보다 성능 또는 안전도가 저하될 우려가
있는 경우의 변경

24 ②

도로에 관한 금지행위 … 누구든지 정당한 사유 없이 도로에 대하여 다음의 행위를 하여서는 아니 된다.

㉠ 도로를 파손하는 행위

㉡ 도로에 토석, 입목·죽(竹) 등 장애물을 쌓아놓는 행위

㉢ 그 밖에 도로의 구조나 교통에 지장을 주는 행위

※ 정당한 사유없이 고속국도가 아닌 도로를 파손하여 교통을 방해하거나 교통에 위험을 발생하게 한 자는 10년 이하의 징역 또는 1억 원 이하의 벌금에 처한다.

25 ④

국가나 지방자치단체는 저공해자동차의 보급, 배출가스저감장치의 부착 또는 교체와 저공해엔진으로의 개조 또는 교체를 촉진하기 위하여 다음의 어느 하나에 해당하는 자에 대하여 예산의 범위에서 필요한 자금을 보조하거나 융자할 수 있다.

㉠ 저공해자동차를 구입하거나 저공해자동차로 개조하는 자

㉡ 저공해자동차에 연료를 공급하기 위한 시설 중 다음 각 목의 시설을 설치하는 자
- 천연가스를 연료로 사용하는 자동차에 천연가스를 공급하기 위한 시설로서 환경부장관이 정하는 시설
- 전기를 연료로 사용하는 자동차(이하 "전기자동차"라 한다)에 전기를 충전하기 위한 시설로서 환경부장관이 정하는 시설
- 그 밖에 태양광, 수소연료 등 환경부장관이 정하는 저공해자동차 연료공급시설

㉢ 자동차에 배출가스저감장치를 부착 또는 교체하거나 자동차의 엔진을 저공해엔진으로 개조 또는 교체하는 자

㉣ 자동차의 배출가스 관련 부품을 교체하는 자

㉤ 권고에 따라 자동차를 조기에 폐차하는 자

㉥ 그 밖에 배출가스가 매우 적게 배출되는 것으로서 환경부장관이 정하여 고시하는 자동차를 구입하는 자

제2과목 화물취급요령

1 ④

운송장의 기능

㉠ 계약서 기능

㉡ 화물인수증 기능

㉢ 운송요금 영수증 기능

㉣ 정보처리 기본자료

㉤ 배달에 대한 증빙(배송에 대한 증거서류 기능)

㉥ 수입금 관리자료

㉦ 행선지 분류정보 제공(작업지시서 기능)

2 ④

운송장의 형태

㉠ 기본형 운송장(포켓타입)

㉡ 보조운송장

㉢ 스티커형 운송장

㉣ 배달표형 스티커 운송장

㉤ 바코드 절취형 스티커 운송장

3 ②

②는 집하담당자가 기재해야 한다.

4 ①

① 물적 유통활동에서 포장이란 일반적으로 공업 포장을 말한다.

5 ③

포장의 기능
㉠ 보호성
㉡ 표시성
㉢ 상품성
㉣ 편리성
㉤ 효율성
㉥ 판매촉진성

6 ③

㉠ 온도제한 : 허용되는 온도범위 또는 최저, 최고 온도를 표시하는 것으로 허용되는 온도의 범위를 표시한 것이다.
㉡ 적재금지 : 포장의 위에 다른 화물을 쌓으면 안 된다는 표시

7 ①

①은 방수포장이다.

8 ②

화물 운반 시 주의해야 할 사항
㉠ 운반하는 물건이 시야를 가리지 않도록 한다.
㉡ 뒷걸음질로 화물을 운반해서는 안 된다.
㉢ 작업장 주변의 화물상태, 차량통행 등을 항상 살핀다.
㉣ 원기둥형을 굴릴 때는 앞으로 밀어 굴리고 뒤로 끌어서는 안 된다.
㉤ 화물자동차에서 화물을 내릴 때 로프를 풀거나 옆문을 열 때는 화물낙하 여부를 확인하고 안전위치에서 행한다.

9 ④

제재목을 적치할 때에는 건너지르는 대목을 3개소에 놓아야 한다.

10 ②

물품을 들어 올릴 때의 자세 및 방법
㉠ 몸의 균형을 유지하기 위해서 발은 어깨 넓이 만큼 벌리고 물품으로 향한다.
㉡ 물품과 몸의 거리는 물품의 크기에 따라 다르나, 물품을 수직으로 들어 올릴 수 있는 위치에 몸을 준비한다.
㉢ 물품을 들 때에는 허리를 똑바로 펴야 한다.
㉣ 다리와 어깨의 근육에 힘을 넣고 팔꿈치를 바로 펴서 서서히 물품을 들어올린다.
㉤ 허리의 힘으로 드는 것이 아니고 무릎을 굽혀 펴는 힘으로 물품을 든다.

11 ②

② 트랙터 차량의 캡과 적재물의 간격을 120cm 이상으로 유지해야 한다.

12 ③

단독으로 화물을 운반하고자 할 때의 인력운반중량 권장기준
㉠ 일시작업(시간당 2회 이하) : 성인남자(25~30kg), 성인여자(15~20kg)
㉡ 계속작업(시간당 3회 이상) : 성인남자(10~15kg), 성인여자(5~10kg)

13 ③

① 스트레치 포장기를 사용하여 플라스틱 필름을 파렛트 화물에 감아 움직이지 않게 하는 방법
② 열수축성 플라스틱 필름을 파렛트 화물에 씌우고 슈링크 터널을 통화시킬 때 가열하여 필름을 수축시켜 파렛트와 밀착시키는 방식

④ 포장과 포장 사이에 미끄럼을 멈추는 시트를 넣음으로써 안전을 도모하는 방법

14 ①

수하역의 경우 낙하의 높이

㉠ 견하역 : 100cm 이상

㉡ 요하역 : 10cm 정도

㉢ 파렛트 쌓기의 수하역 : 40cm 정도

15 ②

인수증 상에 인수자 서명을 운전자가 임의 기재한 경우 무효로 간주되면, 문제가 발생하면 배송완료로 인정받을 수 없다.

제3과목 **안전운행**

1 ②

교통사고의 3대 요인

㉠ 인적요인

㉡ 차량요인

㉢ 도로·환경요인

2 ③

속도가 빨라질수록 시야의 범위가 좁아진다.

3 ②

야간에 운전자가 인지하기 좋은 색은 흰색이며, 흑색이 가장 나쁘다.

4 ③

① 작은 것은 멀리 있는 것 같이, 덜 밝은 것은 멀리 있는 것으로 느껴진다.

② 주시점이 가까운 좁은 시야에서는 빠르게 느껴지고, 비교 대상이 먼 곳에 있을 때는 느리게 느껴진다.

④ 주행 중 급정거 시 반대방향으로 움직이는 것처럼 보이거나 한쪽 방향의 곡선을 보고 반대방향의 곡선을 봤을 경우 더 구부러져 있는 것처럼 보인다.

5 ④

고령자의 교통안전 장애요인

㉠ 고령자의 시각능력

㉡ 고령자의 청각능력

㉢ 고령자의 사고능력

㉣ 고령자의 신경능력

6 ④

자동차의 주요 안전장치 ⋯ 제동장치, 주행장치, 조향장치, 현가장치

7 ④

타이어의 마모에 영향을 주는 요인 ⋯ 공기압, 하중, 속도, 커브, 브레이크, 노면상태

8 ②

수막현상 ⋯ 자동차가 물이 고인 노면을 고속으로 주행할 때 타이어는 그루부 사이에 있는 물을 배수하는 기능이 감소되어 물의 저항에 의해 노면으로부터 떠올라 물위를 미끄러지듯이 되는 현상이 발생하게 되는데 이 현상을 수막현상이라고 한다.

9 ④

④ 안전운전에 대한 설명이다.

※ **안전운전** … 운전자가 자동차를 그 본래의 목적에 따라 운행함에 있어서 운전자 자신이 위험한 운전을 하거나 교통사고를 유발하지 않도록 주의하여 운전하는 것을 말한다.

10 ④

다이브 … 자동차를 제동할 때 바퀴는 정지하려 하고 차체는 관성에 의해 이동하려는 성질 때문에 앞 범퍼 부분이 내려가는 현상

※ **자동차의 진동현상**

ㄱ **바운싱** : 이 진동은 차체가 Z축 방향과 평행운동을 하는 고유 진동

ㄴ **피칭** : 차체가 Y축을 중심으로 하여 회전운동을 하는 고유 진동

ㄷ **롤링** : 차체가 X축을 중심으로 하여 회전운동을 하는 고유 진동

ㄹ **요잉** : 차체가 Z축을 중심으로 하여 회전운동을 하는 고유 진동

11 ①

여름철 자동차 관리

ㄱ 냉각장치 점검

ㄴ 와이퍼의 작동상태 점검

ㄷ 타이어 마모상태 점검

ㄹ 차량내부의 습기제거

12 ④

주행제동 시 차량 쏠림현상이나 리어 앞쪽 라이닝 조기 마모 및 드럼 과열 제동 불능 및 브레이크 조기 록크 및 밀림 현상이 나타나면 좌우 타이어의 공기압 점검, 좌우 브레이크 라이닝 간극 및 드럼손상 점검, 브레이크 에어 및 오일 파이프 점검, 듀얼 서킷 브레이크 점검, 공기 빼기 작업, 에어 및 오일 파이프라인 이상 발견 등을 점검해야 한다.

13 ③

중앙분리대의 기능

ㄱ 상하 차도의 교통 분리

ㄴ 평면교차로가 있는 도로에서는 폭이 충분할 때 좌회전 차로로 활용할 수 있어 교통처리가 유연

ㄷ 광폭 분리대의 경우 사고 및 고장 차량이 정지할 수 있는 여유공간을 제공

ㄹ 보행자에 대한 안전섬이 됨으로써 횡단시 안전

ㅁ 필요에 따라 유턴 방지

ㅂ 대향차의 현광 방지

ㅅ 도로표지, 기타 교통관제시설 등을 설치할 수 있는 장소를 제공

14 ③

대형 화물차나 버스의 바로 뒤에서 주행할 때에는 전방의 교통상황을 파악할 수 없으므로, 이럴 때는 함부로 앞지르기를 하지 않도록 하고, 또 시기를 보아서 대형차의 뒤에서 이탈해 주행한다.

15 ④

신호등의 장·단점

ㄱ 장점

• 교통류의 흐름을 질서 있게 한다.

• 교통처리용량을 증대시킬 수 있다.

• 교차로에서의 직각충돌사고를 줄일 수 있다.

• 특정 교통류의 소통을 도모하기 위하여 교통 흐름을 차단하는 것과 같은 통제에 이용할 수 있다.

ㄴ 단점

• 과도한 대기로 인한 지체가 발생할 수 있다.

• 신호지시를 무시하는 경향을 조장할 수 있다.

• 신호기를 피하기 위해 부적절한 노선을 이용할 수 있다.

• 교통사고, 특히 추돌사고가 다소 증가할 수 있다.

16 ③

커브길에서 앞지르기는 대부분 안전표지로 금지하고 있으나 안전표지가 없더라도 절대로 하지 않는다.

17 ④

언덕길에서 올라가는 차량과 내려오는 차량의 교행시에는 내려오는 차에 통행 우선권이 있다. 올라가는 차량이 양보해야 한다. 이는 내리막 가속에 의한 사고위험이 더 높다는 것을 고려한 방침이다.

18 ③

원심력은 커브가 작을수록 커진다.

19 ④

어린이가 앞좌석에 앉으면 운전장치나 물건 등을 만져 운전에 지장을 줄 수 있고 사고의 위험도 있다. 그러므로 반드시 어린이는 뒷자석에 태우고 도어의 안전잠금장치를 잠근 후 운행하여야 한다.

20 ②

엔진 출력이 감소되며 매연이 과다 발생시 점검사항
㉠ 엔진오일 및 필터 상태 점검
㉡ 에어 클리너 오염 상태 및 덕트 내부 상태 확인
㉢ 블로바이 가스 발생 여부 확인
㉣ 연료의 질 분석 및 흡·배기 밸브 간극 점검

21 ②

대향차가 교차로를 완전히 통과한 후 좌회전한다.

22 ②

교차로 황색신호시간에 일어날 수 있는 사고유형
㉠ 교차로 상에서 전 신호 차량과 후 신호 차량의 충돌
㉡ 횡단보도 전 앞차 정지 시 앞차 추돌
㉢ 횡단보도 통과 시 보행자, 자전거 또는 이륜차 충돌
㉣ 유턴 차량과 충돌

23 ④

충전용기 등은 자전거 또는 오토바이에 적재하여 운반하여서는 아니 된다. 다만, 차량이 통행하기 곤란한 지역 그 밖에 시·도지사가 지정하는 경우에는 그러하지 아니하다.

24 ②

고속도로에 진입할 때에는 방향지시등으로 진입 의사를 표시한 후 가속차로에서 충분히 속도를 높이고 주행하는 다른 차량의 흐름을 살펴 안전을 확인한 후 진입하여야 한다. 진입한 후에는 빠른 속도로 가속하여 교통흐름에 방해가 되지 않도록 하여야 한다.

25 ③

③ 운전자와 탑승자가 차량 내 또는 주변에 있는 것은 매우 위험하므로 가드레일 밖 등 안전한 장소로 대피한다.

제4과목 운송서비스

1 ④
고객서비스의 특성
㉠ 무형성
㉡ 동시성
㉢ 이질성
㉣ 소멸성
㉤ 무소유권

2 ④
고객이 서비스 품질을 평가하는 기준 … 신뢰성, 신속한 대응, 정확성, 편의성, 태도, 커뮤니케이션, 신용도, 안전성, 고객 이해도, 환경 등

3 ②
운전시 삼가야 할 운전행동
㉠ 갑자기 끼어들거나 욕설을 하면서 지나가는 행위
㉡ 욕설이나 경쟁심의 행위
㉢ 다른 차량의 통행을 방해하는 행위
㉣ 음악이나 경음기 소리를 크게 하는 행위
㉤ 경음기나 전조등으로 앞차를 재촉하는 행위
㉥ 계기판 윗부분에 발을 올려놓는 행위
㉦ 경찰관의 단속에 불응하고 항의하는 행위
㉧ 방향지시등을 켜지 않고 차선을 변경하거나 버스전용차로를 무단 통행하고 갓길을 주행하는 행위

4 ②
직업의 3가지 태도
㉠ 애정
㉡ 긍지
㉢ 열정

5 ③
③ 무거운 물건일 경우 손수레를 이용하여 배달한다.

6 ④
④ 제품의 품질을 유지하여 정시배송을 통해 소비자에게 질적으로 향상된 서비스를 제공한다.

7 ①
7R 원칙
㉠ Right Quality(적절한 품질)
㉡ Right Quantity(적절한 양)
㉢ Right Time(적절한 시간)
㉣ Right Place(적절한 장소)
㉤ Right Impression(좋은 인상)
㉥ Right Price(적절한 가격)
㉦ Right Commodity(적절한 상품)

8 ③
③ 물류는 물자의 유통을 말하는 것으로 서류 및 금전의 이동, 정보유통은 상류, 즉 상적유통에 관한 것이다.

9 ④
국민경제적 관점에서의 물류의 역할
㉠ 유통효율의 향상을 통한 물류비의 절감으로 기업의 체질개선 및 물가상승을 억제
㉡ 서비스의 향상으로 수요자에게 양질의 서비스를 제공
㉢ 상류 (商流)의 합리화를 유발하여 상거래의 대형화
㉣ 자원의 낭비를 방지하여 자원이용의 효율화를 가능
㉤ 지역경제발전에 이바지하여 지역적인 인구의 편중을 억제

ⓑ 사회자본의 증가와 설비투자를 요하므로 국민 경제개발의 투자기회가 확대

ⓢ 도시재개발 및 교통여건의 개선 등을 통해 도시생활자의 생활환경개선에 기여

10 ②

②는 공동 수배송의 단점이다.

11 ③

물류관리의 기본 목표는 비용절감과 재화의 시간적 및 공간적 효용가치의 창조를 통한 시장 능력의 강화 및 고객서비스 향상에 있다.

12 ①

① GPS에 대한 설명이다.

13 ①

제3자 물류는 물류업무를 분리하여 물류전문업체에 위탁하는 것으로 물류비용을 줄일 수 있고 기업은 핵심 사업에 집중할 수 있다는 장점이 있다.

14 ①

② 제조, 물류, 유통업체 등 공급자들이 협력하여 기술을 활용하는 등의 총체적인 관점에서 체인을 관리하여 최상의 서비스를 제공하고자 하는 전략이다.

③ 물류센터나 창고에서 받은 제품을 재고로 보관하지 않고 바로 배송준비를 하는 전략이다.

④ 생산단계별로 작업량을 조절하여 재고를 줄이는 전략이다.

15 ④

사업용 트럭운송의 장점

㉠ 수송비가 저렴하다.

㉡ 물동량의 변동에 대응한 안정수송이 가능하다.

㉢ 수송 능력이 높다.

㉣ 융통성이 높다.

㉤ 설비투자가 필요 없다.

㉥ 인적투자가 필요 없다.

㉦ 변동비 처리가 가능하다.

교통 및 화물자동차 운수사업 관련 법규

1 ②

① 차마가 한 줄로 도로의 정하여진 부분을 통행하도록 차선으로 구분한 차도의 부분을 말한다.

③ 연석선, 안전표지나 그와 비슷한 인공구조물로 경계를 표시하여 보행자(유모차와 행정자치부령으로 정하는 보행보조용 의자차를 포함)가 통행할 수 있도록 한 도로의 부분을 말한다.

④ 「도로법」에 따른 도로, 「유료도로법」에 따른 유료도로, 「농어촌도로 정비법」에 따른 농어촌도로, 그 밖에 현실적으로 불특정 다수의 사람 또는 차마가 통행할 수 있도록 공개된 장소로서 안전하고 원활한 교통을 확보할 필요가 있는 장소를 말한다.

2 ③

녹색 신호등의 점멸시 보행자는 횡단을 시작하여서는 아니 되고, 횡단하고 있는 보행자는 신속하게 횡단을 완료하거나 그 횡단을 중지하고 보도로 되돌아와야 한다.

3 ②

노면표시에 사용되는 각종 선에서 점선은 허용, 실선은 제한, 복선은 의미의 강조를 나타낸다.

4 ④

④ 표지는 이륜자동차 및 원동기장치자전거통행금지를 나타내는 규제표시에 해당한다.

5 ②

화물자동차는 지상으로부터 4미터(도로구조의 보전과 통행의 안전에 지장이 없다고 인정하여 고시한 도로노선의 경우에는 4미터 20센티미터), 소형 3륜자동차는 지상으로부터 2미터 50센티미터, 이륜자동차는 지상으로부터 2미터의 높이의 기준을 넘어서는 아니 된다.

6 ③

고속도로의 최고속도 및 최저속도

㉠ 편도 2차로 이상

• 모든 고속도로

－최고속도 : 매시 100km[화물자동차(적재중량 1.5톤을 초과하는 경우에 한한다)], 특수자동차·위험물운반자동차·건설기계의 경우 매시 80km

－최저속도 : 매시 50km

• 지정·고시한 노선 또는 구간의 고속도로

－최고속도 : 매시 120km 이내, 특수자동차·위험물운반자동차·건설기계의 경우 매시 90km 이내

－최저속도 : 매시 50km

㉡ 편도 1차로

• 최고속도 : 매시 80km

• 최저속도 : 매시 50km

7 ④

④ 정지하여야 한다.

※ 서행하여야 하는 장소

㉠ 교통정리를 하고 있지 아니하는 교차로

㉡ 도로가 구부러진 부근

㉢ 비탈길의 고갯마루 부근

㉣ 가파른 비탈길의 내리막

㉤ 시·도경찰청장이 안전표지로 지정한 곳

8 ②

제2종 보통면허로 운전할 수 있는 차량
- ㉠ 승용자동차
- ㉡ 승차정원 10인승 이하의 승합자동차
- ㉢ 적재중량 4톤 이하 화물자동차
- ㉣ 총중량 3.5톤 이하의 특수자동차
- ㉤ 원동기장치자전거

9 ③

③ 운전면허가 취소된 날부터 3년이다.

※ 운전면허가 취소된 날부터 2년 동안 응시기간이 제한되는 경우
- ㉠ 음주운전 금지 규정을 2회 이상 위반하여 운전면허가 취소된 경우
- ㉡ 경찰공무원의 음주운전 여부측정을 2회 이상 위반하여 운전면허가 취소된 경우
- ㉢ 공동 위험행위의 금지를 2회 이상 위반하여 운전면허가 취소된 경우
- ㉣ 운전면허를 받을 자격이 없는 사람이 운전면허를 받거나, 거짓이나 그 밖의 부정한 수단으로 운전면허를 받은 경우 또는 운전면허효력의 정지기간 중 운전면허증 또는 운전면허증을 갈음하는 증명서를 발급받은 사실이 드러난 경우
- ㉤ 다른 사람의 자동차 등을 훔치거나 빼앗은 경우
- ㉥ 다른 사람이 부정하게 운전면허를 받도록 하기 위하여 운전면허시험에 대신 응시한 경우
- ㉦ 음주운전 또는 경찰공무원의 음주측정을 위반(무면허운전 금지 등 위반 포함)하여 교통사고를 일으킨 경우

10 ②

② 범칙금액은 2만 원에 해당한다.

※ 범칙금액이 3만 원인 범칙행위
- ㉠ 혼잡완화 조치위반
- ㉡ 지정차로 통행위반·차로너비보다 넓은 차 통행금지 위반(잔로변경금지 장소에서의 진로변경을 포함)
- ㉢ 속도위반(20km/h 이하)
- ㉣ 진로변경방법위반
- ㉤ 급제동금지위반
- ㉥ 끼어들기금지위반
- ㉦ 서행의무위반
- ㉧ 일시정지위반
- ㉨ 방향전환·진로변경 시 신호 불이행
- ㉩ 운전석 이탈 시 안전확보 불이행
- ㉪ 등등자 등의 안전을 위한 조치위반
- ㉫ 시·도경찰청 지정·공고 사항 위반
- ㉬ 좌석안전띠 미착용
- ㉭ 이륜자동차·원동기장치자전거 인명보호 장구 미착용
- ⓐ 어린이통학버스와 비슷한 도색·표지 금지 위반

11 ③

과속사고는 20km/h 초과시 성립하게 된다.

12 ④

교통사고처리특례법상 승객추락 방지의무 위반사고 유형
- ㉠ 운전자가 출발하기 전 그 차의 문을 제대로 닫지 않고 출발함으로써 탑승객이 추락, 부상을 당하였을 경우
- ㉡ 택시의 경우 승하차시 출입문 개폐는 승객자신이 하게 되어 있으므로, 승객탑승 후 출입문을 닫기 전에 출발하여 승객이 지면으로 추락한 경우

ⓒ 개문발차로 인한 승객의 낙상사고의 경우

※ 개문 당시 승객의 손이나 발이 끼어 사고 난 경우나 택시의 경우 목적지에 도착하여 승객 자신이 출입문을 개폐 도중 사고가 발생한 경우에는 특례대상이 된다.

13 ③

과징금의 용도
㉠ 화물 터미널의 건설 및 확충
㉡ 공동차고지의 건설과 확충
㉢ 신고포상금의 지급
㉣ 경영개선 및 화물에 대한 정보 제공사업 등 화물자동차 운수사업의 발전을 위하여 필요한 사항

14 ④

④ 정당한 사유 없이 법 제13조(개선명령)에 따른 개선명령을 이행하지 아니한 경우

15 ②

② 소명서 및 증거자료의 제출요구에 따르지 아니하거나, 이에 따른 검사나 조사를 거부·기피 또는 방해한 경우

16 ④

운송사업자는 택시 요금미터기의 장착 등 국토교통부령으로 정하는 택시 유사표시행위를 하여서는 아니 된다.

17 ④

화물자동차 운송가맹사업의 허가를 받기 위해서는 운송가맹점이 소유하는 화물자동차 대수를 포함하여 50대 이상이어야 한다.

18 ④

국토교통부장관은 다음의 어느 하나에 해당하는 처분을 하려면 청문을 하여야 한다.
㉠ 화물자동차 운송사업의 허가 취소
㉡ 화물자동차 운송주선사업의 허가 취소
㉢ 화물자동차 운송가맹사업의 허가 취소

19 ③

③은 협회에서 처리하는 업무이다.
①②④는 시·도에서 처리하는 업무이다.

20 ②

화물자동차 운송사업에 종사하는 운수종사자는 다음의 어느 하나에 해당하는 행위를 하여서는 아니 된다.
㉠ 정당한 사유 없이 화물을 중도에서 내리게 하는 행위
㉡ 정당한 사유 없이 화물의 운송을 거부하는 행위
㉢ 부당한 운임 또는 요금을 요구하거나 받는 행위
㉣ 고장 및 사고차량 등 화물의 운송과 관련하여 자동차관리사업자와 부정한 금품을 주고받는 행위
㉤ 일정한 장소에 오랜 시간 정차하여 화주를 호객하는 행위
㉥ 문을 완전히 닫지 아니한 상태에서 자동차를 출발시키거나 운행하는 행위
㉦ 택시 요금미터기의 장착 등 국토교통부령으로 정하는 택시 유사표시행위
㉧ 적재된 화물이 떨어지지 아니하도록 덮개·포장·고정장치 등의 필요한 조치를 하지 않고 화물자동차를 운행하는 행위
㉨ 전기·전자장치를 무단으로 해체하거나 조작하는 행위

21 ②

② 말소등록을 신청하여야 할 자가 신청하지 아니한 경우

22 ②

자동차등록번호판을 가리거나 알아보기 곤란하게 하거나, 그러한 자동차를 운행한 경우에는 1차 과태료 50만 원, 2차 150만 원, 3차 250만 원에 처한다.

23 ③

최초 4년에 정기검사를 받은 후 2년 뒤에 정기검사를 받아야 한다.

24 ②

도로관리청이 운행을 제한할 수 있는 차량은 다음과 같다.
- ㉠ 축하중이 10톤을 초과하거나 총중량이 40톤을 초과하는 차량
- ㉡ 차량의 폭이 2.5미터, 높이가 4.0미터(도로 구조의 보전과 통행의 안전에 지장이 없다고 도로관리청이 인정하여 고시한 도로노선의 경우에는 4.2미터), 길이가 16.7미터를 초과하는 차량
- ㉢ 도로관리청이 특히 도로 구조의 보전과 통행의 안전에 지장이 있다고 인정하는 차량

25 ③

공회전 제한장치 부착명령 대상 자동차
- ㉠ 시내버스운송사업에 사용되는 자동차(광역급행형, 직행좌석형, 좌석형, 일반형)
- ㉡ 일반택시운송사업에 사용되는 자동차(경형, 소형, 중형, 대형, 모범형, 고급형)
- ㉢ 화물자동차운송사업에 사용되는 최대적재량이 1톤 이하인 밴형 화물자동차로서 택배용으로 사용되는 자동차

제2과목 화물취급요령

1 ④

착불화물의 경우에는 운송장을 증빙으로 제시하여 수하인에게 요금을 청구할 수 있다.

2 ②

② 보조운송장은 간단한 기본적인 내용과 원운송장을 연결시키는 내용만 기록한다.

3 ④

취급 표지의 크기
일반적인 목적으로 사용하는 취급 표지의 전체 높이는 100mm, 150mm, 200mm의 세 종류가 있다. 그러나 포장의 크기나 모양에 따라 표지의 크기는 조정할 수 있다.

4 ④

포장비는 수송, 보관 및 하역과정에서 제품의 보호 및 작업의 효율성 향상을 목적으로 발생하는 비용을 말한다. 포장비는 국가물류비에서 차지하는 비율은 점차 증가하는 추세에 있으나 그 비중은 4% 내외로 매우 작다.

5 ①

① 운송장은 물품의 정중앙 상단에 뚜렷하게 보이도록 부착한다.

6 ②

①   ③   ④
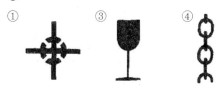

7 ②

② 바닥의 기름기나 물기는 즉시 제거하여 미끄럼 사고를 예방한다.

8 ③

화물더미에서 작업할 경우 주의해야 할 사항
- ㉠ 화물더미 한쪽 가장자리에서 작업할 때에는 화물더미의 불안전한 상태를 수시 확인하여 붕괴 등의 위험이 발생하지 않도록 주의해야 한다.
- ㉡ 화물더미에 오르내릴 때에는 화물의 쏠림이 발생하지 않도록 조심해야 한다.
- ㉢ 화물을 쌓거나 내릴 때에는 순서에 맞게 신중히 하여야 한다.
- ㉣ 화물더미의 화물을 출하할 때에는 화물더미 위에서부터 순차적으로 층계를 지으면서 헐어낸다.
- ㉤ 화물더미의 상층과 하층에서 동시에 작업을 하지 않는다.
- ㉥ 화물더미의 중간에서 화물을 뽑아내거나 직선으로 깊이 파내는 작업을 하지 않는다.
- ㉦ 화물더미 위에서 작업을 할 때에는 힘을 줄 때 발 밑을 항상 조심한다.
- ㉧ 화물더미 위로 오르고 내릴 때에는 안전한 승강시설을 이용한다.

9 ②

가벼운 화물이라도 너무 높게 적재하지 않도록 하여야 한다.

10 ③

③ 물품을 들 때는 허리를 똑바로 펴야 한다.

11 ④

파렛트의 가장자리를 높게 하여 포장화물을 안쪽으로 기울여 화물이 갈라지는 것을 방지하는 방법으로서 부대화물 따위에 효과가 있다.

12 ④

일반적으로 수하역의 경우에 낙하의 높이는 아래와 같다.
- ㉠ 견하역 : 100cm 이상
- ㉡ 요하역 : 10cm 정도
- ㉢ 파렛트 쌓기의 수하역 : 40cm 정도

13 ②

화물의 붕괴 방지 방법 중 파렛트 화물 사이에 생기는 틈바구니를 적당한 재료로 메우는 방법
- ㉠ 파렛트 화물이 서로 얽혀 버리지 않도록 사이사이에 합판을 넣는다.
- ㉡ 여러 가지 두께의 발포 스티롤판으로 틈새를 없앤다.
- ㉢ 에어백이라는 공기가 든 부대를 사용한다.

14 ④

높이 제한은 적재물을 포함한 차량의 높이가 4.0m를 초과한 경우 운행제한차량에 해당하게 된다. (도로 구조의 보전과 통행의 안전에 지장이 없다고 도로관리청이 인정하여 고시한 도로의 경우에는 4.2m)

15 ③

① 김치, 젓갈, 한약류 등 수량에 비해 포장이 약한 경우, 화물을 적재할 때 중량물을 상단에 적재하여 하단 화물 오손피해가 발생한 경우, 쇼핑백, 이불, 가펫 등 포장이 미흡한 화물을 중심으로 오손피해가 발생한 경우 나타난다.
② 대량화물을 취급할 때 수량 미확인 및 송장이 2개 부착된 화물을 집하한 경우, 집배송을 위해 차량을 이석하였을 때 차량 내 화물이 도난당한 경우, 화물을 인계할 때 인수자 확인이 부실한 경우 나타난다.
④ 마대화물 등 박스가 아닌 화물의 포장이 파손된 경우, 포장이 부실한 화물에 대한 절취 행위가 발생한 경우 나타난다.

제3과목 안전운행

1 ③

③ 속도가 빨라질수록 전방주시점은 멀어진다.

2 ③

동체시력의 특성

㉠ 동체시력은 물체의 이동속도가 빠를수록 상대적으로 저하된다.

㉡ 동체시력은 연령이 높을수록 더욱 저하된다.

㉢ 동체시력은 장시간 운전에 의한 피로상태에서도 저하된다.

3 ④

① 중간적 요인

② 직접적 요인

③ 중간적 요인

4 ②

운전피로의 3요인

㉠ 생활요인(수면 · 생활환경 등)

㉡ 운전작업 중의 요인(차내환경 · 차외환경 · 운행조건 등)

㉢ 운전자 요인(신체조건 · 경험조건 · 연령조건 · 성별조건 · 성격 · 질병 등)

5 ④

제동장치의 종류

㉠ 풋 브레이크

㉡ 주차 브레이크

㉢ 엔진 브레이크

㉣ ABS

6 ②

① 비가 자주 오거나 습도가 높은 날, 또는 오랜 시간 주차한 후에는 브레이크 드럼에 미세한 녹이 발생하는 현상

③ 타이어가 회전하면 이에 따라 타이어의 원주에서는 변형과 복원을 반복한다. 타이어의 회전속도가 빨라지면 접지부에서 받은 타이어의 변형이 다음 접지시점까지 복원되지 않고 접지의 뒤쪽에 진동의 물결이 일어나는 현상

④ 브레이크 마찰재가 물에 젖어 마찰계수가 작아져 브레이크의 제동력이 저하되는 현상

7 ②

수막현상을 방지하기 위해서는 타이어의 공기압을 조금 높게 하여야 한다.

8 ③

① 공주시간과 제동시간을 합한 시간

② 운전자가 자동차를 정지시켜야 할 상황임을 지각하고 브레이크로 발을 옮겨 브레이크가 작동을 시작하는 순간까지의 시간

④ 운전자가 위험을 인지하고 자동차를 정지시키려고 시작하는 순간부터 자동차가 완전히 정지할 때까지의 시간

9 ③

곡선부의 수가 많으면 사고율이 높을 것 같으나 반드시 그런 것은 아니다. 긴 직선구간 끝에 있는 곡선부는 짧은 직선구간 다음의 곡선부에 비하여 사고율이 높다.

10 ③

차로 폭은 관련 기준에 따라 도로의 설계속도, 지형조건 등을 고려하여 달리할 수 있으나 대개 3.0 ~ 3.5m를 기준으로 한다. 다만, 교량위, 터널내, 유턴차로 등에서 부득이한 경우 2.75m로 할 수 있다.

11 ③

핸들이 어느 속도에 이르면 극단적으로 흔들린다. 특히 핸들 자체에 진동이 일어나면 앞바퀴 불량이 원인일 때가 많다. 휠 얼라이먼트가 맞지 않거나 바퀴 자체의 휠 밸런스가 맞지 않을 때 주로 일어난다.

12 ①

갓길의 역할
ⓐ 고장차가 본선차도로부터 대피할 수 있고, 사고 시 교통의 혼잡을 방지하는 역할을 한다.
ⓑ 측방 여유폭을 가지므로 교통의 안전성과 쾌적성에 기여한다.
ⓒ 유지관리 작업장이나 지하매설물에 대한 장소로 제공된다.
ⓓ 절토부 등에서는 곡선부의 시거가 증대되기 때문에 교통의 안전성이 높다.
ⓔ 유지가 잘되어 있는 길어깨는 도로 미관을 높인다.
ⓕ 보도 등이 없는 도로에서는 보행자 등의 통행장소로 제공된다.

13 ②

① 양방향 차로(오르막차로, 회전차로, 변속차로 및 양보차로를 제외)의 수를 합한 것
③ 차도를 통행의 방향에 따라 분리하거나 성질이 다른 같은 방향의 교통을 분리하기 위하여 설치하는 도로의 부분이나 시설물

④ 도로를 보호하고 비상시에 이용하기 위하여 차도에 접속하여 설치하는 도로의 부분

14 ②

해질 무렵, 터널 등 조명조건이 나쁠 때에는 속도를 줄여서 주행하도록 한다.

15 ④

교차로에서는 앞차를 따라 차간거리를 유지하며 진행해야 하며, 맹목적으로 앞차를 따라가면 안 된다.

16 ③

내리막길을 내려가기 전에는 미리 감속하여 천천히 내려가며 엔진 브레이크로 속도를 조절하는 것이 바람직하다. 엔진 브레이크를 사용하면 페이드 현상을 예방하여 운행 안전도를 더욱 높일 수 있다.

17 ④

안전한 야간운전 방법
ⓐ 해가 저물면 곧바로 전조등을 점등하도록 한다.
ⓑ 주간보다 속도를 낮추어 주행하도록 한다.
ⓒ 야간에 흑색이나 감색의 복장을 입은 보행자는 발견하기 곤란하므로 보행자의 확인에 더욱 세심한 주의를 기울이도록 한다.
ⓓ 실내를 불필요하게 밝게 하지 말도록 한다.
ⓔ 가급적 전조등이 비치는 곳 끝까지 살피도록 한다.
ⓕ 주간보다 안전에 대한 여유를 크게 가져야 한다.
ⓖ 대향차의 전조등을 바로 보지 말도록 한다.
ⓗ 자동차가 교행할 때에는 조명장치를 하향 조정하도록 한다.
ⓘ 장거리 운행할 때에는 운행계획을 세워 적시에 휴식을 취하도록 한다.

ⓩ 노상에 주·정차를 하지 말도록 한다.
ⓣ 문제가 발생했을 경우 정차시는 여러 가지 안
   전조치를 취하도록 한다.
ⓔ 운전 시에는 흡연을 하지 않도록 한다.
ⓜ 술에 취한 사람이 차도로 뛰어드는 경우를 조
   심하도록 한다.

18 ④

스텐딩 웨이브 현상을 예방하기 위해서는 속도를
맞추거나 공기압을 높여야 한다.

19 ③

어린이들이 당하기 쉬운 교통사고 유형
ⓐ 도로에 갑자기 뛰어들기
ⓑ 도로 횡단 중의 부주의
ⓒ 도로상에서 위험한 놀이
ⓓ 자전거 사고
ⓔ 차내 안전사고

20 ④

정차 중 엔진의 시동이 꺼질 경우 조치사항
ⓐ 연료공급 계통의 공기빼기 작업
ⓑ 워터 세퍼레이터 공기 유입 부분 확인하여 현
   장에서 조치 가능하면 작업에 착수
ⓒ 작업 불가시 응급 조치하여 공장으로 입고

21 ④

앞지르기 전에 앞차에게 신호로 알린다.

22 ③

앞 차량을 따라 계속 건너갈 때에는 앞 차량이 건
너간 맞은편에 본인 차가 들어갈 여유 공간이 있
을 때 통과한다.

23 ④

④ 여름철 자동차관리 방법에 해당한다.
※ **겨울철 자동차관리**
   ⓐ 월동장비 점검
   ⓑ 부동액 점검
   ⓒ 써머스타 상태 점검
   ⓓ 체인 점검

24 ③

고속도로 긴급견인 서비스는 한국도로공사 콜센터
1588-2504이다. 고속도로 본선, 갓길에 멈춰 2
차 사고가 우려되는 소형차량을 안전지대까지 견
인하는 제도로 한국도로공사에서 비용을 부담하는
무료서비스이다.

25 ④

축하중 10톤의 화물자동차는 승용차 7만대 통행과
동일한 도로파손을 야기한다.

제4과목 운송서비스

1 ③

고객만족을 위한 서비스 품질의 종류 … 상품 품질, 영업 품질, 서비스 품질

2 ③

고객에게 인사를 할 경우 손을 주머니에 넣거나 의자에 앉아서 하는 일이 없도록 하여야 한다.

3 ①

배달시 행동방법

㉠ 배달은 서비스의 완성이라는 자세로 한다.

㉡ 긴급배송을 요하는 화물은 우선 처리하고, 모든 화물은 반드시 기일 내 배송한다.

㉢ 수하인 주소가 불명확할 경우 사전에 정확한 위치를 확인 후 출발한다.

㉣ 무거운 물건일 경우 손수레를 이용하여 배달한다.

㉤ 고객이 부재 시에는 부재중 방문표를 반드시 이용한다.

㉥ 방문 시 밝고 명랑한 목소리로 인사하고 화물을 정중하게 고객이 원하는 장소에 가져다 놓는다.

㉦ 인수증 서명은 반드시 정자로 실명 기재 후 받는다.

㉧ 배달 후 돌아갈 때에는 이용해 주셔서 고맙다는 뜻을 밝히며 밝게 인사한다.

4 ①

물류에 대한 개념적 관점에서의 물류의 역할

㉠ 국민경제적 관점

㉡ 사회경제적 관점

㉢ 개별기업적 관점

5 ④

고객의 욕구

㉠ 기억되기를 바란다.

㉡ 환영받고 싶어 한다.

㉢ 관심을 가져주기를 바란다.

㉣ 중요한 사람으로 인식되기를 바란다.

㉤ 편안해 지고 싶어 한다.

㉥ 칭찬받고 싶어 한다.

㉦ 기대와 욕구를 수용하여 주기를 바란다.

6 ②

② 전화는 해도 불만, 안해도 불만을 초래할 수 있다. 그러나 전화를 하는 것이 더 좋다.

7 ③

③ 상류에 대한 설명이다.

8 ④

물류의 효율화를 통하여 기업은 비용을 줄일 수 있을 뿐만 아니라 고객에게 적시에 필요한 물품을 제공할 수 있게 되어 고객의 만족도도 향상된다.

9 ①

물류관리는 생산과 소비자 사이에 형성된 독립된 시스템을 의미한다.

10 ④

④는 거래 후 요소에 해당한다.

11 ①

제4자 물류는 앤더슨 컨설팅사에서 처음 사용한 용어로서 제3자 물류보다 범위가 넓은 공급망의 역할을 담당하며 전체적인 공급망에 영향을 주는 능력을 통하여 가치를 증식한다.

12 ③

신속대응(QR)을 활용함으로써 소매업자는 유지비용의 절감, 고객서비스의 제고, 높은 상품회전율, 매출과 이익증대 등의 혜택을 볼 수 있다. 또한 제조업자는 정확한 수요예측, 주문량에 따른 생산의 유연성 확보, 높은 자산회전율 등의 혜택을 볼 수 있다.

13 ④

④ 공급경로상의 여러 기업의 물류업무를 종합적으로 지원한다.

14 ④

영업용 트럭운송의 단점
㉠ 운임의 안정화가 곤란하다.
㉡ 관리기능이 저해된다.
㉢ 기동성이 부족하다.
㉣ 시스템의 일관성이 없다.
㉤ 인터페이스가 약하다.
㉥ 마케팅 사고가 희박하다.

15 ③

자가용 트럭운송의 장점
㉠ 높은 신뢰성이 확보된다.
㉡ 상거래에 기여한다.
㉢ 작업의 기동성이 높다.
㉣ 안정적 공급이 가능하다.
㉤ 시스템의 일관성이 유지된다.
㉥ 위험부담도가 낮다.
㉦ 인적 교육이 가능하다.